本丛书系国家社科基金"一带一路"建设研究专项"'一带一路'沿线国别研究报告"（批准号：17VDL002）的成果，并得到上海社会科学院"一带一路"建设专项经费资助

总主编 王振
副总主编 王健 李开盛 王震

"一带一路"国别研究报告
捷克卷

胡丽燕 等著

The Belt and Road Country Studies

(The Czech Republic)

中国社会科学出版社

图书在版编目（CIP）数据

"一带一路"国别研究报告. 捷克卷/胡丽燕等著. —北京：中国社会科学出版社，2023.10
ISBN 978-7-5227-2258-0

Ⅰ.①一… Ⅱ.①胡… Ⅲ.①政治—研究报告—世界 ②政治—研究报告—捷克 Ⅳ.①D52 ②D752.4

中国国家版本馆 CIP 数据核字（2023）第 130912 号

出 版 人	赵剑英
责任编辑	周晓慧
责任校对	刘　念
责任印制	戴　宽

出　　版	中国社会科学出版社
社　　址	北京鼓楼西大街甲 158 号
邮　　编	100720
网　　址	http://www.csspw.cn
发 行 部	010-84083685
门 市 部	010-84029450
经　　销	新华书店及其他书店
印　　刷	北京明恒达印务有限公司
装　　订	廊坊市广阳区广增装订厂
版　　次	2023 年 10 月第 1 版
印　　次	2023 年 10 月第 1 次印刷
开　　本	710×1000　1/16
印　　张	46.25
字　　数	763 千字
定　　价	249.00 元

凡购买中国社会科学出版社图书，如有质量问题请与本社营销中心联系调换
电话：010-84083683
版权所有　侵权必究

总　　序

自习近平总书记2013年分别在哈萨克斯坦和印度尼西亚提出建设"丝绸之路经济带"和"21世纪海上丝绸之路"以来，"一带一路"倡议得到了沿线国家的普遍欢迎，以政策沟通、设施联通、贸易畅通、资金融通、民心相通为代表的"五通"成为连接中国与世界的新桥梁与新通道。习近平总书记在第二届"一带一路"国际合作高峰论坛开幕式上发表的主旨演讲中特别指出：共建"一带一路"，顺应经济全球化的历史潮流，顺应全球治理体系变革的时代要求，顺应各国人民过上更好日子的强烈愿望。面向未来，我们要聚集重点、深耕细作，共同绘制精谨细腻的"工笔画"，推动共建"一带一路"沿着高质量发展方向不断前行。

2014年以来，上海社会科学院积极推进"一带一路"相关研究和国别数据库建设。2017年4月，正值第一届"一带一路"国际合作高峰论坛召开之际，我们与中国国际经济交流中心紧密合作，联合推出了智库型"丝路信息网"。在创建"一带一路"数据库的过程中，我们深感以往学术界、智库对"一带一路"沿线国家的国情、市情研究在广度和深度上都存在着明显不足。比如，传统的区域国别研究或以历史、语言等为背景，或主要局限于国际问题领域，往往缺乏国情、市情研究的多学科特点或专业性调研；对于当下"一带一路"建设中的实际需求也考虑较少。"一带一路"沿线国家各有其不同的历史文化和国情，只有深入了解和认识这些国家的国情、市情，才能为"一带一路"建设和相关决策提供较为扎实的智力保障和知识依托。

全国哲学社会科学工作办公室为推进"一带一路"国情研究，于2017年专门设立了"一带一路"国别与数据库建设研究专项，并组织上海社会科学院、中国人民大学国家发展与战略研究院、兰州大学中亚研究所三家智库组成联合课题组，系统开展"一带一路"国别研究。2018年正式启动第一期研究，三家智库根据各自专业优势，分别选择不同国家开展研究，并在合作交流中逐步形成了体现国情研究特征的国别研究框架体系。

上海社会科学院高度重视"一带一路"相关研究，并具有较为扎实的国际问题研究和国别研究基础。在王战教授（原院长）、张道根研究员（原院长）、于信汇教授（原党委书记）等原领导和权衡党委书记、王德忠院长、干春辉副院长的支持和指导下，由副院长王振研究员牵头，组成了跨部门研究团队。其中，既囊括了本院国际问题研究所、世界经济研究所、应用经济研究所、城市与人口研究所、宗教研究所、社会学研究所、本院数据中心等相关研究部门的科研骨干，还特邀上海外国语大学、同济大学、复旦大学等上海高校的学者担任国别研究首席专家。在各位首席专家的牵头下，不仅有我院各个领域的科研骨干加入各国别研究团队，还吸收了国内外的一流专家学者参与国别研究，真正形成了跨学科、跨领域的国际化研究格局。

为深化"一带一路"国别研究，有力地推动"一带一路"国别数据库建设，我们在充分总结、评估和吸收现有各类研究文献基础上，更为突出国情研究的特定类型和方式，并在课题研究和数据库建设中特别重视以下几方面特征。一是内容的相对全面性。即除了研究各个国家的资源禀赋、对外开放、人口结构、地域政治外，还要研究各个国家的综合国力、中长期战略、产业结构、市场需求、投资政策、就业政策、科教文化、政治生态、宗教文化等，同时涉及重点城市、产业园区的研究等。特别是用了较大篇幅来梳理、分析我国与这些国家关系的发展。二是调研的一线性。课题组既要收集、整理对象国政府和智库的最新报告，并动员这些国家的优秀专家参与部分研究，增强研究的客观性和实地性，又要收集、整理来自国际组织、国际著名智库的最新国别研究报告，以便多角度地进行分析和判断。三是观察的纵向时序性。课题研究中既有对发展轨迹的纵向梳理和评价，同时还包括对未来发展的基本展望和把握。四是数据库建设内容更新的可持续性与实用性。课题组既要研究国情信息来源渠道的权威性、多样性和长期性，确保国情研究和数据库建设基础内容的需要，同时还要研究如何把汇集起来的大量国情内容，经过专业人员的分析研究，形成更加符合政府、企业和学者需要的国情研究成果。

在研究过程中，课题组经过多次讨论、反复推敲，最终形成了包括基本国情、重大专题和双边关系三方面内容的基本研究框架，这一框架所蕴含的研究特色至少体现在以下三个方面：一是通过跨学科协作，突出基本国情研究的综合性。在第一篇"基本国情"部分，我们组织了来自经济学、地理学、人口学、政治学、国际关系学、宗教学等学科和领域的专家，分别从综合国力、人口结构、资源禀赋、基础设施、产业结构、政治生态、民族宗教、对外关系等方面对"一带一路"沿线国家的基本国情进行深度剖析。二是结合"一带一路"建设需要，突出重大专题研究的专业性。本书第二篇为"重大专题"，我们采取了"3+X"模式，其中"3"为各卷均需研究的基本内容，包括国家中长期战略、投资与营商环境、中心城市与区域影响力。"X"为基于各国特定国情，以及"一带一路"建设在该国的特定需要而设置的主题。三是着眼于务实合作，突出双边关系研究的纵深度。第三篇主要侧重于"双边关系"领域，我们同样采取了"3+X"模式。其中，"3"仍为各卷均需研究的基本内容，具体内容包括双边关系的历史与前瞻、对象国的"中国观"、"一带一路"与双边贸易。这些内容对于了解中国和"一带一路"沿线国家双边关系的历史与现实有着非常重要的意义。"X"则着眼于"一带一路"背景下的双边关系特色，以突出每一对双边关系中的不同优先领域。

经过科研团队的共同努力，首期 6 项国别研究成果（波兰、匈牙利、希腊、以色列、摩洛哥和土耳其）在 2020 年、2021 年由中国社会科学出版社出版，并得到了学界和媒体的较高评价。第二期课题立项后，我们立即组织国内外专家分别对埃及、阿尔及利亚、印度尼西亚、巴基斯坦、菲律宾、斯里兰卡、伊朗、沙特、捷克、马来西亚 10 国进行了全面研究。第二期课题在沿用前述研究思路和框架的同时，还吸取了首期课题研究中的重要经验，进一步增强了研究的开放性和规范性，强化了课题研究质量管理和学术要求，力求在首期研究成果的基础上"更上一层楼"。

我们特别感谢全国哲学社会科学工作办公室智库处和国家哲学社会科学基金（以下简称"全国社科规划办"）对本项目第二期研究所给予的更大力度的资助。这不仅体现了全国社科规划办对"一带一路"国别研究和数据库建设的高度重视，也体现了对我们首期研究的充分肯定。我们要感谢上海社会科学院有关领导对本项研究的高度重视和大力支持，感谢参与这个大型研究项目的全体同仁，特别要感谢共同承担这一专项研究课题的中国人民大学和兰州大学研究团队。五年来，三家单位在各自擅长的领域共同研究、分别推进，这种同侪交流与合作既拓展了视野，也弥补了研究中可能出现的盲点，使我们获益良多。最后，还要感谢中国社会科学出版社提供的出版平台，他们的努力是这套丛书能够尽早与读者见面的直接保证。

王　振

上海社会科学院副院长、丝路信息网负责人

2022 年 2 月 25 日

本卷作者

前　言　胡丽燕　上海社会科学院国际问题研究所助理研究员

第一篇

第一章　周　琢　上海社会科学院世界经济研究所副研究员
第二章　周海旺　上海社会科学院城市与人口发展研究所副所长、研究员
　　　　曹小雪　上海社会科学院城市与人口发展研究所研究生
第三章　辛晓睿　上海工商大学经济学院讲师
　　　　海骏娇　上海社会科学院信息研究所助理研究员
第四章　马　双　上海社会科学院信息研究所副研究员
第五章　李依婕　上海社会科学院信息研究所编译
第六章　来庆立　上海社会科学院中国马克思主义研究所副研究员
第七章　赵博阳　上海社会科学院宗教研究所助理研究员
第八章　朱晓中　中国社会科学院俄罗斯东欧中亚研究所研究员

第二篇

第一章　高晓川　华东师范大学中东欧研究中心研究员
　　　　叶予民　华东师范大学政治与国际关系学院 硕士研究生
第二章　陈　筝　上海社会科学院世界中国学研究所办公室科员、学术秘书
第三章　贾瑞霞　中国社会科学院欧洲研究所副研究员、中国社会科学院大学国际政治经济学院欧洲系硕士研究生导师
第四章　夏海斌　华东政法大学政府管理学院助理研究员
第五章　孟亚君　河北地质大学经济学院讲师

第六章	王　贤	河北地质大学管理学院讲师
第七章	孙小宁	上海社会科学院研究生院博士研究生
	邓智团	上海社会科学院城市与人口发展研究所研究员
第八章	杨云珍	同济大学马克思主义学院副教授
	苏　磊	同济大学马克思主义学院博士研究生
第九章	李永强	中国外文局当代世界与中国研究院助理研究员
	于华歌	吉林大学东北亚研究院国际政治研究所博士研究生
第十章	胡丽燕	上海社会科学院国际问题研究所助理研究员

第三篇

第一章	姚玉斐	河北地质大学马克思主义学院副教授
	刘思阳	河北地质大学马克思主义学院副教授
第二章	鞠维伟	中国社会科学院欧洲研究所副研究员
	钟伟杰	上海外国语大学 2018 级捷克语专业
第三章	张　娟	上海对外经贸大学国际经贸研究所副研究员
	蒋淑婷	上海对外经贸大学国际经贸学院硕士研究生
第四章	陈　玺	中欧陆家嘴国际金融研究院中东欧经济研究所研究员
第五章	臧术美	华东师范大学政治与国际关系学院副研究员
第六章	张　攀	中央广播电视总台欧洲拉美地区语言节目中心捷克语部一级翻译、制作人
	于士淇	吉林大学东北亚研究院国际政治研究所博士研究生
第七章	周俊子	浙江金融职业学院捷克研究中心副研究员
	张海燕	浙江金融职业学院捷克研究中心教授

前　　言

捷克在哪里？波希米亚是什么？许多耳熟能详的历史事件，诸如比马丁·路德还早的宗教改革"胡斯运动""三十年战争""十字军东征的战场""慕尼黑条约""苏台德地区"等为何与其相关？捷克到底是一个怎样的国度呢？也许很多人小时候都看过《鼹鼠的故事》，但不知其出自捷克。很多人对捷克知之甚少，却对其首都布拉格耳熟能详。原因可能出于米兰·昆德拉的《不能承受的生命之轻》以及编改的电影《布拉格之恋》，或是一首蔡依林的《布拉格广场》流行曲，或一部网红韩剧《布拉格恋人》，抑或是才女徐静蕾导演的《有一个地方只有我们知道》电影。然而捷克的内涵与美比布拉格更具韵味。

翻阅 16 世纪的手绘欧洲地图，犹如欣赏一幅女神画，"波希米亚"恰恰是这位女神的"心脏"。当今"捷克共和国"的疆域与历史上"波希米亚王国"的核心版图相似，均将波希米亚本土、摩拉维亚和部分西里西亚囊括其中。现今捷克国土面积为 7.89 万平方千米，与中国的重庆市面积相近，2022 年人口为 1051 万人，西邻德国，南接奥地利，北与波兰接壤，东与斯洛伐克相连。"欧洲之心"的"中欧"地理空间是捷克人的心理空间，亦是认同空间。无疑，捷克确属"中欧"。这个"中"或有代表捷克人"平稳居中、温和行事、力避极端化"的心态，亦视己为连接东西方的桥梁。自古以来，其首都布拉格都是易北河支流伏尔塔瓦河畔的商道要津。在启蒙运动后，随着重商主义和工业革命在欧洲兴起，波希米亚也在努力追赶西欧工业发展的步伐，民族复兴后的捷克成为世界工业"七强"。然而，捷克地缘上的"中心"位置并未获得西欧列强的认同。1938年《慕尼黑条约》签订前，张伯伦和达拉第将捷克称为"一个遥远而不知名的地方"。第二次世界大战后，捷克被纳入苏联阵营，正如米兰·昆德拉所描述的，"那是一段从欧洲被绑架到苏联的日子"。这个在欧洲有着特殊地缘位置的国家，始终不停地寻找着自己的认同，从地理概念的"中欧"，到往日政治概念的"东欧"，再到今日认同概念的"重回欧洲"。我们这些域外人常常会带着一种神秘感和好奇心来审视和看待昔日波希米亚和今日捷克。

捷克是一个在夹缝中求生存的国家。捷克共和国包括捷克、摩拉维亚和部分西里西亚三个地区，在形成现代国家疆域之前，被称为"捷克之地"。这片热土曾随着时间的推移而不断演变。830年，摩拉维亚与斯洛伐克的斯拉夫人建立了最早的斯拉夫国家，被昔日的拜占庭帝国称为"大摩拉维亚帝国"，开始从原始部落社会进入早期的封建农奴制社会。大摩拉维亚帝国正是第一次世界大战后捷克和斯洛伐克共同建国的历史溯源基础。大摩拉维亚帝国在存续76年后走到尽头，随之而来的是波希米亚王权登上政治舞台，即捷克的第一个王朝——"普舍米斯尔王朝"。1212年，波希米亚从公国升格为波希米亚王国。对现代捷克来说，波希米亚王国，即捷克王国①，是捷克历史与国家认同的重要组成部分。时下，捷克使用的20克朗（Koruna）硬币上亦刻有波希米亚第一位世袭国王，骑着战马拿着长矛的欧塔卡尔一世（Otakar I，1192—1230）的雕像，世袭制代表了在神圣罗马版图中拥有合法而独立的政治地位。克朗的广泛流通也体现了当代捷克货币图案符号所要展示的国家历史认同。13世纪晚期，普舍米斯尔王朝进入鼎盛时期，即"金与铁之王"欧塔卡尔二世（Otakar II，1253—1278）统治时期。1306年，普舍米斯尔王朝最后一位男性继承人死后，延续四百余年的捷克第一王朝就此落幕。

普舍米斯尔王朝公主爱丽丝卡通过政治联姻与神圣罗马帝国皇帝亨利七世之子约翰·卢森堡结婚，波希米亚王国进入卢森堡王朝统治时期。约翰之子查理四世开启了波希米亚王国的辉煌时代。漫步于今日布拉格，随处可听可读可看查理四世为这座城市所做的贡献：浪漫的查理大桥，古老的查理大学，查理广场。还有布拉格附近那座充满精灵神话故事的查理城堡，休闲的温泉城卡罗维发利即查理温泉等。查理四世的所有政策均基于

---

① 王国时期的"波希米亚王国"即"捷克王国"指"捷克之地"（Czech Lands），英文的"Bohemia"即捷克文的"Čechy"。现代捷克共和国意义下的波希米亚"Bohemia"或"Čechy"主要指捷克境内的一个行省区域。

卢森堡王朝的繁荣，在尊重波希米亚政治和文化的基础上实施建设。查理四世以布拉格为其伟大事业的发展中心，修建新城、连接旧城，扩大首都范围与功能。坚持以政治手段与和平方式解决境外纠纷，受到波希米亚贵族的拥护和平民的爱戴，被称为"天主教的国王"。1355年，查理四世当选为神圣罗马帝国皇帝。后又以政治和多次联姻等方式，将沙提亚、西里西亚公国、布莱登堡纳入其版图，加之他所拥有的波希米亚、摩拉维亚、卢森堡等地，波希米亚王国成了神圣罗马帝国的中心。然而，后查理四世时期的社会、经济、政治和宗教等诸领域均开始出现危机。继任者瓦茨拉夫四世并无其父的政治手腕与才能来驾驭宗教分裂、社会矛盾和大瘟疫所带来的经济大衰退，亦无法获得神圣罗马帝国的帝位。受国内与国外宗教改革运动的影响，首先在波希米亚爆发了胡斯宗教改革运动。

在布拉格老城广场正中央有一座杨·胡斯雕像，这位中世纪反教廷的殉道者坚毅地目视着远方。虽被迫害致死，但其伟大思想却影响着一代代捷克人，薪火相传，成为捷克人的精神象征，捷克人秉承"胡斯精神——真理至上"（Pravda Vítězí）至今。胡斯在布道中倡导宗教平等理念，挑战教廷权威，反对教会聚敛财产、买卖神职、销售赎罪券等浮华行为，主张神职人员应安贫净化。胡斯被教廷指责为异教徒，最终于1415年被烧死在康士坦丁广场的火刑柱上。

胡斯被焚，引发了布拉格贵族阶层的强烈抗议，并迅速蔓延到城镇和乡村。经历了多年瘟疫、经济衰退和道德危机之后，民众要求改革世俗化教会的呼声日高。1419年，布拉格新城的激进胡斯派教士杨·日立夫斯基率众袭击新城市政厅，愤怒的群众将反胡斯派的官员从窗户中扔下，史称"布拉格第一次掷窗事件"，此举标志着"胡斯战争"的开始。胡斯战争之后，波希米亚进入一段由贵族议会制主导内政时期，捷克本土贵族、温和胡斯派的乔治于1452年被贵族议会选举为波希米亚国王。捷克人将乔治国王视为"捷克本土的国王"，即最后一个"捷克国王"。乔治之后再无捷克人为王，从此捷克进入他族统治时期。波兰雅盖隆王朝的两父子弗拉基斯拉夫和路德维希先后担任波希米亚国王。1526年，哈布斯堡王朝的斐迪南一世被选为波希米亚国王，波希米亚贵族逐渐受到哈布斯堡与天主教势力的制约，至此波希米亚进入哈布斯堡王朝统治时期。

闲步于今日布拉格老城广场，天文钟塔楼旁的地面上有27个十字架，象征着27位在1621年反抗哈布斯堡王朝时被斩首的波希米亚贵族。哈布斯堡王朝统治波希米亚时期，其历代皇帝均未曾对波希米亚的新教采取过宽容政策，反而加以施压、干预、奴役。1618年爆发的"布拉格第二次掷窗事件"引发了1620年的"白山战役"，自此拉开了欧洲历时最长、规模最大的宗教战争的帷幕，即"三十年战争"。直至1648年《威斯特伐利亚合约》（The Peace of Westphalia）签订，才标志着三十年战争的结束。"三十年战争"之后捷克进入"黑暗时期"，波希米亚独立和文化在哈布斯堡王朝的统治下整体丧失。哈布斯堡王朝通过政治手段取消了波希米亚王权的地位，纳其为中央行省。规定德语为官方语言，推行德语教学并以日耳曼文化为核心的生活方式。

　　欧洲大陆宗教的狂热与不理性在三十年宗教战争后得到反思。18世纪的启蒙运动思想成为主流，英国与法国在启蒙思想下急速发展，使得奥地利哈布斯堡女皇特蕾莎及其子约瑟夫二世不得不思考国内改革的必要性。特蕾莎在波希米亚开始实施"开明专制"改革：推行税收制度改革和加强中央政府的行政革新，提高统治管理效率；建设工业区，发展纺织工业和制造业，实施一系列经济改革措施，将波希米亚从农业地区转型为工业重镇；设立现代教育体系和普及义务教育，提升了波希米亚的人口素质，以顺应波希米亚工业化发展之需。此政策也被视为奥地利对波希米亚的同化政策，但为19世纪的工业革命奠定了人才基础。启蒙运动的推广与深化，促使波希米亚人理性力量抬头，波希米亚人逐步走上反对王朝君主和封建贵族专制统治之途。

　　浪漫民族主义和自由主义为波希米亚民族觉醒和复兴提供了动力，民族语言和民族历史逐渐复苏。19世纪20年代，与民族复兴运动相关的社会和政治团体的增加推动了捷克本土文学和艺术的发展，体现了捷克人对独立民族国家的渴望。捷克首位女性作家聂姆佐娃根据捷克民间传说用捷克语写成小说《外祖母》，被誉为捷克民族复兴的女创始人。浪漫主义诗人马哈徒步走遍捷克的每一个角落，用捷克语书写了诗歌《五月》。[①]1834年，约瑟夫·蒂尔歌剧"费德洛瓦奇卡"中的歌曲"我的家乡在哪里"（今日捷克国歌）在捷克迅速受到广泛欢迎。斯美塔那谱写了交响曲

---

① 捷克将每年五月一日作为捷克情人节以纪念马哈。

《我的祖国》，以表达对民族独立的期待。捷克文化开始走向世界并得到认可，特别是音乐和绘画更为突出，拥有音乐家德沃夏克和杨纳切克，绘画家慕夏等，"布拉格"成了"新艺术"的代名词。捷克人从18世纪到19世纪都在文学、艺术、诗歌、音乐里寻找自己民族的认同与文化归属。迄今为止，捷克民族仍是一个重视人文和艺术的国度。当时捷克所有歌剧院只能上演德语剧目，捷克全体国民就募捐自筹资金建造"自己民族的剧院"，用捷克语上演剧目。

19世纪末，捷克已经成为中欧十分工业化的地区之一，在整个哈布斯堡王朝发挥了经济主导作用。捷克的经济繁荣和工业增长，社会结构的变化促使捷克人寻求更多的政治地位与文化认同。1880—1914年是捷克工业经济高速增长时期，工业总产值占到奥匈帝国的三分之二。铁路网的快速建设拉动了轻工业和农业的发展，各行各业的发展加大了对重工业的需求。煤炭取代了木炭被作为主要燃料，使采矿业得到有效开发。新技术的引进增加了钢铁工业的产量，1876—1896年波希米亚的钢铁产量在哈布斯堡王朝中的占比从35%提高到61%。境内现代化的蒸汽机、铁路设备、食品加工和农业器械及采矿工具的使用取代了旧的工业设备，同时发展了汽车制造业、酿酒业、制糖业、煤矿和冶炼业、机械制造业、水晶制造、纺织业等行业。

捷克的社会结构也随之发生了变化。捷克农业人口急剧下降，工业人口上升。中产阶级的企业主和知识精英开始参与奥地利或捷克建立的政治党派。在第一次世界大战前捷克人无法取得独立地位，第一次世界大战后捷克人抓住了这一民族国家独立的机遇。在奥匈帝国后期，捷克和斯洛伐克民族复兴运动的政治精英们在海外成立独立运动组织，并得到了英、法、美等国的支持。马萨里克等人于1918年10月18日在法国发表《捷克斯洛伐克独立宣言》，建立捷克斯洛伐克国家。

捷克斯洛伐克共和国虽因民族自决脱离奥匈帝国而建立新的独立国家，但也继承了奥匈帝国的部分遗产。在政治形态方面，延续了奥匈帝国的代议制、多党政治、地方自治及政府管理模式。在经济领域，捷克斯洛伐克继承了奥匈帝国内部最大的工业资产，并成为继美国、德国、苏联、英国、法国、意大利之后的世界第七大工业强国，继承了奥匈帝国80%的采矿业和四分之三的工业区。在外交领域，捷克斯洛伐克与协约国保持良好关系，先后与罗马尼亚和南斯拉夫签订防御性军事同盟条约。在领土方面，捷克斯洛伐克的全部领土来自于奥匈帝国，曾经隶属于匈牙利的斯洛伐克和次喀尔巴阡山脉的鲁塞尼亚也划归捷克斯洛伐克。

捷克斯洛伐克共和国在前20年里社会发展平稳，但后来则面临着来自纳粹德国与国内苏台德地区德意志族人分裂活动的挑战。德国一直觊觎捷克斯洛伐克，1938年9月，张伯伦、达拉第与希特勒、墨索里尼在慕尼黑签署了关于捷克斯洛伐克割让苏台德领土给德国的协定，即《慕尼黑协定》。英、法为避免卷入战争，对德国采取了"绥靖政策"。1939年，捷克和摩拉维亚被纳入纳粹德国，成为"波希米亚和摩拉维亚保护国"。1945年5月9日，苏联红军进入布拉格，纳粹德国对捷克的占领至此结束。

1989年11月，捷克斯洛伐克爆发"天鹅绒革命"。次年，新政府成立，恰尔法（Marián Čalfa）任政府总理，哈维尔当选总统，杜布切克任议会议长。捷克斯洛伐克实施经济转轨，推行时任总理兼财政部长克劳斯倡导的"休克疗法"，旨在快速实行价格自由化、贸易自由化、私有化，建立完全的自由市场制度。在经济外交上转向加入欧盟，"回归欧洲"，参与欧洲一体化。在军事上脱离"华约"，积极加入"北约"。在社会层面向多元的公民社会转型。

1990年，捷克斯洛伐克先后更名为"捷克斯洛伐克联邦共和国"及"捷克和斯洛伐克共和国"。因捷克和斯洛伐克的历史、政治、经济、社会及舆论等诸多因素的影响，经双方各党派及政治精英的多次协商，捷克和斯洛伐克实现了快速、文明、有序的和平分手。两个斯拉夫民族共存了74年。1993年1月1日，捷克和斯洛伐克分别建国，成为独立主权国家。

捷克与斯洛伐克分离后，开启了政治、经济、社会的全面转型，加速了"回归欧洲"的步伐，进一步强化了欧洲认同。1999年3月，捷克加入北约，2004年加入欧盟，2006年被世界银行列为发达国家，2007年加入申根区，成为中东欧国家中拥有高水平人类发展指数的国家和中东欧新兴经济体中十分发达的国家之一。2019年捷克共和国GDP为2464.89亿美元，增速为2.57%，相比2018年增长了15.02亿美元；与2010年GDP数据相比，近十年来的GDP数据增长了390.11

亿美元。然而，2020年捷克经济受新冠疫情影响较大，GDP下降了5.8%，2021年捷克经济有了较为明显的改善，GDP同比增长了3.3%，但仍未达到疫情前水平。捷克取消防疫措施限制以及税收增加后，2022年6月，捷克财政赤字从5月的1893亿克朗降至1830亿克朗（约合80亿美元）。其中财政收入同比增加742亿克朗，至7870亿克朗（约合342亿美元）；财政支出减少79亿克朗至9700亿克朗（约合422亿美元）。虽然财政赤字有所下降，但由于俄乌冲突的影响，6月捷克通货膨胀率同比增长17.2%，达到了1993年以来的最高水平。

捷克斯洛伐克是较早承认中华人民共和国的国家之一，在新中国工业化进程中，双方互惠互助，其中以"中捷友谊"命名的就包括一个农场、一家机床厂和一个发电厂。2016年，两国元首将双边关系提升至战略伙伴关系。当前，中国对捷克投资不断增加，中国是捷克在欧盟外最大的贸易伙伴，捷克是中国在中东欧地区第二大贸易伙伴。中国是斯柯达汽车、捷信和佩卓夫钢琴等捷克知名品牌最大的海外市场。中捷两国人文、科技、体育等领域的交流不断拓展。2018年有62万人次中国游客到捷克。在中国有16所高等院校开设捷克语专业。中捷两国合作领域越来越广，2021年中捷贸易同比增长14.2%，2022年1—9月中捷双边贸易额为338亿美元，同比增长23.6%。

捷克是中欧腹地，是重要的共建"一带一路"国家，也是中国—中东欧国家合作的重要支持者和参与者，在交通、金融等领域发挥着地区枢纽作用。2015年，中捷签署政府间共建"一带一路"合作谅解备忘录，次年签订《在"一带一路"倡议框架下的双边合作规划》。随着"一带一路"倡议不断推进，中捷两国人员、资金和货物流动更加顺畅。在疫情发生前，中国三家航空公司对捷开通四条直航线，极大地方便了中国游客和企业家进入欧洲。四家中资银行获准在捷克设立分行，为两国合作提供了有力的金融支持。中捷两国开通货运包机，多家中企在捷克设立物流园，两条中欧班列分别通向布拉格和帕尔杜比采，联通欧亚国家市场需求，越来越多的中国产品通过捷克服务欧盟市场。中国对捷克投资实现了快速增长，累计达到近30亿美元，是2013年的10倍，到捷克投资的企业达到近50家，创造超过5000个就业岗位。几年来，中捷合作蓬勃发展，地方合作成为亮点，并取得了一些标志性成果。浙江省与捷克合作，大力推进

"一带一路"捷克站建设，打造包括货运场、物流园、商贸园、产业园和综合服务园在内的中捷示范合作园区。河北省与南摩拉维亚州合作推进温泉水疗中心建设，打造包括中医中药治疗中心、康复中心、水疗康复保健中心、商业综合体、水上娱乐等在内的综合性项目，预计总投资将达1亿美元。山东省与摩拉维亚—西里西亚州密切合作，推动烟台万华实业集团追加1亿美元投资，对其收购的宝思德公司捷克工厂进行现代化改造。"一带一路"建设增进了中捷两国人民的交往，促进了两国的民心相通，促进了普通民众对双方国家的国情和文化的理解，中捷双边关系的社会基础越来越坚实。

  本书在结构上分为三篇。第一篇是有关捷克基本国情的全面阐述，包括捷克的综合国力评价、人口状况、资源禀赋、基础设施、产业结构、政治生态、民族宗教及对外关系等，旨在为读者呈现捷克国家、社会、政治、经济、外交各领域的面貌。第二篇为专题研究，重点考察捷克的中长期发展战略、投资与营商环境、研发与创新能力、气候保护政策、教育体系与制度、劳动力市场与劳动保障制度、重要城市及区域影响、政治变迁与疑欧主义、国防与军事和在捷中国移民的融合与发展等经济、社会和军事等议题。第三篇则关注中国与捷克双边关系的发展，尤其是"一带一路"倡议框架下的政治历史关系、捷克智库和媒体对华态度、贸易投资合作、金融与银行合作、人文交流合作、旅游合作和地方合作，分析所取得的成果、面临的挑战和发展潜力。

  本书各章的写作立足于服务"一带一路"倡议的现实需要，强调问题导向，重视综合性研究、跨学科研究和实证研究，各章写作力图做到客观、准确地呈现捷克方方面面的现状和发展态势，并试图为推进国别研究建立一般的分析框架和研究方法。本书是近年来国内对捷克国别研究在内容方面较为全面、体例较为完整、研究方法多样的一本著述。体现了基础研究与应用研究的结合、国别研究与领域研究的结合、定量研究与定性研究的结合这三个方面的特征。所引用的资料主要来源于捷克统计局、欧盟统计局以及联合国、世界银行等权威机构。本书既可为广大普通读者加深对捷克的认识提供助益，也可为专业人士深化捷克的国别研究提供参考。

  在此，请允许我对所有参加此书编写工作的专家学者表示真诚的感谢！首先我要感谢"一带一路"国别研究重大项目首席专家，上海社会科学院王振副院长的总体设计和领导。其次，要感谢捷克国别研究团队各位作者的辛勤工作与精诚合作！特别要感谢我所在的上海社会科学院国际问题研究所所长王健研究员的指导，副所长李开盛研究员的大力协调！由于受限于时间、资料和本人的学术积累，书中难免会存在错误和纰漏之处，欢迎读者批评指正。

胡丽燕

目　录

第一篇　基本国情研究

第一章　综合国力评估 ……………………………………………（3）
　　第一节　综合国力评估 …………………………………………（3）
　　第二节　指标分类评价 …………………………………………（13）

第二章　人口结构 …………………………………………………（24）
　　第一节　人口发展状况 …………………………………………（24）
　　第二节　人口年龄结构 …………………………………………（33）
　　第三节　人口受教育情况及就业状况 …………………………（41）
　　第四节　国际移民情况 …………………………………………（46）
　　第五节　首都布拉格人口发展情况 ……………………………（50）

第三章　资源禀赋 …………………………………………………（52）
　　第一节　土地资源 ………………………………………………（52）
　　第二节　矿产资源 ………………………………………………（74）
　　第三节　能源资源 ………………………………………………（79）
　　第四节　生物资源 ………………………………………………（83）
　　第五节　遗产资源 ………………………………………………（86）

第四章　基础设施 …………………………………………………（95）
　　第一节　交通运输产业情况 ……………………………………（95）
　　第二节　交通基础设施 …………………………………………（101）

目录

  第三节　通信基础设施 …………………………………………（116）
  第四节　能源基础设施 …………………………………………（119）
  第五节　基础设施发展规划 ……………………………………（122）

第五章　产业结构 ……………………………………………………（124）
  第一节　产业结构概况 …………………………………………（125）
  第二节　重点工业 ………………………………………………（135）
  第三节　重点服务业 ……………………………………………（143）

第六章　政治生态 ……………………………………………………（147）
  第一节　政治结构 ………………………………………………（147）
  第二节　众议院选举 ……………………………………………（153）
  第三节　主要政党 ………………………………………………（161）
  第四节　近年来政治生态的主要特征 …………………………（167）

第七章　民族与宗教 …………………………………………………（180）
  第一节　民族形成与现状 ………………………………………（180）
  第二节　宗教发展历史与现状 …………………………………（192）

第八章　捷克外交政策 ………………………………………………（204）
  第一节　基于国家利益的外交政策原则和目标 ………………（204）
  第二节　捷克与主要大国关系 …………………………………（207）
  第三节　捷克的地区政策 ………………………………………（216）

第二篇　重大专题研究

第一章　中长期发展战略 ……………………………………………（223）
  第一节　捷克 2030 战略框架 …………………………………（223）
  第二节　着眼未来的发展战略：经济、创新、发展合作………（232）
  第三节　经济社会中长期发展战略前瞻 ………………………（244）

第二章 营商环境 …… (250)
第一节 投资与营商环境概况 …… (251)
第二节 投资与营商环境发展 …… (254)
第三节 投资与营商环境重要环节 …… (258)
第四节 营商环境优势与潜在投资风险 …… (271)

第三章 研发与创新能力 …… (282)
第一节 捷克的创新能力 …… (282)
第二节 捷克的创新体系 …… (287)
第三节 近年来的创新发展战略 …… (288)
第四节 捷克创新发展的未来优势 …… (295)
结 语 …… (298)

第四章 气候保护政策 …… (300)
第一节 气候保护政策 …… (301)
第二节 减排政策措施 …… (311)
第三节 参与全球气候治理 …… (321)

第五章 教育体系与制度 …… (328)
第一节 教育体制的总体特征 …… (328)
第二节 教育体系的基本结构 …… (337)
第三节 博洛尼亚进程和教育体制改革 …… (349)

第六章 劳动力市场与劳动法 …… (358)
第一节 失业率 …… (358)
第二节 就业及劳动力结构 …… (361)
第三节 工资制度 …… (365)
第四节 社会保险与福利制度 …… (368)
第五节 劳动法 …… (374)

第七章　重要城市及其影响力 (382)
第一节　重点城市 (382)
第二节　城市体系与重点城市规模的变化与趋势 (385)
第三节　首都布拉格的经济发展与区域影响 (391)
第四节　重点城市布尔诺及南摩拉维亚的经济发展与区域影响 (408)

第八章　捷克的疑欧主义与历史变迁 (420)
第一节　疑欧主义 (420)
第二节　捷克民众对欧盟的信任度——以欧盟晴雨表为基础 (425)
第三节　捷克政治家的疑欧主义态度 (430)
第四节　政党政治变迁中的疑欧主义 (433)
第五节　捷克疑欧主义的根源 (442)
结　语 (449)

第九章　国防与军事 (450)
第一节　国防与军事的基本情况 (450)
第二节　国防战略 (459)
第三节　国防发展的趋势 (465)
第四节　安全合作视角下中国"一带一路"倡议中的捷克角色 (473)

第十章　在捷中国移民的融合与发展 (475)
第一节　转型以来捷克移民政策概况 (476)
第二节　在捷中国移民的社会状况 (477)
第三节　中国移民社会融合与联结 (481)
第四节　对第二代移民社会融合的认知 (484)

第三篇　双边关系研究

第一章　中捷关系的历史与前景 (489)
第一节　捷克斯洛伐克时期的中捷关系（1949—1992） (489)
第二节　捷克共和国时期的中捷关系（1993年至今） (498)
第三节　中捷关系的影响因素 (507)
第四节　中捷关系的发展前景 (516)

第二章　捷克智库和媒体对华态度 (526)
第一节　中国—中东欧合作及"一带一路"建设背景下的捷克智库对华研究 (526)
第二节　捷克媒体眼中的中国
——基于捷克媒体涉华报道的指标分析 (541)
第三节　如何看待捷克智库及媒体的对华态度 (553)

第三章　"一带一路"倡议与贸易投资合作 (557)
第一节　双边贸易规模 (557)
第二节　双边贸易结构与失衡 (563)
第三节　双边贸易互补性与依存度 (571)
第四节　双边投资规模与潜力 (577)

第四章　"一带一路"倡议下的金融与银行合作 (589)
第一节　捷克金融和银行系统概况 (589)
第二节　中捷金融与银行合作概况 (618)
第三节　中捷金融与银行深化合作机遇 (627)

第五章　"一带一路"倡议与人文交流与合作 (636)
第一节　文化与艺术交流 (637)
第二节　汉学（中国学）研究与文学翻译 (640)

  第三节 教育交流与合作 ……………………………………（647）
  第四节 科技与医疗卫生合作 ……………………………（651）
  第五节 人文交流的前景与建议 …………………………（658）

第六章　"一带一路"倡议与旅游合作 ……………………………（661）
  第一节 中捷"一带一路"建设旅游合作的发展背景 ………（661）
  第二节 中捷"一带一路"建设旅游合作的发展态势 ………（669）
  第三节 "一带一路"建设旅游合作的发展趋势 ……………（678）

第七章　中捷关系中的地方合作：以浙江省为例 ……………（685）
  第一节 中国与捷克（中东欧）关系中的地方合作 ………（685）
  第二节 中国与捷克（中东欧）地方合作的浙江探索 ………（690）
  第三节 案例启示 …………………………………………（700）

参考文献 ……………………………………………………………（703）

中捷大事记 …………………………………………………………（714）

第一篇
基本国情研究

第一章 综合国力评估

综合国力评估是对一个国家基本国情的总体判断，也是我们进行国与国之间比较的基础。综合国力是一个系统的概念，涉及基础国力、消费能力、贸易能力、创新能力和营商环境。如何将其度量、量化是本章的主要工作。本章试图通过数量化的指标体系对捷克的综合国力进行评估，进而认识捷克在"一带一路"国家和在全世界国家和地区中的排名。

第一节 综合国力评估

本章通过数量化的指标体系对捷克的综合国力进行评估。

一 指标体系构建原则

指标体系构建原则是旨在反映一个国家在一段时期内的综合国力。在参考国际指标体系和竞争力指标的基础上，立足于"一带一路"国家的特点，提出了"一带一路"国家综合国力指数，旨在揭示"一带一路"国家的综合国力和基本国情，以便可以更好地判断"一带一路"国家的实际情况。

评估国家综合国力的内容丰富且角度多样。裴长洪和王镭[1]指出，国际竞争力有产品竞争力、企业竞争力、产业竞争力以及国家竞争力之分。从国际贸易角度出发，国际竞争力被视为比较优势，即一国之所以比其他国家或企业有竞争优势，主要是因为其在生产率、生产要素方面有比较优

---

[1] 裴长洪、王镭：《试论国际竞争力的理论概念与分析方法》，《中国工业经济》2002 年第 4 期。

势。从企业角度出发,国际竞争力被定义为企业的一种能力,国际经济竞争实质上是企业之间的竞争。从国家角度出发,国际竞争力被视为提高居民收入和生活水平的能力。美国总统产业竞争力委员会在1985年的《总统经济报告》中将国家竞争力定义为:"在自由和公平的市场环境下,保持和扩大其国民实际收入的能力。"从经济学视角来看,关于各类竞争力的讨论分别对应着微观、中观和宏观层次。

不同于以往的国家综合国力指数,"一带一路"国家综合国力评估立足于发展。发展是"一带一路"国家的本质特征,我们从基础国力、消费能力、贸易能力、创新能力和营商环境五个方面评估"一带一路"国家发展的综合实力和潜力。

要建立一个科学、合理的"一带一路"国家国情评估体系,就需要一个清晰、明确的构建原则:

(1) 系统性原则。指标体系的设置要能全面反映"一带一路"沿线国家的发展水平,形成一个层次分明的整体。

(2) 通用性原则。指标体系的建立需要实现统一标准,以免指标体系混乱而导致无法进行对比分析,指标的选取要符合实际情况和大众的认知,要有相应的依据。

(3) 实用性原则。评估"一带一路"沿线各国国情的目的在于反映其发展状况,为宏观调控提供可靠的依据。因此设置的评估指标数据要便于搜集和处理,要合理控制数据量,以免指标所反映的信息出现重叠的情况。

(4) 可行性原则。在设置评估指标时,要考虑到指标数据的可获得性,需要舍弃难以获取的指标数据,采用其他相关指标进行弥补。

合理选取指标和构建综合国力指数评价体系,有利于真实、客观地反映"一带一路"国家的发展质量与综合水平。本书在回顾既有研究成果的基础上,聚焦"国情"和"综合",结合"一带一路"国家发展实践,遵循综合国力指数构建原则,构建一套系统、科学、可操作的评估指标体系。

构建方法是:第一步,对原始数据进行标准化处理;第二步,按照各级指标进行算术加权平均;第三步,得出相应数值并进行排名。

这一指数的基础数据主要来源于世界贸易组织(WTO)、国际竞争力报告、联合国贸发会议（UNCTAD）、世界银行（WB）、国际货币基金组织（IMF）、世界知识产权组织（WIPO）、联合国开发计划署（UNDP）、联合国教科文组织（UNESCO）、世界能源理事会（WEC）、社会经济数据应用中心（SEDAC）以及"一带一路"国家数据分析平台等。①

在数据的可得性方面，指数所涉及的统计数据存在缺失的情况，特别是一些欠发达国家的数据。为了体现指数的完整性和强调指数的横向比较性，对于缺失的数值，我们参考过去年份的统计数据，采取插值法予以补足。

二 指标体系构建内容

本章拟构建一个三级指标体系来对一个国家的综合国力进行评估。

（一）一级指标

本章的综合国力主要基于"一带一路"国家发展特点的评估而提出，在选择基本指标时，我们倾向于关注国家的发展潜力，所以一级指标体系包括四个"力"和一个"环境"，分别为基础国力、消费能力、贸易能力、创新能力和营商环境。

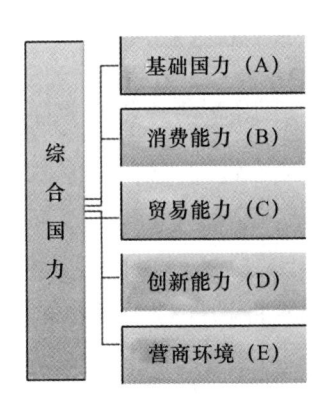

图Ⅰ-1-1 "一带一路"国家综合国力一级指标

资料来源：作者自制。

---

① 参见上海社会科学院承办建设的国家级丝路信息数据库——丝路信息网（http://www.sinlkroadinfo.org.cn）。

（二）二级指标

关于基础国力（A），我们设置了四个二级指标，分别是资源禀赋（A1）、人口状况（A2）、教育水平（A3）和基础设施（A4）。

关于消费能力（B），我们设置了两个二级指标，分别是消费总量（B1）和消费结构（B2）。

关于贸易能力（C），我们设置了两个二级指标，分别是进口能力（C1）和出口能力（C2）。

关于创新能力（D），我们设置了三个二级指标，分别是创新人才（D1）、研发投入（D2）和创新成果（D3）。

关于营商环境（E），我们设置了四个二级指标，分别是制度环境（E1）、投资安全（E2）、外商政策（E3）和公共服务（E4）。

（三）三级指标

三级指标共有139个（具体见表Ⅰ-1-1）。

表Ⅰ-1-1　　"一带一路"国家综合国力指标

一级指标	二级指标	三级指标	三级指标代码
基础国力（A）	资源禀赋（A1）	地表面积（平方千米）	A101
		可再生内陆淡水资源总量（立方米）	A102
		耕地面积（公顷）	A103
	人口状况（A2）	总人口数（人）	A201
		城市人口数（人）	A202
		农村人口数（人）	A203
		少儿人口抚养比	A204
		老龄人口扶养比	A205

续表

一级指标	二级指标	三级指标	三级指标代码
基础国力（A）	教育水平（A3）	中学教育入学率（%）	A301
		教育体系的质量	A302
		数学和科学教育质量	A303
		管理类教育质量	A304
		学校互联网普及程度	A305
		基础教育质量	A306
		基础教育入学率（%）	A307
	基础设施（A4）	总体基建水平	A401
		公路长度（千米）	A402
		铁路长度（千米）	A403
		港口效率	A404
		空中运输	A405
		航线客座千米（百万千米/每周）	A406
		电力供应	A407
		手机普及程度（每百人）	A408
		固定电话数（每百人）	A409
消费能力（B）	消费总量（B1）	GDP（PPP）（百万美元）	B101
		国内市场规模指数	B102
	消费结构（B2）	人均消费（底层40%的人口；美元/天）	B201
		人均消费（总人口；美元/天）	B202
		人均实际消费年化增长率（底层40%的人口;%)	B203
		人均实际消费年化增长率（总人口;%)	B204

续表

一级指标	二级指标	三级指标	三级指标代码
贸易能力（C）	进口能力（C1）	保险和金融服务（占商业服务进口的比例；%）	C101
		商业服务进口（现价美元）	C102
		运输服务（占商业服务进口的比例；%）	C103
		旅游服务（占商业服务进口的比例；%）	C104
		货物进口（现价美元）	C105
		农业原料进口（占货物进口总额的比例；%）	C106
		食品进口（占货物进口的比例；%）	C107
		燃料进口（占货物进口的比例；%）	C108
		制成品进口（占货物进口的比例；%）	C109
		矿石和金属进口（占货物进口的比例；%）	C110
		通信、计算机和其他服务（占商业服务进口的比例；%）	C111
	出口能力（C2）	保险和金融服务（占商业服务出口的比例；%）	C201
		商业服务出口（现价美元）	C202
		运输服务（占商业服务出口的比例；%）	C203
		旅游服务（占商业服务出口的比例；%）	C204
		货物出口（现价美元）	C205
		农业原料出口（占货物出口总额的比例；%）	C206
		食品出口（占货物出口的比例；%）	C207
		燃料出口（占货物出口的比例；%）	C208
		制成品出口（占货物出口的比例；%）	C209
		矿石和金属出口（占货物出口的比例；%）	C210
		通信、计算机和其他服务（占商业服务出口的比例；%）	C211

续表

一级指标	二级指标	三级指标	三级指标代码
创新能力（D）	创新人才（D1）	高等教育入学率（%）	D101
		留住人才能力	D102
		吸引人才能力	D103
		科学家和工程师水平	D104
		每百万人中R&D研究人员（人）	D105
		每百万人中R&D技术人员（人）	D106
	研发投入（D2）	研发支出占GDP比例（%）	D201
		最新技术有效利用程度	D202
		企业的科技运用能力	D203
		科学研究机构的质量	D204
		企业研发投入	D205
		产学研一体化程度	D206
		政府对高科技产品的采购	D207
		FDI和技术转化	D208
		互联网使用者人口（%）	D209
		固定宽带用户（每百人）	D210
		互联网带宽	D211
		移动互联网用户（每百人）	D212
	创新成果（D3）	非居民专利申请数（个）	D301
		居民专利申请数（个）	D302
		商标申请（直接申请，非居民；个）	D303
		商标申请（直接申请，居民；个）	D304
		商标申请合计（个）	D305
		高科技产品出口（现价美元）	D306
		在科学和技术学术期刊上发表的论文数（篇）	D307
		高科技产品出口占制成品出口的比例（%）	D308
		工业设计应用数量（非居民；个）	D309
		工业设计应用数量（居民；个）	D310
		非居民商标申请（个）	D311
		居民商标申请（个）	D312
		中高技术产品出口占制成品出口的比例（%）	D313

续表

一级指标	二级指标	三级指标	三级指标代码
营商环境（E）	制度环境（E1）	有形产权保护	E101
		知识产权保护	E102
		公共基金的多样性	E103
		政府公信力	E104
		政府的廉政性	E105
		公正裁决	E106
		政府决策偏袒性	E107
		政府支出效率	E108
		政府管制负担	E109
		争端解决机制的法律效率	E110
		改变陈规的法律效率	E111
		政府政策制定透明程度	E112
		审计和披露标准力度	E113
		公司董事会效能	E114
		金融服务便利程度	E115
		金融服务价格合理程度	E116
		股票市场融资能力	E117
		贷款便利程度	E118
		风险资本便利程度	E119
	投资安全（E2）	公安机关的信任度	E201
		恐怖事件的商业成本	E202
		犯罪和暴力的商业成本	E203
		有组织的犯罪	E204
		中小股东利益保护	E205
		投资者保护（0—10分）	E206
		银行的安全性	E207
	外商政策（E3）	当地竞争充分程度	E301
		市场的主导地位	E302
		反垄断政策力度	E303
		税率对投资刺激的有效性	E304
		总体税率（%利润）	E305
		开办企业的步骤	E306
		开办企业的耗时天数	E307
		农业政策成本	E308
		非关税壁垒的广泛程度	E309
		关税	E310
		外资企业产权保护	E311

续表

一级指标	二级指标	三级指标	三级指标代码
营商环境（E）	公共服务（E4）	当地供应商数量	E401
		当地供应商质量	E402
		产业集群发展	E403
		自然竞争优势	E404
		价值链宽度	E405
		国际分销控制能力	E406
		生产流程成熟度	E407
		营销能力	E408
		授权意愿	E409
		劳动和社会保障计划的覆盖率（占总人口的百分比）	E410
		劳动和社会保障计划的充分性（占受益家庭总福利的百分比）	E411
		20%最贫困人群的劳动和社会保障计划的受益归属（占总劳动和社会保障计划受益归属的百分比）	E412
		失业救济和积极劳动力市场计划的覆盖率（占总人口的百分比）	E413
		20%最贫困人群的失业救济和积极劳动力市场计划的受益归属（占总失业救济和积极劳动力市场计划受益归属的百分比）	E414
		社会安全网计划的覆盖率（占总人口的百分比）	E415
		社会安全网计划的充分性（占受益家庭总福利的百分比）	E416
		20%最贫困人群的社会安全网计划的受益归属（占总安全网受益归属的百分比）	E417
		社会保险计划的覆盖率（占总人口的百分比）	E418
		社会保险计划的充分性（占受益家庭总福利的百分比）	E419

从图Ⅰ-1-2中我们可以发现,捷克的综合国力在"一带一路"国家中排第8名,在世界141个国家和地区中排第32名。2019年,捷克的人口总数是1060万人,人均GDP为22850.3美元,失业率为2.4%,基尼系数为25.9,可再生能源消费比重为14.8%。在2014年至2019年的5年间,FDI流入占GDP的比重为3.3%;在2009年至2019年的10年间,GDP增长率为20%。

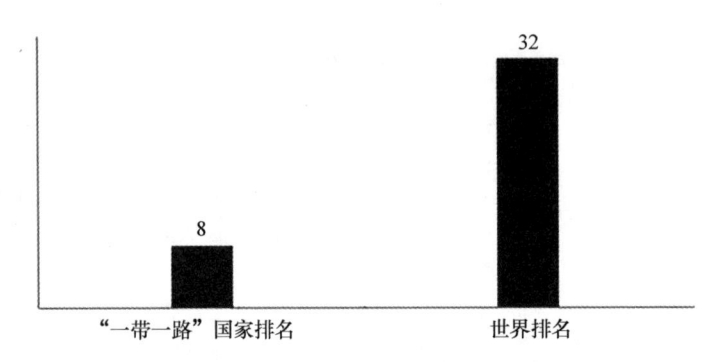

图Ⅰ-1-2 捷克的综合国力排名(名)

资料来源:作者自制。

图Ⅰ-1-3为我们展现了五大分指标的排名顺序。从图Ⅰ-1-3中我们

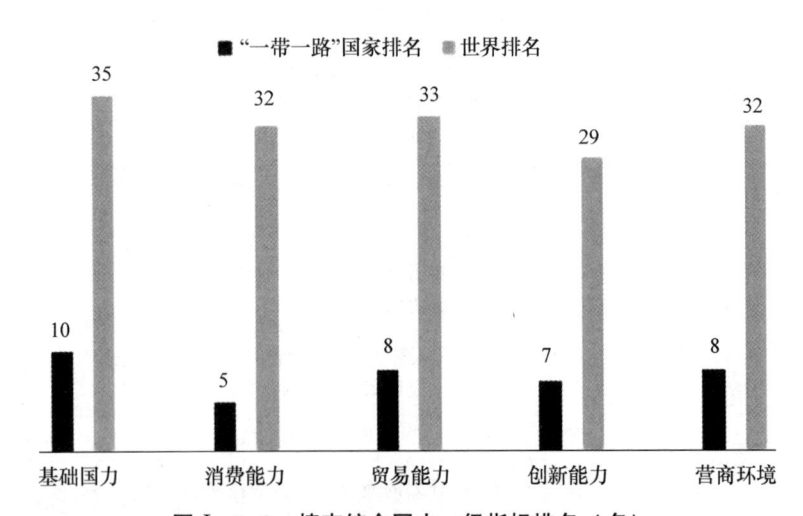

图Ⅰ-1-3 捷克综合国力一级指标排名(名)

资料来源:作者自制。

可以发现，捷克的基础国力在"一带一路"国家中排第10名，在世界141个国家和地区中排第35名。捷克的消费能力在"一带一路"国家中排第5名，在世界141个国家和地区中排第32名。捷克的贸易能力在"一带一路"国家中排第8名，在世界141个国家和地区中排第33名。捷克的创新能力在"一带一路"国家中排第7名，在世界141个国家和地区中排第29名。捷克的营商环境在"一带一路"国家中排第8名，在世界141个国家和地区中排第32名。

第二节 指标分类评价

一 基础国力评价

基础国力是衡量一国在资源禀赋、人口状况、教育水平和基础设施方面的能力。从图Ⅰ-1-4中我们可以看到，捷克的资源禀赋在"一带一路"国家中排第12名，在世界141个国家和地区中排第36名。

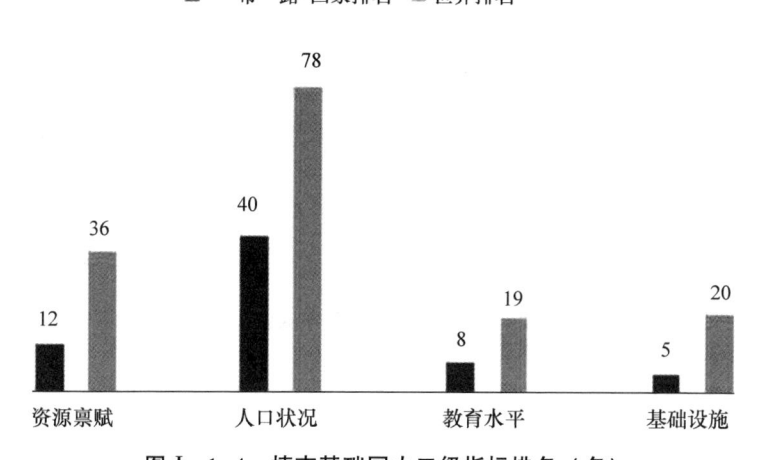

图Ⅰ-1-4 捷克基础国力二级指标排名（名）

资料来源：作者自制。

捷克是欧洲中部内陆国家。其东部同斯洛伐克接壤，南部毗邻奥地利，西部同德国相接，北部毗邻波兰，国土面积为78866平方千米。捷克西北部为高原，东部为喀尔巴阡山脉，中部为河谷地。捷克平均海拔为450米，最低海拔为 115 米,最高海拔为 1602 米。捷克褐煤、硬煤和铀资源较丰富,其中褐煤和硬煤储量约为 134 亿吨,分别居世界第五位和欧洲第三位。石油、天然气和铁矿砂储量很小,基本依赖进口。其他矿物资源有锰、铝、锌、萤石、石墨和高岭土等。捷克森林资源丰富,森林覆盖面积达 265.5 万公顷,森林覆盖率为 34%,在欧盟居第 12 位。主要树种有云杉、松树、冷杉、榉木和橡木等。森林木材储量为 6.78 亿立方米,平均每公顷为 264 立方米。从所有权上看,60.32%的森林归国家所有,地方州市及林业合作社拥有 17.63%,私人拥有 22.05%。从用途上看,商业用材林占 75%,特种林占 22.3%,自然保护林占 2.7%。捷克拥有 420 万公顷农业用地,其中有 300 万公顷耕地,农产品基本实现自给自足。

捷克的人口状况在"一带一路"国家中排第 40 位,在世界 141 个国家和地区中排第 78 位。2019 年底,捷克人口为 1069 万人。10 万人以上的城市有布拉格、布尔诺、俄斯特拉发、比尔森、利贝雷茨和奥洛穆茨。

图Ⅰ-1-5 为捷克的城市人口分布状况,我们看到捷克的城市人口分布呈现出 U 形发展态势,在 1980 年左右触底后,人口逐步向大城市集聚。

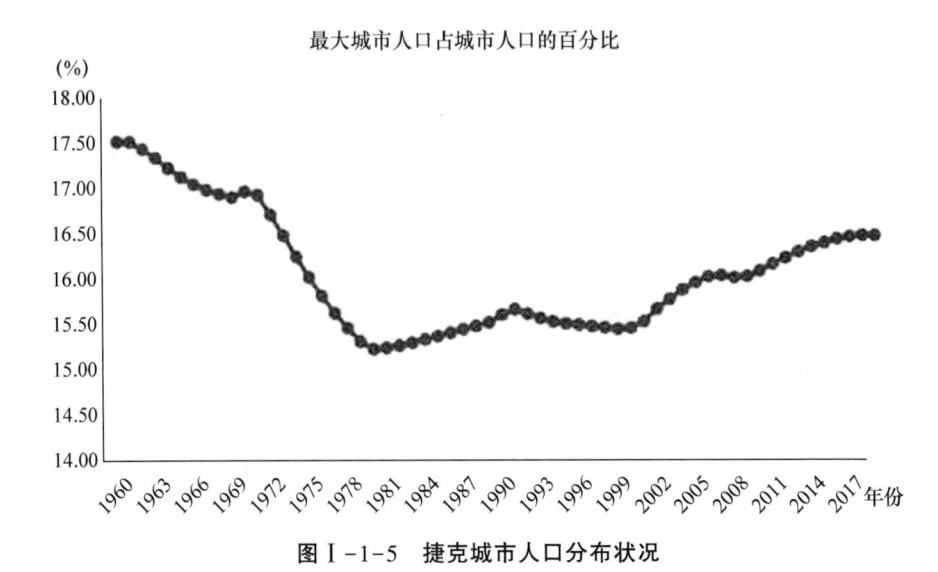

图Ⅰ-1-5 捷克城市人口分布状况

资料来源:世界银行数据库,https://data.wordbank.org/indicator。

捷克实行九年制基础义务教育。高中、大学实行自费和奖学金制,但国家对学生住宿费给予补贴。中等教育分为普通高中、技术高中和职业高中三种类型，每种类型的毕业生都可以报考大学。捷克的教育水平在"一带一路"国家中排第 8 位，在世界 141 个国家和地区中排第 19 位。捷克高等教育包括大学教育和高职教育。高职教育学制 3 年至 3.5 年，修完 3 年者可获得专科文凭。截至 2017 年底，捷克共有 66 所大学，其中 26 所公立大学，38 所私立大学，2 所国立大学。大学在校生为 29.9 万人。毕业生可获得大学毕业证书、学士学位、硕士学位或工程师称号。获得硕士学位和工程师称号的可继续攻读博士研究生，学制 3—4 年。捷克的著名大学有布拉格查理大学和捷克技术大学等。为适应欧洲高等教育区建设，绝大多数学历课程经过了学制改革，实行学士、硕士、博士三级学位制度。大多数公立高校和部分私立高校采取欧洲学分转移制度（ECTS）。捷克对师资要求比较严格，幼儿教师要从四年制中等师范学校毕业，其他层次师资必须获得高等教育学历，通常需要硕士学历。图Ⅰ-1-6 为捷克的教育程度变化情况，我们看到捷克的高等教育累计百分比不断提高，男性和女性的累计受教育程度差距不断缩小。结合图Ⅰ-1-7 可知，捷克的教育支出正稳步上升，在过去 20 年里，政府教育支出占政府支出的比例维持在 8% 以上。

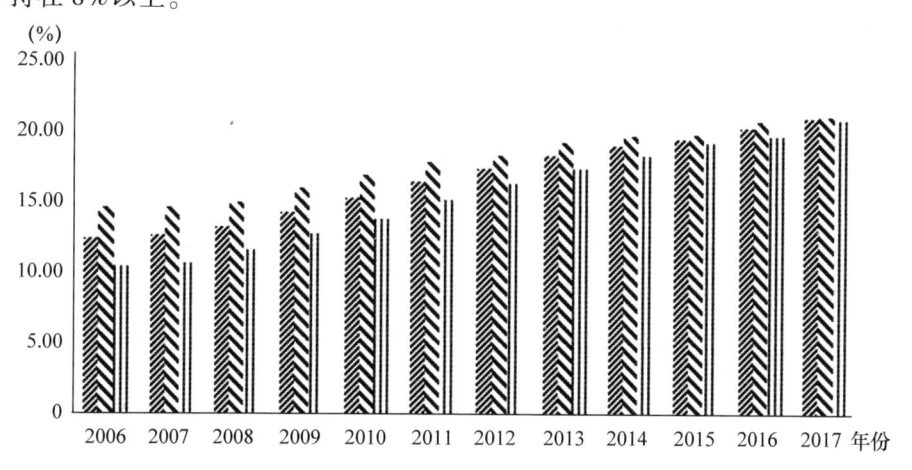

图Ⅰ-1-6 捷克教育程度变化

资料来源：世界银行数据库，https://data.wordbank.org/indicator。

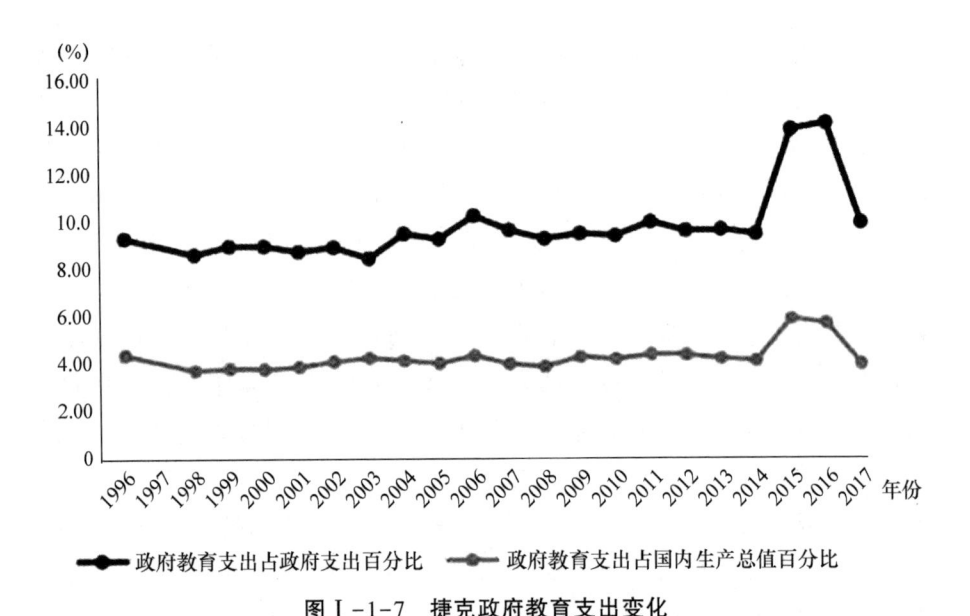

图Ⅰ-1-7 捷克政府教育支出变化

资料来源：世界银行数据库，https://data.wordbank.org/indicator。

从图Ⅰ-1-4中我们可以看到，捷克的基础设施在"一带一路"国家中排第5位，在世界141个国家和地区中排第20位。捷克地处中欧，与周边国家均有高速公路连接。捷克统计局数据显示，截至2018年底，捷克公路通车总里程为5.58万千米，其中，高速公路为1252千米，其他公路为5.45万千米。另有欧洲公路网2628千米。2019年，捷克公路客运量为3.5亿人次，货运量为5.04亿吨。捷克的铁路与欧洲各国联网，乘火车可抵达欧洲各主要城市。图Ⅰ-1-8为捷克铁路线长度变化。截至2018年底，捷克有实际运营铁路9572千米。其中，电气化铁路3235千米，非电气化铁路6337千米。铁路密度为12千米/每百平方千米。2019年，捷克铁路客运量为1.94亿人次，货运量为9853万吨。另外，捷克有城市电力牵引公共交通运营线路总长802.2千米，其中，无轨电车道为385.4千米，有轨电车道为351.7千米，地铁为65.1千米。

二 消费能力评价

消费能力是衡量一国内需的能力，消费能力包括了市场规模、人均GDP和人均消费增长等能力。从图Ⅰ-1-10中，我们可以发现，捷克的

(千米)

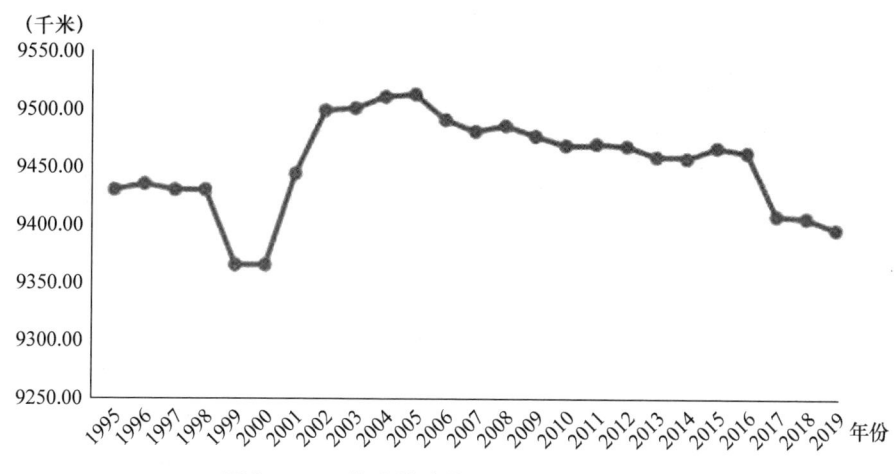

图Ⅰ-1-8　捷克铁路线总长度各年变化情况

资料来源：世界银行数据库，https：//data.wordbank.org/indicator.

消费总量在"一带一路"国家中排第6名，在世界141个国家和地区中排第33名。捷克的消费结构在"一带一路"国家中排第5名，在世界141个国家和地区中排第31名。

2019年，捷克的生产资料销售总额为4.3万亿克朗（约合1889亿美元），消费品（不含汽车）零售总额为12156亿克朗（约合530亿美元）。

2019年，捷克人的平均月工资约为34125克朗（约合1488美元），同比增长7.1%。根据捷克统计局发布的数据，2016年捷克居民年人均消费净支出为12.6万克朗（约合5386美元），其中，住房、水电、天然气等项支出最多，占家庭总支出的20.8%；食品（含非酒精类饮料）占19.8%；交通费用占11%，文化娱乐支出占9.5%，日常家庭维护支出（包括家具购买等）占6.1%，餐馆和酒店消费占5.7%，服装和鞋类支出占5.1%，手机等通信费占4.1%，烟酒类产品支出占2.9%，健康方面支出占2.6%，教育支出占0.5%，其他服务业包括保险和个人护理等方面支出则占11.8%左右。

同欧盟其他国家相比，捷克的物价水平整体上相对较低，约是欧盟平均物价的70%。2020年4月底，当地基本生活品的物价水平是：大米为2.08美元/公斤，面粉为0.53美元/公斤，猪肉为6.3美元/公斤，牛肉为14.1美元/公斤，牛奶为1.2美元/升，鸡蛋为0.17美元/个，西红柿为2.9美元/公斤，土豆为0.87美元/公斤，苹果为1.7美元/公斤，矿泉水为0.3美元/升，食用油为1.7美元/升。

受新冠疫情影响，生活用品价格上涨较多的是蔬菜水果，2020年4月平均上涨25%，因为捷克果蔬多从疫情严重的南欧进口。捷克国内消杀物资出现短缺。从图Ⅰ-1-9中，我们看到捷克家庭收入人均净额不断上升。

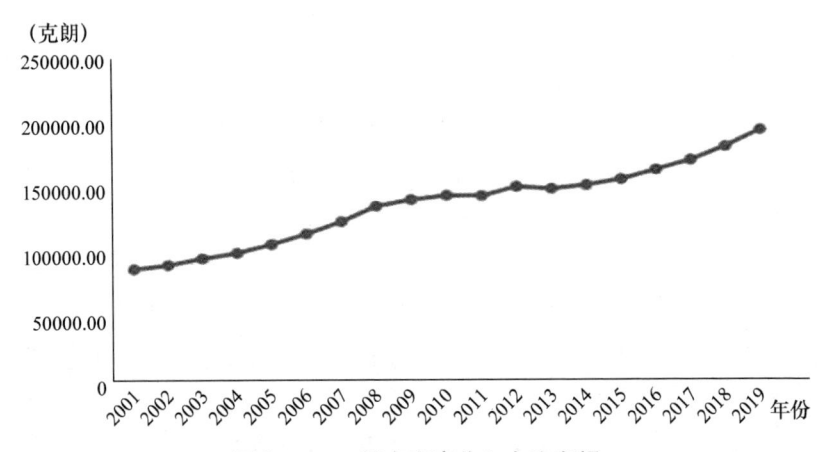

图Ⅰ-1-9　捷克家庭收入人均净额

资料来源：世界银行数据库，https://data.wordbank.org/indicator。

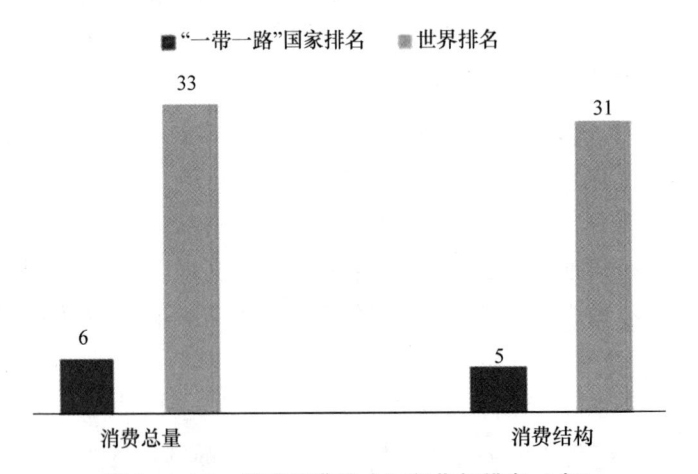

图Ⅰ-1-10　捷克消费能力二级指标排名（名）

资料来源：作者自制。

三 贸易能力评价

贸易能力是衡量一国对外开放的能力，是一国向全世界提供产品和为全世界提供消费市场的能力。从图Ⅰ-1-12中，我们可以发现，捷克的进口能力在"一带一路"国家中排第8名，在世界141个国家和地区中排第33名。捷克的出口能力在"一带一路"国家中排第9名，在世界141个国家和地区中排第34名。

2019年，捷克对外贸易总额为3761亿美元，其中，出口额为1990亿美元，进口额为1771亿美元，贸易顺差为219亿美元。捷克主要贸易伙伴国有德国、波兰、斯洛伐克、中国、法国、俄罗斯、奥地利、意大利、英国、荷兰等。2019年，中国成为捷克第二大贸易伙伴。

捷克主要出口商品包括车辆、机械设备、电子产品、化工医药产品等；进口商品主要包括机械产品、电子产品、电信设备、通用机械、石油及其产品、轻工产品、食品等。图Ⅰ-1-11为近年来捷克对外贸易状况，我们看到疫情对于捷克的对外贸易状况影响有限，从2020年下半年起，捷克的进出口额都有所回升。

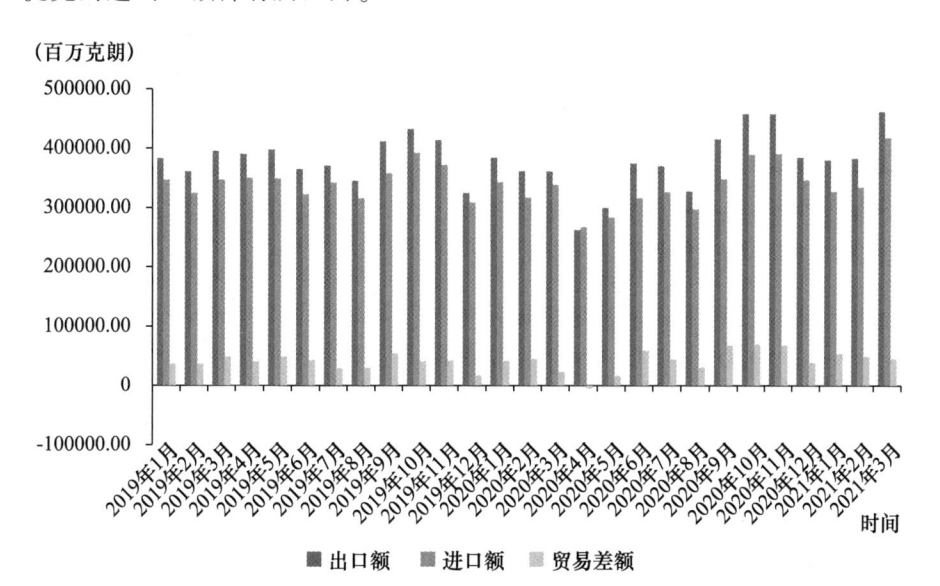

图Ⅰ-1-11 捷克的货物贸易状况

资料来源：世界银行数据库，https://data.wordbank.org/indicator。

■ "一带一路"国家排名　■ 世界排名

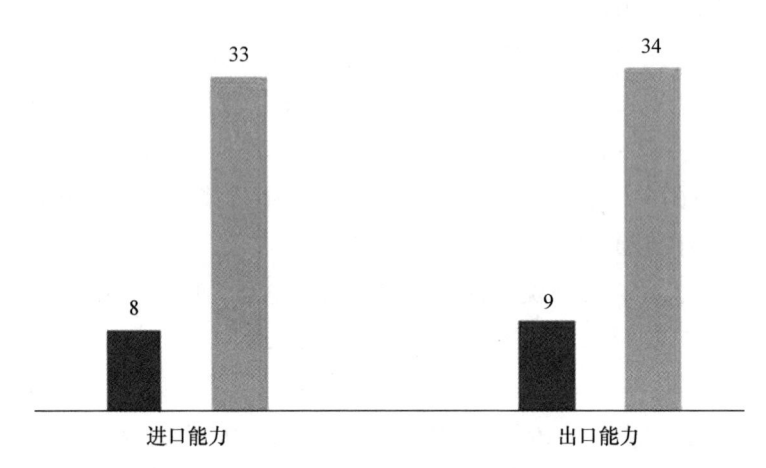

图Ⅰ-1-12　捷克贸易能力二级指标排名（名）

资料来源：作者自制。

捷克于2004年5月加入欧盟，其产品主要出口到其他欧盟成员国。2019年，捷克出口欧盟的产品占其出口产品的总额的83.79%。此外，捷克积极发展同独联体、中东、亚洲、拉美及非洲国家的经贸关系，以逐步实现市场多元化，减少对欧盟市场的依赖。但是，自2014年以来，由于乌克兰危机以及欧盟对俄罗斯的制裁，捷克对乌克兰出口额大幅下降，对俄罗斯等国的出口额也出现下滑。

四　创新能力评价

创新能力是一个国家高质量发展的基础动力。习近平主席在国际合作高峰论坛上提到"创新就是生产力，企业赖之以强，国家赖之以盛。我们要顺应第四次工业革命发展趋势，共同把握数字化、网络化、智能化发展机遇，共同探索新技术、新业态、新模式，探寻新的增长动能和发展路径，建设数字丝绸之路、创新丝绸之路"。

捷克的创新人才在"一带一路"国家中排第7名，在世界141个国家和地区中排第30名。

捷克的研发投入在"一带一路"国家中排第8名，在世界141个国家和地区中排第29名。2019年1月，捷克政府研发和创新委员会（RVVI）

■ "一带一路"国家排名　■ 世界排名

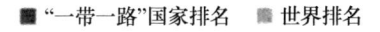

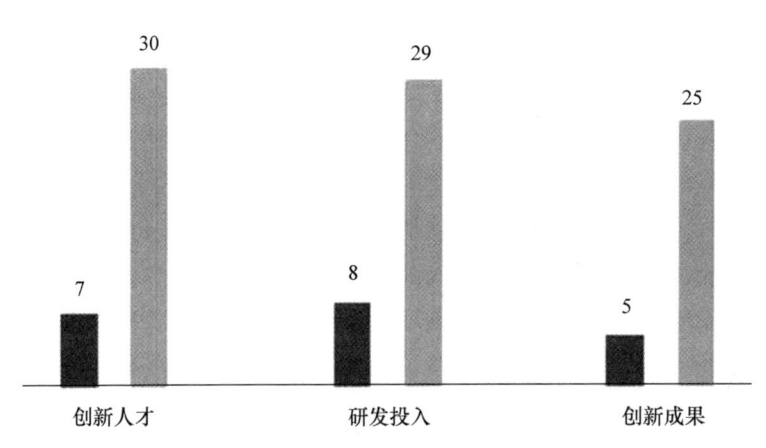

图Ⅰ-1-13　捷克创新能力二级指标排名（名）

资料来源：作者自制。

批准了《2019—2030年国家创新战略》，致力于将捷克打造成欧洲极具创新力的国家之一。该战略包括九大支柱，涉及研发、数字化、知识产权、智慧投资与营销等方面，同时拟提高捷克在研发领域的投入。2018年捷克研发投入占GDP的比重约为1.79%，低于欧盟平均水平。捷克计划到2025年使研发投入占GDP的比重达到2.5%，2030年提高至3%。

捷克的创新成果在"一带一路"国家中排第5位，在世界141个国家和地区中排第25位。

五　营商环境评价

营商环境是指市场主体在准入、生产经营、退出等过程中所涉及的政务环境、市场环境、法治环境、人文环境等有关外部因素和条件的总和。捷克被认为是经济成功转型的国家，人均吸引外资额在中东欧地区名列前茅。1998年，捷克实施《投资鼓励法》，鼓励外国直接投资进入捷克。据捷克央行统计，2019年，捷克吸收外资流量为75.76亿美元；截至2018年底，捷克吸收外资存量为1642.25亿美元。从图Ⅰ-1-14中我们看到，捷克在2013年至2020年外商直接投资呈现出震荡态势。

图 I-1-14 捷克的 FDI 发展态势

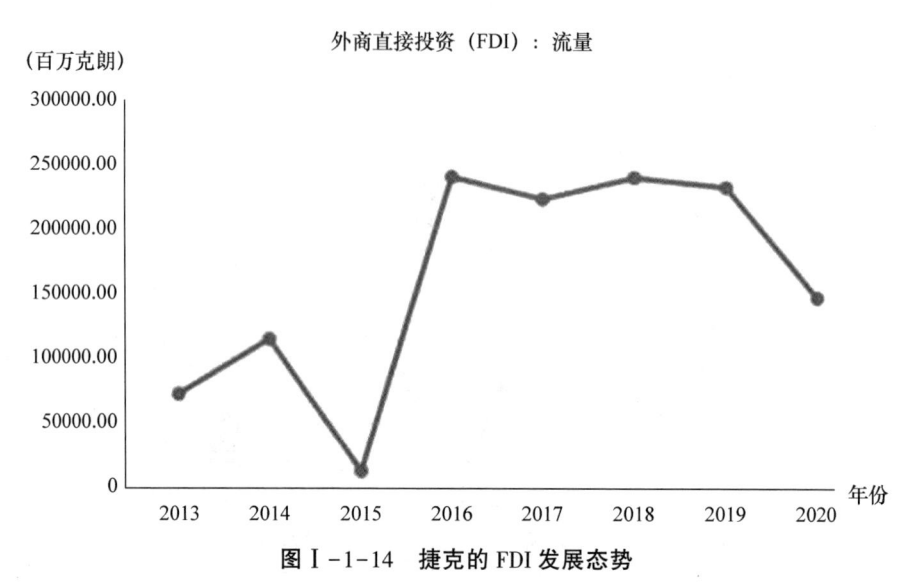

资料来源：世界银行数据库，https://data.wordbank.org/indicator。

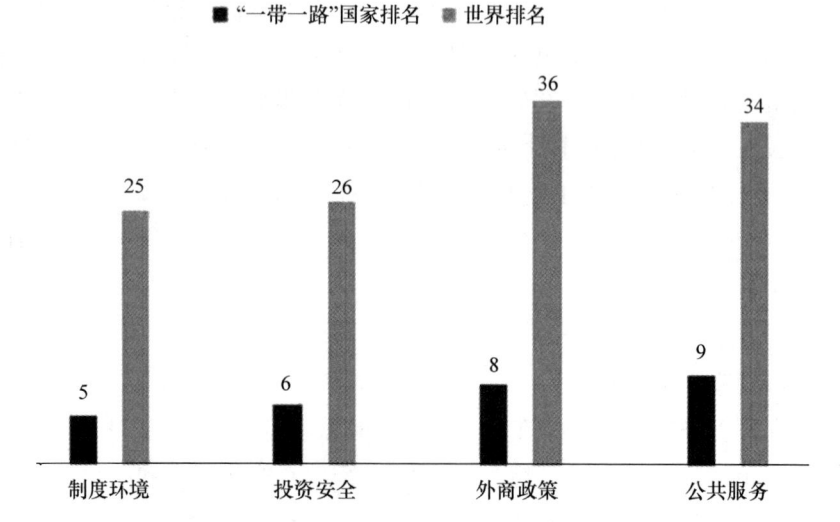

图 I-1-15 捷克营商环境二级指标排名（名）

资料来源：作者自制。

我们可以发现，捷克的制度环境在"一带一路"国家中排第5名，在世界141个国家和地区中排第25名。捷克的投资安全在"一带一路"国家中排第 6 名，在世界 141 个国家和地区中排第 26 名。捷克的外商政策在"一带一路"国家中排第 8 名，在世界 141 个国家和地区中排第 36 名。捷克的公共服务在"一带一路"国家中排第 9 名，在世界 141 个国家和地区中排第 34 名。

第二章 人口结构

捷克国土面积为 78866 平方千米,与德国、奥地利、波兰、斯洛伐克四国接壤,是位于中欧的一个内陆国家。捷克全国共分为 14 个州级行政区,其中包括首都布拉格市与 13 个州。布拉格是捷克共和国的首都和最大的城市,位于中波希米亚州、伏尔塔瓦河流域。捷克人口为 1067 万人(2019 年),其中约 90%以上为捷克族,斯洛伐克族占 2.9%,德意志族占 1%。此外,还有少量波兰族人和罗姆族人(吉卜赛人)。官方语言为捷克语。主要宗教为罗马天主教。

捷克地处欧洲中部,是"一带一路"建设的重要支点。"一带一路"建设为高科技合作提供了巨大机遇。"一带一路"为投资捷克水路和内陆航行带来了新机遇,规划中的港口、多式联运中心适合于私人投资,包括拉贝河流域、奥得河流域和多瑙—奥得—拉贝三河通道。

第一节 人口发展状况

一 人口总量及发展变化趋势

(一)人口总量发展变化趋势

根据世界银行的统计,从人口总量上看,截止到 2019 年,捷克总人口数量约为 1067 万人,其中男性人口数量约为 525.1 万人,占总人口比例为 49.2%;女性人口数量约为 541.9 万人,占总人口比例为 50.8%。总人口性别比为 96.9,国际上一般认为,人口性别比例的正常区间为 96—106,捷克男女性别比例较均衡,性别结构较合理。

从人口变化趋势上看,2000—2019 年捷克总人口数量整体上呈上升趋势,2000 年总人口数量约为 1025.5 万人,到 2019 年总人口数量约为

1067万人，总人口增加了约41.5万人；2000—2019年捷克男性人口数量变动趋势同总人口数量变动趋势一致，整体上呈上升趋势，2000年男性人口数量约为498.9万人，到2019年男性人口数量约为525.1万人，男性人口增加了约26.2万人；2000—2019年捷克女性人口数量变动趋势同总人口数量变动趋势也一致，整体上呈上升趋势，2000年女性人口数量约为526.6万人，到2019年女性人口数量约为541.9万人，女性人口增加了约15.3万人。

从性别结构上看，2000—2019年捷克女性人口数量一直高于男性人口数量，总人口性别比介于94—97，2000—2019年总人口性别比处于持续上升阶段，从2000年的94.7上升到2019年的96.9。

表Ⅰ-2-1　　2000—2019年捷克人口总数和分性别变化情况

年份	总人口（万人）	男性（万人）	女性（万人）	总人口性别比
2000	1025.5	498.9	526.6	94.7
2001	1021.7	497.0	524.6	94.7
2002	1019.7	496.1	523.6	94.7
2003	1019.4	496.0	523.4	94.8
2004	1019.7	496.3	523.4	94.8
2005	1021.1	497.4	523.8	95.0
2006	1023.9	499.4	524.5	95.2
2007	1029.9	503.1	526.7	95.5
2008	1038.5	508.3	530.2	95.9
2009	1044.4	512.0	532.4	96.2
2010	1047.4	514.1	533.3	96.4
2011	1049.6	515.5	534.1	96.5
2012	1051.1	516.4	534.7	96.6
2013	1051.4	516.6	534.9	96.6
2014	1052.5	517.1	535.4	96.6
2015	1054.6	518.2	536.4	96.6

续表

年份	总人口（万人）	男性（万人）	女性（万人）	总人口性别比
2016	1056.6	519.3	537.3	96.7
2017	1059.4	520.9	538.5	96.7
2018	1063.0	522.9	540.1	96.8
2019	1067.0	525.1	541.9	96.9

说明：总人口性别比，即人口中每100名女性对应的男性人数。
资料来源：世界银行，https：//data.worldbank.org.cn/indicator/SP.POP.65UP.TO?locations=CZ。

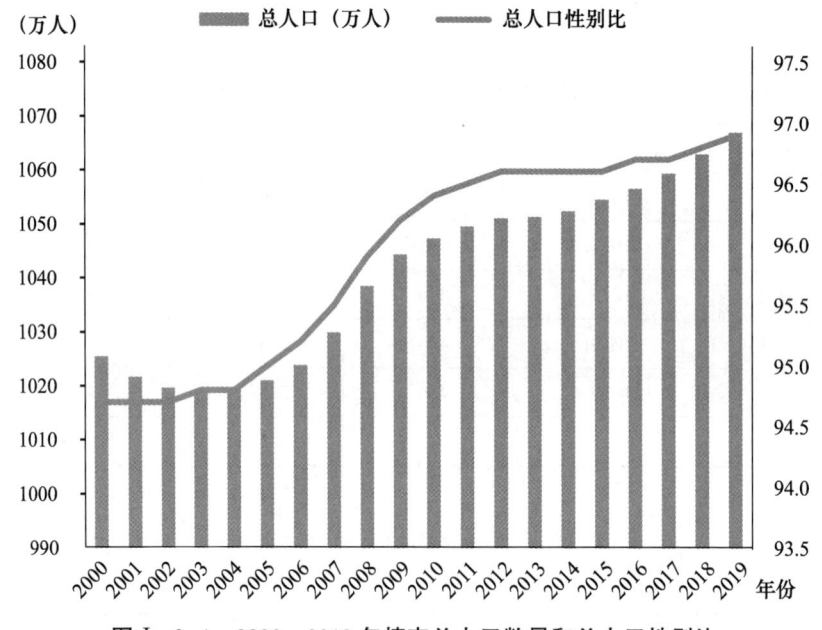

图Ⅰ-2-1 2000—2019年捷克总人口数量和总人口性别比
资料来源：世界银行，https：//data.worldbank.org.cn/indicator/SP.POP.65UP.TO?locations=CZ。

根据世界银行统计数据，从人口数量来看，1960—2019年，捷克人口数量变动趋势大致分为六个阶段：第一阶段，1960—1969年，捷克人口数量变动呈上升趋势，1960年人口数量约为960.2万人，到1969年人口数量约为989.7万人，人口增加了约29.5万人；第二阶段，1970—1971年，捷克人口数量变动呈下降趋势，1970年人口数量约为985.8万人，到 1971 年人口数量约为 982.7 万人，人口减少了约 3.1 万人；第三阶段，1972—1989 年，捷克人口数量变动呈上升趋势，1972 年人口数量约为 986.8 万人，到 1989 年人口数量约为 1036.1 万人，人口增加了约 49.3 万人；第四阶段，1990—1999 年，捷克人口数量变动呈下降趋势，1990 年人口数量约为 1033.3 万人，到 1999 年人口数量约为 1028.4 万人，人口减少了约 4.9 万人；第五阶段，2000—2007 年，捷克人口数量变动呈波动上升趋势，2000 年人口数量约为 1025.5 万人，到 2007 年人口数量约为 1029.9 万人，人口增加了约 4.4 万人；第六阶段，2008—2019 年，捷克人口数量变动呈持续上升趋势，2008 年人口数量约为 1038.5 万人，到 2019 年人口数量约为 1067 万人，人口增加了约 28.5 万人。

从人口出生率来看，1960—2018 年人口出生率介于 8‰—20‰，出生率在 1974 年达到最大值，即 19.4‰，在 1999 年达到最小值，即 8.7‰。人口出生率变化趋势大致可以分为三个阶段：第一阶段，1960—1974 年，出生率总体呈上升趋势，从 1960 年的 13.4‰增加到 1974 年的 19.4‰；第二阶段，1974—1999 年，出生率呈持续下降趋势，从 1974 年的 19.4‰下降到 1999 年的 8.7‰；第三阶段，1999—2018 年，出生率总体呈波动上升趋势，从 1999 年的 8.7‰增加到 2018 年的 10.7‰。

从人口死亡率来看，1960—2018 年捷克人口死亡率介于 9.5‰—13‰，死亡率相对出生率比较稳定，变化较小。死亡率在 1960 年达到最小值，为 9.8‰，在 1983 年达到最大值，为 13‰。捷克人口死亡率大致可分为三个阶段：第一阶段，1960—1983 年，死亡率整体呈上升趋势，从 1960 年的 9.8‰增加到 1983 年的 13‰；第二阶段，1983—2008 年，捷克人口死亡率呈持续下降趋势，从 1983 年的 13‰下降到 2008 年的 10.1‰；第三阶段，2008—2018 年，捷克人口死亡率呈波动上升趋势，从 2008 年的 10.1‰上升到 2018 年的 10.6‰。

从人口自然增长率来看，1960—2018 年捷克人口自然增长率介于 −2.1‰—6.7‰，捷克人口自然增长率在 1995—1997 年达到最小值，为 −2.1‰，1974—1975 年达到最大值，为 6.7‰。人口自然增长率大致可以分为三个阶段：第一阶段，1960—1993 年，人口呈正增长；第二阶段，1994—2005 年，人口呈负增长；第三阶段，2006—2018 年，人口呈正增长。

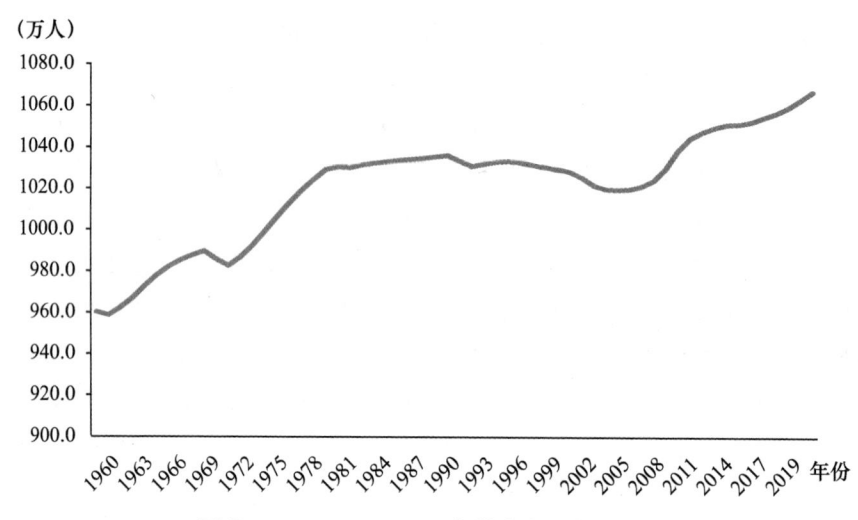

图Ⅰ-2-2 1960—2019年捷克人口数量变动

资料来源：世界银行，https：//data.worldbank.org.cn/indicator/SP.POP.65UP.TO?locations=CZ。

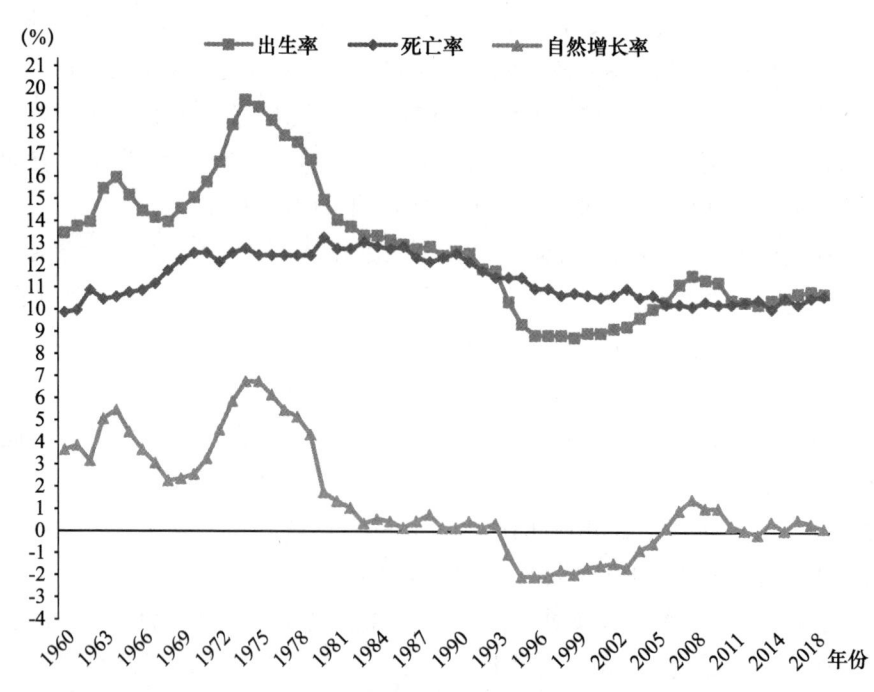

图Ⅰ-2-3 1960—2018年捷克人口自然变动情况（‰）

说明：人口增长率计算公式为ln（Pt／P0）／t，其中t是周期的长度。

资料来源：世界银行，https：//data.worldbank.org.cn。

（二）人口发展前景预测

据联合国编撰的《2019世界人口展望》的预测，2020年捷克总人口数量为1070.9万人；2030年捷克总人口数量为1074.5万人；2050年捷克总人口数量为1054.6万人；2075年捷克总人口数量为1013.8万人；2100年捷克总人口数量为1027.4万人。从联合国的人口预测结果可以看出，捷克总人口数量变动将呈现下降趋势。

表Ⅰ-2-2　　　　　　　　捷克人口发展预测　　　　　　　　（万人）

年份	总人数
2020	1070.9
2030	1074.5
2050	1054.6
2075	1013.8
2100	1027.4

资料来源：联合国人口司《2019世界人口展望》，https：//population.un.org/wpp/Publications/Files/WPP2019。

二　人口自然变动情况

（一）生育水平变化趋势

从总生育率来看，截止到2018年，捷克总生育率为1.71，截取1960—2018年的捷克总生育率数据可以看出，总生育率呈不断变化趋势，但整体上呈波动下降趋势，波动范围在1.1—2.5，1960年捷克总生育率为2.09，1974年总生育率为2.46，此时达到最大值，1999年总生育率为1.13，此时达到最小值，到2017年捷克总生育率为1.63。

（二）预期寿命变化

截止到2018年，捷克的总人口预期寿命为79岁，男性预期寿命为76.2岁，女性预期寿命为82岁。根据1960—2018年捷克人口预期寿命数据，总人口预期寿命变动呈波动上升趋势，从1960年的70.3岁上升到2018年的79岁，其中，男性人口预期寿命、女性人口预期寿命变动均呈波动上升趋势，且女性预期寿命一直高于男性预期寿命，男性人口预期寿

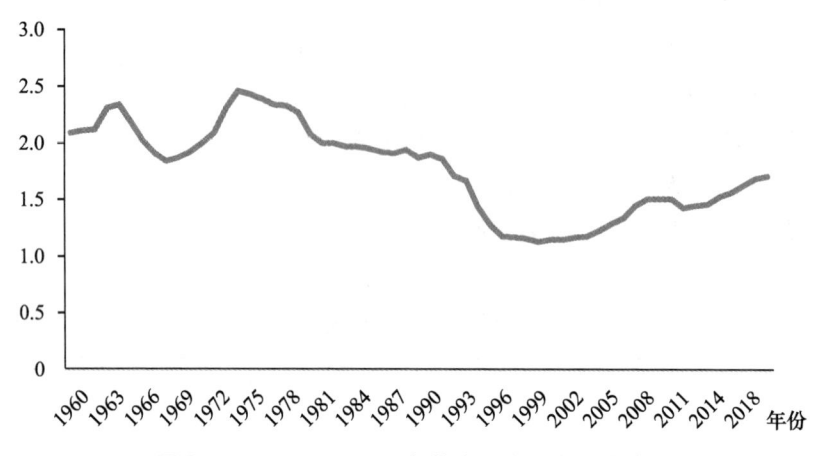

图Ⅰ-2-4 1960—2018年捷克总生育率变动情况

资料来源：世界银行，https：//data.worldbank.org.cn/indicator/SP.POP.65UP.TO? locations=CZ。

命从1960年的67.5岁上升到2018年的76.2岁，女性人口预期寿命从1960年的73.3岁上升到2018年的82岁。

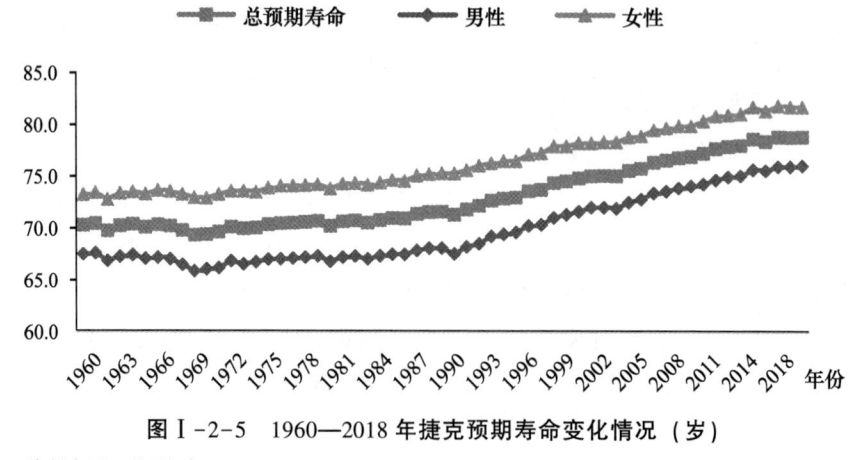

图Ⅰ-2-5 1960—2018年捷克预期寿命变化情况（岁）

资料来源：世界银行，https：//data.worldbank.org.cn/indicator/SP.POP.65UP.TO? locations=CZ。

三 人口城乡分布情况

（一）城乡人口规模变化趋势

根据世界银行统计数据，截止到2019年，捷克总人口数量为1067万人，其中城市人口数量为788.7万人，约占73.9%；农村人口数量为278.3万人，约占26.1%。

截取1960—2019年捷克城乡人口数据，从城市人口数量变动上看，城市人口数量变动整体上呈上升趋势，具体来看大致分为三个阶段：第一阶段，1960—1989年，捷克城市人口变动处于上升阶段，1960年城市人口数量为571.8万人，到1989年城市人口数量增加到779.7万人；第二阶段，1989—2004年，捷克城市人口变动处于小幅度下降阶段，1989年城市人口数量为779.7万人，到2004年城市人口数量减少到751.2万人；第三阶段，2004—2019年，捷克城市人口变动再次处于上升阶段，城市人口数量从2004年的751.2万人增加到2019年的788.7万人。

从农村人口数量变动上看，农村人口数量变动整体上呈下降趋势，具体来看大致分为两个阶段：第一阶段，1960—1981年，捷克农村人口变动处于持续下降阶段，1960年农村人口数量为388.4万人，到1981年农村人口数量减少到252.6万人；第二阶段，1981—2019年，捷克农村人口变动处于小幅度上升阶段，农村人口数量从1981年的252.6万人增加到2019年的278.3万人。

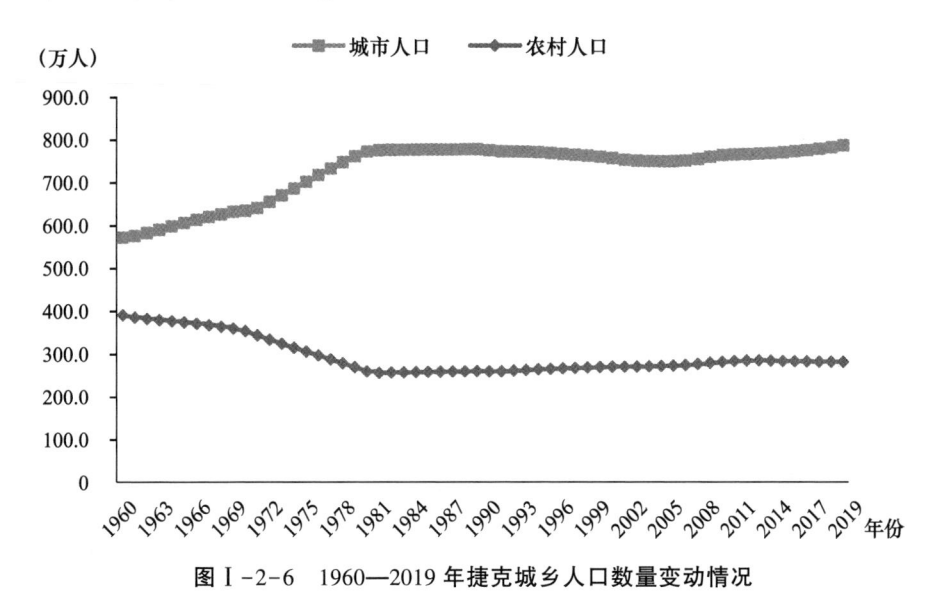

图Ⅰ-2-6　1960—2019年捷克城乡人口数量变动情况

资料来源：世界银行，https://data.worldbank.org.cn/indicator/SP.POP.65UP.TO?locations=CZ。

（二）人口城市化水平变化趋势

捷克人口城市化水平较高。根据世界银行统计数据，截止到2019年，捷克人口城市化水平达到了73.9%，城市化水平介于59%—76%。从整体趋势来看，1960—2019年捷克人口城市化水平整体呈上升趋势，1961年人口城市化水平突破60%，1976年人口城市化水平突破70%。

1960—2019年捷克城市化水平可大致分为两个阶段：第一阶段，1960—1982年，城市化水平呈持续上升趋势，从1960年的59.5%增加到1982年的75.5%，增幅达16%；第二阶段，1983—2019年，城市化水平整体处于小幅波动下降阶段，从1983年的75.4%下降到2019年的73.9%。

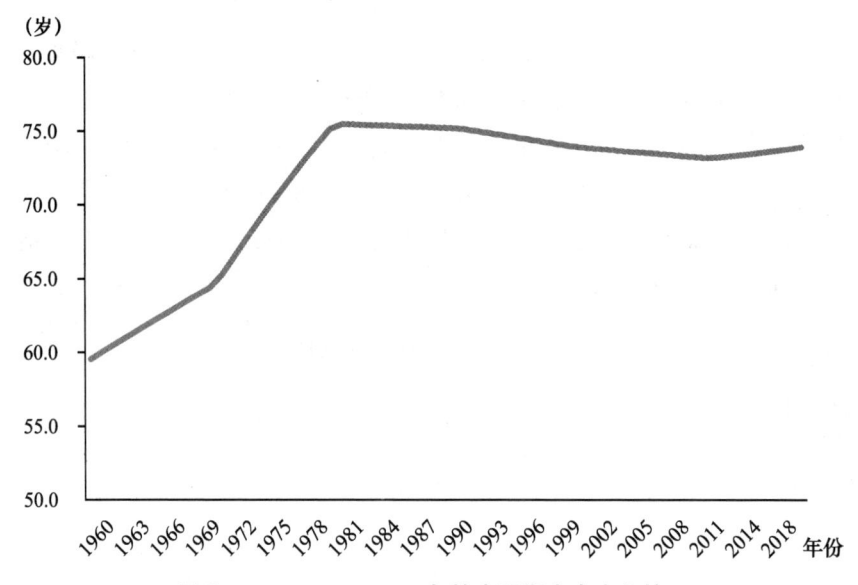

图Ⅰ-2-7　1960—2018年捷克预期寿命变化情况

说明：人口城市化水平＝（城镇人口/全国总人口）×100%。

资料来源：世界银行，https：//data.worldbank.org.cn/indicator/SP.POP.65UP.TO? locations=CZ。

四　人口地区分布情况

根据捷克中央统计局统计数字，2019年年底，捷克各州市人口占比如表Ⅰ-2-3所示。捷克行政区分为14个州级单位，其中，中波希米亚州人口最多，为138.5万人，占全国总人口的13%。首都布拉格市人口居全国第二位，为132.4万人，占全国总人口的12.4%。

表 I-2-3　　　　　　2019年捷克不同州市人口情况

州市	人口数（万人）	占全国比重（%）
卡罗维发利	29.5	2.8
皮尔森	59.0	5.5
南波希米亚	64.4	6.0
乌斯李	82.1	7.7
中波希米亚	138.5	13.0
布拉格	132.4	12.4
维索基纳	51	4.8
南摩拉维亚	119.2	11.1
利贝雷茨	44.4	4.1
赫拉德茨—克拉洛韦	55.2	5.2
帕尔杜比采	52.3	4.9
奥洛穆茨	63.1	5.9
兹林	58.3	5.4
摩拉维亚—西里西亚	120.1	11.2

资料来源：捷克中央统计局，https://www.czso.cz/。

第二节　人口年龄结构

一　人口年龄结构构成及变化情况

（一）总体情况

根据联合国人口司统计数据，截止到2015年，从图 I-2-8 人口结构中可以看出，捷克人口金字塔为缩减形，中间宽，塔顶和塔底较窄，少年儿童人口比重缩小，老年人口比重增大。这种类形的人口由于育龄人群比重低，后备力量更低，在生育水平几乎不变的情况下，未来人口变动趋势呈负增长，人口缩减。

从人口数量上看，2015年捷克 0—14 岁人口数量为 160.3 万人，占总人口数量的比重为 15.1%，其中，0—14 岁男性人口数量为 82.3 万人，0—14 岁女性人口数量为 78 万人；15—64 岁人口数量为 709.5 万人，占总人口数量的比重为 66.9%，其中 15—64 岁男性人口数量为 360 万人，

15—64 岁女性人口数量为 349.5 万人；捷克 65 岁及以上人口数量为 190.8 万人，占总人口数量的比重为 18%，其中，65 岁及以上男性人口数量为 79 万人，65 岁及以上女性人口数量为 111.8 万人。

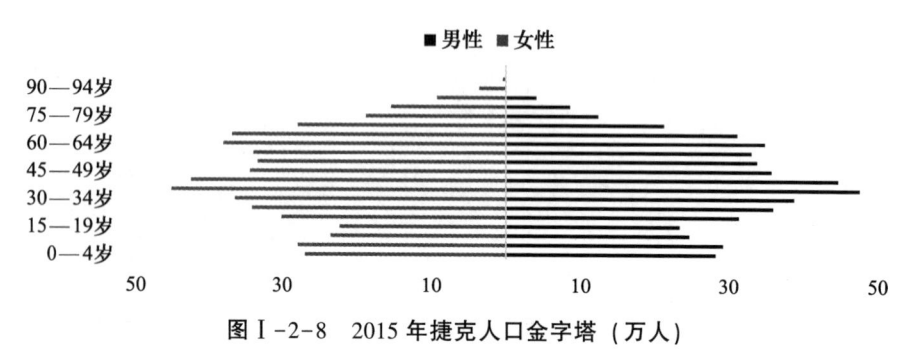

图 I-2-8 2015 年捷克人口金字塔（万人）

资料来源：联合国人口司，https://esa.un.org/unpd/wpp/Download/Standard/Population/。

(二) 0—14 岁人口情况

从人口比重来看，1960—2019 年捷克 0—14 岁人口数量占总人口数量的比重介于 14%—26%，整体上呈波动下降趋势，1960 年捷克 0—14 岁人口数量占总人口数量的比重为 25.7%，1975 年捷克 0—14 岁人口数量占总人口数量的比重减少到 21.9%，1983 年捷克 0—14 岁人口数量占总人口数量的比重增加到 23.7%，到 2009 年，捷克 0—14 岁人口数量占总人口数量的比重减少到 14.2%，为历史最低水平。

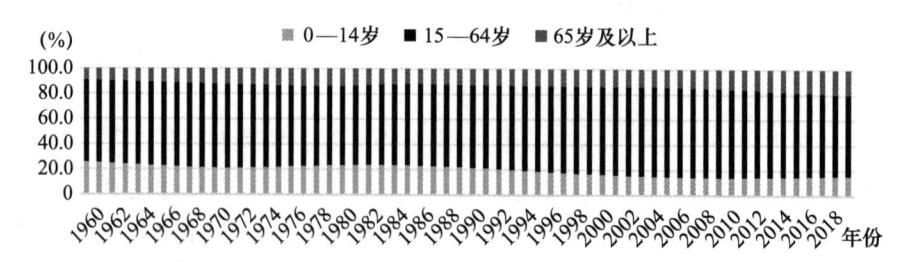

图 I-2-9 1960—2018 年捷克各个年龄组人口占比变动

资料来源：世界银行，https://data.worldbank.org.cn/indicator/SP.POP.0014.TO。

(三) 15—64 岁人口情况

从图 I-2-9 人口比重来看，捷克 15—64 岁人口数量占总人口数量比重介于63%—72%，整体上呈波动上升趋势，主要出现两个峰值点：1970年的67.7%，2005年的71.2%。

具体来看，1960年捷克15—64岁人口数量占总人口数量的比重为64.9%，到1970年15—64岁人口数量占总人口数量的比重为67.7%，这一比重增加了2.8%；之后这一比重变动呈小幅度下降趋势，从1970年的67.7%下降到1980年的63%；其后这一比重变动呈现上升趋势，从1980年的63%增加到2005年的71.2%，此时处于历史最高水平；2005年之后，比重变化再次呈小幅度下降，从2005年的71.2%下降到2019年的64.5%。

（四）65岁及以上人口情况

从人口比重图Ⅰ-2-9可以看出，捷克65岁及以上人口数量占总人口数量的比重介于9%—20%，整体上呈波动上升趋势。具体来看，大致可以分为三个阶段：第一阶段，1960—1979年，捷克65岁及以上人口数量占总人口数量的比重变动处于上升趋势，1960年65岁及以上人口数量占总人口数量的比重为9.4%，到1979年，65岁及以上人口数量占总人口数量的比重为13.7%，这一比重增加了4.3%；第二阶段，1979—1985年，捷克65岁及以上人口数量占总人口数量的比重变动处于小幅度下降趋势，1979年65岁及以上人口数量占总人口数量的比重为13.7%，到1985年，65岁及以上人口数量占总人口数量的比重为11.7%，这一比重减少了2%；第三阶段，1985—2019年，捷克65岁及以上人口数量占总人口数量的比重变动再次处于上升趋势，65岁及以上人口数量占总人口数量的比重从1985年的11.7%上升到2019年的19.8%，这一比重增加了8.1%。

（五）抚（扶）养比

根据世界银行统计数据，从总抚（扶）养比来看，1960—2019年，捷克总抚（扶）养比处于波动变化趋势，整体在40%—59%，总抚（扶）养比从1960年的54.1%变动到2019年的55.1%。总抚（扶）养比在1980年达到最大值，为58.6%；2005年达到最小值，为40.4%。

从少儿抚养比来看，1960—2019年捷克少儿抚养比变动整体上呈波动下降趋势，1960年少儿抚养比达到最大值，为39.7%；2009年少儿抚养比降到最小值，为20.1%。

从老年扶养比来看，1960—2019年捷克老年扶养比变动整体上呈上

图Ⅰ-2-10 1960—2019年捷克抚（扶）养比变动

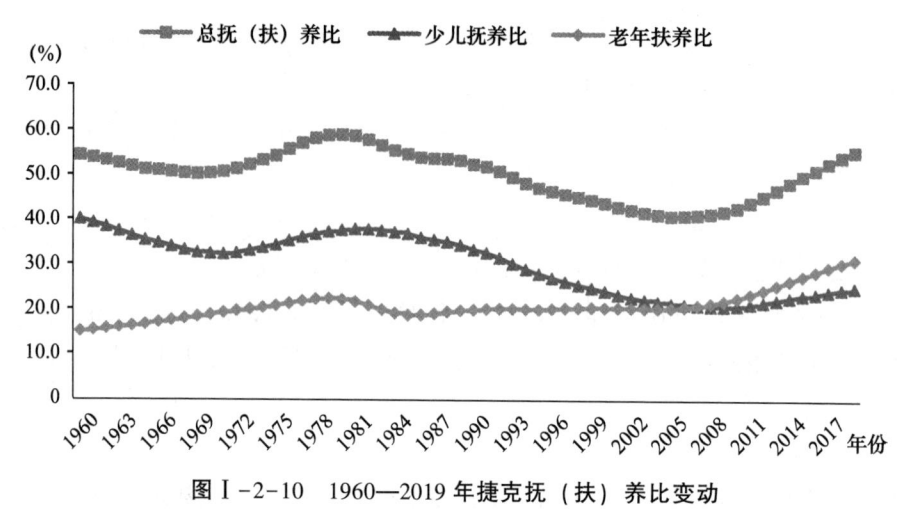

说明：总抚（扶）养比=（0—14岁人口数量+65岁及以上人口数量）/15—64岁人口数量×100%，少儿抚养比=（0—14岁人口数量/15—64岁人口数量）×100%，老年扶养比=（65岁及以上人口数量/15—64岁人口数量）×100%。

资料来源：世界银行，https：//data.worldbank.org.cn/indicator/SP.POP.0014.TO?locations=CZ。

升趋势，具体来看，大致可分为三个阶段：第一阶段，1960—1979年，捷克老年扶养比变动处于上升阶段，1960年老年扶养比为14.4%，到1979年老年扶养比增加到21.8%；第二阶段，1979—1986年，捷克老年扶养比变动处于小幅度下降阶段，老年扶养比从1979年的21.8%减少到1986年的18.1%；第三阶段，1986—2019年，捷克老年扶养比变动再次处于上升阶段，老年扶养比从1986年的18.1%增加到2019年的30.7%。

二 人口受教育情况

（一）人口文化程度变动情况

从联合国教科文组织关于1991年、2006年、2007年、2008年、2009年、2010年、2011年、2012年、2013年、2014年、2015年、2016年、2017年捷克25岁以上人口受教育程度数据中可以发现，捷克受大学及以上教育的人口比重从1991年开始逐渐递增，中学学历的人口比重先增加后减少。1991年捷克人口的受教育程度超过半数为中学学历。至2016年，大学及以上学历人口比重超过了20%，可见捷克人口整体的文化程度不断提高。

表 I-2-4　　捷克 25 岁以上人口受教育程度构成变动情况　　　　　（%）

年份	未上学	未完成小学教育	完成小学教育	完成中学教育	完成大学及以上教育	未知
1991	0.3	31.4	0.0	58.6	8.5	1.2
2006	0.1	0.0	0.1	87.3	12.5	0.0
2007	0.1	0.0	0.1	87.2	12.6	0.0
2008	0.1	0.0	0.1	86.5	13.3	0.0
2009	0.1	0.0	0.1	85.5	14.3	0.0
2010	0.1	0.0	0.1	84.5	15.3	0.0
2011	0.2	0.0	0.0	81.5	18.3	0.0
2012	0.1	0.0	0.1	82.5	17.3	0.0
2013	0.2	0.0	0.0	81.5	18.3	0.0
2014	0.1	0.0	0.0	81.0	18.8	0.0
2015	0.1	0.0	0.0	80.4	19.3	0.0
2016	0.2	0.0	0.0	79.7	20.1	0.0
2017	0.1	0.0	0.0	79.0	20.9	0.0

资料来源：联合国教科文组织，http://www.unesco.org。

（二）教育的性别差异情况

在了解捷克 25 岁以上人口受教育程度的基础上，可以进一步研究捷克教育资源在男性与女性人口之间的差异问题。从联合国教科文组织统计数据中可以得到 1991—2017 年捷克分别在小学、中学、高等学院各阶段男生与女生的入学比例。

结合数据和对应的折线图可以观察到：整体来看，在小学阶段，1991—2017 年捷克女生与男生的入学比例变化较大，在 0.3—1.5，小学阶段教育资源在男性与女性之间分布变化较大。其中大部分小于 1，表示女生入学人数高于男生入学人数。

在中学阶段，捷克女生与男生的入学比例大致可以分为两个阶段：第一阶段，1991 年捷克女生入学人数低于男生入学人数，男生与女生的入学比例大于 1，但这一比例逐步下降。第二阶段，女生与男生的入学比例从 1991 年的 1.28 下降到 2017 年的 0.99；女生与男生的入学比例大致保持在 1。可以看出，中学阶段教育资源从初期较倾斜于男性逐渐发生改变，经过调整和发展，实现了教育资源在男生与女生之间的均匀分布。

38　第一篇　基本国情研究

在高等学院，捷克女生与男生的入学比例呈持续下降趋势。从1991年的1.89下降到2017年的1.01，大致保持在男生入学与女生入学人数基本相等上。可以看出，在高等学院阶段，教育资源逐渐消除了性别上的差异，社会意识不断进步。

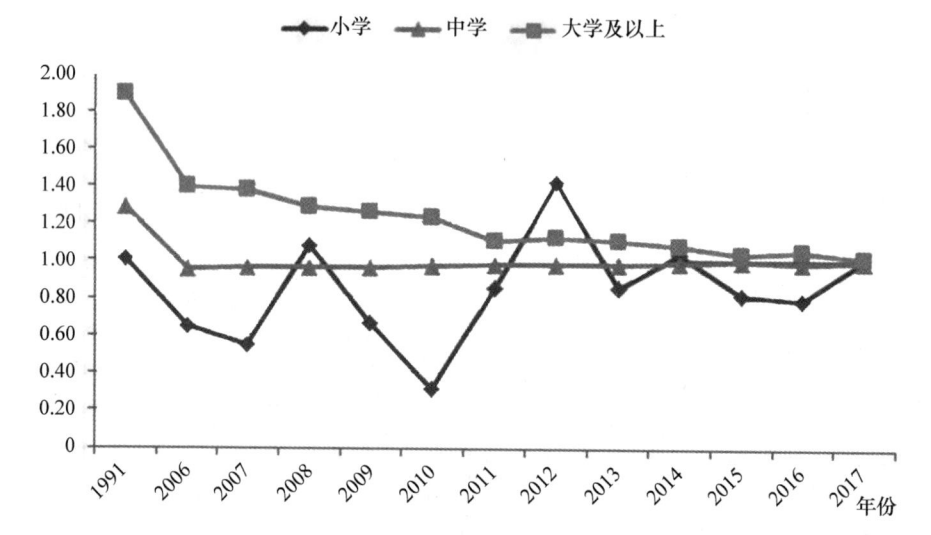

图Ⅰ-2-11　1991—2017年捷克女生与男生的入学比例变动

说明：1993年仅有高等学院女生与男生的入学比例数据。男女生入学比=男生入学人数/女生入学人数。男女生入学比大于1，说明男生入学人数多于女生入学人数；男女生入学比小于1，则说明男生入学人数少于女生入学人数。

资料来源：联合国教科文组织，http://www.unesco.org。

（三）小学、中学和大学的入学率

1. 小学入学率

根据世界银行统计数据，2007—2017年捷克小学教育入学率（部分数据缺失）情况如下：在总入学率上可分为两个阶段：2007—2013年，呈波动下降趋势；2013—2017年，整体上呈上升趋势。分性别（部分数据缺失）可以看出，2011—2014年女性入学率一直高于男性入学率。

2. 中学入学率

根据世界银行统计数据，1971—2018年捷克中学教育入学率（1981年数据缺失）情况如下：总入学率可分为两个阶段。第一个阶段：1971—1982年，总体上呈持续上升趋势；第二个阶段：1982—2018年，总体上呈波动下

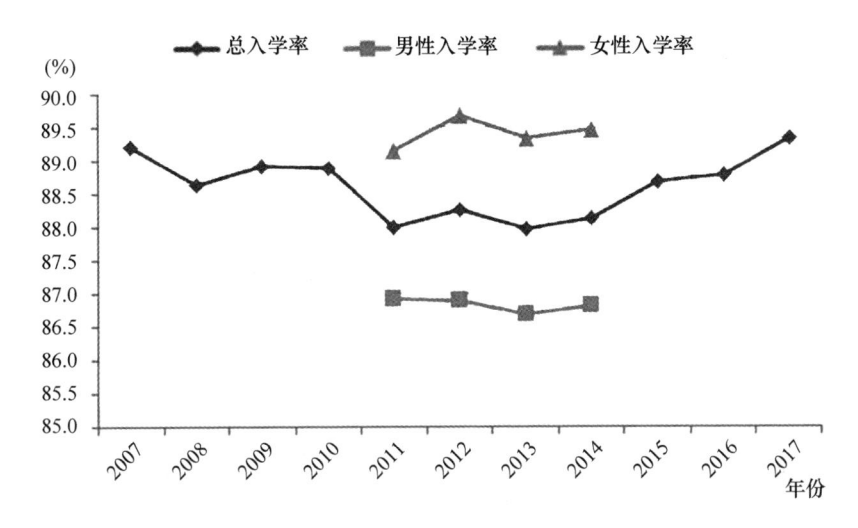

图Ⅰ-2-12　2007—2017年捷克小学入学率变化情况

说明：小学总入学率是指无论年龄大小，小学的总入学人数与官方规定的小学适龄总人口的百分比值。总入学率可能超过100%，因为包含了较早或较晚入学及复读的超龄和小龄学生。

资料来源：世界银行，https://data.worldbank.org.cn/indicator/SP.POP.0014.TO?locations=CZ。

降趋势。分性别来看，可以分为三个阶段。第一阶段：1971—1988年，女性入学率高于男性入学率；第二阶段：1989—1991年，男性入学率高于女性入学率；第三阶段：1992—2018年，女性入学率高于男性入学率。

3. 高等教育入学率波动上升，女性高于男性

根据世界银行统计数据，1971—2018年捷克高等教育入学率情况如下：从总入学率来看，可分为三个阶段。第一个阶段：1971—1982年，增长较为平缓；第二个阶段：1982—1993年，总入学率小幅下降；第三个阶段：1993—2017年，总体入学率持续上升。分性别来看，可分为两个阶段。第一个阶段：1971—1998年，男性入学率高于女性入学率；第二个阶段：1999—2018年，女性入学率高于男性入学率。

1971—2018年高等教育入学率的变化幅度比较大，总入学率从1971年的8.9%增加到2018年的63.8%，增幅为54.9%。男性高等教育入学率从1971年的11.2%增加到2018年的53.5%，增幅为42.3%。女性高等教育入学率从1971年的6.5%增加到2018年的74.5%，增幅为68%。

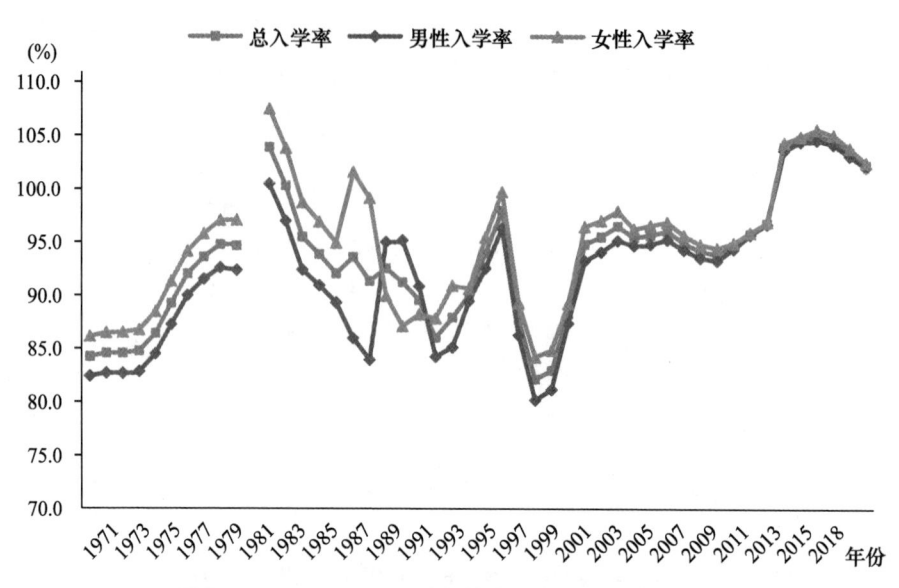

图Ⅰ-2-13 1971—2018年捷克中学入学率变化情况

说明：中学总入学率，是指不论年龄大小，中学在校生总数占符合中学官方入学年龄人口的百分比。总入学率可能超过100%，因为包含了较早或较晚入学及复读的超龄和小龄学生。

资料来源：世界银行，https://data.worldbank.org.cn。

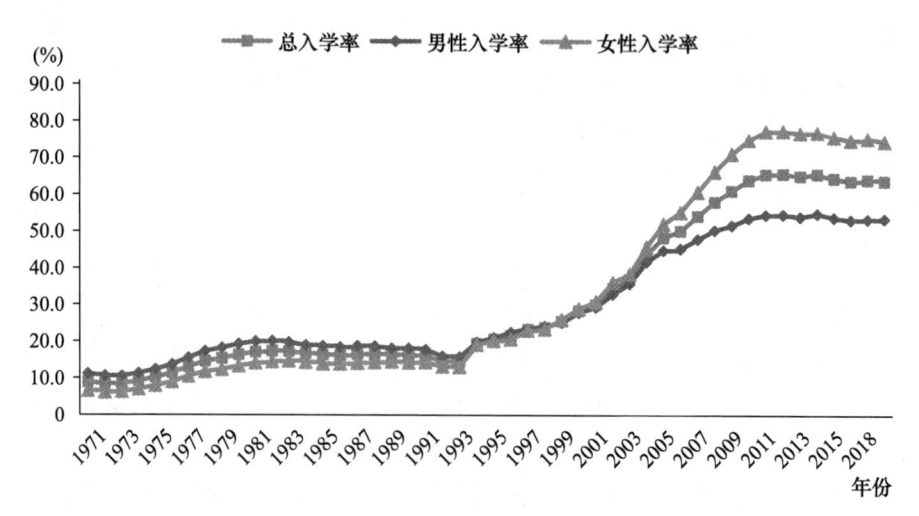

图Ⅰ-2-14 1971—2018年捷克高等教育入学率变化情况

说明：高等教育总入学率，是指不论年龄大小，高等教育在校生总数，占中学之后5年学龄人口总数的百分比。

资料来源：世界银行，https://data.worldbank.org.cn/indicator/SP.POP.0014.TO?locations=CZ。

第三节 人口受教育情况及就业状况

一 就业人口规模及变化情况

（一）劳动参与率持续提高

根据国际劳工组织统计数据，截止到2018年，15岁以上人口劳动参与率为68.3%，其中，15岁以上人口男性劳动参与率为80.4%，15岁以上人口女性劳动参与率为55.2%。

2008—2018年捷克15岁以上人口女性劳动参与率的变动趋势同总劳动参与率的变动趋势一致；变动趋势大致可以分为两个阶段：第一阶段，2008—2015年，捷克15岁以上人口总劳动参与率、女性劳动参与率均呈快速增长趋势，各指标增加了约4.3个、8.4个百分点；第二阶段，2015—2018年，捷克15岁以上人口总劳动参与率、女性劳动参与率均呈小幅度上升趋势，各指标上升了约0.4个、1.1个百分点，从2008年的79%增加到2013年的81%，2013年以后，捷克15岁以上男性劳动参与率呈波动下降趋势，2018年，捷克15岁以上人口男性劳动参与率为80.4%。

从数值大小上看，15岁以上人口男性劳动参与率始终大于15岁以上人口女性劳动参与率，而15岁以上人口总劳动参与率介于两者之间，15岁以上人口男性劳动参与率始终高于15岁以上人口总劳动参与率11—12个百分点，15岁以上人口女性劳动参与率始终低于15岁以上人口总劳动参与率12—16个百分点。

（二）失业率

从捷克2008年到2018年（2017年数据缺失）失业率数据来看，男性失业率、女性失业率变动同总人口失业率变动趋势一致，呈现出先上升后下降再上升的特点，2008—2009年男性失业率、女性失业率、总人口失业率呈上升趋势；2009年以后男性失业率、女性失业率、总人口失业率呈波动下降趋势，到2014年总人口失业率为2.9%，男性失业率为2.7%，女性失业率为3.2%。2014年以后，男性失业率、女性失业率、总人口失业率呈波动上升趋势，到2016年男性失业率为3.1%，女性失业率为3.4%，总人口失业率为3.9%。

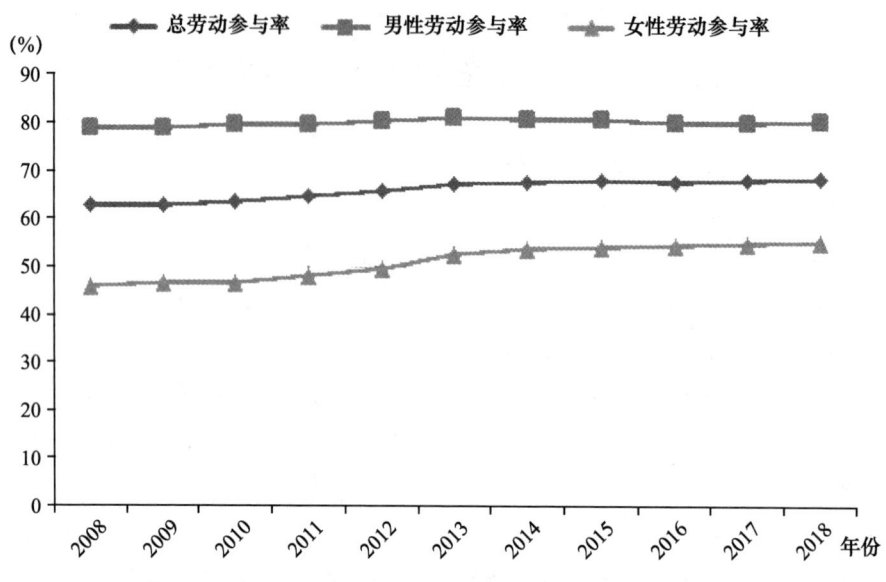

图 I-2-15 2008—2018 年捷克 15 岁以上人口劳动参与率

说明：劳动参与率＝从业人口/劳动年龄人口×100%。

资料来源：国际劳工组织，https://www.ilo.org/global/lang--en/index.htm。

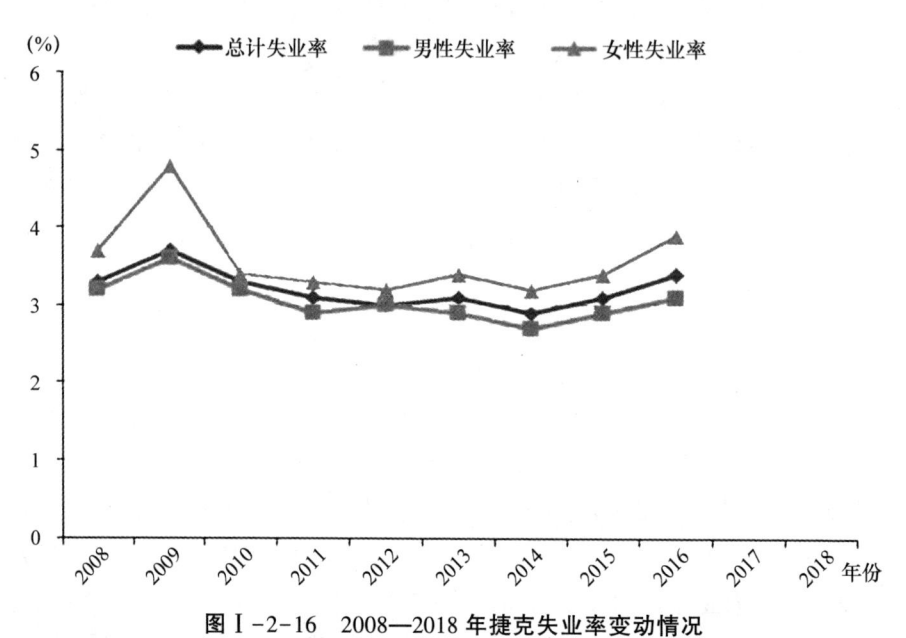

图 I-2-16 2008—2018 年捷克失业率变动情况

资料来源：国际劳工组织，https://www.ilo.org/global/lang--en/index.htm。

二 就业人口的主要行业构成及变化特点

（一）男性就业人口比女性多，服务业成为就业的主要行业

根据国际劳工组织统计数据，2018年捷克就业人口的行业就业情况如下：以农业、工业、服务业为主的就业人口总数为530万人，其中，男性人数为295万人，占比为55.7%，女性人数为235万人，占比为44.3%；农业就业人数为15万人，占就业人口总数的比重为2.8%，其中，男性人数为11万人，占农业就业人口比重的72.3%，女性人数为4万人，占农业就业人口比重的27.7%；工业就业人数为198万人，占就业人口总数的比重为37.5%，其中，男性人数为142万人，占工业就业人口比重的71.7%，女性人数为56万人，占工业就业人口比重的28.3%；服务业就业人数为316万人，占就业人口总数的比重为59.7%，其中，男性人数为142万人，占服务业就业人口比重的44.8%，女性人数为174万人，占服务业就业人口比重的55.2%。

表Ⅰ-2-5　　　　　2018年捷克分行业就业人数

行业	类别	人数（万人）
总就业人口	合计	529
	男性	295
	女性	234
农业	合计	15
	男性	11
	女性	4
工业	合计	198
	男性	142
	女性	56
服务业	合计	316
	男性	142
	女性	174

资料来源：国际劳工组织，https：//www.ilo.org/global/lang--en/index.htm。

(二）各行业就业人数都持续增加

2000—2018年捷克以农业、工业、服务业为主的就业人数情况如下：2000年捷克总就业人数为529万人，其中农业就业人数为15万人、工业就业人数为198万人、服务业就业人数为316万人。总就业人数从2000年到2008年呈上升趋势，2008年总就业人数为501万人，其中，农业就业人数为16万人，工业就业人数为203万人，服务业就业人数为282万人。总就业人数在2008年到2012年呈下降趋势，2012年总就业人数为489万人，其中农业就业人数为15万人、工业就业人数为186万人、服务业就业人数为288万人。总就业人数在2012年到2018年呈上升趋势，2018年总就业人数为529万人，其中农业就业人数为15万人，工业就业人数为198万人，服务业就业人数为316万人。

从农业、工业、服务业的产业变动情况可知，农业就业人数历年变化幅度较小，就业人数在15万人上下浮动，其中，女性就业人数在4万人左右、男性就业人数在11万人左右；工业就业人数变动趋势和总就业人数变动趋势一致。工业就业人数从2000年到2008年呈上升趋势，2008年工业就业人数为203万人，其中，男性就业人数为146万人，女性就业人数为57万人；工业就业人数在2008年到2013年呈下降趋势，2013年工业就业人数186万人，其中，男性就业人数为137万人，女性就业人数为49万人；2013—2018年工业就业人数呈波动上升趋势，2018年工业就业人数为198万人，其中，男性就业人数为142万人，女性就业人数为56万人。服务业就业人数呈不断上升趋势，2000年服务业就业人数为256万人，其中，男性就业人数为115万人，女性就业人数为141万人；到2018年服务业就业人数为316万人，其中，男性就业人数为142万人，女性就业人数为174万人。

三　就业人口的职业构成

捷克各职业大类的就业人数比较均衡，专业技术人员和技术工人的就业规模比较大。根据国际劳工组织统计数据，截止到2019年，捷克就业人口的职业分布如下：

管理者总数为23.8万人，其中，女性就业人数为6.4万人，男性就业人数为17.4万人，管理者就业人数占总就业人数的4.5%。

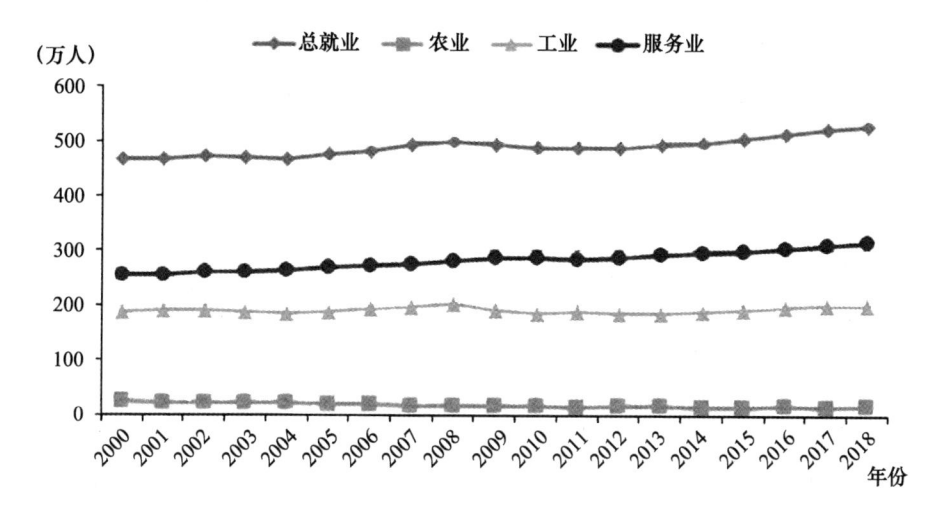

图Ⅰ-2-17　2000—2018年捷克分行业就业情况

资料来源：国际劳工组织，https://www.ilo.org/global/lang--en/index.htm。

专业技术人员总数为85.5万人，其中，女性就业人数为44.9万人，男性就业人数为40.6万人，专业技术人员占总就业人数的16.1%。

一般技术人员总数为90.9万人，其中，女性就业人数为39.1万人，男性就业人数为51.8万人，一般技术人员占总就业人数的17.1%。

文职人员总数为50.1万人，其中，女性就业人数为39.6万人，男性就业人数为10.5万人，文职人员就业人数占总就业人数的11.3%。

服务和销售人员总数为81.6万人，其中，女性就业人数为53.8万人，男性就业人数为27.8万人，服务和销售人员占总就业人数的15.4%。

熟练的农业、林业和渔业工人总数为6.7万人，其中，女性就业人数为2.4万人，男性就业人数为4.3万人，熟练的农业、林业和渔业工人占总就业人数的1.2%。

工艺有关人员总数为85.6万人，其中，女性就业人数为10.7万人，男性就业人数为74.9万人，工艺有关人员占总就业人数的16%。

工厂和机器操作员及装配工总数为72.8万人，其中，女性就业人数为18.9万人，男性就业人数为53.9万人，工厂和机器操作员及装配工占总就业人数的13.7%。

简单劳动职员总数为31.2万人,其中,女性就业人数为18.9万人,男性就业人数为12.3万人,简单劳动职员占总就业人数的6.1%。

武装人员总数为1.8万人,其中,女性就业人数为0.2万人,男性就业人数为1.6万人,武装人员占总就业人数的0.3%。

表Ⅰ-2-6 2019年捷克分职业人口构成

类别	数量（万人）
就业总人数	530.3
管理者	23.8
专业技术人员	85.5
一般技术人员	90.9
文职人员	50.1
服务和销售人员	81.6
熟练的农业、林业和渔业工人	6.7
工艺有关人员	85.6
工厂和机器操作员及装配工	72.8
简单劳动职员	31.2
武装人员	1.8

说明：此处的就业总人数为表中不同职业就业人数的总和,与社会上总的就业人口数据有出入,因为有一部分就业人口不在表所分职业中。

资料来源：国际劳工组织,https://www.ilo.org/global/lang--en/index.htm。

第四节 国际移民情况

一 国际移民数量

（一）总体情况

根据联合国人口司统计数据,截止到2019年,捷克国际移民数量为512705人。国际移民主要来源国为乌克兰、斯洛伐克、越南、赞比亚、俄罗斯、波兰、德国、津巴布韦、保加利亚、摩尔多瓦共和国等国家。其中,来自乌克兰的国际移民数为110337人,占总国际移民数的比重为21.5%;来自斯洛伐克的国际移民数为98877人,占总国际移民数的比重为19.3%;来自越南的国际移民数为46631人,占总国际移民数的比重为9.1%;来自赞比亚的国际移民数为38824人,占总国际移民数的比重为7.6%;来自俄罗斯的国际移民数为36218人,占总国际移民数的比重为7.1%;来自波兰、德国、津巴布韦、保加利亚、摩尔多瓦共和国的国际移民数分别为19442人、16827人、12942人、11204人、8254人,占总国际移民数的比重分别为3.8%、3.3%、2.5%、2.2%、1.6%。

(二) 近年来的变动趋势

根据联合国人口司统计数据,可以得到2000年、2019年捷克国际移民数量及主要构成的数据。可以看出,2000年捷克国际移民数量为22.1万人左右,2019年捷克国际移民数量增长到51.3万人左右,可以看出捷克不断吸引着国际移民的到来,国际移民数量逐渐增加。其中乌克兰、斯洛伐克一直为其较大移民来源国,越南、赞比亚、俄罗斯、波兰、德国、津巴布韦、保加利亚、摩尔多瓦共和国也提供了较多的移民来源。

表Ⅰ-2-7　　　　　　　　捷克国际移民数量变动情况

年份	主要来源国	移民数量(人)	移民总数(人)
2000	斯洛伐克	140506	220789
	乌克兰	16397	
	波兰	12165	
	越南	7208	
	俄罗斯	6565	
	罗马尼亚	5889	
	德国	4750	
	奥地利	3623	
	匈牙利	3053	
	塞尔维亚	2363	
	其他国家	18270	

续表

年份	主要来源国	移民数量（人）	移民总数（人）
2019	乌克兰	110337	512705
	斯洛伐克	98877	
	越南	46631	
	赞比亚	38824	
	俄罗斯	36218	
	波兰	19442	
	德国	16827	
	津巴布韦	12942	
	保加利亚	11204	
	摩尔多瓦共和国	8254	
	其他国家	113149	

资料来源：联合国人口司，https://esa.un.org/unpd/wpp/Download/Standard/Population/。

（三）国际移民来源地中罗马尼亚移民数在减少，而德国、斯洛伐克、中国移民数在增加

捷克东面毗邻斯洛伐克，南面接壤奥地利，北面邻接波兰，西面与德国相邻。捷克的国际移民来源覆盖亚洲、欧洲、非洲。其中大部分移民来源集中在欧洲和亚洲国家，国际移民来自欧洲的国家主要包括乌克兰、斯洛伐克、俄罗斯、波兰、德国、保加利亚、摩尔多瓦共和国。来自亚洲的国家主要是越南，来自非洲的国家主要是赞比亚、津巴布韦。

2000年，捷克国际移民来源地主要包括斯洛伐克、乌克兰、波兰、越南、俄罗斯、罗马尼亚、德国、奥地利、匈牙利、塞尔维亚，其占捷克国际移民总数的比重依次减少，分别为63.6%、7.4%、5.5%、3.3%、3.0%、2.7%、2.2%、1.6%、1.4%、0.5%；2019年，捷克国际移民来源地主要包括乌克兰、斯洛伐克、越南、赞比亚、俄罗斯、波兰、德国、津巴布韦、保加利亚、摩尔多瓦共和国，其占捷克国际移民总数的比重依次减少，分别为21.5%、19.3%、9.1%、7.6%、7.1%、3.8%、3.3%、2.5%、2.2%、1.6%。斯洛伐克不再是主要移民来源国，其移民占比下降了约45%，乌克兰移民比重上升，成为主要的移民来源国。奥地利、匈

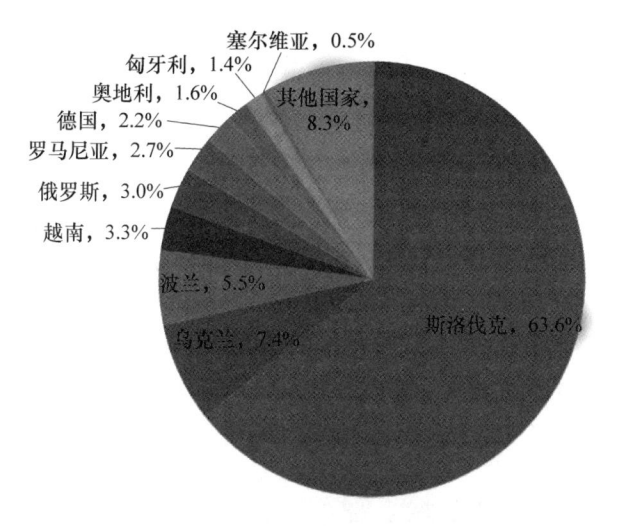

图 I-2-18　2000年捷克国际移民来源地构成

资料来源：捷克中央统计局，https：//www.czso.cz/csu/czso/databaze-demografickych。

牙利、塞尔维亚移民占比下降，而乌克兰、津巴布韦、保加利亚、摩尔多瓦共和国等国移民占比增加。

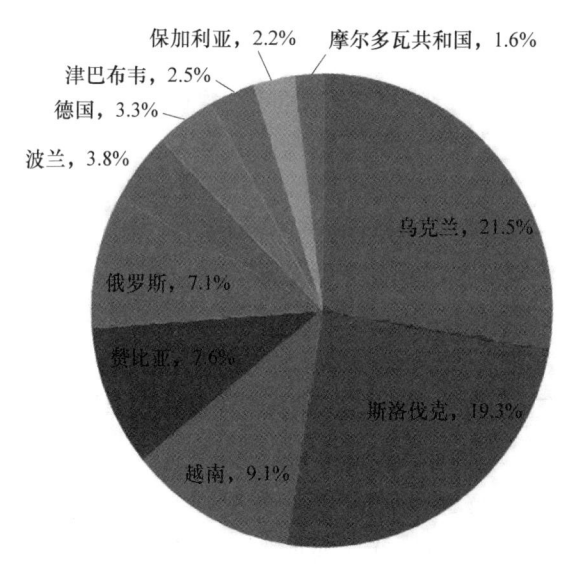

图 I-2-19　2019年捷克国际移民来源地构成

资料来源：捷克中央统计局，https：//www.czso.cz/csu/czso/databaze-demografickych。

二 国际移民净迁入情况

根据联合国人口司统计数据,截至 2019 年,捷克国际移民数量为 512705 人。1990—2019 年捷克国际移民迁入数据大于 0,属于人口净迁入国。1990—2019 年捷克迁移人口数据不断增加,说明捷克的净迁移人口在不断增加。从 1990 年的 110394 人增加到 2019 年的 512705 人,近 30 年间净迁入人口增加了 40 多万人。

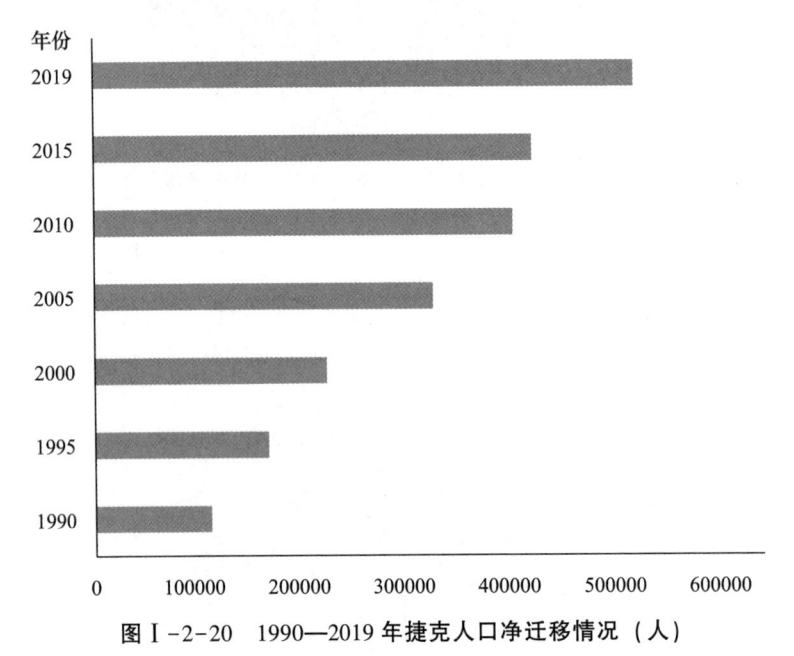

图Ⅰ-2-20 1990—2019 年捷克人口净迁移情况(人)

资料来源:迁移数据,https://migrationdataportal.org/。

第五节 首都布拉格人口发展情况

一 首都布拉格概述

布拉格是捷克共和国的首都和最大的城市,位于捷克的中波希米亚州、伏尔塔瓦河流域。布拉格市地处欧洲大陆的中心,在交通上一向拥有重要地位,与周边国家的联系相当密切。布拉格为全国最大的经济中心。

工业以机械制造为主，产品有运输机械（汽车、机车和车辆）、机床、电机、矿山机械、建筑机械、农机等，还有化工、纺织、皮革、印刷、食品加工等。工业主要分布于城市的西南郊和东南郊。公共交通以汽车、电车为主，并建有地铁。

二 布拉格人口总数历史变动情况

根据捷克中央统计局统计数据，截止到2019年，布拉格常住人口数量约为132.4万人。

根据捷克中央统计局的统计数据，布拉格人口数量变动大致可以分为三个阶段。第一阶段为1971—1993年，人口数量处于上升阶段，1971年布拉格人口数量为108.3万人，到1993年布拉格人口数量增加到121.7万人。第二阶段为1993—2001年，人口数量处于逐渐下降阶段，到2001年人口数量下降到116万人。第三阶段为2001—2019年，布拉格人口数量呈上升趋势，从2001年的116万人增加到2019年的132.4万人。

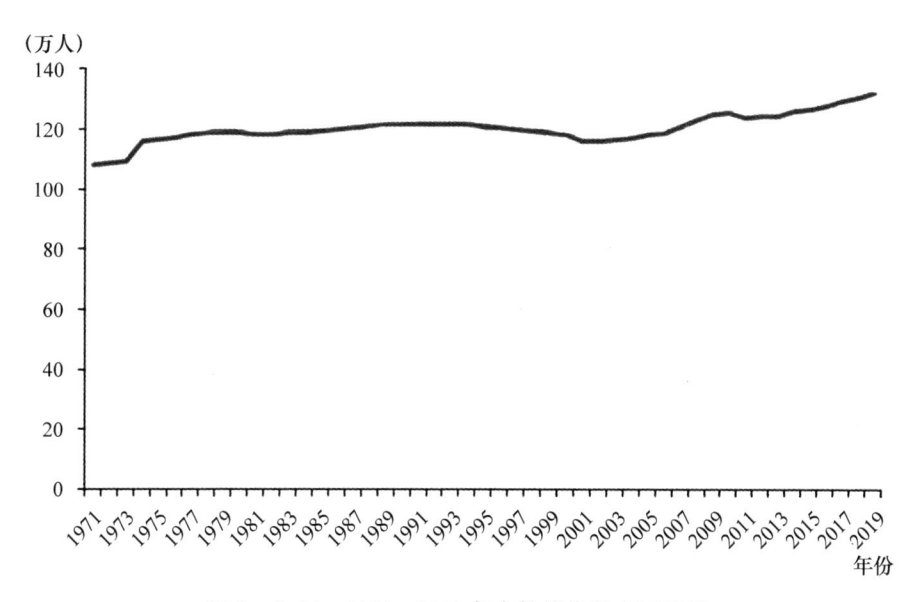

图Ⅰ-2-21　1971—2019年布拉格常住人口数量

资料来源：捷克中央统计局，https://www.czso.cz/csu/czso/databaze-demografickych-udaju-za-obce-cr。

第三章 资源禀赋

捷克是位于欧洲大陆中部的小国，在全欧洲其国土面积居第21位，地理位置优越，大部分地区为温带大陆性气候，四季分明，降水充沛，气候相对稳定。其境内71.6%的地区海拔在300—800米，自然灾害较少。捷克地形地貌主要为平原、丘陵和相对并不险峻的山地，山脉多位于西部和北部边境区。与相对简单的地形地貌、气候等地理条件和自然环境相伴生的是捷克资源种类与数量较少，仅矿产资源和森林资源相对丰富。

第一节 土地资源

一 土地资源概况

捷克国家国土总面积为7.887万平方千米，土地总面积为7.720万平方千米，领水面积为0.167万平方千米。全国境内自西至东被分为三大地形区，西北部是捷克高地，主要是高原地区，其内部较低，边缘多山地，总面积为66500平方千米，约占总国土面积的84.3%；中部是外喀尔巴阡低地，主要是河谷平原；东部是外西喀尔巴阡山脉。按照土地利用类型划分，捷克主要是耕地、林地、草地、内陆水域、建筑用地及其他（见图Ⅰ-3-1）。

二 林地资源

（一）森林资源的类型

捷克森林资源丰富，森林总面积为26734.7平方千米，占国土总面积的33.9%，在欧盟排第12位，是欧洲森林较多的国家之一。依据《捷克统计年鉴》和联合国粮农组织的统计方法，原始森林不计入国家森林总面

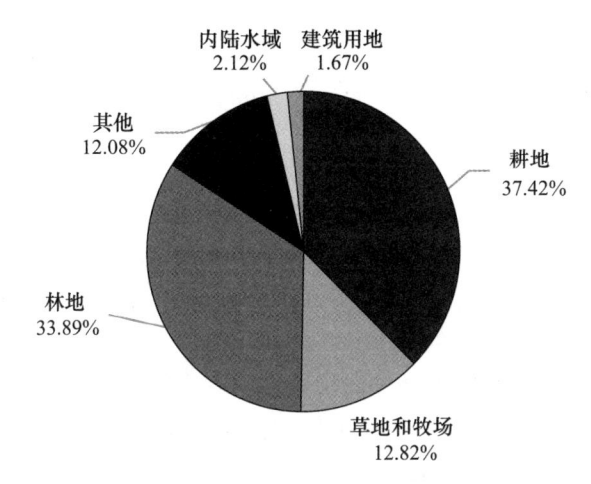

图Ⅰ-3-1 捷克土地利用结构

资料来源:《捷克统计年鉴2019》。

积,捷克森林资源主要分为天然次生林和人工林两类。2018年捷克天然次生林面积为1287.1平方千米,占比为4.81%,人工林面积为25447.6平方千米,占比为95.19%。

表Ⅰ-3-1　　　　1993—2018年捷克林地资源变化趋势　　　　（平方千米）

年份	森林面积	天然次生林	人工林	年份	森林面积	天然次生林	人工林
1993	26317.81	359.21	25958.6	2006	26493.44	715.4	25778.04
1994	26325.68	375.38	25950.3	2007	26513.53	755.9	25757.63
1995	26333.55	391.55	25942	2008	26533.62	796.4	25737.22
1996	26341.42	407.72	25933.7	2009	26553.71	836.9	25716.81
1997	26349.29	423.89	25925.4	2010	26573.8	877.4	25696.4
1998	26357.16	440.06	25917.1	2011	26595.82	931.82	25664
1999	26365.03	456.23	25908.8	2012	26617.84	986.24	25631.6
2000	26372.9	472.4	25900.5	2013	26639.86	1040.66	25599.2
2001	26392.99	512.9	25880.09	2014	26661.88	1095.08	25566.8
2002	26413.08	553.4	25859.68	2015	26683.9	1149.5	25534.4

续表

年份	森林面积	天然次生林	人工林	年份	森林面积	天然次生林	人工林
2003	26433.17	593.9	25839.27	2016	26698.5	1197.7	25500.8
2004	26453.26	634.4	25818.86	2017	26716.6	1242.4	25474.2
2005	26473.35	674.9	25798.45	2018	26734.7	1287.1	25447.6

资料来源：联合国粮农组织统计数据库——土地利用情况，http：//www.fao.org/faostat/en/#data/RL。

1993年至2018年捷克森林面积总体上有小幅度上涨，增加了416.89平方千米，增值主要来源于天然次生林，次生林面积增加了927.89平方千米，增幅高达2.58倍；相反，人工林面积却持续缩减了511平方千米，降幅为1.97%，占比从全国森林总量的98.63%降至95.19%。捷克原始森林总量非常稀少，仅有100平方千米，自1993年至2017年共增长了10平方千米，其主要分布在高山地区。

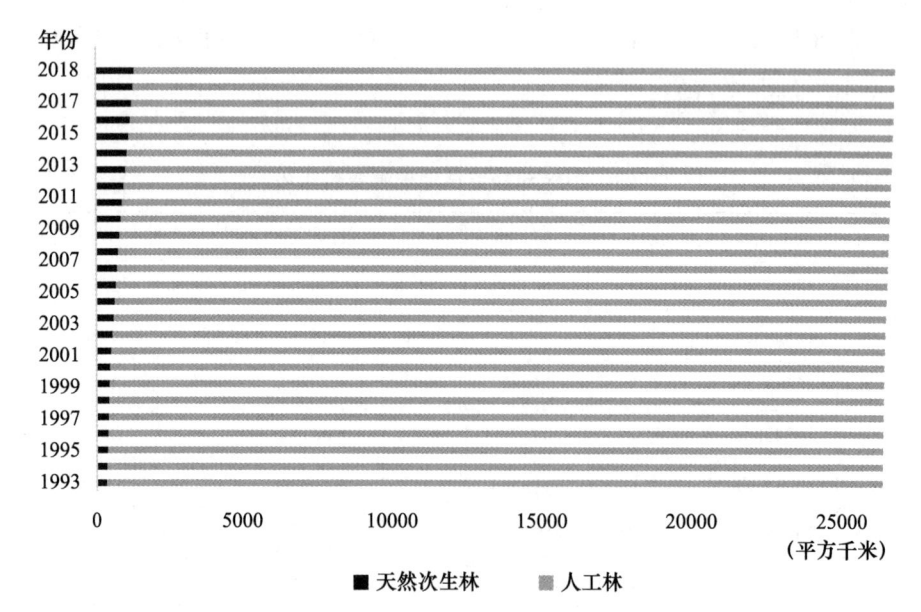

图Ⅰ-3-2　1993—2018年捷克天然次生林与人工林的变化趋势

资料来源：联合国粮农组织统计数据库——土地利用情况，http：//www.fao.org/faostat/en/#data/RL。

依据用途，捷克的森林资源主要分为商业（生产）林、保护林和特殊用途林三类，三者共占森林总面积的97%左右。商业林包括拥有林权的土地，其主要功能是生产木材，具体是指以满足人类社会的经济需求为主体功能的森林、林地、林木；保护林包括环境非常不适宜地区的森林（例如砂浆、陡坡、沟壑、泥炭地和弃土场），还包括树木植被线以下的高海拔森林，其主要作用是保护在低海拔地区、裸露山脊和矮松森林植被区生长的森林；特殊用途的森林包括国家公园和国家自然保护区中的森林、一级水源保护区和天然矿泉水保护区中生长的森林，以及温泉森林、郊区（休闲）森林、森林研究所和林业学校所属的森林、具有增强土壤保护和水保护及美化环境功能的森林、野生动物保护区的森林等。从过去十年里可用森林资源的变化趋势来分析，商业林面积变化相对较小，仅减少了70.44平方千米，保护林减少了174.24平方千米，特殊用途林增加了402.92平方千米，增幅达7%。

表Ⅰ-3-2　　2009—2018年捷克不同用途森林资源变化趋势　　（平方千米）

年份	商业林	保护林	特殊用途林
2009	19447.48	705.25	5786.5
2010	19471.86	705.17	5772.35
2011	19389.72	705.27	5864.37
2012	19381.29	657.3	5933.27
2013	19388.7	649.84	5952.87
2014	19388.44	664.36	5971.16
2015	19387.97	545.49	6112.83
2016	19374.35	541.53	6144.22
2017	19376.64	533.46	6168.3
2018	19377.04	531.01	6189.42

资料来源：2009—2013年数据来源于《捷克统计年鉴2014》，2014—2018年数据来源于《捷克统计年鉴2019》。

从树种类型来看，捷克森林资源中针叶林占主导，主要有云杉、冷杉和松树等。2018年针叶林占森林总量的72.35%，占植树造林总量的55.26%。从变化趋势来看，针叶林面积小幅下降，其他非针叶林树种面积增加显著，较2000年而言，2018年非针叶林面积增加了23.39%，主要有橡木、山毛榉、柠檬树和杨树等。

表Ⅰ-3-3　　2000—2018年捷克不同树种面积与造林面积　　（平方千米）

年份	树种面积			造林面积		
	总量	针叶林	非针叶林	总量	针叶林	非针叶林
2000	25518.73	19750.65	5768.08	218.67	139.1	79.57
2001	25562.24	19730.99	5831.25	191.09	125.33	65.76
2002	25595.37	19685.88	5909.49	181.2	117.3	63.9
2003	25621.71	19619.58	6002.13	171.64	109.74	61.9
2004	25642.61	19572.78	6069.83	190.42	123.39	67.03
2005	25645.88	19510.36	6135.52	183.18	116.58	66.6
2006	25670.46	19468.31	6202.15	184.45	117	67.45
2007	25691.3	19415.82	6275.48	188.04	119.99	68.05
2008	25706.4	19333.41	6372.986	198.88	123.82	75.06
2009	25663.53	19226.25	6437.28	209	127.95	81.05
2010	25668.16	19165.29	6502.87	218.59	129.67	88.92
2011	25668.16	19094.68	6573.48	217.55	133.63	83.92
2012	25672.39	19020.88	6651.51	199.03	122.9	76.13
2013	25686.41	18945.93	6740.48	199.2	121.01	78.19
2014	25693.02	18861.24	6831.78	202.03	124.1	77.93
2015	25682.27	18803.44	6878.82	187.97	115.51	72.46
2016	25700.36	18749.61	6950.75	199.29	118.81	80.48
2017	25717.49	18700.15	7017.34	199.73	115.23	84.5
2018	25741.51	18624.45	7117.06	212.45	117.4	95.05

资料来源：《捷克统计年鉴2019》。

捷克森林资源的所有权主要属于国家、地方州市、私人和其他（森林合作社、个体森林所有者协会、国内外企业和公司、教堂、协会、基金会）四类主体，其中，国家森林拥有量最多，2018年约占54.01%，私人占21.53%，地方州市约占15.76%，其他森林合作社等主体共占8.69%。从过去10年间森林资源所有权的变化趋势来看，2009年国家拥有的森林资源占总量的60.24%，私人是第二大拥有者，约为20.63%，地方州市为15.42%，而其他主体仅占3.71%。在10年间森林总面积增加0.68%的背景下，森林资源拥有量降低的唯一主体是国家，其降幅高达9.73%，第四类主体——其他的森林拥有量增加了约1.36倍，地方州市和私人相较10年前的拥有量分别增加了2.93%和5.12%。

表Ⅰ-3-4　　2009—2018年捷克森林资源所有权的变化趋势　　（平方千米）

	总量	国家	地方州市	私人	其他
2009	26552.12	15996.15	4094.39	5476.65	984.93
2010	26573.76	15971.19	4106.39	5559.99	936.19
2011	26598.37	15980.26	4116.46	5441.44	1060.21
2012	26618.89	15937.63	4151.21	5403.2	1126.85
2013	26637.31	15913.38	4180.86	5573.81	969.26
2014	26663.76	15369.05	4190.69	5643.96	1460.06
2015	26683.92	14785.28	4194.21	5687.36	2017.07
2016	26698.5	14475.68	4201.19	5750.49	2271.14
2017	26716.59	14437.25	4208.01	5750.87	2320.46
2018	26733.92	14439.48	4214.36	5756.99	2323.09

资料来源：《捷克统计年鉴2019》。

(二) 森林资源的空间分布

从森林资源的空间分布来看，首都布拉格森林面积极为稀缺，不足全国总量的0.2%，其余13个州森林面积主要趋向于两个级别。第一级包括中波希米亚州、南波希米亚州和比尔森州，它们的森林面积占比均在全国总量的10%以上；第二级是其余10个州，它们的森林面积占比在

5.04%—7.76%，相对较为均衡。捷克植树造林面积较少，其中奥洛穆茨州、摩拉维亚—西里西亚州、南波希米亚州、中波希米亚州和比尔森州是造林的前5名，约占总量的1/2。

表Ⅰ-3-5　　　　　2018年捷克森林资源的空间分布

	森林面积（平方千米）	占比（%）	造林面积（平方千米）	占比（%）
总量	26733.92		212.45	
布拉格	52.33	0.20	0.67	0.32
中波希米亚	2998.74	11.22	19.83	9.33
南波希米亚	3796.64	14.20	21.38	10.06
比尔森	3087.03	11.55	19.44	9.15
卡罗维发利	1443.33	5.40	8.9	4.19
乌斯季	1635.47	6.12	10.53	4.96
利贝雷茨	1409.36	5.27	5.85	2.75
赫拉德茨—克拉洛韦	1483.74	5.55	6.34	2.98
帕尔杜比采州	1347.44	5.04	7.77	3.66
维索基纳	2075.1	7.76	13.73	6.46
南摩拉维亚	2016.42	7.54	18.49	8.70
奥洛穆茨	1862.17	6.97	38.9	18.31
兹林	1583.4	5.92	16.38	7.71
摩拉维亚—西里西亚	1942.73	7.26	24.24	11.41

资料来源：《捷克统计年鉴2019》。

捷克森林资源中圆木采伐利用主要以针叶林为主，其采伐量是非针叶林的16.4倍。从各州对森林资源的采伐占比来看，维索基纳州、南波希米亚州、奥洛穆茨州和摩拉维亚—西里西亚州等利用针叶林较多，占总量的一半以上；奥洛穆茨州、南摩拉维亚州和兹林州非针叶林采伐量远大于其余各州，三者总量占全国的50.1%。

表 I -3-6　　　　　　　　2018 年捷克圆木采伐量的空间分布

	针叶林（立方米）	占比（%）	非针叶林（立方米）	占比（%）
总量	24212510		1476275	
布拉格	9493	0.04	4623	0.31
中波希米亚	1649935	6.81	138637	9.39
南波希米亚	3295659	13.61	83860	5.68
比尔森	1714838	7.08	53383	3.62
卡罗维发利	739056	3.05	29159	1.98
乌斯季	464865	1.92	75832	5.14
利贝雷茨	496947	2.05	61872	4.19
赫拉德茨—克拉洛韦	888867	3.67	74902	5.07
帕尔杜比采	917083	3.79	78146	5.29
维索基纳	3740400	15.45	24931	1.69
南摩拉维亚	2169995	8.96	244593	16.57
奥洛穆茨	3116798	12.87	252168	17.08
兹林	2111337	8.72	242762	16.44
摩拉维亚—西里西亚	2897237	11.97	111407	7.55

资料来源：《捷克统计年鉴 2019》。

三　农用地资源

捷克农业发展水平一般，2019 年农业增加值仅占全国 GDP 比重的 1.88%。从资源禀赋来分析，捷克农业用地面积变动幅度较小，从 1993 年至 2018 年仅缩小了 780 平方千米，年均减少面积 30 平方千米（见图 I -3-3）。2018 年最新数据显示，捷克拥有农业用地 42040 平方千米，占全国土地总面积的 53.31%。

捷克农业用地具体包括了可耕作土地、啤酒花圃、葡萄园、花园、果园和永久性草地等类型，其中可耕作土地和永久性草地是主体（见图 I-3-4），分别占农业用地的 70.21% 和 24.05%。

从农业用地面积及结构变化趋势分析，尽管捷克近 10 年间农业用地

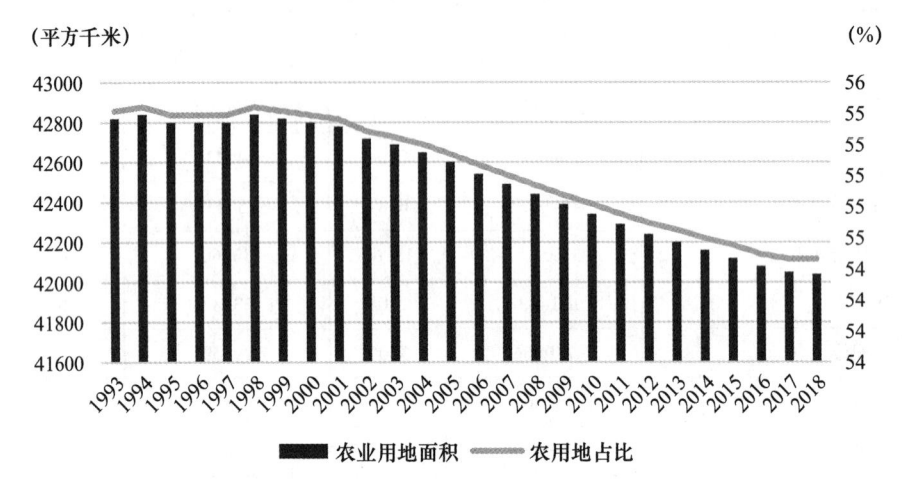

图Ⅰ-3-3 1993—2018年捷克农业用地面积及农用地占比

资料来源：1993—2012年的数据来源于联合国粮农组织统计数据库——土地利用情况，http：//www.fao.org/faostat/en/#data/RL，2013—2018年数据来源于《捷克统计年鉴2019》。

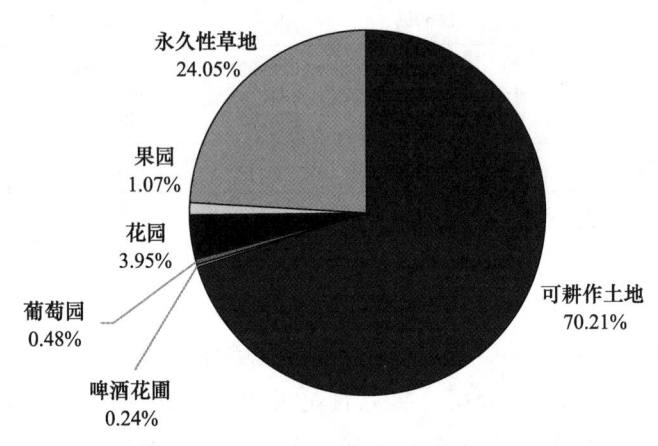

图Ⅰ-3-4 2018年捷克农业用地结构

资料来源：《捷克统计年鉴2019》。

仅减少了350平方千米，但可耕作土地面积却减少了659平方米，降幅为2.18%，啤酒花圃和果园面积也有少量减少；相反，永久性草地面积增长了282平方千米，增幅为2.87%，葡萄园和花园面积也有些微增加。整体除可耕作土地和永久性草地外，其余土地利用类型基本保持稳定，面积增减范围不超过 30 平方千米。

表Ⅰ-3-7　　　　2009—2018 年捷克农业用地的变化趋势　　　　（平方千米）

	农业用地	可耕作土地	啤酒花圃	葡萄园	花园	果园	永久性草地
2009	42390	30169	107	193	1629	465	9828
2010	42340	30080	110	190	1630	470	9860
2011	42290	30000	100	190	1630	460	9890
2012	42240	29930	100	200	1630	460	9920
2013	42200	29860	100	200	1630	460	9940
2014	42160	29790	100	200	1640	460	9970
2015	42120	29720	100	200	1640	460	10010
2016	42080	29660	100	200	1640	450	10030
2017	42050	29590	100	200	1650	450	10070
2018	42040	29510	100	200	1660	450	10110

资料来源：《捷克统计年鉴 2019》。

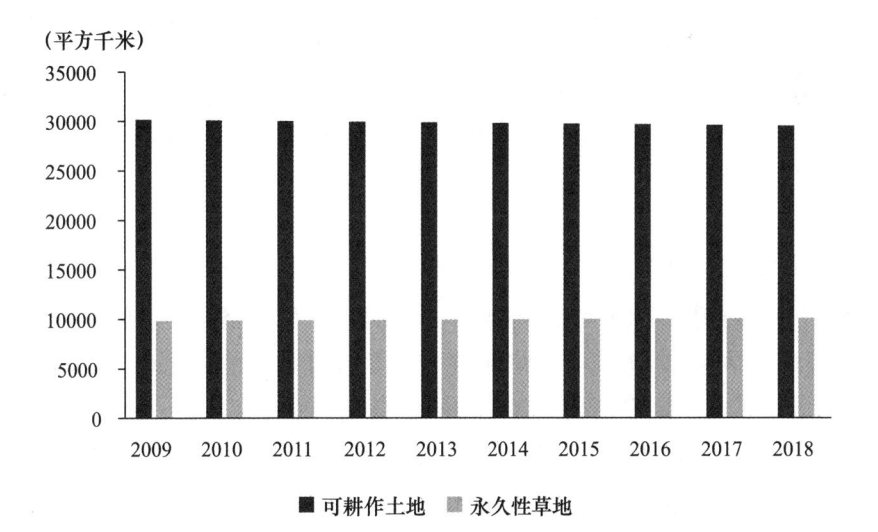

图Ⅰ-3-5　2009—2018 年捷克可耕作土地和永久性草地的变化趋势

资料来源：《捷克统计年鉴 2019》。

(一) 农业用地资源的空间分布

捷克各州市农业用地资源空间分布不均,中波希米亚是全国农业用地拥有量最多的州,高达6586.1平方千米,占全国总量的15.67%。其次是南波希米亚州、南摩拉维亚州和维索基纳州,分别占全国总量的11.63%、10.07%和9.71%,面积均在4000平方千米以上;首都布拉格仅有不足200平方千米的农业用地,占全国总量的0.47%。其余各州市除利贝雷茨州(3.31%)和卡罗维发利州(2.95%)外,农业用地的全国占比均在5%—6%。

州市	面积
摩拉维亚—西里西亚	2732.33
兹林	1925.86
奥洛穆茨	2773.19
南摩拉维亚	4233.18
维索基纳	4081.69
帕尔杜比采	2700.81
赫拉德茨—克拉洛韦	2766.52
利贝雷茨	1392.73
乌斯季	2747.76
卡罗维发利	1240.27
比尔森	3771.06
南波希米亚	4889.28
中波希米亚	6586.10
布拉格	196.49

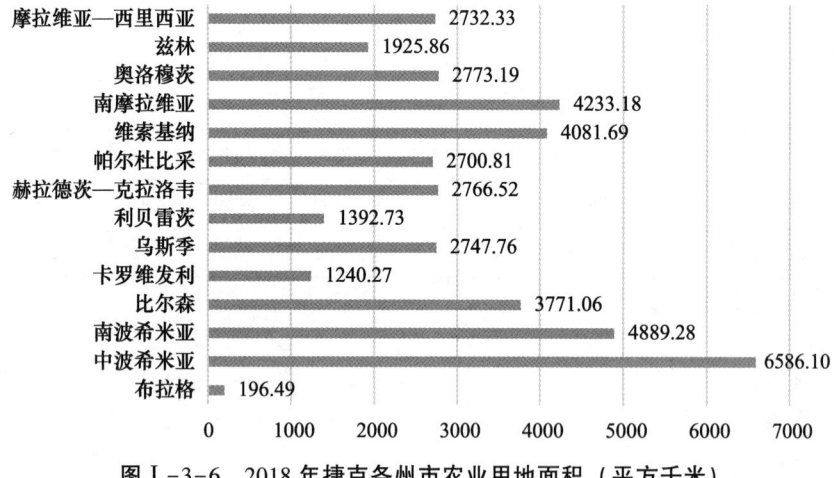

图 I-3-6 2018年捷克各州市农业用地面积(平方千米)

资料来源:CZSO, *Comparison of Regions in the Czech Republic—2019*.

中波希米亚州不仅在14个州市中农业用地面积最大,也是农业用地占本州土地面积最高的地区。此外,赫拉德茨—克拉洛韦州、帕尔杜比采州、维索基纳州和南摩拉维亚州农业用地面积在本州的占比均高于全国水平54.16%,卡罗维发利州取代首都布拉格成为农业用地占比最小的州。

从历史趋势来看,在过去5年间捷克首都布拉格与其余13个州的农业用地面积基本保持稳定,面积变化幅度不超过30平方千米,一方面与捷克国土面积较小相关,另一方面与其成熟稳定的产业体系、产业政策密切相关。

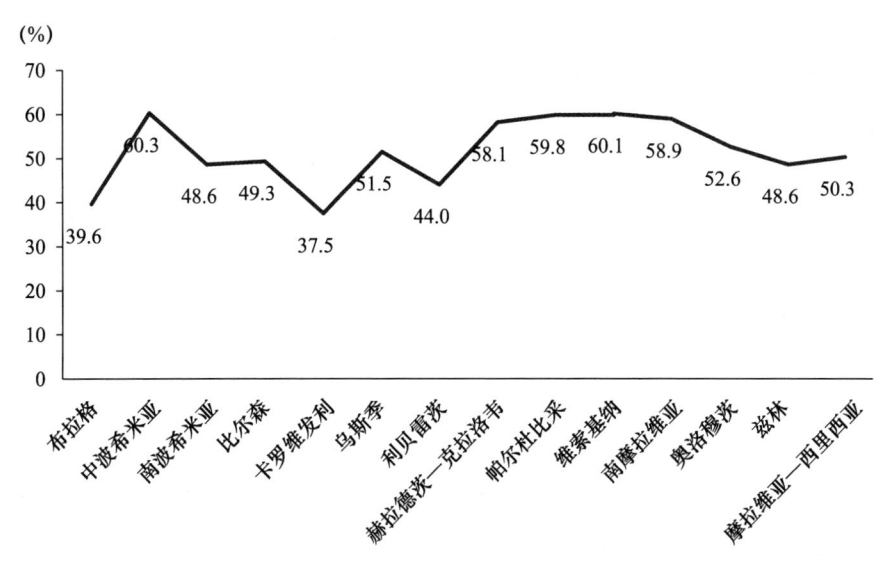

图 I-3-7 捷克各州市农业用地占比

资料来源：CZSO, *Comparison of Regions in the Czech Republic—2019*；《捷克统计年鉴 2019》。

表 I-3-8   2014—2018 年捷克农业用地面积变化趋势   （平方千米）

	2014	2015	2016	2017	2018
总量	42156.21	42119.35	42083.74	42052.88	42037.26
布拉格	198.78	198.47	198.00	197.17	196.49
中波希米亚	6610.27	6603.83	6596.23	6589.33	6586.10
南波希米亚	4896.93	4893.67	4891.07	4889.17	4889.28
比尔森	3781.66	3777.62	3774.77	3772.03	3771.06
卡罗维发利	1240.12	1239.64	1239.90	1239.22	1240.27
乌斯季	2753.24	2753.17	2751.09	2748.99	2747.76
利贝雷茨	1396.90	1395.21	1393.50	1392.33	1392.73
赫拉德茨—克拉洛韦	2772.29	2770.99	2769.17	2767.99	2766.52
帕尔杜比采	2708.81	2705.66	2703.48	2701.50	2700.81
维索基纳	4089.39	4087.37	4085.43	4083.61	4081.69
南摩拉维亚	4251.68	4245.77	4240.21	4237.70	4233.18
奥洛穆茨	2785.62	2782.09	2778.50	2775.25	2773.19
兹林	1929.67	1927.39	1925.93	1924.88	1925.86
摩拉维亚—西里西亚	2740.87	2738.48	2736.46	2733.71	2732.33

资料来源：《捷克统计年鉴 2015—2019》。

作为农业用地中最主要的构成，可耕作土地在捷克各州市农业用地面积中的占比差异显著（见表Ⅰ-3-9），有6个州超过了全国平均水平70.21%，其中以中波希米亚州和南摩拉维亚州可耕作土地面积的占比较高，分别为82.50%和82.64%；其余8个州市均低于全国水平，特别是卡罗维发利州（42.68%）和利贝雷茨州（45.09%）与平均水平相距甚远。关于永久性草地的面积，捷克各州市中以布拉格为最低，仅有4.81%。此外，与可耕作土地面积的多少基本成反比，南摩拉维亚州和中波希米亚州的永久性草地在全州农业面积中占比较低，卡罗维发利州（54.41%）和利贝雷茨州（48.37%）是全国平均水平的2倍以上，总体上共有8个州的永久性草地面积占比超过了全国平均水平，有6个州市则低于全国的24.05%。各州农业用地中可耕作土地与永久性草地的占比反映出其农业产业发展的侧重点不同。

表Ⅰ-3-9　2018年捷克各州市可耕作土地面积和永久性草地面积（平方千米;%）

	农业用地面积	可耕作土地面积	占比	永久性草地面积	占比
总量	42037.27	29513.94	70.21	10110.94	24.05
布拉格	196.49	141.39	71.96	9.45	4.81
中波希米亚	6586.10	5433.44	82.50	731.81	11.11
南波希米亚	4889.28	3065.29	62.69	1675.30	34.26
比尔森	3771.06	2522.66	66.90	1113.55	29.53
卡罗维发利	1240.27	529.31	42.68	674.80	54.41
乌斯季	2747.76	1800.84	65.54	733.76	26.70
利贝雷茨	1392.73	628.03	45.09	673.64	48.37
赫拉德茨—克拉洛韦	2766.52	1883.31	68.08	722.96	26.13
帕尔杜比采	2700.81	1942.10	71.91	625.33	23.15
维索基纳	4081.69	3146.99	77.10	824.33	20.20
南摩拉维亚	4233.18	3498.33	82.64	303.50	7.17
奥洛穆茨	2773.19	2045.26	73.75	569.69	20.54
兹林	1925.86	1196.15	62.11	588.65	30.57
摩拉维亚—西里西亚	2732.33	1680.84	61.52	864.17	31.63

资料来源：*Comparison of Regions in the Czech Republic*—2019.

从绝对值上看,在捷克各州中以中波希米亚州可耕作土地面积为最大,占全国可耕作土地总量的18.41%。尽管南摩拉维亚州与中波希米亚州的可耕地面积在全州农业用地面积上的占比基本一致,都超过82%,但横向对比其可耕作土地面积在全国总量中的占比却仅为11.85%。尽管布拉格可耕地面积在本州农业用地中的占比并非全国最小,但其可耕地面积的绝对值是全国最小的州市,仅占全国总量的0.48%。

州市	面积（平方千米）
摩拉维亚—西里西亚	1680.84
兹林	1196.15
奥洛穆茨	2045.26
南摩拉维亚	3498.33
维索基纳	3146.99
帕尔杜比采	1942.10
赫拉德茨—克拉洛韦	1883.31
利贝雷茨	628.03
乌斯季	1800.84
卡罗维发利	529.31
比尔森	2522.66
南波希米亚	3065.29
中波希米亚	5433.44
布拉格	141.39

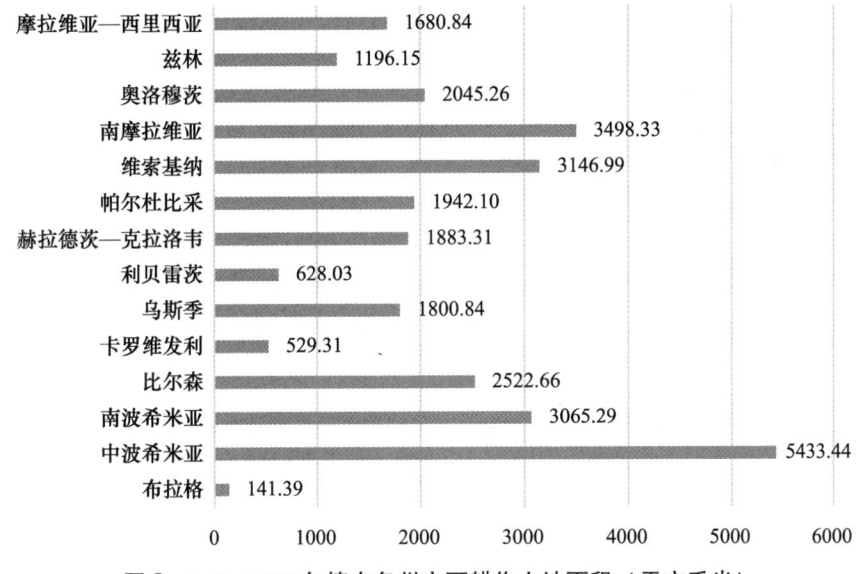

图Ⅰ-3-8　2018年捷克各州市可耕作土地面积（平方千米）

资料来源：CZSO, *Comparison of Regions in the Czech Republic*—2019.

南波希米亚州是捷克全国永久性草地拥有量最大的州,占全国总量的16.57%。然而,卡罗维发利州和利贝雷茨州作为永久性草地在全州农业用地中占比较高的两个州,其永久性草地面积在全国总量中的占比却仅有6.66%左右。除布拉格和南波希米亚州外,其余各州永久性草地拥有量相对较为均衡。

依据2014—2018年数据,捷克各州市可耕作土地面积变化趋势均降低了,以中波希米亚和南波希米亚降幅为最高；永久性草地在14个州市均有所增长,以南波希米亚州增加面积为最多。

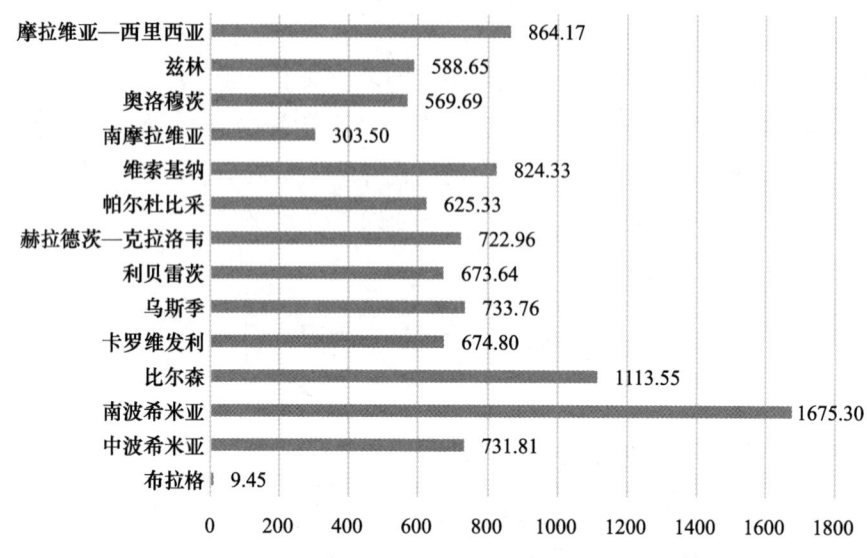

图 Ⅰ-3-9　2018年捷克各州市永久性草地面积（平方千米）

州市	面积
摩拉维亚—西里西亚	864.17
兹林	588.65
奥洛穆茨	569.69
南摩拉维亚	303.50
维索基纳	824.33
帕尔杜比采	625.33
赫拉德茨—克拉洛韦	722.96
利贝雷茨	673.64
乌斯季	733.76
卡罗维发利	674.80
比尔森	1113.55
南波希米亚	1675.30
中波希米亚	731.81
布拉格	9.45

资料来源：CZSO，*Comparison of Regions in the Czech Republic-2019*.

表 Ⅰ-3-10　2014—2018年捷克各州市可耕作土地面积变化趋势　（平方千米）

	2014	2015	2016	2017	2018
总量	29789.89	29719.57	29656.06	29586.03	29513.95
布拉格	144.36	144.05	143.68	142.20	141.39
中波希米亚	5473.30	5466.91	5458.26	5445.51	5433.44
南波希米亚	3100.43	3085.50	3077.41	3072.17	3065.29
比尔森	2549.82	2542.98	2535.19	2529.77	2522.66
卡罗维发利	538.78	537.72	537.12	533.89	529.31
乌斯季	1812.66	1808.42	1804.79	1802.46	1800.84
利贝雷茨	647.08	641.60	634.16	631.45	628.03
赫拉德茨—克拉洛韦	1905.78	1901.35	1898.59	1890.80	1883.31
帕尔杜比采	1963.35	1958.91	1952.27	1945.92	1942.10
维索基纳	3158.84	3157.15	3154.72	3151.07	3146.99
南摩拉维亚	3521.71	3514.28	3509.47	3504.54	3498.33

续表

	2014	2015	2016	2017	2018
奥洛穆茨	2059.86	2055.94	2053.29	2049.51	2045.26
兹林	1215.81	1211.79	1208.91	1202.57	1196.15
摩拉维亚—西里西亚	1698.11	1692.98	1688.22	1684.17	1680.84

资料来源：CZSO, *Comparison of Regions in the Czech Republic—2015-2019*.

表Ⅰ-3-11　2014—2018年捷克各州市永久性草地面积变化趋势　　（平方千米）

	2014	2015	2016	2017	2018
总量	9972.26	10006.22	10033.93	10065.52	10110.94
布拉格	8.69	8.72	8.71	9.35	9.45
中波希米亚	720.50	721.41	722.34	725.29	731.81
南波希米亚	1649.19	1660.75	1665.69	1668.89	1675.30
比尔森	1098.04	1100.79	1105.72	1108.15	1113.55
卡罗维发利	665.26	665.88	666.77	669.23	674.80
乌斯季	726.56	731.78	732.97	733.66	733.76
利贝雷茨	659.29	663.00	668.81	670.21	673.64
赫拉德茨—克拉洛韦	707.22	710.36	711.65	717.84	722.96
帕尔杜比采	613.74	615.08	619.55	622.92	625.33
维索基纳	822.00	821.55	821.91	823.30	824.33
南摩拉维亚	301.27	302.12	301.74	302.28	303.50
奥洛穆茨	566.72	567.07	566.45	568.30	569.69
兹林	573.50	575.08	576.58	581.63	588.65
摩拉维亚—西里西亚	860.28	862.63	865.04	864.47	864.17

资料来源：CZSO, *Comparison of Regions in the Czech Republic—2015-2019*.

(二) 耕地资源作物类型

自20世纪90年代捷克农业所有制向市场化改革后，迈入了以市场为导向，高效、国际化的发展道路，成为捷克竞争优势显著的行业之一。加入欧盟后，捷克得到欧盟结构基金的支持，实施了共同农业政策，采取了一系列措施，初级农产品生产量持续稳步增加，农业生产效率不断提高。[①] 其农产品包括谷物、豆类、土豆等粮食作物，甜菜、玉米、油料等经济作物。

表Ⅰ-3-12　2018年捷克农作物种植面积和近五年来农作物平均产量

种类	种植面积（平方千米）	产量（千吨）	种类	种植面积（平方千米）	产量（千吨）
谷物总量	13390.56	7997.38	豆类总量	351.53	82.85
小麦	8196.90	5061.47	豌豆	290.87	69.50
黑麦	253.55	114.14	其他豆类	60.66	13.35
大麦	3247.24	1824.41	工业作物总量	4988.03	1466.69
燕麦	428.21	146.82	油菜花	4118.02	1341.93
黑小麦	378.51	197.83	向日葵籽	202.02	43.86
谷物玉米	821.27	639.59	黄豆	152.30	25.39
其他谷物	64.89	13.13	罂粟	266.08	22.74
根部作物总量	882.86	4669.41	芥菜籽	129.84	14.07
土豆1	10.38	21.19	亚麻籽	12.58	2.17
土豆2	190.50	551.69	其他油料作物	12.52	1.09
种薯	28.01	62.05	香料作物	49.96	2.90
工业甜菜	647.60	4017.57	药用作物	35.58	2.49
饲料甜菜	4.44	15.40	其他工业作物	9.13	7.89
其他根部作物	1.92	1.51			

资料来源：《捷克统计年鉴2019》。

2018年捷克农作物种植总面积为24609.39平方千米，整体以谷物种植为主，占总种植面积的54.41%；其次是工业作物、根部作物和豆类。从具体作物种类来看，种植面积最大的是小麦，占谷物类作物的

---

① 中华人民共和国驻捷克共和国大使馆经济商务处：《捷克农业概况》，http://cz.mofcom.gov.cn/article/ztdy/200704/20070404594238.shtml。

61.21%,占农作物整体种植面积的 33.3%;种植面积排序前五名的依次是小麦、油菜花、大麦、谷物玉米和工业甜菜,这五类作物的种植面积占总面积的 69.21%,因此农作物种植种类相对集中。

从捷克 2014—2018 年的年均农作物产量来看,谷物产量最高,根部作物产量居第二位,其次是工业作物和豆类。通过对比产量与种植面积,根部作物的单位面积产量最高。谷物生产以小麦产量为最高,占全部谷物总产量的 61.21%;根部作物生产以工业甜菜为主,占该类型作物的 86%;豆类作物产量整体较小,以豌豆为主要作物,占该类型作物的 83.89%;工业作物则以油菜花生产为主,占该类型作物的 91.49%。所有农作物中年均产量居前五位的分别是小麦、工业甜菜、大麦、油菜花和谷物玉米。此外,捷克农作物还包括饲料生产,2018 年其种植型饲料作物的面积达 4683.28 平方千米,产量则达到了 365.57 万吨。从总体上讲,捷克农作物生产基本实现了自给自足。①

捷克各州主要农作物产量与其农业种植面积大小基本保持一致。布拉格农产品产量最低,各类主要作物总产量仅占全国的 0.4%;其次是卡罗维发利州和利贝雷茨州,分别为全国的 1.13% 和 1.42%。州农作物总产量最高的是中波希米亚州,占全国总量的 20.33%;其次是南摩拉维亚州和维索基纳州,占比分别为 11.19% 和 10.38%;其余各州产值总量都在 3%—10% 的区间内。

表 I-3-13　　　　2018 年捷克各州市主要农作物产量　　　　(千吨)

	谷物总量	小麦	大麦	土豆	工业甜菜	油菜花	向日葵籽	种植型饲料
总量	6970.92	4417.84	1606.03	583.56	3724.31	1410.77	47.59	3967.38
布拉格	30.88	21.55	7.20	0.27	18.10	7.99	0.19	5.70
中波希米亚	1365.53	928.66	305.05	135.68	1024.29	302.22	10.54	547.66

---

① 中国商务部国际贸易经济合作研究院、中国驻捷克大使馆经济商务参赞处、中国商务部对外投资和经济合作司:《对外投资合作国别(地区)指南——捷克 2019 年》,http://www.mofcom.gov.cn/dl/gbdqzn/upload/jieke.pdf。

续表

	谷物总量	小麦	大麦	土豆	工业甜菜	油菜花	向日葵籽	种植型饲料
南波希米亚	699.56	436.54	153.90	83.13	—	155.27	0.20	497.33
比尔森	530.32	333.57	131.73	30.06	—	118.63	1.39	406.21
卡罗维发利	102.17	61.31	19.26	2.17	—	19.25	0.00	52.27
乌斯季	472.17	356.13	90.16	12.34	238.61	88.84	4.03	133.38
利贝雷茨	102.92	66.07	21.38	3.77	47.12	20.43	0.01	61.64
赫拉德茨—克拉洛韦	423.54	283.21	76.93	17.38	623.07	87.09	1.19	277.21
帕尔杜比采	453.61	279.94	109.56	27.38	250.43	99.41	2.20	354.41
维索基纳	697.54	410.92	212.56	198.87	11.80	150.66	0.12	676.78
南摩拉维亚	970.48	560.06	167.26	37.25	276.47	142.05	26.66	362.72
奥洛穆茨	520.74	285.30	182.33	8.03	718.59	94.23	0.07	270.65
兹林	268.59	179.33	49.60	6.35	112.29	53.48	0.85	163.78
摩拉维亚—西里西亚	332.86	215.23	79.10	20.88	403.54	71.21	0.14	157.63

资料来源：《捷克统计年鉴2019》。

从具体作物类型分析，首先，中波希米亚州是多种农作物的核心产区，其谷物、大麦、小麦、工业甜菜和油菜花等产量均居全国第一位，分别占全国总产量的19.6%、21%、19%、27.5%和21.42%；土豆、向日葵籽和种植型饲料等作物生产则排第二位，分别为全国总量的23.3%、21.4%和13.8%。其次，维索基纳和南摩拉维亚也是农作物产量相对较高的州，前者的土豆和种植型饲料产量居全国第一位，大麦产量居全国第二位，后者是向日葵籽产出最多的州，其谷物和小麦产量紧随中波希米亚州。布拉格市的大部分农作物产量均为全国最少，仅有工业甜菜和向日葵籽产量分别位居全国倒数第五和倒数第六。

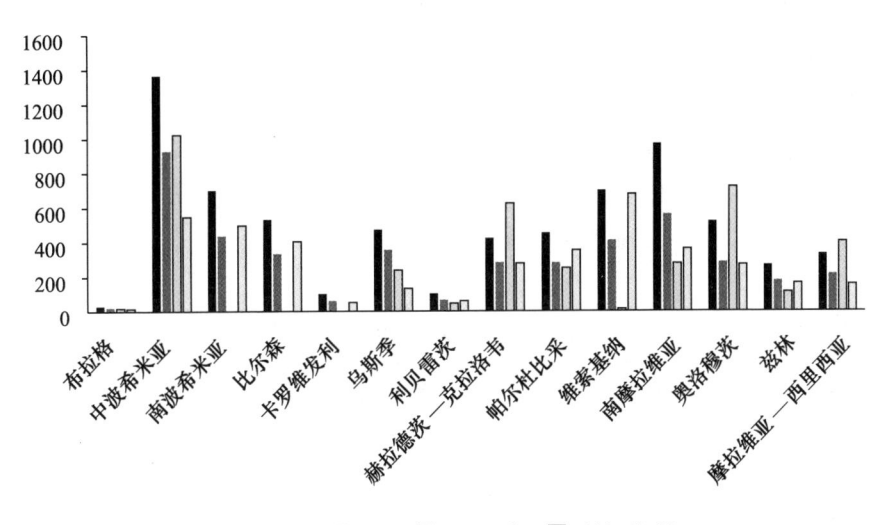

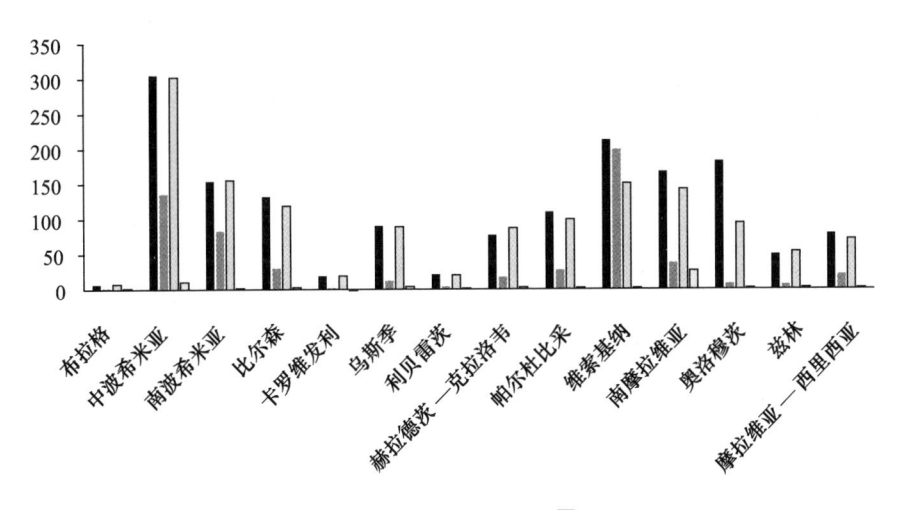

图 I-3-10 2018 年捷克各州主要农作物产量（千吨）

资料来源：《捷克统计年鉴 2019》。

捷克经济作物还包括苹果、梨、樱桃、李子等水果。从总体趋势来看，其果树种植数量持续小幅度降低，2018年各类果树的种植总数相较2005年下降了9.5%；然而，其水果产量除个别年份外整体呈上涨趋势，2018年捷克水果总产量相较2005年增加了17.42%。从具体品种来看，捷克盛产苹果，多年来苹果树种植棵数一直保持在60%左右，是捷克水果种植的核心树种，苹果产量长期占全国水果总产量的80%以上。其次，捷克加仑树拥有量较多，尽管近十年来其种植量有所下降，但2018年加仑树仍然占全国种植总量的17.6%。其加仑产量却无显著优势，特别是近十年来欧洲李、酸樱桃和梨的产量均超过加仑。

表Ⅰ-3-14　　2005—2018年捷克果树种植数量和产量

果树（千棵）	2005	2010	2015	2018	水果（吨）	2005	2010	2015	2018
苹果树	11486	11803	10943	10574	苹果	134094	99801	155361	151528
梨树	492	938	945	936	梨	3288	4169	8921	7213
桃树	522	401	235	172	桃	2912	1802	1596	962
杏树	488	528	508	519	杏子	2374	1333	2238	2255
欧洲李树	278	517	780	843	欧洲李	2536	2089	7706	11576
乌荆子李树		373	248	142	乌荆子李		2381	1409	1348
樱桃树	400	410	468	487	樱桃	2053	2107	2443	2714
酸樱桃树	942	864	720	725	酸樱桃	7870	4515	5804	6814
加仑树	4654	4793	3814	3085	加仑	3456	2017	2912	1887
鹅莓树	112	26	20	22	鹅莓	88	26	22	16
核桃树	33	31	51	58	核桃	130	69	181	154

资料来源：2005年数据来源于《捷克统计年鉴2010》，2010年、2015年和2018年数据来源于《捷克统计年鉴2019》。

观察不同时期水果种植和产量的数据可知，果树种植量的增多或减少在很大程度上会影响产量，但并非绝对，水果产量与当地该年度气候和天气变化显著相关。2010年捷克春夏强降水影响了果树授粉和开花，再加之洪涝灾害使水果种植户雪上加霜，当年水果产量创20年来新低，仅

12.03万吨。① 2015年捷克各类水果的总产量近18.86万吨,是自2006年以来的最大一次丰收,增收的主要原因是该年度春天少霜冻和冰雹。②

捷克蔬菜种植种类相对固定,其中洋葱、红/白卷心菜和胡萝卜产量长期以来一直较高,基本保持在蔬菜总产量的60%左右。根据2005—2018年的蔬菜产量数据分析,捷克蔬菜种植经历了先降低后增加的趋势,2010年蔬菜总产量降低到了5年前的73.16%,2015年蔬菜总产量是2000年的83.56%,2018年该比值为93.92%。对比2005年与2018年的蔬菜种植数据,一方面,捷克蔬菜种类增加了生菜、萝卜和韭菜,且这几种蔬菜的产量相对较高;另一方面,尽管2018年总产量低于2005年,但芹菜、胡萝卜、大头菜、葫芦和大蒜等蔬菜产量是增加的。

表Ⅰ-3-15　　　　　　　捷克蔬菜产量变化趋势　　　　　　　（吨）

	2005	2010	2015	2018
芹菜	6139	7407.89	7598.25	8444.53
胡萝卜	25184	18834.46	23449.22	26652.54
香菜	5452	2415.36	3788.28	4579.94
大头菜	1690	2759.26	3234.67	3287.17
萝卜	—	—	2365.78	4878.27
卷心菜	3130	2100.7	1951.39	2249.02
花椰菜和西兰花	7779	4524.31	3704.13	6930.94
红/白卷心菜	49493	35855.87	41598.92	32303.64
葫芦	6105	6719.78	14034.70	11327.96
黄瓜	4540	3841.53	3584.23	3051.51
西红柿	15014	7238.49	5548.94	10080.21
洋葱	47588	34652.96	27212.09	36697.35

① 朱世平:《2010年捷克共和国水果歉收》,《中国果业信息》2011年第6期。
② 中华人民共和国驻捷克共和国大使馆经济商务处:《2015年捷克水果种植喜获丰收》,http://cz.mofcom.gov.cn/article/jmxw/201601/20160101243532.shtml。

续表

	2005	2010	2015	2018
大蒜	165	221.54	794.70	1688.9
豌豆	5052	3155.75	4173.79	3075.52
韭菜	—	—	97.17	133.8
生菜	—	—	5035.86	11159.85

资料来源：2005年数据来源于《捷克统计年鉴2010》，2010年、2015年和2018年数据来源于《捷克统计年鉴2019》。

四 建设用地资源

在捷克土地类型核算中非农业用地主要包括森林、水体、建成区和其他。相对其他土地类型，2000年至2018年建成区面积变化微小，仅有20平方千米的增量。

第二节 矿产资源

一 矿产资源概况

捷克国土面积较小，矿产资源种类并不丰富且储量较少，许多矿产资源的经济开发利用价值较低。总体上，储藏量大且具有开发利用价值的矿产资源主要有煤、铀和高岭土等。

二 金属矿产资源

在捷克的金属矿产资源中储量和开发潜力突出的主要是铀矿。其他矿产资源，例如铁矿石，其生产来源主要靠进口，尽管捷克也广泛分布着铁矿，但含量少，不具备经济使用价值。此外，还有一些有色金属散布于全国的小型矿床中，完全无法有效开发和利用。[①] 值得注意的是，捷克没有可供开采的铁矿石，但却生产粗钢、生铁等钢铁制品。此外，金属矿生产主要有铝和铁。

[①] 陈广嗣、姜琍：《列国志·捷克》，社会科学文献出版社2005年版。

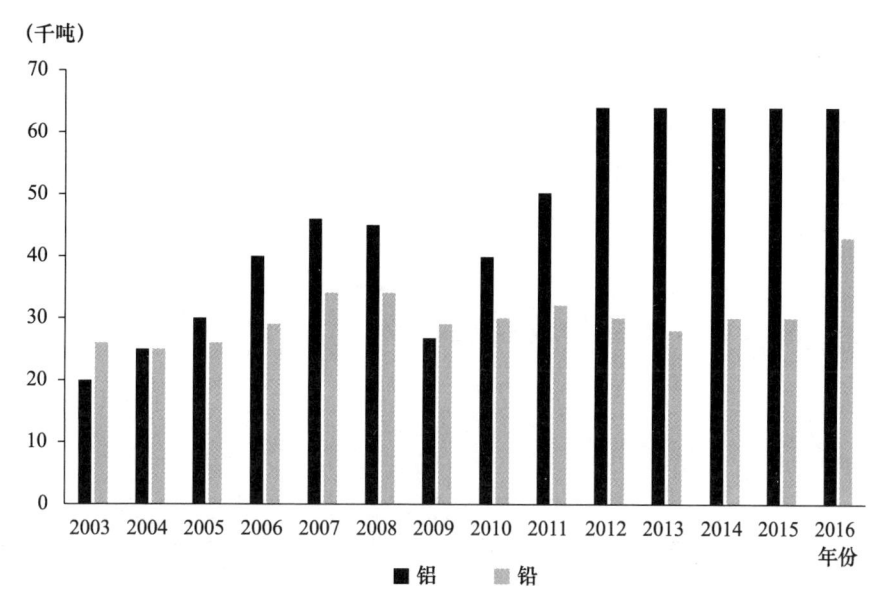

图Ⅰ-3-11　2003—2016年捷克铝和铅的产量

资料来源：USGS, *The Mineral Industry of Czech Republic*.

2003—2016年，捷克铝的产量除2009年下降外，其总体呈增长趋势，2016年铝产量相较2003年增加了220%，特别是在2012年产量达到64000吨后保持着稳定态势；铅的生产则在增长和降低的长期浮动中缓慢提升，2016年铅产量达到历史新高，即43000吨，相对2003年增加了65.38%。与铝和铅万吨的产量相比，一方面，捷克钢铁制品（主要有生铁、粗钢和热轧钢三类）产量均高达百万吨；另一方面，三类钢铁制品产量总体呈下降趋势，相较2013年，捷克2016年生铁产量降幅达20%，粗钢产量达21.8%，热轧钢产量降幅更为显著，约为36.5%。此外，这三类钢铁制品各年份产量变动趋势相对同步。与铝和铅类似，2009年是捷克钢铁制品产量最低的一年，随后产量有所回升并呈相对稳定状态。2009年受全球性金融危机的影响，大部分国家的钢铁企业产量都出现了不同程度的下滑。

铀矿

捷克金属矿产资源中开发价值较高的主要是铀矿，其矿床位于亚赫莫

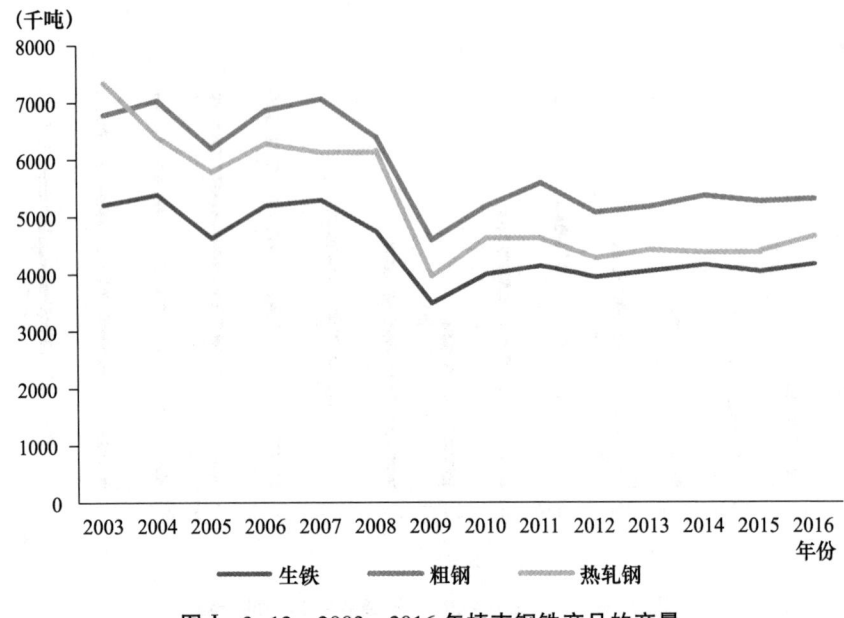

图Ⅰ-3-12 2003—2016年捷克钢铁产品的产量

资料来源：USGS, *The Mineral Industry of Czech Republic*.

夫斯科、普日布拉姆斯科、萨扎尔河畔日贾尔周围和捷克利巴附近。[1] 1964年在捷克距离布拉格东北80千米的波希米亚北部哈姆尔地区，钻探发现铀面积约为0.6平方千米的砂岩铀矿床，该矿床的矿石品位较高，平均在0.09%—0.11%U，最高品位可达到0.5%—0.8%U，当时预测中心矿区储量为6万—12万吨铀，整个矿床储量估计在20万吨。[2]

捷克铀矿开发主要包括三种产品：铀矿石、八氧化三铀和铀精矿。其中，八氧化三铀产量最高，其次是铀矿石，铀精矿产量最低。2003—2016年捷克这三类铀矿产品的产量均呈下降趋势，且降幅明显。以2003年为基准，2016年捷克铀矿石产量降幅高达72.2%，铀精矿产量降幅为74.1%，2015年八氧化三铀产量降幅为70.4%。铀矿产品产量的下降与捷克国内铀矿资源逐步枯竭相关。

---

[1] 陈广嗣、姜俐：《列国志·捷克》，社会科学文献出版社2005年版。
[2] 郭金周：《捷克哈姆尔砂岩铀矿——储量估计在20万吨以上》，《国外核新闻》1983年第8期。

表Ⅰ-3-16　　　　2003—2016年捷克铀矿相关产品产量　　　　　　（吨）

年份	铀矿石	八氧化三铀	铀精矿	年份	铀矿石	八氧化三铀	铀精矿
2003	458	540	452	2010	259	305	237
2004	435	513	412	2011	252	297	216
2005	420	495	409	2012	222	262	219
2006	383	452	358	2013	232	274	206
2007	322	380	291	2014	165	195	146
2008	290	342	261	2015	134	160	122
2009	286	337	243	2016	128	—	117

资料来源：USGS, *The Mineral Industry of Czech Republic*.

捷克铀矿主要用作核电站发电。2015年核电占捷克共和国电力供应的32%，预计到2040年将提供捷克电力的46%—58%。捷克拥有两个核电站，一个位于南摩拉维亚的杜库凡尼（Dukovany），有4台机组；另一个位于南波希米亚的泰梅林（Temelin），有2台机组。这两个核电站的总装机容量为4290兆瓦（MW）。为了实现对欧盟碳减排目标的承诺，2015年捷克国家能源政策要求增加对核能的利用，并在杜库凡尼和泰梅林电站安装新的反应堆，到2035年将再安装具备2500兆瓦发电能力的核反应堆，这将需要4年的燃料储备。[①]

捷克国有企业Diamo股份公司负责铀矿的提取和加工，执行国家相关计划并修复以前的矿山生产基地。Dolni Rozinka的Rozna矿山是2015年捷克唯一在运营中的铀矿。2007年5月23日的第565/2007号政府法令规定，只要在经济上可行，Diamo就将继续在该矿山开采和加工铀矿。该矿山在2014年基本上已经枯竭，政府表示它于2017年关闭。2014年12月22日的第1086/2014号政府法令明确规定，Diamo将在该矿场继续开采直至2017年。考虑到Rozna矿山的枯竭，Diamo对重新开发位于南摩拉维亚Jihlava附近的Brzkov矿区进行了可行性研究。据政府报道，该矿区约有

---

① 《捷克统计年鉴2016》，捷克统计局，https：//www.czso.cz/documents/10180/33199363/32019816.pdf/a2dde9e4-2973-433e-a863-aa20b47ad784? version=1.3。

3150 吨铀储量。矿山的开发将取决于铀的价格，预计该矿山的开采需要长达 7 年的时间。①

三 非金属矿产资源

捷克非金属矿产资源主要包括黏土、白云石、石膏、石灰石、二氧化硅矿物和硫酸等（见表Ⅰ-3-17），其中，高岭土是储量较大且经济价值较高的资源之一。

表Ⅰ-3-17　　　　捷克主要的非金属矿产资源类型

液压水泥	硅藻土	氮、氨氮含量	碎石
膨润土	长石	普通砂石	块石（规格料）
砖黏土	长石替代品	铸造砂	石灰石
高岭土	粗石膏和硬石膏	玻璃砂	白云石
其他黏土	熟石灰和生石灰	二氧化硅矿物（石英岩）	硫酸

资料来源：USGS, *The Mineral Industry of Czech Republic* 2016.

高岭土

2015 年捷克是高岭土的第四大生产国，占世界产量的 9.5%，也是全欧洲储量最丰富的，主要分布在卡罗维发利和比尔森周围。捷克高岭土的优势是化学成分稳定、颗粒级配均匀、矿物特征一致等，适用于陶瓷行业和造纸工业。从高岭土历年产量分析来看，除 2009 年因为金融危机产量较低外，2003 年至 2016 年捷克高岭土总体产量呈下降趋势，降幅为 14.8%。

捷克不仅是高岭土产量最大的中东欧国家，同时还拥有领先的高岭土加工技术，其高岭土生产企业相对稳定，长期以来主要由五家企业负责开采和生产（见表Ⅰ-3-18）。

---

① 世界核协会, 2016, Nuclear Power in Czech Republic：World Nuclear Association, July. Accessed October 12, 2016, at http://www.world-nuclear.org/information-library/country-profiles/countries-a-f/czech-republic.aspx。

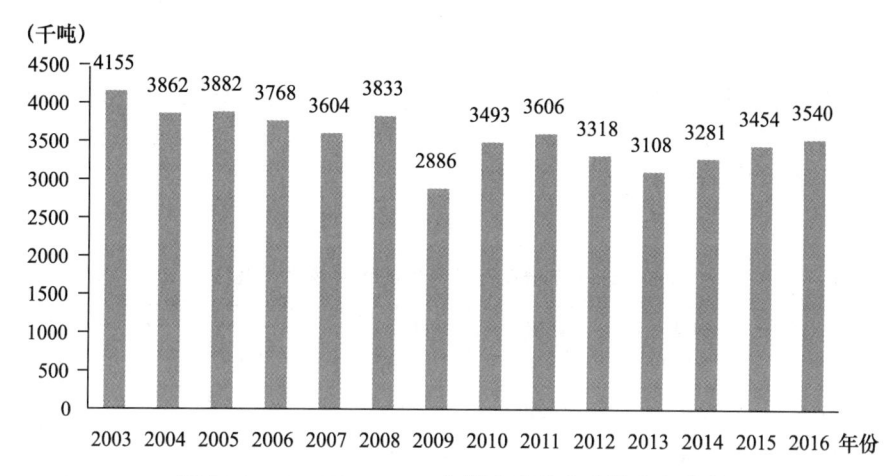

图 I-3-13　2003—2016 年捷克高岭土产量变化趋势

资料来源：USGS, *The Mineral Industry of Czech Republic*.

表 I-3-18　　　　　　　　　捷克高岭土生产企业及所在地

企业名称	所在地
KERAMOST 股份公司	莫斯特
Sedlecky Kaolin 股份公司	Bozicany
LB 矿产股份有限公司	Horni Briza
Kaolin Hlubany 股份公司	Podborany
KSB 股份有限公司	Bozicany

资料来源：USGS, *The Mineral Industry of Czech Republic* 2016.

第三节　能源资源

一　能源资源概况

捷克不可再生能源资源主要依赖于煤炭；可再生资源受空间区位和地理环境的影响，种类及数量都不丰富，例如，捷克地处欧洲大陆中部，是完全的内陆国家，无相关海洋能源生成条件；尽管捷克国内水源充足，但流程较短，水能资源有限。

二 不可再生能源

捷克不可再生能源主要有煤炭、少量的原油和天然气（见表Ⅰ-3-19），在全国能源生产中燃煤火力发电厂和核电站约占总发电量的93%，这减少了捷克对进口天然气的依赖。

表Ⅰ-3-19　　2003—2016年捷克不可再生能源储量变化趋势

	烟煤 （千吨）	褐煤 （千吨）	焦炭 （千吨）	天然气 （百万 m^3）	石油 （千桶）
2003	13382	50390	3556	131	2412
2004	14648	48290	3538	175	2299
2005	12778	49125	3412	356	2100
2006	13017	49374	3428	148	1800
2007	12462	49571	3258	148	1600
2008	12197	47872	3399	168	1600
2009	10621	45616	2295	180	1470
2010	11193	43931	2548	201	1176
2011	10967	46848	2588	187	1190
2012	10796	43710	2467	204	1000
2013	8610	40585	2489	207	1100
2014	8341	38348	2533	198	1100
2015	7640	38251	2332	200	920
2016	6074	38646	2209	169	850

资料来源：USGS, *The Mineral Industry of Czech Republic*.

煤

捷克煤炭资源丰富，全国褐煤储量约为135亿吨，居世界第三位，而硬煤储量达70亿吨，在全欧洲排第5位。煤炭是捷克经济意义最大的矿物资源，其既有形成自古生代的烟煤，也有形成自新生代的褐煤。从分布区位来看，有1/2以上的烟煤储藏在奥斯特拉夫斯科，其开采量占全国烟煤总量的80%。此外，克拉登斯科和比尔森附近也有烟煤分布；最重要的褐煤资源则储藏在克鲁什涅山脉下和拉贝河畔乌斯季之间。[1]

从煤炭历年产量来分析，捷克烟煤和褐煤产量均处于下降趋势，2016年捷克褐煤产量从 2003 年的 1338.2 万吨降至 607.4 万吨，下降了 54.61%；烟煤从 2003 年的 5039 万吨降至 2016 年的 3864.6 万吨，降幅为 23.3%。

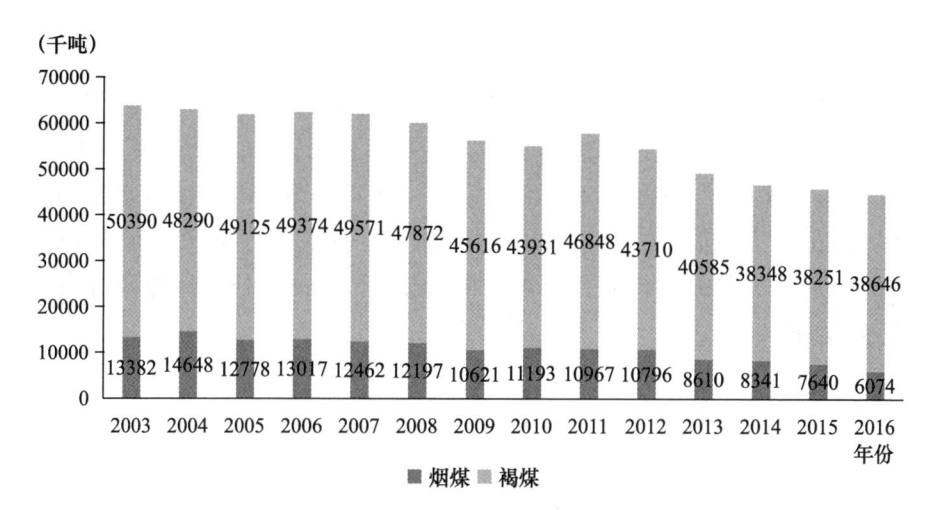

图 I-3-14 2003—2016 年捷克煤炭产量变化趋势

资料来源：USGS, *The Mineral Industry of Czech Republic*.

捷克的大部分煤炭被用于发电，Ostravsko-Karvinske Doly 股份公司（OKD）作为荷兰新世界资源公司的子公司，是捷克共和国唯一的硬烟煤生产商。2013 年，由于成本高昂和煤炭价格下跌，OKD 宣布可能于 2016 年年底关闭 Paskov 深矿。2014 年 6 月，与捷克达成了一项协议，OKD 将把 Paskov 矿山一直开放到 2017 年年底，而政府将提供 2900 万美元的财政支持来帮助关闭矿山。该协议包含一个选择权，如果硬炼焦煤基准价连续三个季度跌至每吨 110 美元以下，则允许 OKD 重新启动关闭流程。

捷克石油和天然气储量很小，基本依赖进口。2015 年捷克国内平均石油产量约为 92 万桶，约占捷克需求的 3%。其余的 97% 由进口供应，其中大部分是通过俄罗斯的 Druzhba 管道和德国的 IKL 管道供应的。生产油

---

[1] 陈广嗣、姜琍：《列国志·捷克》，社会科学文献出版社 2005 年版。

田位于捷克东南部的南摩拉维亚地区。2014 年数据显示，捷克共有 37 个油田，其中 29 个处于活跃状态。2015 年，原油进口总量比 2014 年下降了 3.2%。原油主要从俄罗斯（按体积计为 56%）、阿塞拜疆（33%）和哈萨克斯坦（10%）进口。Ceska Rafinerska 股份公司（CRC）运营着捷克仅有的两个炼油厂 Kralupy nad Vltavou 和 Litvinov-Zaluzi。

三 可再生能源

捷克可再生资源相对匮乏，主要有风能、太阳能和生物能等，这些可再生资源最主要的用途是发电，其次是取暖。相较 2005 年，捷克 2018 年总体发电量增加了 3088gW.h，增幅为 85.6%。从不同能源发电量结构分析，2005 年以水力发电为主，但其处于下降趋势；太阳能和生物质能发电量不断增加，2018 年在能源结构中占比增长为前两位；风能资源占比则长期较低。

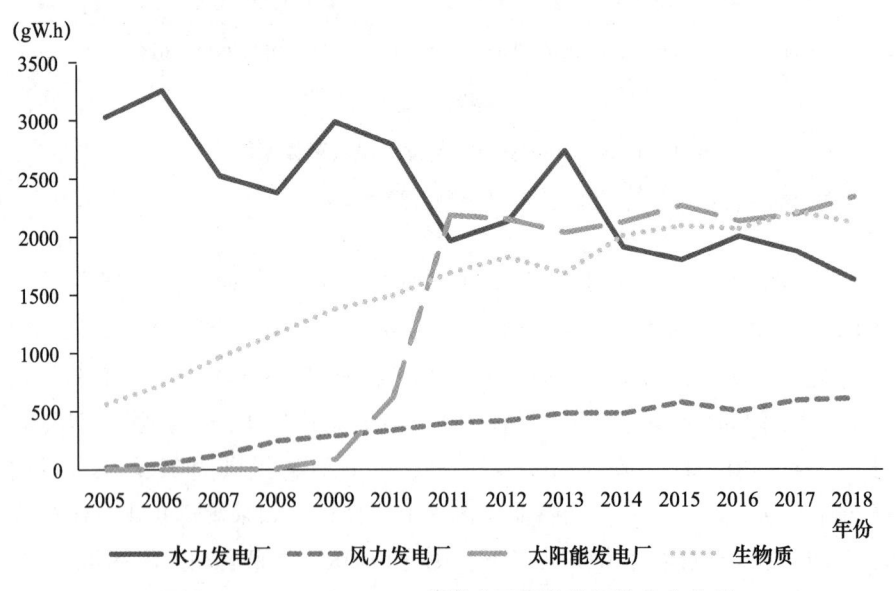

图Ⅰ-3-15　2005—2018 年捷克可再生能源的生产电量

资料来源：《捷克统计年鉴 2010—2019》。

太阳能

捷克太阳能应用迅猛发展的起点是 2009—2010 年。如图Ⅰ-3-15 所示，太阳能发电量在 2011 年实现了跃升并趋于稳定，2011 年发电量是 2010 年的 3.54 倍，是 2008 年的 167.85 倍。据捷克能源监管局报告，2008 年捷克太阳能电站仅有 249 座，装机发电量为 3.4 兆瓦；2009 年上半年太阳能电站的数量增加到 2046 座，太阳能电站总装机发电量增加近 50%，达到 80.21 兆瓦时。① 国际可再生能源署（International Renewable Energy Agency）最新数据显示，截至 2019 年底，捷克光伏装机量为 2.07GW。

然而，在过去 10 年中，捷克政府将更多的关注和支持转向了核电，2015 年捷克政府通过了最新修订的《国家能源战略》，依据该战略，在最优化发展方案中，核能将成为捷克未来的主要能源。② 同时，捷克政府表示要对现有太阳能、风能和水电项目的上网电价补贴进行削减。

第四节　生物资源

一　生物多样性概况

捷克生物多样性保护较为完善，全国共有大小保护区 3840 个，占国土面积的 21.87%。其中有 1153 个保护区处于欧盟 Natura 2000 自然保护区网络（包括 41 个特别鸟类保护区和 60 个重要栖息地保护区），其余 2687 个是国家法律指定的保护区，两者有 44.06% 的重合。

在欧盟相关法律背景下，捷克受保护的物种都包括在《栖息地指令》和《鸟类指令》中。在《栖息地指令》清单中共有 2500 种物种，在《鸟类指令》中有 500 种野生鸟类，其中受欧盟法律保护的物种在捷克有 152 个，4 个是捷克独有的；受欧盟法律保护的栖息地在捷克有 60 个。在 152 个受保护的物种中，鸟类占 30.92%，无脊椎动物占 21.05%，开花植物占 20.39%，鱼类占 11.84%，哺乳类动物占 7.24%。③

捷克共有 1583 个物种被列入了世界自然保护联盟（IUCN）《濒危物种红色名录》，其中无危类别的物种占绝大多数（见表Ⅰ-3-20）。从类

---

①　周克婕：《捷克太阳能电站发展迅猛》，《决策与信息》2010 年第 10 期。
②　中华人民共和国驻捷克共和国大使馆经济商务处：《捷克政府批准新能源战略，核能将成为主要能源》，http://cz.mofcom.gov.cn/article/jmxw/201505/20150500983053.shtml。
③　Biodiversity Information System for Europe: Czechia, https://biodiversity.europa.eu/countries/czechia.

别来分析，真菌有 84 种，植物有 507 种，动物有 992 种。

表 I-3-20　　　　　　　　　　捷克受保护物种

保护级别	数量（种）	占比（%）
无危（LC）	1300	82.1
近危（NT）	88	5.6
易危（VU）	73	4.6
濒危（EN）	30	1.9
极危（CR）	18	1.1
数据缺乏（DD）	74	4.7

资料来源：世界自然保护联盟《濒危物种红色名录——捷克》（2020 年 3 月更新），https://www.iucnredlist.org/search/stats?landRegions=PK&searchType=species。

影响捷克物种生存的主要威胁是生物资源利用，比如狩猎和诱捕陆生动物、伐木、捕鱼等；农业与水产养殖；自然系统变化，例如消防和灭火、水坝管理等；污染，例如工农业和城市废水、废气、废渣，以及气候变化和干旱、风暴等极端天气。

二　植物资源

捷克植物资源较为丰富，不仅有 3000 多种脉管植物，还有更多的藓、地衣、藻类和菌类植物，依据海拔、地形地貌和土壤等条件的差别，捷克植物可以分为 9 级。

表 I-3-21　　　　　　　捷克植物资源的类别和分布区

类型	分布区
山谷河漫滩和平原级植被	农耕区
橡树级植被	平原的边缘地区向丘陵过渡的地带
榉树—橡树级植被	捷克平原的大部分地区和摩拉维亚山谷的边沿地带
橡树—榉树级植被	环绕捷克平地的丘陵地带、德奴汉山地和摩拉维亚山地的山麓地区、摩拉维亚喀尔巴阡地势较低的部分、贝斯基迪山脉

续表

类型	分布区
榉树级植被	贝斯基迪山麓丘陵的顶部、摩拉维亚和斯洛伐克交界地区
橡树—针叶林级植被	所有丘陵和山地的大部分地区
冷杉—榉树级植被	捷克山地边缘的山脉地区—舒马瓦山、克鲁什涅山、克尔科诺谢山、奥尔利采山、耶塞尼基山等
云杉—榉树—冷杉级植被	捷克大部分山脉的顶部
云杉级植被	舒马瓦山海拔1200—1350米处

资料来源：陈广嗣、姜琍《列国志·捷克》，社会科学文献出版社2005年版。

椴树是捷克的国树，也称欧洲椴，是欧洲常见的温带植物种类，属于乔木，其树形高大，树冠浓密，茎皮富含纤维，适应性强，抗污染，病虫害少，多用作行道树，耐移栽，也被称为"行道树之王"。

捷克被列入世界自然保护联盟（IUCN）《濒危物种红色名录》的植物有507种。其中，极危物种（CR）11种，濒危物种（EN）15种，易危物种（VU）7种，近危物种（NT）6种，无危物种（LC）440种，数据缺乏物种（DD）28种。这些植物主要以湿地（内陆）、森林、人工水生环境及灌木丛为主要栖息地，濒危的主要诱因是农业与水产养殖、生物资源利用和其他物种或基因的入侵。

三 动物资源

捷克是欧洲动物资源十分丰富的国家之一，有4万多种动物，其中75%是昆虫。捷克的动物群大部分是以阔叶林地区为栖息地，根据聚居地的差别，捷克动物资源大致分为四类。

表Ⅰ-3-22　　　　　　　　捷克动物资源种类

种类	常见动物
森林动物	昆虫：天牛、锹甲 脊椎动物：交嘴属、啄木鸟、松鼠 爬行和两栖动物：青蛙、蛇蜥、雨蛙 哺乳动物：野猪、鹿、狐狸、狼、熊

续表

种类	常见动物
开阔地动物	哺乳动物：野兔、田鼠、黄鼠狼、银鼠 鸟类：野鸡、云雀、夜莺、鹌鹑、乌鸦 爬行和两栖动物：壁虎、蟾蜍、青蛙
水生动物	鱼类：鲤鱼、鳊鱼、鲈鱼、狗鱼、鳗鱼 鸟类：野鸭、天鹅、鹅
人类居住地附近的动物	鸟类：麻雀、山雀、燕子、鸽子

资料来源：陈广嗣、姜琍《列国志·捷克》，社会科学文献出版社 2005 年版。

鼹鼠，哺乳动物，是一种昼伏夜出的穴居动物，广泛生活在捷克森林、田地甚至城市的绿地里，主要捕食昆虫，也吃农作物的根。因为《鼹鼠的故事》系列动画片中其聪明勇敢、富有爱心、乐观向上的形象，鼹鼠成为捷克人非常喜爱的动物。

捷克被列入世界自然保护联盟（IUCN）《濒危物种红色名录》的动物有 992 种。其中，极危物种（CR）7 种，濒危物种（EN）13 种，易危物种（VU）36 种，近危物种（NT）64 种，无危物种（LC）829 种，数据缺乏物种（DD）43 种。这些动物主要以湿地（内陆）、人工陆生环境（如耕地、村庄等）、森林、草原及灌木丛为主要栖息地，濒危的主要诱因是生物资源利用、农业与水产养殖和自然系统变化。

第五节　遗产资源

一　世界遗产资源

捷克的世界遗产资源非常丰富，在 7.887 万平方千米的国土面积上共有 14 项世界遗产。

（一）布拉格历史中心[①]（Historic Centre of Prague）

布拉格是全球第一个整座城市被列入世界文化遗产名录的城市。布拉格历史中心建于 11—18 世纪，旧城、外城和新城自中世纪起就在建筑和文化领域较为知名，是个连续性的历史遗址，包括位于布拉格市的历史中

---

① UNESCO：World Heritage List，http：//whc.unesco.org/en/list/616/.

心和位于中波希米亚市南部的 Průhonice 公园，它拥有荷拉德卡尼城堡（Hradcani Castle）、圣比图斯大教堂（St Vitus Cathedral）、查理桥（Charles Bridge）以及数量繁多的教堂和宫殿等绚丽壮观的历史遗迹。

凭借伏尔塔瓦河两岸的环境、以塔楼为点缀的宫殿、市民住宅的城镇和独立的建筑物，布拉格成为欧洲十分美丽的城市之一。历史中心是中世纪都市主义（查理四世皇帝的新城区，被称为新耶路撒冷）的最高象征。它在历次大规模的城市更新或大规模拆除中被保存下来，因此保留了其总体配置、格局和空间组成。哥特时期（14、15 世纪）的布拉格建筑作品，18 世纪上半叶的高巴洛克风格以及 1900 年以后兴起的现代主义，影响了中欧甚至所有欧洲建筑的发展。历史中心也代表着在跨时代、跨思想和跨信仰的都市主义和建筑领域中，世界上杰出的创意生活中心之一。

在 1100 年，布拉格的发展可以用许多历史时期的建筑实体和风格来证明。这个城市在其历史的各个时期都拥有许多杰出的古迹，最为典型的是布拉格城堡、圣维特大教堂、城堡前的赫拉德尼广场、河左岸的瓦尔德施泰因宫、哥特式查理大桥、罗马式圆形大厅（圣罗德），哥特式拱形房屋、旧城广场周围有罗马式装饰的哥特式拱廊房屋、Týn 前的圣母教堂、旧城区圣詹姆斯哥特式小教堂、犹太区早期的所谓的哥特式新旧犹太教堂，以及 19 世纪晚期的建筑和新城的中世纪城市规划。

早在中世纪，布拉格就成为基督教欧洲的主要文化中心之一。布拉格大学成立于 1348 年，是欧洲较早的大学之一，14 世纪后半叶和 15 世纪初的大学环境，在很大程度上促进了胡斯特运动思想的形成，代表了欧洲改革的第一步。作为文化大都市，布拉格拥有一批艺术、科学和政治领域的知名人士，例如查理四世、Petr Parléř、Jan Hus、Johannes Kepler、Wolfgang Amadeus Mozart、Franz Kafka、Antonín Dvořák、Albert Einstein、Edvard Beneš（国际联盟的联合创始人）和 Václav Havel。

Průhonice 公园（面积为 211.42 公顷）是由 Arnošt Emanuel Silva-Tarouca 伯爵在 1885 年建立的，这个全球知名的园林景观建筑是一项原创性杰作。该公园利用了 Botič 溪流杂谷的自然特色，培育了独特的本地及外来树种。在建立之初，该公园就成为波希米亚（以及整个欧洲）新引进植物的园地。该公园是新文艺复兴时期的乡间房屋代表，园内还有一座小型的圣母玛利亚的中世纪教堂。

(二) 克鲁姆洛夫历史中心①（Historic Centre of Český Krumlov）

1992年克鲁姆洛夫历史中心被列入《世界遗产名录》。克鲁姆洛夫是一座古城，坐落在伏尔塔瓦河两岸，整个城镇围绕着一座建于13世纪的城堡展开，该城堡融合了哥特式、文艺复兴式及巴洛克式风格。它是欧洲中部中世纪城镇建设的杰出典范，由于五个多世纪的和平发展，其建筑遗产得以完整保留。

蜿蜒的河流和陡峭的悬崖是城堡最重要的元素，它与如画的周边景观交相辉映，构成了克鲁姆洛夫历史中心独特的城市结构，也确定了城堡的中心位置。这座封建城镇建于中世纪，经历了文艺复兴和巴洛克式的改造，曾经是几大贵族家族拥有的一个大型庄园的中心，在中欧的政治、经济和文化历史中发挥着重要作用。因为其在几个世纪内均保存完好，因此全面且真实地展示了中世纪城镇典型的街道布局，保存了许多历史建筑特色，例如屋顶形状、文艺复兴时期和巴洛克式外墙的装饰、拱形空间以及原始的布局和内饰。

这座城堡具有哥特式、晚期哥特式、文艺复兴时期和巴洛克风格的元素。它以哥特式的Hrádek圆塔为主体，后来又被改建为巴洛克式住宅，陆续增建了花园、贝莱尔夏季凉亭、冬季骑术学校和巴洛克式剧院。

(三) 泰尔奇历史中心②（Historic Centre of Telč）

泰尔奇镇位于维索基纳（Vysočina）地区，摩拉维亚和波希米亚边界西南部附近。

该遗迹坐落于古城中心，是一座拥有防御功能的古城堡，四周水域环绕。

泰尔奇的建筑坐落于小山顶上，房屋最初为木结构。自14世纪末的一场大火之后，小镇以石头为材料进行了重建。整座城池有城墙环绕，另外还有人工河网增加其防卫功能。城镇的哥特式城堡重建于15世纪晚期，采用了新哥特式风格。

泰尔奇镇面积约36公顷，据估计建于14世纪中叶。该定居地的起源尚不完全清楚：在镇东南部的斯塔尔·梅斯托（Staré Město）有一个中世

---

① UNESCO：World Heritage List，https：//whc.unesco.org/en/list/617.
② UNESCO：World Heritage List，http：//whc.unesco.org/en/list/621.

纪早期定居点，但是 1333—1335 年的文件记录中没有提及泰尔奇，仅记录有一个重要的城堡曾存在于此处（可能还有教堂和住所）。在 13、14 世纪，该地区曾是茂密的森林，后为了加强对这一地区的政治和经济控制，该镇得以形成。

泰尔奇的原始格局及其建筑起源和演化体现了高质量、真实的文化内涵，这些遗存赋予泰尔奇显著的独特性。该城镇的中心位置是一座文艺复兴时期的城堡。它是城镇景观的主要组成部分，保留了哥特式前期的明显特征，例如城堡的建材和装饰。同时，城堡内饰充满了意大利艺术气息。

泰尔奇历史中心设有一个三角形的集市广场，周围环绕着文艺复兴时期和巴洛克式的房屋（但其起源是中世纪）。这些房屋通过连续的拱廊相连，它们的外墙在装饰元素的选择方面具有极大的多样性。在集市广场中间，有一个喷泉和一座"黑死病"纪念柱。此外，该城镇还保留了市政厅、圣灵教堂、耶稣会学院、哥特式圣詹姆斯教区教堂等建筑。城镇的最外围是用石头建造的城墙，最初是为了战略安全而建立的，后来进一步开凿了人工河网系统，使其防护功能得到强化。

（四）Zelená Hora 的内庞穆克圣约翰朝圣教堂（Pilgrimage Church of St John of Nepomuk at Zelená Hora）[1]

在 Zelená Hora，离摩拉维亚的萨扎瓦河畔日贾尔不远，坐落着这座为纪念内庞穆克圣约翰而修建的朝圣教堂。该教堂建于 1719 年至 1727 年，为星形式样，是伟大的建筑师扬·布拉泽伊·圣蒂尼（Jan Blazej Santini）大师的举世之作，设计风格承前启后，衔接了新哥特式与巴洛克式两种风格。这座教堂旨在纪念内庞穆克，这位在 18 世纪被圣化的 14 世纪烈士。

该遗迹包括一座中央教堂及其周围环绕的圆形回廊。它是巴洛克时期著名建筑师扬·布拉泽伊·圣蒂尼创作的极具代表性的作品之一，是哥特式和巴洛克风格之间过渡建筑的杰出案例。该遗址体现了完美中央建筑群的美学概念，具有明显的中心性。数字 5 代表圣徒的五种美德，在该遗迹的建筑布局和比例上占主导地位。教堂的星形平面图有五个顶点，每个顶点两边各对称设置一条径向轴，构成共计十条轴线，其他元素围绕这些轴线布置。十条径向线与教堂中心相交，每条径向线上各设有一座小礼拜堂。

---

[1] UNESCO：World heritage list. http://whc.unesco.org/en/list/690.

中央教堂内部给人的主要印象是空间的向上感，并保留了许多原始设计。其核心区域可划分为五个小空间，其中四个空间被水平分割，第五个空间位于东部，主神坛设在此处。教堂内壁的雕刻作品描绘了内庞穆克圣约翰在天堂的庆祝活动，以及四位福音传教士。

（五）克罗麦里兹花园和城堡（Gardens and Castle at Kroměříž）①

克罗麦里兹坐落在横贯摩拉瓦河（the River Morava）的一处浅滩上，位于赫日比山（Chriby mountain）山脚下，地处摩拉维亚中心位置。克罗麦里兹花园和城堡是一处保存完好的欧洲巴洛克式的王族宅邸及花园的稀世典范。

克罗麦里兹镇的历史中心由大主教城堡及其附近的花园（Podzámecká zahrada）和游乐花园（Květná zahrada）组成。"克罗麦里兹花园和城堡"展示了一种被引入中欧的早期巴洛克建筑综合体风格，这种综合体拥有高品质的雕塑、绘画和应用艺术，体现了浓厚的意大利特色。

城堡花园占地 58 公顷，包括许多独株或成群的奇异树种（针叶和落叶），以及一些重要的建筑元素。这个花园最初采用巴洛克风格设计，后在 18 世纪末和 19 世纪初的浪漫景观风格的影响下进行了重新设计。整个城堡花园体现了中欧的园林艺术特色，影响了整个多瑙河地区。游乐花园占地 14.5 公顷，位于镇中心的西南部。这座花园具有意大利风格，由一条长 244 米的拱廊进入，陈列着雕像，通向花园的八角形大厅。游乐花园的设计和外观几乎完好无损，因此成为巴洛克花园的罕见典范。

（六）霍拉索维采古村保护区（Holašovice Historic Village）②

霍拉索维采是完好保存的中欧传统村落的典型代表，拥有 18、19 世纪许多的杰出本土建筑，采用了著名的"南波希米亚民间巴洛克风格"（South Bohemian folk Baroque）。

霍拉索维采历史村位于捷克共和国的南波希米亚地区，包括 23 个农庄。这些农庄围绕着一个矩形的村庄绿地、内庞穆克圣约翰教堂、一个十字架、一个铁匠铺和一个小鱼塘。几乎所有农庄都是按照相同的布局建造的，基本呈 U 形布局，中间为农舍。绿色的山墙和灰泥装饰是南波希米

---

① UNESCO：World heritage list. http：//whc.unesco.org/en/list/860.
② UNESCO：World heritage list. http：//whc.unesco.org/en/list/861.

亚的"民俗巴洛克"风格。同时，这些农庄外墙上的装饰也受到波希米亚和奥地利庄园建筑的影响。

（七）莱德尼采—瓦尔季采文化景观（Lednice-Valtice Cultural Landscape）①

在17—20世纪，列支敦士登的统治者们将其南摩拉维亚 southern Moravia 的领地建成了引人注目的风景区，即莱德尼采—瓦尔季采景区。莱德尼采—瓦尔季采的建筑城堡是巴洛克式、古哥特式以及新哥特式等多种风格的美妙结合，并融入了当时风靡英国的浪漫主义景观建筑风格。整座景区占地200平方千米，是欧洲较大的人工风景区之一。

（八）库特纳霍拉历史名城中心的圣芭芭拉教堂及塞德莱茨的圣母玛利亚大教堂（Kutná Hora: Historical Town Centre with the Church of St Barbara and the Cathedral of Our Lady at Sedlec）②

库特纳霍拉是随着银矿的开采而发展起来的。14世纪，这里是一座皇城，城中的许多建筑都代表着其曾经的繁荣兴盛。圣芭芭拉教堂是代表晚期哥特式建筑风格的一颗璀璨明珠，而塞德莱茨的圣母玛利亚大教堂则保留了18世纪早期巴洛克风格。这些教堂同城中一些精致的私人宅邸一起，构成了一幅保存完好的中世纪都市景观。

（九）利托米什尔城堡（Litomyšl Castle）③

利托米什尔城堡承袭了文艺复兴时期拱廊式城堡的建筑风格。这种最早成形于意大利的建筑风格，在16世纪的中欧被广泛采纳并得以充分发展。其图案和装潢包括18世纪增添的鼎盛巴洛克式晚期的装饰物，都堪称极品。这座拱廊风貌的贵族宅邸及其附属建筑都被原封不动地保留了下来。

（十）奥洛穆茨三位一体圣柱（Holy Trinity Column in Olomouc）④

圣柱建于18世纪早期，是中欧地区同类建筑最杰出的典范。圣柱属于一种独特的地区建筑风格——奥洛穆茨巴洛克风格，高35米，柱身绘有出自摩拉维亚的艺术家昂德黑扎内（Ondrej Zahner）之手的许多精美的

---

① UNESCO: World heritage list. http://whc.unesco.org/en/list/763.
② UNESCO: World heritage list. http://whc.unesco.org/en/list/732.
③ UNESCO: World heritage list. http://whc.unesco.org/en/list/901.
④ UNESCO: World heritage list. http://whc.unesco.org/en/list/859.

宗教雕刻装饰。

（十一）布尔诺的图根德哈特别墅（Tugendhat Villa in Brno）[1]

布尔诺的图根德哈特别墅是建筑师密斯·范·德·罗厄（Mies van der Rohe）设计的，是20世纪20年代欧洲兴起的建筑近代运动国际风格的杰出典范，其独特的价值体现在创新空间和美学理念的应用上，这些理念旨在利用现代工业生产所带来的机会，满足新生活方式的需要。

（十二）特热比奇犹太社区及圣普罗科皮乌斯大教堂（Jewish Quarter and St Procopius' Basilica in Třebíč）[2]

这里的犹太区、古老的犹太墓地和圣普罗科皮乌斯大教堂体现了从中世纪到20世纪犹太教与基督教文化的共生共存。犹太区的民居房屋等社区生活在各个方面都展现出显著的犹太特色，是欧洲保存最完好、最大的犹太社区。作为13世纪早期修道院的一部分，圣普罗科皮乌斯大教堂是西欧建筑传统影响这一地区的一个典型案例。

（十三）厄尔士/克鲁什内山脉矿区（Erzgebirge/Krušnohoří Mining Region）.

该矿区位于德国东南部（萨克森）和捷克西北部。厄尔士/克鲁什内山脉又称"金属山脉"，蕴藏着各种金属，当地的采矿活动可追溯至中世纪。在1460—1560年，这里是欧洲最大的银矿开采地，引领着当时的技术革新。锡是在该矿区历史上第二种被提取和加工的金属。19世纪末，厄尔士/克鲁什内山脉矿区成为世界上重要的铀出产地。持续800年（12—20世纪）几乎从未间断的采矿活动在这里留下了矿山、先进的水利管理系统、创新的矿物加工和冶炼场地、矿区市镇等遗产，深刻影响了"金属山脉"的文化景观。

（十四）拉贝河畔克拉德鲁比的仪式马车用马繁育与训练景观（Landscape for Breeding and Training of Ceremonial Carriage Horses at Kladruby nad Labem）[3]

该遗产地位于易北河平原，是Střední Polabí地区的一处平坦沙地，内有田野、围栏牧场、森林及建筑物，其设计用途为驯养克拉德鲁比马（哈

---

[1] UNESCO：World heritage list. http：//whc. unesco. org/en/list/1052.
[2] UNESCO：World heritage list. http：//whc. unesco. org/en/list/1078.
[3] UNESCO：World heritage list. http：//whc. unesco. org/en/list/1589.

布斯堡王室的仪式马车用马的一种)。王室种马场于 1579 年建成并沿用至今，是欧洲重要的马匹繁育场之一。在马场的发展时期，马匹不仅在运输、农业、军事等领域发挥着巨大的作用，也是贵族身份的象征。

二 其他遗产资源

捷克是联合国《保护非物质文化遗产公约》的缔约国，目前已有非物质文化遗产资源六项，其中三项为联合申报，三项为单独申报。联合申报的第一项是"猎鹰训练术，一项活态人类遗产"，由多个国家联合申报，2016 年入选《人类非物质文化遗产代表作名录》；第二项是"斯洛伐克和捷克的木偶戏"，由捷克和斯洛伐克共同申报，2016 年入选《人类非物质文化遗产代表作名录》；第三项是"布劳德鲁克/摩德罗提斯克/柯克费斯特/摩德罗塔拉克：欧洲蓝印花布印染"，由奥地利、德国、捷克、斯洛伐克和匈牙利五国共同申报，2018 年入选《人类非物质文化遗产代表作名录》。

由捷克单独申报的三项是"捷克新兵舞""赫林奈科地区村庄的挨家串户的忏悔节假面游行"和"捷克东南部的国王游行马队"。

(一) 捷克新兵舞[①]

捷克新兵舞项目在 2008 年被列入《人类非物质文化遗产代表作名录》，是一种即兴的舞蹈，舞者由在捷克南摩拉维亚 (South Moravia) 和兹林 (Zlín) 地区不同年龄段的男性承担。舞蹈的名称来源于德文的 werbung，意为招募新兵，具有 18 世纪军队招募年轻男子成为士兵和军队舞蹈表演者的寓意。舞蹈的配乐多是匈牙利歌曲，形式主要包括三部分：从歌曲开始，渐渐进入慢舞，最后是快舞。舞蹈编排不局限于确定的内容，多是自发的、即兴创作的和用于表达个人情绪的舞姿，常见的是某种竞赛式舞姿，每位舞者根据自己对音乐的理解来表演，舞蹈的内容和节奏多种多样。如今，捷克新兵舞是地方文化习俗、节日庆典的主要组成内容。

(二) 赫林奈科地区村庄的挨家串户的忏悔节假面游行[②]

赫林奈科地区村庄的挨家串户的忏悔节假面游行项目在 2010 年被列

[①] UNESCO：Slovácko Verbuňk, Recruit Dances, https：//ich.unesco.org/en/RL/slovacko-verbunk-recruit-dances-00147.

[②] UNESCO：Shrovetide Door-to-door Processions and Masks in the Villages of the Hlinecko Area, https：//ich.unesco.org/en/RL/shrovetide-door-to-door-processions-and-masks-in-the-villages-of-the-hlinecko-area-00397.

入《人类非物质文化遗产代表作名录》。捷克的赫林奈科地区流行着一种习俗,即忏悔节游行。忏悔节假面舞会在每年冬季基督教大斋期的忏悔节期间举办,村子里的男性们装扮成传统角色(红色面具的是男孩,黑色面具的则是已婚男士;一般家中年轻人和儿童会帮忙准备,父母则为儿子们制作传统面罩),在铜管乐队的演奏声中,以游行的形式挨家串户。到每家门口,在获得主人许可后,四位舞者会表演舞蹈以祈祷和祝愿这家人阖家幸福、兴旺发达、庄稼丰收;主人则给予舞者们点心和一定的费用以示款待。在完成全村游行后,队伍还会举行一个"处死母马"的象征仪式,在仪式中母马因为涉嫌犯罪而受到谴责。在"处决"后,母马会被用酒复活,这意味着舞蹈表演的开始,戴面具的舞者和围观者开始嬉戏舞蹈。忏悔节假面游行在增强乡村社区凝聚力方面发挥了重要作用,但其曾在18、19世纪被天主教会和20世纪的社会主义政府所禁止。

(三)捷克东南部的国王游行马队[1]

捷克东南部的国王游行马队项目在2011年被列入《人类非物质文化遗产代表作名录》。作为五旬节传统的一部分,国王的骑行于春季在Hluk和Kunovice镇以及Skoronice和Vlčnov村举行。在仪式队列中,一群年轻人骑行穿过一个村庄,骑行者以吟唱者为首,随后是穿着无护套军刀的传教士,后者守护着国王(一个小男孩脸被部分遮盖,嘴里叼着一朵玫瑰),其余是皇家骑兵队。国王和报童身着妇女的礼仪装束,而其他骑手则被打扮成男子。随行人员骑着经装饰过的马,停下来吟唱短诗,幽默地评论观众的性格和举止。吟唱者的表演会获得捐款,这些捐款被放置在钱箱中或直接放入骑手的靴子中。经过数小时的骑行,国王的随从返回家中,并于傍晚在国王的家中举行小型宴会,伴有音乐和舞蹈庆祝。国王骑行的实践和责任世代相传。特别是由马匹和礼仪服饰组成的传统纸质装饰品,是由熟悉每个村庄特定工艺、颜色图案和形状的妇女和女孩制作的。

---

[1] UNESCO:Ride of the Kings in the South-east of the Czech Republic,https://ich.unesco.org/en/RL/ride-of-the-kings-in-the-south-east-of-the-czech-republic-00564.

第四章 基础设施

捷克与德国、奥地利、波兰、斯洛伐克四国接壤,是位于中欧的一个内陆国家。得天独厚的欧洲中心地理位置使其成为欧洲过境走廊的天然枢纽,国内交通网络较为发达。公路在捷克国内交通运输中占据绝对重要地位,铁路、航空、水运在过去20年里也呈现出不同程度的增长态势。捷克通信基础设施较为完备,2018年平均网速在全球排第13位,能源基础设施则以火力发电和核电为主。2017年12月,捷克新政府连任交通部长的丹·焦克表示,他计划在任期内分三个步骤加快交通基础设施特别是高速公路建设。一是通过法律修正案,简化土地所有权审批手续;二是在捷克每个州设立专门负责交通基础设施建设的办公室;三是制定相关建筑法规规范项目执行。2013—2017年,捷克共建成96千米高速公路,其中33千米是新建,其余为修缮路段。在未来几年里,捷克将继续推进交通基础设施特别是高速公路建设。

第一节 交通运输产业情况

一 产值与投资

捷克交通运输产业经过多年发展,取得了一定的进步。2000年交通运输业总产值只有1378.09亿克朗,到2019年已达1480.37亿克朗,年均增幅为0.4%。其中,公路运输业产值最高,2019年为1181.92亿克朗,占比达79.8%;其次是铁路运输业,产值为266.70亿克朗,占比达18%。航空运输业和航运业产值分别为28.42亿克朗和3.33亿克朗,两者呈现波动下降趋势。

捷克的交通运输业投资呈现出变动上升的态势,从2000年的259.83

亿克朗上升至 610.69 亿克朗，年均增幅达 4.6%，比上一年增长了 25%，增长的绝对值达到 120 亿克朗，交通基础设施投资支出达到 2010 年水平。2018 年同比仅增长 15%，2017 年下降了 1.5%，2016 年大幅下降 24%。尽管出现了十分明显的减少，但 2016 年的投资额并未达到上一时期的数量，尤其是在 2011—2014 年。在过去的 17 年中，2013 年交通基础设施的投资额最低，为 273 亿克朗，而 2008 年达到最高水平，当时的投资额约为 830 亿克朗，是最低水平（2013 年）的三倍多。

与往年相反，2019 年捷克国家交通基础设施基金（SFTI）提供的投资金融资源份额再次走低。2016 年和 2017 年，这一比例达到约 91%，而此前，其金融份额超过 80%，2018 年仅为 68%，2019 年为 77%。2019 年，国家交通基础设施基金对交通基础设施的投资总额达到 473 亿克朗，同比增长约 42%。此外，与其他年份类似，捷克国家交通基础设施基金在其预算中也提供了建设自行车道的投资支出额。2010—2019 年财政总额超过 13 亿克朗，其中 2.53 亿克朗用于 2019 年度的投资。

2019 年，交通基础设施投资支出（不含地方公路和其他城市公共交通基础设施支出）占国内生产总值的 1.06%，同比增长 15% 以上，基本达到 2015 年水平。投资支出占国内生产总值的比重分别为 2018 年的 0.92%、2017 年的 0.85%、2016 年的 0.95%、2015 年的 1.26%、2014 年的 0.78%、2013 年的 0.71%、2012 年的 0.87%。2010 年基础设施投资支出占国内生产总值的 1.7%，约为 2019 年的投资支出的 62%。

2018 年和 2019 年捷克交通基础设施支出再次大幅增长，分别增长了近 18% 和 15%。而在 2013 年之前的 8 年里，这类支出并没有发生实质性变化，因此，这类支出并没有遵循危机期间一般投资支出急剧下降的趋势。旨在节省开支的措施也没有对这一领域产生太大影响，2013 年甚至还有轻微增长，但没有超过 1%。

从细分行业来看，2019 年用于公路建设的投资额再次增加。与上年相比，增长幅度更大，接近 33%。2019 年基础设施的投资支出是过去 9 年来的最高值，但仍不到 2009 年投资额的 70%。2009 年后的下降趋势持续到 2014 年。二级和三级公路（即地区所有制公路）的投资支出与 2018 年大致持平，约为 124 亿克朗，同比绝对差额达 1.14 亿克朗。2019 年二级和三级公路总投资占公路基础设施总投资的比例比上年下降 35%，达到

46%。这两个数值与前两年（即 2016 年和 2017 年）有着显著不同，当时的数值约为 25%。

铁路基础设施投资额也出现了约 3% 的小幅增长，尽管如此，从 2015 年起，该项支出并未超过 240 亿克朗。从 2009 年到 2014 年，铁路基础设施的投资额一直在下降，2015 年大幅增加。2017 年，铁路基础设施投资支出不到 2015 年的一半，2018 年和 2019 年约为 2015 年的 60%。

在 2019 年的其他投资支出中，内河航道基础设施投资大幅增长，投资支出增长 18 倍，机场基础设施投资增长 30%。在管道运输方面，支出增长了 40% 以上。

总体而言，公路投资一直是捷克交通运输业中最重要的部分，从 2002 年起就始终是投资最多的领域，投资额从 109.88 亿克朗上升至 355.03 亿克朗，年均增幅超过 6%，占总投资额的比重超过 55%。铁路投资额持续攀升，从 132.00 亿克朗增加至 195.81 亿克朗，年均增幅达 2.1%，占比超过 1/3。航运、航空和管道运输领域的投资额也有显著提升，年均增幅分别达 6.4%、7.9% 和 1.2%。

表 I-4-1　　2000—2019 年捷克交通运输业产值和投资情况*　　（百万克朗）

年份	交通运输业总产值					交通运输业投资额					
	铁路	公路	航运	航空	总计	铁路	公路	航运	航空	管道	总计
2000	13039	52903	701	6490	137809	13200.3	10988.0	402.2	992.8	399.2	25982.5
2001	15580	65625	329	5984	158004	13417.0	10300.9	292.2	1718.2	739.2	26467.5
2002	19816	71982	141	7492	178887	14599.7	15970.7	512.9	1191.8	661.1	32936.2
2003	26949	73434	305	10616	195986	13244.0	19921.8	365.8	1652.9	587.0	35771.5
2004	19998	82902	215	7533	194456	13136.6	32901.8	367.4	4803.2	506.3	51715.4
2005	23926	84559	286	8157	116928	14428.1	42137.0	303.0	7045.4	164.3	64077.7
2006	23707	96089	257	8397	128450	13177.5	42267.5	526.7	2013.8	709.7	58695.2
2007	25447	101076	319	9656	136498	17002.5	41460.6	389.7	2137.0	801.1	61790.9
2008	22435	96008	278	10092	128813	22954.0	50962.0	538.4	8108.3	433.4	82996.1
2009	24925	90120	290	8329	123664	19593.1	52524.0	1557.1	2440.9	210.2	76325.3

续表

年份	交通运输业总产值					交通运输业投资额					
	铁路	公路	航运	航空	总计	铁路	公路	航运	航空	管道	总计
2010	23540	83467	234	6454	113695	14244.9	43494.0	1462.1	2058.6	230.7	61490.3
2011	22545	80049	245	3902	106741	10987.2	31799.4	548.6	983.1	135.2	44453.5
2012	19928	77915	232	4874	102949	9594.1	22036.0	433.0	1187.4	149.0	33399.5
2013	20092	78244	221	2766	101323	8717.7	16827.3	186.1	1444.8	192.0	27347.2
2014	21904	90293	234	3836	108695	12787.3	16631.7	263.1	990.5	289.9	30683.2
2015	21520	97933	311	3199	122963	31784.5	24156.6	412.5	993.3	154.9	57501.8
2016	22327	103746	309	3759	130141	18423.7	22958.3	264.2	1759.0	62.5	43467.7
2017	22055	110849	309	4126	137339	14890.8	25910.9	190.0	1683.0	121.5	42796.2
2018	23035	113112	311	3410	139868	19003.3	26791.3	71.2	3208.6	222.7	49297.1
2019	26670	118192	333	2842	148037	19581.8	35502.5	1312.4	4173.2	499.2	61069.1

* 总产值和投资额均为当年价格。

资料来源：《捷克统计年鉴 2001—2020》。

二 企业情况

2018年，捷克共有交通运输业企业4.1万家，交通运输业从业人员25.54万人。其中，规模以上企业（企业员工为250人及以上）116家，从业人员为13.62万人。职工月平均工资为29013克朗，企业资产净值超过6500亿克朗，达到6542.17亿克朗。企业数量波动下降，规模以上企业数、职工月平均工资和企业资产净值稳步增加，年均增幅分别达2.3%、3.1%和2%。

表Ⅰ-4-2　　2010—2018年捷克交通运输企业基本情况

年份	企业数（家）	规模以上企业数（家）	从业人员（人）	职工月平均工资（克朗）	企业资产净值（百万克朗）
2010	41517	97	240804	22659	559267
2011	40893	98	234651	22763	540713

续表

年份	企业数（家）	规模以上企业数（家）	从业人员（人）	职工月平均工资（克朗）	企业资产净值（百万克朗）
2012	39738	99	226122	22929	537802
2013	38637	102	221838	22956	548815
2014	38309	104	224568	23502	559505
2015	37869	105	231493	24236	572898
2016	38709	111	241704	25291	592724
2017	39498	113	248448	27076	605721
2018	40588	116	255407	29013	654217

资料来源：《捷克统计年鉴2011—2020》。

从细分行业来看，公路管道运输企业数量占据绝大多数，铁路、水运、航空企业数有所上升，至2018年分别达到36家、97家和54家。在从业人员方面，公路管道产业规模依旧巨大，从业人员占比达88.4%。然而，职工月平均工资则是航空、铁路排在前两位，2018年分别为70420克朗和35704克朗，公路管道、水运达26534克朗和24609克朗。

表Ⅰ-4-3 2010—2018年捷克交通运输产业细分行业基本情况

年份	企业数（家） 公路管道	铁路	水运	航空	从业人员（人） 公路管道	铁路	水运	航空	月平均工资（克朗） 公路管道	铁路	水运	航空
2010	41348	27	95	47	195589	40538	651	4026	20524	27657	18588	59839
2011	40733	29	92	39	195308	35554	685	3104	20557	27481	17671	63631
2012	39586	27	86	39	194255	28724	619	2524	20767	28127	20630	68016
2013	38479	28	91	39	191069	27669	632	2468	20800	28740	18645	64663
2014	38153	28	85	43	194802	26843	616	2307	21245	29174	18522	64531
2015	37701	30	93	45	201946	26768	614	2165	22089	30206	19984	59429

续表

年份	企业数（家）				从业人员（人）				月平均工资（克朗）			
	公路管道	铁路	水运	航空	公路管道	铁路	水运	航空	公路管道	铁路	水运	航空
2016	38534	31	89	55	212221	26566	587	2330	22967	31253	21202	62494
2017	39315	34	90	59	218970	26349	619	2510	24665	33088	22696	60191
2018	40401	36	97	54	225859	26274	641	2633	26534	35704	24609	70420

资料来源：《捷克统计年鉴2011—2020》

三 运量情况

2019年，捷克旅客运输量连续六年保持增长，增幅达到2.3%，但增幅略有放缓。2019年载客量也增长了3.7%，该指标在2014年之前没有出现过任何明显的波动，但在2016—2018年出现了显著增长，到2019年增速有所放缓。在公共客运方面，载客量略有增加，增幅约为2.4%，而运输量则略有下降，接近1%。

在铁路运输方面，2019年延续了增长趋势，但增速较上年略有放缓。交通运输量同比增长6.3%，旅客运输量增长2.3%。2019年铁路客运量连续十年增长，是1993年以来的最高值。

在巴士运输方面，客运量连续第二年增长，增幅近4.3%，接近2015年的数值。相反，运输量同比下降近4%，这也是连续第二年下降。在2010年大幅增长后，该数值一直呈现逐渐下降趋势。2019年，城市公共交通客运量微幅增长2.2%，产值增长约3.5%。

私人汽车运输量在2011年略有增加之后，于2012年出现下降，但又在2013年发生逆转，私人汽车运输量和载客量均有所增加。2014—2019年始终保持这一增长趋势。

在内河运输方面，特别是涉及娱乐性质的客运，运输量同比大幅增长20%，载客量增长近12%。在经过几年的增长后，2019年航空客运量有所下降，运输量下降约8%，载客量下降超4%。2019年，使用捷克国家公共机场的旅客人数再次增长5.5%，达到近1900万人次的历史最高水平。这一数字在过去的15年里翻了一番，在过去的20年里增长了四倍。

在货运方面，2019年捷克货物运输量再次增长超过4%，但运输量继续下降达4%，减少的原因主要是过去三年道路货运量的持续下降。虽然2019年货物运输量是过去20年来的最高值，但运输量却与2000年水平相当，是过去18年来的最低值。

2013—2016年，铁路货运量保持着增长态势，但在2017年略有下降，降幅不超过2%。2018年，该数值再次增长近3%，货运量达到近11年以来的最高值。2019年，该数值没能继续增长，而是小幅下降了近1%。尽管如此，铁路货运量仍然较高，是过去12年来的第二高。

在经历了2002—2012年10年的下降后，捷克的公路货运量迎来持续增长（除2016年外），2019年公路货运量继续同比增长超过5%，达到近20年来的最高值。然而，在国际公路货物运输中，捷克的货运量大幅度下降，跌至近20年以来的最低点。

2015年，在经历了三年的停滞之后，航空货运量下降了约三分之一，航空运输量也下降了11%。2016年和2017年，航空货运量与2015年基本持平，2018年航空货运量同比下降14%，运输量同比下降7.4%。2019年，航空货运量继续下降，但降幅很小，只有约1%。2019年，内河货物运输量增长了近25%。

第二节　交通基础设施

一　公路

捷克地处中欧，与周边国家均有高速公路连接。2019年，通过升级和建设D1高速公路布拉格（Prague）—布尔诺（Brno）—维斯科夫（Vyškov）—胡林（Hulín）—普雷罗夫（Přerov）—利普尼克纳得巴罗瓦（Lipník nad Bečvou）—贝洛蒂纳（Bělotín）—奥斯特拉瓦（Ostrava）—捷克/波兰国家边境路段，捷克继续发展国内高速公路网络。目前，以下设施已投入使用："D1普雷罗夫—利普尼克段""D1高速距斯特雷乔夫（Střechov）52千米处右侧休息区屋顶的扩建"和"D1高速距洪波莱茨（Humpolec）88.3千米处休息区"已投入使用。2019年，D1高速公路计划继续"升级D1-02段，21号米罗斯科维奇（Mirošovice）出口至29号赫维兹多尼斯（Hvězdonice）出口段"，并于2021年开始运营；2020年继续实施"升级D1-12段，90号洪波莱茨出口至104号维特尼·杰尼科夫

（Větrný Jeníkov）出口段"工程。

2019年，在D1高速公路计划上启动了"升级D1-07段，56号苏提斯（Soutice）出口至66号洛克特（Loket）出口段"工程，并于2020年开始运营；"升级D1-11段，81号科贝罗维奇（Koberovice）出口段至90号洪波莱茨出口段"工程已于2021年运营；升级D1-16段，119号韦尔基·贝拉诺夫（Velký Beranov）出口至134号梅林（Měřín）出口段工程于2021年开始运营；"升级D1-19段，141号梅齐齐亚帕德（V. Meziříčí západ）出口至梅齐耶夫乔德（V. Meziříčí východ）出口段""D1服务和维护中心普雷罗夫"工程于2020年开始运营。

2019年，其他高速公路的建设也在继续。在D3高速公路布拉格—塔博（Tábor）—塞斯布达佩斯（České Budějovice）—捷克/奥地利边境工程方面，"D3 0309/Ⅰ布尔什维克（Bošilec）至西耶夫提因（Ševětín）段""D3 0309/Ⅱ西耶夫提因至博雷克（Borek）段"已投入使用。"D3 0310/Ⅰ游舍尔（Úsilné）至霍德乔维茨（Hodějovice）段"和"D3 0310/Ⅱ霍德乔维茨至特雷博宁（Třebonín）段"两项工程计划于2023年运营。在D46高速公路维什科夫（Vyškov）—普罗斯特乔夫（Prostějov）—奥洛莫克（Olomouc）上，"D46 GSJ Olchany"项目已投入运营。在D6高速公路布拉格—卡洛维法利（Karlovy Vary）—彻尔（Cheb）—捷克/德国边境上，"D6诺维斯特拉切克（Nové Strašec）—埃夫尼索夫（Řevničov）段"建筑物项目继续实施，并于2020年开始运营，而"D6埃夫尼索夫辅路"计划于2020年开始运营，"D6鲁本尼克（Lubenec）辅路"建设计划于2021年开始运营。在D7高速公路布拉格—司兰尼（Slaný）—乔穆托夫（Chomutov）上，"D7潘尼茨基（Panenský Týnec）提升辅路容量"工程已启动建设并于2021年开始运营。在D11高速公路布拉格—赫拉德茨—克拉洛韦（Hradec Králové）—特鲁特诺夫（Trutnov）—捷克/波兰国境上，正继续修建"D11 1106赫拉德茨—克拉洛韦—斯米丽斯（Smiřice）段"和"D11 1107斯米丽斯—雅鲁姆（Jaroměř）段"，这两项工程分别于2022年和2021年开始运营。在D35高速公路尤利西斯（Úlibice）—赫拉德茨—克拉洛韦—奥洛莫克—利普尼克纳得巴罗瓦上，继续建设"D35卡西岛（Časy）"，并启动"D35奥帕托佛斯纳得拉比（Opatovice nad Labem）—卡西岛段"的建设，这两个项目于2022年开始运营。

在 D48 高速公路贝洛蒂纳弗里德米斯蒂克（Frýdek-Místek）—塞斯克泰辛（Český Těšín）上，"D48 理查提斯（Rychaltice）"项目于 2020 年开始运营，"D48 冰点辅路一阶段工程"项目，于 2022 年开始运营，以及"D48 冰点（Frige Spot）辅路二阶段工程"项目于 2022 年开始施工。在 D55 高速公路奥洛莫克—普热罗夫（Prerov）—奥特罗科维奇（Otrokovice）—布热茨拉夫（Breclav）上，继续修建"D55 5505 奥特罗科维奇东南支路"，该工程于 2021 年开始运营。在 D56 高速公路奥斯特拉瓦—弗里德米斯蒂克上，"D56 弗里德米斯蒂克—D48 高速公路的连接路"工程继续施工，并于 2022 年开始运营。

2019 年，一级公路也在继续建设中。已投入运营的项目工程包括"I/11 奥斯特拉瓦·普罗德罗·恩纳鲁德纳（Ostrava Prodloužená Rudná）至奥帕瓦（Opava）街区边界""I/11 奥帕瓦北部支路东段""I/38 兹诺伊莫（Znojmo）支路Ⅱ""I/53 勒霍维茨（Lechovice）支路""I/15 克拉瓦拉（Kravara）支路""I/3 贝尼舍夫（Benesov）十字路口"等。

2019 年实施的二级和三级公路建设包括赫拉德茨—克拉洛韦地区的"Ⅱ/302 斯塔罗斯汀（Starostin）—布鲁莫夫（Broumov）—捷克/波兰国境""3082-1 号斯维纳里（Svinary）"公路，波希米亚中部地区的"Ⅱ/272 莱莎纳德拉贝姆（Lysa n. Labem）272-006 号桥梁重建"，乌斯季地区沙漠上的"Ⅱ/266 斯伦科夫（Szlunkov）—洛本达瓦（Lobendava）段公路重建"。2019 年道路基础设施领域的其他重要交通投资还包括Ⅱ/602 维索奇纳（Vysočina）区域边界—佩尔希莫夫（Pelhřimov）段第 8 号和第 9 号建设项目，南摩拉维亚地区"Ⅲ/15289 布尔诺·埃夫罗普斯卡（Brno Evropská）15289-1 号桥梁"项目，兹林地区"Ⅱ/437 奇瓦乔夫（Chvalčov）与拉吉诺霍维奇（Rajnochovice）市政道路的交叉路"项目等。

捷克统计局的数据显示，截至 2019 年底，捷克公路通车总里程为 5.58 万千米，其中，高速公路为 1276 千米，本地道路为 7.49 千米，其他公路为 5.45 万千米，另有欧洲公路网 2630 千米。路网密度达到 70.71 千米·百平方千米。

从发展历程来看，2000—2019 年，捷克公路总里程从 55410 千米增加到 55768 千米，年均增幅不大；高速公路从 501 千米增加到 1276 千米，占比有所提升；其他道路、本地道路、欧洲公路网的总长度变化不大，基本稳定在 5.5 万千米、7.5 万千米和 2600 千米上下。公路路网密度也一直维持在 70 千米·百平方千米上下。总体而言，捷克公路网规模增长趋于平缓，但内部结构和路网能级有所优化和提升，与欧洲的互联互通也更加深化。

表Ⅰ-4-4　　　　2000—2019 年捷克公路路网里程情况

年份	公路总里程（千米）	高速公路（千米）	其他道路（千米）	本地道路（千米）	欧洲公路网（千米）	路网密度（千米·百平方千米）
2000	55410	501	54909	72300	2596	70.26
2001	55427	518	54909	72300	2600	70.28
2002	55422	518	54904	72300	2599	70.27
2003	55447	518	54929	72927	2599	70.31
2004	55500	546	54953	72927	2601	70.37
2005	55510	564	54946	72927	2601	70.39
2006	55585	633	54952	74919	2599	70.48
2007	55595	657	54939	74919	2595	70.49
2008	55654	691	54963	74919	2604	70.57
2009	55719	729	54990	74919	2603	70.65
2010	55752	734	55018	74919	2636	70.69
2011	55742	745	54997	74919	2634	70.68
2012	55717	751	54965	74919	2634	70.65
2013	55761	776	54986	74919	2632	70.70
2014	55748	776	54972	74919	2628	70.69
2015	55738	776	54962	74919	2628	70.67
2016	55757	1223	54535	74919	2628	70.70
2017	55756	1240	54517	74919	2631	70.70
2018	55744	1252	54492	74919	2630	70.68
2019	55768	1276	54492	74919	2630	70.71

资料来源：捷克国家交通部：交通统计年鉴库，https://www.sydos.cz/en/yearbooks.htm。

2000—2019 年，捷克公路客运量从 43888 万人次降至 35556 万人次，降幅达 1.1%；货运量从 414725 万吨增至 504099 万吨，年均增长 1%。公路客运周转量和货运周转量呈现起伏发展态势，2019 年客运周转量达 10345 百万人·千米，货运周转量为 39059 百万吨·千米，与 2000 年相比两者变化幅度都不大。公路总的平均运输距离从 94 千米波动下降至 77 千米，这主要是由于公路路网密度的增加，减少了捷克国内长途运输的次数和距离。载客量增加约 2.4%，运输量下降近 1%。总体而言，捷克近 20 年来公路运量的发展取得了一定成效，但由于铁路网的逐步完善和兴起，公路的运输职能和地位在国民经济中有所下降。

表 Ⅰ-4-5　　　　　　2000—2019 年捷克公路运量情况

年份	公路客运量（万人次）	公路货运量（万吨）	公路客运周转量（百万人·千米）	公路货运周转量（百万吨·千米）	平均运输距离（千米）
2000	43888	414725	9351	39036	94
2001	43591	438683	10608	40260	92
2002	40610	474883	9668	45059	95
2003	41701	447956	9449	46564	104
2004	41860	466034	8516	46010	99
2005	38826	461144	8608	43447	94
2006	38771	444574	9501	50369	113
2007	37502	453537	9519	48141	106
2008	40056	431855	9295	50877	118
2009	36765	370115	9494	44955	121
2010	37255	355911	10336	51832	146
2011	36462	349278	9267	54830	157
2012	34499	339314	9015	51228	151
2013	33798	351517	9026	54893	156
2014	34952	386243	10010	54092	140

续表

年份	公路客运量（万人次）	公路货运量（万吨）	公路客运周转量（百万人·千米）	公路货运周转量（百万吨·千米）	平均运输距离（千米）
2015	35092	438906	9996	58714	134
2016	33276	431889	10257	50315	116
2017	32973	459433	11178	44274	96
2018	34018	479235	10950	41073	86
2019	35556	504099	10345	39059	77

资料来源：《捷克统计年鉴 2001—2020》。

在城市公共交通方面，2019年捷克有城市电力牵引公共交通运营线路总长834.4千米，其中，无轨电车道416.6千米，有轨电车道352.7千米，地铁65.1千米。2000—2019年，捷克城市内部电气化道路的发展取得一定的进步，电气化道路总里程从737.6千米提升至834.4千米，年均增幅为0.7%；无轨电车线路长度从349.5千米增长至416.6千米，有轨电车线路长度从338.3千米增长至352.7千米，地铁长度从49.8千米稳步提升至65.1千米，三者年均增幅分别达0.9%、0.2%和1.4%。总体而言，捷克城市内部的电气化道路建设一直在稳步推进，但增速较缓，未来还有发展空间。

表Ⅰ-4-6　　　2000—2019年捷克城市内部电气化道路情况　　　（千米）

年份	城市电气化道路总里程	无轨电车线路	有轨电车线路	地铁
2000	737.6	349.5	338.3	49.8
2001	819.0	404.5	364.7	49.8
2002	822.7	408.7	364.2	49.8
2003	825.7	408.8	367.1	49.8
2004	840.3	414.4	372.4	53.7
2005	783.5	377.9	351.6	54.0

续表

年份	城市电气化道路总里程	无轨电车线路	有轨电车线路	地铁
2006	782.2	375.8	351.4	55.0
2007	787.8	381.4	351.3	55.0
2008	796.3	384.5	352.8	59.0
2009	798.2	386.4	352.8	59.0
2010	802.9	391.0	352.9	59.0
2011	805.9	391.0	352.9	59.0
2012	807.6	392.7	355.9	59.0
2013	806.3	394.2	353.1	59.0
2014	794.4	395.8	339.5	59.1
2015	818.5	398.9	354.5	65.1
2016	818.8	402.4	351.3	65.1
2017	802.1	385.4	351.7	65.1
2018	812.1	395.4	351.7	65.1
2019	834.4	416.6	352.7	65.1

资料来源：捷克交通运输部。

根据捷克中央车辆登记处的信息，2019年捷克登记的机动车数量增长了2.9%，增速略有放缓。包括各类拖车在内的登记车辆总数增幅与去年大体相同，目前已超过830万辆。

2019年，乘用车登记数量再次出现增长，接近600万辆，比去年增加了约17.7万辆，增幅达3.4%，同比增速略有放缓。截至2019年底，乘用车数量为5924995辆，占在册登记机动车总数的75%以上。就乘用车的使用年限而言，61%的车辆超过10年，约78%的车辆超过5年。只有大约12%的乘用车使用年限不到2年，这一比例与去年同期相比差别不大。

2019年，注册道路货运车辆的数目较去年同期微幅增加近2%。更新车辆（即不到2年）的份额与乘用车相似，约占11.4%。使用年限10年以上车辆的增长率超过12%。自2010年以来，这类车辆的数量增加了一倍多。使用年限超过10年的货运车辆所占比例约为64%，已经高于乘用车，比去年（58%）增长了6个百分点。

2019年，登记的小型巴士及巴士数目亦略有增加，增幅约为1%；拖车的数目维持不变，半挂车数量同比下降7%。长期以来，拖拉机的数量一直在减少，根据中央车辆登记处的信息，在过去十年里，拖拉机数量降幅接近20%。2018年，在册拖拉机数量在15年后首次增加，但增长并不显著，仅为5.5%，2019年这一数值再次下降超过8%。此外，2019年特种车辆小幅下降近3%，略高于上年，摩托车增长近3%。

二 铁路

捷克的铁路与欧洲各国联网，乘火车可抵达欧洲各主要城市。截至2019年底，捷克有实际运营铁路9562千米。其中，电气化铁路3231千米，非电气化铁路6330千米。铁路密度为12.12千米/每百平方千米。

2019年，捷克过境铁路走廊升级工程继续实施。在捷克/斯洛伐克国境—德马罗维奇（Dětmrovice）—普雷罗夫—塞斯卡特雷波娃（Česká Třebová）—布拉格—普利策（Plzeň）—彻尔—捷克/德国国境的第三条过境铁路走廊上，"布拉格—普利策线罗基察尼（Rokycany）—普利策段的升级改造"和"德马罗维奇（Dětmarovice）至斯洛伐克国境的铁路线中塞斯克泰辛—德马罗维奇段的优化"工程已投入运营。2019年，"布拉格—普利策线贝隆（Beroun）—克拉鲁夫德武尔（Králův Dvůr）段"优化工程继续施工，该工程于2020年开始运营。"普拉哈斯米乔夫（Praha Smíchov）—乔尔诺希斯（Černošice）段"线路优化2019年在同一路段上启动，并于2022年开始运营。

在捷克/奥地利国境—捷克布达佩斯—塔博—布拉格—乌斯蒂纳德拉贝姆（Ústí nad Labem）—德钦（Děčín）—捷克/德国国境的第四条过境铁路线上，塔博—布拉格线苏多姆冰（Sudoměřice）—沃季采（Votice）段的升级优化工程于2022年完工并开始运营。此外，捷克布达佩斯—塔博线上的"维塞林（Veselí n. L.）—塔博二期工程、维塞林—杜比尤塔博拉（Doubí u Tábor）段、索布斯拉夫（Soběslav）—杜比（Doubí）二期工程"的优化升级计划于2023年完工。

作为铁路运输走廊升级的后续工程,重要铁路枢纽的升级工作也在进行中,以保证技术参数与相连接铁路线相同。在皮尔森(Pilsen)铁路枢纽建设中,"皮尔森二号工程 2——客运站及米库利什卡(Mikulšská)廊桥改造"项目已投入运营,而"皮尔森三号工程——多马斯利奇(Domašlice)天桥"工程于 2020 年完工并开始运营。在布拉格铁路枢纽建设中,"普拉哈霍斯蒂瓦(Praha Hostivař)—普拉哈(Praha)主站线二期工程普拉哈霍斯蒂瓦—普拉哈中央火车站(Praha hl. n.)"项目于 2021 年开始运营。"内格里(Negerlli)高架桥"重建工程于 2020 年完工并开始运营,该工程是"连接瓦茨拉夫—哈维尔(Vaclav Havel)机场的布拉格—克拉德诺(Kladno)线改造升级"项目的一部分。2019 年,RST 布尔诺(RST Brno)主站的升级工程也继续进行,并启动了"RST 普雷罗夫(RST Přerov)二号工程改造"项目。

另一个重大投资领域是通过信号和连锁技术实现选定铁路线路可交互操作的相关项目。2019 年数字无线电系统(GSM-R)已完成"塞斯克维莱尼斯(České Velenice)—塞斯布达佩斯—霍尼德沃(Horní Dvořiště)"和"普利策—塞斯布达佩斯"项目建设。欧洲列车控制系统(ETCS)工程建设也于 2019 年启动。"彼得罗维采卡尔文(Petrovice u Karviné)—奥斯特拉瓦—普雷罗夫—布热茨拉夫(Břeclav)""普利策—彻尔""普雷罗夫—塞斯特雷博瓦(Crěská Třebova)""克拉鲁比(Kralupy n. Vlt)—普拉哈—科林(Kolín)"和"普拉哈—瑞纳佛斯(Uhříněves)—沃季采"等工程继续进行。此外,对客运站建筑的投资是另一个重要领域。2019 年,在科林、布热茨拉夫、塔夫拉纳德瓦(Kralupy nad Vltavou)、普里比斯拉夫(Přibyslav)等地完成了控制大楼的重建。

从发展历程来看,2000—2019 年,捷克铁路总里程从 9444 千米增长至 9562 千米,里程规模增长幅度不大。其中,电气化铁路里程从 2843 千米增加至 3231 千米,占比从 30.1%增加至 33.79%,电气化水平逐年提升;非电气化铁路里程从 6601 千米增加至 6330 千米,占比从 69.9%下降至 66.2%。铁路路网密度从 11.97 千米/百平方千米增加至 12.12 千米/百平方千米。总体而言,捷克铁路基础设施建设取得了一定的成效,与公路类似,规模增长幅度不大,但路网结构和能级的优化提升十分显著。

表 I-4-7　　2000—2019 年捷克铁路里程及构成

年份	铁路总里程（千米）	电气化铁路里程（千米）	电气化里程占比（%）	非电气化铁路里程（千米）	非电气化里程占比（%）	铁路路网密度（千米/百平方千米）
2000	9444	2843	30.10	6601	69.90	11.97
2001	9523	2893	30.38	6630	69.62	12.07
2002	9600	2926	30.48	6674	69.52	12.17
2003	9602	2943	30.65	6659	69.35	12.18
2004	9612	2982	31.02	6630	68.98	12.19
2005	9614	2997	31.17	6617	68.83	12.19
2006	9597	3041	31.69	6556	68.31	12.17
2007	9588	3060	31.91	6528	68.09	12.16
2008	9586	3078	32.11	6508	67.89	12.15
2009	9578	3153	32.92	6425	67.08	12.14
2010	9568	3208	33.53	6357	66.44	12.13
2011	9572	3216	33.60	6355	66.39	12.14
2012	9570	3217	33.62	6353	66.38	12.13
2013	9560	3216	33.64	6345	66.37	12.12
2014	9559	3216	33.64	6343	66.36	12.12
2015	9556	3237	33.87	6329	66.23	12.12
2016	9564	3236	33.84	6328	66.16	12.13
2017	9567	3237	33.84	6331	66.18	12.13
2018	9572	3235	33.80	6337	66.20	12.14
2019	9562	3231	33.79	6330	66.20	12.12

资料来源：《捷克统计年鉴 2001—2020》。

2019 年，捷克铁路客运量为 1.9 亿人次，货运量为 9853 万吨。铁路客运周转量达 110.69 亿人·千米，铁路货运周转量达 348.15 亿吨·千米，平均运输距离超过 160 千米。从发展历程来看，2000—2019 年，捷克铁路客运量从 1.85 亿人次增加到 1.94 亿人次，年均增幅达 0.3%，铁路货运量从 9826 万吨上升至 9853 万吨，年均增幅仅为 0.01%。铁路客运周转量、货运周转量、平均运输距离则有不同程度的变化,增幅分别为 2.2%、-0.4%和-0.5%。总体而言,随着捷克铁路运输网络的不断完善,捷克铁路运量有了长足的进步,在平均运输距离缩短的情况下,铁路客运周转量还在提升,铁路在捷克国民经济发展和交通运输领域正在扮演越来越重要的角色。

表Ⅰ-4-8　　　　2005—2017年捷克铁路运量情况

年份	铁路客运量（万人次）	铁路货运量（万吨）	铁路客运周转量（百万人·千米）	铁路货运周转量（百万吨·千米）	平均运输距离（千米）
2000	18474	9826	7300	37683	178
2001	19075	9722	7299	36537	174
2002	17723	9199	6597	33872	172
2003	17418	9330	6518	34331	170
2004	18095	8884	6589	32921	170
2005	18027	8561	6667	31790	174
2006	18303	9749	6922	34014	162
2007	18423	9978	6899	35667	163
2008	17742	9507	6803	34021	162
2009	16496	7672	6503	27908	167
2010	16480	8290	6591	31080	166
2011	16806	8166	6714	30739	164
2012	17280	8297	7265	35540	172
2013	17449	8396	7601	31300	166
2014	17605	9156	7797	33764	159
2015	17662	9728	8298	34379	157
2016	17917	9803	8843	33111	159
2017	18302	9652	9498	32780	164
2018	18954	9931	10286	33442	167
2019	19421	9853	11069	34815	163

资料来源:《捷克统计年鉴2001—2020》。

三 航空

2019年捷克共有90个民用机场，其中6个是公共国际机场，分别位于布拉格、布尔诺、俄斯特拉发、布杰约维采、卡罗维发利和帕尔杜比采，59个是公共国内机场，3个私人国际机场，12个私人国内机场，还有10个是多用途机场。此外，还有恰斯拉夫等四个军用机场。捷克机场数量从2000年的86个增加至2019年的90个，增长幅度较慢。2019年，捷克航空客运量为1881万人次，货运量为9367万吨。

布拉格瓦茨拉夫·哈维尔机场是捷克最大的国际机场，也是捷克航空公司的总部基地。机场位于首都布拉格西北面，离市中心14千米。机场始建于1937年，年旅客流量大约为1200万人次，是欧盟十分繁忙的机场之一。

捷克与中国已开通4条直航线路：由海南航空运营的北京—布拉格，由东方航空运营的上海—布拉格、西安—布拉格，由四川航空运营的成都—布拉格。此外，首都布拉格机场与欧洲各主要城市均有航班连接。从中国到捷克可经维也纳、法兰克福、赫尔辛基、阿姆斯特丹、莫斯科或巴黎等城市中转。

2019年，捷克共有飞机1390架。其中，起飞重量在9000公斤以下的飞机有1322架，起飞重量在9000公斤及以上的飞机数量达68架。起飞重量在9000公斤及以上的飞机中，机龄小于4年的有14架，机龄在5—9年的有17架，机龄在10—14年的有20架，机龄在15—19年的有15架，超过20年机龄的飞机有2架。客运飞机有66架，其中少于50座的飞机有28架，51—150座的飞机有13架，151—250座的飞机有25架，此外还有货运飞机两架。

从发展历程来看，2000—2019年，捷克航空运输次数从53040次增加到75473次，年均复合增长率为1.9%。航空客运量从583万人次增加至1881万人次，航空客运量增加了1298万人次，年均复合增长率为6.4%；航空货运量从3781万吨增加至9367万吨，年均增幅达4.9%；航空客运周转量从586467万人次·千米增加至1180420万人次·千米，年均增幅达3.8%；航空货运周转量从37.79百万吨·千米下降至29.34百万吨·千米，年均降幅达1.3%。总体而言，捷克航空基础设施及其运输能力发展十分迅猛，航空运输次数、客运能力、货运能力均有显著提升，航空客运周转量因国际航班的增多而显著增加，航空货运周转量因机场增多、运输距离缩短而变小。

表Ⅰ-4-9　　　　　　2000—2019年捷克航空运量情况

年份	航空运输量（次）	航空客运量（万人次）	航空货运量（万吨）	航空客运周转量（万人次·千米）	航空货运周转量（百万吨·千米）
2000	53040	583	3781	586467	37.79
2001	57359	635	3588	639892	29.21
2002	61322	654	4508	689496	31.78
2003	64559	785	4804	709629	41.56
2004	82591	1013	5887	881459	46.26
2005	95310	1143	5685	973571	44.81
2006	95184	1233	6048	1023305	47.46
2007	100839	1331	6121	1047729	40.76
2008	105083	1363	5639	1074887	37.09
2009	101153	1248	5425	1133087	28.72
2010	95617	1234	6577	1090201	22.38
2011	87334	1275	6952	1158563	21.97
2012	85259	1184	5868	1061158	16.57
2013	72937	1209	5802	960387	24.32
2014	71483	1214	5831	975662	35.04
2015	62227	1282	5845	970100	31.08
2016	68487	1375	7770	1020260	30.94
2017	70535	1629	8928	1132605	31.99
2018	80462	1783	8895	1284125	29.63
2019	75473	1881	9367	1180420	29.34

资料来源：《捷克统计年鉴2001—2020》。

在投资方面，2019 年布拉格机场重要的投资项目主要有：2 号航站楼第四值机柜台区域、B1 和 B2 滑行道区域重建、新加油站开发、B1 区飞机停机位工程开发、1 号航站楼分拣和 X 光检查的重建，废水和污水处理厂中新的储存罐、新的航空燃料箱、部分飞机跑道的维修。

2019 年其他机场的重要投资项目包括：布尔诺图阿尼机场（Brno-Tuřany Airport）物流区工业厂房和相关基础设施修建，探测器和 X 光片购买，以及机场技术方面的投资；帕杜比斯机场（Pardubice Airport）安保设备（X 光、现场爆炸物探测器、照相机等）的购买；卡洛维法利机场（Karlovy Vary Airport）第 11 号跑道照明系统一期工程建设、乘客鞋用金属探测器装置的购买；奥斯特拉瓦机场利奥雅那切克（Leoš Janáček）区域内邻近新铁路枢纽的自助停车场扩容工程。

四　水运港口

捷克是中欧内陆国家，有几十个小型内河港口和码头，主要分布在拉贝河（德国境内为易北河）、伏尔塔瓦河和贝龙卡河沿岸，主要通航城市是杰钦、乌斯季、梅尔尼克、布拉格、洛沃西采和科林等，进出口货物可通过拉贝河—易北河航道到达鹿特丹等欧洲港口。通航水运航道总长达 720.2 千米（含运河和湖泊），其中运河航段为 38.6 千米。2019 年，捷克水运货运量为 173.3 万吨。

2019 年水运港口领域的投资项目主要有"升级什特瓦尼（Štvanice）闸室入口区域""改造霍林（Hořín）闸室闸门"，这两个项目旨在改善伏尔塔瓦（Vltava）河布拉格—梅尔尼克（Mělník）段的水道参数，且都与"增加伏尔塔瓦水道通航深度"密切相关。新启动的投资项目包括"易北河（Elbe River）瓦利（Valy）—莫利切（Mělice）段的公路桥"以及"维塞尔纳德莫拉沃（Veselí nad Moravou）休闲港口"。此外，首都布拉格埃德瓦德贝内什（Edvard Beneš）堤的船只停泊点升级改造项目也已完成。

世界经济论坛发布的《全球竞争力报告》显示，捷克港口基础设施质量指数从 2010 年的 4.3 下降到 2017 年的 3.5。2000—2019 年，捷克内河货运量从 190.6 万吨减少到 173.3 万吨，年均降幅达 0.5%；内河货运周转量从 773 百万吨·千米减少至 569 百万吨·千米，年均降幅达 1.6%；

平均运输距离从405.4千米减少至328.2千米，年均降幅达1.1%。总体而言，捷克受制于自身自然地理条件，在水运港口基础设施建设上投入不多，进展不大，内河运输能力、运输规模和能级都有小幅下降，在国家交通运输体系中的重要性进一步下降。

表Ⅰ-4-10　　　　　2000—2019年捷克内河航运情况

年份	内河货运量（万吨）	内河货运周转量（百万吨·千米）	平均运输距离（千米）
2000	190.6	773	405.4
2001	191.0	705	369.1
2002	168.6	587	348.4
2003	127.6	509	398.5
2004	127.4	406	318.6
2005	195.6	779	398.5
2006	203.2	818	402.6
2007	224.2	898	400.7
2008	190.5	863	452.8
2009	164.7	641	388.9
2010	164.2	679	413.7
2011	189.5	695	366.9
2012	176.7	669	378.8
2013	161.8	693	428.6
2014	178.0	656	368.8
2015	185.3	585	315.6
2016	177.9	620	348.8
2017	156.8	623	397.2
2018	137.4	554	403.1
2019	173.3	569	328.2

资料来源：《捷克统计年鉴2001—2020》。

第三节 通信基础设施

2018年，捷克信息通信产业共有企业49786家，从业人员为14.68万人，职工月平均工资达56316克朗，企业资产净值达到5080.73亿克朗。其中，规模以上企业（企业员工250人及以上）有72家，从业人员达5.28万人，员工月平均工资为65630克朗，企业资产净值总额为2905.55亿克朗。从时间序列来看，企业数量、从业人员、职工月平均工资和企业资产净值均呈现稳步增加态势，年均增幅分别为5.1%、3.9%、3.8%和4.9%。可见，捷克信息通信行业发展速度较快，企业规模、从业人员、资产净值等均显著提升，信息通信行业发展前景广阔。

表Ⅰ-4-11　　　　2010—2018年捷克信息通信企业基本情况

年份	企业数（家）	从业人员（人）	职工月平均工资（克朗）	资产净值（百万克朗）
2010	35261	112655	43513	363766
2011	35502	114082	45002	357072
2012	35652	115384	46461	345237
2013	35520	116580	45694	346604
2014	36424	118593	47305	373840
2015	37961	122703	48863	440405
2016	42720	131586	49761	434913
2017	46204	139847	52318	451310
2018	49786	146826	56316	508073

资料来源：《捷克统计年鉴2011—2020》。

在电信行业方面，2010—2018年，捷克电信企业数从888家上升至1299家，年均增幅达4.9%；从业人员从21261人波动上升至22009人，年均增幅仅为0.5%；职工月平均工资增幅达1.5%，而企业资产净值则呈现波动下降趋势，年均降幅为1%。

表Ⅰ-4-12   2010—2018年捷克电信企业基本情况

年份	企业数（家）	从业人员（人）	职工月平均工资（克朗）	资产净值（百万克朗）
2010	888	21261	44063	200119
2011	887	19831	45036	188409
2012	885	18722	47659	174335
2013	954	18191	44899	172710
2014	1010	18189	47013	164256
2015	1063	17733	47943	211759
2016	1218	19175	47144	181097
2017	1239	20459	47755	182867
2018	1299	22009	49538	185189

资料来源：《捷克统计年鉴2011—2020》。

从发展历程来看，2010—2018年捷克每百万人拥有互联网服务器数从2010年的306个快速增加到2018年的42345个，年均复合增长率为85.2%；每万人拥有固定宽带数从2010年的2146部增加到2018年的3022部，年均复合增长率为4.4%。总体而言，捷克互联网基础设施起步较晚，但发展速度极快，未来发展前景广阔。

表Ⅰ-4-13   2010—2018年捷克互联网基础设施情况

年份	每百万人拥有互联网服务器数（个）	每万人拥有固定宽带（部）
2010	306	2146
2011	470	2375
2012	835	2511
2013	1080	2698
2014	1418	2828
2015	2049	2779
2016	11991	2891

续表

年份	每百万人拥有互联网服务器数（个）	每万人拥有固定宽带（部）
2017	25420	2957
2018	42345	3022

资料来源：世界银行。

根据世界银行的统计数据，截至2018年，捷克每百人拥有移动电话119部，每百人拥有固定电话14部。从发展历程来看，2000—2018年捷克每百人拥有移动电话数从2000年的42部增加到2018年的119部，年均复合增长率为6%；捷克每百人拥有固定电话数从2000年的38部下降至2018年的14部，年均降幅达5.4%。总体而言，由于移动互联网和通信技术的迅猛发展，捷克人均移动电定电话拥有量迅猛增加，固定电话拥有量有所减少，电信市场特别是移动业务市场高速发展。

表Ⅰ-4-14　2000—2018年捷克固定/移动电话人均拥有情况

年份	每百人拥有移动电话（部）	每百人拥有固定电话（部）
2000	42	38
2001	68	38
2002	84	36
2003	95	35
2004	105	33
2005	115	31
2006	120	28
2007	128	23
2008	132	24
2009	125	24
2010	123	22
2011	125	21
2012	128	20

续表

年份	每百人拥有移动电话（部）	每百人拥有固定电话（部）
2013	130	19
2014	131	19
2015	117	18
2016	118	17
2017	119	15
2018	119	14

资料来源：世界银行。

捷克邮政局为捷克国有企业，截至2018年底，在全国共有服务网点3800家。捷克邮政在50克以内函件市场享有专营权。在捷克境内，50克以内函件由捷克邮政局隔天送达；超过50克的函件，除捷克邮政局外，还有数十家捷克和国际邮局服务商可供选择。目前，捷克较大的电信运营商有沃达丰（Vodafone）、O2和T-Mobile。

第四节 能源基础设施

2017年，捷克电站总装机容量为22267兆瓦，其中，热电站总装机量13335兆瓦，核电站为4290兆瓦，水电站为2264兆瓦，太阳能电站为2070兆瓦，风力电站为308兆瓦；总发电量为870亿千瓦时，其中，热电发电占61%，核电发电占33%，可再生能源发电占6%。捷克电力供应充足，生产的电力除满足工农业生产基本需求外，还向外出口。捷克是欧洲第二大电力出口国，主要出口到德国、奥地利和斯洛伐克等国。

从能源结构来看，2015年捷克55.9%的电力来源于火力发电，44.1%的电力来源于核能、风电等其他能源发电。其中，53.1%的电力由煤炭提供，石油和天然气仅占不到3%。从发展历程来看，2000—2015年捷克煤炭发电量占比从75.4%下降到53.1%，年均降幅达2.3%；石油发电量占比从0.5%下降至0.1%，天然气发电量占比从2.3%增加至2.7%，两者发电规模一直较小，所占比例变化不大。火力发电量总占比从2000

年的78.2%下降至2015年的55.9%，在能源供应上所占比例大幅下降，年均降幅超过2%。水力发电量占比从2000年的2.4%小幅下降到2015年的2.2%，变化不大。其他能源（核能、风能等）发电量发展极为迅猛，2015年发电量占比已达44.1%，其中核能占比达32.5%。总体而言，捷克现阶段的能源供应主要依靠煤炭能源和其他清洁能源，且核能、风电、地热等清洁能源和可再生能源基础设施建设正在迅猛进行中，国家能源发电占比逐年提升，能源电力结构大大优化，能源发展前景广阔。

表 I-4-15　　2000—2015年捷克各能源基础设施发电量占比情况　　　　（%）

年份	煤炭发电量占比	石油发电量占比	天然气发电量占比	水力发电量占比	核能发电量占比	其他能源发电量占比
2000	75.4	0.5	2.3	2.4	18.6	0.8
2001	74.0	0.5	2.1	2.8	19.9	0.7
2002	68.8	0.5	2.1	3.3	24.7	0.6
2003	64.1	0.4	1.9	1.7	31.2	0.7
2004	63.0	0.4	1.8	2.4	31.4	1.0
2005	63.8	0.4	1.8	2.9	30.2	0.9
2006	62.5	0.3	1.9	3.0	31.1	1.2
2007	64.6	0.1	1.6	2.4	29.8	1.5
2008	62.3	0.2	1.2	2.4	31.9	2.0
2009	59.6	0.2	1.2	3.0	33.3	2.7
2010	58.3	0.2	1.6	3.3	32.8	3.8
2011	57.1	0.2	1.6	2.3	32.6	6.2
2012	53.7	0.1	1.7	2.5	35.0	7.0
2013	50.8	0.1	2.4	3.2	35.7	7.8
2014	51.2	0.1	2.1	2.2	35.6	8.8
2015	53.1	0.1	2.7	2.2	32.5	9.4

资料来源：世界银行。

2019 年，捷克管道长度共有 642 千米。在管道运输方面，2000—2019 年捷克原油运输量从 834.6 万吨增加至 1417.7 万吨，原油运输周转量从 1612 百万吨·千米增加至 2050 百万吨·千米，平均运输距离从 193 千米下降至 145 千米，年均增幅分别为 2.8%、1.3% 和 -1.5%。总体而言，捷克管道运输能力有了显著提升，原油运输量、周转量均呈现快速增长态势。

表 I-4-16　　　　　2000—2019 年捷克管道运输情况

年份	管道长度（千米）	原油运输量（万吨）	原油运输周转量（百万吨·千米）	平均运输距离（千米）
2000	675	834.6	1612	193
2001	675	867.4	1661	192
2002	675	881.5	1717	195
2003	675	896.2	1820	203
2004	675	919.2	1902	207
2005	674	1130.5	2259	200
2006	675	1087.5	2291	211
2007	675	1013.1	2079	205
2008	675	1187.7	2315	195
2009	675	983.7	2156	219
2010	674	1120.5	2191	196
2011	674	1040.4	1954	188
2012	674	1139.2	1907	167
2013	674	1026.6	1933	188
2014	674	1202.9	2063	171
2015	642	1104.0	2023	183
2016	642	735.6	1588	216
2017	642	1345.3	1265	161
2018	642	1383.9	2107	152
2019	642	1417.7	2050	145

资料来源：《捷克统计年鉴 2001—2020》。

第五节　基础设施发展规划

捷克基础设施建设虽然相对完善，但较西欧国家仍显落后，发展潜力巨大。自 2014 年以来，随着宏观经济转好，捷克的投资环境日趋改善。在中长期内，在政府实行积极的财政政策拉动、加大公共基础设施投资的利好影响下，捷克的基建市场前景较为乐观。

在交通基础设施方面，捷克所处欧洲中心的地理位置使其成为欧洲过境走廊的天然枢纽。在中长期内，捷克将加快 D1 高速公路建设；斥巨资升级改造铁路网、加速高铁布局；着手欧盟"九大走廊"建设计划中"波罗的海—亚得里亚海走廊、东欧—地中海走廊"捷克境内项目建设；推动廉价航空机场建设及"多瑙河—奥得河—易北河三河跨国运河项目"的磋商。其中，在高铁建设方面，根据捷克交通运输部发布的消息，由捷克铁路基础设施管理局（SZDC）筹划的这一高铁网建设将分两阶段施工，高铁时速将达 300 千米左右。根据计划，第一阶段建设将主要集中在捷克与周边国家的高铁连接上。截至 2030 年左右，高铁将连接布拉格与德国、布尔诺与斯洛伐克及布尔诺与奥地利。第二阶段高铁建设将连接布拉格与布尔诺，预计在 2050 年进行施工建设。

在能源与公共事业基础设施方面，在中长期内，在欧盟力推减排目标的背景下，捷克将加大新能源项目的建设力度。2015 年捷克政府通过能源战略方案，该战略将促使捷克政府启动现有的两个核电站（杜科瓦尼和特梅林）新反应堆的项目招标。但由于种种原因，目前新项目的招标工作尚未启动。另外，在俄罗斯—乌克兰危机之下，捷克还将加快油气管道等战略性能源项目的建设，以降低对俄罗斯能源的依赖度。

在旅游基础设施方面，随着中国居民收入的增加、赴捷克旅游签证的简化及中国至捷克直航线路的开通，到捷克的中国游客数量正在不断增加。2018 年，到捷克的中国游客数量达 62 万人次。在 2016 年 3 月习近平主席访捷期间，中国商务部与捷克地方发展部签署了《关于加强旅游基础设施投资合作的备忘录》。在中长期内，布拉格有望成为中国游客出境游的重要目的地和进入中东欧的中转地，中捷两国在酒店开发、机场建设及相关旅游基础设施的建设方面将有很大的合作空间。

在住宅及非住宅基础设施方面，随着捷克人口老龄化加剧及科研创新活动的增加，在中长期内，捷克将加速发展医疗及科研类基础设施建设项目。另外，外籍人士购买公寓类房产的投资保值行为也将带动相关项目的建设。

在基础设施建设负责部门方面，捷克基础设施建设根据其所在领域由不同的政府部门负责。其中，捷克工贸部负责能源领域，交通运输部负责交通领域，地方发展部负责旅游领域。

在基础设施建设资金落实情况及融资渠道方面，捷克交通基础设施基金会（SFDI）的主要职能是为预算内的交通基础设施建设项目提供资金支持，每年编制下一年度预算草案报捷克众议院审批，并负责实施。其资金主要用于为高速公路、一级公路、国家和地方铁路建设、改造、维修与养护提供资金；为重要内航河道建设和改造提供资金；资助设计与研究与公路、重要交通航道和国家及地方铁路建设、改造与养护有关的学术活动；为旨在提高交通安全和为残障人士提供方便的计划提供支持；为自行车道的建设和维护提供资金支持等（2004 年以前，SFDI 还为国家二级、三级公路的建设、改造、维修与养护提供资金）。

捷克交通基础设施基金会资金主要来源于 100%的公路税、燃油消费税额的 9.1%、电子收费系统收入、贷款、私有化收入、欧盟援助基金、国家预算拨款等。其中，来自欧盟的基金主要有两种——结构基金和团结基金。贷款主要来自欧洲投资银行（EIB）以及其他商业贷款。

在外国投资者参与当地基础设施建设的规定方面，根据捷克的法律法规，参与捷克建筑工程招标的外国企业必须首先在捷克注册成立公司，并取得建筑营业执照。为简化成立建筑公司复杂烦琐的程序，多数外国建筑承包企业选择通过直接收购或参股捷克建筑企业的方式进入捷克工程承包市场。另外，外国公司在承揽军工工程、对环境有可能造成污染的工程及某些资源开采类项目时，还需要获得相关部门的特许。

第五章　产业结构

捷克是位于中欧的一个内陆国家，地处欧洲中部。东靠斯洛伐克，南邻奥地利，西接德国，北毗波兰。捷克处在三面隆起的四边形盆地上，北有克尔科诺谢山，南有舒玛瓦山，东部和东南部为摩拉维亚高原。捷克属海洋性向大陆性气候过渡的温带气候。夏季炎热，冬季寒冷多雪。捷克褐煤、硬煤和铀矿蕴藏丰富，其中褐煤和硬煤储量约为134亿吨。石油、天然气和铁砂储量甚少，依赖进口。捷克是中等发达国家，工业化程度与经济情况较好。捷克的工业基础雄厚，工业在国民生产总值中的比重超过40%。其中，以机械制造、动力设备、船舶汽车、电力机车为主。纺织、化学、玻璃工业、啤酒酿造行业也很发达，捷克是啤酒生产和消费大国。旅游业是捷克经济收入的重要来源。在农业方面，捷克的农业对经济增长的贡献度低。2004年5月捷克加入欧盟，2005年被世界银行列为高收入国家。捷克同时也是OECD、北约和申根协议成员国。据世界经济论坛《2018年全球竞争力报告》，捷克在全球颇具竞争力的140个国家中排第29位，和上一年持平。世界银行《2019年营商环境报告》显示，捷克在190个国家和地区中排第35位，得分为76.1分，较上一年增长0.05分。总体来说，捷克地理位置较为优越，与周边国家交通便捷，拥有良好的基础设施。国民教育水平高、科技大学较多、技术工人训练有素，综合成本具有竞争力。此外，捷克法律健全、政策制定和执行较透明、政府办事效率较高，加之利率较低，对外资很有吸引力。外贸在捷克经济中占有重要位置，国内生产总值的80%依靠出口实现。捷克利用外资已从初级生产和组装阶段转为向先进制造业及高附加值服务业发展，其鼓励投资的领域包括高技术制造业、服务业及研发中心等。尽管受新冠疫情的影响，捷克经济出现一定程度的衰退，但由于其近年来经济持续保持增长、财政状况良好，失业率和负债率在欧盟国家中较低，抗风险能力较强，有助于其快速恢复经济。在"一带一路"倡议和"17+1"合作背景下，中捷合作仍大有可为。

第一节 产业结构概况

捷克的工业基础雄厚。2009年受国际金融危机影响而导致经济下滑，2010年和2011年实现恢复性增长，2012年和2013年经济再次有所下滑。近年来，捷克实行积极、平衡、稳健的宏观经济政策，经济逐渐复苏。近两年来捷克实现了经济较快增长，2018年GDP为2222亿美元，同比增长2.9%，人均GDP为20000美元；2019年GDP为2465亿美元，同比增长2.4%；进出口总额为3761亿美元，其中出口额为1990亿美元，进口额为1771亿美元，通胀率为2.8%，失业率为2%。[①]

2016年11月，中国与捷克签署并通过了《中华人民共和国政府与捷克共和国政府在"一带一路"倡议框架下的双边合作规划》，将基础设施建设、工业和贸易、投资、旅游以及"网上丝绸之路"等作为重点合作领域，并鼓励双方中小企业进行经贸合作，积极发展第三方合作。近年来中捷双边贸易额持续增长，连续五年突破100亿美元，捷克是中国在中东欧地区的第二大贸易伙伴。2019年双边贸易额达到176亿美元，同比增长7.9%。截至2018年底，中国对捷克投资存量超过2亿美元。目前，在捷克的中资企业有50余家，业务涉及制造业、金融业、商贸服务业等。三家中资银行在布拉格设立分行，助力捷克将布拉格打造成中东欧地区的金融中心。此外，两列中欧班列从中国往返捷克。中国企业在布拉格建立了更多的海外仓库和物流中心，大力发展跨境电子商务。

一 三大产业结构演变

自2004年捷克加入欧盟后，宏观经济环境进一步改善，经济总体呈上升趋势。在世界金融危机后，2010年捷克经济出现恢复性增长，国内生产总值（GDP）增长2.3%。2011年，受欧债危机影响，捷克经济增速

---

① https：//www.cnb.cz/en/statistics/money_and_banking_stat/.

放缓，GDP 增长 1.7%；2012 年，捷克 GDP 下降 1.2%；2013 年下降 0.9%；自 2014 年起连续 6 年保持增长。①

近年来，捷克经济持续稳健增长。2017—2019 年捷克 GDP 增速分别为 4.6%、2.9% 和 2.5%，是欧盟成员国中经济发展迅速的国家之一。2019 年，捷克财政收入为 664.2 亿美元，支出为 676.6 亿美元，财政赤字为 12.4 亿美元。捷克政府财政赤字占 GDP 的比重为 0.5%；政府债务占 GDP 的比重为 30.8%，远低于 60% 的红线。捷克中央银行采取审慎的监管措施，银行业发展健康、风险可控。2020 年，受新冠疫情影响，捷克经济明显下降，但中长期前景仍然看好。②

表 I-5-1　　　　　2015—2019 年捷克宏观经济情况

	2015	2016	2017	2018	2019
GDP 总额（亿美元）	2238	2292	2162	2440	2465
GDP 增长率（%）	4.5	2.4	4.6	2.9	2.5
人均 GDP（美元）	21225	22074	20376	22916	23043
投资占比（%）	25.1	26.1	26.4	26.2	26.3
消费占比（%）	66.7	66.5	66.4	67.6	67.7
出口占比（%）	83	79.5	79.7	78.5	79.4
第一产业占比（%）	3	2.5	2.2	2	1.9
第二产业占比（%）	32	32.3	33.2	32.2	32
第三产业占比（%）	65	65.2	64.6	65.8	66.1
通货膨胀率（%）	0.3	0.7	2.5	2.1	2.8
全国失业率（%）	4.5	4.0	2.9	2.2	2
内债总额（亿美元）	565	550	586	638	627
外债总额（亿美元）	115	110	109	108	88
政府债务占比（%）	36.7	34.2	34.6	32.7	30.8

资料来源：根据捷克统计局提供的数据整理。

① https://vdb.czso.cz/vdbvo2/faces/en/index.jsf?page=statistiky.
② https://www.czso.cz/csu/czso/gdp_national_accounts_ekon.

2017年世界银行人口数据显示，捷克总人口为1059万人，其中15—64岁的劳动力占65.6%。据捷克统计局官方公布的数字，截至2017年底，捷克劳动力总数约为526万人，女性劳动参与率比男性高出约30个百分点。

截至2019年底，根据捷克统计局公布的数字，捷克国内劳动力数量约为530万人。捷克人口结构显示出，15—64岁阶段的人数占人口总数的75.3%。不同行业就业人数有较大差异：近年来从事第一产业的就业人数持续下降，而第二产业则逐年上升。目前，捷克第一、二、三产业人数占总就业人数的比重分别为：第一产业为5%，第二产业为40%，第三产业为55%。[①]

从劳动力数量来看，捷克劳动力不多，而其良好的经济发展态势显示出，捷克境内的劳动力市场在中长期内容易出现供求不足的现象。从劳动力质量来看，捷克拥有一批高素质、高技术的劳动力。捷克人均受教育程度较高，高等院校入学率为63.7%，大学在校生约为31.1万人。据OECD公布的数据，捷克是科学及工程类大学生占比较高的国家之一，捷克就业人员中科学及工程类学生占比很高。目前捷克境内从事第二和第三产业的人数超过95%，月平均工资标准为1262美元，劳动力成本较高。

国际三大知名信用评级机构对捷克的评估展望为"稳定"，结果分别为：穆迪Aa3；标普AA；惠誉AA-，在中东欧国家信用评级中排名第一，在欧盟27个成员国的信用评级排名中列第11位。

2020年，受全球新冠病毒流行和疫情防控措施的影响，捷克第一季度经济同比下降2.2%，环比下降3.6%，为2009年经济危机以来最大降幅。第一季度其他经济指标为：通货膨胀率3.6%；失业率2%；外贸总额892亿美元，同比下降5.4%，其中，出口额470亿美元，同比下降6.4%，进口额422亿美元，同比下降4.2%。[②]

捷克是传统工业国家，工业占据着重要地位，主要工业有机械、化工、冶金、纺织、电力、食品、制鞋、木材加工和玻璃制造等。捷克的制药和生物技术、纳米技术和新材料等新兴行业发展得很好。捷克工业产品以出口为主，主要市场在欧盟，特别是德国。近几年来，捷克开始拓展中国等

---

① https：//www.czso.cz/csu/czso/home.
② https：//www.czso.cz/csu/czso/gdp_national_accounts_ekon.

亚洲市场。2019年捷克工业生产总值为657亿美元，占GDP的26.7%。

受新冠疫情影响，在捷克实施防控措施后，其经济陷入部分停滞状态，文体娱乐设施关门停业，大量企业停工停产，旅游业、建筑业、交通运输业等受影响严重。捷克主要支柱产业之一汽车行业受到严重冲击，斯柯达、标致雪铁龙、现代三大汽车厂进入减工减产状态。这些影响因素导致捷克国内市场需求大幅缩减，各类工业和消费品需求锐减。

总体而言，捷克近年来三次产业间比例、产业内劳动力比重趋于稳定，产业结构逐步向高水平迈进，与此同时，捷克产业结构演变也存在着非均衡性，在一定程度上制约了捷克经济的发展。从长期来看，捷克三次产业发展缺乏整体协调，并不利于经济的长期增长。捷克应转变经济增长方式，积极推动技术创新，增强高新技术产业，提高经济效益和产业竞争力。

二 三大产业概况

(一) 农业概况

捷克的农业自然条件相对较好，土壤肥沃（可耕地占大部分），气候温和，相对缺少降水，全国33.9%的土地位于海拔500米以上的山地，15%的地区为保护区。捷克农业总种植面积约为426万公顷，占国土总面积的54%。

捷克自然资源总体上比较匮乏，种类及数量都比较少。只有矿产资源和森林资源较为丰富。捷克森林覆盖面积达265.5万公顷，森林覆盖率为34%，居欧盟第12位。捷克动植物种类繁多，有大约4万种动物，大部分属于阔叶林动物群。现有森林主要以榉树、橡树和欧椴为主的阔叶林及以云杉和松树为主的针叶林构成，森林木材总储量为6.78亿立方米，其中约22%为私人占有，约75%为商业用材林。捷克的林业发展迅速，木材加工、造纸、纤维素制造、出版印刷等发展迅速。

捷克农业自20世纪90年代以来开始进行所有制改革，土地所有者和其他农业生产资料所有者经过市场化改革后，走上了以市场为导向的高效、国际化的发展道路。捷克加入欧盟后实行共同农业政策，得到欧盟结构基金的支持。根据欧盟农业共同贸易政策，捷克农业主管部门采取了一系列措施，初级农产品生产量稳步增加，农业生产效率不断提高。

2004年捷克加入欧盟后，捷克农业法律法规与欧盟接轨，目前有关的立法规定大约有 60 种，最主要的是农业法（ACT NO.252/1997 号法令），另外还有消费者保护法、食品饮料检验法、公众健康保护法和兽医法等。

在加入欧盟后，捷克农业补贴政策有较大的改变。在加入欧盟前，捷克对农业补贴的最主要途径为财政拨付。在加入欧盟后，政府财政补贴的额度受到欧盟相关规定的限制，捷克农业补贴改为以欧盟资金资助为主，捷克政府财政拨付为辅。根据欧盟有关规定，捷克可从欧盟获得的农业补贴资金不少于原欧盟 15 国平均水平的 25%，经欧盟批准后由捷克政府财政直接补贴农业的资金，不超过原欧盟 15 国平均水平的 55%。

从城市化的角度来看，捷克的城市化程度高，农业人口为 14.3 万人，占全国劳动人口的 5.6%。在农业方面，捷克的农业对经济增长的贡献度低。2011 年粮食产值为 70238 百万克朗，畜牧业产值为 43417 百万克朗。农业用地面积为 248.8 万公顷，其中耕地面积为 146.8 万公顷。[①]

捷克农场经营结构主要有以下三种：（1）个体企业。（2）农业合作社（占 34.5%）。（3）农业企业（占 40.6%）。农业企业和农业合作社占据了大部分的农业用地，同时也生产出绝大部分的农产品，并解决了相当数量的具有中高等学历人的就业。

捷克主要农作物有小麦、大麦、黑麦、玉米、甜菜、油菜、马铃薯、啤酒花和亚麻等，蔬菜以黄瓜、花椰菜、胡萝卜为主，果树主要有苹果树、梨树、葡萄树和少量桃树、杏树等。捷克种植业约占农业总产值的 50%。

2018 年捷克粮食产值为 75762 百万克朗，畜牧业产值为 51678 百万克朗。2019 年粮食总产值为 697.1 万吨。近几年来主要农牧产品产量如表 I-5-2 所示。

表 I-5-2　　　　　　　　捷克农牧产品产量概况

	2016	2017	2018
甜菜（万吨）	411.8	440.0	372.4
马铃薯（万吨）	70.0	63.0	57.0

① https://www.czso.cz/csu/czso/agriculture_ekon.

续表

	2016	2017	2018
牛肉（万吨）	17.3	16.6	17.3
猪肉（万吨）	31.1	29.4	30.2
禽肉（万吨）	23.9	25.4	25.7
奶（百万升）	2984.0	2998.0	3078.0
蛋（百万个）	1314.0	1469.0	1522.0

资料来源：《捷克统计年鉴2019》。

表Ⅰ-5-3　　　　　　　　捷克农畜存栏数概况

	2016	2017	2018
牛（万头）	141.6	142.1	141.6
猪（万头）	161.0	149.0	155.7
羊（万只）	21.8	21.7	21.9
马（万匹）	3.2	3.5	3.5
家禽（万只）	2131.4	2149.4	2357.3

资料来源：《捷克统计年鉴2019》。

捷克农业科研较发达。非常重视小麦育种的种质资源，保存的小麦品种有1.3万份。捷克国家果树研究所拥有2000多个品种资源，其中许多超矮化果树品质好，产量高，其农产品颇受市场欢迎。捷克牛胚胎移植技术具有国际领先水平，操作简便，有较高成功率和较好的实际效果。此外，捷克粮库虫害防治技术水平也较高。

捷克农业科研体系主要由农业部、农业科学院和农业高等院校下属的科研机构组成。通过科研单位与生产部门签订科研合同和共同组织科研生产联合体，将科研成果迅速推广应用，强调科研、教学与生产的密切结合，重视科研成果。

从农业长期发展来看，捷克的国土面积虽然狭小，但其科技水平高，应当充分利用这一优势，重视农业生产的规模化、机械化和专业化，同时大力发展生态农业，提高农业的附加值。

(二) 工业概况

2006—2016年，捷克工业、制造业发展速度减缓，年均增长率基本保持在5%以内。在2009年金融危机之后，捷克工业、制造业增加值受金融危机影响，出现大幅下滑。2009年之后，捷克工业和制造业的发展稍微有所恢复，但增长速度相对放缓。2012年和2013年捷克工业和制造业出现了负增长的现象。其中，2012年工业增加值、制造业增加值相较于上一年分别下降6.95%和13.31%。制造业增加值相对较为稳定，而工业增加值呈现出波动下降的趋势。[①]

受新冠疫情影响，据捷克统计局公布的数据，2020年捷克工业生产同比下降8%，是自2009年以来的最大降幅。其中汽车生产和机械设备制造均下降12.3%；金属制造下降9.2%。只有包括制药、造纸、玩具和医院病床制造等在内的少数工业领域生产保持增长。2020年工业生产的就业人数同比减少3.4%，平均工资增长1.9%。

捷克的产业政策关注高新技术型和先进服务型企业，将发展重点放在钢铁及机械制造等重工业上。在此影响之下，捷克的轻工业发展缓慢，近年来有衰退趋势。车辆、计算机、电子、光学设备制造业所占比重逐年增加，而其他产品譬如食品、饮料、烟草、橡胶、塑料、其他非金属矿物制品加工业及冶金生产业所占比重都呈现出递减趋势。

捷克作为中等发达国家，工业化程度与经济情况较好。外贸在捷克经济中占有重要位置，出口占国内生产总值的80%。捷克引资主要集中在电子、汽车、化工、建筑等领域，为优化产业结构，捷克引资政策也在不断调整和适应全球化和科技化发展，引资重点由制造业转向生物医药、通信、软件开发等行业。近年来，捷克政府出台了一系列税收、就业、产业、研发等方面的优惠政策，以促进引资。

捷克是经济成功转型的国家，人均吸引外资额在中东欧地区排名靠前。1998年，捷克实施《投资鼓励法》，鼓励外国直接投资进入捷克。据联合国贸发会议发布的《2019年世界投资报告》，2018年捷克吸收外资流量为94.79亿美元，截至2018年底，捷克吸收外资存量为1550.24亿美元。根据捷克投资局公布的数据，2017年经由捷克投资局协调的投资

---

① https://www.czso.cz/csu/czso/industry_energy_ekon.

项目为246个，总投资额超过115亿美元。投资领域主要集中在汽车制造、金属加工和塑料工业等领域，其中很多投资项目是具有较高附加值的高科技项目。

表I-5-4　　　　　　　　捷克主要的国际投资项目

公司名称	投资国	行业	投资规模（亿美元）
现代汽车	韩国	汽车	12.20
耐克森轮胎	韩国	橡胶	9.45
丰田、标致雪铁龙	日本、法国	汽车	8.50
大众	德国	汽车	8.45
博世	德国	电子工程	4.50
蒙迪	荷兰	造纸	4.36
尼玛克	墨西哥	运输	3.17
电装	日本	运输	2.63
敦豪快递	英国	物流	1.90
大陆集团	德国	运输	1.84

资料来源：捷克投资局，http://www.czechinvest.org/。

捷克主要出口商品包括车辆、机械设备、电子产品、化工医药产品等；进口商品主要包括机械产品、电子产品、电信设备、通用机械、石油及其产品、轻工产品、食品等。表I-5-5反映了2019年捷克主要进口产品情况。

表I-5-5　　　　　　　　2019年捷克主要进口产品情况

进口商品种类	进口金额（亿美元）	主要来源国（地区）
车辆	185	德国、波兰、韩国
电动机械、仪器设备	187	德国、中国、英国
办公机械和自动数据处理设备	119	中国
通信以及录音设备	157	中国

续表

进口商品种类	进口金额（亿美元）	主要来源国（地区）
通用工业机械以及设备	94	德国、意大利、中国
工业制成品	81	德国、中国
金属制成品	71	德国、波兰、中国
钢铁	61	德国、斯洛伐克、波兰
发电机械设备	61	德国、斯洛伐克、波兰
医药产品	54	德国、法国

资料来源：捷克投资局，http://www.czechinvest.org/。

据中国海关统计，2019年中捷贸易额达176亿美元，同比增长7.9%，捷克是中国在中东欧的第二大贸易伙伴。其中，中国对捷克出口额为129.7亿美元，同比增长8.9%，从捷克进口额为46.3亿美元，同比增长5.2%。中国捷克双边贸易的商品结构不断优化，机电产品占中国对捷克出口的90%。近年来，中国对捷克出口商品主要包括：塑料、橡胶；光学、钟表、医疗设备；运输设备；化工产品；鞋靴、伞等轻工产品；皮革制品及箱包。中国从捷克进口商品主要包括：运输设备；光学、钟表、医疗设备；家具、玩具、杂项制品；机电产品；塑料、橡胶；金属及制品。

捷克政府非常重视吸引外资，所制定的国家发展高新技术计划主要有：（1）提高捷克工业产品出口计划，通过贷款和补贴支持研究与开发新的工业产品技术，提高捷克工业产品的出口效益。（2）尖端工业产品技术中心计划，支持科研院所与企业建立技术中心，鼓励将工业产品和技术的科研成果转化为生产力，提高捷克工业产品的竞争力。（3）技术计划，支持中小企业提高技术和工艺水平，解决涉及新产品和技术、材料和信息领域的技术创新问题。（4）园区计划，建立创新机构实现结构变化，支持建立科技园区，扶持企业转让技术，发展高新技术。

目前捷克已建成109个工业园区，包括6个国家战略工业园。国家补贴额超过100亿克朗（约5亿美元），园区入驻率高达70%。工业园区共有606家企业入驻，投资总额达2100亿克朗（约122亿美元），解决约

10万人就业。目前，捷克政府重点推广的国家战略工业园区主要有豪乐秀夫工业园、奥斯特拉瓦—莫斯诺夫工业园、三角工业园、约瑟夫工业园及科林—奥夫卡里工业园等。2017年，在捷克投资的外资主要来自荷兰、德国、奥地利和美国。同期，中国在捷克投资份额也在增长。

总体而言，捷克工业化发展基础雄厚，原为奥匈帝国的工业区，其70%的工业集中在此。以机械制造、动力设备、船舶、汽车、电力机车、轧钢设备、军工、轻纺为主，同时化学、玻璃工业也较发达。纺织和啤酒酿造均闻名于世。捷克工业基础扎实，在第二次世界大战后，改变了原来的工业结构，重点发展钢铁、重型机械工业。但是捷克能源资源相对短缺，严重依赖国外能源供应。

(三) 服务业概况

近年来，捷克的服务业发展速度较快，其产值占比不断提高，三次产业比例不断优化。捷克第一产业产值占比微乎其微，第二产业产值占比相对较小，变化缓慢，而第三产业产值占比较大。2010—2015年，捷克农业产值占比有所上升，2015年之后不断下降。2011年农业产值占GDP的比重最高达到36.68%。工业增加值占比相对稳定，近几年来基本保持在33%的水平。服务业增加值占GDP的比重在2010—2015年始终居高不下，近几年来捷克第三产业增加值占比稳定在65%的水平上。据统计，美国服务业产值占国民收入的比重约为75%，英国、法国、德国、日本都在60%—70%，由此看来，捷克三大产业产值在比例上与西方发达国家较为接近。[①]

捷克的服务业增加值占GDP的比重近年来持续稳定。从服务业内部的结构变化情况来看，2004—2011年捷克六大服务业的出口额均逐年增加，其中以交通运输、仓储和邮政业所占比重最大。而卫生和社会保障福利业的出口额在波动中减少。教育业出口额增幅最大，住宿和餐饮业增幅位于其次。

服务业是捷克经济发展的主导产业，捷克政府通过调整产业结构、制度创新增强经济竞争力。除此之外，捷克政府非常重视吸引外资，鼓励外资进入其市场，对投资规模和外资公司所持股份比例没有限制。致力于对

---

① https://www.czso.cz/csu/czso/statistical_surveys_of_the_czso.

外宣传捷克投资政策与环境,为外商投资提供咨询服务。制定优惠政策鼓励外企投资建厂发展高技术产业,对认定的高技术产品进口实行无关税政策。

捷克服务业发展迅速,服务业增加值占 GDP 的比重和产业内劳动力的比重在三大产业中均处于主导地位,这有助于产业结构的合理化发展。但近几年来研发投入有所下降,居民专利量减少,创新产出减少,服务业的发展有所减缓。应加大科研和开发投入,鼓励创新优化服务业结构,积极推动现代服务业的发展。

总体而言,捷克服务业增加值占 GDP 的比重呈现出逐年减少的趋势,从 2010 年占 GDP 的 61.54%下降到 2015 年的 59.53%,服务业产值对 GDP 的贡献率有所下降。此外,除了 2013 年和 2015 年外,捷克服务业增加值年增长率均为负数,说明其服务业发展遭遇瓶颈,对拉动经济的作用有所下降。从服务业内部的结构变化情况来看,2004—2011 年捷克六大服务业的出口额均逐年增加,其中以交通运输、仓储和邮政业所占比重最大。而卫生和社会保障福利业的出口额在波动中减少。其间教育业出口额增幅最大,住宿和餐饮业增幅位于其次。[①]

第二节 重点工业

一 机械制造业

捷克的机械制造业有着悠久的历史,17 世纪捷克出现了采矿、冶金和金属加工业。在拿破仑战争时期,武器的大量生产进一步刺激了采矿业和金属冶炼加工业的发展。第一次世界大战后,捷克的机械制造业尤其是军工制造业有了较大发展。第二次世界大战后,其机械制造业进入高速发展阶段。

机械制造业是捷克重要的制造行业之一。机器设备制造在捷克有着悠久的历史与传统,涵盖了电力设备、化工设备、食品机械、建筑机械、农林机械、机床、矿山机械、冶金机械、橡胶塑料加工机械、纺织机械、印刷机械、皮革加工机械、玻璃及烟草机械、军工机械等。经过十多年重组

---

① https://www.cnb.cz/en/statistics/.

改造和外资大规模进入，捷克机械制造业的技术水平和产品质量明显提高。目前，捷克机床、电站设备、锅炉、矿山机械、食品机械、环保设备、纺织机械及军工产品等在国际上有较强竞争力。该行业收入在制造业中的占比超过10%，从业人数占全国制造业总就业人数的12.5%，产品的80%—90%销往国外。

捷克机床生产已有150年历史，是世界第14大机床生产国。近年来捷克机床行业生产能力、技术含量和产品竞争力稳步提升。捷克机床工业主要研发机构包括布拉格机床加工研究所（VUOSO）和制造技术研究中心（RCMT）。捷克机床主要出口市场包括德国、俄罗斯和中国等。近年来受世界金融危机的影响，捷克机床出口出现下降。捷克拥有诸多知名机床品牌，譬如ŠKODA、ZPS、TOS、MAS和ŽDAS。斯柯达机床公司（SKODA MACHINE TOOL）是世界上主要的重型车床制造企业之一，主要生产HCW系列重型卧式镗铣床、转台和FCW系列轻型镗铣床，其HCW系列产品在市场上的份额居全球之首。

捷克的电力能源设备行业也很发达，有120多家生产电力能源设备的企业，代表性企业包括斯柯达动力公司等。捷克的电力能源设备行业技术水平高而且产品种类多，包括发电机、变压器、汽轮机、涡轮机、水轮机、电气设备、输变电设备、热压交换器、电力控制设备、核反应堆等产品。该行业吸引外资约50亿美元，主要外国投资者包括西门子、ABB等跨国公司。捷克斯柯达动力公司（Skoda Power）是世界著名的涡轮机制造商，主要生产热电、核电和生物质能电厂使用的汽轮机组、热电联供和联合循环发电机组、电站机房、垃圾焚烧设备和热交换器等，并提供电站设计和旧电站升级改造等服务。该公司是欧洲主流发电设备制造商和服务提供商，向60多个国家的近千家电厂提供设备。

捷克的采煤技术和设备行业也发展得很好。捷克是欧盟第四大硬煤生产国，仅次于波兰、英国和德国。硬煤可采储量为20亿吨，60%为优质焦煤。捷克采矿设备公司拥有开采与处理矿物的丰富历史和经验。此外，捷克在矿震预测、预报和预防技术上形成了一套有效的机制和体系。其爆破卸压技术水平很高，曾采用大当量（3吨炸药）爆破卸压以预防矿震。

捷克在环保技术和设备方面也很领先，特别是工业和城市垃圾处理设备、污水生物处理技术方面。捷克农业废料和城市垃圾处理、废物焚烧、工业除尘和脱硫设备工作效率高，运行成本低，有较好的性价比。其环保技术和设备出口到世界各地。捷克的污水生物处理技术水平较先进。R-AN-D-N 技术解决了污水处理过程中长期以来存在的硝化不足问题，是世界范围内环保工艺新技术，已展开广泛应用。捷克污水沉积物过滤技术达到世界先进水平，其特有的流体过滤技术领先于目前很多国家的 SBR 污水处理技术。

捷克的飞机制造业有较长的历史，是其传统优势产业。主要生产传统的喷气教练机、轻型战斗机，以及民用、运动和私人小型飞机，是欧洲仅次于德国的超轻型飞机生产国。捷克每年约生产 550 架轻型飞机、运动飞机和 1400 个螺旋桨，80% 以上的产品均出口他国。近年来，捷克飞机制造业生产了超轻型飞机与传统喷气教练机、轻型战斗机、运动飞机、滑翔机，同时发展了飞机零配件、雷达设备和机场空管系统等产品。

二 电气电子工业

捷克电气电子工业具有悠久历史，是捷克颇具竞争力的制造产业之一，该行业产值占捷克制造业总产值的 14%。捷克拥有超过 1.7 万家电气电子企业，该行业雇用员工总数逾 18 万人。电气电子工业主要包括：(1) 强电流电气技术。(2) 计算机。(3) 无线电、电视和通信设备。(4) 仪器和自动化设备。其中强电流电气技术行业产值占捷克整个电气电子工业产值的 44%。电气电子工业也是捷克制造业第一大出口行业，出口产品主要有强电流设备、计算机设备和电子配件等，出口地包括德国、荷兰、法国和英国等欧盟国家。[1]捷克的电气电子行业吸引的外资总量仅次于汽车工业，富士康、宏碁、西门子、松下等许多国际知名企业在捷克都建立了工厂和代表处。

强电流电气技术行业在捷克电气工业中占优势地位，主要产品有电动机、发电机和变压器；原电池和蓄电池；绝缘电缆和导线；配电设备和控制系统等。近年来，大量外资进入该领域，产品种类扩大，汽车电子设备、产品和服务已发展到先进水平。

捷克强电流电气技术行业的代表性企业包括 ATAS Electromotors

---

[1] http：//www.czechinvest.org/cn/Key-sectors-zh/Automotive-zh.

Nachod 股份公司等。ATAS Electromotors Nachod 股份公司成立于 1928 年，主要产品有直流/交流测速发电机、高速医用微电机和航空工业电机、800 瓦以下单向永久电容器式电动机、20 瓦以下单向同极交流电动机、三相鼠笼式电动机、1100 瓦以下永磁直流电动机、500 瓦以下串励/并励换向电动机、齿轮电动机。该公司产品已通过 ISO9001 认证，并在不同领域得到广泛应用。另一家龙头企业 TES VSETÍN 公司主要研发和生产电动机，已有 90 多年历史。主要产品包括小水电站用的同步和异步发电机、100—3000 千瓦的永磁电机、500—3300 千伏安的永磁风力发电机组、500—330 千瓦的双馈风力涡轮机、通用直流电动机和变频器及其零部件。70% 的产品出口至世界各国。

近年来捷克计算机产业发展迅速，很多全球知名跨国公司在捷克设立贴牌生产工厂。计算机设备约占捷克电子工业总产值的 24%，但其雇用员工数量仅占电子工业人员总数的 5%。中国台湾富士康、大众和华硕三家电脑企业每年在捷克生产计算机 400 多万台，推动捷克成为较大的欧洲电脑生产国之一。

近几年来，捷克电子元件和电信产业迅速发展，主要产品有电子管、电容器、电阻器、晶体管、印制电路等电子零件；广播和电视发射器，广播和电视接收器；音频或视频录制和复制设备等。1999—2004 年，捷克利用外资建成一些电子元器件和电信设备生产企业。捷克是欧洲主要的液晶显示器和平板彩电生产国。电子元器件代表性企业主要有 AVX 捷克公司，由日本京瓷公司控股、美国 AVX 工厂投资。AVX 捷克公司主要生产钽电容，产品均用于出口，已成为世界较大的钽电容生产商之一。还有其他一些科技龙头企业生产的新型半导体元件、集成电路板、单晶硅和硅板。

捷克影音设备和电子元件领域有很多国际知名企业，包括 TESLA 集团和 ALSICO 有限公司等。TESLA 集团成立于 1946 年，是全球知名通信设备制造商，近年来开始生产移动式水净化处理设备和太阳能技术。集团主要生产零部件（数控）、天线系统、无线电中继设备、移动水处理厂、越野污水处理厂和灌装生产线、太阳能发电站和太阳能工程产品、广播和电视发射机等。同时也提供焊接、打磨和测量、无线电通信和安全设备装配；军事电子装备等服务。

捷克仪器和自动化设备行业也处在领先水平。该行业人员占捷克电子工业总从业人员的19%。主要产品为医疗器械和设备；工业过程控制装置；测量和检测仪器；光学及摄影器材和设备。捷克的精密光学仪器制造处在世界发达水平，有较强的国际竞争力和影响力。主要产品有电子显微镜、军民用望远镜和夜视仪等。其代表企业 FEI 公司是从事多样化科技仪器生产的跨国企业，主要生产电子和离子束显微镜，其产品主要用于生命科学、半导体、工业和学术材料研究、数据存储和自然资源等领域。主要生产拥有超高分辨率的扫描电子显微镜和透射电子显微镜（分辨率可达到0.1 纳米以下级别），拥有最新科技的电离子束显微镜和纳米应用工具等。

三　汽车工业

汽车工业在捷克已有 100 多年的发展历史，是国民经济支柱产业，捷克汽车工业产值在工业生产和出口中占比均为 20% 左右。捷克汽车行业的直接就业人员总数超过 15 万人，有近 40 万人就职于汽车生产相关行业。2019 年，捷克汽车产量超过 142.8 万辆，同比下降 0.7%，捷克汽车产量在中东欧国家中排名第一。①

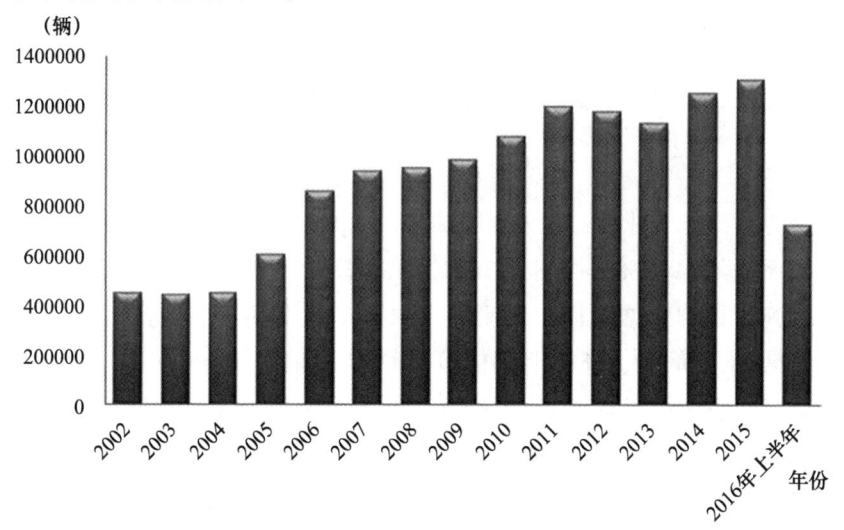

图Ⅰ-5-1　2002 年至 2016 年上半年捷克汽车产量走势

资料来源：捷克投资局，http://www.czechinvest.org/。

---

① http://www.czechinvest.org/cn/Key-sectors-zh/Automotive-zh.

据捷克汽车工业协会发布的数据，2019年捷克汽车及零配件销售额达到11240亿克朗（约合490亿美元），创造了历史纪录，同比增长1.9%。其中汽车及零配件出口额为9.42亿克朗（约合4107万美元），同比增长2.4%。出口的主要市场是德国，占比超过30%。

世界汽车零部件厂商50强有一半在捷克投资，诸多知名汽车厂家将创新和技术研发中心设在捷克。捷克有数百家汽车零部件制造供应商，拥有密集完整的汽车产业链，是世界上汽车制造、设计与研发集中程度较高的国家之一。目前，捷克拥有3家小汽车整车生产企业，斯柯达汽车公司、丰田标致雪铁龙汽车厂和韩国现代汽车厂。斯柯达汽车公司是捷克的工业龙头和百强企业之首，也是捷克最大的出口企业。斯柯达公司一直将中国市场看作最重要的海外市场。

表Ⅰ-5-6　　2019年捷克三大汽车厂商经营状况

企业名称	成立年份	雇员数（人）	年产量（万辆）
斯柯达	1895	28000	90.8
丰田标致雪铁龙	2002	3000	21.0
现代	2006	3400	31.0

资料来源：捷克汽车工业协会。

据捷克汽车工业协会发布的数据，2020年捷克乘用车产量为115万辆，同比下降19.2%，回到了2014年的水平。下降的主要原因是受疫情防控措施的影响。据统计，在捷克三大汽车制造商中，斯柯达产量为75万辆，同比下降17.4%；丰田标致雪铁龙产量为16.5万辆，同比下降21.7%；韩国现代产量为23.9万辆，同比下降22.9%。2021年第一季度捷克乘用车销量为49534辆，同比下降1.3%，其中3月销量大幅上升46.5%，1月、2月则分别下降22.7%和15.5%。乘用车销量最好的品牌仍是斯柯达汽车，共销售17902辆，同比下降10.7%；其次是大众汽车，销量为4873辆，同比增长9%；排名第三的是现代汽车，销量为4503辆，同比增长2%。

四 制药和生物技术

捷克生物技术在过去十年中迅速发展，应用范围涵盖多个领域，包括医疗保健、农业和工业。捷克是欧洲 5 个被授权培育生产转基因粮食作物的国家之一。2005 年捷克政府通过法令，将分子遗传学和生物技术列入长期基础研究的优先领域。

捷克拥有完善的生物技术研究机构网络。截至 2007 年底，全国共有 308 个生物技术研究实体，其中 47%分布在布拉格，22%分布在南摩拉维亚地区。其生物技术、分子生物学和医药研发中心主要分布在布拉格、奥洛莫茨、布杰约维采、布尔诺、赫拉德茨—克拉洛韦、比尔森等大城市。其中，布尔诺在心血管疾病和癌症研究领域颇具国际盛誉。由于具备完善的大学和研究机构网络，以及拥有良好的基础设施，布尔诺在当地政府的支持下正发展成为生物技术公司的枢纽城市。

捷克制药技术享有较高的国际地位。1990 年，捷克科学院高分子化学研究所研发了一种治疗伤口的药物——"Hemagel（希马洁）"亲水性凝胶。1997 年，该药品申请了专利，之后进行临床试验。2006 年，捷克一家制药厂购买生产许可证并开始生产其产品销售至全球各地。该药在海外市场上陆续获得成功，甚至在美国市场上被授予奖项。该药品在美国市场被命名为"Wound-Be-Gone"，美国医学协会将其列为 20 种推荐药品之一。

捷克生产的治疗心血管疾病药物、化疗辅助药物具有世界先进水平。近几年来，捷克发明的治疗癌症的生物技术值得关注。捷克科学家 Holy 发明了一种只消灭癌细胞，不损害健康细胞的有效物质 GS-9219。捷克布尔诺市马萨里克大学的研究人员研究出一种可明显提高骨髓移植成功率的创新方法，被认为是近四十年来骨髓移植技术的重大突破。

另外，捷克在开发药品、诊断学、发酵技术、垃圾清理、动植物生物技术等方面具有较大实力。EXBIO Praha 和 BioVendor 是捷克两家比较重要的生物技术公司。EXBIO Praha 是一家生产单克隆抗体的公司。BioVendor 是一家生产和销售医疗设备和医疗科研产品的公司，从事肥胖、代谢综合征、骨代谢、骨组织疏松症、感染及炎症、糖尿病、心血管生理学、肾脏疾病和损伤、肿瘤和肿瘤标志物等研究。

捷克质子治疗中心（Proton Therapy Center）位于捷克首都布拉格，是国际著名的肿瘤治疗和医疗培训机构，拥有4个质子治疗室，采用笔形束高精准扫描技术，能有效治疗前列腺癌、肺癌、胰腺癌、儿童癌症、头颈部肿瘤及乳腺癌等多种癌症。质子治疗的特点为精准度高、副作用小。该中心在治疗儿童癌症和前列腺癌等方面处于国际领先水平。

五　纳米技术业

捷克纳米技术与机械制造、汽车、航空工业、电子、信息技术、生命科学和商业支持服务等行业，同为捷克鼓励外商投资的优先领域。在过去十余年里，纳米技术领域在全世界受到了越来越多的关注，出现了大量前景广阔的应用新领域，如机械、纺织、表面处理与过滤等。捷克纳米技术与先进材料发展迅速，政府给予多渠道支持，同时注重建设具有国际水准的纳米技术科研机构，促进基础研究和应用研究相结合，推动中小企业不断开拓创新，取得了众多具有世界竞争力的纳米科技成果和产品。

捷克著名公司Generi Biotech的前身是大学附属医院遗传实验室，主要致力于各种病原体检测、基因表现和伤口持久不愈等问题的研究。该公司长期研究基因治疗和纳米结构在药物标靶传输中的应用，测试DNA电性能特别是电导率。

捷克公司Elmarco于2004年成为首家工业量产规模纳米纤维生产设备的供应商，生产出诸如用于水和空气净化的滤膜和功能性纺织面料等。Elmarco生产的"纳米蜘蛛"（Nanospider）工业生产线和实验室生产设备采用静电纺丝技术生产纳米纤维。纳米蜘蛛技术现在可适用于有机、无机和熔体三种聚合物。该技术非常灵活，纳米纤维生产参数可随时调整。Elmarco与利贝雷茨技术大学（TUL）合作开发出世界上第一台纳米纤维工业生产设备。该设备可工业化生产纤维直径为200—500纳米的无纺布，该产品被广泛用于过滤、建筑、汽车、医疗、工业制造及化妆品生产等众多领域。公司主要产品有：具备吸音功能的纳米纤维新材料生产设备、清除空气和生物杂质并制造抗菌纳米新材料的机械设备、NS LAB纳米纤维新材料研发实验室设备以及NS LINE纳米纤维材料工业化生产线。设备生产能力已提高至8小时可生产出10千米长、幅宽1.45米的纳米织物。

第三节 重点服务业

一 信息技术业

在信息化水平方面,近几年来捷克电话、互联网、固定宽带普及率都有所上升,整体信息化水平不断提升。其中互联网普及率上升速度最为迅速,2010年捷克互联网普及率为68.82%,2014年则上升为79.71%。固定宽带、电话覆盖率同样不断上升,但其幅度小于互联网普及率。

在科技投入产出方面,捷克科研投入占GDP的比例约维持在1.48%的水平上,较为平稳。2014年研发投入占比最高达到1.97%。2000—2010年,居民专利申请量逐年增加,2010年之后则呈现出不断下降的趋势。居民专利申请量在2014年出现大幅度减少,相比上一年减少56.21%。

捷克的信息技术行业很发达,吸引了众多信息技术外资企业。目前,已有Skype、Red Hat、SolarWinds、DHL、NetSuite和IBM等公司在捷克投资。捷克本土也有一些著名的软件开发企业。如在网络安全领域较著名的企业有AVG技术公司和AVAST软件公司。捷克AVG技术公司成立于1991年,其全球软件用户超过2亿户,主要为电脑提供全面的主动安全保护,可应用于所有主流操作系统和平台。捷克在软件开发、威胁侦测和保护、风险分析等方面发展较好,根据市场需求开发新产品,不断改进技术,以支持更多的语言系统和操作平台。

另外,捷克的游戏行业也很发达。全球很多知名游戏软件的原产地就是捷克。著名的游戏软件开发商有2K Czech,波希米亚互动工作室(Bohemia Interactive)和Warhorse Studios工作室。

二 金融业

捷克中央银行数据显示,2019年克朗与美元的平均汇率为1美元兑22.934克朗,与欧元的平均汇率为1欧元兑25.672克朗。2013年11月,捷克中央银行为应对通货紧缩开始实施汇率干预措施,使克朗对欧元的汇率维持在1欧元兑27克朗的上限水平。从2014年开始克朗出现贬值趋势,汇率接近1美元兑20.8克朗;2015年,由于欧元贬值,克朗随之继续贬值，曾达到 1 美元兑 24 克朗左右；2016 年克朗保持贬值趋势，曾一度达到 1 美元兑 26 克朗。2017 年，由于捷克经济处于上升阶段，金融机构负债率相对较低，且捷克中央银行已于 4 月 6 日宣布结束汇率干预机制，克朗汇率在之后呈现上升趋势。[①]

捷克外汇管理政策比较宽松。在捷克注册的外资企业的投资收益只要来源合法，其汇进汇出不受限制。但是，捷克政府对外汇资金流动实行较为严格的监控。捷克银行对外汇流动监管严格，外汇要写明具体用途；个人出入捷克边境，如果携带超过 1 万欧元的现金，则须向捷克海关申报。

捷克的融资服务对外资企业相当友好，外资企业与捷克本地企业享受同等待遇，融资形式取决于企业的资信情况。捷克银行对企业信用要求较高，对中国在捷克投资企业一般以抵押贷款为主。世界银行数据显示，2019 年捷克存款利率为 0.389%，贷款利率为 3.686%。

捷克的布拉格证券交易所采取会员制，公司上市需向交易所提供上市前一年年报及连续三年经过审计的财务报表，经交易所批准后才能上市。证券（包括股票、债券等）的发行可在主板市场、二板市场、自由市场及新市场四个市场进行，每个市场都有自己的上市条件。目前，布拉格证券交易所采用 PX50 交易指数，且公布 19 种按照行业划分的行业指数，如金融类、电力类、化工类等。

捷克资本市场为开放型，境内外投资者可通过股份收购或资本市场并购或收购上市公司。在股票主板市场上市流通的公司，外资收购方必须通过市场买入股票，直至成为公司第一大股东。当收购方完成收购后，必须召开公司股东大会，公告公司股东变动情况，并将会议情况通报交易所。

三 旅游业

捷克拥有 30 多个温泉城市、200 多座城堡、200 多处教堂，国家级保护文物超过 4 万处，境内有 12 个旅游景点被列入联合国教科文组织《世界遗产名录》。捷克将旅游资源和文化元素融合在一起，"布拉格之春"国际音乐节与卡罗维发利国际电影节每年都吸引着数以万计的游客前来参加。

---

① https://www.cnb.cz/en/statistics/.

捷克的世界遗产有布拉格古城（布拉格），圣巴巴教堂，圣母玛利亚大教堂（中波希米亚州），利托米什尔堡（帕尔杜比采州），内庞穆克圣约翰朝圣教堂（维索基纳州），三位一体圣柱（奥洛穆茨州），霍拉索维采古村保护区（摩拉维亚—西里西亚州），克罗梅日什的花园及城堡（兹林州），图根哈特别墅（南摩拉维亚州），犹太人居住区，圣普罗乌皮科斯教堂（维索基纳州），克鲁姆洛夫历史中心（南波希米亚州），泰尔奇历史中心（维索基纳州），采德尼采—瓦尔季采文化风景区（维索基纳州）。

旅游业是捷克国家经济收入的重要来源。2011年，捷克旅游业的总收入达到1181.3亿克朗，占GNP的5.5%。旅游业雇用员工超过11万人，占全国人口的1%。2008年，到捷克的外国游客人数有所下降，可能受其强劲的克朗外汇水平的影响，且捷克的出租车司机索价经常过高以及扒手问题遭到旅游指南和游客的批评。2005年，布拉格市长Pavel Bém试图努力打压小型犯罪来改善城市的旅游名声。总体来说，除了上述问题外，布拉格还是一个相对安全的城市。大体而言，捷克的犯罪率还是较低的。①

捷克游客主要来自德国、斯洛伐克、波兰、中国、美国、俄罗斯、英国、韩国、意大利等国。主要旅游城市有布拉格、克鲁姆洛夫、卡洛维伐利等。从游客人数分布情况来看，德国游客最多，2017年达到196.3万人次，其次是斯洛伐克和波兰游客，中国赴捷克的游客数量排名第六。2017年捷克旅游业收入占GDP的份额为7.8%。2018年上半年，赴捷克旅游的中国游客人数达到26.5万人次，同比增加25%。这一数字创下历史纪录，中国成为捷克继德国之后的第二大外国游客来源国。2018年捷克旅游业产值约为125亿美元。2019年一季度赴捷克旅游总人数超过400万人次，同比增长1.8%。其中外国游客数量超过本国，来自德国的游客达到40.8万人次，排名第一。中国游客为9.2万人次，同比增长10.7%，排第7位。2019年捷克境内游客消费达到3000亿克朗（约合130亿美元），占GDP的3%。2020年受疫情影响，下降至1390亿克朗（约合60

---

① https://www.visitczechrepublic.com/zh-CN/Campaigns/BEST-OF.

亿美元）。外国游客消费下降77%，国内游客消费下降26%。[①]

首都布拉格是捷克最大的城市，在2018年全球最佳旅游目的地排名中，捷克首都布拉格位列第七。布拉格的旅游收入占捷克旅游业收入的近三分之二，受疫情影响已下降约80%。布拉格是一座著名的旅游城市，地处欧洲大陆的中心，位于捷克的中波希米亚州、伏尔塔瓦河流域，面积为496平方千米，人口约128万人。布拉格市内拥有各个历史时期、各种风格的众多建筑，其中特别以巴洛克风格和哥特式为特色。旅游业和相关服务因受疫情的影响而导致20万人失业。

捷克许多其他城市也吸引了大量的游客，卡罗维发利、玛利亚温泉市和Františkovy Lázně等温泉城镇，都是特别受欢迎的度假胜地。捷克旅游业世界闻名的一点是拥有丰富的温泉资源，水疗服务业发展迅速。捷克共有30多家水疗中心，集中在"西波希米亚温泉三角地带"的三个温泉小镇——玛利亚、卡罗维发利和弗朗季谢克。2006年，捷克成为首个获得EUROPESPA med欧洲温泉疗养审核机构颁发的合格证书的欧洲国家。沐浴疗法及温泉治疗正在带动对旅游行业的投资。

捷克其他的热门旅游目的地还有城堡，例如卡尔什特因城堡等。此外，波希米亚天堂、波希米亚森林和Krkonoše山等地区也吸引了许多喜欢户外的游客。比尔森啤酒起源于波希米亚西部城市比尔森，而南部城市百威也成为百威啤酒名称的由来。

---

① www.czechtourism.com/.

第六章 政治生态

捷克共和国前身为捷克斯洛伐克（Czechoslovakia）。捷克历史悠久，早在前4世纪，凯尔特人（Celts）就居住在此地，并建立国家"波希米亚"（Boiohaemum）。捷克历史上经历过很多王朝，主要有大摩拉维亚帝国（the Great Moravian Empire，9世纪）、普舍米斯尔王朝（the Premyslid Dynasty，9—14世纪）、卢森堡王朝（the Luxembourg Dynasty，14—15世纪）、雅盖隆王朝（The Jagiellon Dynasty，15—16世纪）、哈布斯堡王朝（The Habsburg Dynasty，16—20世纪）。1918年，奥匈帝国解体后，捷克斯洛伐克宣布独立。1939年到1945年，纳粹德国占领了捷克斯洛伐克。1945年，在苏联军队的帮助下，捷克首都布拉格获得解放。1948年，捷克斯洛伐克共产党在苏联支持下开始执政。1989年11月，捷克斯洛伐克发生了"天鹅绒革命"（捷克语：Sametová revoluce），该国政治体制转变为议会政府制。1993年1月，捷克斯洛伐克和平分离成捷克与斯洛伐克两个国家，捷克共和国成立。同年捷克公民民主党（ODS，以下简称"公民党"）主席瓦茨拉夫·哈维尔（Václav Havel）出任首届总理。因此，以此为时间起点和历史基础，大体上可以从政治结构、众议院选举、主要政党等结构性要素出发，阐释、总结捷克的政治生态及其主要特征。

第一节　政治结构

捷克现行宪法是1993年《捷克共和国宪法》（Czech Republic's Constitution of 1993，以下简称"1993年宪法"），于1992年12月由捷克国民议会通过。1993年1月，1993年宪法生效，取代了1960年开始实施的捷克斯洛伐克宪法。1993年宪法是捷克最高法律，确立了国家政治制度，规定了捷克实行三权分立,因而可以从 1993 年宪法出发认识捷克的基本政治结构。

一 1993 年宪法

1993 年宪法的主要内容包括前言和 8 个章节,共 113 条。主要章节包括基本规定、立法权、行政权、司法权、最高审计署、捷克国家银行、领土自治、过渡性条款和最终条款。宪法规定,捷克的国体和政体是单一制的议会制共和国。总统是国家最高元首,由全民直接选举产生(在 2012 年宪法修正案公布之前,总统经众议院和参议院联席会议选举产生),任期五年,连任不得超过两届,候选人可由 20 名众议员、10 名参议员,或 5 万名公民联署提名产生。根据规定,国家元首的职能大多是礼仪性和代表性质的,真正的行政权属于政府,而政府对议会(更确切地说是对众议院)负责。1993 年宪法还规定了国家的基本原则——捷克建立在依法治国、统一和民主、尊重人权和自由的基础上;所有国家权力都来自人民;由人民授权立法、行政和司法机构行使这一权力;公民的基本权利和自由应享有司法机关的保护等。《基本权利和基本自由宪章》(The Charter of Fundamental Rights and Basic Freedoms)是捷克"宪法秩序"的一部分。该宪章由捷克斯洛伐克于 1991 年颁布,在国家分裂后,继续作为捷克共和国和斯洛伐克共和国宪法体系的一部分而存在。在捷克共和国,该宪章作为一个独立部分与 1993 年宪法有着相同的法律地位和效力。由此可见,公民的基本权利与自由是捷克宪法体系非常重要的部分。[①]

表 I -6-1　　　　　　　　　　捷克历任总统

总统	任期	所属党派
瓦茨拉夫·哈维尔	1993.2—2003.2	无党派
瓦茨拉夫·克劳斯 (Václav Klaus)	2003.3—2013.3	公民党
米洛什·泽曼 (Miloš Zeman)	2013.3 至今	公民权利党 (Party of Civic Rights)

资料来源:根据捷克总统官方网站(www.hrad.cz)资料整理。

---

① 参见捷克现行宪法,https://public.psp.cz/en/docs/laws/constitution.html。

二 行政权

根据1993年宪法,政府是最高行政权力机构,政府对众议院负责,由总理、副总理和各部长组成。总理是政府首脑,由赢得捷克众议院多数席位的政党提名,之后再由捷克总统任命,并由总理负责组阁。总理任期四年,连任不得超过两届,副总理和各部部长人选根据总理建议由总统任命。在总理组阁后30天内,政府要接受众议院的信任投票,经过众议院过半数票通过,则表示新政府获得信任,可以正式上台执政。如果未获得众议院信任,则应重新任命总理并组阁,如果第二次任命的政府也未获得众议院信任,则总统应根据众议院主席的提议任命总理。捷克现任总理是"不满公民行动2011"党(ANO 2011,以下简称"不满行动党")主席安德烈·巴比什(Andrej Babiš)。

政府各部委直接隶属于政府的中央行政机构。部长由总统根据总理的提议任命或罢免。部委的数目和职权范围是由捷克第2/1969号法令《关于捷克共和国全国委员会设立各部委和其他中央公共行政部门的规定》(Act No. 2/1969 Coll. of the Czech National Council on the establishment of ministries and other central public administration authorities of the Czech Republic)确立的。目前的部委数量是14个(具体参见表Ⅰ-6-2)。

政府的主要职权有:处理国家各项行政事务;为了执行法律,有权在法律范围内发布命令,此类命令应由总理和部长签署;各部委、其他地方行政机关如果获得法令授权,可以在法令范围内发布规章;有权向议会提出议案、国家财政预算案;政府成员有权出席参众两院会议、议会委员会会议并发表意见,等等。总理有权组织政府活动,主持政府会议,以政府名义行事,提名或罢免政府成员,但政府要通过一项决议,就必须获得所有政府成员半数以上同意。[1]

表Ⅰ-6-2　　　　　　　　　捷克政府各部委

职位	姓名	所属党派
外交部长	托梅·佩切克 (Tomáš Petříček)	社会民主党 (ČSSD,以下简称"社民党")

---

[1] 参见捷克现行宪法,https://public.psp.cz/en/docs/laws/constitution.html。

续表

职位	姓名	所属党派
内政部长	扬·哈梅切克 (Jan Hamáček)	社民党
财政部长	阿莱娜·席列诺夫 (Alena Schillerová)	无党派 由不满行动党提名
国防部长	卢博梅尔·梅纳尔 (Lubomír Metnar)	无党派 由不满行动党提名
司法部长	玛丽·贝内乔娃 (Marie Benešova)	无党派 由不满行动党提名
工业与贸易部长	卡雷尔·哈夫利克 (Karel Havlíček)	无党派 由不满行动党提名
区域发展部长	卡拉·多塔洛瓦 (Klára Dostálová)	无党派 由不满行动党提名
卫生部长	亚当·沃伊特赫 (Adam Vojtěch)	无党派 由不满行动党提名
劳动和社会事务部长	贾纳·马拉喀瓦 (Jana Maláčová)	社民党
教育、青年和体育部长	罗伯特·普雷格 (Robert Plaga)	由不满行动党提名
交通部长	卡雷尔·哈夫利克 (Karel Havlíček)	由不满行动党提名
环境部长	理查德·布拉贝克 (Richard Brabec)	不满行动党
文化部长	卢博梅尔·扎奥拉莱克 (Lubomír Zaorálek)	社民党
农业部长	米罗斯拉夫·托曼 (Miroslav Toman)	无党派 由社民党提名

资料来源：根据捷克政府官方网站（https://www.vlada.cz/en/）资料整理。

三 立法权

捷克立法权属于议会。议会由两院组成，分别是众议院和参议院。众议院有 200 个席位，议员任期四年。众议员须是年满 21 岁且经合格注册的捷克公民。众议员据比例代表制从 14 个选区（州）直选产生，在选举中获得 5% 以上得票率的政党有资格分得众议院席位。参议院有 81 个席位，议员任期 6 年。每两年重新举行三分之一的参议员选举。参议员须是年满40岁且经合格注册的捷克公民。参议院在81个选区（县、区）举行直选，每个选区1个名额，得票超过半数者即可当选。众议员或参议员不得兼任总统、法官以及法规规定的其他与议员职务不相容的职务。两院议长和副议长由议员选举产生或罢免。两院的选举应在每个选举任期届满前30天至届满之日举行。如果众议院解散，则应在其解散后的60天内举行选举。

议会的主要职权是制定、修改宪法和法律，审议和通过政府各项议案，通过宪法及其修正案需要分别获得参众两院全体议员五分之三以上同意，通过普通法律和议案需要分别获得两院出席议员（至少三分之一出席）半数以上同意；有权审议国家财政预算，并监督政府，经三分之一（50名）以上众议员同意，众议院可对政府提出不信任动议，如动议经全体众议员半数以上通过，则可以解散政府；有权监督和弹劾总统，参议院可在众议院同意下，向宪法法院提出对总统涉嫌叛国①，或其他严重违反宪法罪行的弹劾案，提交总统弹劾案必须分别获得全体众议员五分之三多数同意，以及出席会议的参议员五分之三多数同意；有权通过以下国家重大及外交决议——宣布国家进入战争状态，同意将捷克武装部队派往境外，在捷克境内驻扎外国武装部队，允许捷克加入有关国际组织防御体系的决议，但必须分别获得两院全体议员半数以上同意；议会有权通过将捷克政府某些权力经国际条约移交给一个国际组织或机构的决议，但必须分别通过两院全体议员五分之三以上同意；为调查公益事项，经五分之一以上众议员建议，众议院可以设立调查委员会，等等。

在以下情况下众议院可以解散：众议院未通过对新政府的信任决议，而新政府的总理是总统根据众议院议长提议任命的；众议院未能在3个月内就政府信任案做出决定；众议院休会超过允许时间（休会不得超过120天）；超过3个月，众议院未达到法定人数（即使尚未休会并且在此期间曾多次被召集开会）；如果众议院提出解散议案，经全体众议员五分之三多数通过则应解散众议院，但众议院在其任期届满前3个月内不得解散。

如果众议院解散，参议院可以就不能拖延的事项进行立法，参议院通过的法案应由总理、参议院主席和总统共同签署，且必须在新众议院成立

---

① 叛国罪是指总统破坏捷克的主权和完整性以及国家的民主秩序的任何行为。

后的第一次会议上得到批准，否则即告失效。①

四 司法权

根据1993年宪法的规定，捷克的司法权由法院作为独立机构行使。普通法院系统以行政区域划分，行政法院和宪法法院系统作为普通法院的补充，审理专门案件。

法官由总统任命，法官必须年满30岁，拥有法学硕士以上学位，并曾在法院接受为期三年的专业培训。法官一般是终身制的，只有在特别司法纪律小组审查后，经特定纪律程序才能被免职。国家通过司法部对法院进行管理，包括法院财政预算、院长和副院长的任命等重要事项。

捷克普通法院系统包括四个层级：1个最高法院；2个高等法院；8个区域法院和86个地方法院，负责审理各类刑事与民事的争议和案件（明确保留给行政法院或宪法法院的除外）。各级法院有权审理其所对应的下级法院的上诉案件，最高法院拥有最终裁量权。

除非法律另有规定，对于民事诉讼，一审法院通常是地方法院；但当案件较为复杂、专业化或不常见时，区域法院则成为初审法院，裁定包括有关外国或享有外交特权与豁免的人的争端；因不正当竞争行为而侵权的争议；知识产权法引起的争议；商品市场交易引起的争议；有关财务安全，支票，汇票或投资工具的争议等。对于刑事案件，一审法院通常也是地方法院。但如果根据刑法应处以至少5年有期徒刑的，则初审法院为区域法院。

行政法院的任务是保护公法领域的公民个人权利，可以防止行政机关滥用权力或渎职行为，还有权对不影响个人权利的其他公法事项（通常是选举事项）做出裁定。行政法院分为两个层级：区域法院设有专门的行政分庭或专门法官对与行政法有关的一审案件进行审理和裁决；单独设立的最高行政法院是专门从事行政司法工作的最高司法机构。最高行政法院可以对一审行政上诉案件、全国范围内的选举事务（包括总统选举）以及各政党和政治运动的事项（包括政党的解散）、行政机关之间的某些权限冲突等进行裁决。最高行政法院还是法官、检察官及执法人员的纪律

---

① 参见捷克现行宪法，https://public.psp.cz/en/docs/laws/constitution.html。

法院。

行政法院与普通法院之间的管辖权冲突由一个特别小组决定，该小组由同等数量的最高法院法官和最高行政法院法官组成。

宪法法院设在布尔诺（Brno），专门行使宪法管辖权。宪法法院是负责保护合宪性的司法机构，由 15 名法官组成，任期 10 年（可以连任）。法官由总统经参议院同意任命。宪法法院对合宪性的审查，包括抽象审查和具体审查。抽象审查不涉及具体个案，主要审查与宪法相抵触的法规，申请审查的主体仅限于总统、议员、宪法法院宪法申诉决策小组以及在某些情况下提出宪法申诉的人等。而具体审查针对的是侵害宪法保障的权利与自由的公共机构。如果申请人声称公共机构行为侵犯了其受宪法保障的基本权利与自由，并且已经用尽了所有可用的手段，就可以向宪法法院申诉。①

第二节 众议院选举

作为议会制国家，捷克的众议院选举对其政治生态影响最大，因为总理一般为众议院最大党党魁，而政府也需要对众议院负责。因此，下面就简单介绍捷克成立以来的众议院选举情况。捷克众议院一共经历了 7 次选举，大致可以分为两个阶段：公民党和社民党交替执政时期（1996—2012），这一时期在选举中的意识形态左右分野比较分明；不满行动党异军突起时期（2013 年至今），该党以民粹主义上台，意识形态相对模糊。

一 1996 年众议院选举

1996 年 5 月，捷克举行了独立后的首次众议院选举。

本次选举的竞争集中在右翼政党公民党和左翼政党社民党之间，主要议题集中在捷克政治体制变革后国家经济发展路线上，两党对此"泾渭分明"，公民党打出了"自由和繁荣"和"我们证明我们可以"（"Freedom and Prosperity" and "We proved that we can"）的口号，支持立即进行自由市场改革。而社民党打出的竞选口号是"以人性对抗自私"（"Humanity

---

① 参见捷克现行宪法，https://public.psp.cz/en/docs/laws/constitution.html。

against Selfishness"），主张放慢自由市场改革步伐。① 最终，公民党获得胜利，以 29.62% 的得票率赢得众议院 200 个席位中的 68 个，社民党紧随其后成为众议院第二大党。

大选后，公民党党魁瓦茨拉夫·克劳斯被任命为总理，并组成了少数派联合政府。

表 I-6-3　　　　　　1996 年众议院选举主要政党情况

政党	选票数（张）	得票率（%）	席位数（个）	席位变化
公民党	1794560	29.62	68	0
社民党	1602250	26.44	61	+45
波希米亚和摩拉维亚共产党（Communist Party of Bohemia and Moravia，简称"捷克共产党"）	626136	10.33	22	-13

资料来源：根据捷克众议院官方网站（www.psp.cz）资料整理。

二　1998 年众议院选举

1998 年 6 月，捷克提前举行了第二次众议院选举。此前，公民党的财务违规问题引发了 1997—1998 年的捷克政治危机，公民党内部分裂，副主席兼财政部长约瑟夫·齐勒涅茨（Josef Zieleniec）辞职，瓦茨拉夫·克劳斯也差点从公民党主席的位置上被赶下台，这次危机最终导致了本就脆弱的少数党执政联盟的解体。

本次选举的竞争仍然集中在公民党和社民党之间，但由于自身分裂，公民党实力被削弱。离开公民党的前成员组成新政党——自由联盟（the Freedom Union）分走了公民党的部分选票。而社民党在竞选活动中批评克劳斯政府的工作，继续沿用上一届竞选口号，并承诺打击腐败。② 最终，社民党赢得了选民信任，获得 74 个众议院席位，公民党紧随其后赢得 63 个席位。

---

① 参见 "KAMPAŇ K VOLBÁM DO POSLANECKÉ SNĚMOVNY 1996," http://politickymarketing.com/glossary/kampan-k-volbam-poslanecke-snemovny-1996。

② 参见 "KAMPAŇ K VOLBÁM DO POSLANECKÉ SNĚMOVNY 1998," http://politickymarketing.com/glossary/kampan-k-volbam-poslanecke-snemovny-1998。

大选后，社民党党魁米洛·泽曼被任命为总理，组成了单一政党的少数派政府。

表 I-6-4　　　　　　1998年众议院选举主要政党情况

政党	选票数（张）	得票率（%）	席位数（个）	席位变化
社民党	1928660	32.31	74	+13
公民党	1656011	27.74	63	-5
捷克共产党	658550	11.03	24	+2

资料来源：根据捷克众议院官方网站（www.psp.cz）资料整理。

三　2002年众议院选举

2002年6月，捷克举行了众议院选举。本次选举的投票率仅为58%，远低于1998年选举的74%。有分析人士认为，这与政坛上少有新鲜面孔参与选举竞争有关，选民对老牌政党的纲领、口号和作风已经非常熟悉，无法刺激他们的选举热情。[①]

本次竞选中的两个主要政党仍是执政的社民党和主要反对党公民党。在竞选期间，双方将竞选承诺重点放在加入欧盟和实现国家迅速发展上。最终，社民党再次胜选，赢得70个席位，比上届选举减少了4个席位。而公民党赢得了58个席位，比上届减少了5个席位。

大选后，社民党新任主席弗拉基米尔·斯皮德拉（Vladimir Spidla）被任命为总理。

表 I-6-5　　　　　　2002年众议院选举主要政党情况

政党	选票数（张）	得票率（%）	席位数（个）	席位变化
社民党	1440279	30.2	70	-4
公民党	1166975	24.47	58	-5
捷克共产党	882653	18.51	41	+17

资料来源：根据捷克统计局网站（https://www.volby.cz/pls/ps2002/psm?xjazyk=EN）资料整理。

---

① 参见 "CZECH REPUBLIC Parliamentary Chamber: Poslanecka Snemovna Election Held in 2002," http://archive.ipu.org/parline-e/reports/arc/2083_02.htm.

四 2006年众议院选举

2006年6月,捷克举行新一届众议院选举。大选前,执政的社民党爆发了一起重大腐败丑闻①,虽然部分涉及丑闻的社民党人予以否认,并指责反对党——公民党有意构陷,但仍影响了选举结果。

公民党最终胜选,赢得了81个众议院席位。在竞选活动中,该党主张取消投资优惠,采行公司营业税及加值税等单一税率制,改组中央组织机构(如将贸工部、交通运输部及地方发展部合并为经济部)等,这将对捷克经济发展产生很大影响。克劳斯总统随即任命公民党党魁米雷克·托波拉内克(Mirek Topolánek)担任总理并组阁。但由于执政联盟和反对党联盟几乎各占众议院一半席位,导致选举结束5个多月后,新政府才勉强通过众议院信任投票。

表Ⅰ-6-6　　　　　　2006年众议院选举主要政党情况

政党	选票数(张)	得票率(%)	席位数(个)	席位变化
公民党	1892475	35.38	81	+23
社民党	1728827	32.32	74	+4
捷克共产党	685328	12.81	26	-15

资料来源:根据捷克统计局网站(https://www.volby.cz/pls/ps2006/ps?xjazyk=EN)资料整理。

五 2010年众议院选举

2010年5月,捷克举行了众议院选举。在大选前一年,2009年3月,反对党——社民党在捷克众议院成功推动了对托波拉内克政府的不信任投票,并以101票对96票获得通过,当时有几名公民党议员也"背叛"本党主席与反对派一起投了不信任票。② 随后在众议院内,公民党与社民党协商一致,决定组建一个临时专家政府,2019年5月,由统计局前局长

---

① 时任捷克反有组织犯罪部门负责人扬·库比斯(Jan Kubice)向媒体透露了一份机密报告,指责社民党涉嫌腐败,并干预警方调查。
② 参见"Czech MPs Oust Government in Vote,"http://news.bbc.co.uk/2/hi/europe/7962177.stm。

简·费舍尔（Jan Fischer）领导的看守政府成立。

本次选举的主要议题集中在希腊债务危机、全球金融危机、国家破产的可能性和腐败问题上。① 热门政党之一的公民党以降低失业率为主要竞选重点，提出缩短工作时间并促进毕业生和老年人就业。打出了竞选口号——"公民党是解决之道"和"没有你们的选票，这一切都不会发生"（"ODS is the solution"and"It won't happen without your vote"）。② 经济和公共财政政策也是该党宣传的重点，承诺减少公共债务以避免国家破产，并以希腊为例提醒人们注意固定税额问题。③ 公民党还利用互联网，与潜在的选民进行线上沟通，并举行了反对额外印花税的网上虚拟示威。

社民党则将竞选重点放在了恢复国家经济增长上，并攻击对手——公民党的医疗政策，其打出的竞选口号是"为普通人民创造更美好的未来"和"变革与希望"（"A better future for ordinary people"and"Change and Hope"）。该党不仅在捷克许多城镇举行了大规模集会，还进行电话竞选活动与选民交流、沟通。

最终，社民党赢得了 56 个席位，成为议会第一大党，而公民党以微弱劣势赢得 53 个席位。虽然社民党赢得了大选，但其领导人伊日·帕劳贝克（Jiří Paroubek）因为对选举结果失望而在大选后辞职，他表示由于两个新右翼政党——"传统责任繁荣 09"党（Tradition Responsibility Prosperity 09，简称"TOP 09 党"）和公共事务党（Public Affairs）的支持率上升，导致社民党支持率大幅下降，还很可能必须与右翼政党组成保守派联合政府，这是他不能接受的。④ 由于社民党的退出，2010 年 6 月，一个由公民党、TOP 09 党和公共事务党组成的中右联盟成立，公民党的彼

---

① 参见"KAMPAŇ K VOLBÁM DO POSLANECKÉ SNĚMOVNY 2010,"http：//politickymarketing.com/glossary/kampan-k-volbam-poslanecke-snemovny-2010.

② 参见"ODS Spustila Kampaň s Václavem Dobrákem a Marií Slušnou,"https：//www.lidovky.cz/ods-spustila-kampan-s-vaclavem-dobrakem-a-marii-slusnou-pi8-/zpravy-domov.aspx? c = A100317_122949_ln_domov_glu.

③ 参见"Snížíme Dluhy a Odvrátíme Státní Bankrot, Přesvědčuje Voliče ODS,"https：//zpravy.idnes.cz/snizime-dluhy-a-odvratime-statni-bankrot-presvedcuje-volice-ods-px4-/domaci.aspx? c = A100415_102821_domaci_kop.

④ 参见"Czech SocDem Leader Sees Right-wing Coalition,"https：//www.reuters.com/article/idUSPRG00416420100529? type = marketsNews.

得·内恰斯（Petr Nečas）担任总理。

表 I -6-7　　　　　　2010 年众议院选举主要政党情况

政党	选票数（张）	得票率（%）	席位数（个）	席位变化
社民党	1155267	22.08	56	-18
公民党	1057792	20.22	53	-28
TOP 09 党	873833	16.7	41	新

资料来源：根据捷克统计局网站（https：//www.volby.cz/pls/ps2010/ps？xjazyk=EN）资料整理。

六　2013 年众议院选举

2013 年 10 月，捷克提前举行了众议院选举。由于内恰斯政府因腐败和贿赂丑闻于同年 6 月被迫辞职，随后总统任命工业与贸易部前部长吉日·鲁斯诺克（Jiří Rusnok）为总理并组成看守政府，但最终以微弱劣势未能通过众议院信任投票。众议院于同年 8 月通过了解散议会的动议，要求在 60 天内举行新的选举。本次选举有 23 个政党参加，共有 7 个政党跨过门槛，获得了席位。

本次选举中最热门的政党是社民党，以及由捷克富豪安德烈·巴比什新创立的中间派政党——不满行动党。

社民党公布了 21 点竞选纲领，主要包括：提高商业和赌博业的税率；增加月收入超过 10 万克朗收入者的所得税；创造新就业机会；把最低工资从每月 8500 克朗增加到 12000 克朗；随着通货膨胀率升高而增加养老金；免除药品增值税和减免医药费；在犯罪率高的地区增加警力、实施新公务员法等。[①] 不满行动党的竞选纲领则专注于提高就业率；完善交通基础设施以及反腐败、反特权等。[②]

最终，社民党作为当时最大的反对党，以其在反对内恰斯政府中的积

[①] 参见 "ČSSD Slibuje Nulovou DPH Na Léky. Sobotka Ustál útok Na Jeho Pozici," http：//zpravy.idnes.cz/sobotka-odmitl-koalici-s-ods-i-s-top-09-dsk-/domaci.aspx? c=A130824_095724_domaci_kop.

[②] 参见 "Babišovu Hnutí Se Denně Hlásí 200 Zájemců o členství," http：//www.novinky.cz/domaci/311383-babisovu-hnuti-se-denne-hlasi-200-zajemcu-o-clenstvi.html.

极表现和长久以来稳定的选民基础赢得了选举，获得了 50 个席位。值得注意的是，新政党——不满行动党以"反腐败"打响名号及其领导人巴比什"局外人"的清新形象，都迎合了当时民众对前政府腐败的痛恨，因而一举跃居第二位，赢得 47 个席位。捷克共产党位居第三，获得 33 个席位。上届联合政府的两个党派——TOP 09 党和公民党因受腐败丑闻的影响，失去了大量席位，分别排名第四和第五。

表Ⅰ-6-8　　　　　　　　2013 年众议院选举主要政党情况

政党	选票数（张）	得票率（%）	席位数（个）	席位变化
社民党	1016829	20.46	50	-6
不满行动党	927240	18.66	47	新
捷克共产党	741044	14.91	33	+7
TOP 09	596357	12%	26	-15
公民党	384174	7.73	16	-37

资料来源：根据捷克统计局网站（https://www.volby.cz/pls/ps2013/ps?xjazyk=EN）资料整理。

大选后，社民党的波哈斯拉夫·索博特卡（Bohuslav Sobotka）被任命为总理，社民党与不满行动党、基督教和民主联盟—捷克斯洛伐克人民党（KDU-ČSL，简称"基督教人民党"）组成联合政府并于 2014 年 1 月宣誓就职。

七　2017 年众议院选举

2017 年 10 月，捷克举行了众议院选举。本次大选共有 31 个政党参加，是捷克独立以来历次选举中最多的一次。最后共有 9 个政党的得票率跨越 5%门槛而进入众议院。最大赢家是上届联合政府内第二大党——不满行动党，其得票率为 29.64%，获得 78 个席位，领先第二大党——公民党 18.3%，如此大的差距在捷克历史上前所未有。

值得注意的是，在本次大选前，不满行动党主席巴比什被解除财政部长职务，随后遭到刑事诉讼，被控欺诈200万欧元的欧盟补贴。① 在一系列打击下，不满行动党的支持率一度有所下降，但由于老牌政党腐败丑闻频发，选民也看不到这些政党对于解决社会痼疾和推动国家发展方面的决心和能力，期望有一位"局外人"和强有力的领导人可以打破僵局、改变现状。② 加上巴比什在担任财政部长期间捷克经济形势良好，让很多选民最后选择相信巴比什有能力把捷克治理得更好。不满行动党将竞选重点放在了反腐和打击特权上，并着重宣传巴比什在担任财政部长期间的经济成绩，同时该党在大选前迎合民众，主张疑欧主义，反对欧元、反对加深欧洲一体化和移民配额。③

而老牌政党公民党则承诺降低税收，削减补贴和增加社会福利，还主张拒绝采用欧元、拒绝欧盟难民配额制等，④ 最终赢得了25个席位。另一个老牌政党社民党主张保护弱势群体，缩小贫富差距并且警告选民如果不满行动党当选，将使国家朝着"专制"和脱离欧盟的方向发展。但最终由于社民党多次打击执政联盟伙伴巴比什，反而使选民产生反感，并且党内领导层不团结也使其实力被削弱，最终仅获得15个席位。同样遭遇滑铁卢的还有捷克共产党，此次支持率仅为7.76%，首次下滑至10%以下。随着全球经济放缓和难民危机所带来的威胁，民众更倾向于民粹主义，捷克民粹主义政党赢得了议会三分之二以上席位。⑤ 捷克自成立以来第一次既不由左翼的社民党领导，也不由右翼的公民党领导。⑥

大选后，巴比什被任命为总理，其政府于2018年7月艰难地通过了

---

① 在2017年5月爆发的政府危机中，泽曼总统应索博特卡总理的要求解除了巴比什财政部长职务，原因是其财产来源不明、有偷漏税嫌疑和利用媒体作为政治斗争工具；同年9月，众议院投票通过了警方关于给予巴比什刑事起诉的请求，理由是其在担任爱格富集团领导人期间涉嫌以欺诈手段获取补贴。

② Andrew Roberts, "Czech Billionaires as Politicians," *Problems of Post-Communism*, Vol. 66, No. 6, 2019.

③ 不满行动党在竞选后又采取了亲欧盟的立场，有人将该党在欧盟问题上的立场描述为"欧洲机会主义"。

④ 参见 "ODS Chce Voliče Oslovit Snížením Daní a Růstem Mezd," https：//echo24.cz/a/wzBbC/ods-chce-volice-oslovit-snizenim-dani-a-rustem-mezd.

⑤ Petra Guasti, "Populism in Power and Democracy: Democratic Decay and Resilience in the Czech Republic (2013-2020)," *Politics and Governance*, Volume 8, Issue 4, 2020.

⑥ 参见 "Fifty Shades of Czech Populism," https：//www.the-american-interest.com/2017/10/23/fifty-shades-czech-populism/.

信任投票。

表Ⅰ-6-9　　　　　2017年众议院选举主要政党情况

政党	选票数（张）	得票率（%）	席位数（个）	席位变化
不满行动党	1500113	29.64	78	+31
公民党	572962	11.32	25	+9
捷克海盗党（Czech Pirate Party）	546393	10.79	22	新
自由与直接民主党（Freedom and Direct Democracy）	538574	10.64	22	新
捷克共产党	393100	7.76	15	-18
社民党	368347	7.27%	15	-35

资料来源：根据捷克统计局网站（https://www.volby.cz/en/ps2017en.htm）资料整理。

第三节　主要政党

捷克成立后，由于实行议会制，政党成为参政的最大主体。政党的大量涌现和积极活动，导致议会中政党非常多元化，既有历史悠久的老牌政党，也有近年来崛起的新兴民粹主义政党。由于取得议会席位的政党数量一般在5个以上，也没有一家独大的情况产生，因此执政党往往需要与其他政党联合才有机会通过众议院信任投票。下文简要介绍目前捷克联合政府的两大政党，也是对捷克政治生态具有重要影响力的两个典型政党。

一　不满行动党（ANO 2011）

不满行动党目前是捷克执政党，众议院第一大党，该党是一个民粹主义政党，由捷克富豪、现总理安德烈·巴比什于2011年底成立。其前身是不满公民运动组织（Akce Nespokojených Občanů），其名称"ANO"是捷克文"不满公民行动"的缩写。2011年，在媒体上谈论国家系统性腐败问题之后，巴比什为回应支持者而发表了一份倡议，并成立民间社团。

2012年5月，这一社团经注册后成为正式政党。① 不满行动党拥有高度集中的组织结构。主席权力很大，该党的最高机构是国民大会（National Assembly），每两年至少举行一次会议。其他国家一级党组织包括党委和主席团成员，主席团由主席领导。②

在2012年举行的参议院选举中，不满行动党未能赢得席位。

在2013年举行的立法选举中，该党获得了18.7%的选票，在众议院获得了47个席位，仅次于社民党，位居第二。

2014年1月，来自社民党的时任总理博胡斯拉夫·索博特卡宣誓就职，不满行动党成了社民党的执政联盟伙伴。③ 总统泽曼任命巴比什为政府财政部长。

2014年5月，不满行动党在2014年欧洲选举中获得16.13%的选票和4个席位，加入欧洲议会自由民主党联盟（The Alliance of Liberals and Democrats for Europe，ALDE）。同年9月，该党成员维拉·尤罗瓦（Věra Jourova）被任命为欧盟容克委员会（The Juncker Commission）④ 的正义、消费者和性别平等委员会专员。

在2014年10月举行的参议院和市政选举中，不满行动党在参议院赢得了4个席位，成为包括首都布拉格在内的八个大城市中的最大党，该党成员还成为布拉格、布尔诺和奥斯特拉发的市长，尤其是阿德里亚娜·克罗瓦（Adriana Krnáčová）成为布拉格的第一位女市长。后来，由于党派内部分歧，许多市级联盟解散，该党在地方上的影响力有所下降。⑤

2014年11月，不满行动党在里斯本举行的欧洲议会自由民主党联盟大会上获得了该联盟正式成员资格。

2016年，不满行动党赢得了地区选举和第一轮参议院选举。该党在9

---

① 参见不满行动党官网（https：//www.anobudelip.cz/cs/o-nas/historie/）资料。
② 参见"Bez Babišovy Vůle Se Nepohne Ani List, říkají Stanovy ANO,"https：//echo24.cz/a/wTQ4t/bez-babisovy-vule-se-nepohne-ani-list-rikaji-stanovy-ano.
③ 参见"ANO 2011,"https：//www.novinky.cz/tema/clanek/ano-2011-40096455.
④ 容克委员会是2014年11月至2019年11月在位的欧盟委员会。委员会主席是让—克洛德·容克，由他领导其他27国委员（除了容克的国家卢森堡之外，欧盟成员国各有一名委员）。
⑤ 参见"Regionální nákaza ANO. Která Další Koalice se Rozpadne?" https：//echo24.cz/a/ivhq5/regionalni-nakaza-ano-ktera-dalsi-koalice-se-rozpadne.

个地区排名第一，在其余 4 个地区排名第二，赢得了 5 个州长职位①，其中卡罗维发利州长还当选地区协会（Regional Association）主席。但是在第二轮参议院选举中表现逊色，只有 3 名候选人当选。

2017 年，不满行动党以 29.6% 的选票赢得了 2017 年立法选举，共赢得了 78 个席位，成为第一大党。总统米洛什·泽曼授命巴比什组建新政府，并于 12 月任命他为总理。但由于巴比什因诈欺欧盟补助而遭起诉，很多政党无意与其联合，而该党也拒绝了一些极左和极右政党想加入政府的请求。最后，巴比什组建了一个由不满行动党成员和无党派人士组成的新政府。不过这个少数派政府在 2018 年 1 月未能通过众议院的信任投票。

2018 年 6 月，泽曼总统委任巴比什第二次组阁，经过几个月谈判，社民党加入不满行动党的执政联盟，加上捷克共产党的外部支持，安德烈·巴比什的第二届政府于同年 6 月成立，除总理外，还有 9 名部长来自不满行动党。②

2019 年 5 月，不满行动党以 21.2% 的得票率获得捷克 2019 年欧洲议会选举的第一名，6 名成员当选欧洲议会议员。

不满行动党是一个处于中间或中间偏右的民粹主义政党。根据政党章程③，不满行动党的政治理念和目标主要是建立一个运转良好、稳定和繁荣的社会，希望通过民主政治为所有公民谋福利。作为一名成功的企业家，党主席巴比什认为应该像管理企业一样管理国家。不满行动党最初将自己定位为"一场政治运动"，而不是一个政党，不希望被贴上左右翼政治标签。它旨在消除国家腐败，废除政客豁免权，解决失业问题，改善交通基础设施等。在意识形态方面，该党经常处于中间状态。④ 目前在对内政策上，该党重视公民利益和诉求，主张为民众服务，主张作为民主政治参与者应该以建设性议题替代过于政治化的清谈，拒绝官僚主义；倡导自由，认为自由是社会的驱动力，致力于为公民创造自由生活和自由决策

---

① 捷克为单一制国家。其一级行政区划包括 13 个州和 1 个首都。
② 参见 "ANO 2011," https：//www.novinky.cz/tema/clanek/ano-2011-40096455.
③ 参见 "STANOVY POLITICKÉHO HNUTÍ ANO 2011," https：//www.anobudelip.cz/file/edee/2018/stanovy-cistopis.pdf.
④ 参见 "A Czech Election with Consequences," https：//www.opendemocracy.net/en/can-europe-make-it/czech-election-with-consequences/.

权；努力打造社会团结和互帮互助的氛围，认为这是使社会和国家更加稳定的方式，但社会团结不应限制个人自由，不应损害公民权益；该党重视教育，主张建立全民教育体系，努力提高教师待遇；该党重视人口老龄化问题，致力于实现代际和谐与可持续发展；主张运用成本效益原则，避免浪费公共资金。在医疗保健领域，该党批评公共医疗保险公司的巨额开支。在某些经济领域，例如税收政策方面，该党主张取消对自由职业者和退休人员的部分免税等。① 在对外政策方面，该党在2017年选举前采取了疑欧主义的立场，并反对捷克采用欧元，反对欧洲进一步一体化。② 但大选后，该党采取了亲欧盟的立场③，该党主张与德国建立更紧密的关系。

二 捷克社会民主党

捷克社会民主党（捷克文名称为：Česká strana sociálně demokratická，ČSSD；英文名称为：The Czech Social Democratic Party）是目前捷克联合政府成员党，也是捷克共和国历史最久、影响最大的全国性政党。

社民党的前身可以追溯到1878年4月成立的奥地利社会民主党捷克斯拉夫党团（The Social Democratic Czechoslavonic Party in Austria）。在奥匈帝国的奥地利议会中代表波希米亚王国（Kingdom of Bohemia），它也是捷克斯洛伐克共和国独立的关键因素。在奥匈帝国解体后，该党更名为捷克斯洛伐克社会民主工党（Czechoslovak Social Democratic Workers' Party），成为捷克斯洛伐克共和国的领导力量。后来该党因是否加入共产国际而分裂，大部分党员加入捷克斯洛伐克共产党（Communist Party of Czechoslovakia）。

1938年，捷克斯洛伐克社会民主工党成为反纳粹的中坚力量，在纳粹德国占领捷克斯洛伐克后被宣称为非法政党，党员大部分流亡海外。第二次世界大战结束后，捷克斯洛伐克共和国复国，捷克斯洛伐克社会民主

---

① 参见"Babiš Chce Pojišťovnám Vzít Peníze na Provoz, Měly by Jít na Péči,"http://www.ceskatelevize.cz/ct24/ekonomika/269385-babis-chce-pojistovnam-vzit-penize-na-provoz-mely-by-jit-na-peci/.

② 参见"Political Earthquake in the Czech Republic: Rejection of Established Parties,"http://www.boell.de/en/2013/10/31/political-earthquake-czech-republic-rejection-established-parties.

③ 参见"New Czech Leader Rules Out Coalition with Far-right Party,"https://www.timesofisrael.com/new-czech-leader-rules-out-coalition-with-far-right-party/.

工党更名为捷克斯洛伐克社会民主党（Czechoslovak Social Democracy），成为国民阵线（National Front）的一部分。1948年6月27日，捷克斯洛伐克共产党取得议会多数后，社会民主党并入共产党，但不少党员因反对同共产党合并而流亡海外，并在伦敦成立了捷克斯洛伐克流亡社会民主党（Czechoslovak Social Democracy in exile）。1968年"布拉格之春"后，捷克斯洛伐克社会民主党试图恢复党组织活动，成立了五人筹备委员会，但最终遭到了共产党以及苏联的反对。

1989年"天鹅绒革命"后，捷克斯洛伐克社会民主党正式恢复活动。1990年，该党参加了捷克斯洛伐克议会选举，但没有赢得任何席位，以失败而告终。在1992年提前举行的议会选举中，捷克斯洛伐克社会民主党成为议会第三大党。1993年1月1日，捷克和斯洛伐克正式分离，捷克社会民主党成为捷克共和国的主要政党之一。1993年2月，捷克斯洛伐克社会民主党在赫拉德茨—克拉洛韦（Hradec Kralove）召开代表大会，正式更名为捷克社会民主党（Czech Social Democratic Party），米洛什·泽曼出任党主席。在泽曼的带领下，社民党成为捷克激进反对派的主要力量，主张实施社会市场经济和多种所有制形式，倡导国家干预经济生活和提倡劳资社会伙伴关系，成为自由主义右翼执政联盟的强有力对手。1996年捷克议会选举，社民党赢得了26.4%的得票率和61个议席，成为第二大党。1998年议会选举，社民党赢得了32%的得票率和74个议席，成为第一大党，泽曼成为捷克总理，组成了少数派政府，瓦茨拉夫·哈维尔当选捷克总统。

2001年4月，社民党召开代表大会，弗拉迪米尔·什皮德拉当选党主席。2002年议会选举，社民党赢得了30.2%的得票率和70个席位，以什皮德拉为首的社民党获胜，随后与基督教人民党、自由联盟—民主联盟（Freedom Union-Democratic Union）签署执政联盟协定，联合组阁，什皮德拉出任捷克总理。2004年，动荡的捷克政局使社民党陷入混乱，什皮德拉辞去总理及党主席职务。斯坦尼斯拉夫·格罗斯（Stanislav Gross）出任代主席和政府总理。不到一年，2005年4月，格罗斯也辞去了总理及党主席职务，博胡斯拉夫·索博特卡（Bohuslav Sobotka）出任代理主席。2006年5月，伊日·帕劳贝克当选新一任党主席。

2006年大选，社民党虽然赢得了32.3%的得票率和74个议席，但不敌公民党，成为议会第二大党。2008年经济危机爆发使社民党陷入困局，在2010年议会选举中获得22.1%的得票率和56个议席，尽管成为议会第一大党，但未能取得支持实现组阁。2011年，索博特卡当选新一任党主席。2013年议会选举，社民党获得20.5%得票率和50个议席，仍是议会第一大党，并组建联合政府，索博特卡出任政府总理。2015年3月，索博特卡以87%的高得票率连任党主席。在2017年议会选举中，社民党遭遇滑铁卢，仅获得7.27%的得票率和15个议席。2018年，与不满行动党组成联合政府。

根据其纲领可以看到，社民党以社会民主主义和凯恩斯主义为主要意识形态，在政治光谱中处于中左立场。社民党经济政策带来了积极效果。在上一届任期内，一方面，2015年实现了两倍于欧盟其他国家平均的经济增长速度和欧盟国家中最低的失业率；另一方面，实现了20年来捷克最低的财政赤字，使捷克逐渐走出经济衰退等。随后，社民党提出新的执政纲领，也即"捷克2030远景规划"[①]。在对内政策上，该党主张建立稳定利民的政府，社会民主主义政府的诉求是保持稳定、繁荣经济和提升社会凝聚力；防止公共部门衰退和私有化，维护养老和医疗领域的公共基金；加大公共投资，创造新的就业机会。该党主张加强公共服务，提供高品质的公共服务，反对公共服务私有化，只有公共服务才能保证个体平等，防止利润和"看不见的手"主导一切。对此，在具体措施上就要求政府保护住房和公共财产；增加地方医院数量和质量；提升公共交通运力；保证各地区的医疗、教育和养老服务。该党还主张进行明智的公共投资，力图促进经济持续增长，不断创造新的就业机会，最终实现国家的现代化，增强个体自主性及其对未来的信心，进行明智的公共投资，而且鼓励诚实经营的中小企业的发展。该党倡导塑造"捷克梦"，其愿景是在捷克社会中，每个家庭成员都能愉快工作。这意味着年轻的父母必须有足够的收入为家庭和孩子创造体面生活，父母有足够的时间养育后代，有必要在工作场所建立育儿公共机构。该党主张加强医疗和养老体系，以应对捷克社会重大的挑战之一——人口老龄化问题。社民党希望捷克公民都能负担得起医疗保健，享受高品质的卫生和社会服务。该党主张提升教育公

---

① 参见"Sociálně Demokratická Vize 2030,"https://www.cssd.cz/volby-2016/.

平。社民党强调，优质的公共教育是捷克发展的基础。为此，要努力保证所有人的机会平等，保护人才，创造一个依赖创新而进步的社会，而不是使个体发展依赖父母的财产或社会地位。该党主张提升就业机会和质量，维护市场公平。社会民主主义将继续保护劳工，反对不正当压榨雇员的行为，保证他们的安全感。打击企业的税收欺诈行为，保证企业公平竞争。该党主张保护生态环境。社会民主主义不认同牺牲环境发展经济的行为，尤其是捷克当前的土地干旱化和土壤水分流失严重。保护环境，保护农业生产和农村生活，不能让子孙后代生活在沙漠中。在对外政策上，该党主张防止劳动力外流，为积极应对东欧当前面临的劳动力外流危机，要采取有效行动，而不是一味用强制手段加以制止。该党主张保持欧洲团结，其目标是确保欧洲的稳定和繁荣。为此，要有效面对恐怖主义威胁，积极应对边界冲突，消除不必要的冲突和恐慌。

第四节　近年来政治生态的主要特征

由选举可见，捷克政治生态的一个典型特征就是政府相对不稳定，这增加了政府推进施政方略的难度，影响了政府治理的科学性和有效性。目前，捷克政府对内正试图通过提高公共行政服务能力不断促进社会公平，稳定国内政治；对外，捷克与欧盟的关系仍是政府当下的政策核心，疑欧主义复苏对 2019 年捷克欧洲议会选举也造成了一定影响。基于此，捷克政治生态的主要特征体现在以下方面。

一　政府的相对不稳定性

捷克成立至今共有 15 届政府，平均任期只有一年多，是"一届政府寿命"较短的欧盟国家之一。① 这种不稳定性在某些任期内甚至是常态。例如，在 2002—2006 年和 2006—2010 年两个任期内，都各有三个不同的政府（见表 I-6-10）。导致捷克政府不稳定的主要原因有以下三点。

（一）反对派可以通过众议院对政府进行掣肘

根据 1993 年宪法的规定，政府对众议院负责，更确切地说是对 200

---

① Vit Hlousek and Lubomír Kopeček, "Caretaker Governments in Czech Politics: What to Do about a Government Crisis," *Europe-Asia Studies*, Volume 66, Issue 8-2014.

名众议员负责。反对派通过众议院掣肘政府的方式主要有以下两种。

一是众议院信任投票。宪法赋予众议员监督政府的权力,总理组阁后,"新政府"需要赢得出席会议的众议员半数以上信任投票。因此众议院成了政府与反对派"交手"的重要场域,而现实中缺乏议会多数的政府相对普遍(见表Ⅰ-6-10),这使政府赢得信任投票变得非常困难。在1996年首次众议院选举后,联合政府就失去了众议院多数支持,最终只是得益于与反对党——社民党达成协议才得以通过信任投票。[①] 这种情况在1998年重演,当时公民党决定"容忍"社民党的少数派政府,双方达成了"反对派协议",才使得社民党政府在整个任期内都保持着执政地位。[②] 一旦双方未能达成"协议",一个少数党政府在议会将"寸步难行"。2006年选举后情况变得更加糟糕,在长达半年时间里政府都未能赢得众议院信任,因为左翼和非左翼阵营各自控制着半数众议员。为了通过信任投票,米雷克·托波拉内克的中右翼联合政府拉拢了两名反对党议员。这一做法引发了争议,并伴随着贿赂和其他不法行为的指控,凸显出政府的脆弱及由此延伸出的"无奈之举"的危害。[③]

表Ⅰ-6-10　　　　　　　　　　　捷克历届政府情况

政府任期	总理	总理所属政党	其他联合政府政党	政府类别	众议院的支持(组阁时的政府党派议员人数)
1992.7—1996.7	瓦茨拉夫·克劳斯第一次组阁	公民党	基督人民党、社会民主联盟(ODA)、基督教民主党(KDS)	最低限度联盟(Minimal winning coalition)	105
1996.7—1998.1	瓦茨拉夫·克劳斯第二次组阁	公民党	基督人民党、社会民主联盟	少数派联盟	99

[①] 在进行信任投票时,社民党的众议员通过不出席的方式,从而降低了赢得信任所需的票数,最终"新政府"才勉强得到了众议院信任。

[②] Andrew Roberts, "Demythologising the Czech Opposition Agreement," *Europe-Asia Studies*, Vol. 55, No. 8, Dec. 2003.

[③] Milos Brunclik and Michal Kubát, "The Crisis of the Czech Politics 25 Years after the Velvet Revolution," *Politeja*, No. 28, 2014.

续表

政府任期	总理	总理所属政党	其他联合政府政党	政府类别	众议院的支持（组阁时的政府党派议员人数）
1998.1—1998.7	约瑟夫·托绍夫斯基（Josef Tošovský）	无党派	基督人民党、社会民主联盟、无党派人士	半政治化政府	61
1998.7—2002.7	米洛什·泽曼	社民党	无	单一政党少数派政府（与反对派达成协议）	74
2002.7—2004.8	弗拉迪米尔·什皮德拉	社民党	基督人民党、自由联盟—民主联盟（US-DEU）	最低限度联盟	101
2004.8—2005.4	斯坦尼斯拉夫·格罗斯	社民党	基督人民党、自由联盟—民主联盟	最低限度联盟	101
2005.4—2006.9	伊日·帕劳贝克	社民党	基督人民党、自由联盟—民主联盟	最低限度联盟	101
2006.9—2007.1	米雷克·托波拉内克第一次组阁	公民党	无	少数派政府（未能通过信任投票）	81
2007.1—2009.5	米雷克·托波拉内克第二次组阁	公民党	基督人民党、绿党（SZ）	少数派联合政府	100
2009.5—2010.7	扬·菲舍尔	无党派	/	技术官僚政府	/
2010.7—2013.7	彼得·内恰斯	公民党	TOP 09党、公共事务党	最低限度联盟	118
2013.7—2014.1	吉日·鲁斯诺克（Jiří Rusnok）	无党派	/	技术官僚政府（未能通过信任投票）	/
2014.1—2017.12	博胡斯拉夫·索博特卡	社会民主党	不满行动党、基督教人民党	最低限度联盟	111

续表

政府任期	总理	总理所属政党	其他联合政府政党	政府类别	众议院的支持（组阁时的政府党派议员人数）
2017.12—2018.7	安德烈·巴比什第一次组阁	不满行动党	无党派	少数派联盟（未能通过信任投票）	78
2018.7至今	安德烈·巴比什第二次组阁	不满行动党	社民党	少数派联盟	92

说明：最低限度联盟是指联合政府在众议院虽然勉强达到多数，但各政党缺一不可，只要有一个政党退出，就会变为少数派政府。在这种情况下，联合政府比较脆弱，一旦彼此政见不合，容易陷入僵局和内耗。

资料来源：由捷克政府和统计局官方网站（https：//www.vlada.cz/en, https：//www.volby.cz/）资料整理而成。

二是众议院不信任投票。众议院还可以在政府执政期内对其发起不信任投票，虽然不信任投票的通过更严格——需要由至少 50 名众议员提出，并且要求全体众议员半数以上反对政府。不信任投票的高要求对反对党掣肘政府来说是一个障碍，但并非不可克服。第一次不信任动议发生在 2003 年，此后反对派经常提出这样的动议，并导致 2009 年米雷克·托波拉内克政府的倒台，这也是反对派第五次试图推翻政府。[1] 2019 年 6 月，捷克反对党又对现政府发起不信任投票，巴比什总理牵头的少数政府最终"惊险过关"[2]。虽然不信任案不容易通过，但此时反对派的目的与其说是为了推翻政府，不如说是为了吸引媒体和公众注意，所以无论成功与否，对时任政府的稳定来说都是不利的。

（二）联合政府的多元化与碎片化

自捷克共和国成立以来，取得议会席位的政党一般在 5 个以上，最近一次选举达到 9 个之多，尚没有一家独大的情况出现，执政党往往需要与其他政党联合才有机会通过众议院信任投票。捷克的联合政府往往由不同

---

[1] Vit Hlousek and Lubomír Kopeček, "Caretaker Governments in Czech Politics：What to Do about a Government Crisis," *Europe-Asia Studies*, Volume 66, Issue 8-2014.

[2] 参见 "Czech Government Survives No-confidence Vote but Cabinet still Fragile," https：//www.reuters.com/article/us-czech-politics-idUSKCN1TS0EH.

意识形态的政党组成,如表Ⅰ-6-10所示,捷克的联合政府通常由至少三个政党组成,这就使得政府内部的沟通变得复杂,增加了协调政府内部活动和达成共识以推进政策的难度。2002—2006年执政的社民党、基督教人民党和自由联盟—民主联盟组成的联合政府就是典型。政府内部意见难以统一,结果各方对自己政党欲推行政策的执行情况都很不满。在任期即将结束时,政府中最大的政党——社民党只能在反对党——捷克共产党的帮助下推动一些议程。①

此外,执政党内部出现的派系分歧也对政府的稳定性造成破坏。例如,2007—2009年托波拉内克政府由公民党、绿党和基督教人民党组成,由于这几个政党在政治纲领方面相差甚远,最终导致不同政党和执政党内部的派系斗争、分裂和"背叛",给反对党推动不信任动议提供了"可乘之机"。②

(三) 总理权力的相对弱化

鉴于捷克联合政府内部的多元化与碎片化,总理在捷克政治生态中的一个重要功能就是协调政府内部和执政党内部的冲突,但大量的斗争削弱了总理的地位,分散了总理的执政精力,也是导致政府危机频发的原因之一。例如,2004年来自社民党的总理弗拉迪米尔·什皮德拉被迫辞职,原因之一就是该党在欧洲选举中失败,因而引发党内风波。

更重要的是总统的权力"扩张"也对总理权力造成了影响。在大部分捷克公众心目中,总统比总理更有威望,不仅因为前者具有国家象征意义,而且因为总统很少受到日常政府治理和政治内斗问题的困扰,其超越"政党"的形象深入人心,使其比总理地位更高。加上2012年捷克引入总统直接选举制度,增加了总理和总统的二元对立,为总统的权力"扩张"提供了更坚实的基础。③虽然总统权力实际上没有发生改变,仍是礼仪性的国家代表。但捷克第一位民选总统米洛什·泽曼仍借助"选民直接

---

① Dalibor Čaloud, Tomáš Foltýn, Vlastimil Havlík and Anna Matušková, *Volby do Poslanecké sněmovny v roce 2006*, Centrum pro studium demokracie a kultury, 2006, pp. 164-170.

② Vit Hlousek and Lubomír Kopeček, "Caretaker Governments in Czech Politics: What to Do about a Government Crisis," *Europe-Asia Studies*, Volume 66, Issue 8-2014.

③ Milos Brunclik and Michal Kubát, "The Czech Parliamentary Regime after 1989: Origins, Developments and Challenges," *Acta Politologica*, Vol. 8, No. 2, 2016.

授权"的契机,提高了他的政治重要性和影响力。

虽然根据1993年宪法的规定,不允许总统罢免享有议会信任的总理,当总统做出一些决定时必须得到总理(或另一名获得授权的政府成员)联署,但现实中总统仍然可以在任命权、组阁和外交政策等关键议题上影响政局,这无疑弱化了总理的实权。

一是在任命权问题上,宪法的一些条款简短和抽象给总统创造了很大"余地"。根据宪法的规定,"总理应由共和国总统任命",总统"根据总理的提议任命和罢免政府其他成员",但宪法没有规定明确的时间范围、方式和顺序。于是,哈维尔总统和克劳斯总统都曾利用这一条款所造成的"时间差",先委托众议院第一大党领导人组阁,但并不任命其为总理。在此期间通过自己的政治影响力干预部长人选的选择。① 此外,总统还拥有一些关键职位的任命权。如国家银行董事会、行长和副行长的任命权完全掌握在总统手中。捷克国家银行对国家经济和货币政策有重要影响。因此,总统可以通过这种方式影响国家经济发展,提高政治影响力。

二是在组阁问题上,捷克政府常常面临难以通过信任投票的困局,在选举结束到政府通过信任投票存在一个"真空"时期,由于宪法也没有明确规定任命总理的方式或标准,总统就有机会借此实现自己的政治想法。比如2013年,当政府垮台时,总统就任命了一位无党派总理吉日·鲁斯诺克组建看守政府。泽曼在任命鲁斯诺克和组阁前没有事先与任何议会党派商议,在捷克历史上第一次建立了一个完全的"总统政府"。虽然未能赢得众议院信任,但鲁斯诺克政府仍执政了六个月。鉴于捷克是一个议会政府制国家,这反映出总统权力"扩张"对总理和政府的影响。

三是在外交政策问题上,宪法赋予总统重要的外交权力,特别是在国际上代表国家的权力。虽然总统无权独立制定外交政策,但由于现实中总统的政治愿景往往与政府不一致,导致双方政治冲突频发。比如哈维尔总理支持欧洲一体化,而贯穿克劳斯总统任期的主要外交观点是反对深化欧盟一体化。在2014年乌克兰危机期间,泽曼也因反对欧盟对俄罗斯实施

---

① Timothy Barney, "Citizen Havel and the Construction of Czech Presidentiality," *Quarterly Journal of Speech*, Vol. 101, No. 4, November 2015.

制裁,与索博特卡政府产生冲突。① 总统和政府在外交和欧洲政策上的冲突使捷克时常不能统一外交立场,对外交事务产生了不良影响,这在某种程度上也冲击了捷克的政治生态。

二 近年来捷克政府不断提升治理能力的主要措施

2020 年 5 月,捷克政府发布了《2020 年捷克国家改革方略》(The National Reform Programme 2020),为现阶段捷克改革发展指明了方向。这一国家战略就包括与政府治理能力有关的改革计划,注重优化政治生态,尤其体现在以下五方面。

第一,出台公共行政发展战略框架。

《捷克 2014—2020 年公共行政发展战略框架》(以下简称"战略框架")是捷克政府出台的国家公共行政和电子政务发展的基本文件。根据"战略框架",2019 年捷克政府实施了一些具体措施,旨在提高经费筹措的透明度;打破公共行政的地域结构;改进公共行政机构的管理;减轻政府管理负担;制定监管机制,以评价公共行政的有效性、经济性和适当性;通过电子政务增加行政的可及性,提升专业化、加强人力资源开发等。主要措施包括:

一是 2019 年政府批准了新的行政发展战略文件——《用户导向的公共行政计划 2030》(Client-Oriented Public Administration 2030)和配套的《2021—2023 年的具体行动计划》,捷克政府设想到 2030 年实现向公众提供优质而高效的公共行政服务,为进一步改善公民生活和振兴国家创造条件。二是政府修订了《确定公共行政日常管理费用的办法》(The Methodology for Determining Overheads for the Public Administration),作为对公共行政费用进行评估的实用指南。三是 2019 年 1 月,政府更新了《创建公共战略方法论》(Methodology for Creating Public Strategies)。2020 年,该方法论以出版物形式在全国发行,以促进其实际应用,给公共部门制定战略工作和提高效率提供改进工作的建议。四是政府建立了战略数据库②,作为

---

① Petr Kratochvíl, "The Czech Republic: Lacking Foreign Policy Consensus," From the Report "A Region Disunited?: Central European Responses to the Russia-Ukraine Crisis," Edited by Joerg Forbrig, German Marshall Fund of the United States, Feb. 1, 2015.

② 参见战略数据库网站(https://www.databaze-strategie.cz/)。

战略管理和规划的电子工具。五是自 2018 年以来，内政部一直在开展电子政务活动宣传培训的项目，以提高公民和公务员对现代电子政务工具的认识和熟悉。

第二，继续规范公务员的管理。

政府为了进一步完善《公务员法》(Civil Service Act)，目前已经颁布了一些有关公务员制度的细则条例。如 2019 年 11 月颁布的第 4/2019 号条例，该条例规定了公务员培训框架，其中包括对《公务员法》第 178 和 178a 条的细则补充，具体规定了培训公务员和临时公职人员的规则。为了补充《公务员法》，内政部还更新了关于公务员制度的第 2/2019 号条例，列出了公务员聘用的规则细节。同时政府还批准了《推行公务员素质管理的方法》(Methodology for Introducing Quality Management in Civil Service Offices) 和《公务员行政素质管理准则》(The Guidelines for Quality Management in Civil Service Offices)，内政部为提高公务员办公质量，实施以上准则提供支持。[①]

第三，开展电子信息收集和电子立法项目。

目前捷克政府正在推进电子信息收集及电子立法计划（The E-Collection and E-Legislation Project），旨在使立法程序现代化、网络化，并提高法律的透明度、可及性和连贯性。目前正在讨论的捷克宪法修正案草案中就涉及将电子立法程序纳入参议院议事规则。2022 年 1 月《立法法案和国际条约汇编法》正式生效，电子立法系统也将全面启动。同时，政府还试图建立一个电子信息收集系统，用于收集地区自治政府单位和特定的公共部门的法律条例。

第四，提高公共采购的透明度和效率。

2016 年 1 月，捷克政府批准了《2016—2020 年电子公共采购战略》(Strategy for Electronic Public Procurement for 2016-2020)、《运作效率评估》(Evaluation of the Efficiency of its Operation) 以及《关于强制使用国家电子文书的建议》(A Proposal for the Mandatory Use of a National Electronic Instrument) 等相关文件，以提高公共采购的透明度和效率。2016

---

① 参见《2020 年捷克国家改革方略》(The National Reform Programme 2020)，https://www.vlada.cz/scripts/file.php? id=271668。

年10月生效的《公共采购法》(The Public Procurement Act) 大大减轻了公共采购的总体行政负担,并给予签订采购合同的行政单位和承接商更大的灵活度。为了更好地贯彻实施该法律,政府还设立公共采购协调员这一职位,为《公共采购法》的使用者和一般公众提供培训和咨询服务,为此政府提供了电子邮箱和电话热线咨询,供公众查询和监督公共采购合同的相关情况。作为培训方案的一部分,协调员定期举办活动,以提高订约各方的公共采购专门知识。2019年,该项目组织了近60次培训活动,共有2130人参加。[①] 欧盟委员会在《捷克2020年国别报告》中提到,捷克有关公共采购的法律框架正在完善,目前捷克正计划再次修订《公共采购法》并开展培训活动,以提高市政一级机构公共采购的专业水平。

第五,继续开展反腐败斗争。

《2018—2022年政府反腐败战略》(The Government Anti-Corruption Strategy 2018-2022) 是由捷克司法部协调的政府反腐败战略。2018年以来,政府每年都会出台该战略相关的反腐行动计划,包括具体的反腐措施以及协调其实施的明确安排。2019年12月,政府批准了2020年反腐败行动计划。本次行动计划采取的具体措施包括:出台打击违法犯罪所得和恐怖主义资助的法律修正案——《第五次反洗钱指令》(Fifth Money Laundering Directive);加强对公共采购的监管,如出台《公共采购法》修正案,加强公共采购培训等;扩大最高审计署权力,提出保护举报人法案 (A Bill on the Protection of Whistle-blowers),修订《法院和法官法》(The Courts and Judges Act) 等。[②]

三 疑欧主义的上升与2019年捷克欧洲议会选举

捷克向来以民众对欧盟的低信任度和部分政党具有强烈的疑欧主义 (Euroscepticism) 传统而闻名。加入欧盟前后的"欧洲晴雨表"(Eurobarometer) 民意调查充分证明了这一点,这些民意调查将捷克列为欧盟成员

[①] Ales Kudrnac and Ivan Petrusek, "Czech Republic: Political Developments and Data in 2019," *European Consortium for Political Research*, Volume 59, Issue1, December 2020.

[②] 参见《2020年捷克国家改革方略》(*The National Reform Programme* 2020), https://www.vlada.cz/scripts/file.php? id=271668。

国中对欧盟支持率较低的国家之一①，甚至在加入欧盟之前，捷克政坛持疑欧主义立场的主流政党——公民党还在议会选举中胜选，后来该党领导人瓦茨拉夫·克劳斯也当选为总统。在加入欧盟后，随着捷克国内和欧洲经济的发展，捷克公众对欧盟的支持有所增加，连公民党对欧洲的怀疑态度都有所减弱，而其他曾长期反对欧洲一体化的政党，如捷克共产党等，在制定国家外交政策方面并没有太大影响力。因此，尽管捷克仍存在疑欧主义，但在加入欧盟的头十年里，政坛上从未出现过希望捷克直接退出欧盟的声音。然而，近年来，无论在社会还是政党层面，对欧盟持怀疑态度的声音和势力都有所增长，并史无前例地提出了就捷克是否脱欧举行全民公决的要求。②民调结果显示，超过半数的捷克人质疑捷克列席欧盟的必要性③，其背后有许多原因。

第一，与主流政党如何处理国内对政治（尤其是欧盟政策）的不满情绪有关。有学者认为，无论捷克联合政府的具体构成如何，每届政府在欧盟政策和政治问题上都采取了相似的做法。在国内，欧盟是任何不受公众欢迎的决策的"替罪羊"，而在欧盟层面，捷克政府奉行比较被动的态度，只有通过对自身不利的提案时才会有所"行动"。这给公众造成了一种印象——任何受欢迎的政策都归功于捷克政府，而不受欢迎的政策则归咎于欧盟。

第二，2015年爆发的欧洲难民危机以及欧盟对此的回应，为捷克的疑欧主义提供了"肥沃土壤"。根据欧盟难民配额制度（基于一个国家的人口和财富），捷克当时至少需要接纳约4300名难民，相当于每百万人口中有410名难民，这引发了不少民众的不安和反感。④难民危机在欧洲引发了严重的社会及经济危机，捷克严厉批评欧盟难民政策，认为欧盟的人口自由流动及开放边界政策严重影响了欧盟成员国的国家安全。自2015

---

① 参见 "Euroscepticism is on the Rise in the Czech Republic," https：//emerging-europe. com/voices/euroscepticism-rise-czech-republic/.

② Monika Brusenbauch Meislova, "Full of Surprises, or Surprisingly not? The Peculiar Case of Czech Brexit Policy," *European Politics and Society*, Volume 21, Issue 1, 2020.

③ 参见《捷克总理称不会允许捷克脱欧公投举行》，http：//sputniknews. cn/politics/201802091024675002/。

④ 参见 "10 Facts about Refugees in the Czech Republic," https：//borgenproject. org/czech-republic-refugees/.

年以来，难民问题和难民配额制都成为捷克选举（2016年的地区选举、2017年的议会大选和2018年的总统选举）的热门议题。2018年，捷克众议院坚决否决欧盟委员会强制移民配额倡议，165名议员中有163人否决了这一倡议①，因此，2020年4月欧洲法院裁定捷克违反欧盟的难民配额协议，未能履行其根据欧盟法律所承担的义务。② 这进一步引发了民众对欧盟的不满。

第三，重要政治领导人物的影响。早在建国之初，捷克就有主张疑欧主义的政治领导人，以公民党的瓦茨拉夫·克劳斯为代表。在捷克加入欧盟前一年，克劳斯成为总统，虽然捷克总统是礼仪性职位，但对社会的影响力还是很大的，他强烈的疑欧主义言论和一些政治决定，例如拒绝签署《里斯本条约》、拒绝在布拉格城堡悬挂欧盟旗帜等，对捷克国内疑欧主义舆论的产生起了一定的作用。③ 在克劳斯任期结束后，泽曼成为捷克总统，尽管他愿意在布拉格城堡悬挂欧盟旗帜，但其行动和言论均表明他仍是一个疑欧主义者，泽曼曾公开主张，捷克应该举行全民公决投票决定是否脱欧。④

疑欧主义情绪的上升对捷克国内政治生态造成了一定的影响。一是导致一些政党在欧盟问题上转变态度，巴比什领导的不满行动党由于在意识形态上没有根基，一度偏离原本的亲欧方向。因为意识到公众对欧盟的不满，该党主要领导人在2017年选举前发表了疑欧主义言论。虽然目前巴比什表示不支持举行脱欧公投，但也多次批判欧盟委员会的领导，尤其反对强制接收难民配额。⑤ 二是疑欧主义的上升也导致持疑欧主义立场的政

---

① 参见《捷克议会委托政府否决欧委会强制移民配额倡议》，http://sputniknews.cn/politics/201801181024506296/。

② 参见"By Refusing Refugees, Poles, Hungarians and Czechs 'broke EU law,'" https://www.aljazeera.com/news/2020/4/2/by-refusing-refugees-poles-hungarians-and-czechs-broke-eu-law.

③ Daniel Esparza, "El Sustrato Histórico del Euroescepticismo Checo / The Historical Background of Czech Euroscepticism," *Reis: Revista Española de Investigaciones Sociológicas*, No. 140, October-December, 2012.

④ 参见"Is 'Czexit' Next? President of Czech Republic Calls for EU Referendum," https://time.com/4391005/czexit-milos-zeman-referendum-nato-eu-czech/.

⑤ 参见《捷克总理称不会允许捷克脱欧公投举行》，http://sputniknews.cn/politics/201802091024675002/。

党崛起。如冈村智雄（Tomio Okamura）①领导的自由和直接民主党自成立以来就一直公开表示对欧洲的怀疑，并试图推动捷克脱欧公决，因此该党在2017年的大选中认同度较高，首次赢得席位。

疑欧主义的上升也影响了2019年举行的捷克欧洲议会选举，本次投票率升至15年来的最高水平，达到28.7%，与2014年选举时的18.2%形成鲜明对比，表明公众对欧盟问题的关注度上升。下面就简单介绍本次选举的情况。

在751个席位的欧洲议会中，捷克占有21个席位。欧洲议会议员由比例代表制选举产生，政党选举门槛为5%，跟上届选举一样，有7个政党跨过门槛进入欧洲议会，其中疑欧主义的自由和直接民主党首次获得代表权，成为主要赢家之一。本次选举产生了多名新议员，在21位即将上任的捷克议员中有11位是新当选的。②

不满行动党获得了21.2%的选票和6个欧洲议会席位（比2014年增加了2个席位）。该党打出了"强大的捷克"口号，在竞选中呼吁加强捷克在欧盟决策体系内的地位，并关注食品双重质量规则、移民政策和安全等问题。尽管领导人巴比什被指控诈骗欧盟200万英镑的补贴，但不满行动党在本次选举中赢得的巨大胜利证明政府得到了民众一定程度上的肯定。然而，也有许多人认为与2017年众议院选举结果相比，该党支持率下降了，并且在首都布拉格的得票数仅排名第四。

一向主张疑欧主义的公民党也将其竞选活动的重点放在欧盟体制框架内保护捷克国家利益上，以14.5%的得票和4个席位（比上届欧洲议会选举多出2个席位）屈居第二位。

极右翼、反移民、强烈反欧的自由和直接民主党获得了9.1%的选票和2个席位，排名第五，这是该党首次在欧洲议会获得代表权。该党是目前捷克议会中最反欧的政党。该党强烈呼吁举行全民公投和捷克退出欧盟，并以强有力的反移民议题开展竞选活动。③

---

① 冈村智雄出生于日本，是具有莫拉维亚和日本双重血统的政治家和企业家。
② 参见捷克统计局官方网站（https://volby.cz/pls/ep2019/ep）资料。
③ Ondřej Mocek, Martin Petlach and Zuzana Hudečková, "The European Parliament Elections and Czech Political Parties: Much Ado about Nothing?," *Slovak Journal of Political Sciences*, Vol 20, No. 1, January 2020.

在这次选举中,也有之前当选为欧洲议会议员的政党失去了代表权。比如主流的老牌政党,一直强力支持欧盟的社民党仅获得 3.95% 的选票,比 2014 年大幅下降了 10.2%,第一次未能获得席位。欧洲议会副总裁帕维尔·特尼卡(Pavel Telička)新成立的亲欧主义政党——声音党(Voice)仅获得 2.4% 的选票,未能获得席位。这在一定程度上反映了公众对它们以往亲欧态度的不满。①

然而,捷克脱欧并非易事,由于捷克的宪法和法律中没有关于举行全民投票的规定,因此,目前争论还集中在是否先通过一项可以举行全民公决的宪法法案上。未来即使支持全民公决的法案通过,议会围绕细节也将展开长时间的激烈辩论,比如国际组织的成员资格是否可以成为全民公决的主题,举行全民公决所需的公民签名数量以及使全民公决有效和具有约束力所需的投票率和多数票门槛等。

---

① 参见 "The Czech Republic's European Elections: Out with the old, in with the new?" https://blogs.lse.ac.uk/europpblog/2019/05/31/the-czech-republics-european-elections-out-with-the-old-in-with-the-new/.

第七章 民族与宗教

根据2011年的人口普查，捷克共和国国内的捷克人占据了居民总数的63.7%，是捷克的主体民族，而摩拉维亚人（4.9%）、斯洛伐克人（1.4%）、波兰人（0.4%）、德意志人（0.2%）、西里西亚人（0.1%）等民族构成了捷克的少数民族。由于这次人口普查中国籍一项为选填项，有26%的被调查者未填写。基督宗教是捷克共和国公民信仰的第一大宗教。此外，亦有信仰伊斯兰教和佛教等少数宗教者。今天，越来越多的捷克人表示自己并非某一宗教信徒，捷克人的宗教意识日趋淡薄。

第一节 民族形成与现状

一 第一次世界大战前的民族发展历史

1993年1月1日之前，捷克和斯洛伐克仍是同一个国家——捷克斯洛伐克——由捷克和斯洛伐克两个主要民族组成。据1989年人口统计，捷克斯洛伐克人口为1563.8万人，其中捷克人约占64%，斯洛伐克人约占30%，此外还有匈牙利人、德意志人、波兰人等少数民族。

捷克斯洛伐克是一个典型的多民族聚居国家，捷克地区的捷克人占当地总人口的94%，而斯洛伐克地区的斯洛伐克人占当地总人口的85%。捷克人和斯洛伐克人同属西斯拉夫人，虽历经分分合合，但也共同生活了70余年。然而，1993年，捷克斯洛伐克以和平的方式解体为两个独立的国家。

（一）捷克和斯洛伐克民族的形成

西斯拉夫人约在5世纪末6世纪初从东欧平原迁徙至喀尔巴阡地区和多瑙河流域，并定居于此。他们同当地族群逐渐融合，形成了捷克人、斯洛伐克人和波兰人等民族。6世纪中期，阿尔瓦人入侵捷克地区，这在一定程度上促成了斯拉夫人各个部落的联合。623年，法兰克商人萨莫被推举为首领，建立萨莫帝国，抵御了阿尔瓦人的入侵，并击溃了入侵的法兰克人。萨莫帝国统治区域包括斯洛伐克西南地区以及摩拉维亚和下奥地利的部分地区，还可能包括波希米亚。833年，为了抵御法兰克帝国，摩拉维亚公国与尼特拉公国联合组成了大摩拉维亚帝国，范围包括今天的捷克、斯洛伐克和奥地利部分地区，捷克人与斯洛伐克人第一次联合在一起，生活在同一个国家之中。然而，随着马扎尔人的入侵和大摩拉维亚帝国的衰落和最终的覆灭，帝国境内的斯拉夫民族开启了不同的发展历程。

907年，大摩拉维亚帝国灭亡后，摩拉维亚地区被并入波希米亚，于10世纪形成了捷克王国并不断壮大，直到1620年，捷克彻底失去独立地位，成为哈布斯堡王朝的一个省。斯洛伐克人则一直处于匈牙利统治下，作为匈牙利的一个独立边疆州。1526年，在第一次摩哈赤战役中，匈牙利军队被奥斯曼土耳其帝国军队击败，斯洛伐克跟随匈牙利被纳入哈布斯堡王朝统治之下，但直接统治斯洛伐克的仍是匈牙利人并且一直持续到1918年。在历史上，捷克人曾建有自己的王国捷克公国，并曾一度跻身于欧洲强国之列。而斯洛伐克则一直处于异族压迫之下，在大摩拉维亚帝国消失后的几个世纪里，斯洛伐克人从未处在一个发展自己独立历史的位置上。[1]

在很长一段时期里，日耳曼人和匈牙利人影响着捷克人和斯洛伐克人生活的方方面面，这导致两个民族不同的性格。捷克人的性格在一定程度上更为强势，而斯洛伐克人则较为温和。捷克人受来自西北部地区的日耳曼民族的影响较大，而斯洛伐克人受来自东南部地区的匈牙利民族的影响较大。在文化上，捷克和斯洛伐克两个民族间也存在着非常大的差距。在语言上，捷克人与斯洛伐克人早就有各自的民族语言。捷克语与斯洛伐克语虽然相近，但又有诸多差异。从整体文化水平上而言，捷克地区比较繁荣，1348年便创立了中欧第一所大学，而斯洛伐克人由于受匈牙利的多方面压制，文化发展缓慢。

---

[1] 参见［美］威廉·M. 马奥尼《捷克和斯洛伐克史》，陈静译，东方出版中心2013年版，第101页。

在哈布斯堡王朝治下，捷克人和斯洛伐克人的基本权利被剥夺，不能建立自己的学校，不能把自己的语言作为官方语言。这激发了捷克人和斯洛伐克人的民族觉醒。在民族复兴时期，捷克族给予斯洛伐克族极大的帮助，这为二者之后的合作提供了可能。

1848年欧洲广泛的民族运动也影响了捷克和斯洛伐克地区。捷克斯洛伐克在19世纪上半叶开展了工业革命，而原有的体制阻碍着自由企业的发展，捷克和斯洛伐克的新兴资产阶级联合起来反对哈布斯堡王朝的统治。同时，捷克资产阶级还提出实现民族平等，在哈布斯堡治下的地区内，斯拉夫人占大多数，因此应该成立斯拉夫国家。在斯洛伐克地区，匈牙利化政策的推行使斯洛伐克人处境艰难，不得不寻找帮助和同盟，其中一部分斯洛伐克政治家把目光投向俄罗斯，另一部分则转向了捷克。1848年，捷克人召集斯拉夫人代表大会，讨论奥地利帝国内部的斯拉夫人之间的协作问题。1896年，"捷克斯洛伐克协会"在布拉格成立，它组织捷克向斯洛伐克提供帮助并且支持捷克和斯洛伐克合作。从1908年起，捷克斯洛伐克会议每年都在莫拉维亚举行，捷克和斯洛伐克的政治家和文化、经济领域的精英云集于此，共同探讨加深合作的可能性。①

在第一次世界大战期间，奥匈帝国处在崩溃的边缘，捷克斯洛伐克地区的民族斗争激烈，出现了捷克和斯洛伐克两大民族合作建国的思潮。此前，捷克、斯洛伐克曾经寻求各自的独立，当意识到势单力薄后又各自转向外部寻求支援和同盟，如与俄国、波兰合作。然而有一个选项慢慢地聚集了来自国内和海外的支持，那就是捷克和斯洛伐克的一体化。②

1915年10月22日，代表斯洛伐克人和捷克人的政治团体签署《克利夫兰协定》，主张建立一个由波希米亚、摩拉维亚、捷克和斯洛伐克组成的联邦国家。该协定同意了斯洛伐克的自治要求，并允诺斯洛伐克可以组建自己的议会。1915年11月，托马斯·加里格·马萨里克（Tomáš Garrigue Masaryk）在巴黎成立捷克海外委员会，次年更名为捷克斯洛伐克民族委员会。该委员会在境外组建军队与协约国一同作战，同时广泛接触国外的捷克和斯洛伐克侨民，商讨未来建国和国家体制的问题。1918年

---

① 参见姜琍编著《斯洛伐克》，社会科学文献出版社2006年版，第76页。
② 参见［美］威廉·M. 马奥尼《捷克和斯洛伐克史》，陈静译，东方出版中心2013年版，第136页。

在罗马召开的被压迫民族大会上提出了民族自决原则,实现捷克和斯洛伐克两民族联合的要求。斯洛伐克政治领袖瓦夫罗·什罗巴尔(Vavro Šrobár)支持奥匈帝国内各民族自决并主张建立捷克斯洛伐克国家。在这种形势的推动下,1918年5月,马萨里克与在美国的捷克和斯洛伐克人签署了《匹兹堡协议》,决定建立一个包含捷克人和斯洛伐克人在内的独立国家,在这个国家中斯洛伐克人享有自治权,可成立自己的议会和行政机构。奥匈帝国崩溃,捷克斯洛伐克共和国于1918年10月28日正式建立。1919年9月10日《圣日耳曼条约》的签订标志着奥匈帝国的解体,并承认了捷克斯洛伐克的独立性。根据该条约,捷克斯洛伐克还接手了苏台德地区,这是一个毗邻德国并居住着操德语的民族的地区。在新的国家中,捷克人和斯洛伐克人占总人口的三分之二,少数民族占三分之一,其中人数最多的是德意志人(超过300万人)和匈牙利人(7万人)。在外喀尔巴阡乌克兰地区的乌克兰人也是人数众多的少数民族(约有46万人)。外喀尔巴阡乌克兰地区1919年曾属于捷克斯洛伐克共和国,虽然那里的大多数乌克兰人希望同苏维埃乌克兰统一起来。[①]

(二) 捷克第一共和国时期的民族状况

捷克斯洛伐克北部的苏台德山脉,以及捷克斯洛伐克边境大部分地带,被称作苏台德地区(Sudetenland),生活在这一地带的人以德意志人为主。这个地区围绕着捷克斯洛伐克的版图,呈现出马蹄状的形态。自13世纪起,苏台德地区就属于波希米亚、摩拉维亚等国的领地,故而在第一次世界大战结束后,它同波希米亚、摩拉维亚、斯洛伐克一道被划分到新国家捷克斯洛伐克。

自苏台德地区被归并到捷克斯洛伐克后,如何解决好德意志人与捷克人之间的民族关系问题,成为捷克斯洛伐克稳固政治的先决条件。然而,由于两民族间存在诸多差异,事情进展得并不顺利。马萨里克在合并了斯洛伐克和鲁塞尼亚后,便着手解决苏台德问题。捷克斯洛伐克政府制定了少数民族法令,希望像瑞士那样建立一个多民族的民主政体。为了吸引和同化少数民族,中央政府给予其境内少数民族很多特权,对于苏台德德意

[①] 参见[捷克斯洛伐克]瓦·胡萨《捷克斯洛伐克历史》,陈广嗣译,东方出版社1988年版,第198页。

志人尤为如此。

在政治上,德意志人可以在捷克斯洛伐克宪法的允许下建立自己的政党,且各政党的人数不受限制。于是德意志人在捷克境内建立了三个具有民主性质的政党——德意志农民党、德意志基督教社会党和德意志民主党。这三个党派同属德意志人的左翼党,他们一致认为《凡尔赛条约》对于德意志人有失公允,在捷克斯洛伐克境内最大限度地为德意志人争取少数民族自由权。但是,他们还是愿意与捷克斯洛伐克政府合作,这种合作在当时也得到了苏台德德意志人的支持。在1929年捷克斯洛伐克国会选举中,左翼党获得了1258281票,而右翼党只获得393297票。[①] 这足以证明苏台德左翼党人在当时的影响力。苏台德地区的右翼政党主要有苏台德民族社会主义工人党,与19世纪苏台德地区的民族矛盾密切相关。19世纪后半叶,波希米亚地区工业化进程加快,各岗位对于工人的需求量增加。与当地的苏台德德意志人相比,工厂雇主更喜欢雇用捷克人,因为他们可以忍受低工资和恶劣的工作环境。久而久之,苏台德德意志人普遍认为捷克人抢了他们的饭碗。于是,许多德意志人组成民族联合工会,抵制捷克人移民至波希米亚地区。1918年,此组织改名为苏台德民族社会主义工人党。苏台德民族社会主义工人党在成立之初虽然倡导民族自治,但并不主张使苏台德地区并入德国境内。随着德国纳粹党影响的扩大,其势力不断渗透到苏台德民族社会主义工人党中,使苏台德民族社会主义工人党的思想越来越倾向于德国纳粹党,活动也越来越激进,并最终成为苏台德地区名副其实的纳粹党。这一切引起了捷克斯洛伐克政府的怀疑,并于1932年下令逮捕苏台德民族社会主义工人党几位领导人物,对其进行审讯。

在经济上,尽管捷克斯洛伐克政府尽力做到公平对待苏台德德意志人,但是民族偏见仍时有发生。在哈布斯堡王朝解体后,捷克斯洛伐克继承了哈布斯堡王朝的大部分工业。其中重工业主要集中在捷克地区,轻工业则集中在苏台德地区。捷克的重工业基础加上其本身对新技术的引进,使其在今后的发展中倾向于五金工业、汽车制造业、电力工业等。苏台德

---

① 参见 Arnold Toynbee, *Survey of International Affairs*, London: Oxford University Press, 1934, p. 197.

地区则形成了以瓷器、玻璃制造、纺织为基础的工业。其中，纺织业逐渐成为苏台德德意志人赖以生存的基础。由于纺织产品的三分之二用于出口，苏台德地区的经济对国外市场依赖较大，这也是其在经济危机中受打击较大的原因之一。此外，捷克斯洛伐克政府还决定对哈布斯堡王朝时期的部分土地进行重新分配，并于1919年4月16日颁布了土地改革法。按照规定，政府征用土地会按照比例给原土地拥有者一定的补偿。在这个问题上，德意志人和捷克人发生了争吵，德意志人认为，捷克斯洛伐克从他们手中征用的土地较多，且大部分集中在两民族边界的林地上，但是给予他们的补偿却较少。而捷克斯洛伐克政府认为，苏台德地区的人口大多集中于城市，而捷克人口则集中在农村，所以给予捷克人的土地补偿较多也在情理之中。①

1929年，经济危机开始在全球蔓延，各地经济状况不容乐观，捷克斯洛伐克也难逃厄运，失业人数与日俱增。与捷克斯洛伐克境内其他地区相比，苏台德地区的经济损失更大一些。随着经济危机的到来，国外贸易市场迅速缩小，这对严重依赖国外市场的苏台德德意志人来说，是一个沉重的打击。据统计，1929年苏台德地区的失业人数为41600人；到了1933年，达到738300人。面对这样的局面，捷克斯洛伐克政府采取了救助措施。从1930年起，每年通过根特机构向失业人口发放失业保险金，近三分之一的苏台德失业人口都从这里得到过救助。另外，政府还向濒临破产的德意志银行发放国家贷款，帮助这些银行重建。② 尽管如此，苏台德地区的失业率还是远远高于捷克地区。这除了跟经济结构有关外，还与捷克斯洛伐克地方政府的一些做法不无相关。在捷克斯洛伐克，很多工作需要通过语言考试，尤其是在捷克地区，只有说捷克语的人才有机会被录用，这无形中让坚持说德语的德意志人失去了很多就业机会。因此，苏台德德意志人纷纷抱怨政府在经济危机期间没有妥善处理好民族关系，民族主义情绪愈发严重。

---

① 参见 Elizabeth Wiskemann, *Czechs and Germans: A Study of the Struggles in the Historic Provinces of Bohemia and Moravia*, London: Oxford University Press, 1938, p. 147.

② 参见 Radomir Luza, *The Transfer of the Sudeten German: A Study of Czech-German Relations, 1933–1962*, New York: New York University Press, 1963, pp. 12–18.

二 第二次世界大战前后的民族发展历史

不能说是捷克斯洛伐克自己把苏台德推向第三帝国的怀抱，但是捷克人盲目的民族主义确实给希特勒在"回归帝国"的口号下所制造的苏台德危机提供了机会和口实。接下来，英法的绥靖政策令希特勒更加放肆，在没有邀请捷克斯洛伐克政治家参加的情况下，1938年9月29日，《慕尼黑协定》签订了，德国吞并了整个苏台德地区，并把其划分为以下三个主要区域——从埃格尔到奥帕瓦地区被称为苏台德行政区，摩拉维亚南部地区被归并到下多瑙河行政区，波希米亚南部被归并到多瑙河上游行政区。大多数苏台德德意志人从此成为德国公民。此时，人口转移问题开始凸显。根据《慕尼黑协定》及随后的1938年声明的要求，捷克人和德意志人有自由选择迁入或迁出被移交领土的权利，即捷克人可选择从割让区撤离，德意志人可选择离开未割让的地区，希特勒并不希望这些德意志人离开捷克斯洛伐克的剩余领土，而希望他们成为未来波希米亚—摩拉维亚的核心。而且留下这部分德意志人也可为德捷日后的冲突埋下隐患，他可以尽量施展阴谋伎俩来加剧这种摩擦，以达到挑起冲突的目的，避免单纯依靠武装部队去完成其预定的目标。于是希特勒指示洛伦茨命令当地的纳粹领导人寻找种种借口不要选择回归。1939年3月12日，洛伦茨接到命令，指示在捷克斯洛伐克境内的德意志人采取进一步的挑衅行为，德国报纸则对捷克斯洛伐克的批判越来越激烈，每天都有所谓捷克人对波希米亚温顺的德意志人施加威胁和暴行的"神话"[①]。同年3月15日，捷克斯洛伐克总统查哈与希特勒会面，在希特勒的军事威胁及英法两国的压力下，查哈同意将波希米亚和摩拉维亚置于德国的保护之下。3月16日，波希米亚和摩拉维亚成为德国的"受保护国"，其德意志居民立刻成为德国公民。

保护国内捷克人的生存状况十分糟糕，这主要反映在对保护国居民的德意志化上。在保护国建立后，针对如何安置捷克人的问题，康斯坦丁·牛赖与弗兰克向希特勒递交了三个方案。第一，由德国人渗入摩拉维亚，

---

① 参见 Arnold Suppan, "Austrians, Czechs and Sudeten Germans as a Community of Conflict in the Twentieth Century," Center for Austrian Studies, 2006, 1, p. 24.

并将捷克民族的地区缩小到剩余的波希米亚。第二，驱逐所有捷克人。第三，使捷克人受到同化，即将大约半数的捷克民族吸收进德意志人中。希特勒经再三考虑，最终接受了第三种方案。① 从1941年起，在海德里希的带领下，党卫队对捷克人实行了疯狂的迫害政策。捷克所有文化机构都被关闭，国境内的学校禁止使用捷克语，捷克人与犹太人的财产被德国政府没收。此外，党卫队对那些不愿意接受同化政策，或是对德国有敌意的捷克人进行了大屠杀。正是在这一时期，德意志民族和捷克斯洛伐克民族的分裂达到了顶峰，第三帝国对捷克人的迫害使捷克斯洛伐克民族对苏台德德意志人更加愤恨，致使德国战败后，重建的捷克政府对苏台德德意志人进行了疯狂的报复。

希特勒在保护国内对捷克人实施的迫害政策，极大地破坏了捷克人与苏台德德意志人之间的关系，使捷克人对苏台德德意志人怀恨在心。早在1938年10月，流亡英国的捷克斯洛伐克政治家爱德华·贝奈斯（Edvard Beneš）就提出了关于把苏台德德意志人驱逐到德国和奥地利境内的"第五计划"，此计划拟恢复慕尼黑危机之前的捷克斯洛伐克疆域，通过对边境地区少数民族的整顿及人口迁移，驱赶其境内的苏台德德意志人，实现国家领土的统一。②

在德国战败后，捷克斯洛伐克军队进驻整个苏台德地区。1945年5月16日，贝奈斯回到了布拉格。从5月19日开始，贝奈斯连续发表了一系列关于驱逐苏台德德意志人的法令，这些法令后来被称为《贝奈斯法令》。此法令的主要内容包括以下几点：第一，除反法西斯的、对捷克工业发展起关键作用的、与捷克人结婚的苏台德德意志人外，其他的苏台德德意志人将被永久地从捷克境内驱赶出去，迁往奥地利和德国地区。在捷克境内居住的第三帝国人也将被驱逐。第二，所有苏台德德意志人、通敌者、叛徒的财产都将归民族管理委员会保管并且由捷克政府决定其如何使用。第三，捷克境内的苏台德德意志人的公民身份将被永久性地清除。第四，在已无捷克公民身份的苏台德德意志人中，14—60岁的男性，15—

---

① 参见 Radomir Luza, *The Transfer of the Sudeten German: A Study of Czech-German Relations, 1933-1962*, New York: New York University Press, 1963, p. 190.

② 参见 Arnold Suppan, "Austrians, Czechs and Sudeten Germans as a Community of Conflict in the Twentieth Century," Center for Austrian Studies, 2006, 1, p. 25.

50 岁的女性有为捷克斯洛伐克国家服劳役的义务。《贝奈斯法令》把原先驱赶苏台德德意志人的计划以法律的形式确定了下来。①

1945 年 8 月，捷克设立了专门的机构负责驱逐苏台德德意志人，驱逐分批进行。尽管捷克承诺会以最人性化的方式对苏台德德意志人进行驱逐，然而自驱逐行动正式开始后，虐待德意志人的事件仍时有发生。据幸存者回忆，许多党卫队军官和纳粹分子在被驱逐过程中常被施以死刑，有的甚至被活活烧死或被套在强壮的挽马上撕碎。英美对部分虐待德意志人事件进行了调查，但是收效不大。捷克民众反苏台德德意志人的情绪依然十分高涨，他们在公开场合指责苏台德德意志人是"叛徒""卖国贼"，坚决拒绝与其共处一国。

德捷两国的关系一直因为苏台德问题而紧张。捷克人因为 1938 年的慕尼黑危机，及其后德国保护国时期对捷克人的迫害，一直对德国人怀恨在心，对苏台德德意志人尤为如此。而德国则因为捷克在战后多年还没有废除《贝奈斯法令》，致使苏台德德意志人不能重返家园而埋怨捷克政府。直到 1997 年，两国才签署了互相谅解宣言。在该宣言中，两国政府分别就第二次世界大战时期德国占领捷克所犯下的罪行，及战后捷克政府强行驱赶苏台德德意志人所造成的伤害互相致歉，德国愿意补偿昔日的受害者。但是两国就《贝奈斯法令》一事，却迟迟没有达成协议。2002 年 4 月，在捷克加入欧盟前夕，捷克议会在对一项关于《贝奈斯法令》的议案表决时，以 162 票对 0 票的结果维持《贝奈斯法令》。同年 6 月，捷克政府又就此事做过一项民意调查，结果也是如此。可见，捷克人对于苏台德一事并没有释怀。

三 转型前后的民族发展历史

如前所述，捷克斯洛伐克作为一个民族国家是第一次世界大战后在哈布斯堡王朝的废墟上建立起来的。组成这个国家的两大民族——捷克人和斯洛伐克人——在地缘和语言上接近，在历史上关系也较密切，并且都有相似的坎坷命运。希特勒在上台后，利用捷克人和斯洛伐克人之间存在的

---

① 参见 Wilhelm Turnwald, Documents on the Expulsion of the Sudeten German: Survivors Speak out, Scriptorium, 2002, appendices.

矛盾，采取分而治之的方法，出兵占领了整个捷克地区，把它变成了德国的保护领地，同时却扶植了一个"独立"的斯洛伐克傀儡政权，在第二次世界大战中与纳粹德国站在一起。

捷、斯两个民族之间的矛盾，并没有因反法西斯战争的胜利和新国家的建立而被冲淡。在第二次世界大战即将结束之时，捷克人和斯洛伐克人在战后国家体制上进行了激烈的争论。在斯洛伐克民族自治的问题上，捷克人和斯洛伐克人各持己见。1945年3月，贝奈斯前往莫斯科，商讨国民阵线政府的成立问题。但在商讨期间，斯洛伐克国民委员会几乎被忽略、被排斥在新政府之外。斯洛伐克国民委员会提出实行联邦制以期实现捷克人和斯洛伐克人的平等，但被拒绝。斯洛伐克共产党人曾提议将斯洛伐克并入苏联，成立一个"苏维埃斯洛伐克"，斯洛伐克境内的多个政党也由希望在统一的捷克斯洛伐克境内实现自治转为要求成立独立的斯洛伐克国家。此外，斯洛伐克民主党也在战后进行反捷克活动，并就斯洛伐克民族机关和共和国政府职权划分问题制造争端，试图阻止政府的各项措施在斯洛伐克推行。民主党领袖在民众中挑拨捷克族和斯洛伐克族的关系，传播反捷克情感，还试图与逃亡在外的法西斯分子联系，企图推翻现有政府，建立独立的"斯洛伐克国家"。在联合政府内部党派斗争激烈，共产党领导人曾试图通过伪造谋反活动来破坏斯洛伐克民主党的可信度，然而计划遭泄露。党派间的斗争无疑使捷、斯民族关系更为紧张。

解放后，捷共基本上实行平等的民族政策，但在政策法理上的平等不等同于民族间事实上的平等，捷、斯民族矛盾并未得到真正解决。捷共十四大报告提纲中对捷共的活动和社会发展情况做了分析，认为日益加重的危机的最严重表现就是捷克人和斯洛伐克人关系的恶化。

20世纪50年代，受苏联影响，捷克斯洛伐克在国内也开展了"反对斯洛伐克民族主义"的清洗运动，这一运动持续时间长，而且受害人数众多，仅斯洛伐克地区在1968年至1969年为被清洗者平反的请求就达2000多起。清洗运动的对象在一开始是党和国家的重要领导人，后来扩大到军队和工人。1949年，捷克斯洛伐克共产党领导人斯兰斯基致电苏联，要求苏联派遣专家到捷克斯洛伐克协助进行清洗工作，外交部长克列门蒂斯、斯洛伐克行政委员会主席胡萨克、行政委员诺瓦麦斯基等，均被指控为"资产阶级民族主义者"，而后被逮捕审判。

60 年代初期，捷克斯洛伐克经济状况严重恶化。1963 年国民收入比 1962 年下降 2%，1961 年开始的第三个五年计划被中途放弃。经济上的不景气导致人民对现实不满，工人举行罢工、学生上街游行，捷、斯民族矛盾亦空前激化。在这种形势下，捷共认识到摆脱危机只能是进行经济和政治体制改革，改变传统的社会主义模式。1963 年，捷克斯洛伐克成立了国家经济改革委员会，开始着手进行经济改革的准备工作。1968 年 1 月诺沃提尼（Antonín Novotný）的第一书记职务被解除，由杜布切克（Alexander Dubček）接替，从此加快了改革的步伐。1968 年 4 月 5 日，捷共中央通过《捷克斯洛伐克共产党行动纲领》，这是改革的纲领性文件。改革的宗旨是建设"具有人道面貌的""民主的"社会主义社会。[①]

然而，这场被称为"布拉格之春"的改革很快遭到了镇压，以苏军的军事入侵而告终。1969 年 4 月，杜布切克被解除第一书记的职务，由胡萨克（Gustáv Husák）继任。胡萨克上台后，终止了之前杜布切克的改革，在各级党政领导班子中进行清洗活动并进行改组，实行所谓"正常化"政策。捷克斯洛伐克社会进入"正常化"时期，捷共恢复改革前高度集权的政治、经济体制，重新奉行与苏联高度一致的意识形态。在整个 70 年代至 80 年代，捷克斯洛伐克的经济、社会、政治生活都处在"正常化"的支配下。"正常化"措施影响了捷克斯洛伐克境内的民族关系。

1985 年戈尔巴乔夫上台，苏联对东欧的控制有所放松，不干涉东欧探索适合本国的发展道路。1989 年波兰和匈牙利的剧变也影响了捷克斯洛伐克。1988 年到 1989 年，捷克斯洛伐克国内游行示威不断，但遭到暴力镇压，民众对当局的不满情绪以及反对集权体制的活动升级。1989 年 11 月 17 日，捷克斯洛伐克首都布拉格爆发了大规模的游行活动，并要求结束捷克共产党执政。同年 11 月 29 日通过联邦宪法修正案，取消了捷共在国家中的领导地位。12 月 28 日，捷克政府举行了第一次多党选举。哈维尔（Václav Havel）领导的"公民论坛"获得胜利，哈维尔担任总统，杜布切克担任联邦国会议长。捷克斯洛伐克以和平的方式完成了国家的转型，共产党的执政地位被取消并沦为在野党，多党制得以实行。

---

① 参见李嘉恩等《东欧六国和南斯拉夫政治概览》，中国人民大学出版社 1989 年版，第 217—219 页。

自第二次世界大战以来捷克斯洛伐克成为社会主义兄弟阵营中的一员到1989年捷共下台，捷克斯洛伐克的民族关系一直深受苏联的影响。苏联的影响涉及多个方面，如在政治经济上仿照苏联模式给捷、斯民族关系带来的影响、苏联对"布拉格之春"的扼杀、苏联对捷克斯洛伐克领导人安排的干预等。

苏联解体及东欧剧变刺激了捷克斯洛伐克国内民族问题。苏联的解体标志着冷战时代的结束，两个超级大国对峙的紧张局面一去不复返。外部国际环境的压力骤然减小，在外部压力掩盖下的国内各种矛盾此时便浮出水面。捷克斯洛伐克国内各族之间在政治权力、经济利益、文化冲突等方面的矛盾随之凸显，民族主义情绪高涨起来。苏联的解体和南斯拉夫分裂，东欧这些新国家的建立起到了示范作用，使斯洛伐克人也在自治、独立问题上跃跃欲试。斯洛伐克人的民族分离意识开始复苏，主权意识增强。

自1990年起，斯洛伐克人要求民族独立的运动一次比一次激烈，捷、斯关系进一步恶化，在随后的两年里分歧逐渐扩大，直到最终与捷克人分手，建立自己独立的民族国家。1992年是捷克斯洛伐克联邦共和国一个极不寻常的年头。民族关系矛盾和党派斗争交织在一起，最终导致了联邦解体。联邦解体大致经历了三个阶段：两大执政党谈判决定解散联邦；制定具体的方案实施分家；履行法律程序。在1992年6月的大选中，政治主张和经济纲领截然不同的捷克"公民民主党"和斯洛伐克"争取民主斯洛伐克运动"获胜，双双成为执政党。接着，两党就联邦国体、总统选举和新政府组成等进行谈判。6月20日，双方领导人签署了政治协议，确认两党在联邦国体问题上存在原则分歧，并决定准备将联邦国家一分为二。随后，在任总统哈维尔在议会总统选举中落选并辞去总统职务，作为国家象征和联邦维系纽带之一的总统不复存在。接着，两党又商定，1992年12月31日为联邦存在的最后限期。至此，联邦解体已成定局。11月25日联邦议会通过了解散联邦的法律，将两党做出的分家决定以法律的形式固定下来。12月25日，捷克斯洛伐克联邦议会通过了《捷克斯洛伐克联邦共和国解体法》，决定联邦共和国将于1992年12月31日自动解体，从1993年1月1日起，捷克和斯洛伐克将成为两个独立国家。至此，这个74年前在奥匈帝国的废墟上建立起来的国家从地图上消失了。

第二节　宗教发展历史与现状

一　基督教在捷克的发展与现状

历史上的捷克直到 20 世纪初以前，始终都被基督宗教所主导。今天，捷克被认为是欧洲宗教意识最为淡薄的国家。自从 1620 年白山战役以来，捷克地区弥漫着一股普遍敌视天主教的情绪，一直以来即便捷克名义上是天主教地区，然而自 20 世纪初至今，捷克基督徒的数量一直在下降。

即使是在白山战役时期，捷克人也一直被描述为"对宗教宽容乃至漠不关心"的民族。[1] 根据扬·斯波斯塔（Jan Spousta）的观点，占现代捷克人口中绝大多数的非宗教信徒并非全是无神论者。诚然，基督教与无神论之间的鸿沟愈发巨大，与此同时，来自远东的宗教也在捷克地区传播。

捷克地区在 9—10 世纪皈依了天主教。自波希米亚宗教改革后，大多数捷克人（约 85%）成为扬·胡斯（Jan Hus）、彼得·谢尔切茨基（Petr Chelčický）等新教改革家的追随者。塔博尔派（Taborites）和圣杯派（Utraquists）是主要的胡斯教派。在胡斯战争时期，圣杯派站在了天主教会一方。在天主教会取得胜利后，圣杯派被天主教会接纳为波希米亚地区一种独特的基督教形式，而其他的胡斯教派团体则被禁止。在宗教改革后，一些波希米亚人接受了马丁·路德的教导，特别是苏台德地区的德意志人。在宗教改革后，圣杯派中却日益生长出一种反天主教的情绪，而一些在战争中失败的胡斯教派团体（特别是塔博尔派）也得以复兴。白山战役后在波希米亚地区所导致的在宗教信仰上的根本转变，使得哈布斯堡王朝想尽一切办法要将捷克人带回天主教信仰。当哈布斯堡王朝重新掌控波希米亚后，整个地区的人口被强制皈依天主教，即便是圣杯派也不例外。包括胡斯教派、路德宗等在内的各种新教改革教派都被驱逐出境、被杀害或被强迫改信。此后，捷克人对宗教的态度愈发谨慎和悲观。

根据 2010 年欧盟的一项调查，受访者中有 16% 的人称自己信仰上帝，有 44% 的人自称相信存在某种精神力量，有 37% 的人宣称不相信任何形

---

[1] 参见 Richard Felix Staar, Communist Regimes in Eastern Europe, Issue 269, p. 90.

式的神，另有3%的人未表态。① 在2011年的捷克人口普查中，有34.5%的受访者表示自己没有任何宗教信仰，有10.5%的受访者称自己信仰天主教（包括鲁塞尼亚礼天主教会），有1%的受访者称自己信仰新教（主要包括捷克福音弟兄会和捷克斯洛伐克胡斯教会），有0.2%的受访者称自己信仰东正教。此外还有极少数不属于任何教派的独立基督教会信徒。此外，在这一统计中，有6.8%的人表示自己有精神信仰却无宗教信仰，有0.7%的人表示自己既有精神信仰也有宗教信仰，还有44.7%的人则对宗教信仰问题无表态。② 此外，皮尤研究中心在2015年的调查发现，捷克共和国有72%的公民宣称自己不是宗教信徒（包括无神论者和不可知论者），有26%的公民宣称自己为基督徒，有2%的公民宣称自己为信仰其他宗教者。基督徒中有21%的人为天主教徒，有1%的人为东正教徒，有4%的人为包括新教在内的其他基督宗教信徒。③

（一）天主教

在哈布斯堡王朝统治时期，天主教会一直是捷克最大的宗教团体。1910年，仍有96.5%的捷克人自称天主教徒。不过，自第一次世界大战和奥匈帝国崩溃后，在仇恨哈布斯堡王朝统治者的情绪下，捷克斯洛伐克的天主教徒人数开始下降。④ 在第二次世界大战后，重建的胡斯教派团体成为天主教在捷克斯洛伐克衰落的最大受益者，然而从整体上看，全国的宗教信仰整体衰退。此外，因第一次世界大战后划归捷克的苏台德区的德意志人主要也是天主教徒，第二次世界大战后这些人被驱逐，也减少了捷克斯洛伐克天主教徒的人数。

1948年，捷克共产党夺取了政权，没收了捷克斯洛伐克国内教会所有的财产，并迫害了许多神职人员。天主教会只能在国家的严格监管之下运作，国家支付神职人员工资。许多教堂被查封，神职人员遭到囚禁甚至处决。而国家许可的教堂和神职人员只能在秘密警察的监视之下举行宗教

---

① 参见 Eurobarometer on Biotechnology 2010.
② 参见 Population by Religious Belief by Regions, Czech Statistical Office, 2012.
③ 参见 Pew Research Center, Religious Belief and National Belonging in Central and Eastern Europe, 2017.
④ 参见 Wolfram Kaiser & Helmut Wohnout, *Political Catholicism in Europe 1918-1945*, Oxford: Taylor & Francis, 2004, pp. 181-182.

活动。在"天鹅绒革命"后,一些教堂和修道院被归还给天主教会。不过,此后教会一直试图收回包括农场、林地和教会建筑在内的其他教会财产。共产党执政下的捷克斯洛伐克存在着各种地下天主教运动。其中典型的有科依诺特群体(Koinotes,希腊语,意为团体),以主教菲利克斯·大卫德克(Felix Davidek)为核心。

1991年的一项调查显示,国民中约有39%的人为天主教徒,但此后这一数字迅速下滑。截至2011年,只有10.5%的捷克人认为自己是天主教徒。捷克人对天主教信仰认同的转变之迅速同邻国波兰和已经分离出去的斯洛伐克国内的宗教局势形成鲜明对比。

2012年1月,捷克政府同意支付包括天主教会在内的所有捷克基督宗教团体数十亿美元作为捷共政权时期宗教迫害的补偿。这一高额的补偿款计划在30年内支付完毕。根据这一计划,包括天主教会、东正教会以及新教会在内的17个教会,将获得此前财产中的56%(预计价值750亿克朗)和590亿克朗的补偿款。补偿款和财产中的80%都将归给天主教会。[①]

(二)新教

15世纪,捷克的宗教和社会改革家扬·胡斯掀起了一场革命运动。胡斯大约于1371年出生在沿苏马瓦山区的小城镇布拉哈蒂采的一个贫民家庭。起初,他是作为伯利恒小礼拜堂的一名传教者而为民众闻名的。14世纪末建立的这座小教堂负有一项特殊的使命,即使用捷克语对普通大众进行布道。布拉格的捷克人几乎都在这里听过胡斯有关当时最迫切问题的热情洋溢的演讲。胡斯尖锐地抨击了天主教会的罪孽,谴责教会对贫民的剥削。

英格兰的宗教改革者威克里夫的思想于15世纪初在查理大学中传播,胡斯站在威克里夫的一边,因此触怒了大主教,被指控为异端。后来在瓦茨拉夫四世的支持下,胡斯开始对查理大学章程进行激进的改革,确保了捷克人在大学中的优势。不久,胡斯本人当选为大学校长,查理大学便成为方兴未艾的胡斯运动的重要支柱。

1412年,胡斯和大主教之间的决裂达到了顶峰。胡斯被处以重罚,

[①] 参见 "Churches Compensated for Seized Properties," *Christianity Today*, November 2011, 12.

并被禁止举行教会仪式。大主教将威克里夫的文集搜集起来付之一炬。后来，胡斯公开反对罗马教皇买卖圣职，并当众宣布，即便是教皇的命令，如果有错，信徒也没有义务听从。胡斯因此被监禁起来。然而，布拉格人民却支持胡斯。从 1412 年起，反对教会的浪潮风起云涌，演变成大规模的群众运动。人民唱着反对教会的讽刺歌曲在布拉格大街游行示威。但是，在这个时期胡斯运动中的第一批牺牲者倒了下去。

为了保护支持者，胡斯于 1412 年将阵营转移到了农村地区，并一直逗留到 1414 年。其间，他在农民中布道，反对剥削被奴役的人们，并宣称被奴役者没有义务听从违背基督教教义的上司。这种思想在广大人民群众中引发了热烈反响。

1414 年，在康斯坦茨召开了旨在消除教会分裂的教会代表会议。神圣罗马帝国皇帝西吉斯蒙德邀请胡斯参会，并许诺保证他的人身安全以及辩解的权利，即便无法达成和解，也可自由返回祖国。然而，胡斯来到康斯坦茨不久，便被投入监狱。1415 年 7 月 6 日，在西吉斯蒙德的同意下，胡斯被以异端罪名处死在康斯坦茨城门前。

胡斯献身后，他的追随者继续着他的事业，彻底脱离了罗马天主教会。在胡斯战争期间（1419—1434）击败了西吉斯蒙德组织的五次"十字军"战争。彼得·谢尔切茨基继续着捷克境内的胡斯改革运动。在接下来的两个世纪中，大多数的捷克人都成为胡斯教派的信徒。

1526 年后，波希米亚地区逐渐受到哈布斯堡王朝的控制。神圣罗马帝国皇帝马蒂亚斯企图在捷克恢复天主教，指定斐迪南二世为捷克国王。斐迪南二世下令禁止布拉格胡斯教徒的宗教活动，拆毁其教堂，并宣布参加集会者为暴民。1618 年发生的布拉格"扔出窗外事件"以及随之而来的反对哈布斯堡王朝统治者的起义，标志着三十年战争的开始，很快就蔓延至整个欧洲中部。1620 年，白山一役挫败了波希米亚的反对势力，使得哈布斯堡王朝对捷克的控制得到了加强。战争对捷克民众的影响是彻底而毁灭性的，人们被迫回到了天主教信仰之上。

今天，信仰新教的捷克人只占该国人口的 1%，可谓非常少。其中，有 0.5% 的人属于捷克弟兄福音派教会，有 0.4% 的人属于捷克斯洛伐克胡斯教会，有 0.1% 的人属于路德宗的奥格斯堡福音派教会。此外还有极少数的摩拉维亚教会成员。

(三) 捷克弟兄福音派教会

捷克弟兄福音派教会是现今捷克最大的新教教派，也是捷克共和国中仅次于天主教会的第二大基督宗教团体。它是在1918年捷克斯洛伐克路德宗与改革宗教派联合的基础上成立的。现今，该教会是世界基督教会联合会、欧洲教会联合会、世界路德宗联合会以及世界改革宗团契的成员。

捷克弟兄福音派教会现有宗教场所260处，信徒人数约在115000人，教会在捷克境内共有14个长老区。捷克弟兄福音派教会信徒人数的顶峰出现在1950年，当时有40多万信徒。然而，自共产党执政至今日，历次人口普查显示这一数字在快速减少。[1]

(四) 捷克斯洛伐克胡斯教会

捷克斯洛伐克胡斯教会是在第一次世界大战后从捷克斯洛伐克的天主教会中分离而来的。它的历史可以追溯到胡斯改革运动，并且这一教会自身便以胡斯为其先锋。捷克斯洛伐克建国后，马萨里克大力扶植胡斯教会，尽管他本人是捷克弟兄福音派教会的信徒。

捷克斯洛伐克胡斯教会的前身为成立于1890年的耶德诺塔（Jednota，即捷克天主教神职人员联盟），旨在推动天主教会内的现代化改革，例如在宗教仪式中使用民族通俗语言，提倡神职人员自愿独身等。这一略带激进色彩的运动推动了教会礼仪的本地化进程，在1919年圣诞节期间，许多捷克斯洛伐克的教堂都使用捷克语举行圣诞弥撒。1920年1月8日，卡雷尔·法斯基博士（Dr. Karel Farský）正式宣告成立捷克斯洛伐克胡斯教会，由他本人担任首任牧首，并创立了胡斯教会自己的礼拜仪式。捷克斯洛伐克胡斯教会的成员以捷克斯洛伐克的工人阶级为主，在1948年政变之前，他们就积极支持社会主义经济体制改革。

今天，捷克斯洛伐克胡斯教会的信徒人数预计在100000人至180000人，其中大多数都是捷克共和国公民，也有一部分是斯洛伐克公民。该教会在捷克境内有304处宗教场所，分为布拉格、比尔森、赫拉德茨·克拉洛威、布尔诺和奥洛穆克五大教区，而在斯洛伐克境内有3处宗教场所，仅有布拉迪斯拉发一个教区。现有牧师300人不到，其中有接近半数为女性。布拉格查理大学的胡斯神学院是该教会神职人员的培养院校。

---

[1] The Lutheran World Federation—2013 Membership Figures Lutheran World.

捷克斯洛伐克胡斯教会的教义混合了天主教、新教以及东正教等元素。它借鉴了古代教父、前七次普世大公会议、济利禄和美铎迪两位圣人著作中的基督宗教传统训导，以及宗教改革时期的新教思想，尤其是圣杯派的思想。和天主教一样，捷克斯洛伐克胡斯教会也承认七件圣事。然而，它又和路德宗与长老会一样，强调信徒个人的意志自由，允许女性担任神职，并强调平信徒在教会内同等的领导权。在圣事礼仪方面，胡斯教会也结合了传统的天主教弥撒经书和路德宗与圣杯派弥撒的传统。尽管胡斯教会并不注重敬礼圣人圣女，但它们却在建筑教堂时采用圣人画像进行装饰。在20世纪20年代后建造的新的教堂中，放置的圣像极少，只有基督的画像，偶尔还有胡斯的画像。在胡斯教会的图像学理念中，圣杯扮演了核心角色，通常被描绘为红色，这是15世纪胡斯教派信徒在战争中使用旗帜的传统。这种符号形象存在于胡斯教会的圣堂、书籍等各种地方。

捷克斯洛伐克胡斯教会建立之初，曾积极寻求同塞尔维亚东正教会与天主教会的联系，并带有一种趋向于理性主义和一性论神学的特征。但该教会于1958年颁布的信条，却是建立在尼西亚信经基础之上的。如今，捷克斯洛伐克胡斯教会是世界基督教会联合会、捷克共和国普世教会联合会、欧洲教会联合会以及罗伊恩贝格教会团契的成员。胡斯教会同合一运动成员的关系密切，但和捷克天主教会的关系仍较为紧张。1999年4月，亚纳·施乐洛娃（Jana Šilerová）当选该教会的首任女性主教。而早在几个月前，捷克天主教会的总主教米罗斯拉夫·福尔克（Miloslav Vlk）公开表示反对，警告女性担任神职有违圣经教导，并宣称此举可能会导致教会间关系的恶化。胡斯教会批评天主教会此举干涉其内部事务，天主教会旋即宣称米罗斯拉夫·福尔克总主教的话为其个人言论，并表示不会对女性担任主教施加压力。2000年，天主教会派代表参加了亚纳·施乐洛娃的晋牧仪式。[1]

（五）奥格斯堡福音派教会

奥格斯堡福音派教会是捷克共和国最大的路德宗教会。它的信众主要集中在切申西里西亚地区在捷克境内的部分，其中很大一部分属于波兰

---

[1] 参见 Luxmoore, Jonathan, "Eastern Europe 1997-2000: A Review of Church Life," *Religion, State & Society*, 29 (4), 2001, pp. 305-330.

人。该教会有着路德宗悠久的传统。2009 年的报告显示，它共有领洗信徒 15632 人。[①]

如今的奥格斯堡福音派教会建立于第一次世界大战后，但其起源却可以追溯至 16 世纪。早在路德时代，他的改革思想就传播到切申西里西亚地区。1610 年后，该教会因受到对立宗教改革运动的限制而无法发展。1709 年，约瑟夫一世（Joseph I）将切申西里西亚的一座教堂划分给路德宗，此后这座教堂成为这一地区路德宗信仰的中心。20 世纪初，切申西里西亚地区的路德宗复兴运动开展得如火如荼，并于 1905 年达到顶峰。在捷克共产党执政时期，奥格斯堡福音派教会受到很大压迫。

今天，奥格斯堡福音派教会是世界基督教会联合会、欧洲教会联合会以及世界路德宗联合会的成员。2006 年，该教会同美国东南宾夕法尼亚州福音派教会建立了正式的合作伙伴关系。但由于美国路德宗教会的变化，这一合作关系于 2009 年终止。此后，奥格斯堡福音派教会又同自由路德宗会众协会和密苏里州的福音派教会展开合作。

（六）摩拉维亚教会

摩拉维亚教会的正式名称为"弟兄合一会"（Unitas Fratrum），是世界上十分古老的新教教派之一，其历史可以追溯到 15 世纪的波希米亚宗教改革。该教会最初的活动地区为捷克中部的摩拉维亚，故而得名。如今，摩拉维亚教会流传于德国、英国、美国、坦桑尼亚和加勒比地区，分为 19 个教省，拥有超过 90 万信徒，其中一半生活在非洲。该教会人数虽少，但以强调平等、友爱、互助、灵修的特色，成为新教独立的一派，其国际组织为"合一会议"（Unity Synod），每 7 年召开一次。

15 世纪胡斯战争失败后，其残存的社会下层成员于 1457 年建立新宗教团体波希米亚弟兄会。该团体强调平等与共同生活，并对统治者采取不合作的对抗形式，因此在 16 世纪中叶被驱逐出境，部分成员迁往捷克中部摩拉维亚地区。在这一地区居住百余年后，该教会又遭迫害，再次被迫迁居。其中操德语的一支于 1722 年迁往德意志，受到当地信奉路德宗的伯爵尼古劳斯·路德维希·冯·青岑多夫（Nikolaus Ludwig von Zinzendorf）

---

① 参见 "Austrian Silesia: Historical Sketch of the Protestant Church," *Evangelical Christendom*, 2 (1), 1861, pp. 18-21.

的庇护，被收容居于其在萨克森州的领地贝尔茨多夫庄园，与当地居民共同生活。1727年青岑多夫直接参与该教会的宗教活动，并对其加以改建，制定了信仰与管理方面的一系列制度，自此该教会得名"弟兄合一会"。其信仰标准为《弟兄协定》（Brotherly Agreement），与路德宗的《奥格斯堡信纲》基本一致。该派强调《圣经》为信仰和行为的唯一准则；重视信徒个人与基督的灵性关系；提倡友爱互助，人人平等。其教牧人员分为三类：执事、长老和主教，主教为灵性领袖，无行政权力。摩拉维亚教会十分重视教育和传教，尤其是赴边远和贫困地区传教。自1732年开始，该教会除在欧洲传教外，还向西印度群岛派出传教人员。青岑多夫曾于1741年至1743年亲至北美传教。他于1741年圣诞节前夕在宾夕法尼亚州费城以北60英里的荒野建立教会以及伯利恒、拿撒勒等三座城镇，成为弟兄会在北美的中心。至19世纪中期，摩拉维亚弟兄会在欧洲的传统聚居地逐渐衰落，其成员多移居美国以及加拿大西部，其中心移至美国。[①]

（七）东正教

捷克斯洛伐克东正教会是捷克与斯洛伐克两国内的自治东正教会。目前的大主教普雷绍夫的拉斯蒂斯拉夫（Rastislav of Prešov）于2014年1月11日当选。2013年12月9日，捷克斯洛伐克东正教会会议决定撤换原大主教西缅·雅克夫雷韦克（Simeon Jakovlevic），以拉斯蒂斯拉夫取而代之。这一举措遭到了来自君士坦丁堡普世牧首巴多罗买一世的谴责。

863年，摩拉维亚大公罗斯季斯拉夫请君士坦丁堡牧首派希腊传教士前来传播斯拉夫文字和拜占庭宗教礼仪，被视为东正教在捷克的开端。1918年奥匈帝国解体后，塞尔维亚正教会在波希米亚和摩拉维亚成立正教会，任命戈拉茨德（Gorazd）为第一任主教。1945年后，在俄罗斯正教会的帮助下，捷克斯洛伐克的东正教会得以重建，成立以大主教为首的都主教区。1950年希腊天主教徒曾加入其中，但1968年退出后成立希腊天主教会。1951年莫斯科牧首承认捷克斯洛伐克东正教会自主。同年第四届教会会议选举多罗特伊（Dorothej）为布拉格和全捷克斯洛伐克大主教。

捷克和斯洛伐克分道扬镳后，两国内的东正教会都以独立的法人实体

[①] 参见于可编《当代基督新教》，东方出版社1993年版，第134—136页。

继续运行。在捷克共和国内被称为"捷克东正教会",而在斯洛伐克共和国内被称为"斯洛伐克东正教会",但两者仍然保持着在捷克斯洛伐克东正教会中的共融。目前,捷克斯洛伐克东正教会拥有信徒20余万人(多为捷克人、斯洛伐克人、匈牙利人、乌克兰人,少数为保加利亚人、希腊人、塞尔维亚人、茨冈人),分为4个主教区,分别为布拉格、奥洛穆茨、普雷绍夫和米恰洛夫采,其中布拉格和普雷绍夫分别为两国东正教会的中心。在捷克共和国内,东正教会拥有82处堂区,其中51处位于波希米亚,而31处位于摩拉维亚和西里西亚。捷克斯洛伐克东正教会的礼仪使用教会斯拉夫语,少数堂区使用捷克语和匈牙利语。斯洛伐克境内的普雷绍夫大学东正教神学院为两国东正教会培养教会人才。

二 捷克的少数宗教

(一) 佛教

捷克共和国内的佛教信徒粗略估计约在50000人,占总人口的0.5%。据《世界佛教名录》(*World Buddhist Directory*)统计,捷克境内的佛教场所共计有70处。越南裔社区构成今天捷克共和国境内佛教信徒的主流。越南裔主要信仰大乘佛教,并有祖先崇拜、儒道融合的倾向,他们是捷克共和国最大的亚裔群体,总人数超过60000人,占据整个国家中佛教团体人数的三分之二至四分之三。其余的佛教信徒包括了捷克人(主要信仰小乘佛教和藏传佛教),此外还有较小部分的华人群体和韩裔群体。

佛教主要流行在捷克境越南裔聚居地,特别是在首都布拉格和谢布的市区。捷克北部省份瓦恩斯多夫的天安塔竣工于2007年9月,2008年1月开放,是捷克境内第一处具有越南风格的佛教场所,现已成为越南文化和语言传播交流的中心。此外,捷克境内还有10座韩裔建立的佛教寺庙。

捷克的藏传佛教主要是宁玛派和噶举派。噶举派在捷克境内拥有50个活动中心和冥想团体。由奥列·尼达尔(Ole Nydahl)创立的"钻石之路"如今是捷克和斯洛伐克两国非常活跃的藏传佛教团体。捷克与中国在藏传佛教文化方面亦有交流。2007年,中国藏学家、藏传佛教代表团对捷克进行了访问交流。在访捷期间,该代表团会见了捷克文化部第一副部长、众议员、卡罗维伐利市副市长、南捷克州特日博尼市市长,与捷克欧亚合作学会、捷克东正教代表及藏学家进行了座谈,接受了捷克第二大通讯社 KORZO 的采访。旦增曲扎法师还为近 500 名捷克信众举行了宗教法事活动。

(二) 伊斯兰教

根据皮尤研究中心 2016 年的估计，捷克共和国现有穆斯林大约 20000 人，约占该国总人口的 0.2%。[1] 而在 2010 年捷克人口普查时，穆斯林的人数为 3500 人，而在更早之前的 1991 年，这一数字仅为 495 人。目前捷克境内的清真寺共有两座，分别位于布拉格与布尔诺。

964 年，来自摩尔人治下的西班牙商人易卜拉欣·伊本·雅各布（Íbrahím ibn Jaqúb）可能是最早到访中欧的穆斯林。他的回忆录成为伊斯兰世界中有关中欧的最早记录。在维也纳的两次围城战中，奥斯曼土耳其帝国的侦察团曾经抵达摩拉维亚。19 世纪，奥匈帝国同奥斯曼帝国建立了稳固的贸易关系。19 世纪末，在波斯尼亚成为奥匈帝国的一部分后，一些穆斯林开始在捷克土地上定居。从历史上看，伊斯兰教对捷克的文化影响微乎其微。[2]

1912 年，伊斯兰教成为奥匈帝国官方认可的宗教。第一个穆斯林团体"捷克斯洛伐克穆斯林宗教社区"（Muslimské náboženské obce pro Československo）成立于 1934 年，1949 年解散。1968 年捷克斯洛伐克的穆斯林曾尝试建立新的社区，但以失败告终。1991 年，新的"穆斯林社区中心"（Ústředí muslimských náboženských obcí）成立。1998 年，位于布尔诺的捷克第一座清真寺投入使用。几年后，首都布拉格建立了第二座清真寺。穆斯林们尝试在其他城市中建立新的清真寺，但遭到当地政府的阻止。2004 年，伊斯兰教在捷克共和国正式注册，至此，穆斯林社区有资格从政府处领取资金。20 世纪 90 年代初，大部分穆斯林从波黑地区迁徙而来。在 90 年代后期，则从科索沃迁徙而来。从 20 世纪 90 年代末至今的穆斯林则来自前苏联国家。在捷克穆斯林中一支相当有影响的群体来自埃及、叙利亚和其他中东地区的中产阶层，他们曾经在捷克斯洛伐克学习，后定居于此。此外，还有数百名捷克人穆斯林。

然而，随着大量穆斯林移民涌入欧洲中西部以及随之而来的问题，捷

---

[1] Pew Research Center, Europe's Growing Muslim Population, 2016.

[2] 参见 Egdūnas Račius, *Muslims in Eastern Europe*, Edinburgh: Edinburgh University Press, 2018, p. 142.

克境内出现了普遍的反对伊斯兰教的声音。2010 年，捷克天主教米罗斯拉夫总主教就曾对欧洲的基督教前景表示担忧，他认为伊斯兰对欧洲国家的"入侵"，根本的原因是欧洲人丢弃了传统信仰，社会上物欲横流，普遍盛行享乐主义，给伊斯兰潜入欧洲大陆造成可乘之机。在 2017 年的选举中，素有"捷克特朗普"之称的民粹主义者安德烈·巴比什（Andrej Babis）胜出，成为总理。捷克极右翼党魁在庆功宴上表示，他们的目标是停止让捷克共和国伊斯兰化，对穆斯林移民零容忍，甚至提到了召开脱离欧盟的全民公投。而另一位黑马则是右翼政治家冈村富夫（Tomio Okamura）。有意思的是，这位常以极端排外言论引发关注的企业家，他自己就曾因为有着一张"外国脸"而常年受排挤。冈村富夫在首都布拉格经营旅行社，主要接待日本游客，同时又是一个极右翼民粹主义政党的领导人。2015 年，他成立了自由直接民主党（SPD）。在 2017 年的捷克议会选举中，该党得到 10.6% 选民的支持，成为议会第四大政党。观察家普遍认为，这一选举结果将会给捷克政坛带来深远的影响。冈村富夫在接受《南德意志报》采访时对自己的右翼民粹主义思想并不隐讳。他主张捷克应当就脱欧举行全民公决。他还主张在捷克境内禁止伊斯兰教，禁止收留穆斯林非法移民。他还曾呼吁捷克民众抵制所有来自穆斯林供货商的商品，甚至动员捷克人到清真寺附近遛狗和猪。

（三）犹太教

犹太教和犹太人在捷克境内的历史可以追溯到中世纪。有证据表明，早在 10 世纪就有犹太人生活在摩拉维亚和波希米亚。截至 2005 年，捷克共和国境内约有 4000 名犹太人。16 世纪被视为布拉格犹太人的黄金时代。19 世纪末，大多数犹太人操德语，并自认为是德意志人。到了 20 世纪 30 年代，操德语的犹太人人口已经为操捷克语的犹太人所超越。犹太复活主义也在该地区有着广泛传播。19 世纪末到 20 世纪初，大量犹太人从波希米亚的村庄和城镇涌入布拉格，使得波希米亚的犹太人团体开始城市化。[①] 1938 年之前，犹太人占波希米亚和摩拉维亚 1000 万居民人口的 1%（117551 人）。大多数犹太人居住在诸如布拉格、布尔诺和俄斯特拉

---

① 参见 Čapková, Kateřina, *Czechs, Germans, Jews: National Identity and the Jews of Bohemia*, New York: Berghahn Books, 2012, pp. 24-25.

发这样的大城市中。①

捷克的反犹主义声音一直不如欧洲其他地区那么强烈，这是因为受到马萨里克的压制，而犹太人的世俗化倾向促进了他们同非犹太民族之间的融合。在第二次世界大战期间，捷克犹太人被德国占领者伙同捷克纳粹送入特雷森斯塔特集中营，并进行屠杀。得益于儿童运输运动（Kindertransport），一些捷克犹太儿童被营救至英国等同盟国而幸免于难。战后，他们中的一些人得以与家人重聚，但更多的人则失去了自己的父母和亲人。据统计，第二次世界大战期间被纳粹屠杀的犹太人约在80000人，集中营中仅10000人幸存。②

今天的布拉格依然拥有捷克境内最多的犹太人，数座犹太教堂定期开展宗教活动，此外还有3所犹太人幼儿园、1所犹太人学校、2所养老院、5家犹太餐厅、1家犹太人酒店。官方称布拉格的犹太人社区有1500人，但实际数字可能要多得多，应有7000人至15000人。由于历史上纳粹和捷克共产党政权的前后迫害，今天许多犹太人都不愿意注册登记自己的信息。

---

① 参见 Wolf Gruner, "Protectorate of Bohemia and Moravia in Wolf Gruner," Jörg Osterloh ed., *The Greater German Reich and the Jews: Nazi Persecution Policies in the Annexed Territories 1935–1945*, War and Genocide, Bernard Heise trans., New York: Berghahn Books, 2015, pp. 99–135.

② 参见 Livia Rothkirchen, *The Jews of Bohemia and Moravia: Facing the Holocaust*, Lincoln: University of Nebraska Press, 2006, pp. 34–49.

第八章　捷克外交政策

外交政策是一个国家政治活动的重要组成部分。它促进一个国家的海外利益，为国内发展创造有利条件。一国的外交政策在很大程度上由该国所遵循的一套价值观和原则所决定。外交政策和国内政策之间没有明确的界限，外交关系受外部和内部政治事件与进程的影响、形成和调解。

1993年捷克与斯洛伐克和平分家之后，捷克的外交政策相对稳定，没有明显的阶段性起伏，有的只是对外政策优先有所不同而已。1993年以来，捷克外交政策既有地理优先，又有问题导向。捷克先后加入北约和欧盟，奉行经济靠欧盟、安全靠北约和美国的对外政策，将实现安全、繁荣，可持续发展，保护人权，服务民众，树立国家形象作为五大外交目标，并将"经济外交"和"人权外交"作为重点。

第一节　基于国家利益的外交
政策原则和目标

一　捷克国家战略利益

捷克的国家利益分为核心利益和战略利益。捷克外交政策追求国家的核心利益和战略利益。捷克的核心利益是确保国家的生存、主权和领土完整，维护宪法秩序和民主，以及公民的安全。捷克的战略利益是协助创造和加强有利的国际条件，融入稳定的国际安全和经济结构中，为经济增长和繁荣创造外部条件，保持和加强捷克经济的相对优势，以及加强捷克出口商的竞争力。捷克关心长期、可持续和平衡的全球经济增长,以及制定有效措施,应对全球威胁和风险,如环境退化、毒品滥用、跨国犯罪和恐怖主义。捷克的核心利益和战略利益是其特定利益的基础。捷克共和国利用它所拥有的一切手段来保护其核心利益和推动其战略利益。①

二 捷克外交政策的原则

捷克外交政策原则基于捷克的国家利益、尊重欧洲文明的遗产和价值观。价值观包括国际法、法治、保护自然和不可剥夺的人权。推动人权是捷克外交政策的关键支柱之一,是与安全、繁荣,可持续发展,服务于人民和树立国家形象并列的捷克外交政策五大主要目标之一。② 此外,捷克的外交政策亦基于界定公民与国家关系的国际协议、由国际协议界定的经济、社会和文化权利、欧洲人权公约和欧洲社会宪章等。捷克认为,民主不仅是一个国家的内政,而且是和平的国际关系的先决条件。捷克的主权和安全同国际民主共同体紧密联系在一起。

三 捷克外交政策的目标

捷克外交政策的目标基于国家的核心利益和战略利益,即确保共和国的外部安全,为和平发展与繁荣创造条件,以及促进社会的自由和多方面发展。捷克外交政策的目标是将捷克共和国纳入先进民主国家的共同体,成为一个平等、可靠和值得信赖的伙伴,并承担适当责任。

捷克在国际关系的各层级和多领域中寻求和确保自身利益。捷克通过多边外交、双边外交、经济外交、文化外交和公共外交等方式追求各种利益。

在多边外交方面,捷克视国际组织为一个重要的寻求和推进其国家利

---

① Conceptual Basis of the Foreign Policy of the Czech Republic, MFA of Czech Republic, 2011, https://www.mzv.cz/file/681350/koncepce_ zahranicni_ politiky_ 2011_ en.pdf. 检索日期:2020年11月22日。

② No Revolution Has Taken Place: The Post-2015 Human Rights Foreign Policy of the Czech Republic, IIR *International Law Reflection* #8, October 9, 2016, https://www.dokumenty-iir.cz/ILR/Reflection_ 8.pdf. 检索日期:2020年11月23日。

益的平台。捷克积极参与所有主要的国际管制制度和诸多功能性国际集团，利用多边国际论坛的外交活动所提供的一切可能性，支持进一步合理发展国际组织，以建立有效的全球控制和经济可持续增长的框架。截至2020年底，捷克是57个国际组织的成员国。

在双边外交方面，截至2020年12月31日，捷克已与195个国家建立了外交关系。

捷克特别重视睦邻政策。捷克共和国在将自己纳入欧洲和欧洲—大西洋结构范围内的同时，发展与中欧国家的双边和区域合作。入盟之后，捷克与欧盟成员国的双边关系日益呈现出欧盟内部关系的特征。

在经济外交方面，捷克通过一项全面的出口政策在国际经济组织的框架下支持捷克企业的经济利益，同时，积极参加以确保国际经济组织提高效力为重点的谈判，支持限制和消除阻碍经济全球化的不利因素。

在公共外交方面，捷克根据其自身能力参加与国外人道主义和发展援助有关的活动。公共外交包括政党间的联系、海外侨胞关系、文化交流、教育、研发、生态和人道主义活动等。公共和非国家外交活动在捷克外交活动中的重要性日益上升。

在生态外交方面，环境保护和确保可持续增长是当前两个全球性外交问题，解决这些问题需要所有国家共同努力，并制定全球和国家战略与办法。捷克严格注意根据国际协定和国家立法的要求实施环境标准。

在文化外交方面，它基于这样一种假设，即文化、学术、外交、科学和非政府关系为各国、人民和文化之间发展更密切的交流以及建立商业和与投资有关的联系创造着有利条件。由于这些接触是真实的，而且往往是具有个人性质的，它们不受一时的政治气候波动的影响，从而有助于国际关系的稳定。捷克注意不断增加在国外的文化表达，它对塑造捷克共和国的正面形象具有重大意义。这些活动主要通过捷克海外中心主办，与文化部合作进行。[①]

[①] Conceptual Basis of the Foreign Policy of the Czech Republic, MFA of Czech Republic, 2011, https://www.mzv.cz/file/681350/koncepce_ zahranicni_ politiky_ 2011_ en. pdf. 检索日期：2020年11月22日。

第二节　捷克与主要大国关系

一　捷克与欧盟关系

1993年1月1日捷克成为主权独立国家，欧共体即给予外交承认。[①] 同年10月，捷克与欧盟签署《欧洲协定》，该协定于1995年2月生效。《欧洲协定》是一个全面的契约框架，规划了捷克不断向欧盟趋同的道路。同时它规范了捷克与欧盟的政治、经济、贸易、文化、金融和技术援助等多方面关系。

1990—1996年，欧共体/欧盟通过法尔计划、欧洲投资银行和欧洲重建与发展银行共向捷克提供各种援助和贷款17.76亿埃居（ECU）[②]，以支持捷克的经济转轨。

1996年1月23日，捷克向欧盟递交了入盟申请。2004年5月1日，捷克加入欧盟。这标志着捷克"回归欧洲"进程的结束。同时，作为成员国，捷克开始与其他成员国一道影响和参与欧盟的决策和欧盟的未来发展。

在政治关系方面，入盟之后，捷克继续遵守欧盟的哥本哈根入盟政治标准，巩固民主。在安全与防务方面，捷克采用欧盟的共同法和共同外交与安全政策，捷克也参与欧盟成员国政府间共同外交与防务政策，以及欧洲安全与防务政策（ESDP）。同时，作为欧盟成员国，捷克与其他成员国共同形成欧盟的对外政策（CFSP）。

2009年1—6月，捷克作为欧盟轮值主席国。捷克设立了三个需要优先讨论的事项：经济发展和金融危机、全球气候变暖、欧盟的外交政策。2009年2—3月，捷克召集欧盟成员国首脑开会讨论经济发展和就业问

[①] 欧洲经济共同体（European Economic Community）根据《罗马条约》成立于1957年。1993年11月1日，根据《马斯特里赫特条约》欧洲联盟成立。欧洲经济共同体被纳入其中，改称欧洲共同体（European Community），并将包含着欧洲共同体的"欧洲各共同体"（European Communities）作为"欧盟三支柱之第一支柱"。2009年12月生效的《里斯本条约》废止了"欧洲共同体"，其地位和职权由欧盟承接。《里斯本条约》也取消了"欧盟三支柱"体系，将原本各支柱的事务以及欧盟因《里斯本条约》而取得的新事务权限更加紧凑地整合成10个主要任务领域。

[②] Eu-Czech Republic Relations, MEMO/96/34, 2 April 1996, https://ec.europa.eu/commission/presscorner/detail/en/MEMO_96_34. 检索日期：2020年12月4日。

题。4月，北约等国际组织会议，以及欧美峰会在布拉格召开。6月，在捷克的支持下，欧盟通过了东方伙伴关系计划，使得欧盟对欧盟东邻国家有了相对清晰的战略计划。① 此外，欧盟向能源供给多元化和气候保护迈出了重要步伐。

2014年，欧盟因俄罗斯深度"干预"乌克兰内政并演化为危机，同时使克里米亚归属异位而对俄罗斯进行经济制裁。捷克加入了对俄罗斯的制裁。但此后，捷克政治家不断呼吁欧盟启动与俄罗斯对话，尽早结束对俄罗斯的制裁，因为制裁伤害了捷克经济。②

2015年欧洲难民危机爆发，包括捷克在内的维谢格拉德集团国家反对欧盟出台的难民分配计划，因为欧盟的难民摊派方案不符合捷克的国家利益。③ 捷克"坚决拒绝摊派难民的某些永久性机制，也反对在任何临时机制中使用配额制"。捷克认为，欧盟应该致力于叙利亚战争的解决方案，帮助处于危机地区的邻国，保护现有边界，在欧盟边界上建立难民中心，并且不接收经济难民。④

2016年，欧盟委员会提出了改革欧盟的五种方案，其中包括多速欧洲的设想，即成员国可以根据自身的政治、经济和社会情况决定欧洲一体化的速度。方案强调，欧元区国家将作为欧洲一体化的核心，而非欧元区国家将不能拥有欧盟重大事务决策权。捷克反对多速欧洲的概念及方案。虽然加入欧元区是每一个欧盟成员国在满足相关财政指标之后都应该加入

---

① Czech Presidency as a series of results, 30 June 2009, http：//www.eu2009.cz/en/news-and-documents/news/czech-presidency-as-a-series-of-results-26419/index.html. 检索日期：2020年1月2日。

② Kafkadesk, Czech Minister breaks ranks and calls to end EU sanctions against Russia, 27June 2019, https：//kafkadesk.org/2019/06/27/czech-minister-breaks-ranks-and-calls-to-end-eu-sanctions-against-russia/.

③ V4 to Set up A Common Crisis Management Centre, http：//www.visegradgroup.eu/v4-to-set-up-common, November 22nd, 2016, http：//www.visegradgroup.eu/v4-to-set-up-common. Aneta Zachová, Edit Zgut, Karolina Zbytniewska, Michał Strzałkowski and Zuzana Gabrizova, Visegrad nations unitedagainst mandatory relocation quotas, 23 July, 2018, https：//www.euractiv.com/section/justice-home-affairs/news/visegrad-nations-united-against-mandatory-relocation-quotas/. Maciej Duszczyk, Karolina Podgórska & Dominika Pszczółkowska, From mandatory to voluntary. Impact of V4 on the EU relocation scheme, *European Politics and Society*, Vol. 21, 2020 – Issue 4, pp. 470 – 487. https：//doi.org/10.1080/23745118.2019.1672367.

④ Alastair Jamieson, Refugee Crisis：Czech Republic Rejects Migrant Quotas ahead of Ministers' Meeting, Sept. 22, 2015, https：//www.nbcnews.com/storyline/europes-border-crisis/quotas-rejected-czech-republic-europe-migrant-toll-reaches-477-906-n431511.

第八章　捷克外交政策　　209

的义务，但出于政治和经济考虑，捷克无论是政治家还是民众都对加入欧元区持消极立场。① 捷克的官方立场是，在欧元区经济彻底稳定下来，并实现连续增长，且欧洲央行出台欧元区成员国财政纪律之前，捷克不考虑加入欧元区。2020 年 8 月，捷克总理巴比什在接受《哈佛国际评论》采访时首次明确表示，如果欧盟能够改革欧元区的治理，允许成员国要求南欧成员国更理性地使用预算，捷克会考虑加入欧元区。②

在经济关系方面，加入欧盟之后，捷克获得三方面经济利益：欧盟内部单一大市场带来更多贸易、获得更多外国直接投资、获取可观的欧盟基金。入盟后，捷克对外贸易的主要伙伴国是欧盟成员国。2018 年，捷克 80% 的对外贸易在欧盟内实现，其中，向欧盟成员国的出口额占捷克出口总额的 84%，从欧盟成员国的进口额占捷克进口总额的 76%。③

截至 2019 年，捷克外资存量为 1706 亿美元④，是中东欧国家中继波兰之后外资存量最多的国家。2017 年，外国直接投资存量占捷克 GDP 的 67.8%。⑤ 捷克的外国直接投资主要来自欧盟成员国。截至 2018 年底，来自欧盟国家的直接投资占捷克外国直接投资存量总额的 85.5%。⑥ 自 2000 年以来，捷克是中东欧国家中人均外资最多的国家。2017 年，捷克人均外资为 12257 欧元。⑦

入盟后，捷克享受欧盟凝聚基金的财政转移。2007—2013 年，捷克获得欧盟各类基金 266.9 亿欧元，2014—2020 年，捷克获得欧盟凝聚基

---

①　根据 2017 年 5 月"欧洲晴雨表"的调查，捷克只有 29% 受调查者赞成加入欧元区，而有 62% 的受访者认为，加入欧元区会对捷克带来消极影响。European Commission，*Flash Eurobarometer* 453 Report Introduction of the Euro in the Member States That Have Not yet Adopted the Common Currency，2017，http：//ec. europa. eu/commfrontoffice/publicopinion/index. cfm/Survey/getSurveyDetail/instruments/FLASH/surveyKy/2187.

②　John Cody，Czechia is ready to dump its koruna currency and embrace the euro，says PM Babiš，August 18，2020. https：//rmx. news/article/article/czechia-is-ready-to-dump-its-koruna-currency-and-embrace-the-euro-says-pm-babis.

③　EC，EU member countries in brief，Czechia，https：//europa. eu/european-union/about-eu/countries/member-countries.

④　World Investment Report 2020，Annex table 2，World Bank，2020，p. 242.

⑤　CzechInvest，Fact Sheet，The Business and Investment Climate in the Czech Republic，August 2019，http：//www. czechinvest. org/en.

⑥　Foreign Direct Investment – 2018，Czech National Bank，https：//www. cnb. cz/export/sites/cnb/en/statistics/bop_ stat/bop_ publications/pzi_ books/PZI_ 2018_ EN. pdf.

⑦　Czech Invest，Fact sheet，2019. http：//www. czechinvest. org/en.

金 220 亿欧元。① 入盟 16 年来，捷克经济多年保持着正增长，2020 年捷克在世界经济排行中列第 48 位。② 根据 2020 年 12 月的一项民调，有 57% 的捷克人对入盟表示满意。③

二 捷克与斯洛伐克的关系

1993 年 1 月 1 日捷克与斯洛伐克和平分家之后，双方通过谈判解决了共同边界、货币、财产分割等问题。1998 年，捷克修正了《国籍法》，解决了捷克人的双重国籍问题。这些问题的解决为发展两国关系创造了条件。如今捷、斯两国在各个领域、各个层次上的联系与合作日益加强，两国已建立起"超水平"国家关系。④

在经贸领域，捷克是斯洛伐克的第二大贸易伙伴。2019 年，两国贸易总额为 192.3 亿美元，其中，捷克出口额为 99 亿美元，进口额为 93.3 亿美元。捷克在斯洛伐克进出口总额中的比重均占 11%。⑤ 同期，斯洛伐克在捷克的进口中位列第四，在捷克的出口中位列第二。

在人员交往方面，1993 年之后，在捷克就业的斯洛伐克人数大幅增加，2004 年两国入盟后，斯洛伐克人到捷克就业出现了第二波高峰。2011 年，在捷克就业的斯洛伐克人为 117831 人。⑥ 斯洛伐克劳动力移民主要由于捷克的经济和劳动力市场形势好于斯洛伐克。根据 1999 年两国教育部达成的协议，在捷克高等学府学习的斯洛伐克学生不断增加。1999—2004 年，每年增加 1000—2000 人，2004 年两国入盟后，每年增加

---

① Cohesion Policy and the Czech Republic, European Commission, October 2014, https://ec.europa.eu/regional_policy/sources/information/cohesion-policy-achievement-and-future-investment/factsheet/czech_republic_en.pdf.

② IMF, World Economic Outlook Database, October 2020, https://www.imf.org/en/Publications/WEO/Issues/2020/09/30/world-economic-outlook-october-2020.

③ Czech satisfaction with EU membership reaches highest level since 2010, *KAFKADESK*, 10 DECEMBER 2020, https://kafkadesk.org/2020/12/10/czech-satisfaction-with-eu-membership-reaches-highest-level-since-2010/.

④ 关于捷克和斯洛伐克联邦解体前后关系的进一步描述可参阅陈广嗣、姜琍编著《列国志·捷克》，社会科学文献出版社 2005 年版，第 312—317 页。

⑤ Trading Economics, Slovakia Exports by Country, https://tradingeconomics.com/slovakia/exports-by-country.

⑥ Marian Halas, The Development of Selected Mutual Relations between the Czech Republic and Slovakia, *European Review*, Vol. 22, No. 3, p. 419, http://doi.org/10.1017/S1062798714000258.

2000—3000 人。2010/2011 学年，在捷克学习的斯洛伐克学生为 24500 人，占当年捷克外国留学生总数的 2/3。① 部分斯洛伐克学生毕业之后留在了捷克，对斯洛伐克而言有人才外流之虞。

三 捷克与德国的关系②

与德国关系是捷克与欧盟成员国十分重要的关系之一。1992 年 2 月 27 日，两国签署了《睦邻、友好和合作条约》，1997 年 1 月 21 日，两国又签署了《德—捷关于相互关系及其未来发展的联合声明》。③ 这些官方文件旨在敦促两国放弃由历史问题所产生的政治和法律纠纷，基于睦邻关系向前看。由于德国对欧盟、世界经济和日益重要的国际安全的内在价值，德国成为捷克在欧盟内的关键合作伙伴。两国建立了 11 个工作组，在能源、环境、内部和外部安全、科学研究、跨境合作和交通基础设施等多领域进行合作。两国在欧盟的近邻政策、东方伙伴关系，以及西巴尔干问题上也广泛开展合作。2007 年 1 月，捷—德两国外长签署联合声明，重申了 20 年前两国联合声明的基本精神。2015 年，捷—德两国外交部建立了"战略对话"机制，以期进一步推动和提升两国关系。④ 近年来，捷克重启了与德国巴伐利亚和萨克森松两个自由州的跨境合作。两国各级文化交流范围广泛，德国罗莎·卢森堡基金会、海因里希·波尔基金会和弗里德里希—艾伯特基金会等在捷克设有办事处。两国还共同成立了德国—捷克未来基金会，总部设在布拉格。该基金会支持在青年、文化、教育、少数民族、对话论坛和出版物等领域的非营利性相互交流计划。

两国的经济关系十分密切。德国是捷克的第一大贸易伙伴。2019 年，

---

① Marian Halas, The Development of Selected Mutual Relations between the Czech Republic and Slovakia, *European Review*, Vol. 22, No. 3, p. 424.

② Almut Möller & Milan Nič, Can Slovakia and the Czech Republic overcome Europe's east-west divide? ECFR Commentary, 11th February, 2019, https：//ecfr.eu/article/commentary_ can_ slovakia_ and_ the_ czech_ republic_ overcome_ europes_ east_ west_ d.

③ Germany and Czechia: Bilateral Relations, Germany MFA, 19 Feb. 2020, https：//www.auswaertiges-amt.de/en/aussenpolitik/czech-republic/219976.

④ Benjamin Tallis, Czech-German Relations: A Dialogue in Place of Strategy, in Hope of Strategy and in Need of Strategy, Institute of International Relations, December 2016, https：//www.dokumentyir.cz/PolicyPapers/Tallis_ 12_ 2016_ Czech_ German%20Relations.pdf.

捷克向德国出口额为 635 亿美元，占捷克出口总额的 32%，捷克从德国进口额为 440 亿美元，占捷克进口总额的 25%。[1] 德国是捷克的第三大投资国。截止到 2018 年，德国对捷克的投资总额为 264.4 亿美元，占当年捷克外资存量的 16.1%。[2] 德国是捷克重要的工业生产合作伙伴。捷克是德国重要的汽车产业链之一。与德国经济的深度一体化也给捷克经济带来一定的风险。[3]

四 捷克与美国的关系

在非欧盟国家中，美国是对捷克最重要的国家。[4] 自 20 世纪 90 年代以来，保持强大而有效的跨大西洋联系一直是捷克外交政策的首要优先事项。因为美国在推动捷克加入北约和推进民主议程方面发挥了积极作用。进入 21 世纪后，捷克一直是欧洲最坚定的大西洋主义者。捷克政治精英将发展与美国的友好关系视为加强捷克在欧洲大西洋文明中的地位以及西方身份认同的方式。[5]

努力发展和升级与美国的双边关系被捷克认为是其摆脱地缘政治困境和建立安全保障的有效途径。[6] 2000—2009 年是捷克美国关系的蜜月期[7]。此

---

[1] Trading Economics, Czech Republic Imports and export by Country, https://tradingeconomics.com/czech-republic/imports-by-country.

[2] Santander, Czech Republic: Foreign Investment, https://santandertrade.com/en/portal/establish-overseas/czech-republic/foreign-investment.

[3] Oldřich Krpec & Vladan Hodulák, The Czech economy as an integrated periphery: The case of dependency on Germany, *Journal of Post Keynesian Economics*, Vol. 42, 2019 - No. 1, pp. 59 - 89. http://DOI.org/10.1080/01603477.2018.1431792.

[4] John K. Glenn, et. el. (2015), Czech-American Relations: A Roadmap for the Future, CEVRO Institute Academic Press Policy Studies edition, Volume 3, https://www.cevroinstitut.cz/upload/ck/files/PCTR/Publikace/2015/Czech-American%20Relations%20-%20A%C2%A0Roadmap%20for%20the%20Future%20（web）.pdf.

[5] Kryštof Kozák, Conflicted Cultural Memory and U.S. Foreign Policy: The "Lost Ca (u) se" of the U.S. Radar Base in the Czech Republic, *Ad Americam. Journal of American Studies* 19 (2018): pp. 123-142, https://doi.org/10.12797/AdAmericam.19.2018.19.09.

[6] Markéta Šonková, Contextualizing the Czech-American Relationship in the Light of NATO and Military Partnership: Creation, Evolution, and Cooperation, May 15, 2018, http://reviewsmagazine.net/contextualizing-the-czech-american-relationship-in-the-light-of-nato-and-military-partnership-creation-evolution-and-cooperation/.

[7] Christopher Downs, 100 Years of Czech-US Relations, *IPS Policy Paper*, February 2018, https://www.politikaspolecnost.cz/wp-content/uploads/2018/02/100-years-of-Czech-US-relations-IPPS.pdf.

间，捷克支持美国在伊拉克的行动，同意美国在捷克部署反导系统。捷克认为，此举可以提升其战略地位，后美国以"该项目的财务成本和技术不确定性"为由放弃了该项目。2009年4月，美国总统奥巴马访问捷克，出席在捷克举行的欧美峰会。2012年在叙利亚内战期间，由于美国关闭了在叙利亚的大使馆，捷克驻叙利亚使馆担负起救援美国在叙利亚公民的使命。

在军事合作方面，2014年1月，捷克议会批准向美国出售28架总价值为2580万美元的亚音速军事教练机的协议。① 2019年12月中旬，捷克同意购买美国12架战斗直升机，总价值达6.5亿美元。②

在经济关系方面，1993年以来，捷克和美国签署了多项经济合作协定。③ 双边贸易和相互投资不断增长。在贸易方面，2010年，捷美双边贸易额为55.3亿美元，其中，捷克向美国出口额为31.79亿美元，从美国进口额为23.51亿美元。2019年，双边贸易额增长到113.79亿美元，捷克出口额为71.76亿美元，进口额为42.03亿美元。2010—2019年，双边贸易中捷克均是出口大于进口，长期保持顺差。④ 2019年，美国占捷克进口总额的2.7%，占捷克出口总额的2.3%。美国在捷克进出口额中分别位列第十和第十一。⑤

在相互投资方面，美国对捷克的直接投资大大高于捷克对美国的投资。2010年，美国对捷克的投资为52.68亿美元，2013年为年度投资额最高年份，为63.83亿美元。2019年为48.15亿美元。2010年捷克对美国的投资为0.65亿美元，2015年达到1.13亿美元。⑥ 2019年10月17

---

① Chris Johnstone, Czech government approves deal to offload excess fighter jets, 01/02/2014, https：//english.radio.cz/czech-government-approves-deal-offload-excess-fighter-jets-8540697.

② Dan Parsons, Czech H-1 deal will keep Bell's production line open at least through 2024, DECEMBER 16, 2019, https：//verticalmag.com/news/czech-h-1-deal-will-keep-bells-production-line-open-at-least-through-2024/.

③ John K. Glenn et al., Czech-American Relations: A Roadmap for the future, CEVRO Institute Academic Press, 2015, p.64.

④ BEA Czech Republic-International Trade and Investment Country Facts, https：//apps.bea.gov/international/factsheet/factsheet.cfm.

⑤ Czech Republic Imports by Country, Trading Economics, https：//tradingeconomics.com/czech-republic/imports-by-country.

⑥ Czech Republic-International Trade and Investment Country Facts, https：//apps.bea.gov/international/factsheet/factsheet.cfm.

日，捷美两国第五次经济和商业对话在美国举行，旨在进一步推动两国经贸关系的发展。[1]

五　捷克与俄罗斯的关系

捷克与俄罗斯的关系是捷克对外关系中最复杂的一组关系。捷克独立之初，捷克与俄罗斯关系平稳发展，高层往来不断。1993 年 8 月，俄罗斯总统叶利钦访问捷克，两国签署了《捷俄友好合作条约》和《经济关系与合作条约》等重要文件，奠定了两国在新的历史条件下发展双边关系的政治基础。普京入主克里姆林宫后，俄罗斯调整了对包括捷克在内的中东欧国家加入北约的立场，尽管它依然反对北约东扩，但声称不会阻碍俄、捷两国关系的发展。此后，捷、俄两国关系实现了正常化，捷克更多地视俄罗斯为"新俄罗斯"，是一个可以发展经贸关系的对象。

2007 年，捷克同意美国在捷克建立导弹防御基地。俄罗斯对此反应激烈，甚至威胁要将俄罗斯导弹对准布拉格。捷克则称俄罗斯此举是新帝国主义，试图重新控制其以前的势力范围。2008 年发生俄罗斯—格鲁吉亚战争。特别是 2013 年底乌克兰危机爆发及克里米亚归属异位，捷克进一步视俄罗斯为苏联式的威胁。[2] 2014 年，捷克参与欧盟对俄罗斯的经济制裁。2018 年 3 月，捷克驱逐了三名俄罗斯外交官，作为对俄罗斯前情报官员及其女儿在伦敦被"投毒"事件的反应。同时，应美国的请求，将一名俄罗斯黑客引渡到美国。2020 年 4 月，捷克布拉格市政府决定将一公园中竖立的苏联元帅科涅夫的塑像移除，并重新命名雕像所在广场。俄罗斯就此提出强烈抗议，捷、俄两国随即就相关历史问题展

---

[1] Economic and Commercial Dialogue between the Czech Republic and the United States continues successfully, 25.10.2019, https://www.mpo.cz/en/foreign-trade/international-trade-by-territory/north-and-south-america-and-the-caribbean/economic-and-commercial-dialogue-between-the-czech-republic-and-the-united-states-continues-successfully--250069/.

[2] Petr Kratochvíl, Petra Kuchyňková, Russia in the Czech Foreign Policy, chapter 9 in Michal Kořan et al., Czech Foreign Policy in 2007-2009, The Institute of International Relations, Prague 2010; David Cadier, The Foreign Policy of the Czech Republic; Chapter 10, in Federiga Bindi (ed.) Europe and America: The End of the Transatlantic Relationship, 2019, Brookins Institute Press pp. 199-216; Jan Holzer, Miroslav Mareš (eds., 2020), *Czech Security Dilemma_ Russia as a Friend or Enemy*, Palgrave.

开激辩。① 2020 年 6 月，捷克和俄罗斯两国又相互驱逐对方国家外交官，两国关系进入又一个低潮期。②

在经济领域，尽管政治形势不断变化，但两国的经济关系稳步改善和发展。2011 年 12 月 7 日，俄罗斯总统梅德韦杰夫访问布拉格，两国签署了经济和文化交流协议，两国视对方为重要的经济伙伴。2003—2012 年，捷克对俄罗斯的出口呈上升趋势。2014 年捷克参与欧盟对俄罗斯制裁之后，捷克对俄罗斯的出口呈下降趋势。2019 年，双边贸易总额为 93 亿美元，其中，捷克向俄罗斯出口额为 43 亿美元，从俄罗斯进口额为 50 亿美元，俄罗斯分别居当年捷克进出口的第 8 位和第 12 位，分别占进出口总额的 2.8% 和 2.1%。③ 同年，捷克在俄罗斯贸易伙伴中列第 18 位，占俄罗斯外贸总额的 1.28%。④ 捷克向俄罗斯出口的大宗商品是机械和运输工具，占对俄罗斯出口总额的 47%—72%，而捷克从俄罗斯进口的主要商品是矿产品，占捷克同类商品进口总额的 32%—54%。⑤

在相互投资方面，俄罗斯并非捷克理想的投资目的地。2000 年，对俄罗斯投资占捷克对外投资总额的 0.61%，到 2018 年也只占 0.87%。在经贸合作方面，2017 年，捷克总统泽曼访问俄罗斯，同俄罗斯总统普京共同签署了 13 个两国经济合作文件，总额近 200 亿美元。⑥

---

① David Stulík, Russian Battles over Historical Narratives: The Case of Prague's Konev Statue; European Values Center for Security Policy Report 2020, https://www.europeanvalues.cz/wp-content/uploads/2020/10/russian_battles_over_historical_narratives_the_case_of_pragues_konev_statue_2020.pdf. Karel Janicek, Czech-Russian relations plunge amid differences over history, ABC News, 8 May 2020, https://abcnews.go.com/International/wireStory/czech-russian-relations-plunge-amid-differences-history-70574287. Grigorij Mesežnikov, Struggle for the Present: The Czech-Russian Monument War, 11 March 2020, https://visegradinsight.eu/struggle-over-the-present-russia-czechia-memory.

② Czechs expel two Russian diplomats over hoax poison plot, BBC News, 5 June 2020, https://www.bbc.com/news/world-europe-52935146. Vladimir Isachenkov, Russia expels 2 Czech diplomats in quid pro quo move, AP News, June 15, 2020, https://apnews.com/article/12ed887a84c6659f88187b3129e99630.

③ Trading Economics, Czech Republic Imports and exports by Country, https://tradingeconomics.com/czech-republic/imports-by-country.

④ Russian trade with the Czech Republic in 2019, https://en.russian-trade.com/reports-and-reviews/2020-02/russian-trade-with-the-czech-republic-in-2019/.

⑤ Jan Holzer, Miroslav Mareš, eds. (2020), Czech Security Dilemma-Russia as a Friend or Enemy, Palgrave Macmillan, p. 99.

⑥ Russia and Czech Republic sign agreements for $20 billion, Ministry of Economic Development of the Russian Federation, 23, Nov. 2017, http://www.ved.gov.ru/eng/general/news/19/23395.html.

六　捷克与中国的关系

1993年1月1日，捷克成为独立主权国家，中方即予以承认并与之建立大使级外交关系。1990年代中期，捷克在中国"西藏问题"和"台湾问题"上的一些作为侵害了中国的核心利益，导致两国关系受到损害，两国高层互访一度中断。2009年5月20日，中国国务院总理温家宝赴捷出席第十一次中欧领导人会晤。其间，温家宝总理会见捷克总统克劳斯和过渡政府总理菲舍尔，共同商讨改善双边关系问题。2013年，泽曼担任捷克总统后积极推动对华关系，开展务实经济外交。自2015年9月至2019年，泽曼以总统身份先后五次访问中国。2016年3月28—30日，中国国家主席习近平访问捷克，中捷两国元首签署《中华人民共和国和捷克共和国关于建立战略伙伴关系的联合声明》，两国关系进入新时期。

在中国—中东欧合作框架下，捷中两国举办多个合作论坛。2014年8月，第二次中国—中东欧国家地方领导人会议和中国投资论坛在捷克成功举办，中国—中东欧国家地方省州长联合会正式落户捷克。2015—2019年，"中国投资论坛"连续在捷克举行。2015年和2019年，捷克先后举办中国—中东欧国家合作卫生部长论坛、中国—中东欧国家民用航空论坛。

在经贸合作方面，2010年以来，特别是在中国—中东欧合作框架下的捷中两国经贸关系发展迅速，双边贸易额不断攀升。2010年，捷克—中国双边贸易额为88.43亿美元，到2019年，双边贸易额已大幅增长至175.95亿美元。其中，捷克向中国出口额为46.28亿美元，捷克从中国进口额为129.67亿美元。

2019年以来，捷克一些政治家违背一个中国原则和商业公平原则，人为制造冲突，干扰中捷务实合作，中捷关系再次遇到挑战。

第三节　捷克的地区政策

一　捷克与维谢格拉德集团的关系

区域合作是捷克中欧政策不可或缺的一部分。维谢格拉德集团（V4）

是捷克开展与中欧国家合作的基本平台。V4 追求的主要目标是国家和非国家行为体之间建立信任，培养内部凝聚力，提升集团在欧盟内的影响，以及增大在北约和其他国际组织中的共同利益。

捷克政治家非常重视在多层级上与 V4 其他成员国保持沟通。成员国意识到，四国如果能够发展成为强大的地区集团，就可以在欧盟推动寻求更大的共同利益。① 捷克总理、总统、议长和议会委员会主席每年都与其他成员国相应层级政治家进行会晤和交流，使 V4 成员国之间关系具有超水平性。在 2004 年入盟之前，捷克和 V4 其他成员国主要利用这一平台在回归欧洲的道路上相互帮助。入盟后，V4 成员国面临着类似的入盟后挑战②，成员国之间的会晤、咨询，以及在政治、外交和公共层面上的各种合作方案逐渐增加。近年来，V4 合作的重点转向议题和地区问题。能源安全是 V4 成员国长期关注的问题。在 2009 年 1 月俄罗斯与乌克兰之间的天然气供应危机之后，能源安全成为 V4 成员国特别关注的问题。

2015 年欧洲难民危机爆发后，捷克与 V4 中的波兰和匈牙利一道，拒绝欧盟的难民分配方案③，被欧盟委员会诉诸欧洲法院。2020 年 4 月，欧洲法院审理此案，称波兰、匈牙利和捷克三国政府拒绝接受难民配额的"理由"不充分，认定三国违反了欧盟相关法律。④

在 2019 年 7—12 月捷克担任 V4 轮值主席之时，V4 国家面临着欧盟内部的诸多挑战和问题，如欧盟 2021—2027 年预算编制处于最后阶段，英国脱欧谈判不畅、持续的安全和难民问题等。为使 V4 能够应对这些挑战，捷克提出了"合理欧洲"的口号，即强调合理的解决方案、革命性

---

① Michal Kořan et al., The Visegrad Cooperation, Poland, Slovakia and Austria in the Czech Foreign Policy, in Czech Foreign Policy in 2007–2009, IIR, 2010, chapter 5.

② Dangerfield, Martin (2008), "The Visegrád group in the Expanded European Union: From Preaccession to Post-accession Cooperation," *East European Politics and Societies*, Vol. 22, No. 3, pp. 630-667.

③ Reuters Staff, Czech deputy PM rejects refugee quotas, says country should fight any EU sanctions, AUGUST 4, 2016, https://www.reuters.com/article/us-czech-refugee-pm-idUSKCN10E227.

④ DW, Central European states "broke EU law" by refusing refugees, 02.04.2020, https://www.dw.com/en/central-european-states-broke-eu-law-by-refusing-refugees/a-52989354.

的技术创新以及协调的立场。①

V4 成员国在一些问题上也存在分歧。针对 V4 某些成员国中出现的民粹主义言论以及在司法和媒体等领域的做法,捷克政治家不止一次地表示,作为欧盟成员国,理应遵守欧盟的基本价值观。在如何看待乌克兰危机和如何对待俄罗斯问题上,捷克与波兰的看法也不尽相同。

二 捷克的东部政策

2009 年上半年,在捷克担任欧盟轮值主席国期间,欧盟通过了"东部伙伴关系计划",旨在加强 6 个后苏联国家与欧盟的经济和政治联系及相关领域的一体化。捷克等中欧国家在地理上靠近前苏联邻国,与这些国家在历史、社会经济和社会上有着长期的联系,对该地区的稳定和经济发展极为关注。捷克推动欧盟通过东方伙伴关系计划意味着为捷克等中欧国家创造一个有利的共同外交和安全政策结构,从而增加其在欧盟内设置议程的能力。捷克和维谢格拉德其他成员国可以为东方伙伴关系国的政治和经济转型提供相关经验。

在捷克成为独立国家之后的一段时间内,捷克并未对其东部邻国给予外交关注。直到 2000 年代中期,捷克才开始在外交层面关注其东部近邻。2007 年,捷克在 V4 框架内提出在东部邻国伙伴关系框架下开发东部支柱的建议。此后,捷克支持波兰提出的"东部伙伴关系"计划,并在 2009 年上半年捷克担任欧盟轮值主席国期间获得通过。捷克认为,在发展与东部伙伴关系国的关系时,应尊重这些国家自主选择外交政策方向和一体化偏好的权利,不能由外部压力和对其内部事务的粗暴干涉来强迫实现政治和经济发展,捷克也不接受对不遵守国际法的国家的主权和对侵犯领土完整的任何行动。捷克将经济外交、发展合作、转型援助和发展人权视为其与东方伙伴关系国发展双边关系的中心内容。捷克认为,欧盟的东方伙伴关系计划必须反映伙伴国的期望,并在实践中进行细分。对乌克兰、摩尔多瓦和格鲁吉亚,捷克认为,东方伙伴关系政策应侧重于执行联盟协议,包括深入和全面的自由贸易协定,以及实施相关改革。根据所取得的进

---

① Claudia Patricolo, Czech Republic takes over V4 presidency, July 4, 2019, https://emerging-europe.com/news/czech-republic-takes-over-v4-presidency.

展,这些国家将获得不同程度的激励,包括经济激励。在这些国家,捷克支持公民社会和自由媒体,因为这是取得共同目标和社会变革的重要因素。从长期来看,捷克支持欧盟与这些国家发展制度关系。对亚美尼亚、阿塞拜疆、白俄罗斯,捷克主要利用双边经贸关系和人权对话,在东部伙伴关系的多边框架下保持与这些国家的基本联系,并在适当的领域推动这些国家与欧盟建立共同经济空间,形成一个包容性的经济区域,并对欧亚经济联盟产生影响。

第二篇
重大专题研究

第一章　中长期发展战略

捷克在 2006 年便进入了发达国家的行列，并且凭借着良好的经济与科技基础，在多个领域领先于中东欧其他国家。为了加速国家发展、提升公民生活质量，捷克进行长期战略规划，在 2015 年出台《捷克 2030 战略框架》。在该战略框架的指导下，捷克陆续发布具体的中长期发展战略，如本章将着重介绍的经济战略、创新战略与发展合作战略。捷克希望在 2030 年能够成为科技强国并引领欧洲创新，能够使得经济社会得到全面的质的发展。

第一节　捷克 2030 战略框架

2004 年底，捷克政府通过了国家可持续发展战略草案。这是捷克有史以来首次制定可持续发展战略。今天，无论是捷克国内还是全球形势，都发生了巨大的变化，捷克也面临着新挑战。这就使得捷克政府决策层需要及时出台新战略以应对国际变化以及抓住发展机遇。2030 战略框架就在这样的大背景下出台了。它主要以捷克公民生活质量和可持续发展为基点，涵盖了国内的方方面面，同时也积极履行国际责任。

一　2030 战略框架出台背景

捷克有着较好的重工业基础，但正是由于过度依赖重工业，追求经济快速发展，20 世纪 80 年代到 90 年代，在环境污染方面，捷克是欧洲地区表现较差的国家之一。甚至到了 2004 年，超过五分之一的捷克人生活在没有公共地下水排放的区域。[①] 而欧盟吸纳捷克加入的条件之一就是环

[①] 游建胜：《捷克政府的可持续发展战略及其启示》，载《情报探索》2010 年第 2 期，第 37 页。

保治污。2004年底，捷克政府首次出台可持续发展战略，提出到2014年前要实现的三个目标：一是在保持经济竞争力的基础上，确保捷克经济能够抵御国内外各种风险和消极影响；二是普及全民可持续发展教育；三是加大科研投入，提升社会竞争力，促进经济社会与环保之间的协调发展。

自20世纪90年代起，国际社会愈发关注经济发展与环境保护之间的关系，尤其是进入21世纪以来，可持续发展日益成为许多国家的战略议程。1992年，联合国环境与发展大会通过《21世纪议程》，明确要求各国制定和实施相应的可持续发展战略以应对人类社会面临的共同挑战。这意味着可持续发展战略首次在联合国多边机制框架下得到确认。[①] 2015年9月，联合国通过《2030可持续发展议程》并确立17项可持续发展目标，涉及可持续发展的三个层面：社会、经济和环境，以及与和平、正义和高效机构相关的重要方面。

作为全球可持续发展的"排头兵"，欧盟也早在2000年便制定"里斯本战略"，将可持续发展作为战略基石。除此之外，欧盟还陆续出台了《欧盟可持续发展战略》、"欧洲2020战略"、《欧洲绿色协议》、新循环经济行动计划等。

根据可持续发展评估情况以及联合国、欧盟可持续发展要求，捷克政府于2014年成立可持续发展局，旨在协调可持续发展议程的基础上规划2030战略框架。在此背景下，捷克政府于2015年出台2030战略框架。该框架全面评估了捷克发展现状与前景，在对新形势进行结构性分析的基础上，结合国际标准及履行全球治理责任，提出了2030战略发展目标。

2030战略框架首先突出提高民众生活质量与可持续性的重要意义。从前者来说，社会进步不能仅用经济指标来衡量，还需要考虑个人、家庭和社会及其相互作用的各个方面。如教育和技能、人际关系、公民参与、环境质量、个人安全和主观感知的生活幸福。从后者来说，社会发展受自然资源瓶颈的限制愈加显著，过度消费与片面发展将会损害人类世界。近年来，可持续发展已经成为世界各国的主要议题，它涉及气候变化、人口、土壤流失和不平等加剧等热点问题。可持续发展就意味着该战略框架

[①] 张越、房乐宪：《欧盟可持续发展战略演变：内涵、特征与启示》，《同济大学学报》（社会科学版）2017年第28卷第6期，第37页。

要能够从长远角度做出规划，意识到全球化带来的不确定性，并考虑到所选择的解决方案的各种影响。2030战略框架突出发展与民生融合的社会意义，其从全球视野出发规划了国家中长期发展蓝图。该战略框架是国家发展的指导性文件，政府职能部门陆续制定相关详细发展方案来保障规划实施和目标完成。可持续发展局将每两年编写一份关于生活质量及其可持续性的分析报告，以此来评估发展情况并适时作出框架调整。

二 2030战略框架内容

2030战略框架的核心内容是可持续发展的六个横向原则，覆盖民生与社会、经济模式、弹性生态系统、城市与乡村、全球发展与善治。

（一）民生与社会

自20世纪90年代经济转型以来，捷克政府重视转型过程中的民生建设，在强调通过建立市场环境下的竞争性生产要素提高社会生产率的同时，把社会化服务和民生建设作为工作重点之一，实现了其职能从集权和生产管理型向开放和社会服务型的转变。捷克收入不平等程度较低，国家公共教育和医疗保健系统健全，失业率在欧盟国家中几乎处于最低水平。尽管如此，捷克在社会民生长期发展方面仍面临一些重大挑战，如社会家庭模式弱化，人口老龄化，长期失业人口占比上升，社会性别歧视状况差于欧盟其他国家等。具体来看，围绕民生与社会议题，该战略框架提出以下目标：

从家庭和社区层面来看，家庭是社会的基本单位，也是个人和社会发展所必需的社会化的首要场所。一个稳定和正常运作的家庭有助于增强整体社会凝聚力，它能够以独特的方式传授、分享和传递文化、道德、社会精神价值。因此，家庭政策是整个社会和经济制度的内在组成部分，它可以在其中发挥促进增长的重要作用。该战略框架提出，要把减贫作为重要的任务之一。国家要给予困难家庭相应的经济补贴，制定对多子女的家庭具体的优惠政策来帮助其父母平衡工作和生活。同时要对特殊家庭予以照顾，例如采取具体措施保障单亲家庭的成员有平等接受教育的机会，发挥他们在就业市场和社会上的作用，从而使他们不会被社会边缘化。同时该战略框架提出，加强社区建设是发展的重要方面，社区发展的基本前提是要有完善的社会服务设施（交通、社会护理、保健、教育）。社区建设与发展既需要政府的宏观政策支持，也需要国家与地方政府职能部门相互配合。

就业保障是实现家庭和睦、国家稳定的关键要素。就欧盟国家而言，近年来捷克的失业率不仅呈下降趋势，并且与欧盟其他国家相比常年处于较低的程度（见图Ⅱ-1-1）。

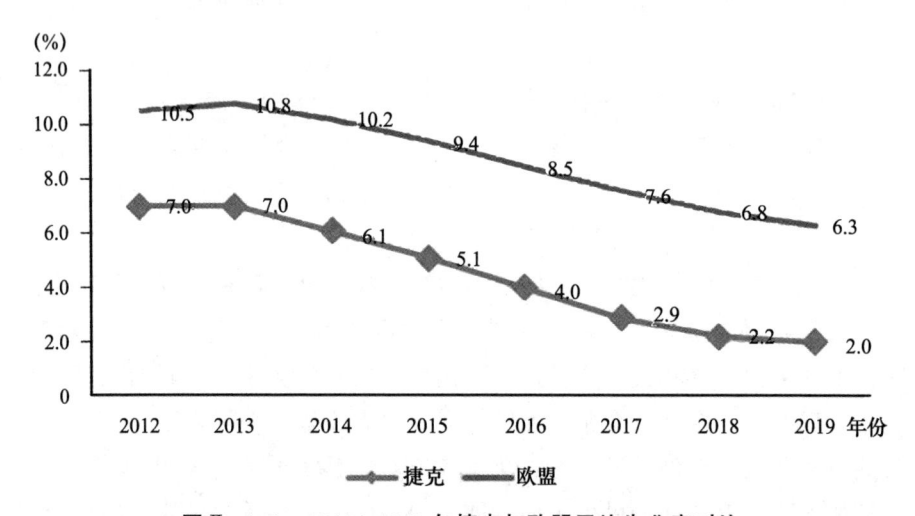

图Ⅱ-1-1　2012—2019年捷克与欧盟平均失业率对比

资料来源：欧盟统计署，https：//ec. europa. eu/eurostat/tgm/table. do? tab = table&init = 1&plugin = 1&pcode = tps00203&language = en。本图为笔者根据相关数据制作。

从就业情况来看，捷克存在诸多问题。如捷克高质量就业不足，企管、高技术领域相应的人才缺乏，人口老龄化所带来的劳动结构不平衡，针对女性的就业歧视现象较为严重等。该战略框架还预测了经济和社会的数字化会给劳动力市场带来根本性的变化。一方面，数字化和机器人可能将人们从广泛的日常活动中解放出来，并需要更多的高端人才；另一方面，许多工作可能会完全消失。捷克政府考虑到未来的失业率，因此不得不提前将此事项提上议程。该战略框架针对就业前景提出以下建议：（1）国家必须引导新型经济活动进入正规经济，同时要保障进入新领域劳动者的权利。（2）国家要制定相应的税收和社会政策以保障员工的就业（例如，新技术减少了工作时间就可以增加休闲时间，而不是让员工面临被解雇的危险）。（3）制定各方面吸引高技术人才的优惠政策，鼓励在国外工作的捷克人回国。(4) 国家将保障产后女性顺利回到工作岗位上，平衡她们的工作和生活。同时将提供灵活的工作条件来最大限度地减少不稳定现象，并满足其高质量学前幼托服务需要。国家还将鼓励提高事业单位和企业领导岗位的女性比例，并缩小性别薪酬差距。(5) 将为合格的外国人融入就业市场和社会创造适当的环境，以便发挥其竞争优势。

2030 战略框架也强调了社会平等、教育、健康、文化等因素对于国家发展的重要性。到 2030 年，捷克需要实现四大社会目标：一是尽量让社会不平等程度维持在低水平上；二是建立具有包容性和相互渗透性的教育体系；三是公共卫生体系保持稳定及公民健康状况得到改善；四是通过建立文化组织以及政府提供政策支持等方式来支持文化产业发展。该战略框架认为，改善社会歧视是长期和系统性工程，国家需要起草有效的保护弱势群体法律，也要有针对性地帮助具有潜在危险的社会群体，例如罪犯。同时要建立一个有效的社会住房制度来补充现有的住房供给体系，以改善弱势群体的住房条件。从教育领域来看，该战略框架认为，21 世纪的教育目标必须是发展公民的积极潜能，而不应纯粹以就业为导向。因此要建立终身教育制度使得人人都有机会接受教育，同时要因材施教，发挥每个人的长处。在新一轮科技大发展的背景下，捷克还要注重培养高技术人才，加强基础研究，以市场为导向提升研发能力。在卫健建设方面，捷克需要建立全方位公共医疗服务体系，应加大对预防疾病、医疗设备、医疗保险、医护人才培养、普及全民健康知识的资金投入。在文化建设领域，该战略框架指出发展文创产业的重要性在于将其作为创新源泉，它为其他经济部门的发展带来附加值，例如可以打造文化旅游品牌为捷克带来经济效益，并提出要在秉持欧洲价值观、宣传捷克主流文化的基础上，尊重文化多样性，尤其是要尊重和保护少数族群文化。

(二) 经济模式

捷克于 1995 年加入经合组织，它是中东欧地区最早加入该组织的国家，至今仍是中东欧十分发达的工业经济体之一。2004 年入盟给中东欧国家带来的显著变化之一是由于西欧资本、技术的不断流入和统一市场的扩大刺激了中东欧国家经济出现持续的较快增长，其平均增速是西欧地区经济增长的近两倍，成为欧洲以及欧亚大陆的新兴经济体。其经济增长的共性也很突出，即增长结构改善，保持投资、出口和消费的良性增长，这体现了历史上欧盟扩大给新成员国家带来的增长效应。据统计，捷克在入盟前五年（1999—2003）的经济年均增速为2.8%，入盟后五年（2004—2008）年均增速达到了5.28%，入盟带来的增长拉动效应非常明显。西欧国家资本、技术流入和产业转移使得中东欧国家与西欧国家经贸一体化程度大幅提升，在逐步成为欧洲重要的制造业、高技术产业基地的同时，中东欧国家对西欧市场的贸易集中度也进一步增加，捷、匈等经济外向型国家对西欧国家的贸易额约占到了对外贸易总额的四分之三。外贸依存度较高的不利方面在于中东欧国家贸易出口对西欧市场需求变化反应敏感，西欧经济增长和市场变化的任何不利因素都会快速传导到中东欧。2008年欧债危机后，西欧国家流入中东欧地区的外资有所下降。在这一背景下，捷克政府需要寻找和激活促进经济发展的新动能。捷克规划提出了聚焦推动经济发展的三大领域：（1）对创业的大力支持；（2）研发创新与应用；（3）完善基础设施建设。

激发市场活力是国家经济发展的命脉所在。企业在其中扮演着至关重要的角色。2030战略框架提出，对于不同规模的企业要给予不同层面的支持。大企业是保障经济发展和国计民生的支柱，所以对大企业的支持应侧重于加快步伐学习世界各地先进技术、提高组织和商业发展的能力，对它们的硬件和软件设施以及创新项目进行重点投资。中小型企业为经济增长作出贡献的潜力最大，必须消除中小企业发展的障碍，特别是需要简化其融资和行政审批的程序。2030战略框架提出，捷克经济模式介于自由的盎格鲁—撒克逊模式和协调的大陆模式（德国）之间。然而，它没有充分利用这两者的优势。中东欧地区的结构优势，以及波希米亚和摩拉维亚大型工业企业的传统，与德国的协调经济模式相类似。捷克以这一模式为方向的改革不应是照搬其全套，而应考虑到国内的具体情况和发展趋势。

在捷克经济转型过程中，外资发挥的作用显著。它不仅是拉动经济增长的重要动力，也在研发与应用方面起到了领头羊作用，捷克国内科技型中小企业的发展相对滞后。以研发为基础的创新能力不仅是提高一个国家生活水平的必要条件，也是国家应对社会预期需求和全球挑战的能力。2030战略框架提出有必要帮助那些有创新能力却缺乏融资渠道的中小型企业，或鼓励其与包括大学在内的研究机构合作，旨在强化中小企业在高附加值价值链中的地位。2030战略框架提出国家的重点任务应是支持建立科研机构与中小企业的联系，加快科研成果的应用孵化和推动产学研体系融通。

在基础设施建设方面，捷克规划提出的战略性基础设施主要类型有：能源（电力系统和供热系统、天然气管道、石油及其产品管道）；运输（公路和铁路网络、航空运输基础设施、水路和联运）；水管理（饮用水供应、排水和废水处理）；电信和数字网络。从国家战略来看，一个富有弹性的经济社会和高质量生活的前提是完善的基础设施。它不仅有助于其他行业的顺利运转，也加强了抵御人类或自然造成的危机的能力。捷克规划强调基础设施的管理和运行不能交由市场进行资源配置，要由国家统筹管理，以确保基础设施能够长期稳定运行，从而给国家带来最大的经济和社会效益。为了避免在发展中被欧洲边缘化，捷克规划提出一方面要建立与欧洲地区其他国家间高质量的互联互通，例如加快实施捷克境内的欧盟"九大走廊"交通项目，加快建设高速公路网络；另一方面通过铁路现代化改造或者建设高速铁路的方式来加强铁路基础设施在交通运输方面的作用。除了传统意义上的基础设施外，2030战略框架认为，捷克政府在今后的工作中要重视电信网络等数字基础设施的建设。在数字产业化和产业数字化的时代主题下，深入推进"数字捷克"成为捷克政府中长期战略工程。

（三）弹性生态系统

2030战略框架提出要保护生态系统，将环保作为决策影响因素；恢复生物多样性；保护土壤，防止水土流失以及土壤退化，使得自然资源被最大限度地科学利用。从另一个角度而言，这就是捷克版的"绿色经济发展模式"。2030战略框架表明，捷克将以顶层设计的高度对自然景观现状进行评估，并提出长期恢复的指导性原则和规划（例如空间规划、排水区规划等）。政府将会提供资金补贴用于改善土壤肥力、恢复生物多样性。2030战略框架建议捷克相关职能部门加大力度调查包括具有激素活性的化学品、农药残留等在内的化学物质对水资源和人类健康的影响，并鼓励有机农业和农药的精准使用。2030战略框架建议针对一些农村的废弃地区（以前被用于采矿、工业或国防），在适当的情况下要根据自然规律进行保护性开发，保护生物栖息地和恢复生态。

2030战略框架的核心原则是可持续发展，这就要求捷在未来发展过程中不能以破坏生态系统为代价来换取经济繁荣和社会发展。经济的可持续性与生产力都反映在管理资源的能力，特别是回收利用率上。该战略框架指出，目前欧盟消耗的金属矿石的四分之三以上、化石燃料的三分之二和几乎所有的磷都来自非欧盟国家，欧盟的化石燃料产量正在迅速下降。作为欧盟成员国，捷克将与其他成员国（包括其他维谢格拉德集团成员国[①]）在立法、税收优惠和其他制度方面进行合作，基于可靠、安全、环保的能源战略[②]向绿色经济转型。2019年匈牙利与捷克牵头成立V4能源研究合作平台，希望能够使V4国家在能源领域成为科技领导者。[③]

（四）城市发展

随着城市的不断发展，集聚效应增加了城市核心区域的负担。根据西欧和北欧城市的发展规律，可以预见一些公共和商业服务将向郊区或者周围小城市转移。然而多数的城市服务，例如商业服务，大多集中在大城市。该战略框架对小城市管理提出了新要求：只对提高经济效益作出反应是不够的，国家和地方政府还须改变管理理念，管理者要提高管理素质——不仅仅是丰富自己领域的知识，而且要学习长期管理复杂事务的方法。他们需要提升沟通能力来与民众互动，还需要具备规划能力（横跨不同时间维度的战略规划和管理）和评估结果的能力，特别是数据处理能力。

该战略框架提出，在城市的空间和战略方面，地方政府必须根据城市的类型和大小来制定公共服务的标准。空间和战略规划也必须确保文化和自然遗产不受破坏。在城市发展中，各城市应推广采用新技术的应用，如"智慧城市"建设。到2030年，建筑工程将采用符合能源标准的新材料，

---

① 维谢格拉德集团（Visegrád Group）是由波兰、捷克斯洛伐克、匈牙利在1991年所成立的中东欧区域合作组织，因三国首脑在当年的匈牙利维谢格拉德宣布成立组织而得名，也称"维谢格拉德集团三角"。1993年捷克斯洛伐克分成捷克、斯洛伐克两国使得现有组织拥有四个成员国（现简称V4）。该组织最初旨在东欧剧变后稳定国家局势和为加入欧盟做准备。随着时间的推移，合作议题日益增多，主要围绕四国间合作和深化欧洲一体化等展开合作。参见钱其琛《世界外交大辞典》（下册），世界知识出版社2005年版，第2071页。

② Reports on Implementation of Measures of the State Energy Policy of the Czech Republic, 26 Oct. 2018, https://www.mpo.cz/en/energy/state-energy-policy/reports-on-implementation-of-measures-of-the-state-energy-policy-of-the-czech-republic--241032/.

③ Hungary and Czech Republic initiate V4 energy research platform, 7/17/2019, http://abouthungary.hu/news-in-brief/hungary-and-czech-republic-initiate-v4-energy-research-platform/.

推广新型能源储存技术、三联发电技术（电、热、冷）等。各城市应统一生物废弃物的分离标准，并将废弃物用于堆肥或生产沼气。在今后的发展过程中，捷克将会支持减少城市污染物排放和制订碳排放计划，鼓励民众减少汽车使用，增加公共交通以及电动交通工具的使用，包括电动汽车和可再生能源交通。捷克要不断缩小区域间经济社会发展差距，建立国家和地方信息交流机制，以解决住房、教育、就业、保健、社会服务、地方过度负债以及其他领域的社会问题。

三　2030 战略框架的实施

作为一份综合性政府文件，2030 战略框架也是捷克在可持续发展领域向欧盟和全球作出承诺的一个战略机制。为了保证该战略框架的实施，捷克将会建立监测机制，保证战略框架、具体目标以及具体实施部门之间的兼容性，同时也将对捷克中长期发展产生结构性影响的所有国家的战略文件、区域发展战略、实施方案、具体目标执行情况进行评估。在执行过程中，政府将会发布一系列执行报告来分析现实情况与战略目标的差距，以及阻碍实现战略目标的影响因素，并提出相应的建议。与此同时，执行报告将明确各部委对应的责任，以及出台相关的政策，例如监管立法、有利于融资的机制等。

在评估过程中，捷克可持续发展理事会[①]将针对生活质量和可持续发展情况进行数据收集和指标编制，并在分析的基础上评估每个优先领域的发展情况以及提出合理建议，进而起草书面报告。这类报告随后将会在可持续发展理事会各委员会进行讨论，经理事会批准后提交政府讨论。在此基础上，总理府与各部委展开对话，以确保《捷克 2030 战略框架》的实施。除此之外，在执行和评估过程中，可持续发展司还需要确保《捷克 2030 战略框架》的战略目标与国际和欧洲层面的战略文件保持一致，例如《2030 可持续发展议程》《欧洲 2020 战略》《欧盟可持续发展战略》等。

[①] 捷克可持续发展理事会是根据 2003 年 7 月 30 日政府第 778 号决议设立的，是捷克政府在可持续发展和战略管理领域的常设咨询和协调机构，下设九个专题委员会和工作组。该理事会由捷克总理担任主席，并由部委、议会两院、非政府组织、工会、学术界、工业、农业等各界的代表组成。

第二节　着眼未来的发展战略：经济、创新、发展合作

在新技术革命给人类经济社会发展带来巨大变化的同时，全球气候、环保、人口等问题也给世界可持续发展带来了日趋严峻的挑战。在这一背景下，各国都在发挥自身优势，争取在新技术革命中抓住和拓展历史性发展机遇。在《捷克2030战略框架》的指导下，捷克陆续出台了具体的发展战略，包括2030经济战略、创新战略及发展合作战略等。其中经济战略的制定是在国家经济委员会的指导下进行的，委员会吸纳了政府职能部门、经济学家和企业代表参与。

一　2030经济战略

结合国家自然禀赋、经济结构、人口构成、世界新兴产业与能源发展趋势等特点，捷克政府组织的专家团队在2009—2013年启动了2020—2030年经济战略起草准备工作。2020年2月，政府批准工贸部与国家经济委员会共同提交的《2030经济战略纲要》。[①] 该纲要从国家经济社会发展的中长期目标出发，立足于通过研发创新增强国家的综合竞争力和可持续发展。其战略聚焦于交通、能源与工业建设，以期提升捷克在欧洲的经济地位，提出要在2020—2030年使捷克工业竞争力和能源自主性进一步增强，激发创新发展动力，提高经济增长质量，实现在2030年前捷克跻身于世界前20个发达经济体的战略目标。[②]

《2030经济战略纲要》结合了已出台的两个主要规划文件[③]：一是2019年初的2030国家创新战略；二是2019年底政府制订的2050国家投

[①] 捷克工贸部于2021年3月底前出台完整战略文本，https://www.ceskenoviny.cz/zpravy/vlada-schvalila-teze-hospodarske-strategie/1850480。

[②] 2019年11月，捷克工贸部长在第61届布尔诺国际机械展捷克国家馆开幕式讲话中提出国家创新发展的战略目标，https://www.ceskenoviny.cz/zpravy/cesko-chce-patrit-mezi-nejvyspelejsi-zeme-sveta/1821736。

[③] 2019年底制定的2050国家投资计划是经济战略的组成部分，https://www.kurzy.cz/zpravy/523956-babis-ma-narodni-investicni-plan-za-8-bilionu-energie-klima-doprava--penize-na-nej-zatim/。

资计划，以创新战略和国家投资计划为重要参考形成的经济战略纲要成为未来十年指导经济社会发展的主要蓝图。在新技术革命加速发展的背景下，基于对捷克经济社会发展优劣态势的分析，《2030 经济战略纲要》展望了未来实现经济高质量、可持续发展所面临的主要挑战，如气候变化、能源转型、高技术研发、人口老龄化等。《2030 经济战略纲要》将经济竞争力的提升与可持续发展、城乡协调发展、环保、健全社会服务设施（全民教育、卫生医疗）等相挂钩。因此，《2030 经济战略纲要》是引导经济社会发展的全面规划。

2020 年，捷克经济受到新冠疫情的严重冲击，GDP 下降 5%。政府希望以经济战略为指引，通过加大投资力度和创新发展促进经济复苏与长期稳定增长。在抗疫期间，捷克政府实施大数据智慧防疫，应用 3D 打印技术产生电子或汽车配件起到了弥补供应链中断的良好效果，企业研发的纳米材料口罩广受欢迎。在后疫情时期经济发展与产业布局中，捷克政府已表示将加大对卫生医疗、生物医药、新兴战略产业的基础性投入，加强在生物科技和物资方面的研发与储备，发挥新兴产业推动经济社会发展的积极作用，避免在遭遇突发重大公共事件时陷于被动。政府将进一步加大对生物医药、3D 打印和纳米技术等重点新兴产业的支持力度，以突出追求科技进步的领先性。

秉承这一发展思路，《2030 经济战略纲要》强调利用新技术变革所带来的历史性机遇致力于通过创新发展使捷克成为创造更多高附加值的工业化强国。作为欧洲传统工业国，工业是捷克经济的重要支柱，工业占全部经济产值的 47%，捷克是欧盟国家中工业化比重最大的国家。未来捷克经济增长的主要发力点聚焦于进一步提升传统优势产业竞争力和激发新兴产业的发展活力上。2013 年德国制定"工业 4.0"战略后，捷克于 2016 年 8 月出台"工业 4.0"倡议，捷克政府视其为未来经济的发动机，希望借助"工业 4.0"推动包括制造、能源、商贸物流以及社会的全面升级与发展，充分融入并分享新技术革命带来的发展红利。该倡议的目标定位于利用技术集成与万物互联的新理念实现经济社会发展的新飞跃。[①]

[①] Iniciativu Průmysl 4.0 má v Česku své místo, https：//www.mpo.cz/cz/prumysl/zpracovatelsky-prumysl/prumysl-4-0-ma-v-cesku-sve-misto--176055/.

《2030经济战略纲要》把经济数字化发展作为推动产业转型升级的优先重点，同时提出打造捷克在网络安全领域中的国际地位。世界经济的数字化转型为各国带来了新的发展机遇与增长点，捷克需抓住以大数据、5G技术为代表的新技术变革所带来的历史机遇，通过加强创新技术应用与推广来提高生产率与产业竞争力。数字化、自动化及人工智能的发展给国家经济社会带来了新的巨大变化。技术集成、物联网和5G技术的推广应用不仅助力汽车、机械制造、通用航空、生物医药等优势产业领域的发展，也在能源、冶金和钢铁等传统行业的升级改造中发挥着积极作用，在金融、农业、环保、文卫、交通等领域的推广应用也逐步展开。

为了推动数字经济发展，捷克政府于2018年8月通过"数字捷克"纲领并设立政府直属的国家信息社会委员会，其职能是制定经济社会数字化发展规划。该纲领是保障经济社会长期繁荣的重要条件，它涵盖三大议题：捷克与数字化欧洲的关系以及在其中的地位、政务数字化以及社会经济数字化。该纲领的目标是通过数字化发展保障国家的长期竞争力与整体繁荣。[①] 该纲领提出，捷克将以一致与创新方式参与欧洲数字化议程，确保捷克在数字化欧洲议程中的优先事项与利益。政务信息化是实现国家公共管理体系数字化（电子政务）的目标。数字经济社会是国家数字化发展的关键，工贸部是数字化发展的主要设计者和执行者，其战略原则是催化数字化革命给经济社会变革带来的积极成果，同时最大限度地减少其负面影响（如对劳动力的影响）。

捷克政府把建设欧洲单一数字市场（Digital Single Market，DSM）作为参与欧盟数字化议程的优先事项，并在此过程中把5G和网络安全基础设施建设作为重点。2017年5月政府出台5G行动方案，2019年11月制定5G行动方案2.0，2020年2月批准加快建设步伐的5G建设和发展文件，5G网络测试将首先在卡罗维发利、比尔森、乌斯提等五地进行。捷克一贯致力于推动欧盟制定保障5G安全的统一措施，并强调欧盟与北约国家在5G建设中要协调政策的一致性。2020年5月，捷美签署5G联合声明，以加强两国在5G建设和网络安全领域的合作。借助在2019年5月和2020年9月连续两次举办布拉格网络安全国际会议，捷克提升了在网

---

① Digitalnicesko，https：//www.digitalnicesko.cz/digitalni-ekonomika-a-spolecnost/.

络安全领域中的国际影响与地位。这两次会议主要围绕互联网安全议题讨论5G建设的路径与前景，旨在协调相关国家5G建设的政策规划、安全措施、研发和商用等。第一次会议形成的非约束性文件——布拉格提案，把网络安全与地缘政治、不同国家的体制模式、市场和法律环境等国际关系问题相挂钩，进一步扩大了互联网安全的政治内涵，即把技术性风险与非技术性因素，如政治制度、市场和法律环境等因素直接挂钩。[1]

《2030经济战略纲要》重视通过农业农村现代化来促进城乡协调发展。捷克不是农业国，自20世纪90年代以来，农业（农林渔）在捷克经济中所占的比例呈下降趋势。据捷克国家统计局数字，2019年农业固定劳动力人口占总就业人口的比例为2.7%。[2] 从未来发展趋势来看，农业劳动力将继续呈缓慢下降趋势。[3] 虽然农业在国民经济中占比低，但政府仍重视农业可持续发展与乡村现代化建设，并把其作为促进城乡协调发展的主要目标。捷克政府利用欧盟和国家财政支持农业研发、人才储备与培养、农业科技成果转化、农业可持续和竞争性发展。近年来，捷克政府相继出台农业发展战略文件，其中主要包括：2012年制定的欧盟统一农业政策框架下捷克农业及食品业增长促进战略、2015年制定的2016—2020有机农业发展行动计划、2016年初制定的2016—2022农业研发创新规划，2016年5月批准的农业"2030展望战略"等，这些战略和规划确定了促进农业发展的原则和方向，优先强调自然资源可持续利用、农林可持续发展与食品可持续生产。

《2030经济战略纲要》强调带动边远落后地区经济增长和民生提高对于国家整体性发展的重要意义。

为促进农村现代化建设，政府制定和实施乡村发展规划。该规划不断加大利用欧盟农业基金共同促进乡村发展的力度，包括乡村环境治理、山地还林、乡村教育信息化建设等诸多方面，以促进城乡协调发展。地方发

---

[1] 自美国在2018年采取对中国电信企业的打压措施后，当年底，捷克国家网信局即对中企电信技术与设备提出安全警告，捷克关键性政府部门（如外交、国防、内务、财税等）限制使用华为技术和设备，捷克成为欧洲国家中第一个对中企电信技术与设备采取局部限制措施的国家。

[2] 捷克统计局，https：//www.czso.cz/csu/czso/f-vyberove-setreni-pracovnich-sil-j9k1ea9hg2。

[3] Ipodpora. Odbory. Info，https：//ipodpora. odbory. info/soubory/dms/wysiwyg_uploads/3db983f83edc7dd5/uploads/Prognoza_zemedelstvi_BIDI_II. pdf.

展部针对边远落后地区制定专门的发展行动方案，通过加大财政支持力度促进其发展。这些地区发展落后的原因有多方面，涉及自然条件、经济转型、历史遗留问题等客观因素（如交通不便、高素质劳动力流失、过去曾是军事管辖区）。2021 年 1 月，政府批准的 2021—2022 年度行动方案覆盖 132 个城县的边远乡村地区，年财政投入 650 亿克朗（约 24 亿欧元），主要用于医卫、教育、交通、环境等民生设施建设，同时健全和升级这些地区的电子政务建设并改善企业经营条件，以此来促进边远落后地区经济社会发展。① 多年来，以政策倾斜方式加快这些地区经济社会发展的步伐是政府促进城乡协调发展的优先目标。

在实施路径上，《2030 经济战略纲要》强调投资拉动增长的优先性。2020 年初以来，新冠疫情对世界经济构成严重冲击，后疫情时期各国重视通过加大投资力度来促进经济复苏与发展。7 月，欧盟领导人峰会就 2021—2027 年多年财政框架和复苏基金达成一致，总额为 1.824 万亿欧元（其中多年财政预算为 1.074 万亿欧元，复苏基金为 7500 亿欧元）。捷克获得约 357 亿欧元（相当于 9640 亿克朗），其中欧盟多年财政框架下凝聚基金为 190 亿欧元，复苏基金为 87 亿欧元，欧盟农业保障基金为 69 亿欧元，欧盟农业农村发展基金为 20 亿欧元。② 自入盟以来，欧盟基金约占到捷克国内公共投资的 40%，在助力捷克经济转型与发展中发挥着不可替代的重要作用。此次多年财政框架下的 190 亿欧元凝聚基金（相当于 5140 亿克朗）将优先投向交通、能源、数字经济、医卫、环保、研发以及文教等领域，这也与捷克政府在 2019 年底出台的 2050 国家投资计划的主旨相符。③ 该计划对 20000 余项目的融资将超过 3000 亿欧元（8 万亿克朗），主要投资领域集中在交通、能源、网络安全和卫生等部门，其中交通项目投资额约为 2325 亿欧元（6.2 万亿克朗），占总额的 77.4%，以能源转型和减排为主要目标的工业领域投资约为 158 亿欧元（4235 亿克朗），占总投资的 5%。

---

① Ceskenoviny, https://www.ceskenoviny.cz/zpravy/vlada-schvalila-akcni-plan-pro-statem-podporovane-regiony/1980988.

② Euractiv, https://euractiv.cz/section/evropske-finance/infographic/infografika-kolik-penez-ziska-cesko-z-evropskeho-rozpoctu-po-roce-2020/.

③ Kurzy, https://www.kurzy.cz/zpravy/523956-babis-ma-narodni-investicni-plan-za-8-bilionu-energie-klima-doprava--penize-na-nej-zatim/.

按照投资规划，2030 年前交通项目投资达到 1125 亿欧元（3 万亿克朗），其中铁路现代化改造为 330 亿欧元（8780 亿克朗），高速公路建设为 293 亿欧元（7820 亿克朗），城乡快速路建设为 288 亿欧元（7690 亿克朗），环城公路建设为 171 亿欧元（4570 亿克朗），公路站点建设为 16 亿欧元（440 亿克朗）。① 在高铁规划中，2020 年 8 月捷克国家铁路交通管理局公布将在 2035 年前建成布拉格至德累斯顿的首条全程 295 千米高铁方案，捷克境内高铁计划投资 74 亿欧元（1980 亿克朗），该项目计划于 2025 年启动。其他重要项目还有拟议中的"三海倡议"合作框架下的三河联通（多瑙河—奥德河—易北河）项目。

《2030 经济战略纲要》把推动能源转型和实现碳中和作为未来经济发展的重要目标。捷克是欧洲主要的产煤国之一，也是欧盟国家中第三大煤电生产国。自 2008 年欧盟提出"气候与能源一揽子计划"以来，清洁能源发展与温室减排成为欧盟气候政策的两大支柱。在捷克能源结构中，煤电占比达到 47%，超出欧盟国家平均水平的两倍，核电约占 34%，以光伏为主的可再生能源约占 12%。按照减排与碳中和目标设定，捷克将实现从煤电向清洁和绿色能源转型。自 20 世纪 90 年代以来，国内煤炭开采逐年下降，从 1990 年的 1.1 亿吨降至 2019 年的近 4100 万吨。② 2019 年 7 月，政府设立由工贸部长和环境部长共同领衔的国家煤炭委员会，其职能是为能源转型提供咨询和制定方案，国家煤炭委员会提出的初步目标是在 2038 年前停止煤电生产，在 2050 年实现碳中和目标。③ 虽然欧盟为波兰、德国、罗马尼亚、捷克等煤电大国的能源转型与减排安排了专项补偿资金资助，但这对于捷克煤矿与热电关停的经济社会成本而言仍远远不够。④

---

① Kurzy，https：//www.kurzy.cz/zpravy/523956-babis-ma-narodni-investicni-plan-za-8-bilionu-energie-klima-doprava--penize-na-nej-zatim/.

② Ceskenoviny，https：//www.ceskenoviny.cz/zpravy/uhelna-komise-doporucila-ukoncit-vyuzivani-uhli-v-cr-v-roce-2038/1966401.

③ 2020 年 6 月，运营超 53 年的国家能源公司下属的捷克第二大温室气体排放单位——Prunerov 热电厂 1 号机组关闭，厂区将改建为蒸汽循环储热站、太阳能公园或储电站。

④ 在 2021—2027 年多年财政预算中，欧盟欲与有关国家政府与私营部门共同筹集至少 1000 亿欧元用于帮助煤电大国实施能源转型。2020 年 1 月，欧盟专门用于补偿煤电大国能源转型的煤炭基金对波兰、德国、罗马尼亚、捷克等国首批安排 75 亿欧元的补偿资金，其中波兰获得 20 亿欧元，捷克获得 5.8 亿欧元。捷克工贸部长提出，捷克煤电转型的经济社会成本达千亿欧元。https：//ekolist.cz/cz/zelena-domacnost/zpravy-zd/cr-ziska-z-uhelneho-fondu-eu-14-6-miliardy-kc-nejvic-ma-polsko.

从国内资源与能源结构的特点出发，捷克政府把构建以核电和可再生能源为主的新型能源结构作为能源转型的优先事项。捷克现有两座核电站。2015年5月和6月，政府分别出台《捷克能源战略政策》和《国家核能行动计划》，捷克重启核电建设。2020年4月，捷克政府讨论第二座核电站——杜克瓦内核电站5号新机组建设，并提出尽快进行项目招标程序，2029年启动项目建设。该项目初步预计总投资近70亿美元，国家财政融资70%，财政部下属的捷克能源集团作为项目承建和运营的总包方融资30%。① 发展绿色可再生能源是捷克实施能源革命的重要途径。目前，可再生能源发电量在能源消费中占比为12%，离欧盟31%的平均水平仍有较大差距。2020年1月，政府制定能源气候规划，提出在2030年前实现可再生能源占比达到22%的目标。② 根据国内实际情况，政府把光伏发电确定为发展可再生能源的重点。2012年以来，捷克光伏发电发展明显滞后，近年来增速开始加快，2017年光伏新装机容量为4.8兆瓦，2018年为11兆瓦，2019年为25.1兆瓦，2020年达到51.4兆瓦。据国家能源管理局数据，至2019年底，光伏装机容量达到2045兆瓦。与其他欧洲国家相比，捷克光伏发展空间仍较大，如2020年波兰光伏新装机容量达到2200兆瓦，比利时和匈牙利达到600兆瓦。③ 捷克能源气候规划提出在2030年前光伏装机容量增加1900兆瓦的目标。④ 捷克风力发电较欧盟平均也有很大差距，2019年风电占比不足1%，欧盟国家平均占比为15%，能源气候规划提出在2030年风力发电占比提高至2.9%。⑤ 在能源转型过

---

① 有包括中广核电集团、俄罗斯核能公司、韩国水电核电公司、法国电力公司、美国西屋公司5家企业作为战略投资者参加项目竞标。在推动中国核电"走出去"上升为国家战略的背景下，中国政府和企业重视参与捷克核电项目建设，中广核电集团以战略投资者身份参加捷克核电项目竞标。捷克政府宣布将启动核电项目招标后，捷克国内有利益集团和媒体以国家安全威胁为由发起针对中企参与核电项目建设的舆情压力，这种非技术性因素的干扰对中企竞标造成不利影响。2020年12月，捷克工贸部长提出中企以参与其他战略投资者为主的联合体方式竞标捷克核电项目。

② Euractiv, https://euractiv.cz/section/zivotni-prostredi/news/vlada-prijala-energeticko-klimaticky-plan-podil-zelene-energie-poroste/.

③ Ceskenoviny, https://www.ceskenoviny.cz/zpravy/asociace-trh-se-solary-loni-v-cr-dal-rostl-za-evropou-zaostava/1978024.

④ Ceskenoviny, https://www.ceskenoviny.cz/zpravy/asociace-svet-resi-solary-na-vodni-hladine-potencial-je-i-v-cr/1881260.

⑤ Ceskenoviny, https://www.ceskenoviny.cz/zpravy/studie-vetrne-zdroje-mohou-do-2040-pokryt-tretinu-spotreby-v-cr/1902890.

程中，关停厂矿区将用于光伏风电项目建设。

在 2020 年全球新冠病毒肆虐过程中，欧洲国家防疫物资的缺乏也导致其主要从中国紧急采购大量医疗防护产品。在抗疫中，欧洲国家实施智慧防疫，包括人工智能、纳米、3D 打印和 5G 等新技术的采用显示了特殊的优势。欧盟及其成员国提出吸取此次抗疫的深刻教训，在今后产业布局上，将更加重视加大对卫生医疗、生物医药的基础性投入，加强在生物科技和物资方面的研发与储备，发挥新兴产业推动经济社会发展中的积极作用，避免在遭遇突发重大公共事件时陷于被动。欧洲国家增强医药产业链和供应链的战略安全与稳定。在 2020 年疫情期间，捷克中央危机指挥部经济委员会提出，欧洲国家应提高战略医疗物资和药品自给度。4 月，政府批准药企协会提出的把药品生产纳入关键基础设施的要求，保障在国家紧急状态下重要药企生产和日常药品供应。捷克卫生部长表示，把作为战略物资的药品纳入关键基础设施是必要的，将来国家必须保障国内药企的生产而不是依赖进口。在后疫情时期，加大对卫生医疗产业的投资也将是政府的重点方向之一，主要是利用欧盟复苏资金对医卫基础设施进行现代化改造升级，加大新技术推广和普及，同时增加对生物医药研发的财政投入，保持捷克在欧洲生物医疗行业的领先地位，增强基础医疗物资和社会保障的储备能力。

要实现战略纲要规定的 2030 发展目标所面临的制约因素与挑战也不容忽视。首先，人口长期负增长所带来的国内劳动力短缺问题日益严峻，尤其是创新人才、高素质劳动力缺口突出，并已成为困扰经济社会可持续发展的重要因素之一。按照目前发展趋势，到 2030 年捷克将有 40 万技术工人缺口。为缓解这一问题，多年来政府职能部门采取逐步加大教育体制改革（如加强中等职业教育、加大对技术类大专院校投入）的方式来缓解高素质劳动力不足问题；同时，政府为吸引在国外创业的高科技人才回国发展制定了相关鼓励政策。针对农业和建筑业用工短缺问题，政府制定了吸引乌克兰、白俄罗斯等国劳务的雇工便利政策。尽管如此，捷克国内一些行业协会认为政府劳动力政策弹性仍不足。其次，在战略纲要的实施路径上，工业与交通协会（捷克国内最大的行业协会）提出，政府对高技术研发和绿色经济投入仍不够。从政府已公布的 2050 国家投资计划来看，其投资重头集中在以钢筋水泥为代表的交通基建领域，其占总投资的比例超过77%，而对技术研发的投入占比仍偏低。为促进经济尽快复苏与可持续增长，工业与交通协会于2020年7月向政府提交了以实施数字转型为主导的咨政十条建议，提出鉴于受疫情影响的企业自主投资动力减弱，政府应优先加大对研发创新的投入力度，创新是经济繁荣发展的首要保障。① 商旅协会代表则强调政府投资规划应与欧盟绿色经济优先原则一致，2017—2021年欧盟把30%的预算用于发展绿色转型经济。抓住《绿色欧洲协议》所带来的历史机遇，加大投入力度和发展绿色经济对捷克实现工业现代化的意义重大，这是未来30年保持国家经济竞争力和使捷克从汽车及部件生产大国转变为现代化工业强国的关键，守城容易，而转型发展任务艰巨，虽然这会带来阵痛，但从长远来看则将获得厚报。② 捷克科学院和可再生能源协会的研究报告提出，政府对发展绿色能源重要性的认识与财政支持均不足，这是可再生能源发展相对滞后的主要原因。③ 此外，捷克企业在地热开发、生物发电领域也拥有先进技术，可再生能源发展潜力较大。

二 2030创新战略

咨诸历史，新技术革命对于国家实力的提升有着极其重要的作用。尤其是在当今时代，创新能力愈发成为衡量一个国家实力不可或缺的关键指标。捷克总理巴比什指出，瑞士、芬兰、瑞典、丹麦等都是科技发达、经济繁荣的国家，它们有一个共同点，即将创新、科研作为国家发展的重点。因此，捷克政府决定把支持科研、创新视为绝对优先事项，并在2019年出台了2019—2030捷克创新战略。该创新战略不仅是在《捷克2030战略框架》指导下的具体发展文件，也体现了政府着眼未来发展的决心。巴比什也表示，作为工业型、科技型国家，捷克有着较好的创新条件。他希望捷克能够通过创新战略在12年内成为科技强国并成为欧洲创

---

① Ceskenoviny, https：//www.ceskenoviny.cz/zpravy/svaz-prumyslu-vyzval-vladu-k-podpore-investic-a-stimulaci-inovaci/1916761.

② Irozhlas, https：//www.irozhlas.cz/ekonomika/prouza-obchod-fond-obnovy-evropska-unie-koronavirus-ekonomika-ekologie_ 2007171923_ onz.

③ Ceskenoviny, https：//www.ceskenoviny.cz/zpravy/studie-vetrne-zdroje-mohou-do-2040-pokryt-tretinu-spotreby-v-cr/1902890.

新的领导者之一。

2019—2030 创新战略的主要内容有九大支柱，包括研发资金、民族企业创业环境、理工科人才培养、数字化、创新和研究中心、智慧投资、智慧基础设施、知识产权保护、智慧营销。在研究和开发的融资与评估方面，目前捷克研发和创新支出占 GDP 的 1.79%，其中 60% 来源于企业，40% 来源于政府和欧洲的资源。捷克科研评价体系也正在发生变化，从注重"量"向注重"质"转型。创新战略指出，捷克中长期的研发资金投入（以占 GDP 的比重来衡量）每年要增长 0.1 个百分点，到 2030 年要达到 3%，并且要大力支持取得卓越成果尤其是有全球竞争力成果的研究机构，资助高校进行创新成果的转化应用。创新战略提出，为了到 2030 年在研发方面达到欧洲研究理事会（European Research Council）的标准，捷克将制定新的研发促进法案，一方面利用市场融资创造条件，让企业与研究机构展开项目合作；另一方面进行研发系统的全面开发，实现基础研究、应用研究、规模应用的融会贯通。

在理工教育方面，尽管捷克拥有高质量的教育体系，但长期以来理工教育的重要性一直被低估。创新战略提出捷克在未来 10 年里要完成以下目标：一是改变职业技术学院的教育体系，强调基于自然科学和数学知识基础上的创造性、研究方法、想象力、逻辑和批判性思维、问题解决能力相融合的项目式教学。二是大学教育要支持以先进技术为重点的学习项目，鼓励各领域顶尖人才与国内大学交流合作。三是分析工业 4.0 对劳动力市场的影响，适当转变教育体系。四是有针对性地支持国内大学与其他欧洲顶尖大学的战略联盟。为此，创新战略建议引入突破性技术，更新数字化教育战略，并按照《教师数字化能力标准》提高教师数字化能力；对国家和地方政府工作人员进行再培训，以适应当前的市场需求；提供人才引进的快速通道；创建一个科学评估系统，以此评估工业革命对创新、劳动力市场、教育和公民生活的影响。

由于国际化程度低，捷克初创企业的海外扩张能力较弱。创新战略提出要创建国家级创业支持机构；鼓励捷克—摩拉维亚担保开发银行为初创企业融资；制订符合国际标准的投资计划（如以色列、芬兰的投资模式）；扩大欧洲投资基金（EIF）工具的使用等。

在数字化建设方面，近年来，一方面捷克引进了许多重要的数字化工具。例如 2020 年 10 月，随着国内最后一个大型 DVB-T[①]发射机被关闭，捷克民众享受到了更高质量的电视数字广播服务。尽管新冠疫情滞缓了捷克经济社会发展，但捷克还是在不到一年的时间内完成了全国范围内电视数字广播系统从一代到二代的更新。[②] 另一方面，捷克数字化实施系统至今较为混乱，公共信息系统和线上工具没有共享互通。这既没有给企业或民众带来便利，也没有节约时间或节省成本。为此，政府提出并批准实施"数字捷克"纲领。该项目总投资预计为 100 亿克朗（约合 4 亿美元），包含 908 项意向，覆盖 17 个主要目标和 125 个子目标，包括完善政府数字化系统及其他便民线上服务。[③] 创新战略指出，计划到 2030 年，捷克要确保为民众和企业提供在线服务，改造国家行政管理的联络点网络，并推动革新性技术的应用研究；建立有效率的中央直属办事处，由区域办事处协调，并由各部委参与。不仅政府层面需要做出努力，社会也应做好应对物联网、人工智能、大数据、新型人机界面等趋势的准备。

创新战略要求将工业 4.0 原则应用于能源领域，特别是智能电网、智慧城市领域。同时要建立智能控制系统，为城乡提供在线和共享服务，并让中小企业充分使用数字商务工具。为能在数字经济革命中脱颖而出，捷克将建造欧洲卓越人工智能中心，大力推动数字基础设施建设，支持中小企业进行数字创新转型。政府积极支持建设创新研发中心。就研发中心的数量和质量而言，虽然捷克是欧盟中的佼佼者，然而一些中心的发展潜力仍未被完全挖掘出来。创新战略指出，在未来 10 年中，捷克将改革研发中心的管理体制，减少官僚主义的干预，鼓励研发中心重点研究尖端交叉综合型技术（人工智能、空间技术、激光技术、纳米技术、生物技术、节能解决方案、临床医学和生物医学等），打造捷克卓越智能中心的全球名片。

创新涉及知识产权保护，与知识产权保护制度较为完善的国家相比，捷克对知识产权保护仍有不足。这反映在如下方面：授予本国和外国的专

---

① DVB-T（Digital Video Broadcasting-Terrestrial），地面数字电视广播，是欧洲通用的地面数字电视标准。

② Czechia switched to 2nd generation of digital broadcasting and completed the transition to DVB-T2, 3 Nov. 2020, https://www.mpo.cz/en/guidepost/for-the-media/press-releases/czechia-switched-to-2nd-generation-of-digital-broadcasting-and-completed-the-transition-to-dvb-t2--257698/.

③ 捷克政府批准《2020—2021 年数字捷克项目实施计划》，中国驻捷克使馆经济商务处，2020-6-17，http://cz.mofcom.gov.cn/article/jmxw/202006/20200602974959.shtml。

利数量少，保护知识产权的意识仍然薄弱；在研究创新的相关战略文件中，知识产权保护意识还没有得到充分反映。创新战略提出，有必要与各级教育机构建立更紧密的合作，在各级教育中提供知识产权领域的培训服务，包括授课、创建培训项目等。同时，加强知识产权保护，特别是具有商业潜力的专利。而且从研究阶段开始，就要强化制造和应用领域的知识产权保护意识。

三 发展合作战略

长期以来，发展合作是捷克政府对外关系的重要组成部分。入盟后，捷克政府更加重视履行和承担对外发展合作的国际责任，并把与人道主义目标融合的发展合作作为外交政策的优先方向之一。2017年8月，捷克政府批准2018—2030发展合作战略。该战略也是《捷克2030战略框架》的组成部分，其参照了《2030可持续发展议程》和《欧洲发展共识》所确定的欧盟发展合作政策与目标。捷克发展合作的宗旨定位于帮助对象国解决经济、社会、环境和安全问题，增强其抗灾能力，增强人民福祉，从而减少捷克面临的外部潜在风险。为了实现这一目标，捷克将通过项目和融资方式加强与欧盟、联合国以及其他国际组织和金融机构的双边合作。捷克发展合作的主要领域围绕六个方面展开：

一是双边合作。捷克双边发展合作的目的是向对象国提供其发展所需的条件，促进双边合作的全面发展。在对象国的选择上，捷克侧重于与低收入国家（最不发达国家）以及经合组织分类下的中等收入国家合作。通常在对象国的选择上会考虑双边关系的总体情况，及其是否接受捷克标准等。

二是人道主义援助。捷克人道主义援助反映了人道主义、公正、中立、独立的原则，包括向因灾害或冲突而陷入人道危机的国家提供紧急援助，以及向长期受困于人道主义问题的国家和地区提供援助。

三是对于脆弱国家的援助。脆弱国家，一般而言指因安全、人权或气候变化等因素而面临不稳定风险的国家。捷克可利用在减灾、备灾和风险管理方面的专业知识和经验对其提供援助。如在2018—2022年的发展合作对象国中，捷克将波黑、埃塞俄比亚、格鲁吉亚、柬埔寨、摩尔多瓦、赞比亚等国列为优先援助国家。

四是多边发展合作。目前，捷克 70% 的官方发展合作在多边平台上实施。在多边发展合作框架下，捷克将重点与利益协同运作的组织建立伙伴关系，有效地发挥合作影响力。同时，发展合作的专职部门将协调资源，以确保分配给多边发展合作的资金能得到有效利用。

五是与欧盟的合作。欧盟是世界上最大的发展合作提供者，在世界上大多数发展中国家有着长期的经验和广泛的外交使团网络。捷克积极参与欧盟发展合作项目，通过与欧委会的授权合作推广和实施发展合作方案，为援助对象国的可持续发展提供资金支持。

六是与其他国际组织合作。捷克主要与联合国开发计划署、联合国粮农组织、世界粮食计划署、经合组织发展合作委员会等机构合作。这些平台使捷克能够最有效地利用本国的经验。捷克重视利用国际组织的多边论坛为全球减贫和不平等作出有效和透明的努力，包括技术援助、地方能力建设、分享经验以及技术转让等。

在执行这一战略的整个过程中，作为发展合作的协调部门，捷克外交部与执行具体方案的各职能部门密切合作。外交部将定期就多双边发展和人道主义活动的执行情况同所有主要部门进行协商。在这一过程中，捷克将根据国际组织的经验监督执行过程以及监测项目落实动态，同时依据可靠的投入数据、健全的风险分析和翔实的风险预案来对项目进行质量评估。

捷克承诺到 2030 年实现官方发展合作占国民总收入的 0.33%。在 2018—2030 发展合作战略的规划下，捷克将发挥比较优势，努力在公共、私营、民间和学术部门之间建立起发展合作战略伙伴关系，并加强地方对发展政策的自主权，特别是便捷地方发展合作目标与对象国发展战略保持一致，以最大限度地发挥协同作用和产生更大的积极影响。发展合作理事会至少将两次审查该战略的短期和中期执行情况，并且会根据实际变化来对该战略进行调整，以便为进一步的战略规划奠定基础。

第三节　经济社会中长期发展战略前瞻

捷克正在围绕经济、能源、创新、通信、交通、基础设施、教育、社会等多方面制定或出台相应的中长期具体发展战略。本节主要就涉及捷克经济社会的中长期发展战略进行前景分析。

捷克属于"一带一路"沿线国家，2018年北京交通大学"一带一路"发展指数研究就已经对其综合发展以及发展潜力进行了评估。[①] 该研究从经济发展、民生改善、社会发展、生态建设、科技创新方面对"一带一路"沿线国家进行评估。2017年，在64个沿线国家中，捷克综合发展指数排名第六，并且在中东欧国家中排名最高。该研究还从政策环境、经济发展、资源禀赋、基础设施、投资贸易方面对沿线国家的发展潜力进行评估。尽管捷克政策环境、资源禀赋显现出劣势，但在其他方面表现较好，这使得其发展潜力在2017年排名位居第六。

早在21世纪初，捷克就已经跻身于中东欧最发达经济体，并且近年来，其经济发展保持着稳定和强劲增长。2015—2019年，GDP增长率保持正增长状态（见图Ⅱ-1-2）。2015—2019年，捷克人均GDP一直处于增长状态（见图Ⅱ-1-3）。其中，2019年，按购买力平价计算，捷克人均GDP为4.26万美元，在欧盟国家中排名第十三（见图Ⅱ-1-4）。

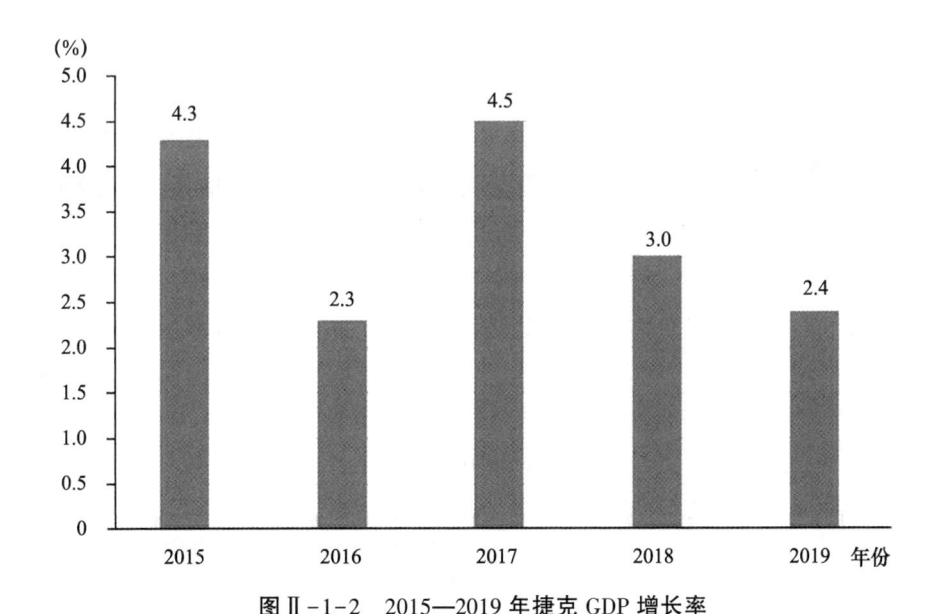

图Ⅱ-1-2　2015—2019年捷克GDP增长率

资料来源：捷克统计局；https://www.czso.cz/_ 。

[①] 赵晓军、李雪梅：《"一带一路"沿线国家发展指数研究》，中央民族大学出版社2019年版，第63—231页。

(美元)

图Ⅱ-1-3　2015—2019年捷克人均GDP

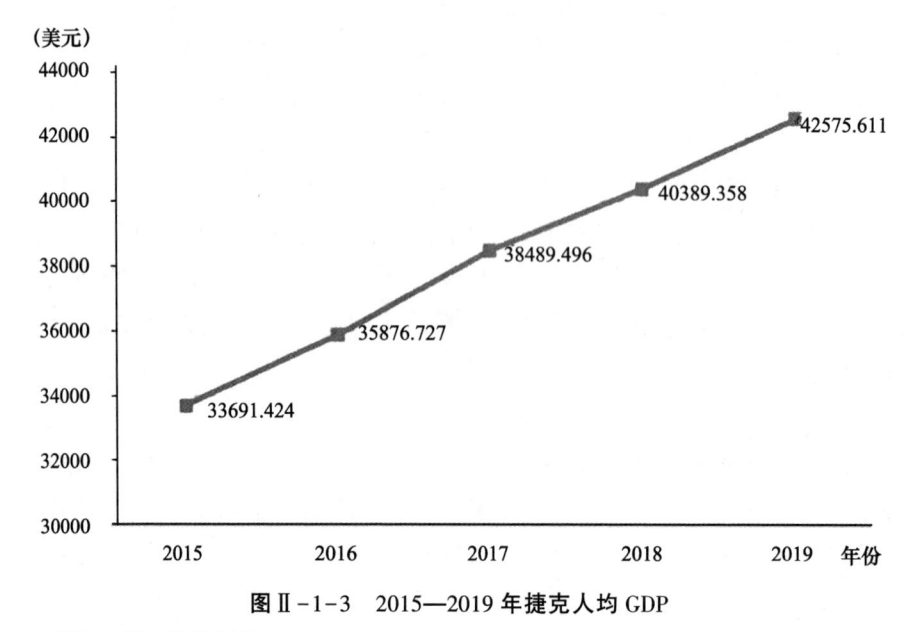

资料来源：世界银行，https：//data.worldbank.org/indicator/NY.GDP.PCAP.PP.CD? end = 2019&locations = CH-CZ&start = 2015。

2019年2月，德国最大的金融集团——安联集团发布2018年欧元区经济监测报告，主要对欧元区和欧盟国家经济情况进行评估。[①] 安联集团经济研究中心对财政可持续性、国际竞争力、就业和生产力、私人及外债四个维度的20项具体指标进行评估，并以1—10分对结果加以记分。该报告指出，尽管捷克有低水平的宏观经济失衡，但总体成绩优异。就经济稳定性而言，德国以8分位居第一，捷克以7.8分在欧洲国家居于第四位。而且，捷克私营和公共部门债务比率以及失业率非常低。该报告也指出，近年来，捷克经济过热，紧张的劳动力市场使得工资增长，尽管生产率大幅提高，但这也导致单位劳动力成本大幅增长。因此，捷克劳动力价格竞争力优势正在减弱，这也是2018年捷克出口和贸易令人失望的原因之一。

---

① Allianz, "Allianz Euro Monitor 2018：As good as it gets?," 27 Feb. 2019, https：//www.allianz.com/content/dam/onemarketing/azcom/Allianz_com/economic-research/publications/specials/en/2019/Euro_Monitor_2018.pdf.

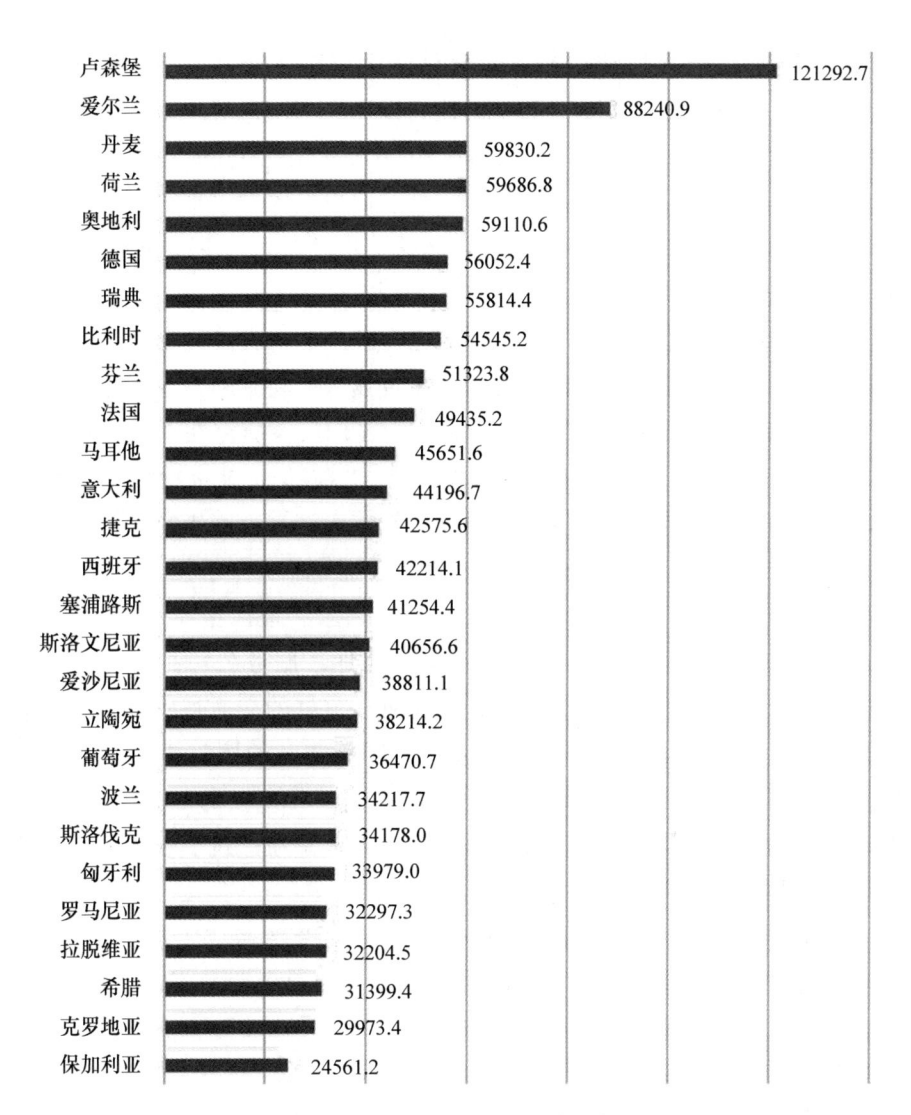

卢森堡	121292.7
爱尔兰	88240.9
丹麦	59830.2
荷兰	59686.8
奥地利	59110.6
德国	56052.4
瑞典	55814.4
比利时	54545.2
芬兰	51323.8
法国	49435.2
马耳他	45651.6
意大利	44196.7
捷克	42575.6
西班牙	42214.1
塞浦路斯	41254.4
斯洛文尼亚	40656.6
爱沙尼亚	38811.1
立陶宛	38214.2
葡萄牙	36470.7
波兰	34217.7
斯洛伐克	34178.0
匈牙利	33979.0
罗马尼亚	32297.3
拉脱维亚	32204.5
希腊	31399.4
克罗地亚	29973.4
保加利亚	24561.2

图Ⅱ-1-4 2019年欧盟国家按照购买力平价计算的人均GDP（美元）

资料来源：世界银行，https：//data.worldbank.org/indicator/NY.GDP.PCAP.PP.CD。

2019年10月，世界经济论坛（WEF）发布《2019年全球竞争力报告》（Global Competitiveness Report 2019）。[①] 该报告以"全球竞争力指数

---

① World Economic Forum,"Global Competitiveness Report 2019," 9 Oct. 2019, http：//www3.weforum.org/docs/WEF_TheGlobalCompetitivenessReport2019.pdf.

4.0"为经济指南，对全球141个经济体的全要素生产率和长期经济增长的驱动因素进行衡量与评估。其中，捷克以70.9分（以1—100分对结果加以记分）排第32位，在中东欧国家中处于领先地位。① 具体来看，捷克在经济的稳定性、企业破产监管、创新、研发投入与水平、国际研发合作等方面都有着不错的表现，但企业文化、产业集群发展呈现出消极状态，这不利于经济的长期稳定发展。

捷克工业基础雄厚，在中东欧地区拥有较高的人类发展指数，而且捷克是中东欧国家中为数不多的致力于可持续发展并将其列为发展战略的国家。根据2020年最新发布的全球创新指数（GII），捷克在131个经济体中排第24位，这体现了捷克不错的创新能力。根据加拿大弗雷泽研究所2020年发布的《世界经济自由度报告》，捷克经济自由度指数在162个国家和地区中排第25位，在维谢格拉德集团中居首位。② 根据2020年全球社会进步指数（ISP）排名，捷克在163个国家和地区中排第25名，同样，在维谢格拉德集团中居首。③根据全球房地产服务公司高纬环球发布的报告，捷克凭借具有战略意义的地理位置、良好的交通基础设施、政治经济环境风险低等优势，在全球最适宜发展制造业的国家排名中位列第四，在欧洲国家中位列第一。但值得注意的是，其存在的不利因素包括：劳动力市场供给不足，劳动力流动性较差，尤其是在建筑、农业、工程等领域。此外，数字化基础设施仍显落后。

2020年突如其来的新冠疫情席卷全球，给全球造成了严重的冲击。世界银行首席经济学家卡门·莱因哈特（Carmen Reinhart）表示，全球经济在此次危机中复苏可能需要长达五年的时间。毋庸置疑，捷克经济也相应地受到了疫情的严重冲击。为了应对疫情的影响，政府采取低息贷款、延长纳税申报期限或缩短工时等措施，并对受疫情影响严重的行业和企业予以减税。同时随着欧盟复苏基金的启动，在后疫情时代捷克可能会利用该基金扩大公共投资，尤其是基础设施投资，并且加速向绿色和数字经济转型。

---

① 以维谢格拉德集团为例，其他三国的情况分别是：波兰排第37位，斯洛伐克排第42位，匈牙利排第47位。
② 波兰排第77位、匈牙利排第53位、斯洛伐克排第38位。
③ 波兰排第31位，斯洛伐克排第36位，匈牙利排第40位。

捷克工业基础雄厚，自 20 世纪 90 年代初经济转型以来，受益于欧洲产业技术转移与资本流入，捷克产业竞争力与结构不断得到提高与优化，并成为欧洲新兴经济体之一；同时在促进城乡协调发展、社会保障体系建设方面也取得了显著成就，与欧洲发达国家的差距不断缩小。但其经济的长期发展与繁荣也日益受到国内人口结构、资源禀赋的客观限制。在未来十年里，捷克要实现从欧洲新兴经济体转变为世界主要发达经济体将是艰巨的历史性任务。如何充分利用好国内外资源与市场，借助后疫情时期的发展机遇促进产业结构调整和升级，在提升传统优势产业竞争力的同时，以创新为引导激发数字经济和绿色经济的发展活力也将是捷克政府和社会面临的巨大挑战。

第二章　营商环境

捷克位于欧洲中部，首都布拉格。从1993年1月1日起，捷克成为独立主权国家，成功实现转轨，经济保持增长，社会和谐稳定。2004年5月捷克加入欧盟，2005年被世界银行列为高收入国家。捷克同时也是OECD、北约和申根协议成员国。

近年来，捷克经济持续增长。2017—2019年，其GDP增速分别为4.6%、2.9%和2.5%，是欧盟成员国中经济发展较快的国家之一。2019年，捷克政府财政赤字占GDP的比重为0.5%；政府债务占GDP的比重为30.8%，远低于60%的红线。捷克中央银行采取审慎的监管措施，银行业发展健康、风险可控。国际三大知名信用评级机构对捷克的评估结果分别为：穆迪Aa3；标普AA；惠誉AA-，在欧盟27个成员国的信用评级排名中列第11名，在中东欧国家中排名第一。[①]

捷克地理位置优越，与周边交通便捷，拥有良好的基础设施。捷克教育水平高、科技类高校多、拥有训练有素的劳动力。此外，捷克法律健全、政策制定和执行较透明、政府办事效率较高，加之利率较低，对外资很有吸引力。捷克利用外资已从初级生产和组装向先进制造业及高附加值服务业发展，其鼓励投资的领域包括高技术制造业、服务业及研发中心等。

捷克共和国于1999年加入北约，2004年加入欧盟，2006年被世界银行列入发达国家行列。捷克经济基础较好，工业基础雄厚。受到2008年国际金融危机和2011年欧债危机的影响，捷克经济增长曾一度放缓，甚

---

① 中华人民共和国商务部：《对外投资合作国别（地区）指南——捷克共和国（2020年）》，http://www.mofcom.gov.cn/dl/gbdqzn/upload/jieke.pdf。

至出现 GDP 下降的情况。但从 2014 年开始，捷克经济出现恢复性增长，GDP 增速较快且平稳。

捷克实施的《外资鼓励法》鼓励外国投资直接进入，捷克共和国高度重视外国投资，致力于营造宽松的国内投资环境并出台了一系列鼓励投资的优惠政策。但是捷克国家整体体量较小，自然资源不足和人力资源短缺，捷克一直致力于通过完善法律，改善营商环境。本章主要基于世界银行的《营商环境报告》，对捷克的营商环境现状、存在问题及改进情况进行分析。

世界银行共给出了十项评价指标，本章基于捷克的实际情况对指标进行整合或延伸。近十年来，捷克的营商便利程度存在一定的波动，有改善的阶段，也有退步的阶段。但总体而言营商环境较好。

第一节　投资与营商环境概况

世界银行《营商环境报告》是评估全球各经济体营商环境的一份权威性报告。首次发布于 2003 年，当时纳入了 5 项指标、涵盖 133 个经济体。2020 年报告于 2019 年 10 月发布，对全球 190 个经济体以及所选地方城市的营商法规及其执行情况进行了客观评估。《营商环境报告》的大多数指标集涉及各经济体中最大的商业城市的一个案例情景（但对人口超过 1 亿人的经济体将数据采集范围扩大到第二大商业城市），这些指标涵盖影响企业生存的 11 个领域：开办企业（Starting a business）、办理施工许可证（Dealing with construction permits）、获得电力（Getting electricity）、登记财产（Registering property）、获得信贷（Getting credit）、保护少数投资者（Protecting minority investors）、纳税（Paying taxes）、跨境贸易（Trading across borders）、执行合同、办理破产、雇佣。[①] 本章对捷克营商环境的分析将基于以上指标（不包括雇佣），但不局限于世界银行给出的定义，而是会根据其他数据给出一定的扩展和延伸。

根据世界银行的《营商环境报告》，2020 年捷克共和国营商环境便利

---

① 2020 年的营商便利程度指标排名不包括雇佣这一指标集，各指标具体含义见本章文后附录。

度总体略有退步,从第 35 名下降到了第 41 名。在多项评估指标中,捷克在"跨境贸易"方面排名领先,而在"开办企业""办理施工许可证"方面排名落后。但是,对于此,捷克曾在 2015 年大幅降低最低资本要求和实缴最低资本要求,使创业更加容易;2017 年允许公证人通过在线系统为直接注册公司提供公证,从而降低了在商业法院注册公司的成本和时间,使开办企业更加容易;而在 2018 年,捷克共和国通过为简单的有限责任公司引入较低的费用,使企业的创业成本降低。在办理施工许可证方面,2010 年,捷克曾大幅降低最低资本要求和实缴最低资本要求,使创业更加容易。

根据表Ⅱ-2-1,2019—2020 年捷克各项指标的数据变化并不大。"获得电力"和"办理破产"这两个指标有些许进步。由于电力已成为企业正常运营不可或缺的要素,从 2010 年起,世界银行把"获得电力"作为营商环境一级评价指标,主要有四个分指标:环节、成本、时间、供电可靠性,其权重各占 25%;而"办理破产"指标衡量了国内企业破产程序运行的时间、成本、结果、回收率,以及适用于清算和重组程序的法律框架的力度。在"获得电力"方面,捷克曾在 2017 年通过指定专门人员来处理所有传入的连接应用程序,加快了上电速度。而捷克曾于 2011 年通过引入进一步的法律修正案以限制破产案件中的抵销,并为某些无力偿债的债务人中止了申请破产的义务,使得处理破产问题变得更加容易。

表Ⅱ-2-1　　　　世界银行 2019 年、2020 年《营商环境报告》
捷克各项指标排名/分数

	2020 年排名(名)	2020 年营商环境便利度分数(分)	2019 年营商环境便利度分数(分)	营商环境便利度分数变化(分)
总体	41	76.3	76.3	
开办企业	134	82.1	82.1	
办理施工许可证	157	56.2	56.2	
获得电力	11	95.6	95.4	+0.2
登记财产	32	79.7	79.7	
获得信贷	48	70.0	70.0	

续表

	2020年排名（名）	2020年营商环境便利度分数（分）	2019年营商环境便利度分数（分）	营商环境便利度分数变化（分）
保护少数投资者	61	62.0	62.0	
纳税	53	81.4	81.4	
跨境贸易	1	100	100	
执行合同	103	56.4	56.4	
办理破产	16	80.1	80.0	+0.1

资料来源：世界银行，https://www.doingbusiness.org/en/data/exploreeconomies/czech-republic。

2020年捷克的营商环境较前一年排名有了一定的下滑，排在波兰与荷兰之间。2020年，在所有欧洲国家中，丹麦的营商环境便利度排名居全球第四名，而在中东欧国家中，立陶宛排第11名。捷克在欧洲国家乃至周边国家中，排名都不算很占优势。

在世界银行的地区分类中，捷克共和国被列入"经合组织高收入"名单中。表Ⅱ-2-2为2020年捷克及其周边国家（欧洲）重要经济体各指标的排名对比。其中第一列为总分世界排名，之后几列为其在经合组织高收入地区中的区域排名，本表只选取了该区域中和捷克地理位置较近以及体量类似的经济体。根据表Ⅱ-2-2可以看出，北欧国家的营商环境排名都很靠前，而捷克在中东欧国家中排名也较为领先。

表Ⅱ-2-2　　2020年捷克共和国周边经济体营商环境排名　　（名）

经济体	世界排名	开办企业	办理施工许可证	获得电力	登记财产	获得信贷	保护少数投资者	纳税	跨境贸易	执行合同	办理破产
丹麦	4	2	18	1	11	6	9	9	2	1	8
挪威	9	6	9	9	18	7	23	7	18	18	2
瑞典	10	7	16	13	4	5	20	9	17	16	19
拉脱维亚	11	8	14	3	2	2	9	14	8	17	4
爱沙尼亚	18	10	8	8	23	3	9	29	5	15	5
立陶宛	19	11	10	22	28	10	4	17	7	20	9

续表

经济体	世界排名	开办企业	办理施工许可证	获得电力	登记财产	获得信贷	保护少数投资者	纳税	跨境贸易	执行合同	办理破产
芬兰	20	12	12	18	13	16	20	25	4	24	20
冰岛	26	64	72	16	16	94	28	42	53	33	12
奥地利	27	127	49	29	31	94	37	44	1	10	22
波兰	40	128	39	60	92	37	51	77	1	55	25
捷克共和国	41	134	157	11	32	48	61	53	1	103	16
斯洛伐克共和国	45	118	146	54	8	48	88	55	1	46	46

资料来源：世界银行，https://www.doingbusiness.org/en/rankings?region=east-asia-and-pacific。

从表Ⅱ-2-2中可以看出，捷克2020年在开办企业方面与区域中其他经济体相比表现不佳。根据世界银行的报告，在捷克开办新企业需要完成9道程序，平均耗时24.5天，而在开办企业一项上居地区排名第五的中国，在上海开办企业需要的手续数量为4个，平均耗时9天，北京需要的手续数量为3个，平均耗时8天。

第二节 投资与营商环境发展

根据世界银行报告，历年来捷克营商环境总体表现变化不大，各类测量方式下的数据无明显波动。

表Ⅱ-2-3　　　　　　捷克总体营商环境变化

年份	排名（名）	营商环境便利度分数（分）总体（DB17—19方法论）	营商环境便利度分数（分）总体（DB15方法论）	营商环境便利度分数（分）总体（DB10—14方法论）
2020	41	76.3		
2019		76.3		

第二章　营商环境　255

续表

年份	排名（名）	营商环境便利度分数（分）总体（DB17—19方法论）	营商环境便利度分数（分）总体（DB15方法论）	营商环境便利度分数（分）总体（DB10—14方法论）
2018		76.4		
2017		76.4		
2016		76.1		
2015			74.3	
2014			73.1	73.1
2013				71.7
2012				70.2
2011				69.2
2010				66.4

资料来源：世界银行，https://www.doingbusiness.org/en/custom-query。

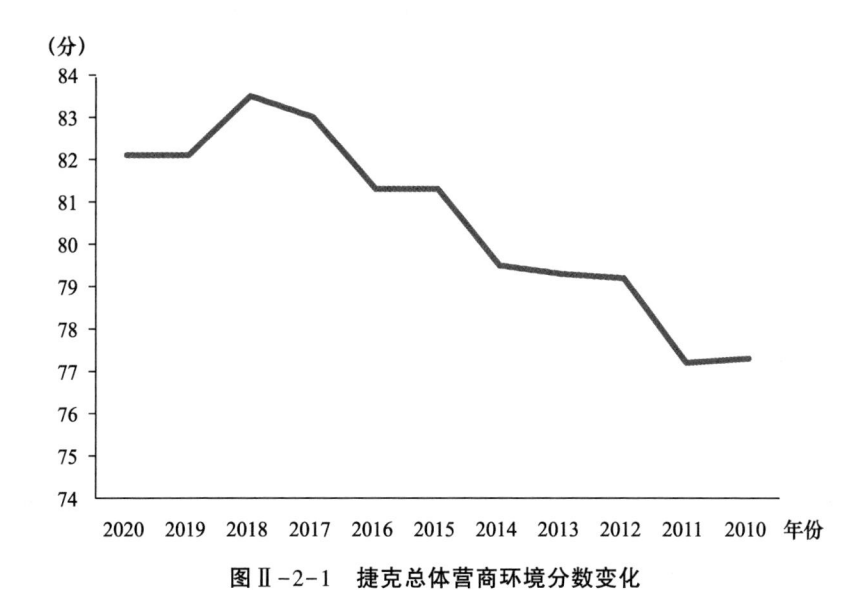

图Ⅱ-2-1　捷克总体营商环境分数变化

捷克营商环境各指标变化见表Ⅱ-2-4，本章第二节将对与指标相关的各营商环节进行具体分析。

表Ⅱ-2-4　　　　　　　捷克营商环境各指标变化　　　　　　　（分）

年份	开办企业	办理施工许可证	办理施工许可证（DB06—15方法论）	获得电力	获得电力（DB10—15方法论）	登记财产	登记财产（DB05—15方法论）	获得信贷	获得信贷（DB05—14方法论）
2020	82.1			95.6		79.7		70	
2019	82.1			95.4		79.7		70	
2018	83.5			95.4		79.7		70	
2017	83.0			95.4		79.7		70	
2016	81.3			95.0		79.4		70	
2015	81.3		57.0	94.6	92.8		78.1	70	
2014	79.5		57.0		92.3		78.9	60	68.8
2013	79.3		57.3		80.3		81.2		68.8
2012	79.2		57.3		80.2		78.2		68.8
2011	77.2		57.3		80.2		75.4		68.8
2010	77.3		57.3		80.2		69.8		68.8
2009	76.4		54.4				75.4		68.8
2008	75.3		54.4				78.1		75.0
2007	73.7		54.3				78.2		75.0
2006	68.9		54.3				78.9		75.0
2005	68.4						62.6		68.8
2004	68.4								68.8

年份	保护少数投资者	保护少数投资者（DB06—14方法论）	纳税	纳税（DB06—16方法论）	跨境贸易	跨境贸易（DB06—15方法论）	执行合同	办理破产
2020	62.0		53.0		100		56.4	80.1
2019	62.0				100		56.4	80.0
2018	62.0				100		56.4	79.8
2017	62.0				100		56.4	79.5

续表

年份	保护少数投资者	保护少数投资者（DB06—14方法论）	纳税	纳税（DB06—16方法论）	跨境贸易	跨境贸易（DB06—15方法论）	执行合同	办理破产
2016	62.0			78.5	100		56.4	79.3
2015	62.0			78.1	100	78.3		79.1
2014	62.0	16		78.5		78.3		78.8
2013		16		78.5		78.3		74.1
2012		15		70.5		77.6		73.9
2011		15		68.4		77.7		70.7
2010		15		65		77.5		51.9
2009		15		51.3		77.9		51.9
2008		15		51.3		80.1		44.3
2007		15		51		80.1		42.8
2006		15		42.4		80.1		42.4
2005								41.9
2004								41.1

资料来源：世界银行，https：//www.doingbusiness.org/en/custom-query。

排名的变化反映了捷克在影响营商环节的相关政策上的变动。

2010年，捷克通过减少注册新地块的内部处理时间，简化了建筑许可流程；并且不断对注册管理机构进行重组和信息化，使登记财产更加容易；同年，捷克还通过将所有税收强制性地以电子方式提交并引入一个单一的税收机构，简化了公司的纳税程序。2011年，捷克简化了劳动税程序，并降低了雇主为社会保障缴纳的费用；还引入进一步的法律修正案以限制破产案件中的"抵销"，并为某些无力偿债的债务人中止了申请破产的义务，使得处理破产问题变得更加容易。2012年，捷克通过将地籍办公室信息化，把所有数据数字化，并引入与公证人的电子通信来加快登记财产手续；同年修订了税收法规，简化了行政程序以及税务机关与纳税人之间的相关规定。2013年，捷克建立了地籍办公室在线访问商业登记处的数据库，使财产登记更加容易，并消除了在申请登记前的纸质文件；在纳税方面，通过促进电子设备的使用让公司更快地缴纳税款；在跨境贸易方面，捷克批准了在线提交海关申报单和其他文件，从而缩短了进出口时间；但是在人力方面，捷克拉长了定期合同的最长期限，并减少了一年合同雇员的遣散费，这对雇员有所不利。2014年，捷克提高了财产转移税率，这使财产转移的成本更高；同时还废除了青年员工的最低工资要求。但是在执行合同方面有所建树，通过简化和加快执行及判决程序，使执行合同更加容易。2015年，捷克通过大幅降低最低资本要求和最低实缴资本要求让创业变得更加容易；通过对担保交易采用新的法律制度，允许在抵押品注册处对应收款进行注册，并允许在庭外执行抵押品，从而改善了获得信贷的机会；最后，捷克通过修改《民事诉讼法典》和修改法院的货币管辖权，使执行合同更加容易。2017年，捷克允许通过在线系统直接注册公司，降低了在商业法院注册的成本和时间，使开办企业变得简单；并且通过指定专业人员来处理所有连接应用程序，从而加快了获得电力的速度。2019年，捷克通过减少有限责任公司注册费用，降低了创业成本；但同年又引入新的增值税控制声明要求，使缴纳税款变得更加复杂。①

第三节　投资与营商环境重要环节

本节以世界银行所采用的11个营商环境指标为出发点，对捷克共和国的营商环境进行介绍，根据实际情况对世界银行指标进行了整合或延伸，比如将"获得信贷"这一指标拓展为"融资"，将"跨境贸易"拓展成"贸易"。虽然世界银行在进行2020年的营商便利程度排名时并未将"雇佣"纳入排名中，但由于它是营商的重要环节，因此本节对之进行了重点讨论。对"获得电力"这一指标也做了延伸，将其他机构报告中所提及的"物流""电信"等因素结合进来，并在下一节"营商环境问题与改进"部分进行详细分析，兹不赘述。世界银行评价开办企业、办理施工许可证、登记财产这三个指标时主要考量的是流程数量、耗费时间、耗费资金等方面，这几方面在很大程度上受到政府办事效率的影响，政府办事

---

① 世界银行：《营商环境报告——捷克（2020年）》。

效率方面的现状、问题及改进将在下一节进行详细分析，本节也不赘述。

一　雇佣

根据捷克统计局公布的数字，截至2019年底，捷克国内劳动力数量约为530万人。在捷克人口结构中，15—64岁的人口占人口总数的75.3%。不同行业和领域的就业人数相差较大，从事第一产业的人数持续下降，从事第二产业的人数则在上升，目前第一、二、三产业就业人数的分布格局是：第一产业占5%，第二产业占40%，第三产业占55%。捷克劳动力的素质相对较高。根据经合组织公布的数据，捷克居科学及工程类学生占比最高的国家之列。捷克劳动力市场供应的地区性差异较大。首都布拉格及中波希米亚地区的失业率最低、工作机会最多且工资水平最高，而乌斯季州及摩拉维亚—西里西亚地区的情况则与之相反。[1]

捷克新《劳动法》（No. 262/2006 Coll.）于2006年经捷克议会批准，2007年1月生效实施。新《劳动法》包含14个部分，共396个条数，涵盖了雇佣双方在工资、劳动时间、劳动保障与福利、赔偿等方面的一系列权利和义务。

（一）工作时间和加班

新《劳动法》规定，雇员每周工作时间上限为40小时，并规定18岁以下雇员（公民受雇年龄的下限为15周岁）的每周工作时间不得超过30个小时。同时新《劳动法》引入了"工作时间账户"的概念，以对工作时间和休息时间进行均衡、合理分配（见新《劳动法》第86项）。新《劳动法》规定，除非得到雇员同意，否则每年加班时间不得超过150小时，每周加班时间不得超过8小时。

（二）工资和福利

新《劳动法》规定，同一雇主对其所有雇员应实行"同工同酬，按劳支付"的原则。同时新《劳动法》第111条第（2）款规定，雇员最低月工资不低于13350克朗（约合582美元）。若加班需支付110%—125%的工资，若是公共假期加班则需支付2倍工资。

---

[1] 中华人民共和国商务部：《对外投资合作国别（地区）指南——捷克共和国（2020年）》，http://www.mofcom.gov.cn/dl/gbdqzn/upload/jieke.pdf。

(三) 社保种类及比例

雇主必须为雇员缴纳法定的各种保险金和强制性的工伤保险,并替政府预扣雇员所得税。保险包括社会保障险(养老保险、疾病险与国家就业政策险)及健康保险,雇主承担34%的比例。

(四) 劳动合同建立与解除

捷克新《劳动法》在有限的范围内承认"非禁止即为允许"的原则,即只要未规定的受禁止行为,都是合法并许可的。但强调受本法约束的行为人必须遵守"平等对待"原则。如新《劳动法》第13条第(2)款(b)规定,雇主必须确保对所有雇员一视同仁,并不得歧视雇员及求职者。为更好地保护雇员利益,以便其尽快地享受正式雇佣合同的权利,新《劳动法》规定,如雇佣双方在签订劳动合同之前同意实行试用期,那么在合同签订后,试用期最多不得超过三个月。新《劳动法》结合其他相关法令,将雇主支付解雇费提高至平均月收入的三倍。同时规定,雇员若因为工伤或因从事该职业造成的疾病而无法继续在该企业就职,雇主必须支付12倍平均月收入作为补偿。捷克新《劳动法》废除了雇主在解雇雇员前需为其提供其他工作岗位的义务。[①]

二 融资服务

(一) 捷克金融环境概况

捷克货币为克朗,可与美元、欧元、英镑等货币自由兑换。捷克央行数据显示,2019年克朗兑美元平均汇率为1美元兑22.934克朗,兑欧元平均汇率为1欧元兑25.672克朗。[②] 目前,人民币与克朗不可直接结算。

自2004年5月1日加入欧盟后,捷克宏观经济环境进一步改善,经济总体上呈上升趋势。在世界金融危机后,2010年捷克经济出现恢复性增长,国内生产总值(GDP)增长2.3%。2011年,受欧债危机影响,捷克经济增速放缓,GDP增长1.7%;2012年,捷克GDP下降1.2%;2013年GDP下降0.9%;自2014年起,GDP连续6年保持增长。

在融资服务方面,外资企业与捷克本地企业享受同等待遇,融资形式

---

① 捷克中央银行。

② 捷克中央银行。

取决于该企业资信情况。捷克银行对企业信用要求较高，对中国在捷克投资企业一般以抵押贷款为主。在捷克开展基础设施建设行业，可能涉及的融资方式主要包括出口信贷、银行贷款、项目融资、信用保险项下融资、内保外贷等，此外，可以应用到的资金还包括欧盟基金等。世界银行数据显示，2019年捷克存款利率为0.389%，捷克贷款利率为3.686%。[1]

表Ⅱ-2-5　　2020年第一季度捷克商业银行贷款平均利率（新增贷款）
——非金融类公司贷款

年份	750万克朗以下	750万—3000万克朗	3000万克朗以下	3000万克朗以上
1年及以下	4.65	3.5	3.89	3.08
1—5年	4.17	3.59	3.87	3.38
5年以上	4.34	3.15	3.7	3.39

资料来源：捷克中央银行，https://www.cnb.cz/en/。

表Ⅱ-2-6　　2020年第一季度捷克商业银行贷款平均利率（新增贷款）
——家庭贷款

时间	消费贷款	住房贷款	其他贷款
1年及以下	9.74	3.00	4.88
1—5年	7.55	2.64	3.61
5—10年	8.21	2.44	4.59
10年以上	8.21	2.77	4.59

资料来源：捷克中央银行，https://www.cnb.cz/en/。转引自中华人民共和国商务部《对外投资合作国别（地区）指南——捷克共和国（2019年）》，http://www.mofcom.gov.cn/dl/gbdqzn/upload/jieke.pdf。

（二）主要银行及金融机构

捷克国家银行（CNB）是捷克的中央银行。捷克储蓄银行（ČS）、捷克商业银行（KB）和捷克斯洛伐克商业银行（ČSOB）是捷克传统的三大

---

[1] 中华人民共和国商务部：《对外投资合作国别（地区）指南——捷克共和国（2019年）》，http://www.mofcom.gov.cn/dl/gbdqzn/upload/jieke.pdf。

品牌银行，但目前大股东也均是外资金融集团。外资品牌银行主要有奥合银行（Raiffeisen）、裕信银行（Unicredit）、花旗银行和汇丰银行等。

布拉格证券交易所（Prague Stock Exchange，捷文缩写为BCPP）成立于1871年，1993年重建，是捷克最大的证券交易所，也是一家独立股份公司。布拉格证券交易所实行会员制，即只有会员才能入场进行交易，其他投资者参与证券交易必须通过证券交易所会员进行。为了让证券市场交易更透明简易，布拉格证券交易所于1995年9月规定：证券（包括股票、债券等）发行可在主板市场、二板市场、自由市场及新市场四个市场进行，每个市场都有自己的上市条件。目前，布拉格证券交易所采用PX50交易指数，还公布19种按照行业划分的行业指数，如金融类、电力类、化工类等。布拉格证券交易所是欧洲证券交易所联盟（FESE）的正式会员，并被美国证券交易委员会认可为"指定离岸证券市场"。2008年11月，布拉格证券交易所92.4%的股份被维也纳证券交易所收购。2009年成为中东欧交易所集团成员之一，共享交易系统。交易所采用PX交易指数，2019年该指数上涨了13%。此外，还公布19种按照行业划分的行业指数，如金融类、电力类、化工类等。2019年交易种类包括54只股票和118只债券，还有少量基金和期货。

捷克另一个证券交易市场是RM-SYSTM，它是一个独立的场外证券交易机构，通过RM-SYSTM交易系统，投资者不仅可以买卖捷克上市公司的股票和债券，还可交易未上市公司和外国公司的股票和债券。此外，捷克于2007年5月成立布拉格能源交易所（PXE），为电力交易提供了一个公平透明的全新平台，2009年7月15日改名为中欧电力交易所（Power Exchange Central Europe）。[①]

三 纳税

捷克税务体系已基本同欧盟发达国家税务体系接轨，有关法律健全，透明统一，税赋较低。

（一）捷克的主要税种和税率

捷克主要税种有自然人所得税、企业法人所得税、增值税、消费税、

[①] 中华人民共和国商务部：《对外投资合作国别（地区）指南——捷克（2020年）》，http://www.mofcom.gov.cn/dl/gbdqzn/upload/jieke.pdf。

道路税、能源税、不动产税、遗产税等。捷克实行属地税制与属人税制相结合的税收制度。

捷克的纳税期通常按日历年计算，也允许按财年计算，但必须事先向主管税务局书面报告并征得税务局同意。企业和个人纳税人必须在法定报税最后期限之前，向当地主管税务局提交年度报税表，清缴当期应缴税款。纳税人在报税时应提交填妥的报税申请表和财务会计报表等相关材料。捷克年度报税的最后期限一般为次年3月31日。

表 Ⅱ-2-7　　　　　　　　捷克各税种及简介

税种	介绍
所得税	（1）企业所得税 企业法人所得税适用于企业法人实体。2008年，企业法人所得税税率为21%，2009年1月1日下调到20%，2010年以后税率为19%。投资基金、风险投资基金和养老基金所得税税率为5% （2）个人所得税 自2008年起，捷克个人所得税开始实行15%的统一税率
增值税	捷克一般商品和服务标准税率为21%。对农产品、食品、公交、供水供暖、文化、住宅建设和丧葬服务等征收15%的低档税率，对图书、药品、婴幼儿配方奶粉等征收10%的低档税率
消费税	对石油及石油衍生物、酒精（含烈性酒）、啤酒、葡萄酒及其中间体，以及烟草等征消费税 （1）石油及石油衍生物 对于含铅量在0.013克/升以下的车用、航空和其他类型汽油，税额为12840克朗/千升；对于含铅量超过0.013克/升的车用、航空和其他类型汽油，税额为13710克朗/千升；对于中型和重型燃气轮机润滑油，税额为10950克朗/千升；对于重油和废油，税额分别为472克朗/吨和660克朗/千升；对于发动机用液化石油气，税额为3933克朗/吨；对于固式发动机和机器用液化石油气，税额为1290克朗/吨 （2）酒精 捷克对乙醇含量超过1.2%的2007号、2008号产品所含酒精，每百升征收2.85万克朗的消费税，其中，对果酒中的酒精每百升征收1.43万克朗的消费税。对食品、医疗，以及制药等使用的酒精免征消费税 （3）葡萄酒和啤酒 一般葡萄酒免缴消费税，一般葡萄酒中间体和香槟葡萄酒每百升缴纳2340克朗的消费税。为支持小啤酒厂生存，捷克啤酒消费税率根据啤酒厂生产规模确定，小厂产品消费税低于大厂 （4）烟草制品 烟草制品包括香烟、卷烟、雪茄和烟草及含有烟草成分的其他产品。烟草制品消费税由固定金额和销售价格百分比累加。其中，香烟固定税额是1.07克朗/支，最终消费者需支付税率达28%，至少2.01克朗/支；雪茄税额是1.15克朗/支；吸食烟草税额为1340克朗/公斤

续表

税种	介绍
道路税	捷克对商用车辆采取定额征税，客车根据发动机排气量计算，其他车辆根据载重量确定纳税金额。其中，小车为1200—4200克朗，卡车为1800—50400克朗。私人汽车免缴道路税，但需缴纳高速公路通行费。从2011年1月起，3.5吨以下小客车高速公路费不变，1年高速公路费为1200克朗，1个月为350克朗，1周为250克朗
房地产税和房地产交易税	房地产税包括土地税和房产税，每年由土地或房产的所有者支付，但在特殊情况下，由用户或承租人纳税 （1）土地税。在土地局登记的土地为土地税纳税对象。农业用地、啤酒花园、葡萄园、果园、长期绿地免征土地税 （2）房产税。房产税的征税对象为在捷克领土上的建筑物。国家、村镇、学校、博物馆、教会等的房产免征房产税，房产所有人及其亲属使用的新建住房15年内免征房产税。房产税率根据房产类型和面积、位置和用途不同征收。房地产交易税率为3%，通常由卖方承担。在某些情况下，纳税人可以要求减免房地产交易税
能源税	2008年1月1日起，为落实欧盟有关能源税方面的指令，捷克对供电供气和供应固体燃料的企业开征能源税。电的税额为28.3克朗/兆瓦时，固体燃料的税额为每千兆焦8.5克朗，气的税额根据气的类型、用途和纳税的日期区别对待，税率为0至264.8克朗/兆瓦时
关税	关税按欧盟统一关税税则征收，对出口实行零税率。捷克没有需要公司缴纳的地方税

资料来源：转引自中华人民共和国商务部《对外投资合作国别（地区）指南——捷克（2020年）》，http：//www.mofcom.gov.cn/dl/gbdqzn/upload/jieke.pdf。

但根据2017年毕马威捷克公司对339位企业财务总监所做的一项调查：近三分之二受调查企业认为，捷克的税收环境无法令人满意；超过一半企业不看好最近三年的税收改革措施。接受调查的企业认为，企业负担的增加主要是由于政府推出的增值税分类账报表和销售的电子登记制度。该调查也显示出，企业家们错过了与税务机关对话的机会。[1]

（二）捷克对外国投资的税收优惠政策

1. 优惠政策框架

国家补贴：

捷克对外商投资和国内企业投资采取同等的鼓励政策，主要集中在鼓

---

[1] 中华人民共和国商务部：《对外投资合作国别（地区）指南——捷克（2020年）》，http：//www.mofcom.gov.cn/dl/gbdqzn/upload/jieke.pdf。

励企业技术升级和鼓励企业扩大就业等方面,具体包括制造业、技术中心和商务支持服务中心三大投资领域。但总的补贴金额不得超过企业投资适用成本的25%,布拉格地区不适用投资鼓励措施。

按照欧盟政策框架实施的优惠政策:

作为欧盟成员,在捷克投资的非欧盟投资者享受来自欧盟层面的优惠政策,即欧盟《企业经营与创新计划》,目前准备实施2014—2020年新计划,目的是增强欧盟和捷克经济竞争力、提高捷克工业及服务业的创新效率。

2. 行业鼓励政策

在投资政策方面,自1998年《投资鼓励法》出台以来,捷克本土外商直接投资发展迅猛,现今已成为欧洲地区外商直接投资的成熟国。为吸引和鼓励外商投资,捷克政府特设投资局以提供配套咨询服务。[1] 2015年5月1日,《投资鼓励法》修订法案出台,该修订法案继续实行上述根据地区经济发展和就业情况区别对待的投资鼓励政策,调整了申请优惠的条件和可享受的具体优惠措施,加强了对制造业、商务支持服务中心、技术中心及战略投资者的支持。2019年9月,捷克政府出台新的投资鼓励政策法案,主要对投资鼓励法的申请程序、补贴范围和补贴条件进行了修订,以鼓励具有高附加值和创造更多高素质工作岗位的项目落地,意在提高捷克产业竞争力,并降低相关财政预算。

3. 地区鼓励政策

捷克投资优惠政策除了有吸引投资的目的外,还服务于推动地区经济平衡发展的目标。捷克政府鼓励投资者在经济落后或者失业率高的地区投资。首先,对经济相对发达、就业充分的布拉格地区,不给予投资鼓励。对在其他地区投资并符合规定条件者,均给予税收减免。其次,只有高失业地区才享受就业及培训补贴。最后,制造业可享受投资优惠政策的最低投资额,在失业率高于平均失业率50%以上的区域为5000万克朗,其他地区为1亿克朗。[2]

---

[1] 顾捷:《捷克营商环境分析及企业投资建议》,《国际经济合作》2018年第6期。
[2] 中华人民共和国商务部:《对外投资合作国别(地区)指南——捷克(2020年)》,http://www.mofcom.gov.cn/dl/gbdqzn/upload/jieke.pdf。

4. 世界银行对捷克纳税便捷程度的评分

表Ⅱ-2-8　　　　捷克纳税二级指标变化情况

年份	分数（分）	分数（分）（DB06—16方法论）	缴税次数（次/年）	时间（小时数/年）	总税率和社会缴纳费率（占利润百分比）	利润税（占利润百分比）	劳动税及缴付劳务税及派款（占利润百分比）	其他税（占利润百分比）	报税后流程指标（0—100分）
2020	81.4		8	230	46.1	5.2	38.4	2.6	90.5
2019	81.4		8	230	46.1	5.2	38.4	2.6	90.8
2018	81.2		8	236	46.1	5.1	38.4	2.6	90.8
2017	81.7		8	222	46.1	5.1	38.4	2.6	90.8
2016	81.6	78.5	8	222	46.5	5.6	38.4	2.6	90.8
2015		78.1	8	230	46.5	5.6	38.4	2.6	
2014		78.5	8	230	45.6	5.3	38.4	1.9	
2013		78.5	8	230	45.7	5.3	38.4	2	
2012		70.5	8	386	45.7	5.3	38.4	2	
2011		68.4	12	386	45.4	5.1	38.4	2	
2010		65	12	442	46.4	4.9	39.5	2	
2009		51.3	12	759	47.7	6.2	39.5	2	
2008		51.3	12	759	47.7	6.2	39.5	2	
2007		51	12	759	48.2	6.7	39.5	2	
2006		42.4	27	866	48.7	7.2	39.5	2	

资料来源：世界银行，https：//www.doingbusiness.org/en/custom-query。

四　贸易

通过对跨境贸易得分进行排序，可以确定经济体在跨境贸易中的排名。通过出口和进口的文件及边境合规性的时间成本，得出简单平均值，就是跨境贸易的得分。[①] 根据世界银行的数据，捷克的跨境贸易得分连续8年都是满分，即100分（同为100分的还有波兰、意大利和匈牙利）。

---

① 世界银行：《营商环境报告——捷克（2020年）》。

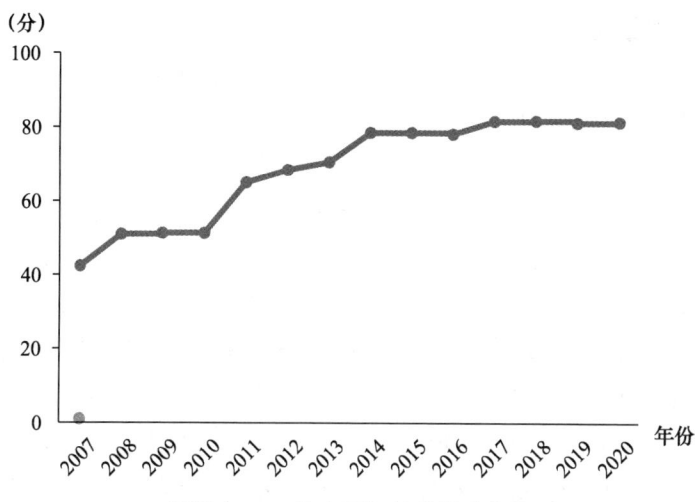

图Ⅱ-2-2 捷克历年纳税得分变化

资料来源：作者自制。

（一）贸易便利化

根据联合国历年发布的《全球数字化及可持续贸易便利化调查》（UN Global Survey on Digital and Sustainable Trade Facilitation）[①]，2019 年，捷克贸易便利化程度为 84.95%；跨境无纸贸易程度为 61.1%；无纸贸易程度为 81.5%；体制安排与合作程度为 88.9%；手续率为 95.8%；透明度为 100%。从表Ⅱ-2-9 中可以看出，捷克在贸易便利化各指数上全部优于欧盟经济委员会和欧盟、挪威及瑞士的平均水平。

表Ⅱ-2-9　　2019 年捷克贸易便利化水平与同区域平均水平对比

	捷克	欧洲经济委员会	欧盟、挪威及瑞士
跨境无纸贸易	61.1	46.3	53.7
无纸贸易	81.5	71.9	76.7
制度安排与合作	88.9	79.1	84.7
手续	95.8	81.5	87.3
透明度	100	88.6	90.3

资料来源：联合国，https://untfsurvey.org/economy?id=CZE。

① UN Global Survey on Digital and Sustainable Trade Facilitation.

(二) 贸易成本

在世界银行的物流绩效指数（Logistics Performance Index, LPI）中，捷克排第 26 名。[①] 2004 年 5 月加入欧盟后，捷克开始执行欧盟统一对外经济政策，其中，有关的贸易政策主要包括共同出口政策（欧委会规定〈EEC〉No. 2603/69）、关于出口信贷保险的规定（欧委员指令 98/29/EC）、有关欧盟农产品出口的规定（欧委会规定〈EEC〉No. 3911/92）、关于对进口实施共同规则的规定（〈EC〉3285/94 号）、关于从某一非欧盟国家进口的规定（欧委会规定〈EC〉No. 519/94）、欧盟关于进口的数量限制程序（欧委会规定〈EC〉No. 520/94）、欧盟反倾销措施（欧委会规定〈EC〉No. 384/96）、欧盟反补贴措施（欧委会规定〈EC〉No. 2026/97）、欧盟反贸易壁垒措施（欧委会规定〈EC〉No. 3286/94）等。[②]

五 商业契约

世界银行"执行合同"指标主要考察司法程序的质量、时间和成本，经济体在执行合同难易程度上的排名，是通过对执行合同的得分进行排序得出的，2020 年捷克此项分数为 56.4 分，排第 103 名。

"保护少数投资者"指标主要考察企业的披露程度、董事责任程度、股东诉讼便利程度、股东权利、所有权和管理控制、公司透明度等。2020 年，捷克此指标的得分为 62 分，排第 51 名。

"办理破产"指标主要衡量的是处理商业破产的时间、成本、结果和回收率（recovery rate）及破产相关法律框架的力度。捷克此项指标的排名居世界前 16 位，分数为 80.1 分。根据世界银行的报告，2009 年，捷克共和国通过一项新的破产法来加强其破产程序，该法律引入"重组"概念作为解决破产的首选方法，规定了更严格的期限，建立了电子破产登记，并为受托人设定了新的资格标准。到了 2011 年，捷克共和国通过引入进一步的法律修正案以限制破产案件中的抵销，并为某些无力偿债的债务人中止了申请破产的义务，使得处理破产问题变得更加容易。《捷克民法典》和《商

[①] 世界银行，https://lpi.worldbank.org/international/aggregated-ranking。
[②] 中华人民共和国商务部：《对外投资合作国别（地区）指南——捷克（2020 年）》，http://www.mofcom.gov.cn/dl/gbdqzn/upload/jieke.pdf。

业公司与合作法》是在捷克从事商业活动的主要法律框架。[1]

(一) 捷克的法律环境

捷克的法律体系属于"大陆法系",更具体地说,由于共同的历史根源,其属于德国法律文化体系。其法律制度的特点如下:主要领域的法律和程序法为成文法(民事和刑事法典,刑法典、民事和行政诉讼法典等);法律渊源体系是分层次的,法律体系内形成法律效力金字塔结构,并且,只有成文法(立法机关制定的)被认为是法律渊源。

《捷克共和国宪法》将捷克定义为一个主权、单一、民主的法治国家,以尊重人类和公民的权利与自由为基础。宪法和宪法制度的一个重要部分是"基本权利和基本自由宪章"。虽然作为一个单独的宪法法律,但其具有与《宪法》相同的效力。

捷克的政治体系实行议会民主制。中央国家权力被划分为三权,即立法机构:捷克议会,由下议院(众议院)和上议院(参议院)组成;行政机构:包括国家元首(共和国总统)和政府(作为行政权力的最高机构);司法机构:一般管辖法院(民事和刑事)、行政法院和宪法法院。

法律的结构及其效力依次是:宪法和宪法法律(包括基本权利和基本自由宪章);议会批准的国际条约;国会通过的法律;由上级法律产生的立法(由政府和部委采纳);自律性实体的立法性法规(区域性的和行业性的)。

自捷克加入欧盟以来,欧洲法律及其立法来源也成为捷克法律秩序的一部分。从传统的大陆观点来看,判例法不是被承认的法律渊源。然而,在实际中,法院的判决,特别是最高法院和宪法法院的判决,在很大程度上影响了法律制度。[2]

(二) 捷克商业纠纷的解决方式

捷克属大陆法系国家,法律体系上效仿德国。商事纠纷一般通过诉讼或仲裁两种途径解决。因仲裁具有一裁终局和专业性,商务合同中双方更偏向于选择仲裁解决纠纷。根据捷克《仲裁法》和《国际私法》,当事人

---

[1] 中华全国律师协会:《"一带一路"沿线国家法律环境国别报告——奥地利 比利时 捷克卷》,北京大学出版社2015年版。

[2] 中华全国律师协会:《"一带一路"沿线国家法律环境国别报告——奥地利 比利时 捷克卷》,北京大学出版社2015年版。

可在合同中约定仲裁条款，选择异地或国际仲裁，一般合同中也可约定适用捷克法律或其他国家法律。在实践中，如在捷克仲裁机构仲裁，一般适用该仲裁机构的仲裁规则和捷克法律。

在捷克，仲裁制度被视为法院诉讼程序的一些替代性程序。该制度被广泛用于商业纠纷（business-to-business）以及消费者纠纷（business-to-consumer）。目前经常被使用的国内仲裁机构是：捷克商业协会与农业协会联合仲裁委员会（the Arbitration Court attached to the Czech Chamber of Commerce and the Agricultural Chamber of the Czech Republic）。从 2012 年开始，国内纠纷与涉外纠纷在该仲裁委员会开始适用统一的仲裁规则。[①] 仲裁案件可以适用国际刑事法庭（International Criminal Court，ICC）及伦敦国际仲裁院（London Court of International Arbitration，LCIA）的仲裁规则（尤其是涉及捷克与外国企业之间纠纷的）。之前的诉讼程序基本耗时 1 年，而在 2012 年捷克推出了一种为期四个月的快速仲裁程序。但是，该程序比普通程序多收 50%的手续费。

表Ⅱ-2-10　　　　捷克外资企业注册审批流程及注意事项

流程	依据及注意事项
启动仲裁程序	捷克《仲裁法》规定，当事人向仲裁机构提交仲裁申请时仲裁程序即开始正式启动。当事人向仲裁机构提交仲裁申请的法律效力与当事人向法院起诉的法律效力相同［从 2004 年 6 月 1 日起，捷克仲裁委员会引入了"在线仲裁"（online arbitration），当事人双方同意即可以申请在线仲裁］
听证程序	双方当事人可以自主决定部分或全部仲裁内容通过书面仲裁来解决争议，或者当事人可以选择在线仲裁来解决争议
证据规则	在相关人员自愿的前提下，仲裁庭可以听取证人的证言、专家证人的意见以及当事人的陈述，并且仲裁庭还可以考虑在自愿情况下获得其他证据
保密义务	捷克《仲裁法》不仅专门设立第 19 条第 3 款明确规定仲裁程序不得公开，而且通过条款严格要求仲裁庭履行相关保密义务。参与仲裁程序的仲裁员也同样须履行保密义务

资料来源：捷克工商管理局（živnostenský úřad），https：//www.businessinfo.cz/。

[①] 欧丹：《中东欧仲裁制度比较研究——以波兰捷克为例》，《政法学刊》2016 年第 33（4）卷，第 77—89 页。

另外，在投资保护和投资争端解决方面，捷克同 80 个国家和地区签订了双边投资保护协定，捷克还是《解决国家和他国公民之间投资争端公约》（即《华盛顿公约》）和《关于承认和执行外国仲裁裁决公约》（即《纽约公约》）的签字国。[1]

（三）破产

根据捷克《破产法》，当债务人长时间无法履行对一个或多个债权人的义务时，就会引发破产。债务人停止赔付时，被定义为"无法偿还债权人"。所以对于企业，根据捷克《破产法》第 3（1）条，"现金流支付不能"（是指公司不能清偿到期债务）是在欧洲范围内公认的与公司有关的破产程序启动的根据。破产程序的管辖权由债务人所在地或居住地的地区法院或市法院进行。法院有权任命和监督破产受托人。在任命受托人和监督破产程序方面，法院拥有高度的酌处权。

在债务人提出破产申请后，《破产法》规定自动中止债权，债权人不得对债务人提起诉讼。[2]

第四节 营商环境优势与潜在投资风险

捷克于 2006 年被世界银行列入发达国家行列。拥有极高水平的人类发展指数，是欧盟和北约的成员国。对于整体营商环境而言，捷克拥有稳定的政治环境和良好的经济环境。根据 2018 年数据，捷克经济竞争力在全球排第 31 名，居中东欧地区首位，是欧元区及欧盟 27 国中发展较快的经济体之一。[3]

一 营商环境优势

自 1998 年《投资鼓励法》出台以来，捷克本土外商直接投资发展迅

---

[1] 中华人民共和国商务部：《对外投资合作国别（地区）指南——捷克（2020 年）》，http://www.mofcom.gov.cn/dl/gbdqzn/upload/jieke.pdf。

[2] Helmut Gerlach, "Bankruptcy in the Czech Republic, Hungary, and Poland and Section 304 of the United States Bankruptcy Code, Proceedings Ancillary to Foreign Bankruptcy Proceedings," Proceedings Ancillary to Foreign Bankruptcy Proceedings, 22 Md. J. Int'l L. 81（1998）.

[3] 顾捷：《捷克营商环境分析及企业投资建议》，《国际经济合作》2018 年第 6 期，第 49—53 页。

猛,现今已成为欧洲地区外商直接投资的成熟国。作为一个工业大国,捷克工业基础雄厚、历史悠久。汽车工业是捷克国民经济的支柱产业,提供了超过 15 万个直接就业岗位,同时还创造了 7.5% 的 GDP 产值。传统加工制造业基础雄厚,直接投资项目发展稳健;新兴产业领域和科研技术领域竞争力强,对外资吸引力大。近年来,捷克的投资结构由最初的初级生产组装行业逐步向先进制造业、高新技术制造业、高附加值商业服务业转型。在国家投资鼓励政策和欧盟结构基金的支持下,外商在捷克非布拉格地区的直接投资可以享受与本土企业同等优惠,尤其是在企业技术升级和企业扩大就业等方面,但总的补贴金额不能超过企业投资适用成本的 25%。在制造业方面,符合捷克投资法规定的企业不仅可以享受最高 5 年的企业所得税减免,而且可以获得就业和再就业补贴,以及厂房和土地使用方面的优惠政策。在商业支持服务和技术中心方面,优惠扶持政策优先向中小企业和落后地区倾斜。其中,最高地区补贴可达到 400 万—600 万欧元;针对员工薪资、无形和有形资本支出的补贴,根据企业规模和地区,其比例接近 60%。同时,为增强捷克经济竞争力、提高捷克工业及服务行业的创新效率,非欧盟成员国在捷克投资还可以获得来自于欧盟《企业经营与创新计划》(2014—2020)的优惠待遇。[①]

除此之外,捷克共和国还拥有优越的地理环境和素质较高的人力资源。它是欧洲运输网路的重要枢纽。而对于劳动力来说,受益于捷克完备的教育体系,20% 以上的捷克本土劳动力资源接受过高等教育,而且大部分雇员掌握一门以上外语,人力资源水平远高于中东欧其他国家。

二 主要问题与改进

捷克目前人口出生率位于全球最低,2016 年捷克人口老龄化率(65 岁以上人口)达到 28.1%。对于投资者来说,人口老龄化意味着捷克国内消费力下降,消费市场萎缩。劳动力的短缺以及低失业率导致了捷克劳动力成本的上升,从而提升了企业的经营成本。据统计,按照目前的人口出生率,到 2030 年捷克将有 40 万技术工人缺口。[②] 但与此同时,捷克的

[①] 中华人民共和国商务部:《对外投资合作国别(地区)指南——捷克(2019 年)》,http://www.mofcom.gov.cn/dl/gbdqzn/upload/jieke.pdf。

[②] 范月龙:《中国对捷克投资:动因、障碍及建议》,《北方经济》2020 年第 9 期,第 4 页。

劳动力素质较高。根据经合组织（OECD）公布的数据，捷克是科学及工程类大学生占比较高的国家之一。[1] 捷克劳动力普遍受教育程度较高，所以对于投资者而言，投资高新技术产业是一个好选择。

针对劳动力，投资者也需时刻关注捷克对外国劳工政策可能的变化。2011—2013 年，捷克国内经济形势低迷，失业率升高。为保证国内就业，捷克劳动和社会事务部于 2012 年初出台政策，收紧了对欧盟以外非专业技能人才工作签证发放。目前，捷克经济发展良好且失业率不断下降，不少企业凸显招工难并呼吁政府放宽针对外国劳工的签证限制措施。企业在对捷克开展经贸合作中，应对捷克外国劳工政策的变化予以充分关注。[2]

（一）政治形势与腐败指数

自 2004 年以来，捷克政府更迭频繁，而且历届政府在众议院均不占明显多数，所以在欧盟各成员国中捷克政局并不稳定。2010 年 5 月捷克众议院选举后产生了自 1996 年以来最为强大的中右翼政府。然而，政府执政一年来接踵而至的腐败丑闻使政府两度陷入危机，导致支持率大幅降低。[3]

与其他指标不同，腐败问题难以量化。通过披露的丑闻和政府公开的贪污数据量化一个国家的腐败程度都不准确。根据透明国际（Transparency International）发布的腐败感知指数（Corruption Perceptions Index，腐败指数是从 0 到 100 的评分，0 分表示严重腐败），捷克此项指标一直保持在 50 分左右，在中东欧国家中排名第六。[4]

（二）外资规制

1. 法律政策变化

捷克法律繁杂并经常修订整改，法律法规数量众多，公司注册手续也较为烦琐。对此，捷克投资局作为工贸部直属机构，免费向外国投资者提

---

[1] 任天舒、乔龙、刘优、王国梁：《捷克共和国投资环境分析》，《对外经贸》2019 年第 2 期，第 20—23 页。

[2] 中华人民共和国商务部：《对外投资合作国别（地区）指南——捷克（2019 年）》，http://www.mofcom.gov.cn/dl/gbdqzn/upload/jieke.pdf。

[3] 中华人民共和国商务部：《国家风险分析报告——捷克投资与经贸风险分析报告》，《国际融资》2012 年第 4 期，第 62—65 页。

[4] 巩雪：《中东欧投资环境评估及建议》，《国际经济合作》2016 年第 5 期，第 81—86 页。

供投资政策和经营环境等方面的信息咨询服务。

2. 手续烦琐耗时过长

捷克经济商会一项调查结果显示，超过80%的企业家认为承担的监管负担过重，超过一半的受调查企业认为，向财政和海关机构提交的各种报表太多太频繁，其中就包括增值税分类账报表和营业额电子记账系统。在与企业经营活动无直接关联的领域，企业认为最糟糕的是对管理机构及法院裁决的漫长等待时间。捷克经济商会指出，在施工程序的审批方面，捷克属于全球处理速度较慢的国家之一。根据世界银行报告，捷克办理施工许可证排世界第157名，平均耗时需要246天。[①]

表Ⅱ-2-11　　捷克外资企业注册审批流程及注意事项

注册流程	所需文件以及注意事项
准备公司成立文件	所需文件：公司章程、股东无犯罪记录的证明、无重名的公司名称、公司营业场所及其证明文件
申报经营范围，申领营业执照	所需文件：公司章程、营业场所租赁合同/产权证明、经营范围清单、公司法人无犯罪记录证明、职业资格证明和信誉证明、公司注册申请表、1000克朗手续费
开立注册资本金专用账户，并存入注册资本金	股份公司最低注册资本金为200万克朗（公开募股公司最低为2000万克朗）；有限责任公司最低注册资本金为20万克朗，须在注册法院登记前缴纳30%的首期出资；个人独资公司须一次性存入全部注册资金，且注册资本金在完成注册手续前不得提前支取
向商业法院注册登记处申请登记注册，并获得企业注册号码（ICO）	所需文件：商业登记专用申请表、经公证的由发起人签名的公司成立文件、营业场所租赁合同或产权证明、营业执照、银行注册资金到位证明、股东出资证明、公司法人代表无犯罪记录证明、诚信证明和签字样本
向所在地税务局申请公司所得税登记并获得税务注册号码（DIC）	增值税登记（连续12个月营业额超过100万克朗），员工个人所得税登记，房地产税、道路税、消费税、天然气税、电税等税收登记

---

① 中国人民共和国驻捷克大使馆经济商务处。

续表

注册流程	所需文件以及注意事项
向当地社会保障局办理社会保障登记	分为养老保险、疾病保险和国家就业政策缴款三部分。雇主缴纳部分为员工总工资的25%（养老保险21.5%、疾病保险2.3%、国家失业政策险1.2%），员工缴纳部分为本人总工资的6.5%
在选定的健康保险公司办理健康保险登记	雇主按期一次性向保险公司缴纳员工健康保险费，保费为员工工资的13.5%（雇主9%、员工4.5%）。最低保费计算基数为8000克朗
在当地劳动局办理劳动用工登记	关于捷克《劳动法》的具体规定和雇主及雇员的权利义务，在捷克劳动与社会事务部网站（www.mpsv.cz）查询
刻制公司印章	印章内容：公司名称、地址、企业注册号（ICO）和税务注册号（DIC）
其他相关规定	股份公司在当前和上一会计期间达到以下三个条件之一，有限责任公司达到其中任何两个条件的，须在下一年度进行审计：①资产负债表总额超过4000万克朗；②年净营业额超过8000万克朗；③员工平均人数超过50人。所有法人企业每年须向注册法院企业注册处提交电子财务报表。须依法进行法定审计的企业，必须准备年报，年报应包括审计财务报表、审计报告等信息

资料来源：捷克工商管理局（živnostenský úřad），https://www.businessinfo.cz/。

（三）英国脱欧带来的影响

根据2019年捷克财政部对宏观经济的最新预测，如果英国硬脱欧，将会导致捷克经济增速下降0.6—0.8个百分点，当年的GDP会降至2%以下。若英国协议脱欧，则预计捷克GDP增速为2.5%。财政部指出，英国硬脱欧将影响欧盟2014—2020年度预算收入，从而导致各成员国向欧盟缴纳的款项增多。就捷克而言，每年对欧盟的支出将增至30亿克朗（约合1.4亿美元）。此外，英国强硬脱欧还将使其与欧盟国家的贸易受到关税的影响。[1]

---

[1] 中国人民共和国驻捷克大使馆经济商务处。

附表一　　世界银行《营商环境报告》各指标定义

指标	含义
开办企业	成立有限责任公司的程序、时间、成本和实缴最低资本
办理施工许可证	完成建造仓库所有手续的程序、时间和成本以及施工许可体系中的质量控制和安全机制
获得电力	连接到电网的程序、时间和成本,以及供电的可靠性及收费的透明度
登记财产	资产转让的程序、时间和成本以及土地管理系统的质量
获得信贷	可动抵押法和信用信息系统
保护少数投资者	少数股东在关联交易和公司治理中的权利
纳税	公司遵守所有税收法规的缴纳程序、耗时、总税金和缴纳率和后备流程
跨境贸易	出口具有比较优势的产品、进口汽车零部件的时间和成本
执行合同	解决商业纠纷的时间和成本以及司法程序的质量
办理破产	商业破产的时间、成本、结果和恢复率以及破产相关法律框架的力度
雇佣	雇佣法规的灵活性和裁员成本

附表二　　世界银行2020年《营商环境报告》捷克各项指标排名/分数

开办企业（排名）	134
开办企业分数（0—10—0）	82.1
手续（数量）	9
时间（天数）	24.5
成本（人均收入百分比）	1.1
最低实缴资本（人均收入百分比）	0.0
办理施工许可证（排名）	157
办理施工许可证分数（0—100）	56.2
手续（数量）	21
时间（天数）	246
成本（仓库价值百分比）	0.2

续表

建筑质量控制指数（0—15）	8
获得电力（排名）	11
获得电力分数（0—100）	95.6
手续（数量）	3
时间（天数）	58
成本（人均收入百分比）	23.1
供电可靠性和电费透明度指数（0—8）	8
登记财产（排名）	32
登记财产分数（0—100）	79.9
手续（数量）	4
时间（天数）	27.5
成本（财产价值百分比）	4
土地管理质量指数（0—30）	25
获得信贷（排名）	48
获得信贷分数（0—100）	70
合法权利力度指数（0—12）	7
信贷信息深度指数（0—8）	7
信用局覆盖率（成年人百分比）	7.3
信贷登记机构覆盖率（成年人百分比）	81.1
保护少数投资者（排名）	61
保护少数投资者分数（0—100）	62
披露程度指数（0—10）	2
董事责任程度指数（0—10）	6
股东诉讼便利度指数（0—10）	9
股东权利指数（0—6）	5

续表

所有权和管理控制指数（0—7）	5
企业透明度指数（0—7）	4
纳税（排名）	53
纳税分数（0—100）	81.4
缴税次数（每年）	8
时间（小时数/每年）	230
总税收和缴费率（占利润百分比）	46.1
报税后流程指数（0—100）	90.5
跨境贸易（排名）	1
跨境贸易分数（0—100）	100
出口时间	
单证合规（小时）	1
边界合规（小时）	0
出口成本	
单证合规（美元）	0
边界合规（美元）	0
进口时间	
单证合规（小时）	1
边界合规（小时）	0
进口成本	
单证合规（美元）	0
边界合规（美元）	0
执行合同（排名）	103
执行合同分数（0—100）	56.4
时间（天数）	678

续表

成本（索赔额百分比）	33.8
司法程序质量指数（0—18）	9.5
办理破产（排名）	16
解决破产分数（0—100）	80.1
回收率（百分比）	67.5
时间（年数）	2.1
成本（资产价值百分比）	17
结果（0为零碎销售，1为持续经营）	1
破产框架力度指数（0—16）	14

附表三　联合国《全球数字化及可持续贸易便利化调查》中捷克表现

#	项目	2015	2017	2019
1	国家贸易便利化委员会或类似机构*	不适用	不适用	完全实现
2	在互联网上发布现有进出口法规	不适用	不适用	完全实现
3	利益相关者对新法规草案的咨询（最终定稿之前）	不适用	不适用	完全实现
4	在与贸易有关的新法规实施之前提前发布/通知*	不适用	不适用	完全实现
5	预先裁定关税分类和进口货物原产地*	不适用	不适用	完全实现
6	风险管理	不适用	不适用	完全实现
7	到达前处理	不适用	不适用	完全实现
8	清关后审核*	不适用	不适用	完全实现
9	独立申诉机制	不适用	不适用	完全实现
10	放行与最终确定的关税、税款、收费分开	不适用	不适用	完全实现
11	建立并公布平均放行时间	不适用	不适用	完全实现
12	授权经营者的贸易便利化措施	不适用	不适用	完全实现
13	加急发货	不适用	不适用	部分实现

续表

#	项目	2015	2017	2019
14	进出口手续接受原始证明文件的复印件*	不适用	不适用	完全实现
15	自动化海关系统*	不适用	不适用	完全实现
16	海关和其他贸易管制机构可以使用互联网*	不适用	不适用	完全实现
17	电子单窗系统	不适用	不适用	部分实现
18	电子提交海关申报单	不适用	不适用	完全实现
19	电子申请和签发进出口许可证*	不适用	不适用	部分实现
20	电子提交海运货物舱单	不适用	不适用	完全实现
21	电子提交航空货运舱单	不适用	不适用	完全实现
22	电子申请并颁发优惠原产地证书	不适用	不适用	未实现
23	电子支付关税和费用	不适用	不适用	完全实现
24	电子申请海关退税	不适用	不适用	完全实现
25	电子交易的法律法规	不适用	不适用	部分实现
26	公认的认证机构	不适用	不适用	部分实现
27	电子交换报关单*	不适用	不适用	完全实现
28	电子交换原产地证书	不适用	不适用	部分实现
29	电子交换卫生和植物卫生证书	不适用	不适用	部分实现
30	跟单信用证的无纸托收	不适用	不适用	未知
31	边境机构合作的国家立法框架和/或制度安排*	不适用	不适用	完全实现
32	政府机构将控制权下放给海关	不适用	不适用	部分实现
33	与过境点的邻国协调工作日和时间	不适用	不适用	完全实现
34	在过境点与邻国协调手续和程序	不适用	不适用	完全实现
35	过境便利协议*	不适用	不适用	完全实现
36	海关当局限制过境货物的实物检查和使用风险评估	不适用	不适用	完全实现
37	支持到达前处理,以简化过境手续	不适用	不适用	完全实现
38	所涉及的过境国的机构之间相互合作	不适用	不适用	无法使用

续表

#	项目	2015	2017	2019
39	中小企业贸易相关信息措施*	不适用	不适用	未知
40	中小企业参与AEO体系*	不适用	不适用	未实现
41	中小企业访问单一窗口*	不适用	不适用	未实现
42	中小企业参与全国贸易促进委员会*	不适用	不适用	未实现
43	针对中小企业的其他特殊措施*	不适用	不适用	未实现
44	提供测试和实验室设施，以满足主要贸易伙伴的SPS*	不适用	不适用	完全实现
45	设立国家标准和认可机构，以促进遵守SPS*	不适用	不适用	完全实现
46	电子申请和签发SPS证书*	不适用	不适用	部分实现
47	易腐货物的特殊待遇*	不适用	不适用	部分实现
48	贸易便利化政策/战略特别考虑了女商人*	不适用	不适用	未实现
49	针对女商人的贸易便利化措施*	不适用	不适用	未实现
50	国家贸易促进委员会中的女性成员*	不适用	不适用	未实现
51	单一窗口方便交易者获得融资*	不适用	不适用	未实现
52	银行允许贸易伙伴之间进行电子数据交换*	不适用	不适用	未知
53	提供多种贸易融资服务*	不适用	不适用	完全实现

说明：*表示先前的调查未包含此项或使用不同措辞。

第三章 研发与创新能力

第一节 捷克的创新能力

欧盟每年公布的"创新记分牌"报告显示出捷克创新进展的总体状态。欧盟用综合创新指数（SII）来评价其成员国的总体创新能力，27个成员国被分为四个不同级别的创新组：创新引领者、强力创新者、中等创新者与一般创新者。创新引领者指SII指数高于欧盟平均值20%以上的成员国。强力创新者指SII指数在欧盟平均值90%—120%的成员国。中等创新者指SII指数在欧盟平均值50%—90%的成员国。一般创新者指SII指数低于欧盟平均值50%的成员国。

2017年，欧盟对创新评价指标予以修订，开始采用新指标评估其创新能力。新评估框架以四大类指标（即框架条件、投资、创新活动与影响）、10个创新维度以及27个指标衡量各国的创新表现。

根据2020年欧盟"创新记分牌"数据，以下五个表格从不同角度横向、纵向比较了捷克的创新水平。

表Ⅱ-3-1从时间上反映了捷克2012—2019年的创新分值情况，相比2012年，捷克创新能力的得分有所上升。

表Ⅱ-3-1　　　　综合创新指数（SII，绝对分值）

	2012	2013	2014	2015	2016	2017	2018	2019
欧盟	0.466	0.469	0.462	0.468	0.478	0.487	0.498	0.507
欧盟-28	0.472	0.475	0.473	0.479	0.488	0.496	0.512	0.522
捷克	0.388	0.391	0.392	0.401	0.395	0.406	0.423	0.427

资料来源：http://ec.europa.eu/growth/industry/innovation/facts-figures/scoreboards/.

表Ⅱ-3-2以2012年为基年,从相对分值上比较了欧盟(成员有增、减)、欧盟28国与捷克的创新能力。

表Ⅱ-3-2　　　　　综合创新指数(2012=100)

	2012	2013	2014	2015	2016	2017	2018	2019
欧盟	100.0	100.7	99.2	100.3	102.6	104.5	106.9	108.9
欧盟-28	101.4	101.9	101.6	102.8	104.8	106.5	110.0	112.0
捷克	83.2	83.9	84.1	86.0	84.7	87.2	90.9	91.7

资料来源:http://ec.europa.eu/growth/industry/innovation/facts-figures/scoreboards/.

表Ⅱ-3-3以2019年为基年,全面比较了欧盟现有27个成员国的创新指数相对分值。可以看出,相比2012基年,捷克2019年创新总体能力有一定提升。

表Ⅱ-3-3　　　　2019年综合创新指数(2019=100)

	2019
欧盟	100.0
欧盟-28	102.9
创新引领者	
瑞典	140.7
芬兰	139.8
丹麦	134.5
荷兰	127.8
卢森堡	126.0
强力创新者	
比利时	121.2
德国	119.9
奥地利	117.5
爱尔兰	112.0

续表

	2019
法国	104.5
爱沙尼亚	99.0
葡萄牙	96.7
中等创新者	
塞浦路斯	88.9
西班牙	85.1
斯洛文尼亚	84.9
捷克	84.3
马耳他	84.0
意大利	82.8
立陶宛	79.7
希腊	76.7
斯洛伐克	66.6
匈牙利	66.4
拉脱维亚	63.0
波兰	58.9
克罗地亚	58.8
一般创新者	
保加利亚	45.4
罗马尼亚	31.6

资料来源：http://ec.europa.eu/growth/industry/innovation/facts-figures/scoreboards/.

从表Ⅱ-3-4可以看出2019年捷克在各创新维度的得分。在公司投资、创新者、联系、就业影响、销售影响等维度，捷克表现颇佳。在就业影响维度捷克的得分远超欧盟平均水平；在创新者维度的得分接近欧盟平均分。相比之下，捷克创新的框架条件所包含的三个维度——人力资源、研究体系与创新环境的得分相对较低，反映出创新基础的欠缺。而金融和支持维度创新亦不高，在智力资产保护维度也有待提升。指标反映出捷克吸引外资较多，市场创新活跃，创新企业联系紧密，创新型企业的就业与销售效果较好。

表Ⅱ-3-4　　捷克10个创新维度（2019年，欧盟=100）

	框架条件			投资		创新活动			影响	
	人力资源	研究体系	创新环境	金融和支持	公司投资	创新者	联系	智力资产	就业影响	销售影响
捷克	73.3	73.3	69.9	57.8	93.7	97.0	90.0	55.3	137.9	95.2
欧盟	100	100	100	100	100	100	100	100	100	100

资料来源：http://ec.europa.eu/growth/industry/innovation/facts-figures/scoreboards/.

表Ⅱ-3-5将表Ⅱ-3-4中的10个维度具体化为27个指标，并与欧盟平均水平做比较，可以更直观地看出捷克创新能力的优势与薄弱。

表Ⅱ-3-5　　捷克与欧盟27个创新指标比较

	捷克	欧盟
1. 框架条件		
1.1 人力资源		
1.1.1 新博士毕业生（2017）	1.7	1.9
1.1.2 高等学历人口（2019）	32.6	39.2
1.1.3 终生学习（2018）	8.5	10.6
1.2 有吸引力的研究体系		
1.2.1 科研成果国际合作发表（2019）	1085	1092
1.2.2 全球引用率前10%论文占比（2017）	5.2	10.0
1.2.3 外国博士研究生（2017）	17.0	17.8
1.3 创新友好型环境		
1.3.1 宽带普及率（2019）	15.0	23.0
1.3.2 创业者精神（2018）	2.7	3.6

续表

	捷克	欧盟
2. 投资		
2.1 金融与支持		
2.1.1 公共部门的研发支出（2018）	0.73	0.72
2.1.2 风险投资（2019）	0.009	0.124
2.2 企业投资		
2.2.1 企业研发支出（2018）	1.19	1.45
2.2.2 非研发创新支出（2016）	0.74	0.86
2.2.3 企业提供信息通信技术培训（2019）	25.0	23.0
3. 创新活动		
3.1 创新者		
3.1.1 产品或流程创新的中小企业（2016）	33.0	33.8
3.1.2 营销或组织创新的中小企业（2016）	31.3	35
3.1.3 内部创新的中小企业（2016）	30.6	28.6
3.2 联络		
3.2.1 创新型中小企业与外部企业合作（2016）	12.6	9.3
3.2.2 公私合作出版（2017）	65.8	91.4
3.2.3 公共研发支出中的私人出资（2019）	0.029	0.055
3.3 知识产权（智力资产）		
3.3.1 专利申请（2017）	0.70	3.39
3.3.2 商标申请（2019）	5.35	8.21
3.3.3 设计申请（2019）	2.30	4.05
4. 影响		
4.1 就业影响		
4.1.1 知识密集型活动的就业（2018）	13.2	13.7
4.1.2 快速成长企业的就业（2017）	8.0	5.2
4.2 销售影响		

续表

	捷克	欧盟
4.2.1 中高技术产品出口（2019）	68.1	57.1
4.2.2 知识密集型服务出口（2018）	43.5	68.4
4.2.3 新上市或新公司创新产品销售（2016）	12.96	12.51

资料来源：http://ec.europa.eu/growth/industry/innovation/facts-figures/scoreboards/.

在表Ⅱ-3-5列示的27个指标中，捷克除公共部门的研发支出、企业提供信息通信技术培训、创新型中小企业与外部企业合作、快速成长企业的就业、中高技术产品出口以及新上市或新公司创新产品销售六个指标高于欧盟平均水平外，其他21个指标均低于欧盟平均水平。

第二节　捷克的创新体系

一　捷克研发创新管理体系

捷克现政府于2018年6月27日正式就职，虽有若干改组但坚持推动研发创新。捷克国家研发创新理事会（RVVI）是捷克政府在研究、实验开发和创新领域的专业咨询机构，资助与评估捷克的研发创新。其主要任务包括：对国家研发创新进行法定的年度分析并进行国际比较；推动国家应用型研发创新的优先事项；向常务理事会、国家技术局（TACR）主席以及捷克科学基金（GACR）主席提供建议；对研发创新预算规模及其分配提出建议；制定国家研发创新政策并管理其实施；与欧委会以及其他国家的咨询机构与研发创新委员会开展相关谈判等。

研发创新理事会在捷克研发创新体系的管理与实施的主要参与者之间发挥着积极助推与协调作用。理事会在开展工作时，需要与从事研究、实验开发和创新的中央行政机关和机构合作；理事会定期向政府报告其活动并在必要时就研究、实验开发和创新状况提出建议和报告。现任总理巴比什兼任研发创新理事会主席。

二　创新体系主要参与者

捷克政府相关部委以及研究机构、大学以及企业等都是国家创新研发体系的参与者。目前巴比什政府中有诸多部门参与，如教育、青年和体育部、工业和贸易部、农业部、内政部、交通部、地区发展部、外交部以及政府公共投资委员会（Government Council for Public Investment）等。此外还有其他机构参与，如捷克科学院、捷克投资署（CzechInvest）、捷克—摩拉维亚担保与发展银行（Czech-Moravian Guarantee and Development Bank）、国家技术署（Technology Agency of the Czech Republic）、工业产权办公室（Industrial Property Office）、捷克共和国商会（Chamber of Commerce of the Czech Republic）等。国家技术局（TACR）对应用性研发创新提供竞争性资助；捷克科学基金（GACR）对基础性研发创新提供竞争性资助。

捷克科学院（CAS）所属的54个正式独立的公共研究机构有数千名科研人员从事研究工作。此外，还有几十家公立大学、州立大学以及私立大学，如查理大学、马萨里克大学等的教授、科研人员以及学生也是重要的创新参与者。高等教育机构理事会（CHEI）和捷克校长会议（CRC）在与政府和其他利益相关方的互动中起着协调和代表作用。商业研究部门由大约2300名参与者组成，其中25%是外国子公司，80%是中小企业。最大的研发私营公司是大众集团旗下的斯柯达汽车公司。其他主要的研发企业包括ABB、ČEZ、Bosh、FEI、霍尼韦尔、斯科达运输、伟世通汽车Visteon-Autopal和Zentiva等，大多数是跨国公司在捷克的子公司。此外，根据捷克共和国数据库和捷克投资署的技术简介，捷克还建立了42个科技园、17个技术平台、13个企业孵化器和15个技术转让办公室。

第三节 近年来的创新发展战略

近年来，捷克政府顺应全球经济发展趋势，聚焦"工业4.0"，积极发展智能化、数字化、绿色经济。

一 "工业4.0"、人工智能战略

2015年9月15日，捷克政府提出"工业4.0"的倡议，计划采取特别措施支持投资、标准化、应用研究、人力资源发展、教育、网络安全、监管框架，在能源、交通与智慧城市领域发展工业4.0技术。第四次工业

革命是以网络——物理系统为代表的,引起生产过程的迅速变化,催生智能化工业。在未来10—20年里,世界上的多数国家将感受到工业4.0所引发的急剧发展。网络已经成为日常生活不可或缺的一部分,而生产链的所有组成部分,如员工、消费者、供应者、机器与商品,将被以数字化的方式连接起来。工业生产将不再依赖一个中央系统,而是变得更加分散化。生产者可以保持大规模生产并且更好地回应消费者需求、保持可接受的价格。在捷克,制造业与建筑业产值几乎占捷克国内生产总值的40%,工业4.0给捷克带来了新的增长机会与提升竞争力的良机。但也不能忽视它对传统就业岗位的冲击,还要重视培育劳动力在信息通信技术领域的新技能。[1]

为实现智能专业化,捷克制定了"捷克智能专业化的研究与创新战略",这是一个集经济、社会视野于一体的发展战略。智能专业化可以被理解为一种工具,在创造与利用知识和创新的领域,正确地进行公共投资和创造合适的框架条件,以此加强捷克在全球经济中的竞争优势。[2] 智能专业化关注社会挑战与知识领域两个维度。智能专业化要解决社会挑战,有技术创新也有社会治理创新,包括具有竞争力的知识经济、可持续的能源与材料资源、有质量的生活环境、社会与文化挑战、健康以及社会安全。知识领域包括关键使能技术,即先进材料、纳米技术、微电子与纳米电子光子学、先进制造业技术以及工业仿生技术。

捷克政府重点发展的智能专业化领域包括七个方面:运输手段与设备制造业;机械工程;电子与电气工程;信息技术服务与软件;电力生产与输送;医药产品;自然资源、农业与食品。

数字文化创意产业对捷克的智能专业化非常重要。工业设计、视觉(图形与时尚设计、绘画)与表演艺术(音乐、舞蹈)、新媒体、出版、数字内容加工等都可以被纳入数字文化创意产业中。[3]

---

[1] Minister Jan Mládek presented the National initiative "Průmysl 4.0" on 15th September 2015, http://www.mpo.cz/dokument169083.html

[2] National Research and Innovation Strategy for Smart Specialization of the Czech Republic, 2014, p. 89.

[3] 贾瑞霞:《捷克研发创新的绿色智能发展》,《科学管理研究》2016年第4期,第114—115页。

为跻身欧洲先进技术国家的行列，捷克政府不仅在工业领域设定目标，同时也努力参与建立全球网络安全，以应对数字犯罪等全球性挑战。2019年，捷克政府批准了国家人工智能（AI）战略，重点发展网络安全，保障无人驾驶汽车、机器人、自动武器的使用安全；创建总部位于布拉格的AI欧洲卓越中心。此项AI战略属于捷克2019—2030年国家创新战略的一部分，捷克政府工贸部长直接负责该战略的实施，通过新成立的AI委员会协调工作。该委员会成员包括相关部委、捷克技术署、科学院、贸易联盟、捷克投资局和国有担保与发展银行（CMZRB）。

二 绿色发展战略

作为欧盟成员国，捷克也紧随欧盟一体化步伐，制定相应的绿色智能发展战略。近年来，政府制定了诸多发展规划，大力推进捷克绿色、低碳与智能化发展。如《至2020年国家研发创新政策》，将重点支持一些对本国经济发展至关重要的应用研究领域，包括纳米技术、航空产业、冶金和钢铁行业的新材料开发、网络安全。[①]

捷克政府还通过能源战略方案，指出未来捷克能源的组成将包括核能（50%）、可再生能源（25%—30%）以及天然气和煤炭。[②] 鉴于2015年12月巴黎气候大会达成的协议，捷克将进一步减少煤炭的开采与使用。捷克是全球第15大煤炭生产国，电力主要来源是燃煤。目前捷克发电量43%是通过燃烧褐煤生产的，30%为核能发电，仅有11%来自可再生能源。政府计划到2040年，将煤炭发电占比降至10%—15%。2019年，捷克政府仿效德国组建了煤炭委员会，由捷克环境部长、工贸部长以及矿业公司代表、学者、环保人士等19名成员组成。该委员会旨在研究捷克能源转型问题。2020年12月，煤炭委员会建议将2038年作为捷克淘汰煤炭能源的最终时间。

捷克政府还努力发展新能源汽车。当前捷克电动车发展在欧盟处于落后水平，全国拥有808个电动车充电站，仅占欧盟总量的0.4%。而荷兰、

---

① 中国驻捷克大使馆经商参处：《捷克政府批准〈至2020年国家研发创新政策〉》，2016年2月19日，http：//cz.mofcom.gov.cn/article/jmxw/201602/20160201258936.shtml。
② 中国驻捷克大使馆经商参处：《捷克总理宣布国家新能源战略》，2015年6月2日，http：//cz.mofcom.gov.cn/article/jmxw/201506/20150601000000.shtml。

德国、法国和英国的数量较多，约占欧盟总量的75%。捷克政府将电动车作为实现更加环保的交通出行方式的关键，计划使用欧盟基金建设电动车充电站。未来电动车在捷克可选择的车型更多，预计到2030年，捷克电动车将达到数十万辆。[①]

捷克政府还批准了一项旨在促进本国数字化市场的行动计划。该计划包括促进宽带网建设、电子化的公共管理及数字产业的发展，以期在未来3—5年推动捷克数字经济的发展。2016年初，捷克政府批准了《下一代互联网发展规划》，该规划预计将提取约140亿克朗（约合5.8亿美元）的欧盟基金。该规划计划在未来几年内使捷克各城镇的互联网至少达到30兆带宽。

2020年6月，捷克政府批准了2020—2021年数字捷克项目实施计划，预计支出24.7亿克朗（约合1亿美元）。巴比什总理指出，该计划的首要目标是实现政府数字化服务，使公民足不出户即能办理大多数事务。数字捷克项目的总投资预计为100亿克朗（约合4亿美元），包含908项意向内容，覆盖17个主要目标和125个子目标。捷克政府希望项目的部分费用由欧盟基金负担。[②]

三 2019—2030年国家创新战略：未来之国

2019年2月，捷克研发和创新委员会批准了"2019—2030年国家创新战略：未来之国"，致力于将捷克打造成欧洲具创新力的国家之一。该战略包括九大支柱，涉及研发、数字化、知识产权、智慧投资与营销等方面。

（一）加强研发资助力度

2018年，捷克研发投入占GDP的比重约为1.79%，低于同期欧盟平均水平。在创新战略中，捷克政府计划逐年提高研发创新领域的投入。2025年计划达到2.5%，2030年提高至3%。到2030年，以欧洲研究理事会的标准实现卓越的研发。

---

① 中国驻捷克大使馆经商参处：《捷克电动车发展在欧盟处于落后水平》，2020年12月8日，http://cz.mofcom.gov.cn/article/jmxw/202012/20201203021244.shtml。
② 中国驻捷克大使馆经商参处：《捷克政府批准2020—2021年数字捷克项目实施计划》，2020年6月17日，http://cz.mofcom.gov.cn/article/jmxw/202006/20200602974959.shtml。

政府计划加强对实际应用成果的针对性支持；积极参与欧盟科技框架计划，特别是"地平线欧洲"计划。争取维持来自欧洲基金的研究资金。鼓励通过金融工具从非公开来源获得资金。在捷克发展具有全球竞争力的基础研究，开发进行后续应用研究的能力，成功地应用新的生活质量解决方案、专利、出售的许可证、产品，简化条件并加快吸引接收外国技术人员的过程。为此，政府设立专门机构，欢迎并资助国际研发团队。

（二）加强理工教育，技术强国

捷克拥有高质量的教育体系，为适应创新目标，捷克政府计划改革理工教育系统，注重培养创造力、研究方法、技术想象力、逻辑和批判性思维，在不同层级加强自然科学和数学教育。在基础教育领域，增加"人与技术"教育项目，在中学开设必修课"技术"；在小学将技术课程整合到相对独立的教育领域中，同时在所有相关学科中全面实施技术技能教育。在中等职业教育领域，创新和巩固具有双重教育元素的统一的国家体系，该体系由中央政府管理，并吸纳地方和雇主参与。在高等教育领域，政府计划与本国大学合作，支持以先进技术为重点的教学计划，鼓励顶尖研发科技人员参与。倡导终身学习并对教育体系做出适应性改革；有针对性地支持本国大学与欧洲顶尖大学建立战略联盟，并根据学生和学者的流动性同步设置课程。

（三）支持初创企业与衍生企业

捷克政府计划从国家层面大力支持初创企业与衍生企业，提供具体支持并将这些要素与区域和国际支持联系起来。制订全面的资助计划，在捷克投资署内成立国家创业支持机构；设立捷克—摩拉维亚担保和发展银行，为初创企业融资。国家技术局提供针对性的支持工具，用于扶持初创和衍生企业并建设评估系统。创建"2020+"运营计划，高校为初创企业、衍生企业提供支持。采取措施更好地利用欧洲投资基金（EIF）服务于初创和衍生企业；建立符合国际模式（如芬兰、以色列模式）的投资计划。

在大学和公共研究机构设立商业转化机构，鼓励公共研究机构与商业公司和可能的私人投资者合作建立初创企业。支持各州扶持初创企业，绘制初创企业地图，将其与投资者和相关支持者联系起来。在国家层面确保初创企业之间交换信息和实践经验。为外国初创企业和技术团队创造有利的环境，以便利其在捷克发展长期业务。在各教育阶段的教学中引入企业家精神培训。

（四）国家、制造业与服务业的数字化

数字化是未来世界的一个主要趋势，为响应欧盟数字化发展议程，捷克政府也力争建立高效、集中管理的信息技术系统，确保公民和企业便捷地利用在线服务，协助国家管理。创建一个相互关联的数据库，充分使用公民或公司已经提供给国家的所有信息，应对物联网、人工智能、大数据的广泛利用局面；加强数字化风险控制。鼓励中小企业使用数字业务工具，将工业4.0应用于能源领域尤其是智能电网领域以及智慧城市建设。

捷克经济发展严重依赖汽车工业，未来自动驾驶汽车系统的发展尤为重要。另外，在知识产权保护方面捷克落后于世界上最发达国家，亟须改变。据捷克总理巴比什的说法，未来公民足不出户就可与政府当局在线沟通。此外，未来之国战略还包括研发税收减免形式、支持从基础研究到最终创新及其回归科学的"创新链"、捷克科技海外推广等内容。[①]

（五）卓越国家

在"智能专业化战略"（RIS3）指导下，捷克政府计划重点支持智能专业化发展，如人工智能、太空技术、激光技术、纳米技术、生物技术、节能解决方案以及临床医学和生物医学等。支持大型研究基础设施建设，为公共研究部门与企业之间的长期合作提供基础条件。创建国家能力中心；支持由"智能专业化战略"衍生的卓越中心建设，这是捷克展示其最先进技术的全球名片；减少科学领域的官僚主义。

（六）智慧投资

政府根据"智能专业化策略""国家空间计划"以及"AI支持策略"等关注对关键领域的投资。创建技术预见系统（地平线扫描），制订国家投资计划；同时建立一个将长期的国防投资与捷克工业联系起来的系统，实现军民两用产业转移；定期评估公共支持对商业/企业领域创新过程的影响。在捷克政府的未来之国构想中，捷克应该拥有更多具有高附加值的公司。不仅支持本土公司，也支持具有高附加值的外国公司或跨国公司的研发中心来捷克落户。为此，捷克计划对研发投资加大税收减免；支持捷

---

① 中国驻捷克大使馆经商参处：《捷克致力成为欧洲创新领跑者》，2019年1月24日，http://cz.mofcom.gov.cn/article/jmxw/201901/20190102829951.shtml。

克公司在海外投资研发和创新；支持实施工业 4.0 的投资；鼓励公共采购支持创新投资。将国防和安全方面的投资与工业研究联系在一起，在国家投资政策（公共投资）框架下考虑解决方案以适应气候变化并解决干旱和粮食安全问题。

（七）专利之国

专利是知识产权的重要内容，政府计划为研究组织和大学的技术与知识转移中心运营提供长期支持，保护具有商业潜力的专利。从研究阶段开始提高制造和应用领域的知识产权保护意识。在知识产权领域为各级教育提供培训服务，积极利用许可政策取得领先成果。在参与制定欧盟和本国的有关文件中要反映知识产权保护概念。

（八）智慧基础设施

在未来的捷克，联通国家的基础设施应该是智慧与绿色的。要在捷克共和国（州和地区级）建立足够强大的交通远程信息处理系统网络，并将其数据整合到国家交通信息中心（NDIC），以进一步用于控制和管理交通以及为公民提供可靠的智能移动服务。在运输网络建设和运输提供中，同步和协调国家行政管理和地方当局的活动，包括满足行动不便和定向不足的人们的需求。支持新能源汽车、无人驾驶技术开发与利用，为捷克共和国汽车工业的进一步发展提供支持。建设智慧城市、智慧物流；简化并加快与数字化相关的施工程序和管理流程。

（九）智慧国民

战略所描绘的蓝图是将捷克塑造为充满信心的创新领先者。为此要建立推广团队并制作宣传指南，通过实地或在线方式，在主要的国际场合（会议、展览、博览会、欧盟轮值主席国等）以及驻外外交机构、公共机构等系统地向世界宣传捷克，宣传捷克的科学创新潜力、先进制造业以及有创造力的公民。综合使用广告、公关以及直接营销、社交网络等，推广"捷克共和国——2030 欧洲创新领先者"的概念；宣介捷克研究、商业领域成功案例及突出人物；政府领导人、驻外使节应积极推广捷克作为国际科技领先者的形象；组织国外代表团来访，吸引国外科学家参与捷克研发创新；多语种介绍捷克的研发机会，通过"欢迎办公室"延揽各国科学家；组织捷克专家前往有合作潜力的国家访问，寻找合作机会。

第四节 捷克创新发展的未来优势

一 制造业与专业化优势

捷克制造业基础雄厚、历史悠久，区位优势显著，拥有高质量的劳动力。2004年捷克加入欧盟，吸引了大量外资，尤其是生产性外资，捷克的制造业专业化优势更加明显。汽车工业是捷克经济的主要支柱，现有三大汽车制造商（斯柯达、丰田标致雪铁龙和韩国现代）均为外资控股。汽车产值约占 GDP 的 20%，汽车零配件制造发达。捷克机械制造业也十分发达，包括机床、电力设备、化工设备、食品机械、农业机械、矿山机械、纺织机械等。捷克是世界上第十四大机床制造国，欧洲第七大制造国。飞机制造是捷克另一大优势，除传统喷气教练机、轻型战斗机外，捷克主要生产民用、运动和私人小型飞机，产品 80% 用于出口。[1]

捷克经济对外开放程度高，出口占国内生产总值的比重高，且以工业制成品出口为主。2013 年，捷克出口总值达 31740 亿克朗，占当年国内生产总值的 77.7%。[2] 从出口构成上也可以发现捷克经济专业化以及竞争优势。在货物出口方面，汽车、电气工程与电子以及机械工程类产品是捷克出口的引擎。而且这几大行业与智能专业化关系密切，根据捷克政府重点发展方向，未来信息与通信技术会更多地渗透以提升智能化。此外，基于机械工程、汽车与电气工程发达的背景，捷克的金属加工品与冶金工业品、橡胶制品以及杂项制品在出口中也占有相当的比重。

服务出口在捷克经济中的地位日益重要。因为其地理优势，交通与旅游是捷克服务出口的亮点，物流也是捷克服务出口的优势。2009—2011年，交通与旅游占捷克服务总出口额的 58%。在旅游业方面，首都布拉格吸引了大量游客。信息技术与信息服务出口比重逐渐上升，2002—2004年其平均指标为占总服务出口额的 1.5%，2009—2011 年上升为近 7%，将成为捷克智能专业化的关键部门。[3]

---

[1] "捷克"，http://ozs.mofcom.gov.cn/article/zojmgx/c/201508/20150801088221.shtml。

[2] National Research and Innovation Strategy for Smart Specialisation of the Czech Republic, 2014, p. 92.

[3] 贾瑞霞：《捷克研发创新的绿色智能发展》，《科学管理研究》2016 年第 4 期，第 116 页。

捷克城市网络覆盖率高，但乡村地区网络覆盖率低。2015年，捷克人使用PayU网上支付系统进行的交易总额达70亿克朗（约合2.8亿美元），同比增长了36%。2018年，捷克电子商务发展同比增长17%，高于欧盟11%的平均水平。据全球线上支付服务提供商PayU统计，捷克是中东欧地区网络电商最活跃的国家，其国内37.6%的电商将产品及服务销往国外，在中东欧国家中占比最高。目前捷克网店数量已超过41000家。①在疫情期间，捷克电子商务增长速度较快。2020年新增网店2900家，同比增长6%，总数达到49500家。食品、书籍、电影和游戏的销售额增长较多。2020年，捷克人在网上购物花费1960亿克朗（约合85亿美元），同比增长26.5%。②

二 政府长远规划

2019年12月，巴比什总理表示，政府启动讨论"至2050年国家投资计划"。该计划涉及项目超过2万个、资金8万亿克朗（约合3478亿美元），其中交通领域的项目占75%，此外还包括医疗、能源、气候和网络安全等优先项目。国家投资计划属于捷克"2019—2030年国家创新战略：未来之国"战略的一部分，该计划不涉及资金来源，仅是一个投资数据库，这些投资将被反映在国家和地方政府的预算中。该计划是捷克与欧盟就"2021—2027年多年期财政框架"提案进行谈判的有力论据，也是考虑设立国家发展基金的原因之一。该基金将由国家和四大商业银行联合设立，旨在为促进社会和经济发展的项目提供资金。

2020年1月，政府批准了一份《至2030年国家经济战略要点》的文件。该经济战略侧重8个重点领域，包括工业、建筑和原材料，交通运输，能源，教育和劳动力市场，商业和贸易，研发、创新和数字化，地区、农村和农业以及医疗保健等。其战略目标是到2030年使捷克成为世界具竞争力的20个经济体之一。根据世界经济论坛排名，2019年捷克居第32位。

---

① 中国驻捷克大使馆经商参处：《捷克电子商务增长速度高于欧盟平均水平》，2019年6月28日，http://cz.mofcom.gov.cn/article/jmxw/201906/20190602876980.shtml。
② 中国驻捷克大使馆经商参处：《2020年捷克网店数量增长6%》，2021年1月7日，http://cz.mofcom.gov.cn/article/jmxw/202101/20210103029322.shtml。

2020年4月，捷克政府革新了国家经济委员会的运作模式。该委员会的17名成员包括经济学家和大公司的代表，为政府制定相关经济战略提供建议，以推动"2019—2030年国家创新战略：未来之国"战略的实现。

三　获得欧盟一体化助力

自2008年欧债危机以来，欧盟除改革一体化机制与机构外，还出台一系列发展战略与行动规划，如"欧盟2020战略""地平线2020"等，鼓励绿色智能发展，并聚焦社会经济目标，努力找到新增长点，走出经济危机，复苏经济。欧盟通过多种财政转移渠道如2014—2020年财政预算、欧盟结构与投资基金（ESIF）等支持成员国政府联合私人企业、研究团体共享创新理念并付诸实践。智能专业化战略推动经济转型为低碳、绿色、高科技经济，创造就业与减少贫困。2015年5月，欧盟发布"单一数字市场战略规划"，涵盖版权、电信法规、包裹快递、数字技术及电子政府等多个领域。单一数字市场将为欧盟充分发挥信息通信技术优势，助力绿色、智能发展战略。科技创新在推动绿色经济发展中发挥着关键作用，欧盟在2021—2027年财政计划中支持先进制造技术如生态产品技术、清洁交通技术以及智能电网技术等，鼓励中小企业积极开拓上述领域的产品技术研发与应用。

自2004年5月加入欧盟以来，到2019年上半年，捷克共获得欧盟基金13600亿克朗（约合598亿美元），向欧盟支付的资金为5950亿克朗（约合262亿美元），净收入达到7657亿克朗（约合336亿美元）。[1]　入盟多年，中东欧国家的人均国内生产总值日益接近欧盟平均水平。与欧盟平均水平相比，捷克人均国内生产总值从1995年的76%（9400欧元）提高至2018年的91%（28800欧元），在中东欧国家中排名第一，与西班牙水平相同。从平均工资水平来看，捷克在中东欧国家中排名第三（为1243欧元）；斯洛文尼亚排名第一，人均月工资为1682欧元。[2]　捷克对欧盟的

---

[1]　中国驻捷克大使馆经商参处：《2019年上半年捷克获得欧盟基金24亿美元》，2019年7月30日，http://cz.mofcom.gov.cn/article/jmxw/201907/20190702886131.shtml。

[2]　中国驻捷克大使馆经商参处：《中东欧国家经济逐步接近欧盟平均水平》，2019年11月14日，http://cz.mofcom.gov.cn/article/jmxw/201911/20191102913670.shtml。

出口占比达到85%，欧盟投资占捷克吸引外资总额的88%。

结　　语

捷克在绿色经济社会、低碳以及智能化的发展道路上已经具备了一系列良好的前提条件。今后捷克在新的发展战略指导下，将继续加强对研究、技术发展与创新的支持，致力于降低原材料及能源消耗，发展低碳技术、自动化、数字化和智慧基础设施等，促进信息通信技术的广泛使用以及提升技术质量，加强国内各部门发展，推动劳动分工向国际价值链更高层次转移，提高引进外资质量。

捷克发展战略的推动者还是以政府为主。未来，捷克应从单纯政府行动扩大为社会组织、个人乃至国际性的参与，吸引更多的资金与智力支持。政府努力加强社会共识的凝聚，促进社会领域的创新发展，通过工业升级、绿色智能化应对全球气候、老龄化乃至安全领域的挑战。为此还要继续推进研发与商业应用的结合。

目前，捷克的能源结构中47%为火力发电，34%为核电，天然气占7%，可再生能源占比为11%。近年来可再生能源特别是太阳能和生物质发电增速最快，但捷克可再生能源发展水平仅为欧盟平均水平的三分之一。欧盟的目标是到2030年可再生能源占比为32%，捷克相应的目标为21%，差距较大。

捷克的信息通信技术普及应用能力还有待提升，特别是光纤网络接入程度。捷克人使用网络比重为63%，而欧盟平均水平为67%；只有3%的捷克人拥有快速网络接入服务；商业伙伴之间使用信息技术较少。[1] 40%的网络使用者进行网购，欧盟这一指标达到57%；公民用网络与政府部门联系也很少。[2] 数字化差距更令捷克地区发展不平衡问题凸显。捷克政府未来亟须加强在教育和创新领域的投入，加快数字化和交通基础设施建设。

---

[1] National Research and Innovation Strategy for Smart Specialization of the Czech Republic, 2014, pp. 42-43.

[2] National Research and Innovation Strategy for Smart Specialization of the Czech Republic, 2014, p. 79.

捷克受高等教育的人口比例正在迅速增长，和外国科学家合作的出版物数量也超过了欧洲平均水平。捷克公司在创新和信息技术培训方面的投资、中型高科技产品的出口（主要由汽车行业的出口表现所驱动）方面，也高于欧洲平均水平。捷克共和国的创新绩效不断提高，但它与欧盟创新的先进水平仍旧有差距。在保护知识产权和新公司（尤其是初创公司）的风险投资方面依旧薄弱。在迈向2030年未来之国的道路上，捷克还需付出不懈努力。

第四章　气候保护政策

保护全球气候系统、减少温室气体的排放，是当今世界的一个重要议题。此项工作既需要广泛的国际合作，也需要各组织、各团体、市政当局以及个人的积极参与。

1992年，联合国开始为应对全球气候变化采取措施，先后通过了《联合国气候变化框架公约》（UNFCCC）、《巴黎协定》等国际合作条约，引导各国积极参与全球气候保护。

2018年11月，欧盟委员会提出了气候中和愿景，其中很多目标与《巴黎协定》相一致。2019年12月，欧洲理事会批准了欧洲绿色协议。2020年3月，欧盟根据《联合国气候变化框架公约》制定了长期战略。[①]该长期战略包含了2021年至2030年欧盟范围内的气候和能源框架。

捷克共和国早在加入欧盟之前就通过了一项关于减轻气候变化影响的国家方案，即《减轻捷克共和国气候变化影响国家方案》。2015年，捷克通过了适应战略，此战略取代了之前的国家方案。2017年3月，捷克又通过了气候保护政策，该政策通过将关键部门中高效益的政策和措施进行适当组合，来实现减少温室气体排放的总目标。总之，捷克共和国充分参与了欧洲的气候保护，并且为2020年和2050年减少温室气体排放目标作出战略性贡献。

[①] 2050 Long-term Strategy ｜ Climate Action, https：//ec.europa.eu/clima/policies/strategies/2050_en.

第一节　气候保护政策

一　气候保护政策介绍

（一）全球气候变化状况

根据科学研究，人类活动会排放大量的温室气体，温室气体浓度的不断增加引发了全球变暖，进而引起了整个生态系统的改变。尽管温室气体排放与气候系统的相互作用存在不确定性，但通过预测气候变化趋势的一系列模型可以得知，21世纪末，全球温度可能增加1.4—5.8摄氏度，这将是过去一万年来最大的增长。[①]

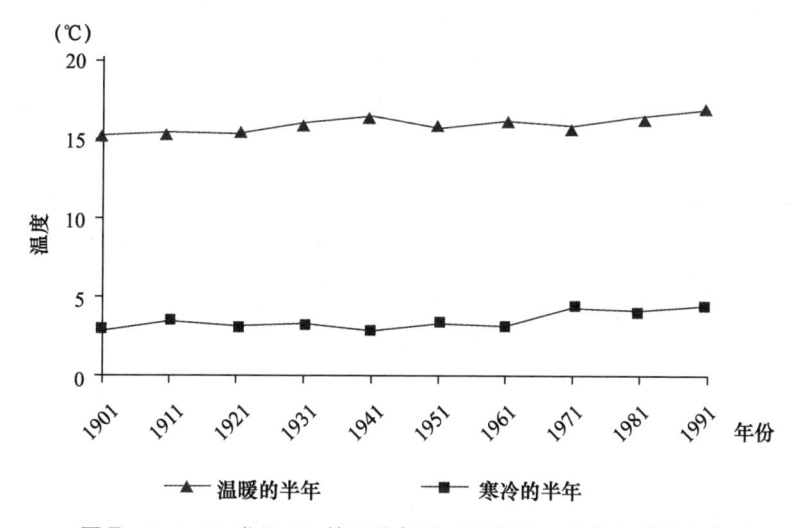

图Ⅱ-4-1　20世纪CR的平均气温（布拉格—克莱门蒂纳姆）

资料来源：National Programme to Abate the Climate Change Impacts in the Czech Republic，https：//www.mzp.cz/C1257 50E003B698B/en/national_ programme/ $FILE/OZK-National_ programme-20040303. pdf.

世界气象组织发布的《2020年全球气候临时状况报告》显示，2020年（1月至10月）的全球平均温度是1850—1900年基线的1.2±0.1℃，

---

① National Programme to Abate the Climate Change Impacts in the Czech Republic，https：//www.mzp.cz/C1257 50E003B698BOZK/en/national_ programme/ $FILE/OZK-National_ programme-20040303. pdf.

2020年可能是全球有史以来极热的三年之一。气象组织的评估基于Had-CRUT、NOAAGlobalTemp、GISTEMP、ERA-5、JRA-55五个全球温度数据集,与过去(1月至10月)同期相比,这五个数据集都将2020年列为迄今为止极热的年份之一。然而,前三年之间的差异很小,一旦一年结束,每个数据集的确切排名可能会发生变化。1月至10月的五个估计数的平均差在1.11℃—1.23℃。[①]

全球变暖使得世界各地极端气象事件频发,如暴雨和雪、干旱、热浪、寒潮和风暴,这可能导致或加剧其他高影响事件,如洪水、滑坡、野火和雪崩的发生。2020年,非洲大部分地区发生了影响广泛的洪灾。非洲之角大部分地区,在3月至5月的"长雨"季节,降雨量远远高于平均水平,在2019年10月至12月的雨季也是如此。随后,在夏季风期间,从塞内加尔到苏丹,萨赫勒绝大多数地区的降雨量高于平均水平。苏丹和肯尼亚受影响十分严重,许多地区的洪水泛滥导致155人死亡和80多万人受灾。

与此同时,热浪,干旱和野火严重影响了南美洲内陆的许多地区,受影响十分严重的地区是阿根廷北部、巴拉圭和巴西西部边境地区。据估计,巴西的农业损失接近 $30亿美元,阿根廷、乌拉圭和巴拉圭损失更大。2020年也是俄罗斯大部分地区,尤其是西伯利亚特别温暖的一年。俄罗斯1月至8月平均气温比平均水平高3.7℃,比2007年创下的纪录高1.5℃。在西伯利亚北部的部分地区,到目前为止气温已经超过平均5℃甚至更多。高温在6月底达到顶峰,最高温达到38℃,暂时是北极圈以北已知的最高温度。异常的温暖也延伸到俄罗斯以外北极的其他地区,7月25日,Eureka(加拿大)的温度达到了21.9℃,斯瓦尔巴机场的温度达到了21.7℃。[②]西伯利亚北部的许多地方发生了野火,导致北极夏季与野火相关的碳排放达到创纪录的水平,而且这种温暖促成了俄罗斯北极地区的海冰过早地退却至海岸。欧洲中北部部分地区也遭遇了少见的干旱,罗马尼亚和白俄罗斯的4月干旱最严重,其次是德国和捷克4月的干旱,

---

① State of the Global Climate 2020, https://public.wmo.int/en/our-mandate/climate/wmo-statement-state-of-global-climate.

② State of the Global Climate 2020, https://public.wmo.int/en/our-mandate/climate/wmo-statement-state-of-global-climate.

瑞士日内瓦3月13日至4月24日的干旱，为43天。8月，西欧也出现了一场严重的热浪，虽然气温不像2019年那样高（法国北部沿海地区除外），但许多地方，特别是在法国北部，气温达到了与2019年热浪相比的第二位，德比尔特（荷兰）连续八天超过30℃。9月初，极端热的焦点转移到东地中海，9月4日，包括耶路撒冷（42.7℃）和Eilat（48.9℃）在内的大部分地方都创下了高温纪录。7月下旬，中东地区热浪滚滚，科威特机场达到52.1℃，巴格达达到51.8℃。[①]

全球变暖引发的天气事件导致了大量人口流离失所。2010—2019年，与天气有关的事件平均每年引发2310万人离开家园，其中绝大多数发生在一国国境内，也有少部分导致跨界流动。据记录，2020年上半年约有980万人流离失所，主要是由于水文气象灾害造成的，集中发生在南亚和东南亚以及非洲之角。2020年下半年发生的事件，包括与萨赫勒地区洪水有关的流离失所、活跃的大西洋飓风季节和东南亚的台风影响，预计将使该年的受灾总人数接近十年的平均水平。2020年5月，印度和孟加拉国之间的Sundarbans地区遭遇了飓风。印度有240万人流离失所，主要发生在西孟加拉邦和奥迪沙，孟加拉国有250万人流离失所。虽然许多人后来很快返回，但280多万所房屋遭破坏可能导致成千上万人无家可归和长期流离失所，许多流离失所者无法进入疏散中心，被迫在帐篷或路堤上露天避难。季风降雨导致孟加拉国、中国、印度、日本和巴基斯坦发生洪水、大坝倒塌、滑坡和数百万人流离失所。中国的洪水和滑坡特别严重，到2020年7月中旬，有29000所房屋被毁，220多万人撤离。2020年11月1日，超级台风"Goni"（当地称为"Rolly"）登陆菲律宾，造成40万人流离失所。两周后，台风"瓦姆科"又引发32万人流离失所。在2020年10月，第四次袭击越南的飓风"莫拉维"（Cyclone Molave）引发了大约130万人撤离。2020年还出现了一些记录在案的较大野火，导致大量人员流离失所。2020年，美国的火灾季节导致加州至少2000栋住宅被毁，约10万人流离失所。在俄勒冈州，大约有50万人被置于疏散通知之下，超过4万人不得不从家中疏散。在澳大利亚，2019年7月至2020

[①] State of the Global Climate 2020, https：//public.wmo.int/en/our-mandate/climate/wmo-statement-state-of-global-climate.

年 2 月影响该国的火灾，记录了大约 65000 名新的流离失所者。火灾还摧毁了 3100 所住房，可能导致约 8100 人长期流离失所。①

全球变暖对粮食安全也造成了威胁。在经历了几十年的衰退之后，自 2014 年以来，国际冲突、经济增长放缓以及气候多变性和极端天气事件对粮食安全造成了一定的威胁。2019 年，近 6.9 亿人（占世界人口的 9%）营养不良，约 7.5 亿人（占近 10%）面临严重的粮食安全问题。除了这些导致全球粮食不安全的复杂因素外，COVID-19 大流行给世界各地的粮食不安全和粮食价值链带来了新的挑战。2020 年，5000 多万人受到与气候有关的灾害（洪水、干旱和风暴）和 COVID-19 大流行的双重打击。中美洲国家正遭受"埃塔"和"伊塔"飓风、COVID-19 大流行和先前存在的人道主义危机的三重影响。洪都拉斯政府估计有 280 万人受到"埃塔"飓风的影响，53000 公顷的农田被冲毁，大米、豆类和甘蔗等粮食作物颗粒无收。在太平洋岛屿上，热带气旋"哈罗德"影响了瓦努阿图 17500 多公顷的农田，在生长季节造成了巨大破坏。阿拉伯半岛和东非的暴雨导致了 25 年来非洲之角最大的沙漠蝗虫暴发，仅在埃塞俄比亚，就有 20 万公顷的农田遭到破坏，导致 35.6 万吨谷物损失，使近 100 万人粮食无保障。由于"拉尼娜现象"经常给某些地区带来低于平均水平的降水，2020 年在南美洲已经观测到的长期干旱天气很可能会继续下去。因此，预计阿根廷的玉米产量将减少 200 万吨。②

在目前的全球温室气体排放水平上，世界仍在逐步超过商定的温度阈值，即高于工业化前水平 1.5℃ 到 2℃。与气候有关的事件已经通过对健康、粮食和水安全以及人类安全、生计、经济、基础设施和生物多样性的影响对社会构成风险。气候变化也对生态系统服务产生影响，它可能影响自然资源的使用模式以及资源在各区域和国家内部的分配。

由上可知，气候变化对土地的影响，包括干旱、森林和泥炭地区的野火、土地退化、沙尘暴和荒漠化；空气污染与化石燃料的使用有关；对淡水系统、洪水和水压力以及海洋系统的影响包括海平面上升、海洋酸化、

---

① State of the Global Climate 2020, https：//public.wmo.int/en/our-mandate/climate/wmo-statement-state-of-global-climate.

② State of the Global Climate 2020, https：//public.wmo.int/en/our-mandate/climate/wmo-statement-state-of-global-climate.

海洋氧气水平降低、红树林腐烂和珊瑚漂白，导致生物多样性丧失。例如，2019年和2020年初澳大利亚野火除了对人类产生严重影响外，在灾难期间还可能导致数百万动物的严重损失或流离失所。

虽然全球气候变化对世界各地的影响程度不一，但人们意识到，气候变化是一个全球性问题，必须通过国际合作加以解决。捷克也充分认识到这一问题的重要性，并且已经成为世界上承诺对当前气候状况承担责任并积极寻找解决办法、力求做出积极贡献的发达国家之一。

（二）气候保护政策的发展概况

早在2004年，捷克共和国政府就通过了减轻气候变化影响的国家环境保护方案，此方案是协调国家一级气候政策的主要文件。[①] 该文件依据的是在执行环境领域早期国家战略文件（1990年的彩虹方案、1995年的SEP和2001年的彩虹方案）方面取得的经验，注重解决以下领域正在治理和新出现的环境问题：（1）保护自然，景观和生物多样性。（2）可持续地利用自然资源，保护水域和防止洪水，优化物资流动和废物管理。（3）减少人类活动对环境的破坏，提高人类生活质量的环境标准。（4）保护地球气候系统和防止空气污染的远距离迁移。[②]

这份国家环境保护方案以加强和改进与其他部门的合作、可持续发展为原则，试图探索与部门政策相关领域的进一步合作。这不仅有助于更好地理解和更有效地将环境方面纳入伙伴部委的活动，而且有助于按照可持续发展原则执行其他部门的有关目标，并有助于将经济发展趋势与其活动对环境的持续负面影响区分开来。

从环境保护的角度来看，这是其他部门和区域政策的基本参考文件。虽然是一份政府文件，但其实施需要广大民众、商业部门、非政府组织、科研机构的共同参与和合作。捷克想以此作为一种激励和工具，协助其战略和日常运作决策，以达到既创造新的经济、社会和文化价值，又提高生活质量和环境质量的双重目标。

2015年，捷克在部际合作下制定其适应气候变化战略，其内容以欧

---

① Country Report: Czech Republic, https://www.ecologic.eu/sites/files/publication/2014/countryreport_cz_ecologiceclareon_jan2014_0.pdf.

② State Environmental Policy of the Czech Republic, https://www.mzp.cz/C125750E003B698B/en/sep_cz/$FILE/OPZP-SEP-20081229.pdf.

洲委员会《适应气候变化：建立欧洲行动框架》白皮书（2009）为基础，目标是尽可能适应气候变化、减轻气候变化的影响、维持福利，并为下一代保持并增强经济潜力。该适应战略虽然着眼于2030年，但主要是为2015—2020年制定的，每四年评估一次。该战略由2017年通过的《适应气候变化国家行动计划》执行，该行动计划包含33个具体目标和1个侧重于教育和提高认识的交叉目标，这些目标将通过52项优先措施加以执行，其中有160项优先任务。

2017年，捷克政府以决议的方式通过了气候保护政策，此项政策将持续到2030年，并有助于实现2050年逐步过渡到低排放经济的计划。气候保护政策制定了在具体领域逐步减少温室气体排放的政策和措施，特别是在能源部门、最终能源消费、工业、运输、农业和林业、废物管理、科学研究等方面。该政策还设想了捷克对2030年之前减少温室气体排放的贡献，以及2050年过渡到低排放经济的途径。此项气候保护政策适当地补充和发展了国家部门的政策和战略。①

此外，支持采取措施适应气候变化造成的负面影响，是《2012—2020年国家环境政策》《环境安全概念》和《2015—2020年捷克安全战略，展望2030年》共同的重要优先事项之一。②

（三）气候保护政策的重点领域

《捷克2012—2020年国家环境政策》为捷克有效保护环境制定了框架。该政策的主要目标是确保居住在捷克的公民有一个健康和高质量的环境，大力促进更有效地利用资源，尽量减少人类活动对环境造成的负面影响，包括跨界影响，从而有助于提高欧洲和全球的生活质量。

捷克国家环境政策侧重于以下领域：（1）保护和可持续利用资源，包括保护自然资源、保护水资源及其改善、防止废物产生和确保最大限度地回收废物，同时限制废物对环境的负面影响、保护和可持续利用土地和地质环境。（2）气候保护和改善环境空气质量，旨在减少温室气体排放

---

① The Climate Protection Policy of the Czech Republic，https：//www.mzp.cz/C125750E003B698B/en/climate_ protection_ policy/ $ FILE/OEOK_ CPPES_ 20180105. pdf.

② Strategy on Adaptation to Climate Change in the Czech Republic，https：//www.mzp.cz/C125750E003B698B/en/strategy_ adaptation_ climate_ change/ $ FILE/OEOK _ Adaptation _ strategy _ 20171003. pdf.

和气候变化对捷克领土造成的负面影响，减少空气污染，促进有效利用对自然友好的可再生能源，提高能源效率和节约能源。（3）保护自然和景观主要包括保护和加强景观的生态功能、保护自然和景观价值以及改善城市环境。（4）安全的环境，包括防止环境灾害（洪水、干旱、山坡不稳定、侵蚀等）的影响。其中第（2）项是对气候保护实施的直接举措。

在确定优先领域及相关目标、措施时，捷克主要基于以下因素进行考虑：（1）评估环境状况及其预测和评估2004—2010年国家环境政策。其目的是对最关键的环境问题作出反应。（2）国家和欧盟环境立法的重要承诺。（3）对与改善捷克环境状况十分相关的若干多边环境协定的承诺，以及在若干国际组织中的活动。

从中短期来看，捷克要解决的重要和紧迫的问题有：（1）环境空气质量是最紧迫的问题，特别是关于粉尘——PM的超限浓度。（2）由于景观使用和气候变化，生态系统抵御外部影响的能力正在降低，特别是与极端事件/天气有关，如暴雨、较长的干旱期或强风。另一个关键优先事项是努力提高景观保持能力、适应日益严重的自然灾害的能力和加强景观的生态稳定性。（3）捷克持续存在的一个问题是，最常见的废物处理方法是填埋。减少填埋和增加废物再利用和回收（材料和能源）属于关键优先事项。（4）城市废水处理，改善饮用水供应质量，实现良好的水域生态状况仍然是重要的优先事项。（5）在自然和景观保护方面，一个优先事项是减少景观破碎化的影响，包括河流系统，确保保护和限制植物与本地野生动物的损失，以及管理与非本地入侵物种有关的问题。（6）保护土壤，这是捷克最濒危的自然资源。

从中长期来看，捷克要解决的重要问题有：（1）根据欧盟气候和能源立法一揽子计划，减少温室气体排放，提高对自然友好型可再生能源的份额。（2）提高能效。（3）减少农业和林地的土壤污染和侵蚀。（4）褐田的再生。（5）减少噪音对人口的负面影响。（6）将重金属排放量和持久性有机物质保持在1990年水平以下，并不断减少。（7）减轻和预防采矿的后果。最后一组优先事项所涉及的领域没有负面发展趋势，但必须保持其良好状况。

综合短期和长期来看，温室气体的排放问题是捷克气候保护政策的重中之重，同时也是国家环境保护政策的重中之重。

二 温室气体排放目标

为了减少温室气体排放，联合国率先行动，引导世界各国采取积极行动。欧盟作为世界上最大的区域性组织，也达成区域协议，欧盟成员国捷克积极响应欧盟政策，为减少温室气体排放作出了其能力范围内的最大贡献。

（一）国际层面

1992年5月，联合国大会通过了《联合国气候变化框架公约》（《气候公约》），这是第一个将大气中温室气体浓度规定在一个确定范围内的国际公约。1997年12月，《气候公约》缔约方第三届会议（COP3）通过了《京都议定书》，对缔约国温室气体排放量做出了具有法律约束力的限制，但没有显著减少全球温室气体排放。2015年12月，在巴黎又通过了一项新的国际协定，该协定涉及广大发达国家和发展中国家，主要目标是将全球平均气温的上升幅度限制在最多2℃以内（相较于工业化之前），并努力控制在1.5℃以内。除了减少温室气体排放外，《巴黎协定》还侧重于适应气候变化的负面影响，为发展中国家的气候保护行动提供资金、技术和智力支持。

（二）欧盟温室气体排放目标

2018年11月，欧盟委员会提出了气候中和的愿景，着眼于所有关键领域并探索过渡的途径。欧盟委员会的愿景涉及了很多欧盟政策，并且与《巴黎协定》的目标保持一致。继气候中和愿景之后，欧洲理事会又于2019年底通过欧洲绿色协议。

为了实现2020年到2030年温室气体减排目标，欧盟还对排放交易计划和非ETS部门气体排放采取了立法手段。欧盟通过了以下减排目标：与1990年相比，到2020年将温室气体排放量减少20%；与1990年相比，到2030年至少减少40%。从长远来看，欧盟计划转向低排放经济：与1990年相比，到2050年将温室气体排放量至少减少80%—95%；在欧盟一级，与1990年相比，到2030年将温室气体排量至少减少40%的目标被进一步划分为：与2005年相比，欧盟排放交易计划部门减少43%，非排放交易计划部门减少30%。①

---

① The Climate Protection Policy of the Czech Republic，https：//www.mzp.cz/C125750E003B698B/en/climate_ protection_ policy/ $FILE/OEOK_ CPPES_ 20180105. pdf.

2020年3月，欧盟根据《联合国气候变化框架公约》制定了长期战略。① 该长期战略包含了2021年至2030年欧盟范围内的气候和能源框架，其主要目标是：至少减少40%的温室气体排放量（与1990年的水平相比）；至少增加32%的可再生能源份额；能源效率至少提高32.5%。② 捷克作为欧洲联盟成员国之一，它应对气候变化的方针是：减少温室气体排放、加强适应和抵御气候变化不利影响的能力。

（三）捷克温室气体排放目标

1. 排放情况

捷克排放清单中最重要的温室气体是二氧化碳，2014年二氧化碳占温室气体排放总量的82%以上，其次是甲烷，占11%，氧化亚氮占5%。含氟气体对总排放量的贡献小于2%。从1990年到2014年，二氧化碳排放量减少了35%以上，甲烷排放量减少了27%以上，氧化亚氮排放量减少了43%以上，同期，氟化气体排放量增加了35倍。在各个部门中，占排放最大的是燃料部门，主要包括工业、农业、运输、家庭使用、废物处理等方面的燃烧，2014年，该部门占温室气体排放和清除总量的82%以上。其中，工业加工和产品使用部门占11%以上，农业部门约占6.5%，废物部门占4%以上，土地利用、土地利用的变化和林业部门减少了近4%的温室气体排放量。③

1990—1994年，捷克调整国民经济结构、向市场经济过渡使得其温室气体排放量大幅减少，从1998年起，捷克的二氧化碳排放量在1.4亿吨上下波动，2008年后，由于经济衰退和经济增长放缓，捷克的温室气体排放量再次出现下降趋势。

在具体部门上，制造业和能源部门燃烧化石燃料大量减少，燃煤发电开始逐渐被核能和可再生能源取代，所以这些部门的温室气体排放量也随之减少。与1990年水平相比，农业排放量减少了大约一半。

---

① 2050 Long-term Strategy ǀ Climate Action, https：//ec. europa. eu/clima/policies/strategies/2050_ en.

② 2030 Climate & Energy Framework ǀ Climate Action, https：//ec. europa. eu/clima/policies/strategies/2030_ en.

③ The Climate Protection Policy of the Czech Republic, https：//www. mzp. cz/C125750E003B698B/en/climate_ protection_ policy/ $ FILE/OEOK_ CPPES_ 20180105. pdf.

2. 排放目标及优先事项

捷克早在加入欧盟之前就通过了一项关于减轻气候变化影响的国家方案，即《减轻捷克气候变化影响国家方案》，该方案是协调国家一级气候保护政策的主要文件。2015年，捷克通过了适应战略，该战略正式取代了之前的国家方案。2017年3月，捷克又通过了气候保护政策，该政策主要将关键部门中高效益的政策和措施进行适当组合，以实现减少温室气体排放的总目标。

根据该项政策，捷克确定了符合国家一级气候保护政策的主要目标：与2005年相比，2020年温室气体减排32吨二氧化碳当量，2030年温室气体减排44吨二氧化碳当量。[①]

图Ⅱ-4-2 至2050年减少温室气体排放的轨迹说明

资料来源：The Climate Protection Policy of the Czech Republic，https：//www.mzp.cz/C1257 50E003B698B/en/climate_ protection_ policy/ $ FILE/OEOK_ CPPES_ 20180105. pdf.

作为欧洲联盟成员国，捷克为实现欧洲的整体排放目标做出了积极的努力，该政策涵盖的时间从2017年到2030年，并提出了到2050年的前景。该政策确定了捷克的主要指示性减排目标：2040年温室气体排放量

---

① The Climate Protection Policy of the Czech Republic，https：//www.mzp.cz/C1257 50E003B698B/en/climate_ protection_ policy/ $ FILE/OEOK_ CPPES_ 20180105. pdf.

达到 70 吨二氧化碳当量；2050 年温室气体排放量达到 39 吨二氧化碳当量。① 针对 2050 年预期的最大排放量，捷克提出了 2030—2050 年的线性轨迹，与 1990 年水平相比，至少减少了 80%。②

捷克在 1990 年至 2014 年成功地将温室气体排放量减少了 36.7% 以上。按照图Ⅱ-4-2 对二氧化碳排放量的预测，如果不采取新的结构性措施，捷克很难达成 2020 年到 2030 年的减排指示性目标，除非在各个部门利用低碳技术并在个别部门采取额外措施。

第二节 减排政策措施

针对气候变化的现状，我们可以通过采取适当的措施来增强应对气候变化的能力，最直接的就是减少温室气体的排放。然而，不幸的是，即使温室气体排放总量大幅减少了，也无法立即停止气候变化的影响，这是因为气候系统对温室气体浓度变化做出反应是有一定延迟的，特别是受温室气体在大气中持续存在并活跃了几百年所导致的海洋惰性的影响，过去和现在产生的温室气体排放将对整个 21 世纪的气候产生影响。相反，自然系统和人类社会对气候变化却非常敏感，所以减少温室气体的排放很重要，我们必须尽量减轻气候变化所带来的影响。

各国气候变化的适应能力取决于该国的财政资源、技术水平、教育水平、现有信息以及适当的规划和总体基础设施。一般认为，经济和社会较发达的国家比发展中国家具有更大的适应潜力。为了完成国家政策中制定的"到 2050 年实现竞争性低碳欧盟经济路线图"的指示性目标，捷克需要将 2050 年之前的温室气体排放量至少减少到 1990 年的 80%。捷克的发展设想主要基于目前已知技术及其可利用的资源之间的不同选择和组合，2020—2030 年及其后各年应该以国民经济各部门基本结构和技术变革的形式进行，包括改变社会的习惯、行为和思维方式等。

向气候中性社会过渡既是紧迫的挑战，也是为所有人建立更美好未来

---

① The Climate Protection Policy of the Czech Republic, https：//www.mzp.cz/C1257 50E003B698B/en/climate_ protection_ policy/ $ FILE/OEOK_ CPPES_ 20180105. pdf.

② The Climate Protection Policy of the Czech Republic, https：//www.mzp.cz/C1257 50E003B698B/en/climate_ protection_ policy/ $ FILE/OEOK_ CPPES_ 20180105. pdf.

的机会。捷克通过对现实的技术解决方案进行投资，赋予公民权利并在诸如工业政策、金融和研究等关键领域调整行动，同时确保实现公正过渡的社会公平性来引领潮流。社会上的各个部门从电力部门到工业、交通、建筑、农业和林业部门共同发挥作用。

一　政策措施

（一）工业和能源方面

工业过程中排放的废气是温室气体排放的第三大来源，约占欧盟排放总量的7%。在捷克，它是第二重要的排放部门，在总排放量中占11%的份额。从保护环境的角度来看，重要的是防止能源行业企业在经营过程中给环境带来的负面影响，多支持利用可再生能源，并开发新技术和提高热电联产的比例。热电联产在捷克并不少见，但在大中型燃烧工厂中其所占比例却不到总热产量的7%。[①]

从迈向竞争性低碳欧盟经济的路线图来看，捷克工业部门的排放量在2050年应逐渐下降到几乎为零的水平。根据欧盟排放标准以及欧洲议会和理事会关于工业排放的第2010/75/EU号指令，制造商必须交出与所产生的排放量相当的排放金额。在国家一级，《2012—2020年捷克国家环境政策》和关于能源管理的第406/2000Coll号法案修正案也对减排问题做出了规定，该法案扩大了根据ISO 50001标准企业家进行能源审计或实施能源管理系统的义务。[②] 在州一级，减少排放问题由公共秘书处处理，该秘书处在处理排放问题时会充分考虑到气候和环境保护的需要、经济和社会发展的需要，欧洲议会和理事会通过的欧洲政策和立法等多种因素。

此外，捷克工业和贸易部（MPO）计划在捷克电力公司CEZ的Temelin和Dukovany工厂增建三个反应堆单元。根据国家能源部门的更新消息，到2025年，燃煤发电占比将下降到2013年水平的三分之一左右，而天然气在发电中的作用预计将增加，并将逐步关闭燃煤电厂。到2040年，核能将占国内能源组合的30%—35%（比目前高16%），固体燃料的

[①] The Climate Protection Policy of the Czech Republic，https：//www.mzp.cz/C1257 50E003B698B/en/climate_ protection_ policy/＄FILE/OEOK_ CPPES_ 20180105.pdf.

[②] The Climate Protection Policy of the Czech Republic，https：//www.mzp.cz/C1257 50E003B698B/en/climate_ protection_ policy/＄FILE/OEOK_ CPPES_ 20180105.pdf.

份额将从 40%下降到 12%—17%。[1]

（二）可再生能源方面

减少温室气体排放的一个重要因素是支持自然友好型可再生能源和节能。捷克可再生能源在最终能源消费中的比例从 2005 年至 2011 年增加了约 50%，占 9.4%，可再生能源的用电量在同一时期翻了一番以上。虽然 2011 年已经达到了 10.6%，但仍远远低于欧盟 28 国 21.8%的平均水平。[2]

2013 年 1 月 1 日，捷克的《支持能源法》生效。根据新的法律，只有装机容量小于或等于 100 千瓦（水力发电为 10 兆瓦）的工厂的经营者才有资格享受进厂关税，关税税率根据 2015 年"简单投资回报"的一般规则来确定。2013 年 8 月 16 日，捷克议会通过了《支持能源法》修正案，该修正案规定每兆瓦 495 克朗，主要旨在通过实施更严格的补贴和降低消费者可再生能源费来阻止消费者电价上涨，同时也变相支持了新太阳能发电厂、风力、水力或生物质发电厂。

在捷克，降低住房建筑以及国家行政和地方政府的能源强度、在区域一级实施能源管理和在城市一级实施能源管理也大有可为。根据欧洲议会和理事会关于建筑物能源性能的第 2010/31/EU 号指令，捷克对建筑物的建造、翻新和使用都制定了新的规定。预计到 2030 年，该指令的实施将使一栋房屋的单位建筑面积排放量比 2010 年减少 25%至 40%。[3]

（三）运输业方面

自 1990 年以来，捷克在运输方面的排放量在其二氧化碳排放总量中所占的份额逐渐增加。由于 1990 年至 2014 年捷克国内登记的客车数量翻了一番，因此这一趋势主要与私人机动车运输和公路货运量的增长有关。捷克新注册汽车的平均排放量很高，达到 140.8CO_2/千米，这一水平排在欧盟的第十位。

为此，捷克共和国从运输政策下手，制定了《清洁流动行动计划》

---

[1] Assessment of climate change policies in the context of the European Semester. pdf.
[2] Country Report：Czech Republic, https：//www.ecologic.eu/sites/files/publication/2014/countryreport_ cz_ ecologiceclareon_ jan2014_ 0. pdf.
[3] The Climate Protection Policy of the Czech Republic, https：//www.mzp.cz/C125750E003B698B/en/climate_ protection_ policy/ $ FILE/OEOK_ CPPES_ 20180105. pdf.

来处理减排问题。比如建立以时间为基础的 vignette 系统，对客车实行统一费率。对于 HDV，采用基于距离的收费，适用于道路网络的某些部分。除了直接增加客运成本外，捷克还通过大力发展公共交通的方式来减少运输对空气质量的影响，倡导居民乘坐公共交通工具或者骑行来减少二氧化碳的排放量。

另外，燃料在公路运输中所占份额也逐步减少，进一步实现铁路电气化，同时逐步将货运从公路转向铁路或水运。捷克还注重确保运输部门的灵活性和可靠性，确保极端天气状况后的运作、及时查明，监测运输基础设施中不能令人满意的技术，促进新材料的研究和开发、优化运输工具的温度、对道路采取遮阴措施，等等。

（四）农业和林业方面

捷克的大部分领土由农业或林地组成，在过去 60 年中，捷克的农业用地经历了翻天覆地的变化，为了确保粮食的自力更生，土地合并导致农业过度使用化肥、杀虫剂和重型农业机械。

2014 年，农业在捷克温室气体排放总量中占 6%，远未释放出其潜力。一方面，在国家一级，捷克发布了《2012—2020 年捷克生物质行动计划》，该计划规定了 2020 年有可能实现农业用地和农业生产副产品以及农产品加工的能源年产量：从 133.9 石油焦上升到 186.8 石油焦。[①] 土壤中的碳固定有助于满足良好农业和环境条件（GAEC）的强制性标准，并遵守法定管理要求（SMR）。

另一方面，地方对农村发展方案也提供了农业土地造林的支持。2013 年 10 月 23 日，捷克环境部宣布在城市及其周边地区发展绿地的新方案，该方案旨在增加绿化种植和郊区森林振兴。该方案提供 1.3 亿克朗（约 500 万欧元），每个项目的最高补贴金额为 1000 万克朗（约 388000 欧元）。该项目还包括与一般基础设施有关的措施，如恢复和建造道路、桥梁和人行道以及供水系统。这些措施对减少空气污染物、保持和增强生物多样性、增加城市景观的吸引力发挥了很大的作用。

（五）废物处理方面

2013 年 3 月 19 日，捷克议会通过了环境部编写的《国家废物法》修

[①] The Climate Protection Policy of the Czech Republic，https：//www.mzp.cz/C1257 50E003B698B/en/climate_ protection_ policy/$FILE/OEOK_ CPPES_ 20180105. pdf.

正案（Zakonoodpadech），该修正案有效地取消了个别废物生产者编制废物管理计划的义务，从而减轻了企业的行政负担。然而，这些新规定会不会对环境产生负面影响还有待商榷。根据环境部的说法，减少官僚机构将增加捷克企业的竞争力，并节省 186 万—199 万克朗，因为执行废物管理计划的费用可能在 20000 克朗至 100000 克朗。通过电子信息系统简化危险废物运输登记程序，预计将节省 1.6 亿至 1.73 亿克朗。[1] 新的《国家废物法》还设想逐步增加废物填埋费，以鼓励废物焚烧。这将对捷克废物部门的温室气体分布产生积极影响，因为焚烧（特别是能源回收）的排放量通常低于填埋，即使对填埋气（甲烷）进行回收和燃烧。然而，循环利用的效果仍有待提高。

自 2013 年 8 月 13 日以来，小型电器和设备的购买者不再需要支付所谓的历史电子废物费用。最初，收取这笔费用是为处理 2005 年 8 月 13 日之前投放市场的电子废物提供资金。而之后电器生产商则有责任处理好其产品的生态处置。因此，在这一法律颁布之前进入市场的产品，是要单独收取电子废物费用的，而现在电器生产商们只是在产品价格上增加了处置成本，小型电器和设备的购买者不再需要支付所谓的历史电子废物费用。

捷克在 2003 年至 2011 年的废物生产总量减少了 15%，但 1990—2012 年，捷克废物部门的温室气体排放量却增加了 25%，这一负面趋势主要是由填埋场排放的增长所造成的。虽然捷克是产生城市废物最少的欧盟国家，但捷克最常见的废物处置方法是填埋，这并不是最佳的处理方式。令人欣慰的是捷克在回收方面的表现良好，2011 年有 69.7% 的包装废物被回收，高于欧盟的平均水平。[2]

此外，《捷克 2015—2024 年废物管理计划》（WMP CR）也对相关问题做了规定，并进一步阐述了 2012—2020 年国家环境政策。《废物管理条例》还规定，从 2024 年起，在立法中禁止填埋混合城市废物、可回收和可再利用的废物。

---

[1] Country Report: Czech Republic, https://www.ecologic.eu/sites/files/publication/2014/countryreport_ cz_ ecologiceclareon_ jan2014.

[2] State Environmental Policy of the Czech Republic, https://www.mzp.cz/C1257 50E003B698B/en/sep_ cz/ $ FILE/SOPSZP-SEP2012-2020（2016）-170404.pdf.

二 经济措施

经济方面的进一步规范和补充是适应捷克气候变化国家行动计划的一部分。

第一,适应措施的执行应得到现有政策的支持。适应措施需要大量资金,因此资金支持将在执行这些措施方面发挥重要作用,一些援助计划已经存在并正在实施,比如恢复自然景观功能方案、景观护理方案和防洪方案。这些方案得到欧盟业务方案和2014—2020年农村发展方案的干预措施的补充,这两个方案将从ESI基金中为其所支持的行动筹集资金。第二,根据各领域各方面各环节的反馈不断调整措施,以确保执行计划的有效性。量化适应措施执行所需要的资金是非常复杂的,因为有些措施的执行是没有确定计划的,甚至是在没有与气候变化直接联系的情况下执行的,而且有些措施可能与缓解措施重叠,不同领域(部门)之间的措施也可能重叠,这就需要进行足够详细的界定。此外,适应气候变化是一个长期的过程,需要回应来自不同领域(部门)不断补充和评估的信息,并将其与正在进行的对国家预算的有效性和经济影响的评估联系起来。目前《捷克适应气候变化战略——执行摘要》对营商环境的影响进行了总体估算。第三,对气候变化置之不理意味着可能会带来重大的经济损失。根据欧盟对未来成本和收益的预测,每花费一欧元用于防洪就可以节省6欧元的清理损失成本,而如果不对气候变化采取应对措施,到2020年整个欧盟每年至少要花费1000亿欧元,到2050年要花费2500亿欧元。[1] 捷克共和国对农业气候变化适应措施进行分析的结果表明,大多数适应措施的中期和长期财务效益超过了对其实施的投资,捷克的适应战略和及时执行适应措施将促进可持续增长,鼓励投资以提高对气候变化的复原力,并创造新的就业机会。

以下是捷克气候保护政策关于经济方面的一些原则和措施。

(一)发挥税收的调节和导向功能

一个充满激励和自然资源的健康、美丽的环境无疑是人口经济水平和

---

[1] Strategy on Adaptation to Climate Change in the Czech Republic,https://www.mzp.cz/C1257 50E003B698B/en/strategy_ adaptation _ climate _ change/ $ FILE/OEOK _ Adaptation _ strategy _ 20171003. pdf.

生活水平的重要先决条件和指标之一。无论是决策投资地点,还是选择居住地和建造娱乐场所,环境都是值得考量的重要指标。企业的经营在很大程度上也取决于环境的质量,尤其是对旅游业占国家和地区经济来源重要部分的城市而言。

捷克通过税收政策作用于市场机制来实现减排目标。例如利用消费者环保税来改变市场上的价格信号,使之有利于环境友好型的产品、工艺和服务,环境税改革还将新的或增加的税收与降低工作税相结合,以增加就业。这些税收政策激发了公司对环境友好型和资源消耗量低的产品的研发和投资。从成本的角度和环境要求的角度来看,税收在保护环境方面可以说卓有成效。消费者能够根据相关信息选择一种对环境更友好的生活方式,从而引导企业提供对环境更为友好的产品和服务。具体而言,捷克在商业政策中实施的环境措施有以下几点:(1)向消费者提供关于产品、服务和旅游目的地的专业信息,告知其环境特性,使他们可以支持环境友好型公司。(2)提供关于是否存在危险物质、某些产品所用材料的来源、产品的可回收性等方面的信息。(3)提供关于各类产品的信息,以及制造商关于产品对环境无害的声明。(4)采用适当的机制监测这些制造商关于其产品对环境影响申报的真实性。(5)利用相关规定和原则支持无害环境的货物和服务采购,并从采购产品和服务的环境健全性的角度审查机构采购货物的程序,使这些机构成为其他机构的好榜样。(6)根据欧洲联盟委员会的新原则,利用环境领域的国家援助,激发环境保护的潜力,同时尽量减少在正常市场上对竞争力的干扰。(7)与欧洲投资银行和欧洲复兴开发银行合作,为注重保护环境的企业提供贷款上的优惠政策。(8)限制他国已经淘汰的设备、机械和程序的进口。(9)禁止进口消耗地球臭氧层物质的商品,坚持欧盟对进口管制的要求。[1]

此外,国际贸易也会对环境保护产生重大影响。一方面,它使现代无害环境技术得以传播;另一方面,当它没有得到合理管制时,则会加剧对热带雨林的乱砍滥伐并破坏生物多样性。

(二)区域发展、乡村振兴和旅游业

区域发展以国家发展计划和捷克共和国区域发展战略为基础,旨在为

---

[1] State Environmental Policy of the Czech Republic, https://www.mzp.cz/C1257 50E003B698B/en/sep_ cz/ $ FILE/OPZP-SEP-20081229. pdf.

环境的保护和改善做出贡献，并实现当地居民的可持续发展以及生活质量的改善。捷克国家发展计划的主要目标是"基于经济竞争力的可持续发展"，其中一个具体目标是达到欧盟为实现气候中和而制定的环境标准。

区域发展能够处理由于能源密集的经济活动、不可持续的资源开采、交通拥堵、苏联军队遗存以及跨界排放所带来的对环境的不同程度的破坏，并力图为同一个国家框架下的所有区域提供一个相对平等的发展机会，并进一步平等享有在经济、社会、环境等方面的权利。

对于乡村振兴和旅游业，非政府环境组织、区域援助组织以及小城市都积极参与其中。旅游业作为一种经济活动，对自然和人类环境有着长期而复杂的影响，所以在管理用来发展旅游业的土地资源的时候需要跨部门合作，这不仅应包括旅游项目在经济条件上的可接受性，还应考虑到旅游业可能对环境产生的影响（生态、社会、文化、技术、政治和其他方面）。目前对旅游业发展的规划和决策过程必须考虑环境问题，根据联合国大会第七次会议和联合国可持续发展委员会的决定进一步完善旅游业发展框架下的环境目标，制订可持续发展的战略和计划。

在区域发展上，具体而言，乡村振兴和旅游领域所采取的环境措施有以下几点：(1) 在各个区域自治地区建立可持续发展区域理事会。(2) 支持城市和市政当局在环境保护的范围内执行计划，特别是当这些计划或预期后果超过一个城市的边界或超出城市的财政能力时。(3) 保护该领土上的景观特征，如孤立的树木、公路和道路沿线的绿化带、饮用水源地、湿地和小型水库和水道，监测受特殊保护的动植物物种的变化。(4) 支持地方当局和非政府组织执行农村地区复兴方案。(5) 促进发展环境友好型的旅游形式或设法增加此类旅游在旅游总量中的份额。(6) 促进建立环境友好型国家旅游服务认证制度；并在旅游部门引入环境管理制度。(7) 在特别保护区，规定执行《欧洲保护区可持续旅游宪章》的原则，并适当采用 2000 年自然资源评估制度。(8) 通过发展乡村旅游、生态旅游来保护自然景观，并利用这种旅游形式对游客进行教育。①

---

① State Environmental Policy of the Czech Republic, https：//www.mzp.cz/C1257 50E003B698B/en/sep_ cz/ $ FILE/OPZP-SEP-20081229.pdf.

三　法律措施

法律是环境保护政策的重要手段之一，它可以规范社会中各个实体之间关系。一般来说，法律在很大程度上是一种对现实做出反馈的文书用来处理已经出现的问题。在 20 世纪 90 年代初，捷克就有过这样的法律构想，利用法律"提前性"地采取行动，甚至积极主动地预测未来发展，并建立必要的法律机构。

在保护环境和实现可持续发展方面，环境法作为一个比较年轻的法律分支，其作用变得越来越重要。截至 1989 年，捷克颁布的法律条例（例如关于保护环境的《水法》《森林法》《国家自然保护法》）总体上对气候保护的贡献很小。但在 1989 年以后的一个较短时间内，捷克不仅在以前未受管制的地区颁布了法律（例如《空气保护法》《废物法》《环境影响评估法》），而且对大量已经过时的条例进行了更新和替换，比如《森林法》《农业土地基金保护法》《自然和景观保护法》。

近年来，捷克在环境保护方面的立法在很大程度上受到欧盟的影响，并努力和欧盟的立法保持协调一致。比如新颁布的《空气保护法》、新的《水域法》、新的《废物法》《包装法》等，除此之外，捷克的适应战略还分析了特定背景下的立法现状，并提出了必要的立法修改，其内容详细，涵盖林业、农业、景观和水管理中的水制度、土地利用规划和建筑条例、保护生物多样性和生态系统服务以及能源部门等多个领域。2004 年 9 月，新颁布的《环境法》取代了之前的《第 17/1992Coll 号法令》，该法的一个重要作用就是统一环境法的一般部分，在同一级别为所有或至少部分环境保护部门建立联合机构，形成统一的形式。但是环境保护方面立法的迅速发展也产生了一些消极的后果，即各个环境保护领域的立法之间缺乏联系，立法经常重叠或存在不合理的差异，并且环境保护的原则、立法的机构、程序等不统一。

捷克的另一个重要举措就是拟订了一项新的行政处罚条例，确立了实施制裁的统一原则。

具体而言，捷克在法律层面采取的措施有以下几点：（1）根据欧洲联盟成员国的要求，调整立法使之符合欧共体的条例。（2）积极参与欧洲共同体法律的制定，并在参与过程中介绍捷克保护环境的立场。（3）

与 MoRD、MoE 和 MoI 合作，完成新《建筑法》的编写，强调领土发展的可持续性。(4) 在分析欧盟个别国家的采矿法和相关立法的基础上，提议修改法律条例，以达到欧盟立法和行政水平，加强对采矿的环境检查以及积极鼓励市政当局和公众参与立法。(5) 编写新的《环境法》初稿，统一基本概念、实施经济手段和制裁措施。(6) 保护环境法中来之不易的民主因素（知情权、公众参与权和诉诸司法的权利），并努力进一步加强这些因素。①

四 气候传播战略

教育和宣传是应对气候变化的有效手段，公众对环境问题的意识提高，不仅有利于公众更好地了解经济、社会、生活和环境的联系，而且有利于提高公民的法律意识，提高消费者的环保意识，最终提高民众的生活质量。

环境教育和宣传在捷克有着悠久的传统，适应气候变化的环境保护政策反映在教育和培训领域的所有相关战略文件中，关于这方面的一项基本战略文件是《国家环境教育和宣传方案》。该方案通过对主要目标群体进行系统专业的教育，培养民众对气候保护政策及适应战略的积极态度，以引导公众参与其中，因此有必要确保公众了解气候变化所带来的影响以及捷克在现有的条件下可以采取的适应措施。

2000年，捷克政府制定并通过了《国家环境教育和公众意识方案》和《2001—2003年国家环境教育和公众意识方案行动计划》，该行动计划每三年更新一次，它包括对行政当局官员和公共行政人员进行环境保护方面的培训和教育。但由于国家预算资金缺乏，环境和教育、青少年和体育等部门关于环境保护方面的知识培训和教育受到了限制。因此，有必要有效利用现有资源来加强环境教育、提高公众认识。正如我们所见，环境教育、环境保护研究正在越来越多地被纳入小学、中学和大学的学前培训和教学方案中。与此同时，有必要积极促进与自然和环境有关的课外活动，更加重视通过实地考察和郊游，或通过实地和园艺工作加强青少年与自然

---

① State Environmental Policy of the Czech Republic, https://www.mzp.cz/C1257 50E003B698B/en/sep_ cz/ $ FILE/OPZP-SEP-20081229. pdf.

的直接接触。

具体而言，在气候保护政策的传播方面所采取的措施有以下几点：（1）实施国家环境教育和公众意识方案。（2）在相关立法中考虑国家环境教育和公众意识方案的目标——第 123/1998Coll 号法案修正案。（3）批准《奥胡斯公约》，在实践中执行该公约，并将其范围扩大到转基因生物上。（4）在小学实行义务环境教育。（5）促进各级学校的环境教育和公众意识。（6）根据不同的教育方案，促进对公共行政部门雇员、当选代表、众议院议员和参议员的环境教育。（7）加强对企业家、农民和服务部门员工的环境教育。（8）促使非政府组织提供环境教育活动。（9）将对环境声学的研究纳入选定大学的教学计划中。[①]

第三节　参与全球气候治理

大气变暖、气候逐年恶化，地球上 800 万物种中有 100 万种可能灭绝，森林和海洋正在受到污染和破坏，这是全球面临的共同挑战。继提出气候中和愿景之后，欧盟于 2019 年 11 月又通过了"欧洲绿色协议"作为对这些挑战的积极应对。这是一项新的增长战略，旨在促进欧盟内部的公平发展，促进欧洲经济向现代化、资源利用率高、有竞争力的绿色经济过渡，并为 2050 年实现气候中和的目标助力。

欧盟深刻认识到政策要想奏效并得到接受，公众的积极参与和对政策的信心是至关重要的。这就需要一项新的合约，将所有公民聚集在一起，加强国家、区域组织、地方当局、民间组织与欧盟机构之间的密切协商与合作，欧洲绿色协议由此而生。欧洲绿色协议充分体现了人文精神。它把人放在首位，重点关注面临最大挑战的地区、行业和工人，力图保护公民的健康和福祉，使其免受与环境相关的风险和不利影响。此项计划需要大量公共投资，欧盟站在协调国际努力的前列，努力建立一个可持续运行且协调一致的金融体系，并鼓励将私人资本用于气候和环境行动。

气候变化和生物多样性被破坏是全球性问题，不受国界限制，仅凭欧

[①] State Environmental Policy of the Czech Republic, https：//www.mzp.cz/C1257 50E003B698B/en/sep_ cz/ $ FILE/OPZP-SEP-20081229.pdf.

洲单独行动不可能实现绿色协议乃至全球气候保护。所以欧盟不断利用其影响力、专门知识和财政资源，动员其邻国和伙伴加入欧盟，共同走可持续发展的道路。同时，欧盟积极为发展中国家提供资金和智力支持，并以欧洲领导者的身份积极参加全球合作。

作为欧盟成员国之一的捷克，始终积极响应欧盟关于气候保护的政策号召，2015年通过的气候适应战略和2017年通过的气候保护政策都紧紧追随欧盟关于气候保护的相关要求，为实现欧洲的整体减排目标做出了最大努力，并建立专门应对气候变化的科研机构，通过科技创新提高措施的针对性和效率，同时尽力为发展中国家提供支持和帮助。

一　积极参与国际对话与合作

捷克始终积极参与国际合作。在可持续发展的背景下，保护环境已成为一个全球性问题，单一国家和区域已无法解决这一问题，必须采取跨国跨界合作，这是处理全球环境问题的唯一有效途径。近年来，关于预防、减少和消除经济发展、人类活动、自然灾害和环境事故给环境带来的有害影响的多边和双边协定日益增多。

2002年9月，关于可持续发展问题的世界首脑会议在南非约翰内斯堡召开，此次会议为国际合作开创了新的局面。此次首脑会议分析了经济、社会和环境政策之间的相互联系，并通过了多个实现可持续发展的计划。欧盟在国际环境保护的进程中发挥着重要作用，捷克可以通过欧盟行使话语权，在更广泛的范围内，有机会在国际一级就环境保护和可持续发展的各个方面、国际合作机制和在其领土上的活动，以及通过支持世界其他地区的活动，广泛参与在欧洲联盟环境政策的更广泛范围内处理现有问题的对话。

现今，生态系统观测在全球的分布非常不均匀，大部分可用数据都来自北半球的发达国家。为了减少这种空间偏见，捷克开展了SEACRI-FOG项目，用以支持欧盟—非洲粮食安全和温室气体观测研究的合作，促进欧盟和非洲就土地利用变化、智能气候农业、碳循环和温室气体观测等主题进行合作和对话。捷克环球网是参与该项目的16个机构之一，2009年至2018年，捷克环球网参与了184个国际项目，其中近60个项目仍在进行中。① 此外,捷克环球公司利用最现代的技术和仪器,调查全球气候变化的表现和影响,并对受全球变化影响的三个主要部分进行了研究,即大气(气候演变及其建模)、生态系统(碳循环和全球变化对生物多样性的影响)和社会经济系统(对社会发展和行为的影响)。除了欧洲合作外,捷克环球公司还与具有共同愿景的国际组织如总部设在美国的国家生态观测网合作。

具体而言,捷克共和国在国际合作方面采取的措施有以下几点:

第一,在欧盟框架下合作和促进优先事项。(1)在环境保护领域制定和执行欧共体立法;确保 CR 的所有战略都符合欧盟政策。(2)加大在环境领域的投入,促进和执行欧盟框架内的优先事项——气候变化和空气保护,保护景观、水、土壤和矿产资源,复杂的化学物质管理以及可持续生产和消费。

第二,在国际协定方面。(1)履行 CR 作为国际环境协定缔约方的承诺;(2)为捷克加入、接受或批准其他国际环境协定及其有效执行创造条件;(3)促进《在环境问题上获得信息和公众参与环境决策和诉诸法律的公约》(《奥胡斯公约》)的批准进程和欧洲《远距离越境空气污染公约关于减少酸化、富营养化和地面臭氧的议定书》;(4)通过关于保护易北河国际委员会、保护奥德拉河免受污染国际委员会和《保护和可持续利用多瑙河合作公约》的多边协定以及关于与邻国(德国、奥地利、斯洛伐克和波兰)在边界水域合作的双边协定,在国际合作保护水域框架下进行合作。

第三,与国际组织的合作。(1)积极参与环境保护有关的国际、政府间和区域组织(经合组织、欧洲经委会、环境署、开发署、世卫组织、世贸组织等)框架下的合作和活动。(2)在国家框架下适用国家组织的标准。

第四,双边和跨界合作。(1)发展双边和跨界合作,特别是在保护水域和清洁空气方面。(2)在拟定的双边协定中,列入有关环境影响评估的跨界计划和方案,或缔结新的协定。

---

① Addressing Environmental Change through Emergent Integrated Environmental Observatories: A Case Study in the Czech Republic,https://www.mdpi.com/2076-3298/7/3/19.

第五，官方发展援助。(1) 大力加强与发展中国家的国际合作，增加与可持续发展和改善环境状况有关的援助份额。(2) 将官方援助集中用于开采可持续利用的自然资源和无害环境的技术上。(3) 向发展中国家，特别是向东南欧和东欧、高加索和中亚地区国家传授捷克应对气候变化的经验。(4) 协助捷克公司参与世界银行、国际货币基金组织、欧洲复兴开发银行等组织制定的国际方案。

二 致力于科技创新并共享科技成果

对于气候变化及应对的研究，既需要多个学科的共同参与，又需要科学的研究方法，科技创新在其中发挥着关键作用。捷克环球是捷克专门应对全球气候变化所设立的科研机构，其致力于将理论、观测、模型和预测相互结合，为社会提供关于气候变化的科学知识，以帮助更好地适应气候变化现状。2009年至2018年，捷克环球参加了184个国际项目。[①]

捷克环球利用最现代的技术和仪器，调查全球气候变化的表现和影响，并对受全球气候变化影响的三个主要部分进行了研究，即大气（气候演变及其建模）、生态系统（碳循环和全球变化对生物多样性的影响）和社会经济系统（对社会发展和行为的影响）。针对气候变化所引发的粮食安全问题，捷克共和国制定了一项强有力的跨学科项目，即前文所提到的SEACRIFOG项目，这是在不利环境条件下加强可持续生态系统和粮食安全的适应战略。该战略由捷克环球实施，旨在创建（在实验设计中验证并在最后阶段转入实践）程序，使在加强景观复原力的同时提高区域粮食安全性。其创新之处在于综合一系列有效措施，制定出有效且在大多数国家经济承受范围之内的解决办法。例如，设计一套在极端温度下的区域气候模型，将其产出与实验预测结果相对比，以测试气候变化对重要植物或作物复原力的影响和可能带来的生长限制。全球生物圈管理模型（GLOBIOM）的区域审查就是用于评估气候变化、粮食生产、土地利用变化和社会经济学潜在相互作用的模型之一。

捷克环球在国际合作中积极共享科技创新成果，有力地推动了欧盟气

---

① Addressing Environmental Change through Emergent Integrated Environmental Observatories: A Case Study in the Czech Republic, https://www.mdpi.com/2076-3298/7/3/19.

候保护政策的实施。除了欧洲范围内的合作外，捷克环球还与具有共同愿景的国际组织，如总部设在美国的国家生态观测网和区域网络 Fluxnet 合作。捷克环球在这次合作中的主要目标是提高测量的精准度，促进技术和方法的标准化，并就改进国家和区域环境变化方案之间的网络设计和协调方案提出建议。

三 为发展中国家提供资金支持

自 2010 年以来，捷克设立了气候基金，这些资金被用于国际双边合作、多边合作。2010 年至 2015 年，该基金的年度总额增加了 9700 万克朗。

表Ⅱ-4-1　　　　2010—2015 年捷克提供的资金支持　　　　（克朗）

年份	双边合作	多边合作	总计
2010	74450000	1250000	75700000
2011	100810000	25000000	125810000
2012	101691000	17000000	118691000
2013	98937000	32101000	131038000
2014	111418000	59522000	170940000
2015*	113400000	59522000	172922000

* 表示此年为估计数。

资料来源：State Environmental Policy of the Czech Republic，https：//www.mzp.cz/C125750E003B698B/en/sep_cz/$FILE/OPZP-SEP-20081229.pdf.

气候基金主要由国家对全球环境基金的资助和 2013 年以来对绿色气候基金（GCF）的资助两部分组成，捷克在 2014—2018 年向该基金共捐款 1.1 亿克朗。

2014 年底，捷克还与德意志联邦共和国缔结了气候融资方案合作协定，该方案由德国国际合作署实施，目标是为选定范围内的发展中国家制定和实施气候保护战略提供便利，并帮助其有效地利用全球合作所提供的资金。捷克在 2015—2018 年向该方案投资 40 万克朗。

在双边发展合作框架下，捷克开发署为亚美尼亚、阿富汗、波斯尼亚和黑塞哥维那、埃塞俄比亚、哈萨克斯坦、科索沃、蒙古国、摩尔多瓦、格鲁吉亚、越南、柬埔寨和也门这些发展中国家的项目提供资金。其中大约70%的资金被用于水管理、农业和林业部门项目，其余部分被用于提高能效和有利于可再生能源项目。根据捷克气候保护政策2017年执行摘要，2014年为气候保护增加的融资为17094万克朗，约占国内生产总值的0.004%。相比之下，其他发达国家早在2012年就为气候保护支出了GDP的0.042%，大约是捷克的10倍。为了实现2030年达到全球平均水平的长期目标，捷克需要投资17.89亿克朗。①

2020年10月中旬，捷克起草了其国家复原力计划以及欧盟资金支出计划，随后欧洲理事会讨论了加强欧盟2030年气候目标，这将是在欧洲和成员国两级开展气候行动并全面推行的关键时刻。②

四 捷克气候保护政策评价

捷克的国家气候方案开始于1991年，2017年进行了一次更新。这一气候保护政策体现了捷克对国际义务的重视和承担，对气候变化的科学认识，以及以气候治理为目标导向及时制定相关政策和战略，为适应和缓解气候变化做出积极的努力。捷克的气候保护政策是基于现实情况分析并结合科学的假设和预估而制定的，目前来看，其完成度很高，但仍然存在有待改善的地方。

首先，捷克在工业排放方面所做的工作还有很大的改善空间。由于捷克历史上对煤炭的依赖及其强大的工业基础，捷克仍然是经合组织中能源密集度和碳排放量较高的经济体之一。由此带来了严重的后果：捷克共和国每年因空气污染所造成的死亡率几乎是经合组织平均死亡率的两倍，2016年，每百万居民中约有633人过早死亡，而经合组织国家只有352人。

其次，废物管理是另一项重大挑战，尽管目前已取得了进展，但仍迫切需要改革。特别是到2016年，填埋仍然是捷克最常见的垃圾处理方式，

---

① The Climate Protection Policy of the Czech Republic，https://www.mzp.cz/C1257 50E003B698B/en/climate_protection_policy/$FILE/OEOK_CPPES_20180105.pdf.
② An appeal to CEE Prime Ministers to go for higher climate ambition. https://www.caneurope.org/publications/letters-to-policy-makers/2009-an-appeal-to-cee-prime-ministers-to-go-for-higher-climate-ambition.

占各市处理垃圾的50%。

最后,城市扩张是另一个日益受到关注的问题。捷克仍继续投资城市公共交通,但汽车使用量的不断增加在很大程度上抵消了投资公共交通所带来的效果,并且进一步加剧了空气污染。

面对这些挑战,捷克在《2018年环境绩效评估》中提出了发展绿色经济的一些关键性政策和建议。第一,必须加强对低碳经济的政治承诺,使国家能源政策的长期目标与《巴黎协定》的目标保持一致。可以看到,在捷克的电力结构中,核能正在逐渐取代煤炭,可再生能源的份额也显著增长。第二,提高碳排放税率是应对气候变化和空气污染的卓有成效的手段。过去,捷克的能源税率一直维持在过低水平上,导致其并未发挥出对碳排放的限制作用。一方面,提高碳排放税率可以减少空气污染和相关的福利成本来改善国民的健康状况,改善能源负担能力;另一方面,将限排所得税收重新分配给低收入家庭,将促进社会公平。第三,加快通过新的《废物法》是迈向循环经济不可或缺的一步,其中一项重要规定就是增加垃圾填埋税。第四,可以通过加强城市治理体系,采取紧凑、协调、联动的发展模式,统筹城市发展,提高城市化的可持续发展水平。

第五章 教育体系与制度

第一节 教育体制的总体特征

一 居民受教育水平和教育投入

捷克的《基本权利宪章》规定，居民拥有接受教育的权利。作为中等发达国家，捷克的人口拥有比较高的教育程度。从2011年到2020年，在15—64岁的捷克人口中，接受过高等教育的人口占全体居民的比例从15.8%上升到24%，低于同期欧盟27国的平均水平。

2011年，在15—64岁的捷克人口中，有13.9%的捷克人没有接受过初级教育或中等教育，2020年，这个数字下降为12.3%，优于欧盟（27国）国家平均水平。

表Ⅱ-5-1　捷克及欧盟27国15—64岁人口高等教育参与率　　　　（%）

	2011	2012	2013	2014	2015
捷克	15.8	17	18.1	19.1	19.8
欧盟	22.4	23.2	24	24.5	25.2
	2016	2017	2018	2019	2020
捷克	20.6	21.4	21.7	21.6	22.1
欧盟	25.7	26.4	27.1	27.9	29

资料来源：欧盟统计局，https://ec.europa.eu/eurostat/data/database。

根据经济合作发展组织（OECD，以下简称"经合组织"）的报告，捷克的成年人具有较高的学历和技能水平。在高中阶段，捷克的大多数学生都参加四年制的普通或职业课程,这些课程由知名的大学、中等专业学校或音乐学院提供。学生可以通过普通入学考试开始学习,并获得普通教育证书和相应的考试资格,从而进入高等院校学习。大约三分之一的捷克学生选择两年制或三年制的职业课程,从而获得职业教育和培训(VET)证书,极少数的学生在职业学校参加两年制课程的学习,但是这些学生如果想继续高等教育学习,就必须完成两年的衔接课程。然而,这些学生从高等教育机构毕业的机会较低,而且在劳动力市场上的失业率相对较高。

在2012年经合组织的成人技能调查中,捷克成年人(16—65岁)的识字技能平均得分为274分,高于经合组织的平均得分(268分)。[1] 2016年,73%的捷克高中生接受了职业课程,在经合组织所有国家中总比例最高,经合组织平均为44%。捷克的高等教育遵循博洛尼亚进程,包括大学和专业教育。在大学中,学生可以在完成1—3年(通常为2年)的硕士学位之前,需要先注册完成3年或4年(通常为3年)的学士课程。另外,捷克学生也可以通过4—6年(通常为5年)的硕士课程开始高等院校的学习。近年来,捷克的高等教育水平大大提高,捷克成年人比经合组织国家的人口拥有更高的教育程度、识字和计算能力。高等教育学历使得捷克有较高的就业率和薪资水平,特别是对男性居民而言。

近些年来,捷克教育不断发展,教育投入总量不断增加。2017年,捷克的公共教育开支为1948亿克朗,占该年度捷克国内生产总值(GDP)的3.9%。根据2019年12月欧盟委员会的统计数据,2008年至2017年,捷克的公共教育开支从1530亿克朗上升至1948亿克朗,在国民生产总值中的占比围绕4%浮动(见表Ⅱ-5-2)。

表Ⅱ-5-2　　　　　　　　　捷克公共教育开支

年份	2008	2009	2010	2011	2012	2013	2014	2015	2016	2017
教育开支(亿克朗)	1510	1639	1730	1737	1714	1728	1787	1828	1737	1948
GDP占比(%)	3.8	4.2	4.1	4.3	4.2	4.2	4.2	4.1	3.7	3.9

资料来源:Eacea National Policies Platform (2019), https://eacea.ec.europa.eu/national-policies/eurydice/content/political-and-economic-situation-21_en.

---

[1] Education Policy Outlook Czech Republic, 2020, http://www.oecd.org/.

但是从国际视角来看,根据经济合作组织的报告,捷克的教育总支出在国民生产总值中占比较低。2011 年至 2016 年,教育支出与国民生产总值的增长不匹配,因此小学到高等教育的支出实际上占国内生产总值(GDP)的比例下降了 16 个百分点。2016 年,捷克的小学至高等教育支出占 GDP 的 3.5%,是经合组织中该占比较低的国家之一,经合组织国家的平均水平为 5%。2016 年,中等教育的投资占捷克国内生产总值的 1.7%,学前教育为 0.5%,小学为 0.8%,高等教育为 0.6%。[1]

与经合组织其他国家一样,捷克的教育支出大部分来自公共资金。2016 年,私人来源(包括国际来源)的基础到高等教育支出的比例(17.4%)都高于经合组织平均水平(13.9%)。

捷克的初级和中等教育资金主要由中央和地方政府负责。教育支出中的直接费用(例如工作人员的薪水或物质资源)是这些拨款中最大的一部分,来自中央资金。资金首先下拨给各个地区,然后由地区当局直接分配给学校,这种资金分配是基于单个学生的简单分配形式。但是,教育资金在区域间的转移则是通过更复杂的标准来确定并实施的,该标准每年进行调整。

地方当局筹集的资金(是由地区当局负责还是由市政当局负责,取决于教育级别)用于支付学校的运营成本。地区和市政当局同时负责教育投资项目独立的资金运行。目前,捷克学校的经费有许多不同的来源(各个州、地区和市政预算,学校筹集的资金,社会捐款和学生父母的捐款)。

捷克高等教育的公共资金主要由中央政府提供;本国和国际学生可以免费接受用捷克语授课的高等教育。2016 年,高等教育的公共资金总额的 97% 来源于捷克中央政府,而经合组织国家的平均水平为 87%。

在捷克,正常学习的学生在 2018—2019 年度仅需支付每年 100 欧元的年度管理费,这是欧盟国家中较低的学费之一。同时,大约有 6% 的高等院校学生获得了基于成绩的助学金,58% 的学生获得了住宿助学金。

在捷克共和国,公共教育是免费的,幼儿园可能会对儿童收取费用。其中包括学费(约每月几百克朗)和伙食费(每天约 30 克朗)。幼儿在上小学前的最后一年,学前教育是免费的。公立学校的基础教育是免费

---

[1] Education Policy Outlook Czech Republic, 2017, http://www.oecd.org/.

的，接受义务教育的儿童有权租用教科书和免费的教育教材。但是基于学生个人需求的、某些额外的教学材料，校外课程、进餐、课后俱乐部等费用则不包括在内。

二 捷克教育的管理机构

捷克共和国有1065万居民（2019年），由14个地区组成。中央机构（政府，议会，教育、青年和体育部）与各地区当局共同承担教育工作的责任。人员费用和教学资源由国家承担，资金和运营成本由学校组织机构（地区和市政当局）承担。捷克学校监督局有监督职能，负责评估教育的条件、实施和结果。

捷克的教育机构分别在捷克中央政府、地区政府和市政公共当局注册。教育、青年和体育部（The Ministry of Education, Youth and Sports）负责捷克教育的公共管理，制定教育、青年和体育政策以及开展捷克在这些领域的国际合作活动。

教育、青年和体育部作为捷克的最高教育管理部门，其资金来源于国家财政预算。教育、青年和体育部通过制定国家综合教育的长期政策目标，负责整个教育体系的运行和发展，包括科学、青年和体育领域，并负责国家教育资金的使用，制定教育预算并确定分配原则。

同时，教育、青年和体育部负责教师的资格和工作条件的确认，制定从学前教育到中等教育的总体教育内容，批准大专院校的教学规划和项目。2020年，捷克的教育、青年和体育部部长是罗伯特·普拉加（Robert Plaga）。[1]

在地区层面，地区政府管理当局负责设立高中、音乐学院，建立高等职业学校。市政当局则负责设立幼儿园，建设小学和初中，并确保义务教育的实施。

教育、青年和体育部，捷克学校监督局，地区当局，市政当局和学校负责人共同负责从学前教育到专科教育的管理工作。捷克教育系统的一个特点是各级学校实施相对高度的自治。教育自治则是由学校理事会、市政当局和地区当局来实施。捷克的学校享有高度的自治权。校长全面负责学

---

[1] Government of the Czech Republic, https://www.vlada.cz/en/vlada/.

校管理，包括教师的招聘、财务管理和课程组织，以及教育工作领导。

在捷克，对有特殊教育需要的学生，政府为其建立了学校，或在普通学校的特殊教室里对他们开展教育，或者将他们纳入主流教育中。

目前，在捷克，下列机构同时参与教育工作和教育政策的制定。[1]

捷克国家教育学院为教师和教育机构提供方法学的支持，提供专业发展并协调课程改革。国家教育学院是通过合并国家教育学院[2]、教育咨询中心和教师继续教育中心（NÚV）及国家继续教育学院而（NIDV）[3]成立的。

教育成就评估中心（2006）制定标准化评估准则，评价整个教育体系的学习成果，并进行与评估有关的研究。

捷克学校监督局评估教育机构（不包括高等教育）的教育质量，并对教育系统进行监控和分析。

国家高等教育认证委员会（2016）负责对高等教育机构及其课程进行外部评估、监管和认证。捷克劳工和社会事务部等其他部委与教育、青年和体育部合作解决劳动力市场和职业指导问题。

三 捷克的"教育方案大纲"

捷克在2004年开始实施"教育方案大纲"（RáMcové VzděLáVací Programy），规定了设立学前教育、基础教育、艺术教育、语言教育和中等教育中所有学习领域的学校课程（学校教育计划）的一般教育框架。

根据捷克第561/2004号法律（2015年进行了修订），"教育方案大纲"被纳入捷克的教育体系，覆盖学前教育、基础教育、中学教育、高等教育和其他教育。2015年，捷克政府第82/2015号法令对该法律进行了修订。"教育方案大纲"是一份具有约束力的文件，强调将关键能力作为主要教育目标。关键能力被定义为"对个人发展和在社会中的地位很重要的一系列知识、技能、能力、态度和价值观"。该大纲涉及六个主要领

---

[1] Education Policy Outlook：Czech Republic 2013，OECD，http：//www.oecd.org/education/highlightsczechrepublic.htm.

[2] 国家教育学院成立于2011年，负责开发有关学前教育、高中教育、职业技术教育以及教育指导和咨询的信息。该机构同时负责制定教育计划的框架，并指导学校教育计划的发展。

[3] 国家继续教育学院侧重于在职教师的培训。

域，包括学习能力，解决问题的能力，沟通能力，社会和个人能力，公民能力和工作能力。"教育方案大纲"特别规定：

第一，普通教育和职业教育的具体目标、形式、时长和内容（基于教育领域）、组织结构、专业概况、教育条件、最终评估方式，以及设置学校课程的主要原则。

第二，有特殊教育需求的学生的条件，必要的物资、人员和组织条件，以及工作安全和健康保障条件。

捷克的"教育方案大纲"重点体现了课程中的基本原理及其实际应用，以及针对不同年龄阶段的学生，强调有效教学方法、课程组织的教育学和心理学内容。

捷克的"教育方案大纲"是经过相关方的讨论后，由捷克教育、青年和体育部发布的。每所学校都根据"教育方案大纲"及其制定的规则设置自己的学校课程，即所谓的学校教育计划。教育机构的学校教学计划必须符合"教育方案大纲"的规定，但教学内容可以是非连贯的模块式学习（例如学习科目和学习单元）。①

四 2010 年后捷克的教育政策与文件

捷克共和国的教育体系由三部法律文件所涵盖，分别是针对学前教育、小学教育、中学和大专教育进行管理的《教育法》；针对教学人员管理的《教育人员法》；针对高等教育管理的《高等教育法》。2010 年以来，捷克修正和颁布了一系列教育法律和法规文件，主要体现在以下几个方面：

第一，针对学生的法律法规，主要包括：五岁儿童的义务制学前教育（2017）；扩大四岁和三岁儿童的学前教育法定权利（2017）；关于全体教育的《教育法》（2015）修正案；修订《有特殊教育需要的学生和有突出表现的学生的教育令》（2019）；受社会排斥地区的全纳优质教育（2016—2022）；关于罗姆人和非罗姆人的联合教育建议（2017）；建议采用统一方法建立学校与雇主之间的合作（2015）；关于工作场所培训和教育的教育法（2017）修正案。

第二，针对就业市场与学校法律的文件，主要有：通过与行业项目的

---

① NÚV，http：//www.nuv.cz/our-work/framework.

合作实现职业教育和培训（VET）的现代化（2017—2020）；国家资格证书（2007）；国家职业体系（2004）；高等教育法（2016）。

第三，针对教育和教育工作者的法规文件有：教育工作者的职业发展框架（2017）；关于学校校长任免的教育法修正案（2015）；教师加薪方案（2015、2017）；关于教育工作者权利和义务的修正法案（2017）；学前和基础教育中的基础知识能力建设和教学实践（2016—2021）；学校和地区的战略管理与规划项目（2016）。

第四，针对教育考核和教育评估的文件，包括新的高中统一考试（2016）；新的教育条件、课程和成绩评估标准（2015）；复杂的评估系统项目（2017—2020）；国家教育系统检查评估系统（2011—2015）；标准化离校考试（2011）；关于职业课程统一离校考试的教育法修正案（2015）；五年级和九年级国家标准化考试（2011）；设立捷克国家高等教育认证委员会（2016）。

第五，有关教育体系和战略发展的文件，包括教育和教育体系发展的长期计划（2011、2015、2019）；2020年之前的教育政策策略（2014）；修定的教育计划框架（2017—2022）：到2020年的数字教育战略（2014）；计划研究、开发与教育（2014—2020）；托儿所和基本能力建设基金（2014）；新的高等教育资助系统（2018）；促进高校之间相互合作的计划（2017—2020）；《教育法》修正案，进行区域教育资金改革（2017）。

五 捷克的教育政策目标和长期政策目标

根据捷克政党联盟在2014年颁布的《捷克政策白皮书》[①]，教育、青年和体育部的教育政策制定要满足以下捷克有关教育的要求：

第一，捷克的教育政策是政府政策的基石。捷克政府需要制定一项发展教育的长期战略，并在政治领域和专业人士中寻求对该战略的支持。建立一个全国教育理事会，通过开展和举行专业讨论，制定教育系统发展的关键路径以及搭建解决捷克教育问题的平台。所有的教育政策制定和实施过程都应着重于提高各级教育的质量，并通过与教育学院合作，对教师展

---

① Policy Statement of the Government of the Czech Republic，https：//www.vlada.cz/en/media-centrum/aktualne/policy-statement-from-the-government-of-the-czech-republic-116171/.

开更好的培训。

第二，捷克政府应为学前教育提供系统支持。政府通过利用欧盟的资金和新成立的国家基金，向市政当局提供所需的资源，以建设足够的托儿所和小学教学能力，并推行强制性的学前教育（最后一年）。

第三，捷克政府要改变区域教育的筹资体系，并应促进技术和职业培训项目，以使教育体系更好地反映劳动力市场的需求。政府应从实质上和资金上保证州立院校毕业考试的实施，并对某些特定的学徒制学习进行专业水平考试。

第四，捷克政府应分析目前高等教育立法，然后提出拟议的修正案。法律应该保证公立和州立高等教育机构免费提供高等教育，不收取学杂费。

第五，捷克政府自2015年起为教师制定有效的职业规划，并对其实施明确的激励措施。政府寻求逐步增加用于教学和非教学人员工资以及学校及其设备现代化的资金。

捷克的教育、青年和体育部根据《学前班，基础，中学，高等教育和其他教育》（《教育法》，第561/2004 Coll 第9号法令），制定捷克教育和教育系统发展的长期政策目标。"长期政策目标"阐述了未来捷克教育发展的基本战略趋势和目标，并计划旨在协调州和所有14个地区的教育政策的国家级措施。[①]"长期政策目标"由教育部以及相关专业机构、雇主协会和地区当局讨论制定，然后由教育、青年和体育部提交内阁批准。捷克教育的长期政策目标包括以下几个方面：

改善学前教育的普及性和质量。

改善基础教育第二阶段教育质量。

优化中等和高等教育专业教学网络。

支持中等职业教育。

劳动力市场和教育（毕业生在劳动力市场上的定位及预测）。

教育评估。

对有特殊需要儿童的教育。

教师（教师的专业标准和职业体系）。

---

① https://eacea.ec.europa.eu/national-policies/eurydice/content/ongoing-reforms-and-policy-developments-17_en.

修改教育指导制度。

继续教育（国家资格体系，初等教育与继续教育之间的可转换性）。

【材料一】捷克教育家：扬·阿姆斯·夸美纽斯[1]

扬·阿姆斯·夸美纽斯（Johann Amos Comenius，1592—1670）是捷克著名的教育实践家和教育理论家，是欧洲近代教育理论的探索者，被称为"现代教育学之父"。

夸美纽斯于1592年出生于尼夫尼斯，16岁进入普利洛夫地方的拉丁语学校接受传统教育，后游学德国海德堡大学并肄业。夸美纽斯1620年被任命为摩拉维亚弟兄会和学校的负责人，开始他为了教育的革新而奋斗的人生。夸美纽斯1628年因为战争而移居波兰，晚年又移居荷兰，于1670年辞世。[2]

夸美纽斯是近代教育思想的先驱者，对现代教育事业的发展做出了巨大的贡献，他的代表著作有《大教学论》《世界图解》等。1632年出版的《大教学论》，是西方教育史上第一部体系完整的教育学著作，为后来西方的现代教育奠定了基础。作为夸美纽斯教育思想的代表作，《大教学论》提出了普及教育、教育要适应人的自然特性、分班教育制度等一系列思想。具体来说，夸美纽斯提倡教育应该是"周全"的教育，无论是穷人还是富人，都应该在智力、德行和信仰方面得到培养，即"泛智论"。他提出教育应适应自然的思想，主张一切教育工作应该遵循自然规律。参照自然界的四季变化，教育应该有学前、初等、中等和高等的阶段划分，主张实践中"知"和"行"的结合。夸美纽斯在《大教学论》中的另一个重要贡献是阐述了学制和班级授课的思想，统一了教学中的学年、学季的划分，主张把学生分成班级开展授课，提出了全新的学校教育体制设想。

夸美纽斯对教育的贡献是巨大的，他的《大教学论》标志着现代教育学的诞生，为近代教育理论建立了基本框架。

---

[1] 晏小敏：《教育适应自然教育思想解析——研读夸美纽斯〈大教学论〉》，《高校教育管理》2013年第1期，第116—120页；周德昌、江月孙主编：《简明教育辞典》，广东高等教育出版社1992年版。

[2] National Institute for Education, Education Counselling Centre, and Centre for Continuing Education of Teachers（NÚV），http://www.nuv.cz/our-work/preschool.

第二节　教育体系的基本结构

一　学前教育

在捷克共和国，儿童的学前教育不是强制性的。但是，捷克的学前教育覆盖了大约85%的年龄段（3—6岁）和94%的学龄前儿童。捷克的学前教育指导支持家庭教育在其中的作用，包括个人（家庭）教育（在符合《教育法》规定的法律条件时）。在捷克，3岁以下的幼儿护理通常不被包含在教育系统之内。但是仍有一定数量的2岁儿童被送入托儿所（mateřskš kola）。3—6岁的儿童通常会上学前班。学前教育是由幼儿园（公立、私立或由企业设立）提供，学前教育机构（幼儿园）的设施既可以是单独设立的，也可以是与其他教育设施的结合。[①] 学前教育也可以在提供义务教育的学校预科班中进行。这一种形式的学前教育是在义务教育开始之前的一年为社会处境不利的儿童设计的，这种预备教育的目的是使他们达到所需的教育水平。

捷克的教育法律规定，市政当局必须确保在该市的、拥有永久居留权的儿童在开始接受基础教育前三年享有在幼儿园受教育的权利和名额。儿童在4岁生日后的9月有权接受学前教育。5岁以上儿童的学前教育是强制性的（从儿童5岁生日到义务教育开始）。推迟义务教育的6岁儿童可以参加基础学校的预备班。义务教育开始前一年的孩子优先进入幼儿园，以确保可以弥补孩子的沟通技巧和思维上的差异。

捷克的儿童上幼儿园是有偿的，需要付费。唯一的例外是义务教育开始前的一年中的教育，公立幼儿园免费提供符合这一条件的学前教育。

表 Ⅱ-5-3　　　　　　　　　　捷克的学前教育

教育机构	年龄（岁）	教育水平
幼儿园	(2) 3—6	ISCED 020*

* ISCED（International Standard Classification of Education），即国际教育分类标准。
资料来源：The Education System of the Czech Republic，http://www.studyin.cz/.

---

① The Education System of the Czech Republic，http://www.studyin.cz/.

二 基础教育

在捷克，基础教育包括初等教育和初等中学教育。基础教育是每个孩子（6—15岁）都必须接受的义务教育。捷克的基础教育机构（Zkadnš kola）包括普通基础教育学校（九年制）和特殊基础教育学校（十年制，专为身体残疾的学生而设计）。根据捷克《教育法》第41条，基础教育也可以采取个人学习的形式。① 基础教育是为终身学习奠定基础。

在捷克，除非由于某些原因而推迟（一年），否则孩子必须在6岁生日后的学年开始接受义务教育。学生在九年制基础学校中接受义务教育包括两个阶段，分别对应小学（1—5年级）和初中（6—9年级）的教育水平。大约13%的学生在第五年或第七年末离开小学，进入多年制普通中学（Gymnázium）。少数学生在完成小学五年级后开始就读八年制音乐学院（Konzervatoř）。

基础教育的学年设置从9月1日开始，到第二年的8月31日结束，暑假在7月和8月，中间包括一些假期，例如圣诞假期、春假、复活节假期和秋假。捷克基础教育阶段的日常教学从早上8点开始，每节课45分钟，课间休息5—10分钟，学校有餐厅为学生提供午餐。大多数的基础教育机构为公立院校并免收学费，同时也有教会学校和私人学校。每学期末举行学生报告会，总结学生学业评估的结果。在成功完成九年基础教育后，学生可以获得基础教育水平证书（ISCED 244）。

表Ⅱ-5-4　　　　　　　　　　捷克的基础教育

教育机构	年龄（岁）	教育水平
基础学校		
第一阶段	6—10	ISCED 100
第二阶段	11—15	ISCED 244，EQF* 1
多年普通中学（初中）	11/13—15	ISCED 244，EQF 1
八年制音乐学院（前四年）	11—15	ISCED 244，EQF 1

* EQF（European Qualifications Framework），即欧盟资格框架。
资料来源：The Education System of the Czech Republic，http://www.studyin.cz/.

---

① NÚV, http://www.nuv.cz/our-work/basic.

基础教育机构和中学可以根据国家规定的课程，与地区管理当局和学校出资人进行协商，之后为那些未能获得基础教育的人开展基础课程教育，以促进基础教育的发展。

捷克的中学教育以基础教育为基础，通过培养学生（15—19 岁）的知识、技能和能力，为他们在大学和大专院校的进一步学习或在劳动力市场上从事特定职业或工作做准备。捷克的相关法律允许 18—19 岁以下的少年以及成年人接受中学教育。中学教育包括普通中等教育和职业教育，普通中学、体育学校、中等职业学校和音乐学院提供不同类型的教育内容。中等教育机构（学校）根据自身的目标和具体条件，依照捷克教育、青年和体育部制定的教学内容和学习范围（包含超过 279 个领域），决定自己的学习课程和内容。

捷克的中等教育包括不同的水平[1]：

第一，中学教育。要求学生参加 1 或 2 年的全日制学习，并成功完成学习计划，毕业时没有职业学习证书，不提供高中毕业文凭。

第二，颁发职业学习证书的中等教育。要求学生参加 2 或 3 年的全日制学习，完成相关教育课程并获得证明其职业能力的职业学习证书。

第三，参加毕业考试的中等教育（成人）。要求学生参加并必须完成 6 年或 8 年课程学习（包括 4 年全日制学习，之后两年后续课程或短期教育课程），并参加毕业考试。

中等教育毕业考试由捷克语的书面考试和口语考试组成，还包括一门外语考试和两门其他科目考试。

在捷克的教育体系中，既有八年制和六年制普通中学（多年制中学），也有提供四年制课程的中学。普通中学根据政府政策来制定学校学习课程。[2] 其中，多年制中学的初级阶段教学课程依照捷克国家基础教育方案大纲设置，四年制中学的教学课程和普通中学第二阶段的教学课程，在捷克的中学教育大纲的基础上由学校制定。

三　高中教育

在捷克教育体系中，捷克的中学教育以普通中学（gymnázium）、技术

---

[1] NÚV，http：//www.nuv.cz/our-work/secondary.

[2] NÚV，http：//www.nuv.cz/our-work/grammar.

学校（středníodbornáškola）、职业学校（středníodbornéučiliště）或音乐学院的形式跟进基础教育。① 虽然不是义务教育，但仍有超过95%的学生选择继续接受中等教育。公立中学的教育是免费的。

捷克的高中（středníš kola）主要提供普通中学或职业高中教育，而职业课程占主导。在捷克，15—19岁学生的高中入学率约为90%。高中教育要求学生接受过基础教育，同时高中入学可能会有入学考试。在四年制和多年制普通课程中，申请人必须通过普通高中入学考试。

在捷克，学生通过高中学习阶段，可以获得以下三种学历教育。

第一，普通高中教育。高中教育体现为接受四年制普通或职业课程，或多年制普通中学课程，包括为大学学习做准备，并通过高中会考考试。毕业生有资格接受高等教育。捷克高中的会考考试由共同部分（由所在州划定）和差别部分（由学校划定）组成。高中毕业生经过会考可以获得考试证书（vysvědčení o maturitní zkoušce）。

第二，中等技术学校。中等职业学校提供以职业为导向的教育。中等技术学校的学习期限也为4年，学生毕业获得毕业证书以证明学习经历，毕业生可以继续在大学学习。

第三，职业教育证书。学生通过2—3年的学习（极少数学生在1—2年内），获得带有职业教育评估的证书（VET1证书）。学校统一安排职业技能考试，完成相关教育的毕业生可获得职业考试证书和职业技能证书（výuční list）。该证书不允许学生继续在大学学习。

在2016—2017学年，68%的捷克学生进入高中课程的一年级学习，其中普通课程为22%，职业课程为46%。32%的学生进行职业教育学习，并参加课程的职业认证考试。对接受职业教育的三年制职业课程的毕业生来说，他们可以通过参加为期两年的后续学习，并通过会考来获得高中教育学历并拥有继续高等教育学习的权利。

音乐学院提供音乐、唱歌、表演或舞蹈方面的课程。艺术类课程包括六年制课程（高中和高等教育水平）或八年制课程（从初中级到高等教育）的艺术教育。毕业生通常会在音乐学院获得高等专业教育，或通过会考获得中学毕业证书。音乐学院的入学考试包括试镜。音乐学院的毕业生

---

① Education in the Czech Republic, The UN Refugee Agency.

可以在职业学校或学院或大学继续接受高等教育。

表Ⅱ-5-5 捷克的高中教育体系

教育机构	教育类别	时长（年）	年龄（岁）	水平
高中	普通高中（普通会考）	4	15—19	ISCED 344, EQF 4
	普通高中（职业会考）	4	15—19	ISCED 354, EQF 4
	获得职业资格证书的高中教育	2—3	15—17/18	ISCED 353, EQF 2/3
	高中教育	1—2	15—16/17	ISCED 253/353, EQF 2
	短期学习	1—2	—	ISCED 353/354, EQF 3/4
八年制音乐学院	艺术教育（初中、高中、高等专业）	8	11—19	ISCED 554, EQF 6
六年制音乐学院	艺术教育（初中、高中、高等专业）	6	15—21	ISCED 554, EQF 6

资料来源：The Education System of the Czech Republic，http://www.studyin.cz/.

四 高等教育

高等教育机构是教育，独立的知识和创造性活动的中心。高等教育的总体目标是为学生提供足够的专业资格，为他们从事研究和参与终身学习做好准备，为社会，国际合作，特别是欧洲合作的发展做出贡献。学生通过将教学与学术、研究、发展、艺术和其他创造性活动相联系来实现这一目标。[①]

在捷克，高等教育由高等教育机构，大专院校和音乐学院提供。捷克高等教育机构在捷克教育、青年和体育部的监督下开展教育工作，教育、青年和体育部行使监督职能并分配教育资金。捷克的高等教育机构享有高度自治，教育机构具有很大的自主权，体现在教学工作（学习计划的实

---

① 参见《捷克共和国的教育体系》，http://www.studyin.cz/。

施、录取要求和程序等)、科学和研究领域,并在一定程度上对划拨的资金进行管理。

高等教育机构根据其学校教育计划,遵循认可的学习计划来开展高等教育工作。高等专业教育计划需要遵循高等教育专业教育认证委员会的建议,得到教育、青年和体育部的认可。高等教育最低入学要求是申请人获得高中会考毕业证书。

捷克高等教育认证委员会负责教育机构或课程认证工作。捷克高等教育认证委员会位于首都布拉格,是依法设立的独立机构,其主要职责是实施学位课程的认证,机构认证和聘任教授的程序认证,对开展认证活动的法律法规的遵守情况进行审核,并对高等院校的教育、科学、研究、发展、创新、艺术等相关活动进行外部评估。

捷克的高等教育包括三个周期的学习:

第一,学士学位课程,为期3—4年。

第二,硕士学位课程,为期1—3年,或4—6年(如果之前是不符合学士学位要求的课程学习,非系统性学习)。

第三,博士学位课程,持续3—4年。

捷克的高等教育机构分为公立的、州立的和私立的教育机构三种类型,包括提供学士学位、硕士学位和博士学位的大学高等教育,以及仅提供学士学位和硕士学位的学院高等教育。

完成高中教育(参加会考)是进入本科学历课程学习的基本要求(美术学位可能会有例外)。学生要进入硕士学位课程学习,必须成功获得学士学位,或者完成其他硕士学位或博士学位课程。博士学位课程的申请者必须在开始博士学位学习之前完成硕士学位课程的学习。一般来说,其他的高等教育机构的入学标准和可能的入学考试内容由高等教育院校自行确定。

(一) 公共高等教育机构

根据《捷克高等教育法案》(第111/1998号),捷克的高等教育公共机构享有完全的独立性,例如制定关于大学入学条件、评估大学研究有关的费用以及设计大学研究计划和项目等。捷克的公立高等教育机构不收学费。但是,在这些情况下学生必须支付费用,包括入学注册过程,超出标准学习时间以及使用外语学习。与公立高等教育机构的收费相比,私立机构的收费没有限制。①

所有公立高等教育机构均会颁发基于优秀的学习、研究、艺术和其他活动的奖学金，经济困难的学生也可以获得社会奖学金。

高等教育的授课方式包括现场课程学习、远程课程学习或两者结合的形式。

高等教育的每个学年为 12 个月，涵盖教学活动、考试和假期的时间段。新学年的开始时间一般为每年的 9 月或 10 月，暑假在 7 月和 8 月。通常，每个学年会分为不同的学期，每个学期均包括 14 周的教学活动和后续的考试时间。

高等教育机构的学习成果主要通过学分制进行评估。捷克所有公立高等教育机构和大多数私立高等教育机构都进入了欧洲学分转移体系。在完成学士和硕士学位课程的学习后，学生将进行最终学业考试，包括论文答辩。

在捷克，成功完成学士和硕士课程学习的毕业生会被授予不同的称谓。学士学位课程的毕业生通常会获得"Bc"称谓。硕士学位课程的毕业生通常会获得"Mgr."或者"Ing."的称谓。捷克还存在其他类型的学术称谓。在完成博士学位学习后，学生将接受博士学业考试并进行论文答辩，通过后则被授予博士学位。在捷克，高等教育文凭和文凭补充文件是确认完成相关学业学习和使用相关学术称谓权利的凭证。

表Ⅱ-5-6　　　　　　　　大学或者学院体系

教育机构	教育类别	时长（年）	年龄（岁）	水平
大学或者学院	学士学位	3—4	19—22/23	ISCED 645，EQF 6
	硕士学位	1—3	22/23—23/26	ISCED 747，EQF 7
	硕士学位（非体系学习）	4—6	19—23/25	ISCED 746，EQF 7
大学	博士学位	3—4	—	ISCED 844，EQF 8

资料来源：The Education System of the Czech Republic，http：//www.studyin.cz/.

---

① The Ministry of Education，Youth and Sports（MEYS，MŠMT in Czech），https：//www.msmt.cz/.

根据中国教育部网站的信息①,捷克高等教育机构包括26所公立高校、两所国立高校和39所私立高校,公立大学和国立大学均依法设立,其中捷克国立大学是隶属于捷克国防部(国防大学)或内政部(警察学院)的国家机构;私立大学是相对新颖的办学形式,申请人及学校法人必须获得教育、青年和体育部授予的许可证明方可办学。

捷克高等教育体系的公立大学提供一系列研究领域和学科的学士学位、硕士学位和博士学位的课程学习以及非学位课程的学习。根据中国教育部网站官方统计认证信息,捷克高等教育机构(大学和学院)包括:

1. 查理大学,Charles University (Univerzita Karlova)。
2. 捷克布杰约维采南波希米亚大学,University of South Bohemia in České Budějovice (Jihočeská univerzita v Českých Budějovicích)。
3. 拉贝河畔乌斯季扬·埃万盖利斯塔·普尔基涅大学,Jan Evangelista Purkyně University (Univerzita Jana Evangelisty Purkyně v Ústí nad Labem)。
4. 马萨里克大学,Masaryk University (Masarykova univerzita)。
5. 帕拉茨基大学,Palacký University, Olomouc (Univerzita Palackého v Olomouci)。
6. 布尔诺兽医学与药物科学大学,University of Veterinary and Pharmaceutical Sciences, Brno (Veterinární a farmaceutická univerzita Brno)。
7. 奥斯特拉发大学,University of Ostrava (Ostravská univerzita)。
8. 赫拉德茨—克拉洛维大学,University of Hradec Králové (Univerzita Hradec Králové)。
9. 奥帕瓦西里西亚大学,Silesian University in Opava (Slezská univerzita v Opavě)。
10. 捷克理工大学,Czech Technical University in Prague (České vysoké učení technické v Praze)。
11. 布拉格化工大学,University of Chemistry and Technology, Prague (Vysoká škola chemicko-technologická v Praze)。
12. 皮尔森西波希米亚大学,University of West Bohemia (Západočeská univerzita v Plzni)。

---

① 中华人民共和国教育涉外监管信息网(http://jsj.moe.glv.cn/n1/12126.shtml)。

13. 利贝雷茨理工大学，Technical University of Liberec（Technická univerzita v Liberci）。

14. 帕尔杜比采大学，University of Pardubice（Univerzita Pardubice）。

15. 布尔诺理工大学，Technical University in Liberec（Technická univerzita v Liberci）。

16. 奥斯特拉发理工大学，VŠB-Technical University of Ostrava（Vysoká škola báňská-Technická univerzita Ostrava）。

17. 托马斯拔佳大学，Tomas Bata University in Zlín（Univerzita Tomáše Bati ve Zlíně）。

18. 布拉格经济大学，University of Economics, Prague（Vysoká škola ekonomická v Praze）。

19. 捷克生命科学大学，Czech University of Life Sciences, Prague（Česká zemědělská univerzita v Praze）。

20. 布尔诺孟德尔大学，Mendel University in Brno（Mendelova universita v Brně）。

21. 布拉格表演艺术学院，Academy of Performing Arts in Prague（Akademie múzických umění v Praze）。

22. 布拉格美术学院，Academy of Fine Arts in Prague（Akademie výtvarných umění v Praze）。

23. 布拉格艺术、建筑与设计学院，Academy of Arts, Architecture & Design in Prague（Vysoká škola umělecko-průmyslová v Praze）。

24. 布尔诺亚纳切克音乐与表演艺术学院，Academy of Arts, Architecture and Design in Prague（Vysoká škola umělecko-průmyslová v Praze）。

25. 伊赫拉瓦理工学院，College of Polytechnics, Jihlava（Vysoká škola polytechnická Jihlava）。

26. 捷克布杰约维采技术与商务学院，Institute of Technology and Business in České Budějovice（Vysokáškola technická a ekonomická v Českých Budějovicích）。

捷克的国立高等院校包括捷克警察学院和捷克国防大学，关于捷克的私人高等院校的详细信息，请参考中国教育部教育涉外监管信息网相关内容。

(二) 高等职业教育

捷克的另一种高等教育模式是大专和职业学校所提供的专业导向课程，为持有中学文凭并获得证书的学生提供继续教育，例如普通中学、中等技术学校和音乐学院。与大学相反，大专院校更注重实践学习。捷克的高等职业教育（技术教育）的学制时间为3年全日制学习（包括实习），毕业生可获得毕业证，但不获得学位。医学领域的高等职业教育学习则需要3—5年的时间。学生须完成认可的教育课程，以获得高等技术教育学历。捷克大专和职业院校约有175所。[①]

捷克高等职业教育的目的是发展和促进学生在中学教育中获得知识和技能，并为他们提供一般教育和职业培训，进而满足专业活动的要求。高等职业教育被认为是专业培训，高等职业教育主要由大专院校实施，学生也可以在音乐学院完成学习。高等职业教育院校有权决定本校的入学标准和入学考试的内容，大部分提供高等职业教育的大专院校均收取学费。公立职业学校也可能会收取费用，通常是每年3000克朗至5000克朗。教会高等职业学校的学费从每年4000克朗到8000克朗不等，私立高等职业学校的学费通常在每年20000克朗至40000克朗。

高等职业学校的学习可以是在校学习、远程学习或以上两种形式的混合学习。每个学年从9月1日开始，到次年8月31日结束，涵盖教学时间和暑假。每个学年的教学活动分为冬季学期（9月1日至次年1月31日）和夏季学期（2月1日至8月31日）。校长决定每个学年的教学活动组织细节。在完成全部学习后，学生需要参加毕业考试。毕业考试由职业科目理论部分考核、外语考核和论文答辩组成。高等职业教育的毕业生将获得考试证书，毕业文凭和具有证明的专业职称。

表Ⅱ-5-7　　　　　　　　　　大专、职业学校体系

教育机构	教育类别	时长（年）	年龄（岁）	水平
大专，职业学校	职业教育	3—3.5	19—21/22	ISCED 655, EQF 6

资料来源：The Education System of the Czech Republic, http://www.studyin.cz/.

---

① 中华人民共和国教育涉外监管信息网（http://jsj.moe.gov.cn/n1/12126.shtml）。

五　成人教育与培训

在捷克，有关成人的教育和培训的学习目的和学习内容、范围等主要由捷克的社会文化、经济和政治因素所决定。一般来说，现有人口的知识基础、国民经济和劳动力市场需求这两个因素在捷克政府制定成人教育政策和实施具体的教育方案方面发挥着重要作用。

在捷克，涉及成人教育培训领域的法律、法规包括广泛的法律条款（例如《教育法》《高等教育法》等）。成人教育的不同教育工作由不同的主管部门负责，主要包括教育、青年和体育部，劳动和社会事务部，文化部，地区和市政当局。

捷克的成人教育包括以下几个方面：

第一，普通教育。普通的成人教育课程包括：针对尚未达到理想的基础教育水平的捷克人（大约占所有离校生的5%）提供的基础教育课程，高中和高等教育机构的入学考试预备课程，语言教育和ITC（Information and Communication Technology）课程，即计算机技术课程。

第二，继续教育和职业培训。这类成人教育为学习者提供获得、扩展或完成学历或再培训的机会。在捷克的一些特定行业（例如医学和一些技术行业），员工有义务更新其知识和技能，并在规定的时间内通过法律和法规所要求的专业考试。在这种情况下，职业培训就体现了重要的作用。

第三，基于兴趣的教育。这一类成人教育与劳动力市场没有直接联系，但可以满足本国居民的政治、历史和文化以及其他类似的兴趣。基于兴趣的成人教育还有助于人们有意义地利用休闲时间。

再培训是捷克成人教育的重要组成部分之一，属于积极就业政策的工具之一（主要用于失业情况）。在捷克，注册为求职者的失业者可以在一定条件下参加由劳工局全额资助的培训课程。成人还可以根据《进一步教育结果的确认和承认法》参加相关考试。接受成人教育的雇员可以获得专业资格。获得完整的专业资格则证明了接受成人教育的求职者具有一定的专业技能，可以替代他们以前的教育。

捷克的成人教育和培训由学校（基础、高中、大专）和高等教育提供。这些机构包括特定的组织（企业、机构、国家行政机构）、非营利组织、教育部门的组织、专业组织、教堂、贸易联盟、政党、文化机构（博物馆、美术馆、图书馆、社区文化中心)、商业教育机构等。

六　语言教育

捷克的语言教育指外语教育。对于外国学生，捷克语被视为外语。语言教育由语言学校开展，并可以举行捷克国家语言考试。语言教育的考核包括基础国家语言考试、普通国家语言考试或专业国家语言考试。捷克国家语言考试包括笔试和口试。在捷克，没有语言学校进修经历的人，也可以参加捷克国家语言考试。成功通过考试的个人将获得捷克国家语言考试证书。

七　艺术教育

捷克的艺术教育既包括由文化和教育机构提供的正式的艺术教育，也包括由非政府组织和其他实体开展的非正式的艺术教育。它既包括艺术领域的教育，也包括通过艺术的形式开展的教育活动。基础艺术教育提供特定艺术领域的基础教育，教育内容根据捷克国家艺术教育方案大纲来设置，同时也为成人学习者提供了更多的课程选择。[①] 基础艺术教育为学生在中等艺术学校、音乐学院及艺术或教育学类的大学进行进一步学习做好了准备。

【材料二】捷克教育系统对 COVID-19 大流行的反应[②]

2020 年 3 月 11 日，世界卫生组织宣布 COVID-19 新冠疫情暴发为全球大流行病。和世界其他国家一样，捷克的教育系统受到了公共卫生危机事件的影响。2020 年 3 月 10 日，捷克宣布从 3 月 11 日起关闭所有小学、中学和高等教育机构以及专业学校，直到 5 月 11 日开始分阶段重新开放学校。

在面对公共卫生危机带来的挑战时，捷克教育部门通过网络和电视来保证学习机会和教育途径的实现，包括由教育、青年和体育部创建网站，集中为教育工作者、家长和学生提供建议、指南及学习工具；捷克电视台

---

① NÚV, http：//www.nuv.cz/our-work/artistic.
② Education Policy Outlook Czech Republic, 2020, http：//www.oecd.org/.

每日播放教育节目；通过国家教育学院，组织教师和专业人士定期开办网络研讨会，并在 Facebook 上建立技术小组以提供技术支持。在学校重新开放后，高中会考和入学考试分别推迟，同时使用 YouTube 等程序以支持远程考试。

教育部门和学校开展了对学生的心理干预。通过编写漫画手册的形式，向学生介绍冠状病毒，并鼓励学生；在学校重新开放后，开展现场咨询服务。

为弱势儿童和家庭提供有针对性的支持，包括资金支持和志愿者服务。

改进教学评估方法，在学校关闭期间，不要求教师记录学生缺勤或教学安排，也不检查课本。以口头评估方法监测远程教育期间的学习情况，并借鉴前一学期学习评价结果。

第三节 博洛尼亚进程和教育体制改革

一 博洛尼亚进程

在 20 世纪 90 年代初苏联解体之后，中东欧国家迅速融入欧洲一体化进程。欧共体积极开展对中东欧国家的社会重建，并通过教育的改革进一步促进前社会主义国家的社会改革。1990 年，欧共体出台"跨欧洲大学研究流动计划"，该计划的核心就是加强欧共体与中东欧 10 国在教育领域的交流与合作，主要目的在于促进欧洲相关国家的教育改革。该计划鼓励其成员国和伙伴国家的教育机构通过建立"财团"进行有组织的合作，通过对相关项目进行两到三年的资金援助，及为在教育部门工作的个人提供补助，帮助教育工作人员在其他国家开展项目活动。该计划有效地促进了中东欧教育机构和人员的国际化进程。1991 年，《欧共体高等教育备忘录》提出"扩大招生规模，完善课程的灵活性和多样性，实现学历互认，加强校企合作，开展师资培训和交流"。

1995 年，欧盟推出"苏格拉底计划"，鼓励欧盟内部的学生展开交流活动并为其提供资金支持。1999 年，欧洲 29 国签署《博洛尼亚宣言》。2014 年，"跨欧洲大学研究流动计划"成为"伊拉斯莫+"计划的一部分。

在此背景下，捷克的教育体制从1990年以来发生了重大变化，从过去（前共产主义）的教育模式转变到适应并融入外部教育模式（主要是西欧模式）。捷克教育的变革过程反映了欧洲教育一体化及自身国际化。[①]

该阶段的教育体制改革促进了捷克私人教育机构的发展，例如，从1990年到1997年，捷克的私立高等教育有超过50%的年增长率。但是，由于相关法律的缺失，私人教育机构起初经历了很长的法律真空时期。同时，捷克政府对私人高等院校的教学级别进行了限定，根据捷克1998年法律的规定，私人高等院校的教学主要面向本科教育。

（一）博洛尼亚进程第一阶段（1999—2010）

1999年，欧洲29国签署《博洛尼亚宣言》。[②]《博洛尼亚宣言》是一个自上而下的改革计划，对各个签约国的教育，特别是高等教育改革提出了统一的方案。《博洛尼亚宣言》确定了建设欧洲高等教育区的远景，提出建立可比较的学历体制；协调建设一个连续的高等教育体系（本科，硕博连读），展开学分互换；促进教师和学生的跨国流动；提高高等教育质量；在大学自主自治基础上，建设欧洲高等教育区等目标。[③] 博洛尼亚进程是一个政治、经济和社会的综合变革过程。博洛尼亚进程基于政府间协议，但是细节拟定是由教育部文件实现的，这些文件通常不具备法律效力。

博洛尼亚进程的实施，对捷克等中东欧国家的教育和教育机构，特别是高等教育体系自身带来了巨大的变革，强化了教育的自治体制：

第一，加强了高等学校校长的权力和责任，进一步实现校长负责机制。

第二，加强了教师员工的职能，建立由各层员工代表组成的委员会，直接影响大学的主要政策并选举校长。同时，成立偏重于学术和技术的委员会。

第三，加强学生对教学工作的参与，提供更好的就业和升学服务。

第四，强化地方政府和自身的关系，有些大学安排地方政府和一些企

---

① 孟亚君：《中东欧国家高等教育机构编制管理改革的历史回顾》，《教育现代化》2019年第8期。

② 1088年，世界上第一个高等教育机构在意大利的博洛尼亚（Bologna）建立。

③ 赵叶珠：《试论博洛尼亚进程的政策目标及基本特征》，《现代大学教育》2008年第5期。

业代表直接加入相关委员会，参与学校管理。

第五，强化高等院校自治，高等学校的院系设置由学术委员会投票产生，并自主制定发展战略。

在《博洛尼亚宣言》签署后，包括捷克在内的签约各国并未停止对于进程的修订，同时开展动态评估，不断推进该进程的实施，并分别召开了2001年的布拉格会议、2003年的柏林会议、2005年的卑尔根会议和2007年的伦敦会议。通过这些会议对前期工作进行评估，还在推进学生进一步参与学校管理，促进地方和高等学校的协作，扩大签约方成员等方面展开工作。

（二）后博洛尼亚进程（2011年至今）

《博洛尼亚宣言》的第一阶段目标是到2010年建立欧洲高等教育区。2015年的埃里温会议推进了欧洲高等教育区的建设。截至2018年，共有48个欧洲国家参与博洛尼亚进程，其核心工作依然是融合和统一学位结构、共享教育的质量保证和确定共同认可的教育实践。

作为维谢格拉德集团①的一员，捷克在历史上是奥匈帝国的一部分，属于罗马基督教文化，工业基础好，国民受教育水平高，教育制度和立法受德国和奥地利影响很大。在捷克教育改革过程中，欧洲联盟（前欧共体）是主要引导者和资金支持者，东欧剧变后的欧洲一体化进程在捷克教育改革的过程中得到充分体现。

二　1989年后捷克的教育改革

1989年以前，捷克的教育体系具有高度的标准化和分层性。教学内容被认为是说教式的，着重于事实知识的转移。学生成绩由老师评估，对学生来说，在校成绩对高中和高等教育的入学非常重要。1989年，随着苏联解体，捷克教育改革经历了激进的、充满破坏性的过程：

第一，在教育内容上去除极端化、僵化的意识形态教育，建立面向自身需求的教育。

第二，打破国家对教育机构的单一垄断，允许建立社会和私人教育机构。

---

① 维谢格拉德集团包括匈牙利、波兰、捷克、斯洛伐克以及斯洛文尼亚和克罗地亚。

第三，放松国家管控，允许公民根据自己的兴趣需要选择自己的教育途径。

第四，政府下放对高等教育的管理和行政权力，开展高等教育机构自治。

在20世纪90年代，捷克成为国际组织的成员，并表现活跃。受到西方国家前社会主义国家变革力量的推动，捷克参加了经济合作与发展组织（OECD）等国际组织，这些国际合作达成了一种共识，即有必要使捷克的教育目标适应现代社会和劳动力市场的需求，并将这些共识体现在捷克的相关政策文件中。同时，活跃在捷克的非营利协会利用国外相关的经验来促进学校教学内容和方法的自由化，并采用新的教学评估方法。

1989年后捷克教育体系和政策的重大变革包括以下几个方面的内容。[1]

第一，教育资金。

关于教育资金最重要的政策变化出现在1992年，当时的捷克斯洛伐克政府引入了人均资金的概念来衡量教育资金的水平。在此之前，直到1991年，教育机构的资金规模是有指导性的，主要依据是该教育机构前几年的预算规模，而不考虑任何绩效标准。在引入人均资金作为绩效评价的一种形式后，学生人数被视为学校资金规模的主要指标。这种规范性融资的引入导致学校之间为学生而展开竞争。当前，由于捷克适龄教育人口总数的下降，这种竞争更加激烈。

第二，教学管理和行政管理。

在捷克，直到2000年，学校管理才与公共行政管理体系分开。捷克的公共行政改革（于2002年完成）引入了自我监管的原则。《公共行政和自我管理法》（第132/2000号法案）将教育和学校管理责任下放到较低的行政级别，教育管理是由教育部管理的一个特殊的行政系统。新的教育管理政策确定由地区代表全权负责制定、实施和评估特定地区的教育政策。地方当局设立了中等公立学校和高等职业学校，并负责提供附带的学校设施。市政当局负责在地方一级建立托儿所以及基础学校和配套的学校

---

[1] Jana Strakova & Jaroslava Simonová（2013），"Assessment in the School Systems of the Czech Republic," *Assessment in Education: Principles, Policy & Practice*, Vol. 20, Issue 4, pp. 470-490.

设施。

第三，教育体系的结构。

捷克教育改革第一阶段的典型特征是国家教育的去垄断化，政府促进私立学校和教派学校的建立，并规定父母和学生可以自由地选择教育途径和学校。另一个重要变化是恢复了八年制语法学校，这是第二次世界大战之前捷克斯洛伐克教育体系的典型组成部分。

第四，学校自治和教师教育。

1989 年之前，捷克斯洛伐克教育系统的特点是强大的中央指导和程序标准化。教学以详细的教学大纲、指定的教科书、教师的详细指南和教师培训的标准化程序为基础。1989 年之后，这种方法发生了根本性的变化。学校被赋予了选择教科书和教学方法的自由。高等教育机构具有高度的自治权，这意味着各个大学之间的教育大纲现在有很大差异。在职教师培训的制度被废除了。

三 捷克教育发展战略

2014 年 7 月，捷克政府批准了旨在提高教育质量和普及程度的《捷克教育政策战略 2020》[①]（以下简称《战略 2020》）。根据《战略 2020》，捷克的教育政策致力于发展教育体系，其中的核心内容有：

第一，教育是捷克社会和个人的头等大事，被认为具有重大价值。

第二，捷克人民应终身利用各种学习机会。

第三，捷克所有个人都可以接受优质、有效和公正的教育，每一个人都能够有均等的机会。

第四，儿童、小学生和中学生应该知道他们对应的各个级别的学习、教育领域以及每一个级别学习的预期目标。

第五，儿童、小学生和中学生应该喜欢学习，并且有学习的积极性。学习也体现在他们的生活中。

第六，教师应该为他们的专业实践做好充分的准备，他们应致力于通过不同方式帮助儿童和学生充分发挥其潜能，从而获得有针对性的发展。

---

① Strategy for Education Policy of the Czech Republic until 2020，http：//www.vzdelavani2020.cz/images_ obsah/dokumenty/strategy_ web_ en. pdf.

第七，学校应该积极与外部社区进行系统的合作。

第八，教育工作应该基于最新的人类知识水平，促进创造力，并满足社会和劳动力市场的长期需求。

第九，对教育的组织、结构和内容的任何修改都是基于实践的，是能够被证明的。

捷克政府的《战略2020》，特别对高等教育发展和数字教育发展做出了说明和规划，指出"高等教育发展框架2020"是捷克教育、青年和体育部的战略文件之一，以确定捷克高等教育发展的基本优先事项，并为整个教育体系的进一步发展提供分析和战略参考。

对于捷克的高等教育来说，战略目标包括高等教育机构的战略管理；高等教育机构的质量保证和评估；高等教育机构的教育活动；高等教育的国际化；高等教育机构的研究、创新、艺术和其他创造性行为；高等教育机构参与社会和经济生活；支持活动。

按照捷克政府2013年10月的要求，捷克教育、青年和体育部与国家教育研究所和来自学术与教育领域的多位数字教育专家合作，于2014年制定了《提高数字素养和发展电子技能的战略》，其中强调的优先发展方向包括非歧视性的数字教育资源方法；发展数字技能和学生的计算思维；发展数字技能和教师的计算思维；开发和修改学校基础设施，以促进数字教育；支持创新的发展和分布。

【材料三】部分捷克著名高等学校简介

1. 查理大学

查理大学位于捷克首都布拉格，成立于1347年，目前拥有在校生51000人。查理大学是捷克最古老的大学，也是捷克最大的大学，同时该校也是中欧最古老的大学。查理大学是世界闻名的高等学府，属于世界顶级大学。查理大学设有天主教神学院、新教神学院、胡斯教派神学院、法律学院、第一医学院、第二医学院、第三医学院、比尔森医学院、赫拉德茨—克拉洛韦医学院、药剂学院、哲学学院、自然科学院、数学和物理学院、教育学院、社会科学学院、体育运动学院、人文科学学院。查理大学的这些学院在多个领域开设了内容广泛的本科、硕士、博士专业学习课程。此外，查理大学还设有捷克语教学中心。

2. 帕拉茨基大学

帕拉茨基大学成立于 1573 年，位于小镇奥洛穆茨，是摩拉维亚地区最古老的学校，也是捷克第二古老的大学。帕拉茨基大学设有神学院、医学与牙医学院、文学院、理学院、教育学院、体育学院、法学院、健康科学院，学校开设了本科、硕士、博士专业课程，专业包括成人教育学、英语教育学、应用化学、应用经济研究、生物学、考古学、档案学、生物无机化学、生物化学、物理学、生物学与生态学、化学、汉语语言学、艺术史学、戏剧学、生态与环境保护、英语语言学、环境地质学、教育学、历史学、信息学、意大利语言学、日本语言学、特殊教育、社会学、神学、新闻学、护理学、健康教育学等。

3. 马萨里克大学

马萨里克大学位于捷克第二大城市布尔诺，该校成立于 1919 年，是捷克第二大高等学府。学校目前设有 9 大学院 200 多个科系、学院和诊所，拥有在校生 35000 多人。马萨里克大学被视为捷克重要的教学与研究机构之一，在南摩拉维亚地区的社会与文化生活领域起着重要作用。马萨里克大学的 10 大学院分别是：医学院、法学院、科学院、文学院、教育学院、医药学院、经济与管理学院、信息学院、社会学院、体育学院。马萨里克大学开设了本科、硕士、博士专业课程，开设专业包括人类学、应用生物化学、应用地理学、应用信息学、应用物理学、考古学、生物化学、生物学、化学、经济学、教育学、地质学、历史学、健康科学、心理学、社会学等。

4. 布拉格化工大学

布拉格化工大学成立于 1952 年，是捷克最大的以化学为教研领域的大学，也是中欧地区顶级的化学研究大学。布拉格化工大学拥有约 5000 名在校生。布拉格化工大学的教研重点为传统的化学工业，同时也包括生物技术、纳米技术、可持续发展、新能源、生态资源、药物化学、生物制药与分子工程等领域。布拉格化工大学设有化学技术学院、环境技术学院、食品与生物化学技术学院、化学工程学院，开设了本科、硕士、博士专业课程，开设专业包括化学与材料学、化学工程与技术、环境化学技术、食品生物化学技术等。

5. 捷克理工大学

捷克理工大学成立于1707年，学校位于首都布拉格。捷克技术大学是欧洲最大最古老的技术大学，目前拥有在校生约23000人。捷克理工大学设有9个学院：土木工程学院、机械工程学院、电子工程学院、核能科学院、物理工程学院、建筑学院、运输科学院、生物医疗工程学院、信息工程学院。捷克理工大学的学院在多个领域与专业开设了本科、硕士、博士学位课程，开设专业包括土木工程、建筑与环境、机械工程、产品与工程经济学、智能建筑、自动化工程、电子工程、通信多媒体与电子学、计算机科学、核能科学与物理工程、建筑学与城市化、智能运输系统等。

6. 布尔诺理工大学

布尔诺理工大学成立于1899年，是捷克一所著名的公立大学，同时也是世界知名学府。布尔诺理工大学是摩拉维亚地区重要的教学与研究中心，下设9个学院和两个中心，分别为建筑学院、电子工程与通信学院、化学院、信息技术学院、工商管理学院、土木工程学院、机械工程学院、艺术学院、鉴定工程学院、工程学院欧洲中心、体育活动中心。布尔诺理工大学开设本科、硕士、博士课程，专业领域包括土木工程、经济与管理、建筑与设计、电气电子通信与控制工程、艺术、机械工程、物理化学、应用自然科学等。

7. 捷克生命科学大学

捷克生命科学大学成立于1906年，位于首都布拉格。捷克生命科学大学的主要教研领域为农业科学，目前设有农业与自然资源学院、林业和木材技术学院、环境科学院、工程学院、商业与经济学院、热带农业学院、教育学院。此外，学校还设有体育系、学校农场、林业企业培训基地、葡萄种植中心。捷克生命科学大学开设了本科、硕士、博士专业课程，如农业与食品、热带和亚热带农业、动物生产、工商管理、种植学、林学、园林景观维护、园艺学、信息学、景观技术与管理服务、园林学、市场与观赏园艺、有机农业、营养与食品、农业公共管理与景观管理等。

8. 布拉格经济大学

布拉格经济大学成立于1953年，是捷克最大的公立经济类高校。布拉格经济大学下设6所院系，即金融会计学院、国际关系学院、工商管理学院、信息与统计学院、经济学院、管理学院。布拉格经济大学现开设本科和研究生课程，可授予学士、硕士和博士学位，开设的主要专业有经济学、信息学、工商管理、金融学、会计学、国际关系学等。同时，还为国际留学生提供捷克语课程。布拉格经济大学所开设的用英语授课的工商管理硕士是行政工商管理硕士课程；用法语授课的工商管理硕士课程是可获得法国和捷克双重认可的课程。

9. 孟德尔大学

孟德尔大学位于捷克第二大城市布尔诺，学校成立于1919年。布尔诺孟德尔大学1994年以植物学家格雷戈尔·孟德尔的名字命名。格雷戈尔·孟德尔被称为遗传学之父。布尔诺孟德尔大学设有农业学院、林学与木材技术学院、商业与经济学院、园艺学院、区域发展与国际研究学院以及继续教育学院。布尔诺孟德尔大学开设了本科、硕士、博士专业课程，所设专业包括农业管理、农业机械学、农业与食品经济学、农业生态学、树艺师、自动化管理与信息、家具设计、经济信息学、经济与管理、食品技术、农学、热带与亚热带地区自然资源管理、园林绿化、林学、废物管理、贸易管理、旅游管理、社会经济学等。

10. 俄斯特拉发大学

俄斯特拉发大学位于摩拉维亚—西里西亚州州府俄斯特拉发市，建于1991年9月28日，但其历史可以追溯到1953年的教师培训学校。俄斯特拉发大学下设6所院系，开设本科和研究生课程，可授予学士、硕士和博士学位，开设的主要课程有生理学、动画、艺术史、数学、外国语言、教育学、法学、数学、物理学、公共卫生、社会工作等。同时，还开设了捷克语课程。

12. 俄斯特拉发技术大学

俄斯特拉发技术大学始建于1849年，经过多年的发展与扩展，现已成为一所现代高等院校，提供技术和经济领域高质量教育。目前，俄斯特拉发技术大学在校学生约为11000人，其中国际留学生约为2000人。学校开设本科和研究生课程，能授予学士、硕士和博士学位，开设的专业主要有航空运输技术、应用理学与技术、土木工程、经济与管理、建筑与施工、地理工程、纳米技术与物理等。

第六章　劳动力市场与劳动法

捷克是一个开放的、外向型的经济体,劳动力市场高度依赖世界经济,尤其是对欧盟和德国的经济依存度非常高,在这一过程中,劳动力在受教育程度、年龄结构、行业状况、所有制部门,尤其是个人能力和流动意愿上区别很大。本章系统介绍捷克劳动力市场就业状况、失业率、工资水平、劳动法对雇员的保障规定及国家的健康保险、养老保险等福利制度。

第一节　失业率

失业率是指失业的总人口数量与符合法定工作年龄范围的总人口数量的百分比。捷克的法定最低工作年龄为15岁,退休金提取年龄为65岁,2019年法定工作年龄范围人口约占总人口的65%,即650万人左右。图Ⅱ-6-1显示了1994年到2020年男性女性和总人口失业率数据,由图Ⅱ-6-1可见捷克的失业率自1989年之后经历了巨大的变化,从趋势来看大致可分为三个阶段。

一　第一阶段——"捷克失业奇迹"

1989年以后,中东欧转型国家重新出现了劳动力市场。在捷克,原有的内部就业保障逐渐被削弱,从前在"疲软"的东部市场上运行的孤立的国家经济突然间面对发达国家和全球化的挑战,劳动力市场也随之经历了适应性、流动性、机构设置和政策方面的不断变化。计划经济时期的劳动力市场庞大、单一且内部化,缺乏市场竞争,政府对于工人的安置和规定的工资标准等安排有着严格的规划,因此,许多工人尤其是那些高体

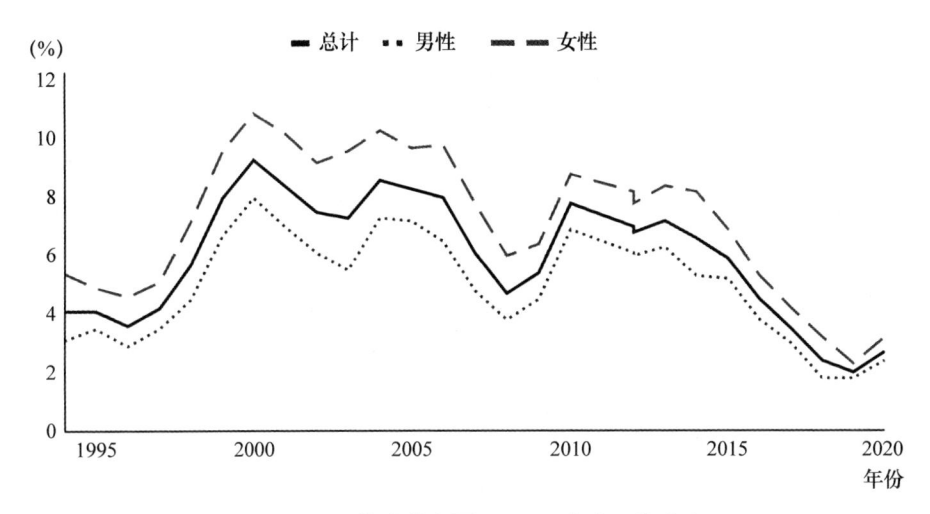

图Ⅱ-6-1　捷克共和国15—64岁人口失业率

资料来源：https：//tradingeconomics.com/czech-republic/unemployment-rate.

力低劳动技能的工人每次都可以从劳动力短缺中获利，从而要求更高的收入，这直接导致了工业部门的过度就业及技术落后。20世纪后期在所有前苏联国家中女性就业率普遍较高，尤其是前捷克斯洛伐克拥有世界上最高的女性就业率，1989年有84%的女性从事经济活动。同样，捷克斯洛伐克几乎没有私营部门，非正规经济的重要性相比匈牙利或波兰更为弱化。这增加了人们对中央管理工作分配的依赖。[1]

政治体制的改变，市场的开放，人为的过度就业，低工资水平和低效率的劳动力使用被认为是大规模失业之前的共同特征，几乎所有转型国家都发生了这种情况。由于失业率上升的必然性，政府政策不应是防止失业率上升，而应是缓冲它的社会成本和避免长期失业的蔓延。然而，捷克最初更加重视将失业率人为地保持在较低水平上，而不是缓和相对较高的过渡期失业率。通过企业大规模名义上的私有化和对大企业的长期大额信贷，劳动力被进一步囤积，因此在20世纪90年代的前6年里，捷克拥有

---

[1] The Czech Labor Market：Documenting Structural Change and Remaining Challenges—OECD Economics Department Working Papers, No. 1213, https：//dx.doi.org/10.1787/5js1qvs5c1vb-en.

平均值仅为3%的极低的失业率,这一现象被称为"捷克失业奇迹"①。

二 第二阶段——失业率急剧攀升

20世纪90年代后半期,随着陈旧体制的弊端逐渐显现及全球经济危机的发生,捷克的失业率开始明显上升,由1997年5.23%持续增长至2006年的7%—8%。在这之后,连续两年的经济增长及2009年的危机对失业率产生了立竿见影的作用,失业率急剧下降但继而又迅速攀升近三个百分点,在2008年到2010年这一阶段达到了顶峰。导致这一时期失业率增长的原因主要有两个:其一是许多家庭和劳动力提供者为了获得额外收入而提供超额劳动,极大地提高了劳动力的参与程度;第二,2009年和2012—2013年经济衰退期间的失业率上升是由于企业对劳动力的囤积,在三次危机中,每个雇员的工作时间都在减少。这一结果可能得益于2012年生效的《劳动法》改革,新的《劳动法》增加了劳动力市场的整体灵活性,特别是通过放宽非标准工作时间安排。②

三 第三阶段——失业率持续下降

德国被认为是欧洲经济的发动机,以效率、秩序和低失业率而著称。然而,捷克2013年后失业率持续稳步降低,自2015年开始超越德国,成为欧盟各国中失业率最低的国家。2019年4月统计数据显示,捷克当月的失业率仅为1.9%,德国当月失业率为3.1%,整个欧盟的平均失业率为6.3%,与欧盟失业率最高的国家希腊相差15.7%。

据布拉格德勤公司首席经济学家大卫·马雷克分析,捷克失业率较低有两个原因:首先,由于政府的激励措施使得捷克对全球企业具有吸引力,因此就业机会大幅度增加。捷克的制造业占捷克经济的最大部分,几乎占三分之一,与欧盟其他国家相比,这个比例非常高。目前,捷克的汽车工厂,如丰田、标致、雪铁龙、斯柯达、现代等及大量的相关产业链构成了捷克经济的核心组成部分。其次,20世纪90年代开始实施的政府激

---

① Vladislav Flek, Jiří Vecernik, The Labor Market in the CR: Trends, Policies and Attitudes, Finance a úvûr-Czech Journal of Economics and Finance, 55, 2005, ã. 1-2.

② Jiri Vecernik, Labor Market Flexibility and Employment Security Czech Republic, Czech Academy of Sciences, Prague.

励措施，如对新公司的免税和为创造新的工作场所提供资金，吸引了许多外国投资，尤其是在 2004 年加入欧盟后，境外投资大幅度增加。[1] 此外，捷克的劳动力成本相对低廉，捷克的平均月工资为 1002 欧元，远低于欧盟国家的平均水平 2504 欧元。当然在其他东欧和中欧国家，如罗马尼亚、保加利亚、匈牙利和波兰等国，劳动力成本更低，但捷克在位置、交通、国家基础设施、人才等方面的综合优势更为明显。作为欧洲的装配线中心而不是其知识和创新中心，捷克较好地控制了工资增长速度，保持着人力成本优势。

第二节 就业及劳动力结构

就业率是指参加工作就业的人口数量与一个国家成年人口数量的百分比。2000 年至 2012 年，居高不下的失业率导致捷克就业率平均仅达到 65%，从 2013 年开始，就业率迅速上升，2019 年就业率达到 75% 左右，略高于欧盟 73% 的平均水平。1993 年至 2020 年捷克 15—64 岁人口总就业率及男性、女性就业率数据如图 Ⅱ-6-2 所示。

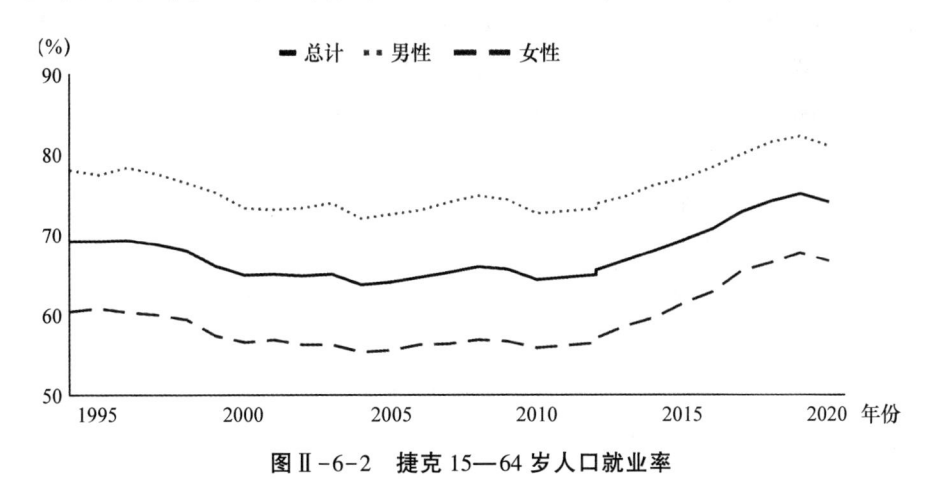

图 Ⅱ-6-2 捷克 15—64 岁人口就业率

资料来源：https://tradingeconomics.com/czech-republic/unemployment-rate.

---

[1] Vladislav Flek, Jiří Večerník, Employment and Wage Structures in the Czech Republic, WP No. 3, Praha 1998.

一 年龄结构

捷克是经合组织中40—54岁人口就业率最高的国家，其他年龄组的就业率相对较低，导致其就业结构表现出较为突出的驼峰形特点。在经济衰退期间，雇主会优先雇用核心员工和有经验的员工，而年轻人签署临时工作合同的比例非常高，因此在捷克，15—24岁的年轻人比其他人更容易受到经济波动的影响。2013年，有28.9%的年轻员工签署临时工作合同，相比之下，25岁及以上的人员持临时工作合同的比例只有8.3%。此外，55岁以上的人口就业率低，2012年男性的实际退休年龄比经合组织成员国平均低1.1年，女性为3.2年。随着捷克养老金制度的改革，人员的退休年龄也逐渐增大。[①]

二 行业结构

捷克的就业结构以工业就业为主，制造业已经日益紧密地融入全球价值链。2016年数据显示，捷克40%的就业人口集中在制造业、批发和零售业及建筑业，其次分别为服务业、人类健康、教育和公共管理行业，约占就业人数的7%。与近五年来制造业在欧盟所占的平均份额逐年下降相反，在捷克，该行业整体上继续保持着一定的增长。尤其是在高科技活动和信息通信领域，就业增长率超过欧盟平均水平。就业比例下降最大的行业为建筑业，零售业和批发业也持续减少了就业人口。

自20世纪90年代以来，捷克劳动力市场就业结构从以中等技能工作为主逐渐转向高技能工作。制造业、信息技术和商业服务业等部门持续扩张。世界经合组织在2016年的调查报告中强调，捷克的技术创新活动导致生产经营活动对劳动力技能要求大幅度提高，现有的教育结构导致毕业生数学、科学、统计学、健康和福利研究等领域的知识技能不足。[②] 目前的发展表明，劳动力中的技能储备尚不足以解决某些部门出现的短缺问

[①] Pavel Janícko, Youth Employment in the Czech Republic and the Standpoint of the Czech-Moravian Confederation of Trade Unions (ČMKOS).

[②] Tomáš Martínek, Petr Hanzlík, Analysis of the Structure of Job Offers on the Czech Labor Market, Review of Economic Perspectives-NÁRodoho SpodÁřSkÝ Obzor, Vol. 14, Issue 3, 2014, pp. 287-306, DOI: 10.2478/revecp-2014-0015.

题，如卫生和信息技术部门。提供有效、最新和量身定制的信息、建议和指导对于解决新出现的技能差距至关重要。进一步发展职业教育，通过雇主参与课程设计和实习，对未来克服技能不匹配问题将发挥重要作用。

同时，工业自动化程度的提高及依赖装配线工作的风险已经在工业制造业上日益显现出来。根据经合组织（OECD）2019 年发布的一项研究，捷克正面临着最大的自动化威胁。考虑到长期影响，如对预计在不久的将来将由机器人接管的工作场所的依赖性，加之外国工人的就业，可能会在这些低技能、低工资的工作上与当地捷克人产生竞争。因此，提升本国劳动力素质，加快劳动力技能结构升级是避免未来失业率提升的有效办法。

三　性别结构

相较经合组织的平均水平，捷克劳动力市场上女性的参与程度较低。随着过去十年养老金制度的改革，55 岁及以上的女性劳动者的就业率取得了大幅度的提升，但 60—64 岁年龄组的就业率仍远低于经合组织的平均水平，这种差异可能会随着法定标准的进一步增加而减少。

更为突出的问题是，年龄在 30—35 岁的女性群体就业率远低于 25—29 岁的女性人群，且数据显示出逐年下降的趋势。2013 年捷克女性生育第一个孩子的平均年龄为 29.9 岁，女性在需要兼顾工作和照顾儿童的双重压力下，母亲身份对就业的影响非常严重：拥有 6 岁以下子女的 20—49 岁适龄妇女组的就业率比没有年幼儿童的女性就业率低 40%，是欧盟经合组织国家中差别较大的国家之一。这在很大程度上要归咎于捷克儿童保育机构的不完善。

四　现阶段就业政策

捷克制定了总体就业政策，其中确定了以下主要目标：

1. 通过积极的就业政策工具，促进就业机会，特别是为劳动力市场上的弱势群体提供就业机会。

2. 确保劳动力市场上的两性平等，包括采取立法和非立法行动——制定家庭政策、就业政策和平等政策等。

3. 促进企业和雇员适应劳动力市场新出现的需求，例如培养学生和应届毕业生的实际技能，或为雇员的教育方案提供财政资助。

4. 促进就业服务的进一步发展，以加强劳工局的能力。

五　劳动力流动性

在1995年至2007年的十多年中，捷克是来自非欧盟国家的合法劳工移民人数较多的中欧国家之一。2008年底全球经济危机爆发后，在捷克就业的第三国国民总数迅速下降，但与在欧盟邻国（如匈牙利、波兰等国家）登记的人数相比仍然较高。随着捷克劳动力市场的发展，一些传统上雇用第三国国民的经济部门（如建筑和制造业）的职位空缺逐渐减少，因此，政府部门签发工作许可证、签证和居留许可证的数量也大幅度减少，从2008年到2012年，为第三国国民签发的工作许可证数量下降了70%以上。

尽管全球经济危机对捷克劳动力市场造成严重影响，但在过去四年里第三国国民提交的与就业有关的签证和居留许可证申请的统计数据表明，捷克对劳工移民来说仍然是一个非常有吸引力的目的地。因此，在未来恢复经济增长的时期，移民流入人数仍可能会增加。①

目前捷克当局努力推行全新、更有效、更灵活、更透明的移民制度。这一立法挑战不仅限于劳工移民，而且涉及所有类型的经济和非经济移民。新的移民制度可以被视为一套复杂的战略措施，其基础是对捷克当局迄今为止在移民领域所取得的每一项经验进行长期规划和全面评估。

新移民制度的主要目标是：

（1）消除现行立法中发现的缺陷。

（2）简化与移民有关的程序并减轻行政负担。

（3）加强外国人和与移民有关的主体（雇主、大学等）的责任。

（4）使捷克当局和检查机构能够有效检查外国人的活动是否符合批准的逗留目的。

（5）加强促进融合的措施。劳工移民的概念基于高技能第三国国民的永久移民和低技能工人的循环/临时移民。劳动力市场将继续对所有国家的公民开放。

---

① Ondřej Brychta, Labour immigration in the Czech Republic-the commentary of the Ministry, The data are available at: http://portal.mpsv.cz/sz/stat/zam_ ciz_ stat_ prisl.

除此之外，欧盟关于劳工移民的指令极大地改变了捷克的立法，有助于捷克的发展。关于劳工移民问题，有三项相关指令已被纳入捷克立法："劳工安置指令"（96/71/EC）、"蓝卡指令"（2009/50/EC）和"制裁指令"（2009/52/EC）。"单一许可证指令"（2011/98/EU）目前正在转换中，有关"公司内部调动者指令"和"季节性工人指令"的讨论也必须考虑在内。由于它们是所有成员国达成的妥协，而这些成员国在国内经济结构和劳动力市场上存在很大差异，因此欧盟的指令有时不可避免地无法完全满足捷克的需要，国家一级政策制定者也正在寻求更有针对性的解决办法。

第三节 工资制度

捷克的劳动力市场以及经济和工业都具有非常强的区域性。在首都布拉格和波希米亚中部地区，失业率最低、就业机会最多、平均工资最高，而摩拉维亚—西里西亚地区情况最差。

一 捷克平均工资水平

在所有欧盟国家中，捷克不论平均工资和最低工资都处于偏低水平。由图Ⅱ-6-3可知，捷克的收入水平自2008年起保持着良好的持续增长态势，2020年平均收入达到35000克朗。

二 不同类别工作的最低工资

捷克从2020年1月1日起将全国最低月工资上调至1250克朗（约合49欧元）至14600克朗（约合572.5欧元），即增长了9.37%，大大高于2019年2%的增长，因此工人的实际购买力相应提升。捷克由政府法令确定了最低工资，任何工人的工资都不应低于这一最低工资率。

政府法令规定了工作性质的八个类别，这些类别是根据工作的复杂性、责任性和繁重程度而设立的，具有不同的最低小时和月工资水平（见表Ⅱ-6-1）。从2020年1月1日起所有类别工作的最低工资将相应提高，从而导致最高类别的最低工资率达到29200克朗（约合1145欧元）。捷克最高最低工资率适用于以下工作范围的行政、经济、业务活动："确定一

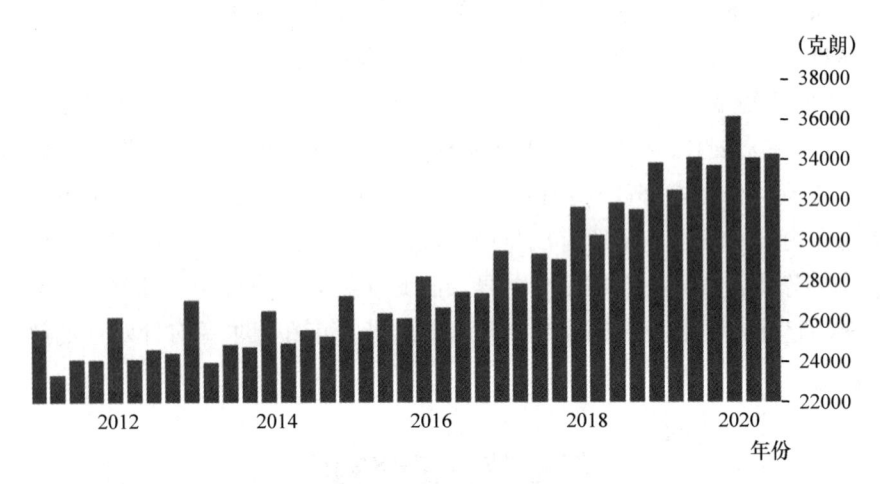

图Ⅱ-6-3 捷克平均工资

资料来源：https://tradingeconomics.com/czech-republic/wages.

个组织的业务和财务战略，在金融和资本市场上从事金融业务，协调财务和其他活动，平衡组织的资源和需求。"

表Ⅱ-6-1　　　　　　　捷克工作类别及最低薪资规定　　　　　　（克朗）

工作类别	最低时薪	最低月薪
1	87.3	14600
2	96.3	16100
3	106.4	17800
4	117.4	19600
5	129.7	21700
6	143.2	24000
7	158.1	26500
8	174.6	29200

资料来源：https://tradingeconomics.com/czech-republic/wages.

工作类别说明：

1. 厨房助理、裁缝、仓库管理员——处理15公斤以下的货物、店员、清洁工、包裹递送和其他非熟练工作。

2. 现场工匠或工人、仓库工人——处理超过15公斤的物品、垃圾或救护车、烟草商、门卫和保安、汽车司机、简单食品厨师、家庭服务员、包装中心检查员和分拣员、包装线操作员等。

3. 砌砖工或水管工、暖气工程师（较容易的工作）、电器或热器具修理工、理发师、推销员、厨师、收银员、服务员或酒保、计算机工人（数据库、表格等）、会计、出纳、汽车修理工、地铁司机、9座以上或3.5吨以上的汽车司机、护士、牙科器械师、屠宰场的屠夫等。

4. 总护士、助产士、水管工、暖气工程师（更复杂的工作）、外语导游、与外国合作伙伴谈判、会计、简单设备和建筑的勤杂工、厨师长、模型裁缝和定制生产、汽车修理工（诊断和消除电子设备、驾驶员侧线等方面的缺陷）。

5. 16人以上的公交车司机、船长、调度员、护理人员、人事和工资会计——提供议程、市场研究员、税务专家、大型物业经理、程序员、IT经理、公司员工、幼儿园教师、驾校教练、建筑设计师或简单装配师等。

6. 销售官——国际商务关系、定价员、销售组织员、程序员（开发、系统组件设计）和网络管理员（要求更高的任务）、IT系统设计师、大型和高要求建筑的独立设计师等。

7. 财务专家，市场专家，IT专家，程序员（新程序和系统的开发），大学教师，博士，牙医，药剂师等。

8. 财务及销售总监，金融及资本市场经纪人，构建创新系统工作人员等。

三　性别差异

捷克不同性别间工资差距非常大，且近十年来也没有表现出明显缩小的趋势。根据欧盟统计局的数据，捷克的性别工资差距在欧洲排名第三，仅次于爱沙尼亚（22.7%）和德国（20.9%），远远高于欧盟14.8%的平均水平。

2019年，女性的工时工资平均比男性少21.6%，在2010—2019年的十年间，捷克的工资大幅增长；目前只有 15.83% 的劳动力月收入低于 20000 克朗，而在 2009 年这一比例接近 40%。然而，尽管总体劳动收入快速增长，男女之间的工资差距仍然非常稳定；2010 年，女性的平均小时工资比男性低 21.6%，而在过渡期的大部分时间里徘徊在 22.5% 左右，2018 年为 20.1%。

捷克统计局公布了 2019 年工资结构的详细明细，数据表明，无论受教育程度如何，不同性别的收入差距仍然非常显著。例如，有 35% 的劳动力通过了高中毕业考试，有 24% 的人获得了学士学位和接受了高等教育。在这些接受过良好教育的人群中，男性和女性的比例相当平均，工作时间也相差不多，大约 173 小时。然而，在工资方面却有很大的差别：成熟女性的月工资中位数（29591 克朗）比男性（35653 克朗）低 17%。[1]

在就业所处的不同行业中，性别收入差异也不同，但在几乎所有情况下，女性的收入都低于男性。在管理人员、手工艺及相关行业，收入差距最大可高达 21%；服务业和销售人员的收入差距最小（6.7%），其次是文书辅助工作者，这也是女性就业人数明显多于男子的唯一职业。

在就业的区域差异中，2019 年南摩拉维亚地区报告的数据显示，2011 年至 2018 年，男性的平均工资增长了 41.1%，而女性的平均工资仅增长了 38.1%。这导致南摩拉维亚地区商业领域的收入性别差距为 21%，而非商业领域仅为 11.1%。随着女性年龄的增长，商业领域和非商业领域的差异更加明显。在 20—29 岁年龄组，商业领域平均工资的性别差距为 14.9%，40—49 岁年龄组的性别差距最高，为 25.5%。即使在非商业领域，这个年龄段的人也比男性少挣 19.2%。商业领域差距最小的是南波希米亚地区（16.3%），最大的是摩拉维亚—西里西亚地区（23.8%）。2018 年总工资（商业和非商业）的性别差距为 15.5%，仅比 2013 年下降了 0.7%。

第四节　社会保险与福利制度

捷克社会保障体系建立在三大支柱之上。第一大支柱是强制性社会保

---

[1] Czech Gender Pay Gap Still One of the Worst in Europe, Charles Duparc.

险，包括养老保险、医疗保险和失业救济金。第二大支柱是国家社会支持，包括儿童和家庭的生活费用和其他基本个人需要。第三大支柱为向需要帮助的人提供的社会援助。其中，强制性社会保险每月从雇主和雇员的账户里自动扣除，扣缴比例为雇员缴纳税前工资总额的 6.5%。雇主缴纳 24.8%。自由职业者或自雇人员须支付申报的月收入的 28%，但如申报的收入低于全国月平均工资的 25%，则适用最低税。这里主要介绍第一大支柱即强制性社会保险的主要内容。

一 养老金

捷克的养老金制度是基于第 155/1955 Coll 号法案关于养老金保险（第一篇）的基本强制性养老金保险和第 427/2011 Coll 号法案规定的补充养老金储蓄两部分构成，是由社会保障部门建立的支撑现收现付制的"缴费型"养老基金，其资金来源主要是参保者的缴费余额。除了国家公共养老金外，捷克政府近年来也引入了私人储蓄养老金计划，与公共养老金并行，用以平衡公共养老压力。私人储蓄计划实行以个人缴纳为主、企业与政府依据基本缴纳金额进行的政策。基本养老保险制度是建立在强制参保和运行基础上的，涉及几乎所有从事经济活动的人。

养老金保险项下提供下列养恤金福利：老年退休金（达到退休年龄的老年人）、残疾抚恤金和遗属养恤金（寡妇、鳏夫和孤儿养恤金）。养老金由两个部分组成：基本金额（所有领取养老金者的固定金额相同）和基于保险期限和所获收益的百分比金额。捷克司法部和社会保障部对养老金的支付金额和期限做出决策。养老保险待遇的申请，由区社会保障局与个人组成，按个人常住户口负责支付。地区社会保障管理局有义务提出养老保险福利申请，即使个人不符合规定的领取养老保险福利的条件，或者公民的申请没有必要的文件证明，也应予以提交。

1995 年《养老保险法》通过后，根据经济、人口、社会的变化情况对养老金制度参数（保险费数额、退休年龄增加、定价机制、索赔条件、养老金计算方式等）进行了多次修改。最新的养老金领取规定是在 65 岁之后，且缴纳社会保险时间达到 35 年开始领取。

在过去的 30 年里，养老金改革一直是捷克政府及公众关注的一个重要议题。1989 年以后的经济和社会变革进程对人口特征产生了影响，最重要的方面是捷克民众推迟成立家庭和生育子女的年龄。随着新出生孩子数量的持续下降,自1993年以来,人口自然增长转为负增长。2019年捷克新生婴儿数量为11.22万人,死亡人数为11.24万人。截至2019年12月31日,捷克的居民人数约为1069.4万人。持续的人口负增长造成了日益严重的人口老龄化问题,其速度比大多数欧洲国家都要快。

表Ⅱ-6-2列出了自2000年至2019年捷克退休金支出、养老金总支出(包含退休金及残疾抚恤金和遗属养恤金)、当年GDP数额以及养老金总支出所占GDP份额等数据。

表Ⅱ-6-2　　　　　　　　养老金支出　　　　　　　　(亿克朗)

年份	退休金支出	养老金总支出	当年GDP	GDP占比(%)
2000	1309	1869	23863	7.8
2001	1406	2011	25791	7.8
2002	1507	2136	26919	7.9
2003	1562	2258	28235	8.0
2004	1530	2309	30792	7.5
2005	1756	2474	32856	7.5
2006	1889	2729	35309	7.7
2007	2039	2899	38595	7.5
2008	2221	3125	40429	7.7
2009	2436	3398	39543	8.6
2010	2659	3462	39929	8.7
2011	2846	3681	40623	9.1
2012	2951	3820	40889	9.3
2013	3005	3828	41428	9.2
2014	3056	3858	43458	8.9
2015	3148	3952	46254	8.5
2016	3210	3990	47969	8.3
2017	3338	4144	51107	8.1

续表

年份	退休金支出	养老金总支出	当年 GDP	GDP 占比（%）
2018	3512	4338	54088	8.0
2019	3822	4716	57487	8.2

资料来源：捷克财政部及捷克统计局。

表Ⅱ-6-3　　　　个人平均退休工资与社会平均工资比例　　　　（克朗）

年份	平均退休工资	平均税前工资	平均税后工资	平均退休工资占平均税前工资比重（%）	平均退休工资占平均税后工资比重（%）
2010	10093	24526	18962	41.2	53.2
2011	10543	25093	19246	42，0	53.8
2012	10770	25903	19903	41.6	54.1
2013	10962	25903	19903	42.3	55.1
2014	11065	26357	20216	42.0	54.7
2015	11331	27156	20777	39.2	54.5
2016	11439	28250	21526	40.5	53.1
2017	11826	30156	22832	39.2	51.8
2018	12391	32510	24463	38.1	50.7
2019	13431	34835	26067	38.6	51.5

说明：税后工资指当月工资扣缴个人所得税、医疗保险及社会保障基金之后的净收入。

资料来源：Ministry of Labor and Social Affairs.

二　医疗保险

医疗保险制度旨在为从事有报酬工作的人提供保障，在因疾病、受伤或检疫、照顾家庭成员、怀孕和生育或照顾子女等原因而暂时无法工作的情况下，通过保险福利为他们提供保障。自2009年1月1日起，疾病保险通过经修订的第187/2006 Coll号《疾病保险法》由地区社会保障局对所有被保险人（军人、被拘留者和被判刑者除外）进行管理。

医疗保险的被保险人分为两类：一类为个体经营者及自雇人士，这类人员可自愿选择参加疾病保险或不参加；另一类为公司或其他组织雇员，这类人员是强制性参加的。如果员工符合《疾病保险法》所规定的条件，即在捷克工作并拥有最低安排收入（2019年起定为3000克朗）者，则应缴纳医疗保险。

截至 2017 年，捷克共有四种医疗保险福利：疾病保险金、护理津贴、生育津贴和孕产补偿金。2018 年，增设了两项新福利，即陪产假津贴（自 2018 年 2 月 1 日起）和长期出勤津贴（自 2018 年 6 月 1 日起）。福利的金额是根据雇员上一年度的平均收入水平计算的。

表Ⅱ-6-4　　　　　　　　医疗保险收入支出

		2012	2013	2014	2015	2016	2017	2018	2019
1	平均参保人数（人）	4471889	4440326	4464057	4507012	4571305	4671825	4732737	4732889
2	误工天数（千天）	56493	58587	60235	66817	70252	72677	77158	81205
3	单次误工平均天数（天）	46.1	44.0	45.8	42.7	43	42.6	41.7	42.4
4	医疗保险收入（百万克朗）	24894	25059	25894	27342	28400	31428	34609	35857
5	医疗保险总支出（百万克朗）	19377	20143	22076	24110	26284	28316	33974	38887
	1) 医疗支出（百万克朗）	11465	12035	13881	15428	16985	18290	22677	26670
	2) 护理津贴（百万克朗）	682	843	854	1062	1180	1402	1632	1726
	3) 产假津贴（百万克朗）	7224	7258	7334	7611	8110	8616	9403	10098
	4) 孕产期津贴（百万克朗）	7	7	7	9	9	8	8	9
	5) 育儿假津贴（百万克朗）	0	0	0	0	0	0	221	273
	6) 长期出勤津贴（百万克朗）	0	0	0	0	0	0	32	110

续表

		2012	2013	2014	2015	2016	2017	2018	2019
6	收入支出差（百万克朗）	5517	4916	3818	3232	2117	3113	635	-3029
7	收入支出比	128.5	124.4	117.3	113.4	108.1	111.0	101.9	92.2

资料来源：捷克统计局、捷克社会保障局。

说明：5 医疗保险总支出＝1）—6）各项之和。
6＝4 医疗保险收入-5 医疗保险总支出。
7＝4 医疗保险收入/5 医疗保险总支出×100。

育儿假津贴及长期出勤津贴在2018年立法后产生，故2017年之前各年这两项数据从表Ⅱ-6-4所列出的数据中可看到一些明显的发展趋势。首先，参保人员比例小幅度增长，由2012年42.55%增至2019年44.44%；其次，由于新的保险政策增加了育儿假津贴及长期出勤津贴，导致2018年及2019年误工天数及保险费用支出大幅度增加；最后，2019年医疗保险近年来首次出现赤字，随着新增保险条例的实施，支出将继续增加，加上2020年席卷全球的新冠疫情所产生的大规模的保险支出，2020年的赤字会进一步扩大。

三 失业救济金

捷克的失业保障（根据宪法第435/2004号就业法第39条及其修正案）包括失业救济金和再培训补贴费，捷克公民或在捷克拥有永久居留权的居民如果在过去三年内至少在一份工作上持续工作超过12个月，则失业后可在求职者登记处登记领取失业救济金。失业者从递交书面失业救济金申请之日起就享受此项失业保障补贴。失业保障由捷克劳工管理总局及其各州管理分局负责管理。在找到合适的工作后将不再发放失业救济金。失业救济金不在海外发放。

失业救济金的数额是根据上一份工作的净收入计算的。在失业的前三个月，可获得平均月收入的50%，之后收入减至平均收入的45%。失业救济金的期限取决于领取者的年龄。在50岁之前，可以享受六个月的福利；年龄在50岁到55岁的，则期限延长至9个月；年龄超过55岁的，将获得

12个月的福利。[1]

参加劳动局组织的再培训的求职者，以与州劳工管理分局依据就业法第109条签订的协议为基础有权享受再培训补贴费。而且在领取再培训补贴费期间，不领取养老金保险中的老年养老金。州劳工管理分局决定再培训补贴费数额，但是整个再培训期间例外。个体工商户的失业救济金和再培训补贴费由最后阶段保险费所依据的金额决定。详细的就业保障和失业救济金的计算方法，可以在下列网址中查询：http：//portal.gov.cz/portal/cizinec/；http：//www.finance.cz/duchody-a-davky/kalkulacky-a-aplikace/podpora-v-nezamestnanosti/；http：//kalkulacky.idnes.cz/cr_davka-v-nezamestnanosti-2012.php。

第五节　劳动法

一　工作许可

对于捷克的公民和捷克长期居留卡的持有者不需要额外的工作许可。此外，来自欧盟、欧洲经济区（包括冰岛、列支敦士登及挪威）及瑞士等国家的外国居民及其家庭成员不需要额外签发工作许可证。

除上述区域之外的其他国家居民若在捷克合法工作，需要有三种类型的工作许可：

1. 工作许可证：如果外国人在自己公司里工作或作为自雇人士，就不需要工作许可证。一方面，以外国人进入捷克劳动力市场，须不与为捷克公民提供的就业机会发生冲突，例如在招聘时，当找不到捷克员工去填补空缺职位时，才可以与外国人建立劳动关系，发放工作许可证。另一方面，在获得工作许可证的基础上，作为雇员的外国人在雇佣关系中受到保护，但是做生意的外国人企业主是不享受该保护的。给外国人发放工作许可证，是根据劳动力市场的状况和情况，如职位空缺，但是由于按照所需的学历及资格的原因缺少可用的捷克员工而无法招聘到适合的员工，雇主必须提前查询和告知当地劳动局准备聘用外国人所从事的工作类型、人数、预计工作的期限。

2. 员工卡：这是一种新型的以就业为目的，在捷克境内长期居住的具

---

[1] http：//www.portal.mpsv.cz/upcr.

有生物特征的塑料卡，该卡允许持有者工作居留超过 90 天，以前停留 90 天以上的就业签证、就业长期居留证和绿卡将不再发放。持有员工卡的外国人有权从事所签发员工卡上的工作，或根据法律从事其同意从事的工作（涉及变更雇主、职称或在同一雇主或其他雇主处从事额外工作）。

雇员证通常是在雇主与雇员关系存续期间，为确认当局关于就业许可证或专业工作决定的有效性而签发的，但有效期不得超过 2 年，并可选择多次延长其有效期。

3. 蓝卡：蓝卡是为长期居留而设计的一种新的居住身份，涉及高技能工作的履行（《外国人居留法》第 42i 条）。欧盟蓝卡使外国公民有权留下并从事工作，即外国国民不需要单独的工作许可证。完成学制为 3 年及以上正式的大学教育或高等职业教育，被视为高水平的技能。

二　雇佣合同

雇佣关系在捷克劳动关系中起着主导作用，发生的频率高且涉及的工作量很大，因此，它是捷克最常用的劳动关系形式。《劳工法》提供的雇员保护以国际标准为基础，捷克共和国受这些标准特别是国际劳工组织公约，联合国人权和经济、社会与文化权利盟约、《欧洲社会宪章》以及欧共体立法和判例法的约束。

雇佣关系是以雇主和雇员之间的合同为基础的。根据《劳动法》第 29 条，雇佣合同必须包括某些先决条件：雇员要从事的工作类型、工作地点和开始日期。虽然《劳动法》没有规定协议应采用书面形式，但所谓的书面就业细节指令（1991 年 10 月 14 日理事会第 91/533/EEC 号指令）要求雇主在签订协议之前，根据本指令向雇员提供一份关于雇佣条款和条件的书面声明雇佣合同，雇主应向雇员提供与拟议合同有关的权利和义务的全部信息，包括工作条件和工作报酬。[①]

(一) 雇佣合同的签署

捷克有两种定期雇佣合同：

有固定期限的雇佣合同——一般最长可签订 3 年，并且可以连续签订 3 次。

---

① http://www.portal.mpsv.cz/upcr.

无限期雇佣合同——除非明确约定了固定期限，否则雇佣关系应无限期持续。

在捷克的正规雇佣合同中通常可包含试用期，正式雇员试用期最长连续 3 个月，重要岗位（例如首席执行官等职位）最多连续 6 个月。试用期不得超过雇佣关系约定期限的一半，最迟必须在开始雇用之日以书面形式约定。

（二）雇佣合同终止

解雇通知书可分为雇员主动终止和雇主主动终止两种类型。

雇员主动通知是一种单方面的法律行为。雇员以通知形式说明理由甚至不说明理由要求解除雇佣关系。一方面《劳动法》对希望终止雇佣合同的雇员没有任何限制，通知期为两个月。

另一方面，《劳动法》对雇主主动终止雇佣关系的情况规定了一些限制。这些限制旨在保护员工免受无端和任意行为的侵害，保护雇佣关系的稳定，增强员工的法律和社会保障。雇主只能出于《劳动法》所述的理由发出解雇通知，且解雇的原因必须明确说明。通知必须始终以书面形式发出，并且必须在工作地点或通过邮递方式送达雇员本人手中。

《劳动法》所述的解雇理由可分为两类。第一类是有与雇主情况有关的理由，即所谓的组织理由。在这种情况下，公司或其部分不复存在或转移到其他地方，或组织发生变化，例如规模、设备的变化等；组织为了提高生产力而减少雇员人数的情况，通知期为 3 个月，在终止雇佣关系时，雇员有权根据《劳动法》第 60a 条领取遣散费，即平均月收入的两倍。有关遣散费的规定包括因上述原因而经双方协议终止雇佣关系的情况，遣散费可以通过集体协议的方式在上述金额的基础上增加。

第二类直接与雇员有关，如雇员健康状况妨碍他或她履行约定的工作，或履行工作的先决条件没有得到满足。如果员工表现得不令人满意，雇主必须提前六个月以书面形式就雇员的表现欠佳提出申诉，方可发出解雇通知。如果涉及雇员违反工作纪律的情况，则通知期为 2 个月，有关雇员无权获得与终止雇佣关系有关的遣散费。

《劳动法》第 48 条规定，雇主不得在保护期内解雇工人。保护期包括：暂时丧失工作能力的时期、在武装部队义务服兵役的时期、为担任公职而休无薪假的时期、雇员怀孕或休产假的时期、男女雇员长期照料 3 岁以下子女的时期,以及上夜班的员工暂时无法继续上夜班的时期。在这种情况下,解雇工人被认为是不负社会责任的,解雇通知无效。

三 工作时间及假期

(一) 工作时间

工作时间是指雇员被要求为其雇主工作的时间。工作时间的长短和分布是雇主必须遵守的工作条件之一。

《劳工法》关于工作时间的规定是以劳工组织 1919 年《工作时间(工业)公约》(第 1 号)和经第 2000/34/EC 号指令修订的关于工作时间安排方面的欧共体指令第 93/104/EC 为基础的。根据欧共体法律,正常工作时间每周不得超过 40 小时。但是允许加班,前提是包括加班在内的每周工作时间在四个月内平均不超过 48 小时。根据《劳动法》,在轮班的情况下,最大轮班时间被限制为 9 小时,如果轮班分配不均匀,则限制为 12 小时。《劳工法》第 83(2)条规定,在雇员从事工作的特定工作环境(地下工作等)方面,每周工作时间少于 40 小时。类似规定涉及三班制或连续工作制。16 岁以下的年轻工人每周最多可工作 30 小时,每一天的轮班时间不得超过 6 小时。

有关加班的规定涵盖所有有雇佣关系的雇员,特别是包含在《劳动法》和以《劳动法》规定为基础的集体协议中。特殊规定适用于从事运输的员工。

(二) 加班

加班是指雇员在雇主的指示下,或经雇主同意,在既定工作时间表规定的每周工作时间之外完成的工作。加班必须在规定的班次之外进行。在有严重作业原因的特殊情况下,雇主可要求加班,包括在两个班次之间不间断休息期间和每周休息日的缩短。但是,两班之间不间断的休息时间不得缩短到 8 小时以下。一名雇员允许的加班时间为每周 8 小时,即每年 150 小时。不得要求工作时间短于法定每周工作时间的员工加班。

作为加班工作的回报,如果没有约定休假代替加班,雇员有权获得正常工资加上其平均收入的至少 25%。

(三) 夜班

夜班工作是指晚上 10 点到早上 6 点之间进行的工作。《劳动法》的保护措施适用于在正常工作时间内连续 24 小时至少在夜间工作 3 小时的夜班工人。夜班工人在连续 24 小时内的工作时间不得超过 8 小时,或在连续 6 个月期间的平均工作时间不得超过 8 小时。

雇主有义务组织上夜班的工人体检,并定期复检,至少每年一次。如果夜班工人要求对其健康状况进行检查,雇主必须遵守其要求,以追踪可能由夜班工作引起的疾病。这种医疗保健的费用必须由雇主承担。

(四) 带薪休假

带薪休假的法定年假为 4 周。从事"非企业活动"组织的雇员有权享受 5 周的年假;教师、教工和高等教育教师有权享有 8 周的年假。更长的期限可以通过集体协议来确定。如前所述,劳动和社会事务部正在修订《劳动法》,其中包括对年假长度所做的一些修改。雇主根据事先获得的主管工会机构批准的计划,决定雇员休年假的期限。雇主必须使雇员在各自的自然年内有权休假四周到五周。

(五) 公共假期

捷克国家公共假日由经修订的第 245/2000 Coll 号法(捷克版本)管理。分别是 1 月 1 日、5 月 8 日、7 月 5 日、7 月 6 日、9 月 28 日和 11 月 17 日。其他节日是复活节星期一、5 月 1 日和 12 月 24 日、25 日和 26 日。国家公共假日和其他节假日之间的区别对劳动立法没有影响。在节假日,雇主不得要求雇员从事任何工作,也不得命令雇员进行工作。但是,根据《劳动法》第 91(3)条的规定,这一规则也有例外。有关公共假日的立法对薪酬有影响。因节假日在其正常工作日而不工作的雇员有权获得其平均收入数额的工资补偿。在假日工作的雇员有权享有与工作时间相应的休假,或工资加上平均收入数额的奖金。

四 产假和育儿假

《劳动法》规定一些员工团体有资格获得更多的保护,其中包括孕妇、青少年和照顾儿童的雇员。这些特别规定也适用于受雇于捷克雇主但并非永久居住在捷克的人。

在一般情况下,产假有 28 周,对于多胞胎的产妇最多可以休息 37 周。在这段时间内,雇员可得到政府的财政支持,金额通常是过去 12 个月平均收入的 69% 左右。在产假结束后,可给予育儿假,这是雇主必须提供的。

在孩子三岁之前，母亲或父亲都可使用。第 48（1）d 条规定，一般禁止向怀孕或必须照顾三岁以下儿童的女雇员发出解雇通知，并禁止立即解雇。

《劳动法》第 150 条及以下规定禁止孕妇从事体力要求过高或工作场所不适宜（如采矿中的地下工作等）的工作，当孕妇通常从事这类工作时，她有权要求调换其他工作（第 153 节）。怀孕或哺乳期雇员可要求减少工作时间，且雇主不能要求其加班。

根据《劳工法》第 161 条，雇主有义务在吃饭和休息时间之外给予哺乳期母亲额外的每日哺乳休息时间。

根据欧共体关于育儿假的第 96/34/EEC 号指令，有关育儿假的规定已被列入《劳动法》。根据该指令，育儿假是父母双方的一项不可转让的个人权利，使子女能够因出生或被领养而由其母亲、父亲或父母双方轮流照顾。育儿假在母亲休完产假后给予她，或在子女出生后给予父亲，直至子女满三岁为止。根据经修订的关于国家社会资助的第 117/1995 号法（捷克文本），在育儿假期间只向父母中的一方提供育儿津贴。

五　最低工作年龄与青少年保护

捷克政府于 1994 年 6 月 22 日发布关于保护工作中年轻人的指令，具体列出了多项条款以消除童工和保护年轻工人。该指令规定禁止雇用儿童，"儿童"是指未满 15 岁或根据国家法律仍在接受全日制义务教育的年轻人。

此外，对于年龄在 15—18 岁、终止义务教育的年轻人，雇主必须采取必要措施保护工作青少年的安全和健康。禁止青少年从事某些类型的工作，如超出青年人精神或身体能力的工作，或在评估风险下由于他们尚未完全成熟而最终面临事故的工作。《劳动法》第 167 条的规定以及实施《劳动法》的规定列举了禁止青少年从事的工作类型。

第 94/33/EC 号指令进一步规定了年轻工人的工作时间。一般来说，青少年每天工作不得超过 8 小时，每周工作不得超过 40 小时。还有更具体的规定适用于综合工作/培训计划。

除一些例外情况，如医院、武装部队或警察等部门外，禁止青少年从事夜间工作。与青少年订立劳动合同，必须征求其父母或者法定代表人的意见。雇主还必须主动通知他们被解雇或与其终止雇佣关系的事宜。

此外，劳工法还对于雇员享有免受欺凌的工作环境、禁止种族歧视及性别歧视、性骚扰、平等待遇、雇员最低工资及支付方式等问题做出规定。

六 工会条例

捷克法律规定，超过三名成员即可以建立工会组织或雇主组织。结社和建立工会的权利载于《基本权利和自由宪章》（英文本）第 27 条，该条是捷克宪法（宪法第 3 条）的组成部分。为了保护经济和社会利益而成立的工会组织和其他协会的活动，只有在措施对保护国家安全、公共秩序或民主社会中其他人的权利和自由产生至关重要影响的情况下，才能受到法律的限制。用人单位不得禁止其职工加入现有的工会组织或建立新的工会组织及进行独立活动。用人单位不得在职工参加工会或者开展工会活动方面歧视职工，或者使职工处于不利地位，但用人单位亦没有义务支持建立新的工会组织。

《劳动法》规定，工会组织有权在法律规定的条件下参与劳动关系，包括集体谈判。根据现行立法，工会代表所有雇员，包括无组织工人。工会组织主要是在企业一级建立的，但同时也是在区域基础上建立的，而且与处于非就业关系的公民（失业者、领取养老金者、休产假的女工、不雇用其他人的自营职业者等）有联系。

七 捷克员工福利

捷克公司通常会为员工提供较好的福利，所包括的内容一般如下。

（一）经济奖励及奖金

公司根据职位性质差异、工作成绩、工作年限等各因素为员工提供不同金额的奖金，通常奖金与工资收入的比例为 10%—30%。

（二）专业培训

雇主通常会为雇员提供入职培训的课程，许多公司依据工作性质的需要还会为员工提供后续的许多培训及拓展课程，这些都是在员工工作时间内提供的。

（三）语言课程与个人发展

捷克位于欧洲正中心的重要地理位置，与西欧、东欧及南欧各国距离较近且交通最为便利，加上相对较低的人力资源成本，因此，吸引了许多国际公司在捷克设立机构以服务欧洲及全球。全球化的客户导致许多公司对员工的语言能力要求较高，也会给员工提供多种语言课程的培训，如捷克语、英语及德语。

（四）在家工作的选择

许多公司允许员工选择在家里工作，尤其是在 2020 年全球新冠疫情暴发的时期，许多非生产性企业的员工可选择全年居家办公。

（五）额外假期

捷克《劳动法》规定员工的最低带薪休假时间为 4 周，但大部分公司会提供 5 周甚至更长的带薪休假。此外，公司还会提供学习及培训假期及病假等诸多假期。

（六）公司产品折扣

大部分公司对于员工自购的公司产品会给予较好的折扣。

（七）弹性工作时间

捷克公司通常会有弹性较好的工作安排，员工可根据自己的生活习惯等选择工作时间，如很多员工选择 6：00—14：30 时间段或 7：00—15：30 时间段（除午餐时间外每天 8 小时，且由于习惯，很多捷克人很早就会开始全天的工作）工作，外国人常会选择更为常见的 8：30—17：00 时间段工作。

（八）餐券

公司会为员工提供工作日的餐券或就餐费作为基本福利，金额通常为 80—100 克朗。

（九）公司电话

捷克公司通常会为员工提供工作专用的电话卡，如果从公司离职需交回该卡，这也意味着该电话号码的资源属于公司而非员工个人。

（十）公司汽车或交通津贴

捷克公司通常会给员工提供交通补贴，对于一些公共交通不太便利的工作会配给公司的汽车作为交通工具。

（十一）工作场所茶点/饮料

某些公司还提供临时住宿或住房津贴，公司设施内的娱乐活动或假日津贴，或公共交通公司的定期免费机票。

第七章　重要城市及其影响力

捷克是一个中欧地区的内陆国家，其前身为捷克斯洛伐克，于1993年与斯洛伐克和平分离。捷克是一个发达的资本主义国家，也是欧盟和北约的成员国，于2006年被世界银行列入发达国家行列。捷克的工业部门主要有机械制造、化工、冶金、纺织、制鞋、木材加工、玻璃制造和啤酒酿造等。捷克最大的城市是首都布拉格，人口规模超过100万人，近四倍于排名第二的城市布尔诺。布拉格是中欧的政治、文化和经济中心，历史悠久，拥有众多世界一流的博物馆和音乐厅。布尔诺是捷克共和国第二大城市，也是南摩拉维亚地区的政治和文化中心，布尔诺位于Svitava和Svratka河流的交汇处，是古老贸易路线的重要枢纽，地理位置优越。

第一节　重点城市

捷克城市化发展历史与趋势

捷克地处欧洲中部，东靠斯洛伐克，南邻奥地利，西接德国，北毗波兰，国土面积为78866平方千米。[①] 捷克位于三面隆起的四边形盆地中，土地肥沃，北有克尔科诺谢山，南有舒玛瓦山，东部和东南部为平均海拔500—600米的捷克—摩拉维亚高原。盆地内大部分地区在海拔500米以下，有拉贝河平原、比尔森盆地、厄尔士山麓盆地和南捷克湖沼地带。东部摩拉瓦河—奥得河上游河谷地区处于捷克盆地与斯洛伐克山地之间，被称为摩拉瓦河—奥得河走廊，自古就是北欧与南欧之间的通商要道。全国丘陵

---

① 中华人民共和国外交部：《捷克国家概况》［更新时间2020-5］，https://www.fmprc.gov.cn.

起伏,森林密布,风景秀丽。

国土可分为两大地理区:一为位于西半部的波希米亚高地,另一为位于东半部的喀尔巴阡山地,它由一系列东西走向的山脉组成,最高点是海拔为2655米的格尔拉霍夫斯基峰。境内高地、丘陵和盆地相间,边境多山。

捷克属海洋性向大陆性气候过渡的温带气候,夏季炎热,冬季寒冷多雪,其中,7月最热,1月最冷。布拉格平均气温7月为19.5℃,1月为-0.5℃。捷克地处东一区,比格林尼治时间早1小时;比北京时间晚7小时。

(一)高度城市化

1. 捷克城市化水平较高,处于平稳发展阶段

1950年,捷克的城市人口为482.3万人,占全国总人口的比例为54.2%。1950—1970年,其城市化稳步增长,年均增长率为0.9%;1970—1980年,捷克城市化出现高速增长,年均增长率为1.6%;1980—2018年,出现逆城市化现象,城市化年均增长率降为-0.05%;1976年,城市化率达到71%,2018年,城市化率进一步提高到73.8%,现在的捷克已经成为一个高度城市化的国家。根据联合国预测,到2050年,捷克城市人口将呈现稳步上升态势,最终维持在826万人左右,城市化率也将进一步上升至82.2%。

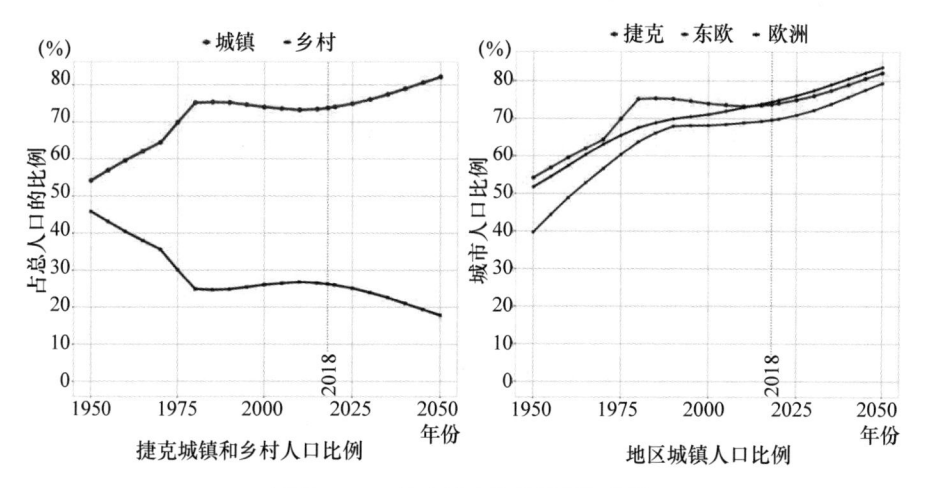

图Ⅱ-7-1 捷克城市化的发展与比较

资料来源:World Urbanization Prospects (2018).

2. 捷克城镇人口比重位居东欧首位

1950 年，捷克的城市化水平为 54.2%，欧洲国家平均为 51.7%，东欧为 39.7%，捷克城市化水平显著高于东欧平均水平；欧洲的城市化进程于 1954—1966 年迅速加快，年均城市化增长率达 0.5%；在这一时期，捷克城市化水平略高于欧洲整体水平，但较东欧平均水平仍有较大领先。1962—1970 年，捷克城市化水平高于东欧的差值逐年缩小，1970 年捷克城市化水平仅高于东欧平均水平 7.8 个百分点，随后差距逐年拉大，1980 年差距达到最大，为 11.39 个百分点，1980 年之后，捷克城市化水平高于东欧平均水平的差值逐年缩小。2018 年的数据显示，捷克城市化水平为 73.8%，与此同时，欧洲和东欧城市化水平分别为 74.5% 和 69.6%，捷克城市化水平已低于欧洲平均水平，高于东欧的差值也仅为 4.2 个百分点。预计到 2050 年，捷克的城市化水平将达到 82.2%，彼时欧洲和东欧分别为 83.7% 和 79.4%。简而言之，随着时间的推移，捷克的城市化水平逐步低于欧洲，高于东欧平均水平的差值也逐步缩小。

(二) 城市化发展速度

1950—1980 年，捷克城镇人口从 482.3 万人上升至 781 万人，增幅为 61.9%，年均增速为 1.6%；同一时期，捷克城市化率增长迅速，从 1950 年的 54.2% 上升至 1980 年的 75.2%，年均增长率为 1.1%；随后捷克城市人口出现下滑，从 1980 年的 781 万人下滑至 2004 年的 754.4 万人，跌幅为 3.4%，2004 年后城市人口平稳上升，但增速仍旧较低，2004—2018 年城市人口年均增速仅为 0.3%；同一时期，捷克城市化水平下降，年均增速出现负值，城市化发展缓慢。预计从当前到 2050 年，捷克城市人口总量仍会以较低增速缓慢增长，城市化率缓慢提高。

(三) 城市化率的发展速度

1950 年至今，捷克的城市化年均增长率呈现出先上升后下降的趋势。1950—1980 年，捷克城市化率增长迅速，从 1950 年的 54.2% 上升至 1980 年的 75.2%，年均增长率为 1.1%，随后城市人口增速显著放缓，1980—2018 年，出现逆城市化现象，城市化年均增长率降为 -0.05%，同一时期，欧洲与东欧的城市化水平与捷克呈现出相同的波动趋势，但波动幅度弱于捷克；1950—1990 年，东欧城市化年均增长率较快，为 1.4%，随后城市化率增速出现转折，1990—2018 年，东欧城市化年均增速仅为 0.1%；欧洲城

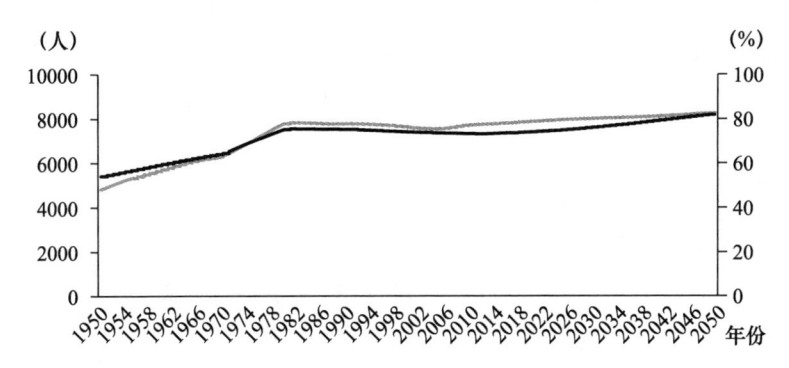

图Ⅱ-7-2 城市人口增长速度及城市化率水平

资料来源：World Urbanization Prospects（2018）.

市化率波动则不明显，整体上呈现出逐年增长的趋势，1950—2018年，欧洲城市化年均增速为0.5%；预计2018—2050年，欧洲、东欧与捷克的城市化率增长会保持相同趋势。

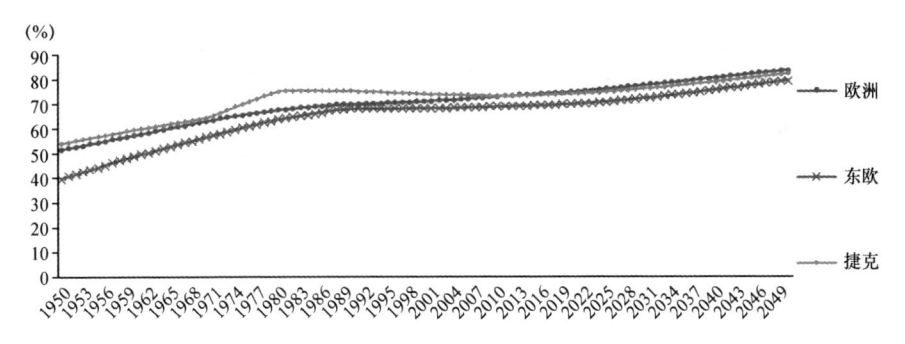

图Ⅱ-7-3 捷克城市化率发展情况

资料来源：World Urbanization Prospects（2018）.

第二节　城市体系与重点城市规模的变化与趋势

捷克全国分为13个地区和首都布拉格，13个行政省及首府名称如下：中波希米亚州、南波希米亚州（布杰约维采）、比尔森州（比尔森）、卡罗维发利州（卡罗维发利）、乌斯季州（乌斯季）、利贝雷茨州（利贝雷茨）、赫拉德茨—克拉洛韦州（赫拉德茨—克拉洛韦）、帕尔杜比采州（帕尔杜比采）、奥洛穆茨州（奥洛穆茨）、摩拉维亚—西里西亚州（俄斯特拉发）、南摩拉维亚州（布尔诺）、兹林州（兹林）、维索基纳州（吉拉瓦）。

捷克的城市体系发展

（一）人口变化

从人口密度来看，除了首都布拉格人口密度最高（高达2360人/km^2）外，其他各州人口密度相对均衡；从人口规模来看，2001年人口普查数据显示，摩拉维亚—西里西亚州人口规模最大，为126.9万人，2011年和2020年的估计数据显示，中波希米亚州人口规模位居第一（见表Ⅱ-7-1）。三次数据显示，捷克各大州的人口规模基本稳定。2001—2020年，除了首都布拉格、中波希米亚州人口规模出现明显的连续升高外，其余12个州的城市人口波动并不明显。

表Ⅱ-7-1　　　　　　　　捷克各州人口规模

州名	首府	面积（km^2）	密度（人/km^2）	2001（普查）	2011（估计）	2020（估计）
布拉格*	—	496.10	2357	1169106	1234037	1324277
中波希米亚	布拉格**	11014.97	102	1122473	1264986	1385141
南波希米亚	布杰约维采	10056.79	62	625267	635771	644083
比尔森	比尔森	7560.93	73	550688	571256	589899
卡罗维发利	卡罗维发利	3314.46	92	304343	303804	294664
乌斯季	乌斯季	5334.52	154	820219	828448	820965
利贝雷茨	利贝雷茨	3162.93	135	428184	437920	443690
赫拉德茨—克拉洛韦	赫拉德茨—克拉洛韦	4758.54	116	550724	554555	551647
帕尔杜比采	帕尔杜比采	4519.00	112	508281	516260	522662
奥洛穆茨	奥洛穆茨	5266.57	121	639369	639030	632015
摩拉维亚—西里西亚	俄斯特拉发	5426.83	234	1269467	1234705	1200539

续表

州名	首府	面积（km²）	密度（人/km²）	2001（普查）	2011（估计）	2020（估计）
南摩拉维亚	布尔诺	7194.56	157	1127718	1163627	1191989
兹林	兹林	3963.55	150	595010	590087	582555
维索基纳	吉拉瓦	6795.56	76	519211	512245	509813

说明：州人口密度计算公式为：2001年州人口普查人数/州面积。
* 将捷克首都布拉格作为直辖市列入州对比中。
** 中波希米亚州的行政中心为首都布拉格。

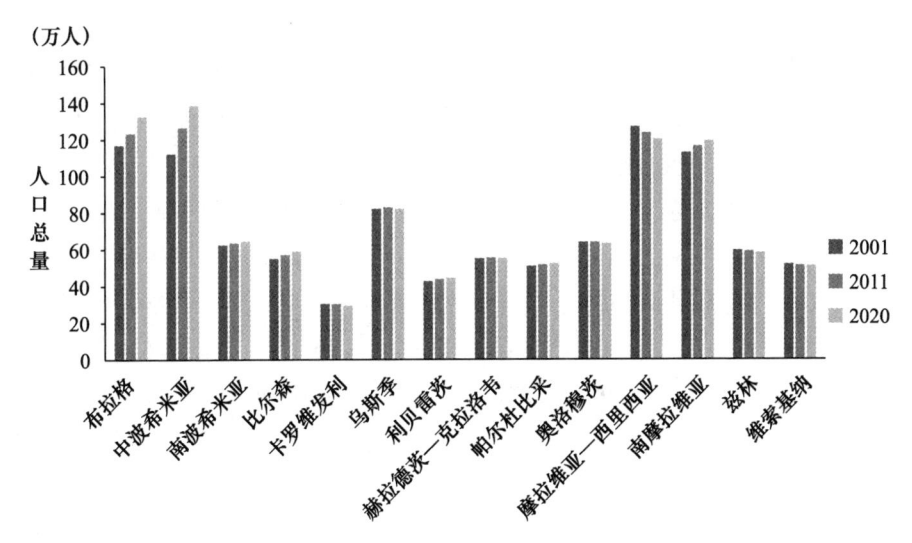

图Ⅱ-7-4 捷克各州市城市人口规模变化

资料来源：https：//www.citypopulation.de/en/czechrep/admin/.

1. 人口数量

根据2001年人口普查数据，捷克有三州一市人口超过100万人；摩拉维亚—西里西亚州人口数量最多，高达126.9万人；其次是首都布拉格，拥有116.9万人，其他两个人口超过100万人的州分别为南摩拉维亚州和中波希米亚州。其余各州人口数量均介于30万—83万人，各大区之间相差最大为4.1倍。捷克全国人口大部分聚集在人口超过100万人的三州一市，合计人口达486.9万人，占全国总人口数量（1023万人左右）的45.8%，远远高于中国长江三角洲城市群人口数量占全国人口总数的比例（11%）。

2. 人口密度

根据 2001 年人口普查数据，首都布拉格的人口密度以 2357 人/km² 遥遥领先，远超排名第二的摩拉维亚—西里西亚州（234 人/km²），人口密度最低的为南波希米亚州（62 人/km²），仅为布拉格人口密度水平的 2.6%，人口密度最高与最低相差极大；除首都布拉格与摩拉维亚—西里西亚州外，其余 12 个州的人口密度介于 60—160 人/km²，各州占地面积及其人口数量之间不存在明显相关关系。

（二）捷克：仅拥有 1 个人口超百万人的大城市

1950 年，捷克仅有一个中等城市（50 万—100 万人口等级），即首都布拉格，人口数为 93.5 万人，占全国人口总量的 19%，其余人口均分布在 30 万人以下的小城市里，30 万人以下的小城市人口占比达到了 81%；1950—1965 年，布拉格持续吸纳人口，1960 年布拉格人口超过百万人，城市人口占全国人口的比重达到 18%；随后 1960—1995 年布拉格稳居捷克第一大城市的位置，但布拉格人口占全国人口的比重逐年降低，由 18% 降至 15%；1995—2030 年布拉格人口占全国人口的比重有所回升，预计 2030 年，该比重将重回 17%。1965 年捷克出现第一个 30 万—50 万人口规模的城市（布尔诺），1980 年该规模城市数量增加至两个（布尔诺和俄斯特拉发），随着重工业的衰退，俄斯特拉发人口逐渐减少，退出 30 万—50 万人口规模城市的行列；在 30 万人以下的小城市方面，捷克居住在这一规模城市的人口比重维持在 80% 左右。值得注意的是，除 1950 年的布拉格外，捷克没有 50 万—100 万人口规模的城市。

表 Ⅱ-7-2　　　　　　　　　　捷克城市体系与变化

等级	类型	1950	1965	1980	1995	2010	2020	2030
100 万—500 万人	数量（个）	0	1	1	1	1	1	1
	人口占比	0	17	15	15	16	17	17
	总城市人口（千人）	0	1038	1179	1194	1234	1306	1345

续表

等级	类型	1950	1965	1980	1995	2010	2020	2030
50万—100万人	数量（个）	1	0	0	0	0	0	0
	人口占比（%）	19	0	0	0	0	0	0
	总城市人口（千人）	935	0	0	0	0	0	0
30万—50万人	数量	0	1	2	2	1	1	1
	人口占比（%）	0	5	9	9	5	5	5
	总城市人口（千人）	0	323	691	706	377	378	383
30万人以下	人口占比（%）	81	78	76	75	79	79	78
	总城市人口（千人）	3889	4724	5910	5832	6108	6191	6281

资料来源：World Urbanization Prospects（2018）.

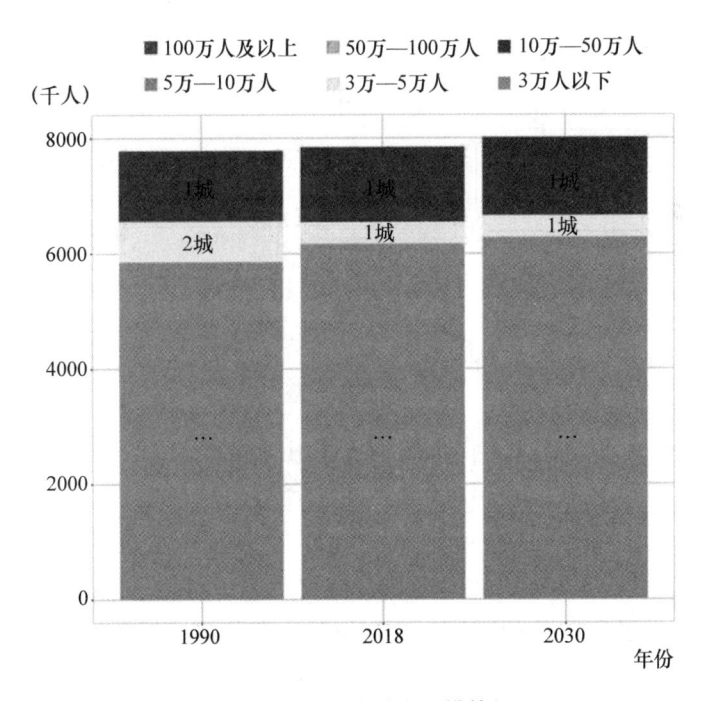

图Ⅱ-7-5 捷克城市规模等级

资料来源：United Nations（2018）.

总体而言，捷克的城市人口呈现出一枝独秀的趋势：首都布拉格以100万—500万人口规模的大城市稳居第一，吸纳了全国近20%的人口；其次是30万—50万人的城市布尔诺，生活着全国5%的人口；捷克大部分人居住在30万以下人口的小城市中，人口占比达到了近80%。预计这一城市人口规模等级状况将会长期保持稳定状态。

捷克的主要城市排序与其人口数量呈现出完全的正相关关系，随着排名后移，其城市人口规模也逐步缩小；同时，主要城市几乎均为各州州府所在地且主要城市在地理上并无明显临近性，而是较为散乱地分布于全国各地。在图Ⅱ-7-6中，州内部的小黑点代表重点城市。

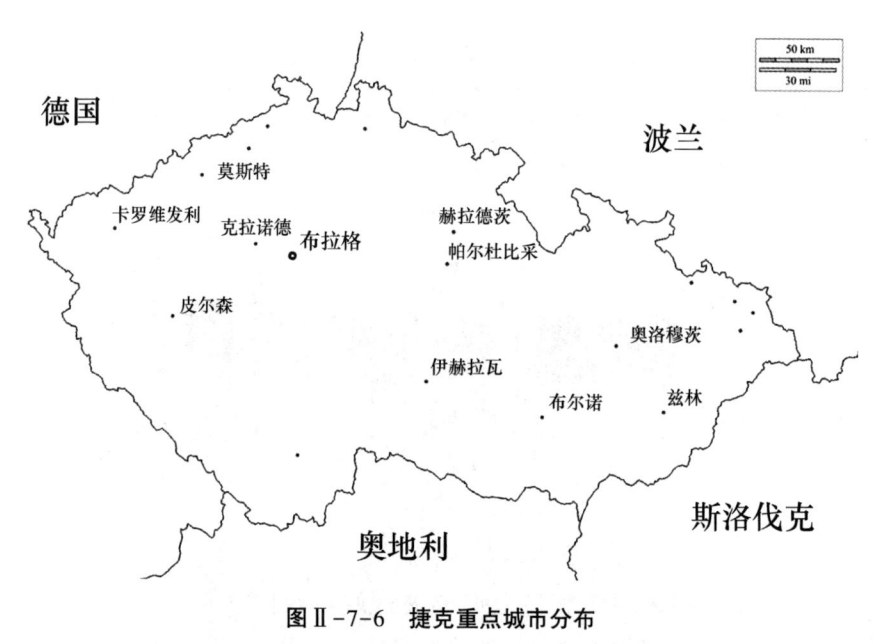

图Ⅱ-7-6　捷克重点城市分布

资料来源：https://d-map.com/carte.

捷克重点城市均处在国内水路交通要道上，水运、陆运均十分便捷，尤其是捷克排名前四位的城市——布拉格、布尔诺、俄斯特拉发、比尔森均处于水路运输交汇地带，可以有效地与周边城市或国家沟通、交流（见图Ⅱ-7-6）。

第三节　首都布拉格的经济发展与区域影响

一　城市概况

布拉格是捷克的首都和人口最多的城市，位于捷克的中波希米亚州、伏尔塔瓦河流域，属于温带海洋性气候。该市地处欧洲大陆的中心，在交通上一向拥有重要地位，与周围国家的联系相当密切。布拉格面积为 496 平方千米，常住人口约 130 万人，人口约占全国人口的五分之一，经济占全国 GDP 的四分之一。布拉格是中欧的经济、政治和文化中心，历史悠久。

（一）布拉格行政划分

布拉格是捷克共和国的首都，也是捷克中央政府所在地。自 1990 年 11 月 24 日以来，它实际上既是一个法定城镇，同时又具有市的地位，布拉格还是波希米亚中部地区的行政机构。直到 1949 年，布拉格的所有行政区都是由一个或多个地籍单位、市或镇组成的；1949 年以来，布拉格的行政区划发生了根本性的变化。此后，许多城区、行政区和城区的边界都独立于地籍区的边界，一些地籍区因此被划分为城市的行政和自治区。自 1990 年以来，布拉格被划分为 56 个市政区（自 1992 年以来为 57 个）、10 个行政区、112 个地籍区。自 2001 年以来，出于国家政府的目的，已经将 57 个市政区重新划分为 22 个编号市政区，每一个市政区负责为市政部门提供固定服务。

2001 年，捷克政府要求为整个行政区提供服务的每个市政区都要以其所服务的行政区命名。因此，拉多廷、勒皮、莱坦尼、克贝利、霍尼·波切尼采、勒兹纳德·莱西和乌里尼耶夫这些市政区现在以 PRAHA16 至 PRAHA22 命名，旧名称则保留为地籍区名称。全市政府和市辖区均选举了理事会和市长，首都布拉格的市长被称为总理。

（二）人口

2011 年的人口普查数据显示，布拉格大约有 14% 的城市居民出生在捷克共和国境外，该比例居捷克各城市首位；但是，人口普查显示，该市有 64.8% 的人口自称是捷克人，高于全国平均水平。尽管布拉格的正式人口徘徊在 130 万—140 万人，但由于只有 65% 的居民被标记为布拉格永久居民，因此布拉格的实际人口比统计数据要高得多。① 2018 年数据显示，在布拉格居住的外国居民中，人数最多的为乌克兰人，其次为斯洛伐克人，再次为俄罗斯人。

截至 2019 年 3 月 31 日，布拉格人口最多的市政区是布拉格 4 区，居民人数为 130693 人。人口较多的市区还包括布拉格 10 区（109699 人）、布拉格 6 区（105696 人）、布拉格 8 区（105406 人）和布拉格 5 区（86415 人）。②

二　城市经济总量发展

（一）地区生产总值

捷克主要有机械制造、化工、冶金、纺织、制鞋、木材加工、玻璃制造和啤酒酿造等工业部门，并于 2006 年被世界银行列入发达国家行列。捷克的经济能力在 2005 年超过葡萄牙、希腊和塞浦路斯，2008 年国内生产总值人均购买力评价超过 26800 美元，相当于欧盟平均水平的 82%。与大部分国家一样，捷克也遭受到了世界经济危机的影响，2009 年体现得尤为突出，国内生产总值降低 4.5%，失业率上升，国家债务上升。由于捷克在经济上的积极发展，穆迪评级机构在 2011 年将捷克评为 A1 级，未来具备良好的发展前景。2010 年国内生产总值增长恢复部分水平，增速为 2.3%；2015 年与 2017 年捷克 GDP 增速较高，分别为 5.3% 和 4.4%，2018 年增速略有下降，为 2.8%。

根据捷克统计局（CZSO）发布的部分地区国民经济核算结果，2018年，首都布拉格 GDP 为 1.37 万亿克朗，占全国比重达到 25.8%；其次为中波希米亚地区，达 6717 亿克朗，所占比重为 11.6%；再次为南摩拉维亚地区，达 5754 亿克朗，所占比重为 10.8%；其余地区占全国 GDP 比重均不足 10%。

从捷克各地区 GDP 总量上看，首都布拉格排名第一，中波希米亚地区、南摩拉维亚地区、摩拉维亚—西里西亚地区排名分别居第二、三、四位；

---

① "Census Shows Population Rise in Prague," *Prague Daily Monitor*, Czech News Agency (ČTK) . 24 January 2012. Archived from the original on 16 April 2014. Retrieved 16 April 2014.

② 捷克统计局，https：//www.czso.cz/csu/xa/ctvrtletni_udaje_o_pohybu_obyvatel_v_praze.

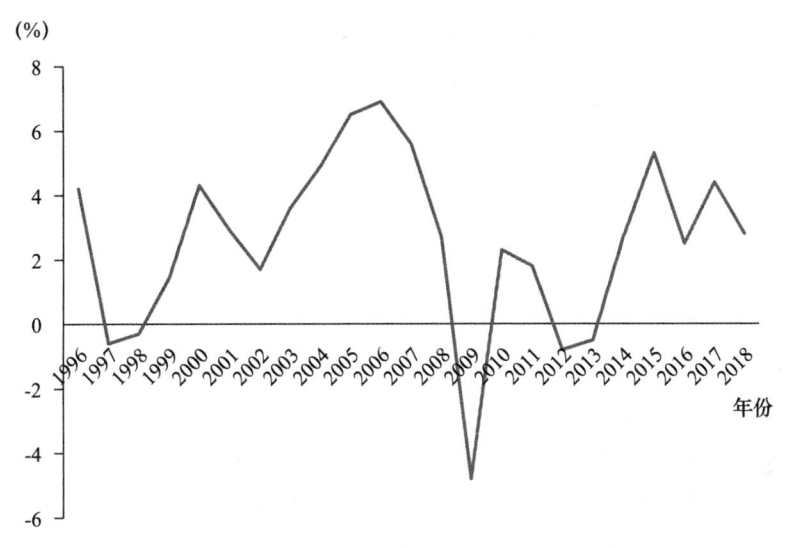

第七章 重要城市及其影响力 393

图Ⅱ-7-7 捷克 GDP 变化率

资料来源：联合国欧洲经委会（UNECE）。

首都布拉格于 2015 年 GDP 超万亿克朗并增速不减，2018 年布拉格 GDP 总量达 1.24 万亿克朗，稳居全国首位。

表Ⅱ-7-3　　　　　　　　　捷克各地区 GDP　　　　　　　　（百万克朗）

地区	1995	2000	2005	2010	2015	2018
布拉格	287683	491863	723276	920617	1041997	1236924
中波希米亚	142863	235372	305937	380215	466959	555183
南波希米亚	83712	124179	163278	183321	205853	238636
比尔森	75026	109194	149354	179624	209879	235752
卡罗维发利	40358	54660	67255	75066	78498	85991
乌斯季	110267	143994	193820	226244	247416	264999
利贝雷茨	54907	82286	103144	114383	133195	153658
赫拉德茨—克拉洛韦	70914	108189	136437	164504	187531	223343
帕尔杜比采	62929	91482	119041	144629	164660	191766
维索基纳	60349	89850	120894	140230	163289	185676
南摩拉维亚	148735	217285	291407	369024	451889	517603

续表

地区	1995	2000	2005	2010	2015	2018
奥洛穆茨	74987	107315	138102	166118	191300	223547
兹林	70524	103343	136147	167591	197233	222777
摩拉维亚—西里西亚	157232	207888	302791	351556	395880	453152

资料来源：捷克国家统计局。

从捷克各地区GDP随时间的变化曲线（见图Ⅱ-7-8）来看，各地区变化趋势基本趋同，整体上呈现出逐年上升的态势。首都布拉格位于第一梯度，中波希米亚地区、南摩拉维亚地区、摩拉维亚—西里西亚地区位于第二梯度，其余各地区位于第三梯度。以首都布拉格为例，1995—2008年，布拉格GDP呈现快速上升态势，到2008年达到阶段性峰值，随后由于金融危机等因素的影响出现GDP负增长，这一趋势持续到2013年；2014年至今，布拉格经济迅速回暖，增长速度较1995—2008年仍有所上升，经济发展速度依旧稳居全国首位。布拉格作为捷克的首府，对捷克经济发展的贡献最大，具有不可取代的绝对地位。

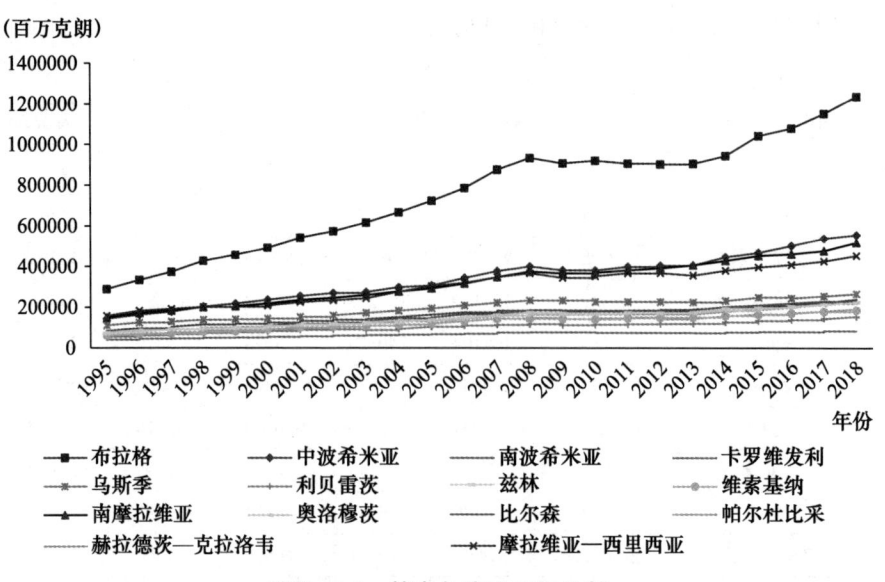

图Ⅱ-7-8 捷克各地区GDP比较

（二）人均地区生产总值

总体来说，捷克各地区人均 GDP 增幅都比较明显。捷克总体的人均 GDP 从 1995 年的 153565 克朗/年上涨到 2018 年的 500973 克朗/年，涨幅达到 226.2%；首都布拉格 1995—2018 年的人均 GDP 涨幅最大，为 304.5%；捷克大部分地区 1995—2018 年的人均 GDP 涨幅都在 2 倍以上，涨幅最小的地区为卡罗维发利地区，1995—2018 年的人均 GDP 涨幅仅为 122.2%。

表Ⅱ-7-4　　　　　　　捷克各地区人均 GDP　　　　　　（克朗/年）

地区	1995	2000	2005	2010	2015	2018
捷克	153565	231627	319025	376759	435911	500973
布拉格	261273	456202	680418	813342	917183	1056761
中波希米亚	142063	232182	294312	334450	392908	453456
南波希米亚	146998	217824	288234	317802	358956	413901
比尔森	148592	217352	300250	347261	405156	449822
卡罗维发利	145683	197046	244308	269857	292232	323718
乌斯季	147088	191193	260575	299351	333926	358988
利贝雷茨	140984	210562	266471	287822	337052	386789
赫拉德茨—克拉洛韦	140933	215488	275545	328200	378034	450841
帕尔杜比采	135712	197531	260527	309498	354449	410635
维索基纳	127033	189362	262275	301235	356148	405488
南摩拉维亚	143452	209902	285256	354011	427906	485662
奥洛穆茨	128646	183677	239131	286296	334735	392855
兹林	129188	189743	255122	313881	374779	424876
摩拉维亚—西里西亚	133761	178346	267634	312335	362022	418263

资料来源：捷克国家统计局。

捷克各地区人均 GDP 变化趋势与 GDP 总量变化趋势保持高度一致，首都布拉格人均 GDP 水平明显高于其他地区，但就人均 GDP 而言，中波希米亚地区、南摩拉维亚地区、摩拉维亚—西里西亚地区三个 GDP 总量较大的区域与其他地区没有明显差别；人均 GDP 也经历了 1995—2008 年快速上升阶段，2008—2014 年经济衰退阶段，以及 2014—2018 年的快速恢复阶段。

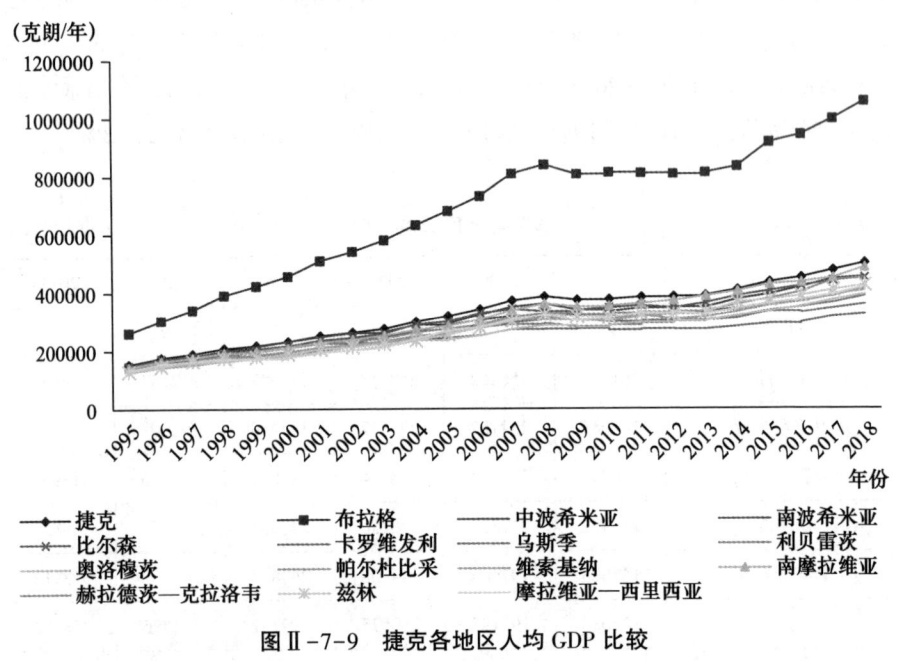

图Ⅱ-7-9 捷克各地区人均 GDP 比较

资料来源：捷克国家统计局。

（三）城市经济结构发展

1. 产业结构变化

布拉格是捷克的银行和金融、房地产、零售、贸易、运输、旅游、新媒体以及传统媒体、广告、法律服务、会计、保险、时尚和艺术等行业的主要中心。作为全国大部分政府机构的所在地，布拉格还是诸多国际国内公司总部的所在地。

表Ⅱ-5-5 列出了 2017 年分地区捷克各行业的固定资产总值。依照表Ⅱ-7-5 中的数据，捷克第一、二、三产业所占比重分别为 2.3%、37.0% 和 60.7%。布拉格第一、二、三产业所占比重分别为 0.4%、18.1% 和 81.5%。与捷克总体相比，首都布拉格在第三产业方面所占比重明显增大，第一、二产业所占比重明显降低，印证了布拉格作为捷克的经济中心，其服务行业极为发达的现状。

表Ⅱ-7-5　　　　2017年分地区捷克各行业固定资产总值　　　　（百万克朗）

地区	A	BCDE	C	F	GHI	J	K	L	MN	OPQ	RSTU
布拉格	1698	40154	15754	19063	56622	47020	32896	113652	45580	35183	7026
中波希米亚	5880	66296	61251	2826	34548	1734	1366	26234	13642	9324	1141
南波希米亚	4412	18911	13703	1563	7982	1781	579	8833	1812	6503	669
比尔森	3152	18136	16005	944	8267	1967	527	7239	1609	5653	652
卡罗维发利	849	7984	3504	663	4107	800	43	2363	190	2902	208
乌斯季	1364	42207	32457	1911	9455	2818	322	11091	915	6961	521
利贝雷茨	831	13843	11455	1134	4247	1011	156	4388	1637	5554	479
赫拉德茨—克拉洛韦	2821	21767	19735	796	4819	1933	824	6257	646	5107	631
帕尔杜比采	2970	18997	15367	1007	5771	3094	209	8070	907	4613	380
维索基纳	4596	17684	14985	1002	5426	755	85	9471	756	3569	102
南摩拉维亚	5621	26706	23372	4352	13881	6666	3457	25934	6465	17729	1785
奥洛穆茨	2808	18694	16896	1253	8376	1155	379	9640	1467	7628	469
兹林	2008	24803	23389	1065	5737	990	354	12791	1518	5086	614
摩拉维亚—西里西亚	2102	48752	40641	1561	16016	3831	1202	13378	1992	11472	1446
捷克	41112	384934	308514	39140	185254	75555	42399	259341	79136	127284	16123

说明：有关A—U分类，请参阅表Ⅱ-7-6中的说明。
资料来源：捷克国家统计局。

表Ⅱ-7-6　　　　　　　　　A—U分类行业

A	A	农业，林业和渔业
B, C, D, E	B	采矿和采石
	C	制造业
	D	电力，燃气，蒸汽和空调供应
	E	供水，污水处理，废物管理和补救活动
F	F	施工

续表

	G	批发和零售贸易，汽车和摩托车维修
G, H, I	H	运输和储存
	I	住宿和食品
J	J	信息和通信
K	K	金融和保险活动
L	L	房地产活动
M, N	M	专业，科学和技术活动
	N	行政和支助服务活动
	O	公共行政和国防，强制性社会保障
O, P, Q	P	教育
	Q	人类健康和社会工作活动
	R	艺术，娱乐活动
R, S, T, U	S	其他服务活动
	T	家庭作为雇主，无差别商品和服务活动—生产自用户活动
	U	活动域外组织和机构

2. 农业发展

由于捷克三分之一的国土覆盖着森林，木材成为农业方面主要的出口物品。在农作物方面，主要种植谷物（小麦、大麦、玉米）、土豆、糖甜菜，技术农作物有麻和油菜；值得一提的还有啤酒花种植，园林（水果园林）和葡萄种植；畜牧业主要是牛、猪和家禽的养殖。

根据捷克国家统计局数据，2017年布拉格的初级产业（农业，林业和渔业）的GDP为1698百万克朗，2017年捷克全国农林渔GDP为41112百万克朗，布拉格农业经济占捷克GDP（41112百万克朗）的比重为4.1%，所占比重很低；占比重最大的为东南地区，农林渔占捷克GDP的比重为24.9%。

表Ⅱ-7-7　　布拉格及捷克各地区农业、林业和渔业国民生产总值　　（百万克朗）

年份	2010	2011	2012	2013	2014	2015	2016	2017
捷克	24660	28969	39493	37075	37320	30788	39350	41112
布拉格	380	752	1352	1255	1415	1102	1821	1698
中波希米亚	3613	4291	5229	5258	5055	4101	5762	5880
西南地区	4768	5285	7343	6418	6897	5756	7463	7564
西北地区	1488	2175	2511	2766	3311	2444	3169	2213
东北地区	4458	4984	7234	6171	6029	5236	6228	6622
东南地区	5667	6727	9773	8975	8769	6671	8103	10217
中摩拉维亚	2922	3002	3974	4056	3981	3602	4927	4816
摩拉维亚—西里西亚	1364	1753	2077	2176	1863	1876	1877	2102

资料来源：捷克国家统计局。

3. 工业发展

捷克主要的工业中心有布拉格、布尔诺、俄斯特拉发、皮尔森和姆拉达博雷斯拉夫。捷克工业主要是化工、机械、冶金和食品工业，其他重要的门类还有电力工业、建材和消耗品制造（消耗品包含服装、纺织品、鞋类、印刷业、木材加工，比如家具、铅笔、火柴）以及军工和玻璃制造业，同时，车辆出口工业在捷克也非常发达，最大的汽车生产公司是斯柯达汽车公司。

2010年至2017年，捷克的工业产出增幅为25.1%，年均增幅为3.2%。捷克统计局的数据显示，2016年捷克工业国民生产总值下降1.8个百分点。布拉格2010—2017年工业国民生产总值变化很小。2010年布拉格的工业国民生产总值为40677百万克朗，2017年工业国民生产总值为40154百万克朗，略有降低。布拉格工业国民生产总值自2010年开始一路走低，于2014年达到最低，为28426百万克朗，降幅达到29.2%，随后布拉格摆脱了工业国民生产总值持续负增长的趋势并缓慢恢复，工业国民生产总值逐年升高，到2017年，布拉格工业国民生产总值几乎恢复到2010年水平。

根据捷克国家统计局的数据，布拉格工业国民生产总值占捷克总体工业国民生产总值的比重与布拉格工业国民生产总值绝对量变化呈现出相同的趋势，该比重从 2010 年的 13.2% 下降到 2014 年的 8%，随后有所升高；2015 年和 2016 年的比重几乎相同，分别为 8.54% 和 8.46%，2017 年该比重升高到 10.4%，恢复到与 2012 年相当的水平。就工业国民生产总值最大的地区而言，2010 年排名首位的是西北地区，随后 2011—2017 年，工业国民生产总值总量和比重最大的为中波希米亚州。

表Ⅱ-7-8　　布拉格及捷克各地区工业国民生产总值比较　　（百万克朗）

年份	2010	2011	2012	2013	2014	2015	2016	2017
捷克	307728	332401	335692	339780	355534	386066	379228	384934
布拉格	40677	39772	33728	33056	28426	32986	32079	40154
中波希米亚	46011	53233	65597	68778	68407	66606	71493	66296
西南地区	32919	34917	32790	32308	39379	43519	42207	37047
西北地区	52839	48595	49038	47540	42950	39240	48468	50191
东北地区	34846	38448	40427	37386	46635	57751	51506	54607
东南地区	36689	43673	40339	39260	46150	45976	44574	44390
中摩拉维亚	23575	29063	29973	30506	36751	41376	39672	43497
摩拉维亚—西里西亚	40172	44700	43800	50946	46836	58612	49229	48752

资料来源：捷克国家统计局。

4. 服务业发展

（1）交通运输业

在公路方面，捷克全国公路网长度为 55653 千米（34581.17 英里），截止到 2017 年，捷克境内高速公路里程达到 1232 千米；在铁路总长中 7617 千米（4732.98 英里）是单线轨道，1866 千米（1159.48 英里）是双线和多线轨道；捷克铁路巨头 Českédráhy 是主要的铁路运营商，每年旅客运送量约 1.8 亿人次，列车最高速度被限制在 160km/h；布拉格是捷克铁路网的枢纽，从这里可以到达捷克共和国的每个地方，以及直达邻国的许多地方。布拉格有两个国际火车站和许多较小的郊区车站，其中 1871 年建成的中央火车站为最主要和最大的车站。

布拉格的公共交通有着完整的系统，包括地铁、电车、公共汽车、通勤铁路、一条上 Petřín 山的索道，以及布拉格动物园的架空缆车。该市的地铁于 1974 年投入使用，现有 A、B、C 三条线路，总长 57.4 千米，共计有 54 个车站。电车开通于 1920 年代，目前共有 26 条线路，包括两条怀旧电车线路。所有服务都使用一个共同的售票系统——布拉格整合公共交通（Pražská Integrovaná Doprava），并由首都布拉格交通公司（Dopravní podnik hl. m. Prahy）统一运营（通勤铁路 Esko 除外）。在航空方面，布拉格的瓦茨拉夫·哈维尔机场是捷克的主要国际机场，2017 年该机场运送旅客 15 万人次，它也是中欧十分繁忙的机场之一。

（2）通信与 IT

捷克国内电信业发展迅速，最大的电信运营商——捷克电信与跨国集团西班牙电信并购后改名为 Telefónica O2 Czech Republic，这家公司与电信公司 Tmobile、沃达丰和 Ufon 一样也在国内提供移动业务和互联网业务，在欧盟国家中捷克拥有数量最多的预付费无线用户。同时，在捷克成立了两家主要的计算机安全公司，分别是 Avast 和 AVG。2016 年，以帕维尔·鲍迪斯（Pavel Baudiš）为首的 Avast 以 13 亿美元的价格收购了竞争对手 AVG，当时这些公司的用户群约为 4 亿户，占中国以外消费市场的 40%，Avast 也一跃成为防病毒软件的领先提供商，拥有 20.5% 的市场份额。

2010—2017 年首都布拉格电信国民生产总值数据显示，在总量方面，首都布拉格的电信国民生产总值远超其余大区，稳居首位；在变化趋势方面，布拉格电信国民生产总值的变化与捷克全国情况呈现出极为相似的趋势。就布拉格而言，2010—2015 年呈现出逐年升高的趋势，随后 2016 年电信国民生产总值有所下降，2017 年略有回升，捷克整体电信国民生产总值也呈现出相同变化。

表 Ⅱ-7-9　　　布拉格及捷克各地区电信国民生产总值　　　（百万克朗）

年份	2010	2011	2012	2013	2014	2015	2016	2017
捷克	53794	52188	51691	57742	62008	73706	74046	75555
布拉格	28244	27645	28316	33877	39665	47999	44485	47020
中波希米亚	2699	2513	2236	2394	2104	2231	2364	1734

续表

年份	2010	2011	2012	2013	2014	2015	2016	2017
西南地区	4389	4362	4180	3634	3771	3939	3462	3748
西北地区	2633	2247	2376	2531	1680	2125	2199	3618
东北地区	3877	4422	3814	4079	3402	4261	4804	6038
东南地区	5957	5431	5470	6358	6938	8350	11434	7421
中摩拉维亚	3079	3058	3038	2587	2363	2565	2845	2145
摩拉维亚—西里西亚	2916	2510	2261	2282	2085	2236	2453	3831

资料来源：捷克国家统计局。

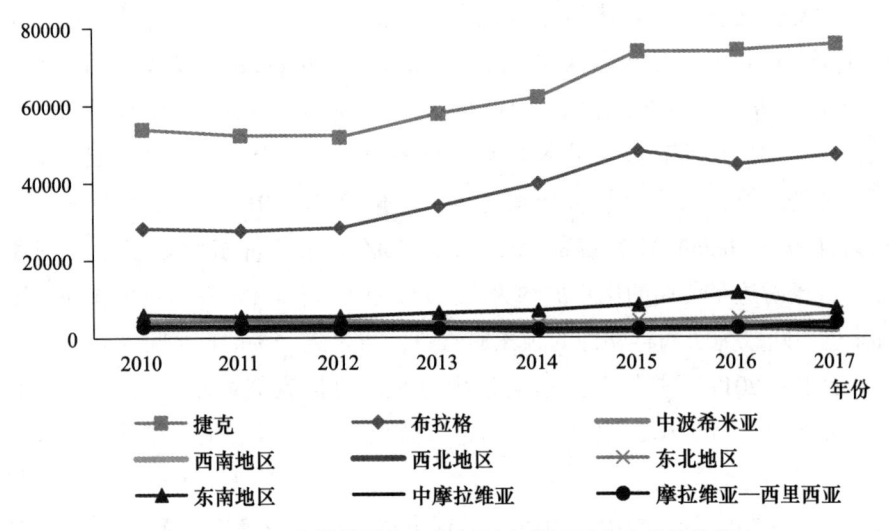

图Ⅱ-7-10 布拉格及捷克各地区电信国民生产总值比较

资料来源：捷克国家统计局。

（3）旅游业

捷克每年从旅游业中获得的收入非常可观，布拉格是欧洲旅游参观人数排名第五的城市，仅次于伦敦、巴黎、伊斯坦布尔和罗马。2001年，捷克旅游业总收入达到1180亿克朗，占国民生产总值的5.5%，占出口总收入的9%。自2005年以来，布拉格市长帕维尔·贝姆（Pavel Bém）通过打击犯罪来改善布拉格的旅游环境，进而提高声誉。多年以来，来到布拉格的外国游客以德国人最多,但到 2004 年,英国游客数目已经达到 60 万人次,超过了德国游客;意大利位居第三,有 30 万人次游客来到布拉格。布拉格在第二次世界大战期间所遭受的破坏比欧洲其他大城市轻得多,因而大部分历史建筑得以原封不动地保留了下来。在这里,可以看到世界上最简朴和最繁复的建筑风格,从罗马式、哥特式、文艺复兴、巴洛克、洛可可、新古典主义、新艺术运动风格到立体派和超现代主义。而其中数量最多、也最著名的仍是哥特式和巴洛克式建筑,使得布拉格市区各种尖塔和圆顶高低错落,连成一片片的塔林,因而布拉格拥有"千塔之城"的称号。这些建筑的屋顶多为朱红色,墙面多为象牙黄色,在阳光下显得金碧辉煌,因而又有"金色的布拉格"美誉。

捷克共拥有 14 个联合国教科文组织世界遗产,这些遗产都属于文化范畴,截至 2018 年底,联合国教科文组织世界遗产暂定名单上捷克仍然占据着 18 个席位。

(4) 金融服务业

在金融服务业方面,首都布拉格金融服务业国民生产总值从 2010 年的 17170 百万克朗增加到 2017 年的 32896 百万克朗,增幅达 91.5%,年均增速为 9.7%,截止到 2017 年,布拉格的经济占捷克 GDP 总量的 25%,布拉格金融服务业国民生产总值占全国的 77.6%,使其成为捷克经济表现最好的区域,其按购买力标准衡量的人均 GDP 为 56200 欧元,是 2016 年欧盟 28 国平均水平的 1.8 倍。

从整体趋势上看,布拉格金融服务业国民生产总值除 2012 年有所波动外,其余各年份呈现出逐年升高的趋势,布拉格金融服务业国民生产总值占全国的比重也从 2010 年的 63.6% 上升到 2017 年的 77.6%;通过对捷克不同地区的对比,布拉格金融服务业国民生产总值远超其他各地区,稳居首位。

表 Ⅱ-7-10　　　布拉格及捷克各地区金融服务业国民生产总值　　　(百万克朗)

年份	2010	2011	2012	2013	2014	2015	2016	2017
捷克	26978	28195	28629	26511	27454	30133	37179	42399
布拉格	17170	20697	24135	20849	20825	23210	28890	32896

续表

年份	2010	2011	2012	2013	2014	2015	2016	2017
中波希米亚州	2752	2631	1184	1785	1263	1553	1764	1366
西南地区	1802	886	410	639	806	806	827	1106
西北地区	259	452	292	337	353	424	306	365
东北地区	754	549	368	530	871	790	786	1189
东南地区	2698	1502	1266	1333	1674	1654	2995	3542
中摩拉维亚	800	449	434	507	976	1006	628	733
摩拉维亚—西里西亚	743	1029	540	531	686	690	983	1202

资料来源：捷克国家统计局。

（四）城市的企业发展

捷克于1999年加入北约，并于2004年加入欧洲联盟，它是联合国、经合组织、欧安组织和欧洲委员会的成员。捷克是一个发达国家，也是一个高收入经济体和高生活水平国家。布拉格作为捷克的首都，也是捷克经济最为发达的地区，聚集了全国大部分的高收入、高科技公司，现就布拉格的大型企业进行汇总，所得到的企业名单如表Ⅱ-7-11所示。

表Ⅱ-7-11 布拉格重点企业名单

名称	行业	部门	成立时间（年）	备注
阿霍尔德捷克共和国	消费服务	食品零售商和批发商	1991	超级市场
ASIX sro	工业领域	电子设备	1991	电子电路
阿瓦斯特	技术	软件	1988	安全软件
巴兰多夫工作室	消费服务	广播与娱乐	1921	电影制片厂
Českápošta	工业领域	送货服务	1918	邮政服务
Českáspořitelna	金融	银行业务	1825	银行，隶属于Erste Group（奥地利）
捷克德拉	工业领域	铁道	2003	铁道

续表

名称	行业	部门	成立时间（年）	备注
捷克广播电台	电信	固网电信	1963	电信
Československá obchodní banka	金融	银行业务	1964	银行
赛丁	电信	固网电信	2015	电信基础设施
捷克电影城	消费服务	娱乐服务	1999	剧院
克朗	工业领域	商用车和卡车	1927	电车，车辆
CS 链接	电信	移动通信	2006	卫星服务
捷克航空	消费服务	航空公司	1923	航空公司
捷克国家银行	金融	银行业务	1919	中央银行
肯维洛	消费服务	服装零售商	1991	服装
银行	金融	银行业务	1990	银行
LEO Express	工业领域	铁道	2010	铁轨
马夫拉	消费服务	出版	1992	印刷媒体
Metrostav	工业领域	重型建筑	1971	重型建筑
天联	电信	移动通信	2007	卫星服务
学生中介	消费服务	观光旅游	1996	旅行社
Supraphon	消费服务	广播与娱乐	1932	记录标签
奥地利电信捷克	电信	固网电信	1995	现在是 VOLNÝ，例如互联网服务
联合信贷银行	金融	银行业务	2006	银行
沃达丰捷克共和国	电信	移动通信	1982	移动运营商，属于沃达丰（英国）的一部分
沃尔特飞机发动机	工业领域	工业机械	1911	发动机，2008 年停产
Zetor	工业领域	商用车和卡车	1946	拖拉机
Živnostenská banka	金融	银行业务	1868	银行，2006 年停止营业

资料来源：Wikipedia.

(五) 城市的区域影响

1. 布拉格的城市定位变化

布拉格是中欧历史悠久的政治、文化和经济中心。布拉格始建于罗马时代，并在哥特时期、文艺复兴时期和巴洛克时期蓬勃发展，是波希米亚王国的首都和几个神圣罗马皇帝的主要住所，其中，最著名的是查理四世（1346—1378）。布拉格也是哈布斯堡王朝及其奥匈帝国的重要城市，该市在波希米亚和新教改革的三十年战争中发挥了重要作用，并成为世界大战期间与战后共产主义时期捷克斯洛伐克的首都。

2. 布拉格的城市排名状况

根据 GaWC 的研究，布拉格被列为"阿尔法"—全球城市，在 Tripadvisor 的 2016 年最佳目的地世界排名中排第六名；2019 年，该城市被列为全球宜居城市第 69 名；同年，在 PISCA 指数中该城市被列为世界第 13 位宜居城市。悠久的历史使其成为受欢迎的旅游胜地，截至 2017 年，该市每年接待超过 850 万国际游客；2017 年布拉格被列为继伦敦、巴黎、罗马和伊斯坦布尔后第五个访问量较大的欧洲城市。

3. 布拉格的区域影响力

（1）经济影响力

布拉格是捷克的经济中心，占全国 GDP 的 25%，布拉格每年所拥有的投资金额约占全国总额的五分之一。在传统上，布拉格的工业以机械制造为主，产品有运输机械（汽车、机车和车辆）、机床、电机等。工业区位于城市的西南郊和东南郊。1990 年以来，布拉格的经济结构发生了巨大变化，重工业比重明显下降，2004 年，布拉格的人均 GDP 为 33784 欧元（购买力平价），超过捷克全国平均水平的两倍，为欧盟平均水平的 157.1%。就人均国内生产总值/购买力平价而言，布拉格已经跻身于欧盟 12 个富裕地区之列，不过，其价格水平仍然显著低于同类城市。该市也成为许多跨国公司的欧洲总部，在 2011 年的调查中，布拉格被评为中欧和东欧经商的最佳城市。2005 年，在《经济学人》关于中欧和东欧城市宜居排行榜中布拉格排第 3 位。

20 世纪 90 年代末以来，布拉格成为包括好莱坞在内的许多外国电影公司的热门外景地。与许多欧洲城市不同，布拉格在第二次世界大战期间未遭受严重破坏，该市经常被用来表现其他战前欧洲城市，例如阿姆斯特丹和伦敦。建筑、低成本、避税和现有的电影基础建筑这些因素都对国际电影制片公司产生了极强的吸引力。

然而，在过去的十年中，布拉格的经济发生了重大变化，制造业显著减少，私有化的服务业快速增长。金融、信息技术、房地产、咨询和广告等商业服务已经大大扩展。旅游业，其中包括酒店、餐馆、导游等正对经济发挥着越来越特殊的作用，布拉格旅游业近年来的收入占据了布拉格总收入的近60%。尽管大幅度减少了制造业比重，但布拉格仍然是捷克最大的工业中心，布拉格的失业率仍为全捷克最低水平。

（2）交通影响力

在市内影响力方面，截止到2017年底，布拉格拥有的出行交通方式份额为：52.2%为公共交通工具，24.5%为汽车，22.4%为步行，0.4%为自行车，0.5%为飞机。布拉格市区内的大部分交通运输都是通过公交、有轨电车和地铁系统进行的，这些系统的价格便宜且有补贴。尽管布拉格政府已努力通过各种方式增加公共交通的承载能力来满足不断增长的人口出行需求，但乘用车和商用车的数量仍在持续上升，因此布拉格政府计划建立一个主要的城市高速公路系统，包括连接布拉格与国家公路网的10条公路大动脉。

布拉格是全国主要的铁路枢纽之一，拥有三个主要车站和三个货运线路。1960年代，捷克对Ruzyně附近的国际机场进行了扩建和现代化改造，使其成为欧洲的枢纽中心，在伏尔塔瓦河和Berounka河流交汇处建造新港口，以便于水路运输。当前，布拉格郊区鲁济涅的瓦茨拉夫·哈维尔国际机场是捷克的国家航空公司——捷克航空公司的总部，该机场年客运量可达500万人次，这里每天都有一些往返英国和其他国家的廉价航班，哈维尔国际机场也被认为是欧洲十分现代化的机场之一。

（3）文化影响力

布拉格以其多彩、丰富的文化生活而闻名。沃尔夫冈·阿玛迪斯·莫扎特（Wolfgang Amadeus Mozart）就曾住在布拉格，他的布拉格交响乐团也在这座城市演出。此外，布拉格还有伟大的捷克作曲家安东·德沃夏克（AntonínDvořák）和每年音乐节都会纪念的Leoš Janáček。这座城市拥有许多世界一流的博物馆，包括国家博物馆（Národnímuzeum）、布拉格首都博物馆、布拉格犹太博物馆、阿方斯·穆查博物馆、非洲—布拉格博物馆、装饰艺术博物馆。

布拉格有几所高等教育机构，但迄今为止最著名的是查尔斯大学，该大学成立于 1348 年，是中欧最古老的大学。布拉格是捷克最为重要的研究中心，捷克科学院 54 所研究所中的 39 所落户于布拉格，其中包括较大的研究所：物理研究所、微生物研究所、有机化学与生物化学研究所。它也是 10 个公共研究机构、4 个企业孵化器和进行研发活动的大型医院的所在地。截至 2008 年，共有 13000 名研究人员（全国有 30000 名研究人员，按全日制当量计算），占布拉格从事经济活动人口的 3%。研发总支出为 9.013 亿欧元（占国家总支出的 41.5%）。

第四节　重点城市布尔诺及南摩拉维亚的经济发展与区域影响

一　城市概况

布尔诺为捷克南摩拉维亚州首府，是重要的工业中心。布尔诺位于摩拉维亚高地东麓，斯夫拉特卡河和斯维塔瓦河汇合处，人口规模为 38.57 万人，13 世纪初为日耳曼殖民地，16 世纪后成为摩拉维亚的经济和文化中心。第二次世界大战前这里的居民以日耳曼人为主，后以捷克人为主；是捷克仅次于布拉格的工业中心，机械工业发达，布尔诺国际机械工业博览会定期于布尔诺举办。其他工业有毛纺、食品、制革、印刷等。

在交通方面，布尔诺是捷克重要的交通枢纽，数条铁路和公路干线在此交会；在教育方面，布尔诺建有马萨罗克大学、石油工业学院、科学研究机构和博物馆等，在捷克斯洛伐克成立的同一年（1919），马萨罗克大学成为捷克第二所大学，第二次世界大战前布尔诺是现代主义文化的中心之一，但在第二次世界大战期间遭受严重破坏。

二　地区经济总量发展

（一）地区生产总值

根据捷克国家统计局公布的数据，2017 年南摩拉维亚地区 GDP 为 531374 百万克朗，当年捷克的 GDP 为 5047267 百万克朗，南摩拉维亚地区 GDP 占全国比重的 10.5%，位居全国第三；2017 年首都布拉格和中波希米亚州的GDP分别为1283415百万克朗和599821百万克朗，占全国的比重分别为25.4%和11.9%，位居全国第一、二位。机械工程在该地区的经济发展中发挥了至关重要的作用，机械工程的中心主要包括：布尔诺（PBS、西门子、ZETOR）、布兰斯科（CKD、梅特拉）、KURIM（TOS KURIM）、博斯科维采（密涅瓦、Novibra）和布热茨拉夫（OTIS）。除机械工程外，电气工程、食品工业、化学和制药工业在南摩拉维亚地区都较为集中，工业经济的发展促进了南摩拉维亚地区经济的繁荣，这也是南摩拉维亚地区经济排名捷克第三的原因。

表Ⅱ-7-12　　　　　　　南摩拉维亚地区国内生产总值　　　　　　（百万克朗）

年份	2010	2011	2012	2013	2014	2015	2016	2017
捷克	3962464	4033755	4059912	4098128	4313789	4595783	4767990	5047267
布拉格	1018081	1003742	1004400	1011319	1044120	1157950	1200554	1283415
中波希米亚	420468	441035	449502	452331	493325	518922	557770	599821
南波希米亚	202729	203770	208433	212001	219426	228760	237236	247332
比尔森	198641	202607	198464	208139	222957	233234	243655	255226
卡罗维发利	83013	83105	82405	82009	84595	87233	88121	93482
乌斯季	250196	250484	250778	249748	255572	274948	271440	283381
利贝雷茨	126493	129025	131580	132469	139430	148017	153730	160808
赫拉德茨—克拉洛韦	181920	183508	184483	185110	198157	208399	221073	243500
帕尔杜比采	159941	165724	158240	161809	171921	182983	189959	200687
维索基纳	155076	162057	165755	167216	174056	181460	188853	199430
南摩拉维亚	408092	421653	434334	452931	473554	502175	512483	531374
奥洛穆茨	183705	189721	191847	191738	202678	212588	222612	236619
兹林	185334	191345	190952	194047	214013	219181	226644	237885
摩拉维亚—西里西亚	388775	405979	408739	397261	419985	439933	453860	474307

资料来源：捷克国家统计局。

从捷克经济排名前四的地区生产总值的变化曲线（见图Ⅱ-7-11）来

看，2010—2017年，首都布拉格经济稳居国内首位，其他三个地区相较于首都布拉格有着较大差距，2017年排名第二的中波希米亚州GDP仅占布拉格GDP的46.7%；排名第二到第四的三个地区GDP总量差别不大，南摩拉维亚地区经济常年位居第三；2010—2013年，南摩拉维亚地区GDP与中波希米亚州GDP差距逐年缩小，2013年南摩拉维亚地区GDP小幅超越中波希米亚州，随后差距逐年拉大，2017年，南摩拉维亚地区GDP占中波希米亚州GDP的比重为88.6%，占布拉格GDP的比重为41.4%。

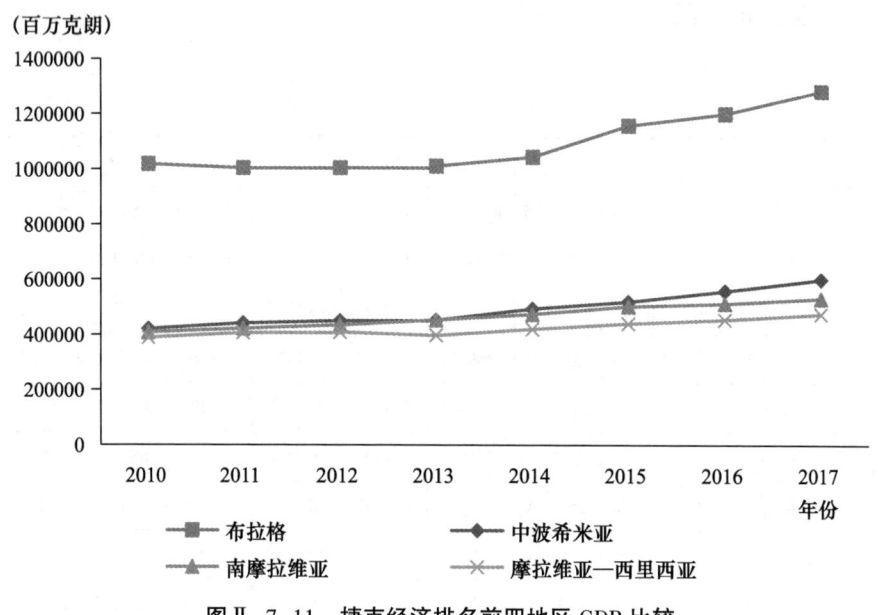

图Ⅱ-7-11 捷克经济排名前四地区GDP比较

资料来源：捷克国家统计局。

(二) 人均地区生产总值

根据捷克国家统计局的数据，南摩拉维亚地区人均GDP呈现稳步上升的趋势，从2010年的354011克朗上升至2017年的450135克朗，涨幅为27.2%，年均增幅为3.5%；布拉格人均GDP位居首位，以2017年为例，布拉格人均GDP为997560克朗，是南摩拉维亚人均GDP的2.2倍；南摩拉维亚地区人均GDP水平排捷克第二位，但略低于捷克平均人均GDP水平，与首位的布拉格有较大差距，捷克人均GDP地区间差距较大，地域不平衡现象较为突出。

表Ⅱ-7-13　　　　　　　　　捷克各地区人均GDP　　　　　　　　（克朗）

年份	2010	2011	2012	2013	2014	2015	2016	2017
捷克	376759	384289	386317	389900	409870	435911	451288	476628
布拉格	813342	810814	807594	812460	834578	917183	943289	997560
中波希米亚	334450	346428	349550	348696	376832	392908	418354	445710
南波希米亚	317802	320440	327529	333103	344516	358956	371664	386952
比尔森	347261	354520	346955	363319	388432	405156	421813	440631
卡罗维发利	269857	273805	272428	272456	282096	292232	296387	315705
乌斯季	299351	302300	303122	302416	309863	333926	330099	345192
利贝雷茨	287822	294489	300005	302114	317744	337052	349244	364699
赫拉德茨—克拉洛韦	328200	331212	333429	335312	359156	378034	401093	442046
帕尔杜比采	309498	321009	306424	313716	333110	354449	367743	387994
维索基纳	301235	316535	323976	327539	341282	356148	370891	392066
南摩拉维亚	354011	362048	372135	387592	404513	427906	435425	450135
奥洛穆茨	286296	296974	300777	301163	318621	334735	351078	373727
兹林	313881	324536	324583	330803	365317	374779	387986	408009
摩拉维亚—西里西亚	312335	329361	332781	324580	344328	362022	374646	392827

资料来源：捷克国家统计局。

从南摩拉维亚地区人均GDP的变化曲线（见图Ⅱ-7-12）来看，南摩拉维亚地区2010—2017年人均GDP变化并不明显，仅呈现出略有上升的态势，与全国水平比较，南摩拉维亚的人均GDP略低；2010—2017年人均GDP排名第二到第五的捷克人均GDP变化均未发生较大波动。

（三）南摩拉维亚地区人口分布

南摩拉维亚地区人口主要集中在其首府布尔诺，根据2019年数据，布尔诺人口为380681人，占全南摩拉维亚人口的三分之一，远超排在第二位的兹诺伊莫；在人口区域集聚方面，根据南摩拉维亚的行政区划，南摩拉维亚人口主要集中在中部和西南部，其余各地区人口总量较小；南摩拉维亚地区郊区化现象明显，导致居住在城镇的居民在该地区总人口中的比重逐年下降，但在净移民方面该地区呈现出逐年增长态势。

(百万克朗)

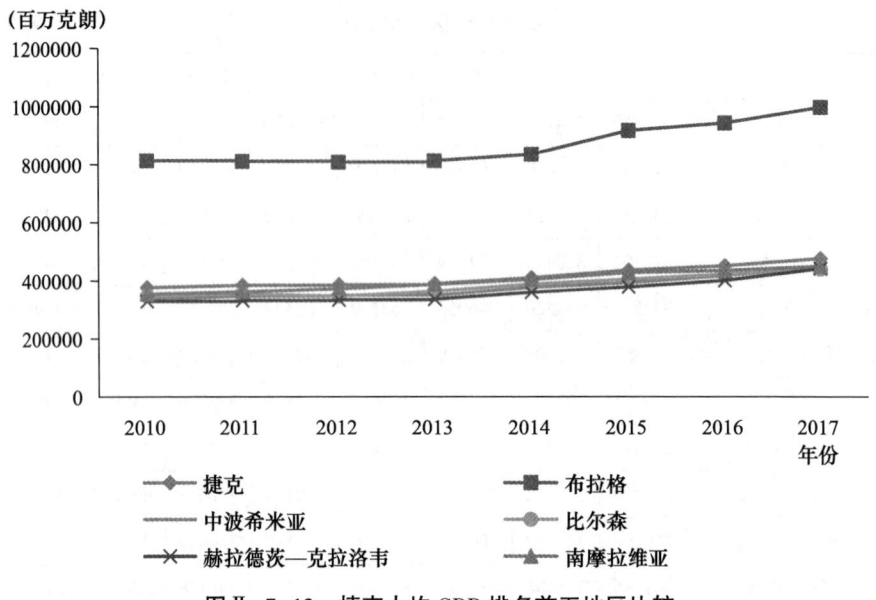

图Ⅱ-7-12 捷克人均GDP排名前五地区比较

资料来源：捷克国家统计局。

表Ⅱ-7-14 南摩拉维亚地区人口分布情况

名称	人口（人）	面积（平方千米）
布尔诺	380681	230
兹诺伊莫	33780	66
布热拉夫	24704	77
霍多宁	24682	63
维斯科夫	20883	50
布兰斯科	20572	45
博斯科维采	11622	28
基约夫	11218	30
Veselínad Moravou	11006	35
库林	10997	17
伊万契采	9742	48
蒂什诺夫	9257	17

资料来源：捷克国家统计局。

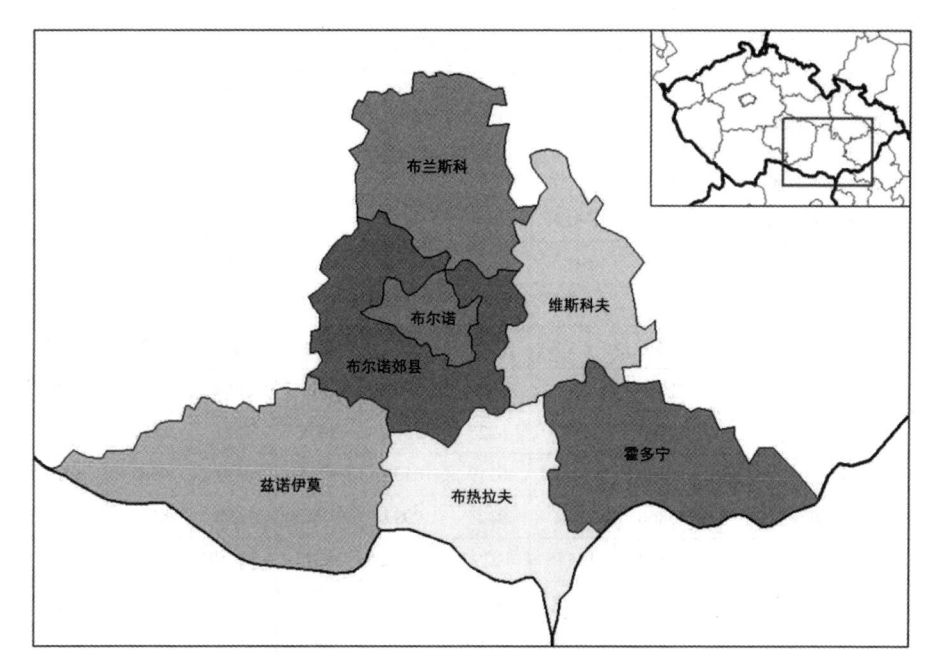

图Ⅱ-7-13 南摩拉维亚地区行政区划

资料来源：Wikipedia.

三 地区经济结构发展

（一）产业结构变化

通过表Ⅱ-7-5中按行业划分的各地区固定资产总值可以发现，捷克第一、二、三产业所占比重分别为2.3%、37%和60.7%；南摩拉维亚地区第一、二、三产业所占比重分别为2.5%、33.8%和63.7%，南摩拉维亚产业结构情况与捷克整体水平相近，第一、三产业比重略高于捷克整体水平。

（二）农业发展

根据捷克国家统计局数据，2017年南摩拉维亚地区农林渔国民生产总值为11705百万克朗，占当年捷克总产值103851百万克朗的比重为11.3%，占比较高，农林渔国民生产总值位居全国第二；2010—2017年，捷克农林渔国民生产总值排名首位的是中波希米亚州，其次是南摩拉维亚地区，南摩拉维亚地区农林渔国民生产总值变化并不明显，随着时间的推移趋于稳定，排名第一、三、四位的三个地区农林渔国民生产总值的波动情况较南摩拉维亚地区明显。

表Ⅱ-7-15 捷克南摩拉维亚及各地区农业、林业和渔业国民生产总值 （百万克朗）

地区	2010	2011	2012	2013	2014	2015	2016	2017
布拉格	2224	2810	3539	3555	3787	3976	4525	4366
中波希米亚	8748	12413	14337	14202	15293	14600	13809	14506
南波希米亚	6414	9319	10068	9878	11287	10705	10078	10832
比尔森	4923	6182	6690	6905	7705	7317	6856	7434
卡罗维发利	1801	2772	3064	3176	3451	3403	3017	2936
乌斯季	2846	4227	4631	4951	5196	5212	5437	5085
利贝雷茨	1669	2243	2608	2602	2895	2669	2739	2443
赫拉德茨—克拉洛韦	4345	6590	8025	7568	8056	7571	6872	7547
帕尔杜比采	3746	5485	6319	6133	6711	6331	5597	6779
维索基纳	5868	8201	9323	9991	10413	9198	8313	9933
南摩拉维亚	6734	10475	10290	11785	12371	12050	12229	11705
奥洛穆茨	4061	6131	6406	7144	7663	7649	7271	7666
兹林	2884	4193	4050	4475	4960	4820	4684	5224
摩拉维亚—西里西亚	3947	5591	6046	6139	6932	6889	7029	7395

资料来源：捷克国家统计局。

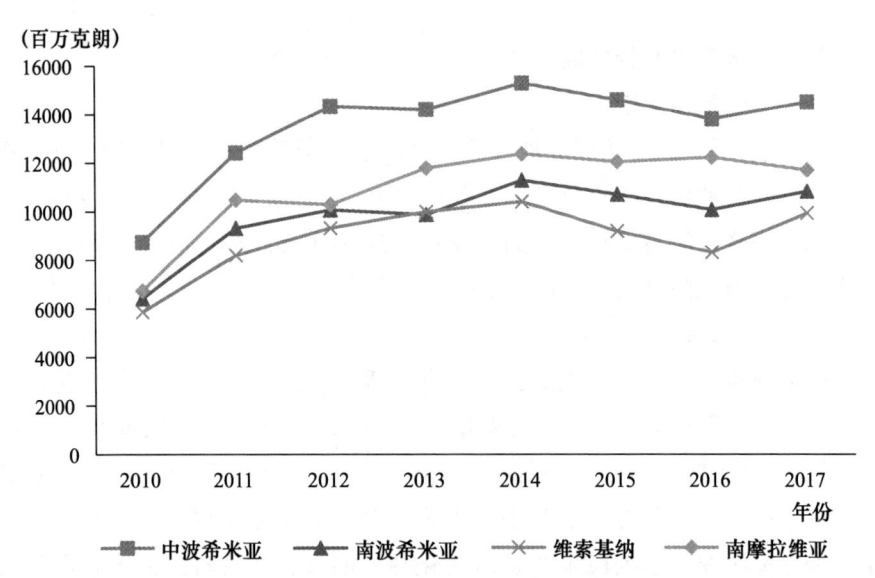

图Ⅱ-7-14 捷克农业、林业和渔业国民生产总值排名前四的地区

资料来源：捷克国家统计局。

(三) 工业发展

根据捷克国家统计局数据，2017年南摩拉维亚地区工业国民生产总值为129778百万克朗，当年捷克全国工业国民生产总值为1435239百万克朗，南摩拉维亚占全国的比重为9%，排名全国第三，前两位分别为中波希米亚地区和摩拉维亚—西里西亚地区，所占全国比重分别为16.2%和12.4%。从2010—2017年南摩拉维亚地区工业国民生产总值变化情况来看，波动幅度不大，逐渐趋于平稳，排第一、二位的中波希米亚地区和摩拉维亚—西里西亚地区工业国民生产总值呈现出上升态势；南摩拉维亚地区工业占全国比重逐年降低，工业重心有逐步向中波希米亚地区和摩拉维亚—西里西亚地区转移的倾向。

表Ⅱ-7-16　　　　捷克各地区工业国民生产总值　　　　（百万克朗）

地区	2010	2011	2012	2013	2014	2015	2016	2017
布拉格	100827	101535	96598	94258	104592	113269	119316	119976
中波希米亚	146064	158212	162147	160447	188790	198856	214292	232557
南波希米亚	60006	59721	63175	64864	66783	71041	74244	77210
比尔森	67247	69211	64733	71021	82216	85161	86864	90194
卡罗维发利	22643	23031	22211	22348	24663	24973	23606	25396
乌斯季	88216	88158	90459	90549	98584	109050	99450	105115
利贝雷茨	42706	44222	47121	48436	52296	58470	59414	61863
赫拉德茨—克拉洛韦	61439	62187	62801	65449	73895	77733	84969	99105
帕尔杜比采	54632	59026	50950	53979	57858	64266	66080	69579
维索基纳	56725	58645	61312	62327	66068	68475	70628	73102
南摩拉维亚	102331	110937	120757	119269	128949	127548	128703	129778
奥洛穆茨	53073	57374	60174	57589	64908	68779	71764	75536
兹林	72613	74965	74099	76979	90370	92763	94163	98477
摩拉维亚—西里西亚	143269	155668	156277	147858	162694	169549	171862	177351

资料来源：捷克国家统计局。

(四) 服务业发展

根据2017年数据，南摩拉维亚地区服务业所占比重为63.7%，高于捷

(百万克朗)

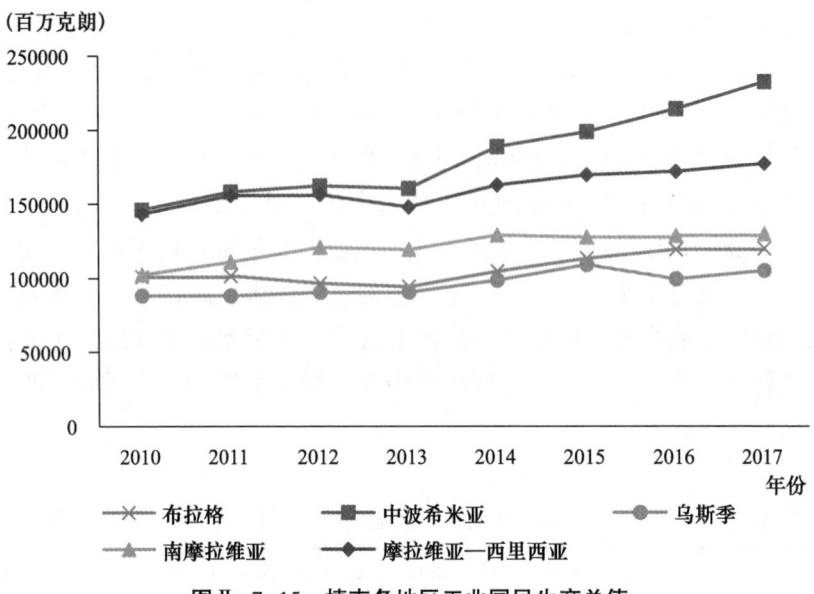

图Ⅱ-7-15 捷克各地区工业国民生产总值

资料来源:捷克国家统计局。

克平均水平60.7%,居全国第二位;排首位的是首都布拉格,其服务业比重为84.6%,高于南摩拉维亚地区23.9个百分点。2010—2017年南摩拉维亚地区服务业比重变化与捷克全国平均水平变化呈现出相同趋势,但均略高于全国平均比重。

1. 通信与IT

南摩拉维亚地区的电信产出从2010年的18765百万克朗迅速发展到2017年的30236百万克朗,涨幅为61.1%,年均增幅为7.1%,在整体趋势上呈现出逐年增长的态势;南摩拉维亚地区电信业国民生产总值位居全国第二,但与排名首位的首都布拉格仍有较大差距。以2017年为例,布拉格电信业国民生产总值为147127百万克朗,是南摩拉维亚地区的4.9倍。

表Ⅱ-7-17　　南摩拉维亚及各地区电信业国民生产总值　　(百万克朗)

地区	2010	2011	2012	2013	2014	2015	2016	2017
布拉格	109020	113907	112038	112188	118445	129887	136443	147127
中波希米亚	6486	6218	6070	5549	6120	6564	6368	7461

续表

地区	2010	2011	2012	2013	2014	2015	2016	2017
南波希米亚	3903	3707	3398	3184	3457	3522	3809	4132
比尔森	4542	4176	3987	4040	4147	4187	4656	5213
卡罗维发利	817	691	655	721	756	720	750	742
乌斯季	7648	7145	7084	6488	5802	5530	5780	5792
利贝雷茨	2131	2325	2075	1873	2142	2361	2481	2592
赫拉德茨—克拉洛韦	5872	5645	5567	5094	4971	5239	5513	5722
帕尔杜比采	6186	5893	5532	4619	4721	4877	5334	6128
维索基纳	1919	1877	1826	1809	2083	2156	2305	2412
南摩拉维亚	18765	19811	21542	22090	25186	28947	31051	30236
奥洛穆茨	3574	3062	3126	3295	3649	3683	3838	4030
兹林	2399	2424	2661	2995	3112	2885	3144	3292
摩拉维亚—西里西亚	10589	10967	10680	10548	11075	11629	12946	13643

资料来源：捷克国家统计局。

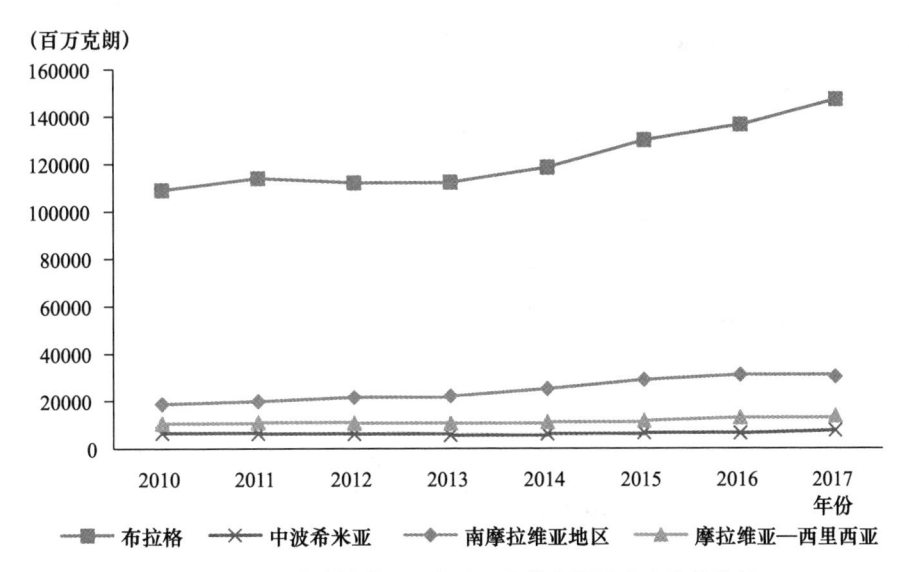

图Ⅱ-7-16 南摩拉维亚及各地区电信业国民生产总值比较

资料来源：捷克国家统计局。

2. 旅游业

南摩拉维亚地区有诸多名胜古迹，包括 Lednice-Valtice、玛卡查峡谷、马萨里克赛车场、珀迪吉国家公园、Slavkovu Brna、Vranovnad Dyjí、白喀尔巴阡生物圈保护区等。单就布尔诺而言，就有数百个历史景点，包括圣彼得保罗大教堂、图根哈特别墅等，以及被列入捷克国家文化遗产的八处古迹；布尔诺的主要景点大部分位于其城市中心，该市是捷克第三大历史保护区，最大的是首都布拉格，但是，这两个城市的历史保护区数目存在较大差异，布尔诺有 484 个受法律保护的地点，而布拉格则有多达 1330 个。

3. 交通运输

南摩拉维亚地区在国家和国际运输中起着重要作用，地区内高速公路总里程近 4500 千米，高速公路 D1 和 D2 以及高速公路 R43 和 R52 构成该地区道路网络的骨架。首府布尔诺（Brno）是公路和铁路运输的重要通道，也是综合区域公共交通系统的枢纽，布尔诺拥有 12 条有轨电车线路和 14 条无轨电车线路，同时布尔诺也是具有国家级重要性的铁路枢纽，拥有 9 个客运车站，每天约有 50000 人次乘客乘坐列车出行，每天有近 500 列火车通过；布尔诺拥有布尔诺—图拉尼国际机场，该机场于 1954 年开放，并在 2012 年鼎盛时期为 53.5 万人次乘客提供了服务。

四 城市的企业发展与区域影响

（一）企业发展情况

现在布尔诺居民主要是捷克人，布尔诺也已发展成为一个教育（马萨利克大学，1919 年）和工业中心，最为有名的是其国际贸易博览会；布尔诺的主要企业涵盖了居民生活的各个方面，表 Ⅱ-7-18 列出了布尔诺重点大企业名单。

表 Ⅱ-7-18　　　　　　　　布尔诺重点大企业名单

名称	行业	部门	成立时间（年）	备注
印度唱片	消费服务	广播与娱乐	1990	唱片
约瑟夫·利德尔	消费品	休闲产品	1892	乐器
红帽捷克	技术	软件	2006	软件，属于 Red Hat（美国）

续表

名称	行业	部门	成立时间（年）	备注
学生中介	消费服务	观光旅游	1996	旅行社
Zetor	工业领域	商用车和卡车	1946	拖拉机

资料来源：https://en.wikipedia.org.

（二）城市的区域影响

根据上述数据分析可以发现，捷克的人口主要集中于首都布拉格，在金融等服务业上布拉格也是一马当先，交通资源基本上集中于首都布拉格及其周围的大都市圈；布尔诺作为全国第二大城市与首都布拉格在人口数量、经济发展水平、交通情况等各方面都存在较大差距，但是，布尔诺作为摩拉维亚前首都和南摩拉维亚地区政治和文化中心，拥有不可替代的重要地位。布尔诺是捷克司法机构的中心，设有宪法法院、最高法院、最高行政法院和最高检察官办公室，还设有其他一些国家机关，比如监察员和竞争保护办公室；布尔诺还是一个重要的高等教育中心，拥有 13 所高等教育学院的 33 个院系和约 8.9 万名学生。与此同时，布尔诺展览中心是欧洲较大的展览中心之一，该展览中心于 1928 年开业，并确立了在布尔诺举办大型展览和贸易博览会的传统；布尔诺在马萨利克赛道举办摩托车和其他比赛，这是一项确立于 1930 年的传统，其中公路赛车世界锦标赛大奖赛是颇负盛名的比赛之一，每年都会吸引数以万计的游客前来观赛；布尔诺拥有丰富的旅游资源和文化底蕴，是联合国教科文组织创意城市网络的成员，并于 2017 年被指定为"音乐之城"。

第八章　捷克的疑欧主义与历史变迁*

2004年5月1日，捷克与其他9个中东欧国家一起加入欧盟，这是欧盟历史上最大的一次"东扩"。但是，成为欧盟成员国的捷克，无论是政界、学术界，还是普通民众，对欧盟的质疑声都从没有中断过，尤其是在欧盟面对重大的危机，如2009年欧债危机、2015年的难民危机以及2020年新冠疫情危机时，捷克的疑欧主义论调就更为凸显。从某种程度上说，这种普遍的疑欧主义形塑着捷克政党政治的变迁。基于此，本章对捷克的疑欧主义及其历史变迁进行考察，主要分三个部分展开讨论：第一部分对疑欧主义的概念进行界定与梳理，同时探讨中东欧国家疑欧主义所具有的特征；第二部分从捷克民众、政治家、政党政治三个维度分析捷克的疑欧主义及其历史变迁；第三部分从政治、经济、地理位置、历史文化四个维度探究捷克疑欧主义的深层根源。最后指出，捷克的疑欧主义既有西欧和中东欧疑欧主义的共性，也有其自身独特的个性。疑欧主义嵌入了捷克政治变迁的整个过程，如果不深刻理解疑欧主义，那么，对于捷克政治变迁的理解就是不完整且徒劳的。

第一节　疑欧主义

"疑欧主义"（Euroscepticism）一词最早源于新闻话语，1986年6月30日，《泰晤士报》刊登撒切尔夫人发表的"布鲁日演说"，该演说充满了对欧洲一体化的不信任，"疑欧"一词首次进入公众视野。此后，"疑欧"逐渐演

---

* 本文为2020年度国家社会科学基金"当代欧洲民粹主义思潮与政党体制的变革及其影响研究"的阶段性成果。

变为"疑欧主义",被视为是一个通用的、包罗万象的术语,涵括了一组截然不同的态度,这些态度一般反对欧洲一体化,特别是反对欧盟。① 在一体化建立之初,《马斯特里赫特条约》(Maastricht Treaty)签订之前,疑欧主义长期以来只是一个处于政治边缘的现象和话题,因为在此之前,欧盟强调的是"宽容共识"的政治理念。1992 年《马斯特里赫特条约》签订之后,产生了有关欧盟民主赤字和合法性的辩论,这一时期也标志着"平民表决政治"在欧洲的兴起,疑欧主义思潮弥漫且嵌入了当时的政治当中。②

随着欧洲一体化的发展,中东欧国家加入欧盟,疑欧主义现象也在中东欧国家出现。虽然后共产主义地区的国家以加入欧盟,回归西方作为政治发展方向,但是伴随着漫长的入欧谈判和严苛的入欧标准,当 2002 年欧盟塞尔维亚首脑会议确定中东欧候选国具备入欧条件时,"几乎所有中东欧候选国家的政党体系中的少数,却不是微不足道的少数,对欧盟持怀疑主义的态度"③。与之相对应,学术界对疑欧主义的研究最初集中于老欧盟成员国,在 20 世纪 90 年代后期逐渐扩展到中欧和东欧国家。

疑欧主义有左右之分,左翼的疑欧主义认为,欧盟是一个新自由主义的阴谋,它只对那些在布鲁塞尔游说的大企业有利。右翼的疑欧主义认为,欧盟是一个官僚巨兽,它对成员国实行过度监管,鼓励劳动力自由迁徙,对传统的国家民族认同构成威胁。

一 政党政治语境中的疑欧主义

随着欧洲一体化进程的加速以及《马斯特里赫特条约》的签订,欧洲国家对欧盟的批评越来越多,疑欧主义现象从政治边缘逐渐走向政治中心,对疑欧主义的研究也进入学者的视野。保罗·塔格特(Paul Taggart)的开创性文章——《异议的试金石:当代西欧政党制度中的疑欧主义》引发了大量的文献来谈论欧洲怀疑主义。塔格特的主要贡献之一是他首次运用了

---

① Aleks Szczerbiak and Paul Taggart, "Theorising Party-based Euroscepticism: Problems of Definition, Measurement and Causality," *Sussex European Institute*, *Working Paper*, No. 69, March 2003, p. 2.

② 杨云珍:《并不孤单的疑欧主义》,2016 年 7 月 4 日,中国社会科学网(http://www.cssn.cn/gj/gj_gjwtyj/gj_oz/201607/t20160704_3097161.shtml)。

③ Paul Taggart and Aleks Szczerbiak, "Parties, Positions and Europe: Euroscepticism in the EU Candidate States of Central and Eastern Europe," *Sussex European Institute*, *Working Paper*, No. 46, May 2001, p. 29.

比较政治学的方法来审视反对欧洲一体化的现象。①

苏珊·米尔纳（Susan Milner）认为，"疑欧主义"一词最初出现在英国的政治话语里，随后进入其他地方的政党和公众主流话语中，体现在法国和丹麦对《马斯特里赫特条约》的公投中，它使学者和政治家认识到在一体化过程中民众支持的重要性。②而保罗·塔格特和亚历克斯·斯泽比亚克（Aleks Szczerbiak）则认为，欧盟的事务是通过政客、政党以及政党政治来进行的，试图理解当代欧洲政治而不理解欧洲一体化，往好了说是一个不完整的过程，往坏了说则是一个徒劳的过程；而试着理解欧洲一体化却不了解欧洲国内政治则是一个错误。因此，研究欧洲一体化的政党政治，就是要关注欧洲一体化与欧洲政治的交叉点。③

因此，通过论证政党政治与欧洲一体化研究相结合的必要性，保罗·塔格特在1998年将疑欧主义引入政党比较研究中，建立了以政党为基础的疑欧主义类型学。他将西欧的疑欧主义政党分为"单一议题政党""抗议型政党""成熟政党"，以及"政党内部的疑欧派"。他认为单纯地凭借意识形态色彩并不能推断何种政党会反对欧盟，因为即使身处同样的政党家族，不同的国家也会对欧盟持不同的态度，但政党的意识形态是判断政党是否疑欧的一个因素。因此，他通过结合政党意识形态和在政党谱系中的位置得出结论，边缘性政党更倾向于具有疑欧主义的特征。极左和极右政党在政党体制中处于边缘地位，也恰是因为这种边缘位置，促使极端政党通过增强对欧盟的反对来凸显自己与主流政党的区别。而处于中间位置的主流政党则会因为疑欧主义而付出更大的代价，因此它们避免与欧盟对抗，即使秉持疑欧主义，也是以内部派系的形式表现出来。此时，塔格特对疑欧主义的定义是"表达偶然的或有条件的反对意见，以及包括直接地或无条件地反对欧洲一体化进程"④。

---

① Paul Taggart, "A Touchstone of Dissent: Euroscepticism in Contemporary Western European Party Systems," *European Journal of Political Research*, Vol. 33, No. 3, April 1998, p. 363.

② Susan Milner, "Introduction: A Healthy Scepticism?," *Journal of European Integration*, June 2000, Vol. 22, No. 1, pp. 1-3.

③ Paul Taggart and Aleks Szczerbiak, "Parties, Positions and Europe: Euroscepticism in the EU Candidate States of Central and Eastern Europe," *Sussex European Institute*, Working Paper, No. 46, May 2001, p. 5.

④ Paul Taggart, "A Touchstone of Dissent: Euroscepticism in Contemporary Western European Party Systems," *European Journal of Political Research*, Vol. 33, No. 3, April 1998, p. 366.

二　中东欧国家疑欧主义特征

保罗·塔格特和亚历克斯·斯泽比亚克在研究中东欧国家的案例中，进一步论证了基于政党的疑欧主义，对疑欧主义进行了类型学分析。他们认为，"疑欧主义"这一术语是包罗万象的，硬的疑欧主义意味着彻底拒绝欧洲政治和经济一体化的整个计划，反对他们的国家加入或留在欧盟；软的疑欧主义包括对欧洲一体化的偶然或有条件的反对，进而可以进一步细分为"政策"的疑欧主义和"国家利益"的疑欧主义。政策疑欧主义（Policy Euroscepticism）是反对旨在显著深化欧洲政治和经济一体化的措施（例如欧洲货币联盟，EMU），或者反对现有的特定政策，并表现为反对欧盟权限的具体扩展；国家利益的疑欧主义涉及在有关欧盟的辩论中，使用捍卫或维护"国家利益"的言辞。[①]

经过论证，他们对中东欧候选国的疑欧主义研究得出了十个结论：（1）欧洲怀疑主义来自一系列政党家族，跨越了政治谱系的左派和右派。（2）在政党政治的左右谱系中，有一群对欧洲持怀疑态度的右翼政党。（3）疑欧主义被一些处于政党体系外围的政党用来巩固其"局外人"的地位。（4）一些主流政党倾向于表达温和的欧洲怀疑主义。（5）对坚定的欧洲怀疑论政党来说，它们低估了公开的欧洲怀疑论的水平。（6）公众的欧洲怀疑主义程度与基于党派的欧洲怀疑主义程度无关。（7）那些即将加入欧盟的国家，不太可能有更高水平的基于政党的疑欧主义。（8）所有即将加入欧盟的国家都表现出以政党为基础的"硬"疑欧主义，而那些加入前景不那么紧迫的国家则没有这种表现。（9）"软"疑欧主义比"硬"疑欧主义普遍得多。（10）基于政党的高度疑欧主义与一个国家是不是一个新独立的国家还是一个已建立的国家，没有明确的关系。[②]

塔格特和斯泽比亚克又对硬、软疑欧主义进行了明确的界定："硬"疑

[①] Paul Taggart and Aleks Szczerbiak, "Parties, Positions and Europe: Euroscepticism in the EU Candidate States of Central and Eastern Europe," *Sussex European Institute*, *Working Paper*, No. 46, May 2001, p. 10.

[②] Paul Taggart and Aleks Szczerbiak, "Contemporary Euroscepticism in the Party Systems of the European Union Candidate States of Central and Eastern Europe," *European Journal of Political Research*, Vol. 43, No. 1, August 2004, p. 21.

欧主义是指原则性地反对欧盟和欧洲一体化，因此可以从那些认为本国应该退出欧盟的政党中看到，或者他们对欧盟的政策相当于反对目前设想的整个欧洲一体化项目。"软"疑欧主义是指非原则性地反对欧洲一体化或欧盟成员国身份，但是对一个或多个政策领域的担心导致对欧盟表达了有限的反对，或者认为自身的国家利益与欧盟轨迹不一致。①

斯泽比亚克和塔格特对疑欧主义的类型学区分，引起彼得·科佩基（Petr Kopecky）和卡茨·穆德（Cas Mudde）的批评。首先，他们认为软的疑欧主义所包含的范围太过宽泛，所有对欧盟的不满都可以容纳进去，成员国的身份不应该被视为最后的试金石，对欧洲一体化的批评也不是区分的关键标准。穆德将划分疑欧主义的标准确定为同意或反对原则性地割让主权给欧盟，同意或反对欧盟将来扩大主权的计划或者当前与未来的发展轨迹。因此，他们借鉴戴维·伊斯顿（David Easton）的散布性支持和具体性支持概念，将中东欧成员国对欧盟的态度划分为四种类型：欧洲热情主义者（Euroenthusiasts，支持一体化和发展轨迹）、欧洲实用主义者（Eropramatists，反对一体化，支持发展轨迹）、欧洲怀疑主义者（Eurosceptics，支持一体化，反对发展轨迹）、欧洲拒绝主义者（Eurorejects，反对一体化和反对发展轨迹）。②

对于以上四种政党立场的类型划分，斯泽比亚克和塔格特将"硬疑欧主义"定义为"原则性地反对欧洲一体化计划，其基础是将权力割让或移交给欧盟这样的超国家机构"，将"软疑欧主义"定义为"非原则性地反对欧洲一体化计划，转移权力给超国家机构，如欧盟，但是反对当前或未来欧盟的发展轨迹，这一发展轨迹以进一步扩展欧盟正在计划制定的权限为基础"③。

无论是斯泽比亚克和塔格特的硬软疑欧主义两分法，还是科佩基和穆德的四分法，总体上是基于意识形态和战略二分法展开的。正因为如此，有学者对这一类型学分析提出了批评。劳尔·纽迈耶（Laure Neumayer）认

---

① Paul Taggart and Aleks Szczerbiak, "The Party Politics of Euroscepticism in EU Member and Candidate States," *Sussex European Institute*, *Working Paper*, No. 51. April 2002, p. 7. https://www.sussex.ac.uk/webteam/gateway/file.php? name=epern-working-paper-6.pdf&site=266.

② Petr Kopecky and Cas Mudde, "The Two Sides of Euroscepticism Party Positions on European Integration in East Central Europe," *European Union Politics*, Vol. 3, No. 3, September 2002, pp. 300-303.

③ Aleks Szczerbiak and Paul Taggart, "Theorising Party-based Euroscepticism: Problems of Definition, Measurement and Causality," *Sussex European Institute*, *Working Paper*, No. 69, March 2003, pp. 5-8.

为:"尽管这些分类显示了对欧洲一体化批评的许多细微差别,但概念的扩散以及政党立场的相互冲突令人困惑。更重要的是,这一分析范畴难以实施,因为它们主要依靠对政党的立场做出实质性的猜测。"因此,他借用皮埃尔·布迪厄的理论,认为"意识形态和策略是密切相关的,因为意识形态是政治行为者通过党派间和党内竞争而产生的,目的是区别于对手,获得政治资本(合法性和公民的各种形式的支持,如选票、党员等)",由此,他将疑欧主义作为一种政治分类工具,用以区分非法政党和合法政党、主流政党和抗议政党、党内主流政治家与极端政党领袖之间的对立,以剥夺对方的合法性。[1]

同时,与劳尔·纽迈耶从"政治分类工具"出发解释政党为何采取疑欧主义不同,肖恩·汉利(Seán Hanley)从"政党发展"的角度对意识形态和策略两分法进行延伸,解释了捷克公民民主党采取疑欧主义立场的原因除了有意识形态和策略方面的因素外,还有政党制度化因素的影响,他认为公民民主党从"强调新自由主义、捷克和中欧独特性的疑欧主义"到"强调反对德国倡导的欧洲联邦制而捍卫国家利益的疑欧主义"这一转变是一场更广泛的意识形态重组的一部分,试图解决在一个相对新的政党体系中缺乏可预测的竞争模式和持久的政党意识形态问题。[2]

学者关于政党语境中的疑欧主义研究,包括斯泽比亚克和塔格特的硬软疑欧主义理论,科佩基和穆德的疑欧主义四分法,奠定了疑欧主义在政党政治研究中的地位,也为本文分析捷克政党政治中的疑欧主义提供了理论分析工具。

第二节 捷克民众对欧盟的信任度
—— 以欧盟晴雨表为基础

在学者、政治家和评论家眼中,捷克民众怀有普遍的疑欧主义情绪。

---

[1] Laure Neumayer, "Euroscepticism as a Political Label: The Use of European Union Issues in Political Competition in the New Member States," *European Journal of Political Research*, Vol. 47, No. 2, March 2008, pp. 135-141.

[2] Seán Hanley, "From Neo-Liberalism to National Interests: Ideology, Strategy, and Party Development in the Euroscepticism of the Czech Right," *East European Politics and Societies*, Vol. 18, No. 3, August 2004, p. 513.

欧盟晴雨表每年都会对成员国进行两次民意测验，本文选择捷克民众对欧盟的信任程度、对欧盟积极形象的认知度、对欧盟未来前景的认知情况、对欧盟共同移民政策的支持程度、对欧盟成员国身份的支持度以及对欧盟处理疫情的满意程度六个指标来考察捷克民众的疑欧主义。

从纵线时间轴来看，可以分五个时期考察捷克民众对欧盟的信任程度。从2004年春至2006年秋，自捷克加入欧盟以来，2004年仅有42%的捷克民众信任欧盟，此后该比例逐年上升，在2006年秋达到62%的峰值。从2007年春至2009年秋这一时期经历了金融危机，捷克民众对欧盟的信任度下降，但其比例并未低于55%。从2010年春至2014年春，捷克民众对欧盟持信任态度的比例逐年下降，有3年的时间低于入欧之初的水平。从2014年秋至2015年春这一低谷时期，对欧盟持信任态度的民众比例呈现出一个微小的峰值，达到43%。此后，从2015年秋至2020年夏，信任欧盟的人数虽然逐年上升，但仍然处于低谷期，未超过40%的水平。从线性趋势来看，对欧盟持信任态度的民众人数持续下降。相比较欧洲平均水平，在2015年春以前，捷克民众对欧盟持信任态度人数的比例超过欧盟平均水平，但在此之后，则一直低于平均水平（见图Ⅱ-8-1）。

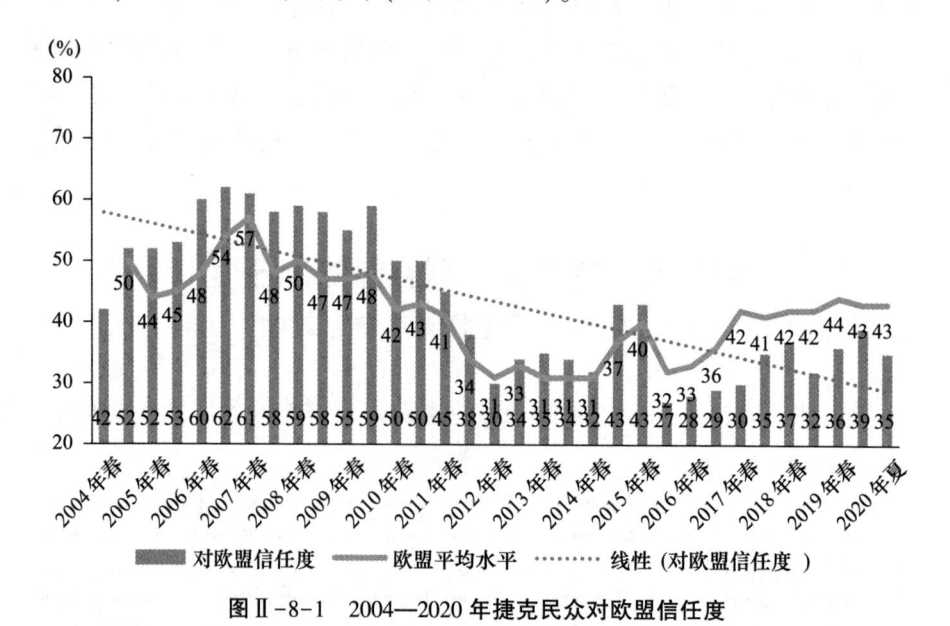

图Ⅱ-8-1　2004—2020年捷克民众对欧盟信任度

资料来源：https：//ec.europa.eu/commfrontoffice/publicopinion/index.cfm/General/index.

从捷克对欧盟积极形象认知情况来看，除去 2011 年秋至 2012 年秋数据缺失外，这一指标与捷克民众对欧盟的信心变化趋势类似。2004 年至 2006 年春，对欧盟的形象持积极认知的捷克民众比例不断增加，于 2006 年春达到 50% 的峰值。从 2006 年秋至 2013 年秋这一时期经历了金融危机、欧债危机，对欧盟形象持积极认知的捷克民众不断减少，到 2013 年达到低谷 24%。从 2014 年春至 2015 年春，对欧盟形象持积极认知的捷克民众增加，上升到 37%。以此之后，由于难民危机，尤其是到 2015 年，欧盟更是推出了强制移民配额的政策，引起捷克民众的强烈不满，使捷克民众心目中的欧盟形象不断恶化；到 2020 年夏，对欧盟形象持积极认知的捷克民众在 30% 左右徘徊。与欧盟平均水平对比来看，只有在 2006 年秋，捷克对欧盟形象认知高出欧盟平均水平 2 个百分点，其余时间一直低于欧盟平均水平。总体来看，捷克民众对欧盟的形象认知欠佳（见图Ⅱ-8-2）。

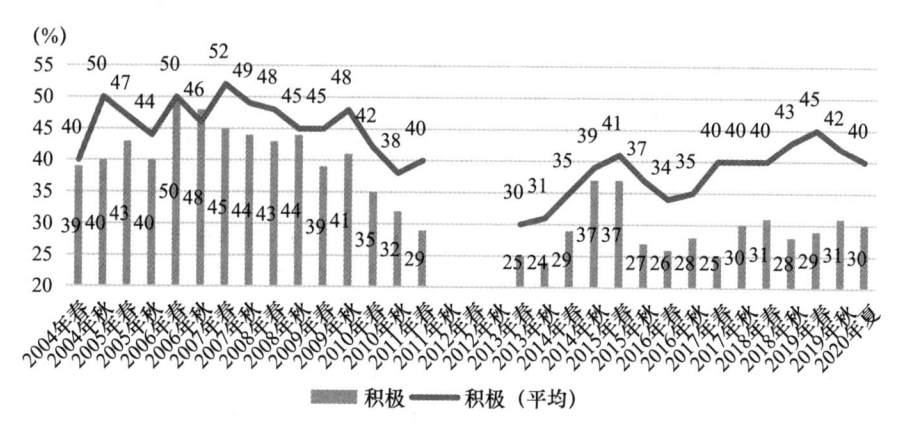

图Ⅱ-8-2 2004—2020 年捷克民众对欧盟积极形象认知度

资料来源：https://ec.europa.eu/commfrontoffice/publicopinion/index.cfm/General/index

就捷克民众对欧盟未来前景的认知来看，对欧盟持乐观态度的捷克民众呈现出波浪式起伏的趋势，2014 年秋达到 58% 的区域峰值，在 2015 年春之后呈波动下降，此后又逐年上升，到 2019 年达到历史最高值 61% 的水平。从对欧盟持乐观态度与悲观态度的民众纵向对比来看，2013 年，对欧盟持悲观态度的民众占多数，从 2014 年春到 2017 年秋，对欧盟持乐观态度的民众占了多数，之后一直到 2020 年夏，民众对欧盟持乐观态度的人数远超持悲观态度的人数，只有2017年春季出现了相反的例外，说明捷克民众并未因2016年的英国脱欧而对欧盟产生大规模的悲观情绪。但是，从捷克与欧盟对欧盟信任度平均水平对比来看，只有在2014年秋和2019年秋这两次超过了欧盟平均水平，其余时间持乐观态度的民众都低于欧盟平均水平；同样，对欧盟持悲观态度的捷克民众也远高于欧盟平均水平。总体来看，在捷克民众内部，对欧盟未来前景持悲观和乐观态度的民众呈对半分布，相比较欧盟平均水平而言比较悲观（见图Ⅱ-8-3）。

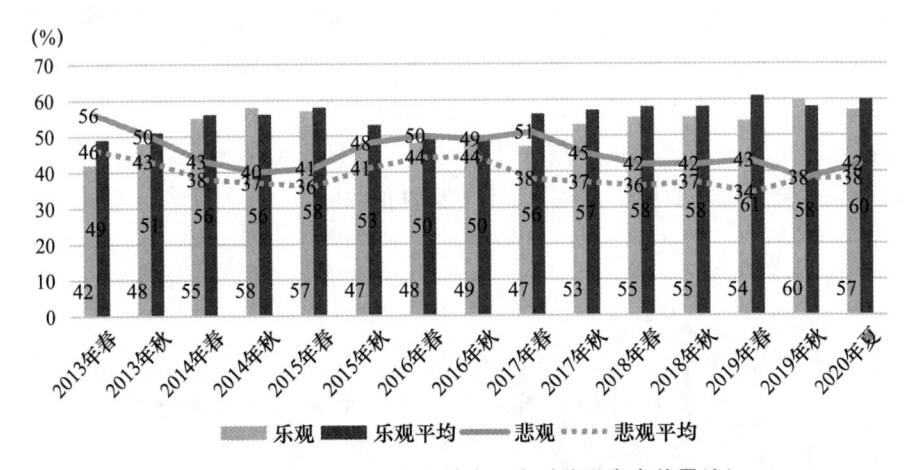

图Ⅱ-8-3　2013—2020年捷克民众对欧盟未来前景认知

资料来源：https://ec.europa.eu/commfrontoffice/publicopinion/index.cfm/General/index.

根据斯泽比亚克和塔格特对疑欧主义的定义，非原则性地反对欧洲一体化、反对欧盟成员国身份，但是对一个或多个政策领域的担心导致对欧盟表达了有限的反对，或者认为国家利益现在不符合欧盟轨迹是软疑欧主义的表现。从是否支持欧盟共同移民政策来看，捷克民众的表现印证了这一软疑欧主义。从2014年开始，对政策持赞同态度的捷克民众人数呈下降趋势，并且其支持程度远低于欧盟平均水平，而对政策持反对态度的人数则逐年上升，远高于欧盟平均水平，从数据来看，尤其是在难民危机爆发以来，捷克表现出对欧盟国家以外移民来源的强烈反对，使其更加反对欧盟的共同移民政策（见图Ⅱ-8-4）。

从对欧盟成员国身份支持的情况来看，在2004年初入欧盟时，支持捷克成员国身份的民众仅占41%，此后逐年上涨，但仍未超过50%。到2006

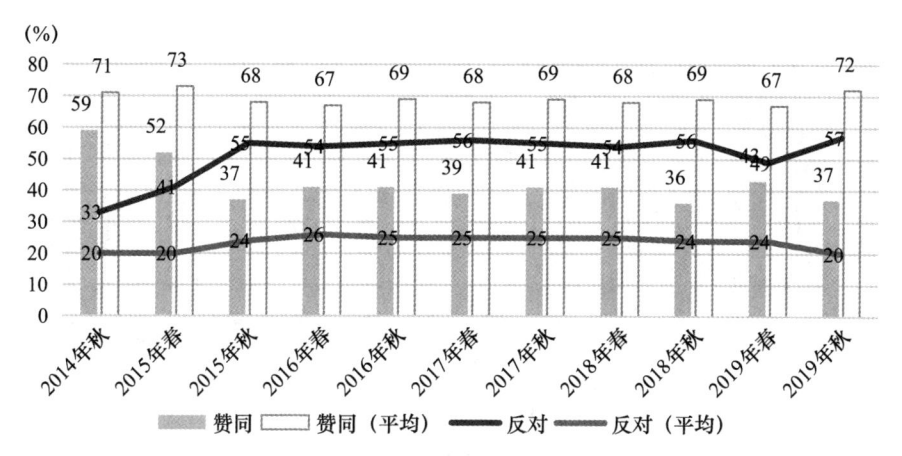

图Ⅱ-8-4　2014—2019 年捷克民众对欧盟共同移民政策的态度

资料来源：https://ec.europa.eu/commfrontoffice/publicopinion/index.cfm/General/index.

年，对欧盟成员国身份表示支持的人数超过 50% 的门槛，但也仅停留在 51%、52% 的水平上。虽然捷克民众此前迫切希望加入欧盟，但由于对农民问题、工作机会转移和有组织等问题的担忧，仍有半数民众保持理性态度，审视这一成员国身份是否有利于捷克。此后对欧盟成员国身份表示支持的人数逐年下降，到 2010 年春已经低于最初加入欧盟的水平，仅有 31% 的民众支持成员国身份。同时与欧盟平均水平对比来看，对欧盟成员国身份持赞同态度的人数低于欧盟平均水平，这一差距随着时间的推移而不断拉大。总体来看，捷克民众对欧盟成员国身份的赞同度较低，越来越多的民众认为加入欧盟并不是一件好事（见图Ⅱ-8-5）。

2020 年初全球性的新冠疫情暴发，欧洲并未幸免于难。作为世界上经济发达、医疗先进的地区，欧盟在防治疫情上并没有取得令人瞩目的成绩，欧盟成员国出现了多次疫情反弹现象。就欧盟成员国民众对欧盟防疫措施的满意程度来看，2020 年冬季，捷克民众对欧盟的防疫措施的不满意度高达 60%，远高于欧盟成员国 49% 的平均水平，是欧盟成员国中高度不满意的四个国家之一，显示出捷克民众对欧盟抗击疫情举措的不满。与此同时，面对疫情危机，60% 的捷克民众认为，欧盟应该确保所有欧盟公民迅速获得安全有效的疫苗，32% 的民众希望欧盟能够制定未来面临类似危机的策略，以及有 25% 的民众认为欧盟应该支持全球采取措施应对新型冠状病毒，确

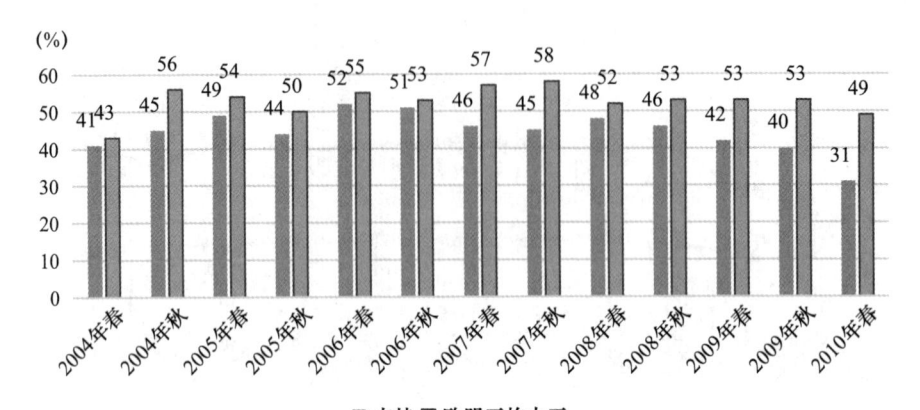

图Ⅱ-8-5　2004—2010年捷克民众支持成员国身份的程度

资料来源：https://ec.europa.eu/commfrontoffice/publicopinion/index.cfm/General/index.

保普及疫苗或治疗。① 而这些措施正是欧盟当前难以做到的(见图Ⅱ-8-6)。

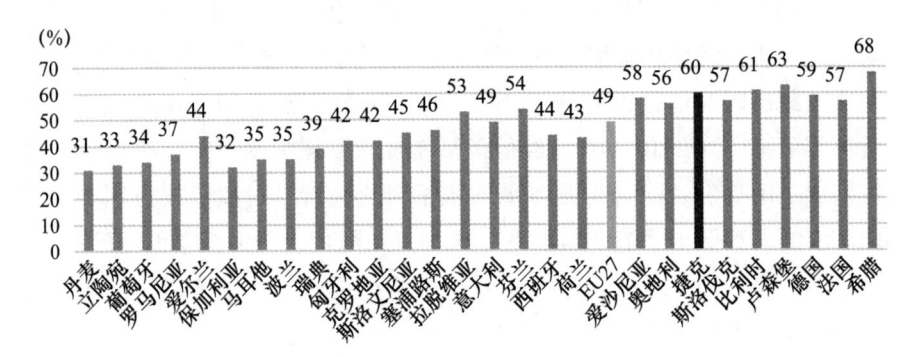

图Ⅱ-8-6　2020年冬欧盟成员国对欧盟防疫措施的不满意程度

资料来源：https://europa.eu/eurobarometer/surveys/detail/2355.

第三节　捷克政治家的疑欧主义态度

一　瓦沁拉夫·克劳斯（Václav Klaus）

瓦沁拉夫·克劳斯是捷克政坛上的一位关键人物，曾担任公民民主党

---

① The EU and the Coronavirus Pandemic, October 2020, https://europa.eu/eurobarometer/surveys/detail/2262.

主席,他先后担任了捷克财政部长、众议院院长,1992—1997 年担任捷克总理,2003 年和 2008 年两度当选总统;2009 年 1 月 1 日到 6 月 30 日为欧洲理事会轮值主席,他对欧盟表现出的软性疑欧主义态度代表了捷克政治家对欧盟的态度。

他深受英国保守主义和撒切尔的影响,在保守主义、自由主义的意识形态引领下,成为一位"软疑欧主义者"。有学者统计了克劳斯在任职总统以及两任总统期间的演讲,在担任总统之前,档案馆总共收录其 114 篇演讲,其中有 25 篇谈到欧盟;在随后的总统任期内,分别有 181 次和 175 次演讲,其中前者有 51 次,后者有 60 次提到欧盟。克劳斯发表的 470 次演讲中有 136 次谈到了欧盟。其中,对欧盟持消极态度的占三分之二(62%),只有 3%的演讲积极地提到了欧盟,在 8%的演讲中他对欧盟持中立态度,在 27%的演讲中,他表达的观点既积极又有批评。[1]

在克劳斯担任总统以前,他对欧盟的批评主要涉及欧洲一体化的方向和民族国家的主权让渡。克劳斯曾发出警醒:"即使在未来,主权国家仍将代表欧盟最初的基石,而欧盟的主权仍将是衍生的。我们不希望我们的国家在既没有深厚历史根源也没有真正特征的多国结构中解体。欧洲的力量在于多样性,而不在于一致性。"[2]

克劳斯在 2004 年就任总统后,对欧盟的关注越来越多。在他的第一任期内,克劳斯是唯一一个不建议投赞成票的入盟国元首,他批评的重点聚焦于欧盟民主赤字、剥夺公民的权利和以欧洲为整体对抗世界其他地区的趋势。他在与《时代》周刊记者谈话时表示:"我担心在统一和产生一个超民族国家的基础上,欧洲会出现对民主制度的威胁。""我们不应当成为美国的抗衡力量。"[3] 在克劳斯总统第二任期内,他主要反对《里斯本条约》的签订。

作为国家元首,捷克所签订的国际条约都需克劳斯来签署。但是克劳斯对条约持反对立场,他认为这样的文件对于欧盟的标准运作,包括进一

---

[1] Milos Gregor and Alena Mackova, "Euroscepticism and the Czech way: An analysis of Vaclav Klaus' speeches," *European Journal of Communication*, Vol. 30, No. 1, August 2015, pp. 409-410.

[2] Notes for the EDU Party Leaders Conference Address, March 13, 1996, https://www.klaus.cz/clanky/1820.

[3] 殷叙彝:《捷克总统克劳斯谈加入欧盟和美欧关系》,《国外理论动态》2003 年第 7 期。

步扩大是不必要的，而且对欧洲未来的自由和民主是有害的。① 最终在起诉《里斯本条约》违宪无果后，克劳斯提出以不参加《基本人权宪章》作为例外条件在条约上签字，捷克成为最后一个签订此条约的国家。

二 米洛什·泽曼（Milos Zeman）

2018年1月27日，米洛什·泽曼在总统选举第二轮投票中，击败对手亲欧洲的捷克科学院前院长德拉霍什，赢得连任。泽曼出任过社会民主党主席，在1996—1998年担任捷克众议院议长、1998—2002年任捷克总理，泽曼作为社会民主党前主席和捷克前总理，一直是克劳斯的竞争对手，他曾积极推动捷克加入欧盟，社会民主党也被视为是亲欧盟的主流政党。但是在泽曼辞去总理职务后，他对欧盟越来越持批评态度，并且带有极端保守主义和民族主义色彩，这一点与克劳斯的立场十分接近。②在欧盟国家领导人中，他以支持普京和反对美国而显得"另类"。

泽曼的胜利被外界视作在西方民主国家掀起的反建制浪潮的一部分。泽曼是捷克民粹富豪安德烈·巴比什（Andrej Babis）的亲密盟友。巴比什领导的"不满公民行动"党（ANO）在2017年10月举行的大选中取得压倒性胜利，巴比什由此出任捷克总理。泽曼和巴比什当权意味着捷克对欧盟在难民等问题上的政策将持更加批评的态度。③

对于难民危机的处置，捷克以更明显、更积极和更灵活的方式应对来自欧盟的压力，拒绝对移民进行非自愿再分配的做法，继续推动改变欧洲共同庇护制度的规则，防止滥用庇护规则的非法移民进入欧洲，并使该制度能够保留给那些真正需要保护的人。④

---

① Interview of President Václav Klaus for Rzeczpospolita, July 26, 2008, https：//www.klaus.cz/clanky/816.

② Zdeněk Sychra and Petr Kratochvíl, "Czechia：Who Is the Most Eurosceptic of Them All? The Eurosceptic Race to the Bottom," *Euroscepticism and the Future of Europe*, September 2020, p. 30.

③ 《泽曼连任捷克总统 因亲中俄、反移民?》，2018年1月27日，德国之声，https：//www.dw.com/zh/%E6%B3%BD%E6%9B%BC%E8%BF%9E%E4%BB%BB%E6%8D%B7%E5%85%8B%E6%80%BB%E7%BB%9F-%E5%9B%A0%E4%BA%B2%E4%B8%AD%E4%BF%84%E5%8F%8D%E7%A7%BB%E6%B0%91/a-42338314.

④ Jiří Ovčáček, Joint Statement of the Highest Constitutional Officials of the Czech Republic on Foreign Policy, 9 December, 2018, https：//www.hrad.cz/en/for-media/press-releases/joint-statement-of-the-highest-constitutional-officials-of-the-czech-republic-on-foreign-policy-14250#from-list.

第四节 政党政治变迁中的疑欧主义

冷战结束后，捷克的政党体制完成了向西方多党议会民主制的转型。虽然捷克的竞争性政党体制形成时间短，但经过多轮议会选举，捷克的政党格局基本形成，在前20年形成以疑欧的公民民主党和亲欧的社会民主党轮流主导执政的格局；2013—2017年形成老党主政、新党参政的过渡格局；在2017年后形成以疑欧政党为主，疑欧政党和亲欧政党对半分布的碎片化格局。值得关注的是，不同于西欧国家疑欧主义政党多数居于边缘地位，在捷克的政党政治光谱中，在政党体系的中心与边缘位置，均有疑欧主义政党存在。伴随着疑欧主义政党的出现、演变和发展，捷克政党政治进一步呈现出碎片化的特点。

一 政党体系中心的疑欧主义——公民民主党（ODS）

按照塔格特的软硬疑欧主义类型学分析，捷克公民民主党属于软性疑欧主义政党，不同于文中所指出的边缘性政党，而是更倾向于疑欧的结论，公民民主党在捷克政党体系中处于核心地位，尽管该党在2013年和2017年的议会选举中曾遭到失败。

公民民主党起源于反共联盟"公民论坛"，起初也认同与西欧建立更紧密的联合这一政治共识。1990年和1991年，捷克斯洛伐克外交部长季恩斯特·比尔积极倡导寻求与欧共体进行务实合作并最终加入欧共体。公民民主党倡导"一种务实的外交政策，不做空洞的姿态和说教""捷克斯洛伐克融入欧洲共同体是我们最重要和最直接的目标"[1]。

但是在1993年捷克斯洛伐克分离后，捷克的欧洲政策发生了转变，虽然该党仍将加入欧盟作为主要外交目标，但是它提出了欧洲一体化"不应人为地抑制国家和文化的多样性""欧盟的主权和权力应该来自于单个国家的主权和权力"[2]。作为公民民主党主席和捷克总理的克劳斯愈加发展了该

---

[1] Seán Hanley, "From Neo-Liberalism to National Interests: Ideology, Strategy, and Party Development in the Euroscepticism of the Czech Right," *East European Politics and Societies*, Vol. 18, No. 3, August 2004, p. 517.

[2] Seán Hanley, "From Neo-Liberalism to National Interests: Ideology, Strategy, and Party Development in the Euroscepticism of the Czech Right," *East European Politics and Societies*, Vol. 18, No. 3, August 2004, p. 518.

党对欧洲一体化的不信任。他对欧洲一体化的批评主要有三个维度：第一，基于新自由主义意识形态，他认为欧盟是一个效率低下、监管过度的"社会主义"结构，由具有深远地缘政治野心、自私自利的官僚精英主导，破坏了欧盟最初的经济合理性；第二，基于中东欧立场，对欧盟重视自身利益和对中东欧不诚信进行道德上的批评；第三，基于民族国家立场，对当前和计划中的欧盟政治一体化进行批评，认为这对捷克国家主权和身份认同构成威胁。① 在对待欧元问题上，克劳斯认为，欧洲货币联盟不仅仅是一个纯粹的经济项目，作为一个独特的政治项目，它已经成为欧洲一体化进程的主要政治目标之一。② 由于生产要素、民族倾向、意识形态的差异导致欧盟成员国结构具有异质性，这种异质性将阻碍经济一体化的顺利运转，富国向穷国的转移，快速发展国家向停滞国家转移的范围和持续的冲突将成为货币联盟的一个永久特征，最终结果就像捷克斯洛伐克货币联盟的崩溃和1861年意大利货币联盟加剧意大利南北之间的经济不平衡一样。③

1997年，处于执政地位的公民民主党由于财政丑闻而垮台，导致其在接下来的8年里处于反对党地位。这不仅引发了公民民主党内部的派系分裂，而且极大地加强了党内的疑欧立场。1998年，公民民主党内亲欧盟的约瑟夫·齐莱涅茨（Josef Zieleniec）退党并成立了自由联盟（Freedom Union），党内亲欧盟派系的退出使党内疑欧主义得到更进一步发展。

在1999年6月公民民主党召开的第一次意识形态会议上，"国家利益"立场首次被作为党的政策的一个关键纲领提出来，在同年发布的《外交政策：现实世界中的国家利益》中，公民民主党批评了欧盟向超国家发展的趋势、共同安全和外交政策的概念，要求捍卫民族国家的主权，提倡促进政府间主义和每个欧盟成员国的否决权。④

---

① Seán Hanley, "From Neo-Liberalism to National Interests: Ideology, Strategy, and Party Development in the Euroscepticism of the Czech Right," *East European Politics and Societies*, Vol. 18, No. 3, August 2004, p. 519.

② Václav Klaus, "European Monetary Union and Its Systemic and Fiscal Consequences," 30 September, 1996, https://www.klaus.cz/clanky/2096.

③ Václav Klaus, "European Monetary Union and Its Systemic and Fiscal Consequences," 30 September, 1996, https://www.klaus.cz/clanky/2096.

④ Ladislav Cabada, "Party of Free Citizens and the Genesis of the Czech Liberal-Conservative 'Anti-EU' Stream in Czech Politics," *Politické Vedy*, Vol. 19, No. 2, February 2016, pp. 14–15.

2001年，公民民主党发布了《捷克欧洲现实主义宣言》（Manifesto of Czech Eurorealism）。① 该宣言指出，这种对欧盟政治的新认识，使得有必要重新评估加入欧盟的过程和欧盟成员国的长期前景。该宣言拒绝了欧盟联邦制倾向，建议采用政府间主义的运作方式。面对苛刻的入欧盟条件和标准，该宣言主要设想了三种情形：（1）由于捷克共和国对其国家利益的坚定捍卫，欧盟提出的捷克入盟申请被推迟；（2）如果"从外交政策或国家利益的角度来看"，捷克决定重新考虑欧盟成员国身份；（3）捷克民众在全民公投中拒绝加入欧盟。其中包括捷克在扩大后的欧盟决策过程中不断被边缘化，欧盟反美情绪增长，以及共同外交和安全政策导致跨大西洋联系缩减，或者通过欧盟强制取消将日耳曼人驱逐出捷克斯洛伐克的战后"贝奈斯法令"的合法性来"修正第二次世界大战的结果"②。

2003年，公民民主党与英国保守党、波兰的法律与公正党发布了一份共同声明，表明它们在促进欧洲现实主义政策方面的共同利益，其目标是制定一个欧洲超级国家的宪法，并呼吁欧洲各国自愿合作和尊重各国的分歧。

2002年克劳斯离开公民民主党后，米列克·托波拉内克（Mirek Topolanek）接任党主席，自此公民民主党的疑欧立场转向温和。2006年，公民民主党重新执政后，尽管对欧元、官僚精英等进行批评，其疑欧主义立场相较以往更为缓和。首先，持疑欧立场的克劳斯离开了政党，该党负责外交政策制定的关键人物扎尔拉尔（Jan Zahradil）赴任欧洲议员，并且其党主席托波拉内克的立场也比克劳斯温和。在这一届政府中，托波拉内克任命亚历山大·冯德拉（Alexander Vondra）担任欧盟部长，以欧洲实用主义的态度对待欧盟，大大弱化了公民民主党的疑欧立场。但这也让党内激进的疑欧派系大为不满，《里斯本条约》的签订和捷克担任欧盟轮值国主席期间的态度也引发了该党与捷克前总统克劳斯的紧张关系。

---

① Jan Zahradil, Petr Adrián, Miloslav Bednář, Petr Plecitý, "10 let Manifestu českého eurorealismu," pp. 7–28, http://zahradil.cz/wordpress/wp-content/uploads/2014/11/Manifest_ ceskeho_ eurorealismu2011. pdf.

② Seán Hanley, "From Neo-Liberalism to National Interests: Ideology, Strategy, and Party Development in the Euroscepticism of the Czech Right," *East European Politics and Societies*, Vol. 18, No. 3, August 2004, p. 530.

2009年6月22日,捷克公民民主党与英国保守党、波兰法律与公正党等8个党派联合发表《布拉格宣言》,决定在欧洲议会内组建"欧洲保守派及改革派党团"。《布拉格宣言》称,欧盟的未来是"非联邦制的",欧盟必须在"欧洲现实主义""尊重成员国国家主权"以及"自由民主"的基础上立即进行改革。该宣言确立的党团十项原则包括推动自由市场经济、推行低税率、强调家庭是社会的基石、主张有效控制移民、要求欧盟机构及其资金使用的公正与透明等,但其核心原则是保障欧盟成员国的主权完整,反对欧盟成为一个"联邦制的欧洲"[1]。

二 政党体系中心的疑欧主义——"不满公民行动"党(ANO)

"不满公民行动"党始于2011年11月的一场公民运动,表面上是为了传递民众对政治和经济状况的不满,该运动的目的包含于其名称的缩写中,在捷克语中,ano代表不满公民的行动,2011年由捷克亿万富豪、食品制造业巨头安德烈·巴比什(Andrej Babis)创建。该党主张增加就业、支持企业经营及降低增值税。巴比什对后共产主义的政治和经济发展持严厉批评态度,以及政界官员的腐败和管理无能,都增加了该党对民众的吸引力。该党在2013年众议院选举中异军突起,一举成为众议院第二大党。在2017年众议院选举中以较大优势获胜,获得牵头组阁的权力并与社民党联合执政。

"不满公民行动"党对欧盟和欧洲一体化的立场前后矛盾,呈现出民粹主义政党的机会主义特点。[2] 在2014年选举之前,巴比什称自己为强烈的亲欧派,选择了强烈亲欧的帕维尔·特利奇卡(Pavel Telička)作为2014年竞选的主要面孔,但是这一态度并没有持续很久。由于对欧洲一体化和捷克在欧盟中作用看法的转变,他声称:"如果我处于英国的位置,拥有布鲁塞尔的所有官僚作风经验,我不妨投票决定离开。"[3] 这一转变导致他与特

---

[1] 金力:《欧洲议会保守派党团将使欧洲一体化进程面临挑战》,2009年6月23日,http://news.cri.cn/gb/27824/2009/06/23/3785s2543031.htm.

[2] Cirhan, Tomáš and Kopecký, Petr, "From Ideology to Interest-Driven Politics: Václav Klaus, Andrej Babiš and Two Eras of Party Leadership in the Czech Republic," *Party Leaders in Eastern Europe*, November 2019, p. 101.

[3] Thomas Kulidakis, "Zázračná proměna Andreje Babiše v proevropského politika," 16 Nvember, 2017, https://www.irozhlas.cz/komentare/zazracna-promena-andreje-babise-v-proevropskeho-politika_1711150600_haf.

利奇卡关系破裂，特利奇卡随后退出"不满公民行动"党。①

对于欧元，"不满公民行动"党起初持支持态度，但逐渐地巴比什认为，如果通过采纳欧元，捷克将担保外债，并失去帮助解决经济危机的工具之一，"欧元区是一个经济项目，现在它变成了政治项目。我不想为希腊的债务担保，对于意大利银行来说，我不想成为这个系统的一部分，因为这对我们没有任何帮助"。巴比什还明确拒绝了法国总统埃曼纽尔·马克龙提到的为欧元区设立联合财政部长的提议；同时，巴比什也批评了欧盟的过度监管，他认为欧盟的监管是过分的，欧盟不能解决根本问题。"欧洲无法应对移民问题，这是一个大问题。另一个问题就是恐怖主义。最大的问题是一个多元文化的社会，大多数西方政治家都试图告诉人们移民是融合的，但他们不是。"②

此外，巴比什受国内民众强烈反对难民的态度影响，也强烈反对欧洲的难民安置政策，在接受捷克一家极右翼媒体 Parlamentni Listy 采访时，他强调："很明显，我不想在捷克有一个难民，甚至是暂时的。"③

三 政党体系边缘的疑欧主义——捷克和摩拉维亚共产党、自由公民党和新曙光党

相较而言，处于边缘位置的政党比处于体系核心位置的政党更容易持疑欧的立场。在捷克政党谱系的左右两端，都有疑欧主义政党。本节选取极左翼的捷克和摩拉维亚共产党（简称"捷摩共"）、极右翼的自由公民党和新曙光党来分析处于边缘位置的疑欧主义。

捷克和摩拉维亚共产党（KSCM）由捷克斯洛伐克共产党（Communist

---

① EuroZprávy, "Telička se nezapojí do volební kampaně ANO, s Babišem se pře o euro," 29 August, 2017, https://eurozpravy.cz/domaci/politika/199617-telicka-se-nezapoji-do-volebni-kampane-ano-s-babisem-se-pre-o-euro/.

② Zbyněk Pecák, "Babiš se brání zavedení eura, Česko by přišlo o nástroj proti krizím, říká. Stále nevyloučil kandidáta ANO na prezidenta," 1 June, 2017, https://domaci.ihned.cz/c1-65751130-babis-se-brani-zavedeni-eura-podle-nej-by-s-nim-cesko-prislo-o-nastroj-proti-krizim.

③ Jan Štěpán, "Andrej Babiš pro PL: Nechci tu ani jediného uprchlíka. Chci, aby Trump a Putin spolupracovali. Migrace? Začalo to svržením Kaddáfího. Odmítám účast ANO ve volbě prezidenta," 19 July, 2017, https://www.parlamentnilisty.cz/arena/rozhovory/Andrej-Babis-pro-PL-Nechci-tu-ani-jedineho-uprchlika-Chci-aby-Trump-a-Putin-spolupracovali-Migrace-Zacalo-to-svrzenim-Kaddafiho-Odmitam-ucast-ANO-ve-volbe-prezidenta-496691.

Party of Czechoslovakia）中的捷克组织在 1990 年组建而成。随着捷克政治经济和社会的转型，捷摩共接受了多党议会民主制和市场经济原则，但是它仍致力于国家主导经济的意识形态，没有转向社会民主主义，且保持着极左翼的政党立场。捷摩共在历次选举中保持着相对稳定的席位，但其极左翼的意识形态和前共产主义政党的历史身份，使它在左右政治光谱中处于孤立地位。一方面，在对欧态度上，捷摩共因"捷克入欧没有满足国家利益、反对欧洲官僚主义、反对新自由主义经济政策、反对迎合全球资本、反移民配额"①等原因而被归入硬疑欧主义政党之列。但另一方面，捷摩共为了摆脱政治孤立处境，在最近的政治宣言中对欧盟采取愈加模糊的态度，在国内议会选举中很少涉及欧盟问题，而是更多地关注国内问题。②

自托波拉内克采取更加温和的立场后，公民民主党内部的激进疑欧派退出了公民民主党，以彼得·马赫（Petr Mach）为首的疑欧主义者在 2009 年建立了自由公民党（Party of Free Citizens）。马赫在建立新党后成为一名硬疑欧主义者，他反对《里斯本条约》和欧元，称如果《里斯本条约》被批准，该党将要求捷克退出欧盟；他认为欧洲一体化的再分配原则是不健康的根源；在国家层面，该党具有强烈的极端自由倾向，而在欧盟层面与极端保守和民族主义政党合作，对主权的关注是其政策制定的出发点。③

2015 年 6 月，冈村富雄（Tomio Okamura）创建了自由与直接民主运动党（Svoboda a Přímá Demokracie），该党由上届议会第六大党曙光党分裂而来，亦被称为新曙光党，系"欧洲民族与自由运动"党团成员。该党主张捷克实行"直接民主"，变革现有政治和管理体制，由全民公投决定所有重要事项，扩大民众政治自决权，彻底清除政治腐败。同时，在对欧关系上，该党反对《里斯本条约》，抵制欧洲一体化进程，主张捷克退出欧盟和北约，反对加入欧元区，反对接收难民，被视为"极右民粹政党"。虽然欧洲一体化对该党来说并不是一个非常重要的话题，但是新曙光党更喜欢欧洲

---

① Mediální úsek ÚV KSČM, "Volební program KSČM k volbám do EP v roce," 2 October 2019, https：//www.kscm.cz/cs/nase-strana/program

② Mediální úsek ÚV KSČM, "Volební program do PS PČR（2017－2021）," 28 July 2017, https：//www.kscm.cz/sites/default/files/soubory/Program%20KS%C4%8CM/volebni_ program_ kscm_ pro_ volby_ do_ ps_ pcr_2017.pdf.

③ Ladislav Cabada, "Party of Free Citizens and the Genesis of the Czech Liberal-Conservative 'Anti-EU' Stream in Czech Politics," *Politické vedy*, Vol. 19, No. 2, February 2016, p. 24.

一体化的经济形式，拒绝一个"非系统性补贴、津贴和官僚主义"的欧洲，这使该党成为软疑欧主义政党阵营中的一员。[1]

回顾捷克入盟以来的政党政治变迁进程不难发现，伴随着疑欧主义政党在体制内以及体制边缘，包括极左翼、极右翼两端的崛起，捷克政党政治亦不断发生变迁。首先，捷克的政党格局从两大政党轮流执政到"老党主政，新党参政"，再到新党主政，老党参政，呈现出不断碎片化的局面。1998—2010 年是两大政党轮流执政时期，疑欧的公民民主党和亲欧的社会民主党轮流主导政局，这一时期，捷克政党格局在 2006 年选举中出现了新变化，绿党作为新成立的政党首次进入议会，成为新党崛起的开端。

2010—2017 年的"老党主政，新党参政"时期是一个过渡期，既保留疑欧的公民民主党和亲欧的社会民主党主政的特点，也具备新成立的政党势力超过其他老党的特点。在 2013 年选举中，左右翼两大传统政党势力下降，两者联合选票仍不过半，新老政党势力对比却从 2006 年的 6∶194 扩大到 2010 年的 65∶135，并进一步扩大到 2013 年的 87∶113，传统政党与新兴政党的差距进一步缩小，传统政党不得不寻求新党作为政治联盟，两大政党轮流主政的局面被打破。

从 2017 年至今，出现新党主政，老党参政局面，政党格局更加碎片化。新政党"不满公民行动"党成为最大赢家，获得 29.64% 的选票，赢得 78 个席位，相较以往的第一大党并不逊色，选票相对集中，在一定程度上避免了弱势政府的出现。更加碎片化既体现在剩下的席位被 8 个政党分割上，又体现在议会党数量不断增加上。从 2006 年的 5 个议会党增加到 2013 年的 7 个议会党，而到 2017 年更是有 9 个政党进入议会。从 2010 年大选开始，新兴政党总能异军突起，捷克海盗党、TOP 09 党、新曙光党、市长联盟等新政党提出的竞选纲领能够迎合选民的需要，乘势崛起进入议会。

从疑欧政党与亲欧政党的势力比较来看，在第一时期，1998 年议会党中有两个疑欧党，3 个亲欧党，其中势力对比为 87∶113；2002 年议会党中有两个疑欧党，3 个亲欧党，其中势力对比为 99∶101；2006 年议会党中有 3 个疑欧两个亲欧，势力对比为 113∶87。可以看出，在这一时期，疑欧派

---

[1] Petr Kaniok, Vlastimil Havlík, "Populism and Euroscepticism in the Czech Republic: Meeting Friends or Passing By?", *Romanian Journal of European Affairs*, Vol. 16, No. 2, June 2016, p. 28.

与亲欧派的势力随着两大老党的起伏而波动。在政党格局过渡时期，2010年议会党中有两个疑欧党，3个亲欧党，势力对比为79∶121；2013年议会党中有3个疑欧党，3个亲欧党，势力对比为110∶90；这一时期，疑欧主义势力仍然和政党格局的特点相匹配，到了2017年，议会党中有4个疑欧党，5个亲欧党，势力对比为135∶65。这一阶段，疑欧主义势力最为强大，而且疑欧政党也最多，新崛起的政党中有两个疑欧党，有3个亲欧党，且疑欧的"不满公民行动"党是主导党。

结合捷克入盟以来疑欧主义在捷克政党体制内的发展以及政党格局的变迁，可以总结出三个特点：首先，捷克的疑欧主义政党势力不断增强。除了2010年捷克疑欧主义政党势力最弱外，在历次选举中，疑欧主义政党的席位从87个增长到135个，逐渐占据主导地位。其次，欧洲化与欧洲怀疑主义作为欧盟的正反面，共同塑造着政党政治，疑欧主义逐渐成为捷克主流政治思潮。在历届议会选举中，虽然亲欧政党与疑欧政党数量相对持平，但与以往对待欧盟的"政治共识"不同，在传统政党衰落后，捷克政党格局并不是呈现出新的亲欧党和疑欧党势均力敌的状态，而是新的疑欧政党主导捷克政局。最后，疑欧主义成为捷克政治格局碎片化的原因之一。入盟后，欧盟本身成为捷克政党政治变迁的重要因素之一，疑欧主义塑造着捷克的政党格局。由于传统政党对欧盟立场愈益温和、意识形态薄弱、自身腐败等问题，难以吸引选民，形成政党真空，促使新政党纷纷成立以争夺选民。因此，捷克的政党格局愈加碎片化。

表Ⅱ-8-1　　　　　　　　1998—2017年众议院选举情况

	1998		2002		2006		2010		2013		2017	
	得票率（%）	席位（个）	得票率（%）	席位（个）	得票率（%）	席位（个）	得票率（%）	席位（个）	得票率（%）	席位（个）	得票率（%）	席位（个）
公民党	27.74	63	24.48	58	35.38	81	20.22	53	7.72	16	11.32	25
社民党	32.31	74	30.24	70	32.32	74	22.08	56	20.45	50	7.72	15
捷摩共	11.03	24	18.51	41	12.81	26	11.27	26	14.91	33	7.76	15
人民党	9.00	20	—	31*	7.72	13	—	—	6.78	14	5.80	10
自由民主联盟	8.60	19	—	—	—	—	—	—	—	—	—	—

第八章 捷克的疑欧主义与历史变迁　441

续表

	1998		2002		2006		2010		2013		2017	
	得票率（%）	席位（个）	得票率（%）	席位（个）	得票率（%）	席位（个）	得票率（%）	席位（个）	得票率（%）	席位（个）	得票率（%）	席位（个）
绿党	—	—	—	—	6.29	6	—	—	—	—	—	—
TOP 09	—	—	—	—	—	—	16.70	41	11.99	26	5.31	7
公共事务党	—	—	—	—	—	—	10.88	24	—	—	—	—
ANO2011	—	—	—	—	—	—	—	—	18.65	47	29.64	78
海盗党	—	—	—	—	—	—	—	—	—	—	10.79	22
曙光党	—	—	—	—	—	—	—	—	6.88	14	10.64	22**
市长联盟	—	—	—	—	—	—	—	—	—	—	5.18	6

* 2002 年大选由人民党和自由民主联盟达成政党联盟，共获得 15.5%的选票，超过 10%的标准，赢得 31 个席位。

** 自由者与直接民主运动（Svoboda a prima demokracie-Tomio Okamura, SPD）由曙光党分裂而来。

资料来源：1998 年大选资料来源于 Lukáš Linek and Zdenka Mansfeldová, "The Impact of the EU on the Czech Party System," In *the European Union and Party Politics in Central and Eastern Europe*, London: Palgrave Macmillan UK, 2007, p. 22. 2002—2017 年资料来源于捷克统计局，https://www.czso.cz/csu/czso/elections_en。

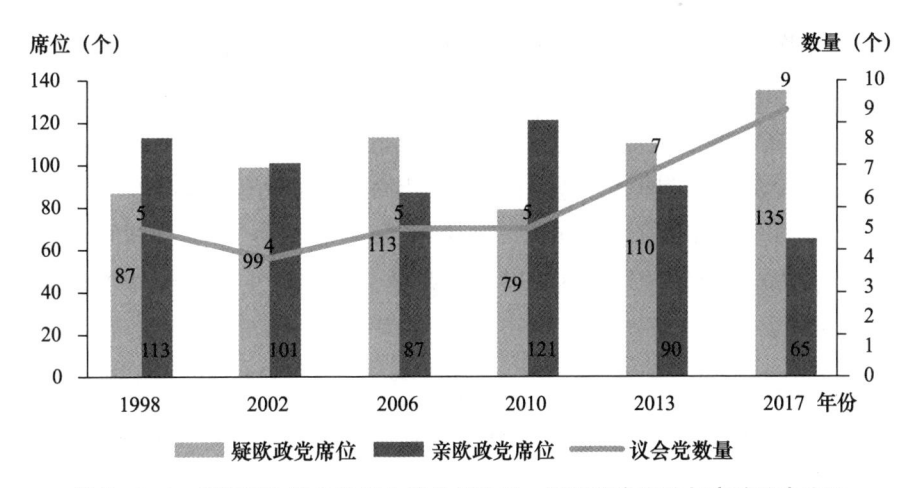

图Ⅱ-8-7　捷克历次议会选举中议会党数量、疑欧政党席位与亲欧政党席位

资料来源：1998 年大选资料来源于 Lukáš Linek and Zdenka Mansfeldová, "The Impact of the Eu on the Czech Party System," In *the European Union and Party Politics in Central and Eastern Europe*, London: Palgrave Macmillan UK, 2007, p. 22. 2002—2017 年资料来源于捷克统计局，https://www.czso.cz/csu/czso/elections_en。

第五节　捷克疑欧主义的根源

长期以来，在捷克存在着一种对欧盟持怀疑主义的氛围，这种氛围在精英和民众层面都是普遍的和主流的，在本质上趋向于软性疑欧主义，同时也有硬的疑欧主义。[1] 本章认为，捷克的经济发展水平、中东欧的地理区位、国内政党政治的发展以及第二次世界大战和苏联时期的历史记忆，都对捷克处理捷欧关系产生着影响，成为捷克疑欧主义产生的根源。

一　经济维度

公众在经济维度上的疑欧主义情绪主要来源于就业形势和"二等阶级"的成员国身份（second-class membership）。[2] 首先，在就业形势方面，捷克民众在2004加入欧盟之初就表现对加入欧盟后工作机会转移的担忧（63%），到了2005年，这种担忧不仅没有下降，反而有所增加（69%）。[3] 与此同时，捷克民众对就业形势的看法普遍比较消极，2004年春，只有9%的捷克民众认为个人工作形势会好转。[4] 2006年末，有76%的人认为就业市场状况不佳。从生活满意度方面看，虽然绝大部分捷克民众对自己目前的生活水平处于满意状态，但是对于未来一年生活水平提高却不甚乐观。并且在人均GDP方面，捷克一直期望能达到德国民众的生活水平，但是从2008年到2019年，捷克的人均GDP不仅远低于德国，而且一直未超过欧盟平均水平。在加入欧盟后，捷克民众的人均GDP水平不仅没有缩小与德国民众的差距，反而在2009—2017年扩大了（见图Ⅱ-8-8）。并且即便入盟十几年后，捷克人也能感受到新老欧洲的差异，尤其是2017年食品质量的双

---

[1] Michael Toomey, "Euroscepticism in Central Europe: A Comparative Analysis at Elite and Mass Level of Poland, the Czech Republic, and Slovakia," Spring 2007, p. 28.

[2] Seán Hanley, "The Political Context of EU Accession in the Czech Republic," *The Royal Institute of International Affairs*, October 2002, p. 5.

[3] Standard Eurobarometer 61, 2004年7月, C84; Standard Eurobarometer 63, 2005年9月, p. 131. https://ec.europa.eu/commfrontoffice/publicopinion/index.cfm/Survey/index#p=1&yearFrom=2004&yearTo=2004).

[4] Standard Eurobarometer 61, 2004年7月, C16, https://ec.europa.eu/commfrontoffice/publicopinion/index.cfm/Survey/getSurveyDetail/yearFrom/2004/yearTo/2004/surveyKy/408.

重标准事件，更放大了这种落差感。

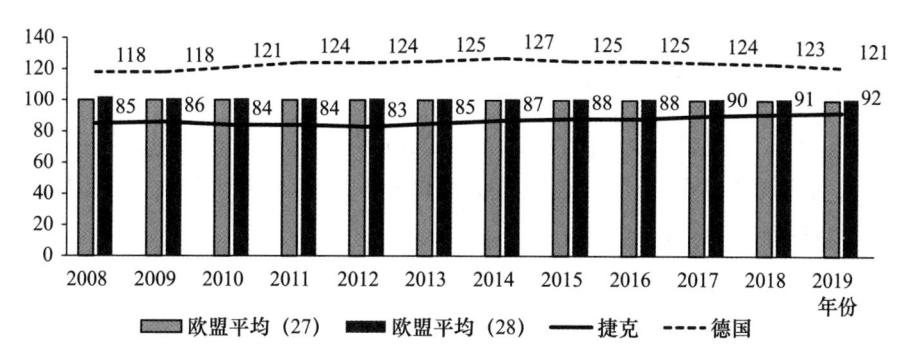

图Ⅱ-8-8　购买力标准（PPS）中的人均国内生产总值

资料来源：https://ec.europa.eu/eurostat/tgm/table.do?tab=table&plugin=1&language=en&pcode=tec00114.

　　* 国内生产总值（GDP）是衡量经济活动的指标。它的定义是，生产的所有商品和服务的价值减去生产过程中使用的任何商品或服务的价值。购买力标准（PPS）中的人均国内生产总值（GDP）的体积指数是相对于欧盟设定为等于100的平均值表示的。如果一个国家的指数高于100，那么这个国家的人均GDP水平就高于欧盟平均水平，反之亦然。基本数字以购买力平价表示，即消除各国之间价格水平差异的共同货币，允许对各国之间的国内生产总值进行有意义的数量比较。从PPS数字计算出并以EU27_ 2020=100表示的指数是为了进行跨国比较，而不是时间比较。

精英在经济维度的疑欧主义则根据意识形态不同而有差异。来自左翼的精英批评欧洲一体化是受"剥削性跨国资本主义"所驱动的，欧盟就是这种资本主义的具体体现①；而右翼精英则按照新自由主义经济思想批评欧洲一体化的发展方向会妨碍自由市场。即使加入欧盟后，到2009年捷克担任欧盟轮值主席国之际，捷克人也无法自由进出德国、奥地利和比利时的劳动市场。②捷克精英认为，欧盟在欧洲一体化进程中不考虑尽快接纳候选国，而是考虑利用加入进程来达到仅对现有成员有利。欧盟首先将候选国视为其推销产品的市场、过剩专业人士的有利机会来源、原材料和廉价、熟练的当地劳动力的来源。③捷克精英也反对欧盟与美国的经济对抗。泽曼

---

① Kopecky and Mudde, "The two Sides of Euroscepticism," *European Union Politics*, Vol. 3, No. 3, p. 307.
② 黄频：《比利时向新欧盟开放劳动市场 捷克人"加固栅栏"》，2009年4月17日，中国网（http://www.china.com.cn/news/txt/2009-04/17/content_17623135.htm）。
③ Zahradil et al., Manifest ceského eurorealismu, 转引自 Seán Hanley, From Neo-Liberalism to National Interests: Ideology, Strategy, and Party Development in the Euroscepticism of the Czech Right," *East European Politics and Societies*, Vol. 18, No. 3, August 2004, p. 529.

总统称:"美国是我们重要的政治和经济伙伴,这一点可以从捷克对欧盟以外国家的出口大多流向美国这一事实中得到证明。然而,最近我们欧洲人一直听到即将出台的对美国针锋相对的经济措施,我坚决反对。"①

因此,由于工作机会的转移和与西欧其他国家的差距,而使捷克民众担心成为"二等阶级"成员国身份,在经济层面产生失落情绪;精英基于不同意识形态以及国家利益而对欧洲一体化和欧盟相关政策的批评成为捷克国内疑欧情绪的重要根源之一。

二 政治维度

从政治维度来讲,捷克的疑欧主义首先体现为精英对国家主权丧失的担忧。捷克的精英秉持政府间主义和欧洲现实主义,希望欧盟保持国际组织性质而非联邦化趋势。他们认为《里斯本条约》的签订进一步损害了捷克的国家主权,关于让渡主权和维护主权之间的张力成为捷克对欧盟不满的因素。

其次,为了加入欧盟而不得不竭尽全力符合"哥本哈根标准"②,也成为日后捷克疑欧主义的根源之一。为了尽快入欧,捷克加快转型速度以满足入欧标准,对国家发展产生了损害,捷克的精英认为"捷克和其他候选国家在加入欧盟的速度上给予了更大的优先权,而牺牲了加入条款的质量,从而犯下了'战略错误'"③。而沉浸在入盟喜悦中的捷克,必须遵守长达97000多页的欧盟各项政策和章程。④ 并且捷克刚刚脱离苏联的强制"有限主权论",转而自愿投向欧盟的"有限主权论"怀抱,造成捷克与欧盟的地

---

① Milos Zeman, "President of the Czech Republic Congratulated the President of the USA," 7 November 2020, https://www.hrad.cz/en/for-media/press-releases/president-of-the-czech-republic-congratulated-the-president-of-the-usa-15649#from-list.

② 1993年6月,欧共体哥本哈根首脑会议向申请入盟的中东欧国家提出了四项入盟标准:(1)申请国必须是稳定的、多元化的民主国家,至少拥有独立的政党、定期进行选举、依法治国、尊重人权和保护少数民族权益;(2)申请国必须具备可以发挥功能的市场经济;(3)申请国必须能够面对欧盟内部,特别是欧洲单一市场环境的竞争压力和劳动力市场压力;(4)申请国必须赞同欧盟的经济、货币和政治联盟目标,能够确保承担成员国的义务,特别是执行共同体法的规定。

③ Zahradil et al., Manifest ceského euroreralismu, 转引自 Seán Hanley, "From Neo-Liberalism to National Interests: Ideology, Strategy, and Party Development in the Euroscepticism of the Czech Right," *East European Politics and Societies*, Vol. 18, No. 3, August 2004, p. 529.

④ 杨烨:《入盟后的中东欧成员国仍需调整转型》,2014年8月29日,《中国社会科学报》,http://sscp.cssn.cn/xkpd/tbch/tebiecehuaneirong/201408/t20140829_1308375.html。

位差异。①

最后，欧洲问题被政党精英作为竞争手段动员选民和意识形态转型的契机。在捷克转型初期，欧洲问题被政党视为区分合法政党和非法政党的标准，政治家、主流政党分别利用这一议题打压对手从而进一步剥夺其竞争合法性。② 在这一过程中，追求政治民主化、经济市场化和人的自由化不仅是东欧发生剧变的主要动因，也在一定程度上成为迎接"新生活"所必需的精神支柱。③ 但是在完成转型后，对共产主义的批判再也无法提供一个强有力的意识形态支持，也无法动员民众获取选票支持。在一个政党竞争日益正常的时代，转型时期的政党战略和意识形态诉求显示出疲软性，而疑欧主义可能使他们将意识形态包罗万象的诉求整合起来，这些政党以此为契机进行意识形态转型。例如公民民主党从起初强调新自由主义、捷克和中欧独特性的软疑欧主义，进一步转变为强调反对德国倡导的欧洲联邦制，捍卫捷克"国家利益"的硬疑欧主义，以此实现更多的政治动员。④

三 地理维度

在地缘上，捷克地处中东欧，位于东西大国之间的"夹缝"地带，渴望与大国结盟或组成国家集团联盟。在冷战时期，东欧作为苏联西部边界位于华约与北约对抗的前沿，在冷战结束后，中东欧作为欧盟东部边界处于欧洲大西洋联盟与俄罗斯对峙的前沿，同时也处于欧盟与美国对抗的"夹缝"中。⑤ 位于中欧的捷克也具有这些特点，而且捷克四周大国环绕，更加剧了其地缘的弱势地位，因此与大国结盟和结成国家集团成为捷克摆

---

① 朱晓中：《转型九问——写在中东欧转型 20 年之际》，《俄罗斯中亚东欧研究》2009 年第 6 期。

② Laure Neumayer, "Euroscepticism as a Political Label: The Use of European Union Issues in Political Competition in the New Member States," *European Journal of Political Research*, Vol. 47, No. 2, Mar. 2008, p. 135.

③ 朱晓中：《转型九问——写在中东欧转型 20 年之际》，《俄罗斯中亚东欧研究》2009 年第 6 期。

④ Seán Hanley, "From Neo-Liberalism to National Interests: Ideology, Strategy, and Party Development in the Euroscepticism of the Czech Right," *East European Politics and Societies*, Vol. 18, No. 3, August 2004, p. 513.

⑤ 朱晓中：《转型九问——写在中东欧转型 20 年之际》，《俄罗斯中亚东欧研究》2009 年第 6 期。

脱地缘劣势的不二选择。

首先，在加入欧盟的过程中，捷克与斯洛伐克、波兰和匈牙利结成维谢格拉德集团（Visegrad），利用维谢格拉德集团增强在欧盟内部的地位，并将其作为促进捷克在欧盟利益的主要工具。它们期待"维谢格拉德集团和比、荷、卢（Benelux）经济联盟将主持欧盟"，因为 V4 国家在投票权重框架下共得到了 58 票，与德国和法国的票数相当。①

捷克的国内需求与欧盟发展方向并非完全一致，在 2008 年春只有 36% 的捷克民众认为自己国家的利益会被欧盟考虑②，与维谢格拉德集团的合作加强了捷克抵制欧盟影响的力量。例如难民危机爆发以来，维谢格拉德集团相互支持和配合，抵制来自欧盟的压力，拒绝接受欧盟强制难民分派制度，使得欧盟难民分配方案夭折。因此也有学者建议："捷克外交应停止利用维谢格拉德集团作为促进捷克在欧盟利益的主要工具。从捷克人对欧盟的看法以及更广泛的联盟建设来看，该集团整体上转向威权主义，再加上对欧盟的全面批评，都是有害的。"③

其次，捷克位于欧盟与美国关系的"夹缝"中，在捷克看来，以法德为主导的欧盟日益与美国发生对抗，而捷克重视美国和北约在维护安全方面的作用，反对欧盟对抗美国。即使在入欧盟考察时期，捷克等国就不顾欧盟反对，冒着延迟入欧盟的风险，通过支持美国出兵伊拉克而站在欧盟的对立面。2016 年，V4 集团正式建立欧盟战斗部队，这是其在防务合作领域的重要成果，捷克国防部长曾言，"这是一个重要信号，表明中欧四国有能力接受军事任务，不管其背后是否有欧洲大国的支持"，并且这一联合部队也加强了与北约的防务合作，联合部队能够为国家、次区域、区域甚至国际范围多个层面互用，策略性地响应了北约的"巧防御"理念和欧盟的"整合与共享"倡议。④ 然而，这一切在法国眼里，包括捷克

---

① 尤拉伊·马鲁西亚克：《维谢格拉德集团能成为中欧的新兴力量吗》，邵文实译，《国际社会科学杂志》（中文版）2016 年第 2 期。

② Standard Eurobarometer 69, 2008 年 11 月, p.35, https：//ec.europa.eu/commfrontoffice/publicopinion/index.cfm/Survey/getSurveyDetail/yearFrom/2008/yearTo/2008/surveyKy/742.

③ Zdeněk Sychra and Petr Kratochvíl, "Czechia: Who Is the Most Eurosceptic of Them All? The Eurosceptic Race to the Bottom," *Euroscepticism and the Future of Europe*, September, 2020, p.32. https：//link.springer.com/chapter/10.1007%2F978-3-030-41272-2_8.

④ 王会花：《试论维谢格拉德集团与欧盟关系的演变及特点》，《国际观察》2019 年第 6 期。

在内的中东欧国家在区域和全球安全问题上与美国的密切合作,充当了美国的"特洛伊木马"①。

处于劣势的地缘位置使捷克在维护国家利益方面充满了困难,同时也使捷克利用各种联合力量维护国家利益,加之捷克国内优先事务与欧盟优先事务并不完全契合,这更加剧了捷克利用结盟维护本国利益,对抗欧盟的倾向。

四 历史文化维度

自18世纪晚期捷克民族意识觉醒以来,捷克曾多次遭受外部强国入侵,对强大邻国的担忧贯穿在捷克民族国家的发展历程中。在早期,波希米亚作为哈布斯堡王朝的一部分,面临着来自奥斯曼土耳其人的入侵。19世纪60年代,捷克受到奥匈帝国统治,直到第一次世界大战后才建立了统一的捷克斯洛伐克国家,但这个新生国家又很快遭受纳粹德国的入侵。第二次世界大战后,捷克加入苏联阵营,国家主权受到限制,在1968年捷克发生"布拉格之春"后,又遭受华约组织的入侵。直到东欧剧变,捷克脱离苏联,开启了政治转型。因此,被入侵的历史使得捷克对周边强大的政治实体具有天然的戒心,对维护主权和民族统一的愿望十分强烈。

首先,由于第二次世界大战时被纳粹德国入侵以及英法强国推行的绥靖政策,捷克的国家主权和民族尊严遭到了践踏。当加入欧盟后,捷克对欧洲大国尤其是德国的不信任,成为捷克疑欧主义的主要来源。并且在第二次世界大战结束后,贝奈斯总统于1945年5月签署了一项法令,为掠夺通敌者、日耳曼民族和马尔扎少数民族财产的行为提供了基础,到1945年6月和10月,贝奈斯分别签署了剥夺日耳曼人和匈牙利人公民权的法令,直到1946年1月,在"有组织的迁移"重新开始时,已经有60万到90万日耳曼人被驱逐出捷克斯洛伐克或自行离开,大概有1.9万到3万名日耳曼人死亡,其中至少有6000人是暴力行为的受害者或者是在泰雷津和捷克斯洛伐克其他地方集中营的被拘留者。② 因此,以"野蛮迁移"著称的暴力驱逐日耳曼人事件也成为捷克日后对待欧盟事务时一个绕不过去的症结,克

---

① 尤拉伊·马鲁西亚克:《维谢格拉德集团能成为中欧的新兴力量吗》,邵文实译,《国际社会科学杂志》(中文版)2016年第2期。

② [美]威廉·M. 马奥尼:《捷克和斯洛伐克史》,陈静译,中国出版集团2013年版,第194—196页。

劳斯总统就以承诺遵守"贝奈斯法令"为底线,才签署了《里斯本条约》。

此外,由于历史和作为小国的现实,捷克具有弱势心态与排外心态。在2004年秋的民意调查中,有82%的捷克民众认为大国在欧盟有更多的权力,仅有31%的人认为捷克将会在欧盟发挥作用,有46%的人认为捷克将在欧盟中变得更有影响力。[①] 在捷克民众和精英看来,法德毫无疑问是在欧盟内部起主导作用的两个大国,欧盟在一定程度上反映了法德的利益,捷克作为小国难以抗拒权力越来越向大国集中的欧盟。经历了种族迁移后,捷克形成了以捷克人为主导的民族,并对来自欧盟以外的移民极度排斥,自难民危机爆发以来,反对欧盟以外移民的人数高达80%,2019年这一数字达到了86%,捷克一度成为欧盟最排外的国家。这一排外的心态与欧盟的难民安置政策产生冲突,也成为捷克人疑欧的根源之一(见图Ⅱ-8-9)。

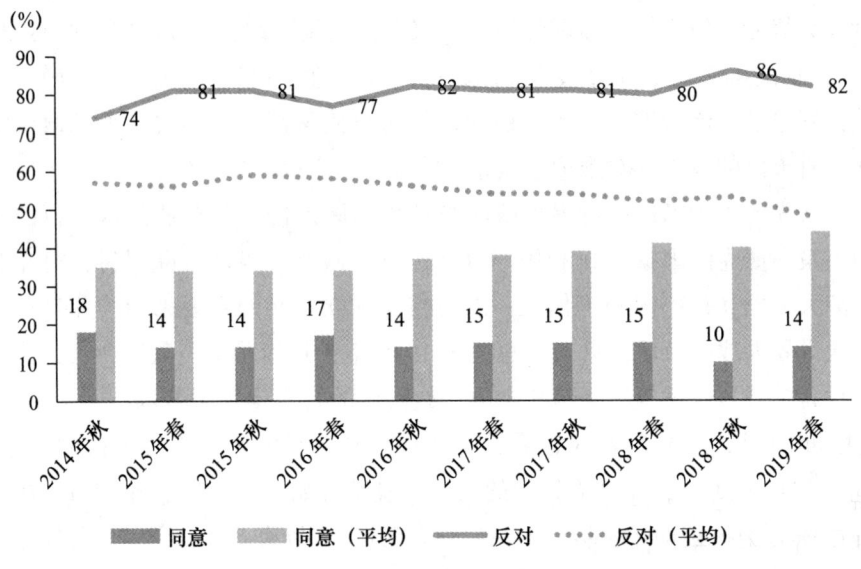

图Ⅱ-8-9 2014—2019年春捷克民众对欧盟以外移民的态度

资料来源:https://ec.europa.eu/commfrontoffice/publicopinion/index.cfm.

因此,由于捷克特殊的历史文化,无论是捷克的右翼还是左翼精英都

[①] Standard Eurobarometer 62, 2004年12月, p.90, https://ec.europa.eu/commfrontoffice/publicopinion/index.cfm/Survey/getSurveyDetail/yearFrom/2004/yearTo/2004/surveyKy/455.

持有民族主义的立场,以维护捷克民族文化和国家利益的立场来反对欧盟,尤其是反对外来移民和欧盟的难民安置政策。

结　语

通过分析疑欧主义在捷克公众层面、精英层面和政党层面的现状、演变,不难发现疑欧主义伴随着捷克政治变迁的整个过程,并日益占据主导地位。首先,不同于西欧国家的疑欧主义以边缘性政党为载体,捷克的疑欧主义首先诞生于该国政党体系的主流政党,而新成立的疑欧政党也迅速占据主流地位,政党体系中的主流政党和边缘政党都具有疑欧的特征。其次,捷克从政党、精英到民众,在疑欧主义上具有高度一致性。无论是精英迎合民众,还是精英塑造民意,在整个政治生态中,疑欧主义已经成为政党、精英、民众之间的纽带,为政治发展提供整合与动员。此外,一方面,政党体系可以影响对欧立场,另一方面,政党对欧立场也形塑着政党体系。公民民主党和社会民主党作为主流政党轮流执政,疑欧势力和亲欧势力根据两党是否执政而起伏,边缘性政党更以疑欧主义来凸显自己的独特性;而当全国范围内疑欧成为普遍情绪时,两大主流政党对欧立场日益趋同,给边缘性政党的崛起提供了政治机会,使得政党政治不断碎片化。

总之,捷克的疑欧主义既有西欧和中东欧疑欧主义的共性,也有自身独特的个性。由于捷克国内浓厚的疑欧氛围,毫无疑问,疑欧主义在捷克的内政外交中发挥着重要作用。如同塔格特论证欧洲政党政治与欧洲一体化的关系一样,捷克的疑欧主义和政治变迁的关系是:疑欧主义嵌入了捷克政治变迁的整个过程,如果不深刻理解疑欧主义,那么对于政治变迁的理解就是不完整且徒劳的。

第九章 国防与军事

捷克的国防与军事是关注与研究捷克、捷克参与"一带一路"建设的重要课题之一。关于捷克的国防与军事，相关的理解在于，以捷克的国防战略既有态势作为研究基础，阐释与分析捷克对于自身的国防战略设计、国家安全战略认知和具体运行等，进而预判与研究捷克国防发展的趋势，作为研究捷克国防与军事的延伸。上述研究可以为捷克国防与"一带一路"建设之间的相关性奠定相应的前提，为拓展与优化"一带一路"建设中捷克的地位与作用展现出相应的判断、依据与论证。

关于捷克国防的相关研究，涉及捷克国防发展的一般性态势解读与分析。同时，基于捷克面临的国际形势等，本章的研究能够根据既有的安全战略解读，尝试阐释"一带一路"建设中捷克国防具有的现实性作用。对捷克军事研究，作为捷克国防研究的重要内容之一，能够为捷克国防研究提供更为充分的研究内容、研究思路。

第一节 国防与军事的基本情况

捷克国防与军事的基本情况介绍，是以捷克国防建设既有的现实作为分析对象的。捷克国防与军事的基本情况，是指围绕捷克国防发展的基本情况——以捷克国防建设的既有现实作为分析对象，进而释义对于捷克国防建设的相关评价。换言之，关于捷克国防与军事的基本情况，相关分析涉及捷克国防的既有现实并提出相应的评价。

一 国防建设的现状

自1999年捷克加入北大西洋公约组织（以下简称"北约"）和2004

年加入欧盟以来，捷克国防建设的基本现实演变为，在考虑自身基本态势与国家安全需要的同时，也服从、服务于北约和欧盟的相关需求。当前捷克国防建设的基本内容涉及捷克军队建设的基本编制、相关军事装备等，比如捷克军队主要构成部分为陆军、空军和防空军等武装力量。了解捷克国防与军事的现状，多会涉及一般意义上捷克军队建设的相关情况与内容。从整体上分析，除了陆军、空军与防空军外，捷克军队还拥有信息战部队等。对捷克国防建设现实内容的梳理与介绍，除了既有的作战编成外，也涉及捷克军队的主要作战装备。

回顾自冷战结束、华沙条约组织（以下简称"华约"）解体后中东欧各国国防战略与安全态势的发展演变历史背景，除了前南斯拉夫地区出现多次武装冲突（诸如波黑战争、科索沃战争等）外，中东欧的总体安全局势处于相对稳定的状态。捷克作为中东欧的重要国家之一，其国防建设的主要目标旨在有效维护其国家安全并参与相应的国际安全事务。作为内陆国家，捷克主要的军事力量是陆军与空军。其中，捷克陆军的基本编成如表Ⅱ-9-1所示。

表Ⅱ-9-1　　　　　　　　　**捷克陆军的基本编成**

序号	部队名称	部署地点
1	第4快速反应旅	扎特克（Zatec）
2	第7机械化旅	赫拉尼斯（Hranice）
3	第4空降团	赫鲁迪姆（Chrudim）
4	第13炮兵团	金策尔（Jince）
5	第15工兵团	贝希恩（Bechyne）
6	第31辐射、化学和生物防护团	利贝雷茨（Liberec）
7	第53侦察和电子战团	奥帕瓦（Opava）
8	第14后勤保障团	帕杜比斯（Pardubice）

资料来源：Land Forces Command，http：//www.army.cz/en/armed-forces/organisational-structure/land/land-forces-command-218591/.

评价捷克既有的国防建设中的陆军编成情况，大致能够明确以下认知：

捷克陆军已经具有一定的规模并能够发挥相对积极的作用。捷克陆军既拥有传统意义上的机械化部队、炮兵部队，也拥有适用于信息化战争的快速反应部队，整体上处于变革的过渡期。通过这一态势，大致能够了解捷克陆军发展的基本状况，进而作为评估其国防建设、国防战略的依据之一。

在捷克军队的军备发展中，通过具体的军备建设大致可以了解到捷克陆军装备的基本情况，比如，其装甲部队主要装备了T-72M4 CZ型主战坦克，BVP-2即BMP-2步兵战车，原型均为苏联/俄罗斯制造；[①] 捷克空军装备的基本情况是：战斗机为瑞典制造；L-159轻型战斗机为捷克制造；安-26运输机为苏联/俄罗斯制造；[②] 米-24武装直升机、米-8运输直升机，均为苏联/俄罗斯制造。[③] 在数量方面，可以参见表Ⅱ-9-2所示。

表Ⅱ-9-2　　　　　　　捷克军队主要作战装备概况

序号	类别	数量
1	作战坦克，T-72所有型号	116辆
2	装甲车（BMP-1、BMP-2等诸多型号）	437辆
3	口径100毫米以上火炮	179门
4	作战飞机（固定翼）JAS-39战斗机与L-159轻型战斗机	36架
5	武装直升机（米-24和米-35）	17架

资料来源：Military Equipment Overview (as of 1 January 2019), http://www.army.cz/en/facts-file/equipment-size/military-equipment-overview-january-2018-139808/.

上述关于捷克军队军备建设的现实，除了瑞典制造的JAS-39战斗机（即鹰狮战斗机）外，多属于冷战时期苏联和捷克本国制造的武器装备。较之1999年之前的北约主要成员国，诸如美国、英国、德国、法国、加拿大、意大利等，也较之荷兰、比利时、希腊等一般成员国，捷克军队的主战装备仍然处于相对落后的状态。与其他前华约国家多有区别的是，捷克拥有

[①] Tanks & Armoured Vehicles, http://www.army.cz/scripts/detail.php?pgid=182&conn=1147&pg=2.

[②] Plane, http://www.army.cz/scripts/detail.php?pgid=186&conn=1167&pg=1.

[③] Helicopters, http://www.army.cz/en/armed-forces/equipment/air-force/helicopters/default.htm.

较为发达的军事工业,因而在捷克军队既有的武器装备中,拥有一定数量的本国制造的武器装备,诸如 L-159 轻型战斗机等。

整体上释义捷克军队的武器装备情况这一态势,也符合当前欧洲国家(尤其是前华约国家)军事装备的现实。尽管已经成功加入北约超过 20 年,但是作为前华约国家的捷克(在一定程度上也包括波兰、匈牙利以及 2004 年及其以后加入北约的罗马尼亚、保加利亚、斯洛伐克以及军事实力羸弱的波罗的海三国,即爱沙尼亚、拉脱维亚、立陶宛,还涉及中东欧的斯洛文尼亚、克罗地亚、阿尔巴尼亚、黑山和北马其顿),其国防建设具有较为普遍的共同性缺陷:这些国家并未因为成为北约成员国,而获得更多的北约制式武器装备乃至相应的技术装备等。对于捷克,除了上述问题外,捷克军队既有的编成仍然保持着较为显著的苏联色彩,比如捷克军队中仍然有防空军的编制等。

同时,捷克拥有专门的信息战作战部队。相关定位为:信息战部队在网络和信息作战领域为捷克提供安全和防御。他们或独立行动,或在国内或盟国框架下,与陆、空和特种部队密切协调。[1] 信息战部队的设立与运行,能够作为捷克国防建设中的重要组成部分得以呈现。此外,关于信息战部队相关释义在于,在网络空间防御中,他们与军事情报部门密切合作,在各自的能力方面相辅相成。[2] 按照上述解读,大致能够明确认识到捷克信息战部队的具体行动与其情报部门之间存在着相应的关联、协作等。借助捷克国防建设中信息战部队的设置与运行,可以进一步认识到,较之一般国家对于信息战的重视,捷克在相当程度上已经突显了其国防战略的部署与积极作为。捷克国防建设的相关实践在整体上已经呈现出相对积极的发展趋势;同时,捷克国防建设的整体推进,已经表现出以西方国家的身份实现国家安全事务参与,并正在落实面向西方国家军队既有编成的转型。

从捷克军备建设的现实与趋势分析,当前作为欧盟与北约的成员国,捷克军队的整体发展呈现出较之 1999 年加入北约时,已经取得了相对显著的进步;捷克军事实力有了一定的提升。较之其所在的中东欧地区,捷克

---

[1] Cyber Forces Command, http://www.army.cz/en/armed-forces/organisational-structure/cyb/cyber-forces-command-218593/.

[2] Cyber Forces Command, http://www.army.cz/en/armed-forces/organisational-structure/cyb/cyber-forces-command-218593/.

所发挥的作用应当给予重视。同时，作为北约成员国，捷克在阿富汗等国家也派驻了军队，这是捷克在享受其作为欧盟和北约成员红利的同时，也需要承担相应的义务。同时，作为小国，捷克上述作用的发挥也具有相应的局限性。这主要源自于捷克自身的军事实力有限与捷克政府对于国际安全事务参与的基本判断与立场意在本国的国家安全；但与此同时，作为欧盟与北约对外安全事务框架下有效参与的落实，捷克的海外军事行动也需要依仗来自欧盟与北约中大国的支持。

表Ⅱ-9-3　　　　　　　　捷克在国外的军事行动概况

序号	地点	备注
1	阿富汗	喀布尔特遣队、巴格拉姆警卫连、宪兵①
2	拉脱维亚、立陶宛	电子战部队（拉脱维亚）、排级特遣队（立陶宛）②
3	波罗的海空中巡逻	部署于爱沙尼亚的捷克空军参与（使用JAS-39战斗机）③
4	科索沃	在普利什蒂那部署9名捷克士兵④
5	波斯尼亚和黑塞哥维那	参与波黑军队的培训⑤
6	索马里	向索马里境内的难民提供粮食和额外救济⑥
7	地中海	5名捷克军人参与欧盟海军应对非法移民军事行动⑦

---

① Current Deployments-Afghanistan, http：//www.army.cz/en/foreign-operations/current-deployments/current-deployments-134039/.

② Enhanced Forward Presence-Lithuania, Latvia, http：//www.army.cz/en/foreign-operations/current/baltics/enhanced-forward-presence--latvia--lithuania-201314/.

③ Baltic Air Policing, http：//www.army.cz/en/foreign-operations/current/baltic/baltic-air-policing-215776/.

④ Kosovo (KFOR), http：//www.army.cz/en/foreign-operations/current-deployments/kosovo/kosovo-kfor-45466/.

⑤ EU for-Althea in Bih, http：//www.army.cz/en/foreign-operations/current/bih/*kopie-1：-eufor--althea-in-bih-219002/.

⑥ EU Navfor Somalia-Atalanta Operation, http：//www.army.cz/en/foreign-operations/current-deployme nts/somalia/czech-republics-support-to-eunavfor-anti-piracy-operation-44549/.

⑦ European Union Naval Forces-Mediterranean-Eunavfor Med, http：//www.army.cz/en/foreign-operations/current-deployments/eunavfor-med/european-union-naval-forces--mediterranean--eunavfor-_-med-111979/.

续表

序号	地点	备注
8	马里	训练马里军队①
9	伊拉克	训练伊拉克军队、宪兵等②
10	埃及西奈半岛	军事观察员和多国部队成员（3人）③
11	叙利亚戈兰高地	军事观察员和多国部队成员④
12	民主刚果、科索沃、中非、马里	军事观察员（民主刚果2人、科索沃2人、中非3人、马里2人）⑤

根据表Ⅱ-9-3中的内容，大致可以将捷克在国外的军事行动归纳为三个方面：

第一，捷克作为欧盟与北约的成员国，实施对于中东欧国际安全事务的有效参与。这一参与不仅可以视为捷克能够在中东欧安全事务中发挥作用，而且能够有效助力欧盟与北约在相关安全事务中的进程。从这一态势上应明确捷克在中东欧安全事务中能够发挥相应的现实性作用。

捷克之所以能够在中东欧安全事务中发挥相应的作用，是因为捷克既有的战略性作用并支持欧盟与北约在中东欧的战略性主张。同时，当前正处于军队转型阶段的捷克军队，其既有的发展成果多能够在相当程度上诠释捷克在相应的地区安全事务中发挥作用的基础。结合捷克国防与安全的既有现实审视，捷克参与中东欧安全事务的既有进程，已经突出了捷克在地区安全事务中的重要作用。

第二，作为欧盟与北约的成员国，在全球范围内的安全事务中捷克参与的程度存在较为明确的差异；在临近捷克的中东欧，捷克的作用往往是

---

① EU Training Mission-Eutm-Mali，http：//www.army.cz/en/foreign-operations/current-deployments/current-deployments-134040/.

② CAF Task Force Iraq，http：//www.army.cz/en/foreign-operations/current-deployments/current-deployments-134041/.

③ MFO Mission in The Sinai，http：//www.army.cz/en/foreign-operations/current-deployments/mfo-mission-in-the-sinai-39368/.

④ The United Nations Disengagement Observer Force-Undof，http：//www.army.cz/en/foreign-operations/current-deployments/undof/the-united-nations-disengagement-observer-force--undof-112605/.

⑤ Military Observers，http：//www.army.cz/scripts/detail.php？id=6588.

相对明显的，比如捷克参与北约在波罗的海的空中巡逻行动和捷克军队在波罗的海沿岸国家的部署。但除了阿富汗外，捷克在全球其他地区的军事行动更多地倾向于参与军事训练等辅助性军事行动。因此，捷克在国际安全事务中实质性作用与象征性作用兼具。

因而认知捷克对于国际安全事务的参与，既要认识到捷克在中东欧落实安全参与的有效性，又要认识到其在全球范围内更多地区的安全参与具有相应的象征性。其根源在于：一方面，捷克对于周边地区（中东欧）安全形势相对敏感，同时其所具有的欧盟与北约成员国身份等，在相当程度上促进了捷克对于中东欧事务的积极参与。另一方面，捷克本是小国，其综合国力、军事实力相对有限；对于远离本土的军队，相应的战略支援与保障能力不足。

第三，从比较研究的视角来解读，捷克在国际安全事务中所发挥的作用，较之更多的中东欧国家（中小国家）而言已经展现了其相对积极性。根据捷克参与国际安全事务的现实，捷克军队在国外的军事行动，尤其是在欧洲大陆以外的军事活动，象征性意义居多；但作为欧盟与北约的成员国之一，捷克的战略性作用已经得到体现，这对于分析与认知捷克在国际事务中的作用具有相应的参考性。即使捷克较之一般中东欧国家对于国际安全事务的参与具有更为显著的积极性，但捷克在国际安全事务中的缺陷仍然明显。

根据捷克参与国际安全事务的相关分析，限制捷克国际安全事务参与的关键原因在于：一方面，捷克军队建设的转型尚未结束，捷克尚缺乏相当数量的现代化武器装备（尤其是北约制式装备）与支援保障装备等；另一方面，捷克政府在主观上尚缺乏参与中东欧以外国际安全事务的战略部署等。未来捷克国防建设的发展，意在明确优化捷克的国家安全、捷克参与国际安全事务的态势。其中更为深层次的原因在于，捷克国防建设的持续推进需要其综合国力的提高作为基础。

二　捷克国防建设的评价

从一般意义上评价捷克国防战略的发展态势，不仅需要重视捷克既有的国防战略重点在于捷克能够为其周边的安全事务发挥相应的作用——源自于捷克拥有相当规模的快速反应部队与机械化部队；而且针对捷克参与国际安全事务上的相关现实，既要认识到捷克参与国际安全事务的积极态度，又要明确认识到捷克参与国际安全事务的某种有限性。但是，对于捷克在中东欧国际安全事务上的参与，需要明确这一参与具有实质性意义而非象征性意义。依托上述背景评价捷克国防建设，大致呈现为以下内容：

第一，捷克国防建设的积极推进，构成分析与认知捷克国防战略、国家安全的重要基础。捷克既有的国防建设和全球多数国家相比，具有相应的类似态势，即维护本国的国家安全（即维护捷克的国家安全）等。

捷克国防建设的持续推进，为审视其国家发展创设了一定的条件。按照一般国家治理的意义来理解，捷克国防建设的推进乃至捷克国防战略的实施，是其国家发展的基础性进程。对于捷克国家发展概况的了解，国防建设可以作为一项较为重要的内容。同时，捷克国防建设的推进，明确注重其欧盟与北约的成员国身份，尤其是参与相应的国际安全事务并致力于维护欧盟与北约的利益等。

第二，捷克国防建设的实施，构成捷克国防战略发展的客观表现，进而为解析捷克国家整体发展战略提供了相应的支持。从其他国家发展整体战略来解读，捷克将本国的发展明确定位为西方国家的成员，致力于服务西方国家的全球战略与全球利益。

根据捷克国防建设的既有发展态势，捷克将其国际安全事务的参与，视为捷克在积极履行相应的国际义务。但有必要指出的是，其国防战略的有效开展，是依循于西方国家，尤其是欧盟与北约的相关战略需要的。比如，捷克作为北约成员国之一，积极参与北约在阿富汗的军事行动，这一作为说明捷克在积极履行其作为北约成员国的义务。

第三，捷克国防建设的既有态势为预判其国防战略的发展提供了相应的依据。捷克既有的国防建设实施，有效地支持其维护国家安全的相关努力与展现其参与地区安全、国际安全的相关作为。从未来的发展来解读，捷克国防建设的有序推进，将明确保障捷克既有的国防发展态势，同时尽可能给予相应的优化。

以捷克国防建设的既有态势为出发点，继而评价其国防建设的发展态势，需要兼顾捷克自身的军事实力的提升（包括捷克军队的现役武器装备、军队编成等）与捷克国防工业对于其国防战略所呈现的支持、助力。此外，评价捷克的国防建设，还应当注重捷克军队自身的人员素质培养等。比如，在欧盟与北约框架下的安全合作中,捷克军人的专业素质、外语能力等,应该作为评价其国防建设乃至国防战略的重要指标之一。

评价捷克国防建设的既有现实,可以为充分释义、解析其国防战略等提供具有积极意义的导向与依据。与多数中东欧国家有所区别的是,捷克国防战略颇具特色的内容为,捷克国防工业的发展展现出捷克对于更多西方国家的有效影响。其中,具有典型性的案例为捷克与美国在军事工业领域的合作与积极互动。比如2020年9月捷克与美国的国防论坛。在此次国防论坛上,相关信息表明:负责工业合作的国防部副部长Tomš Kopeýný对捷克企业在美国市场站稳脚跟所取得的成功感到高兴。副部长补充说:"考虑到美国工业的技术进步水平,这项合作对捷克公司来说无疑是丰富多彩的。"在过去十年里,捷克对美国的军事物资出口增加了五倍。2010年,捷克出口额几乎达到1200万欧元,2019年增加到了6300万欧元。沃多乔迪航空航天公司于2014年与美国德拉肯国际公司(U. S. Draken International)签署合同,拥有5架L-39飞机和18架L-159飞机,用于美国空军和美国海军陆战队的"侵略者训练"。采斯卡兹布罗乔夫卡集团在海外的子公司CZ-USA将总部设在堪萨斯州,2019年它创造了超过30亿克朗的利润。[①] 这些都说明,捷克与美国在军事工业领域的密切互动在相当程度上构成捷克国防战略评价中应当关注的重要内容。对于更多的中东欧国家而言,捷克作为能够与美国开展军事合作的国家比较罕见。个中缘由在于捷克长期以来拥有相对坚实的工业基础与较为先进的国防科技等。

根据捷克国防建设的既有现实,捷克积极推动其国防建设实施的关键性着力点,不仅体现为捷克对于自身国家安全的落实与优化,而且意在有效推动捷克对于国际安全事务的参与。同时,捷克与美国之间相对密切的军事工业合作,也在相当程度上构成推动捷克国防建设实施的重要内容之一。

评价捷克国防建设应当明确重视以上内容,进而在相当程度上认识捷克政府对于其国家战略的落实、国家治理的推进展现出应有的作用。捷克国防战略的实施(包括其国防工业的发展在内),还需要充分结合捷克国家

---

① Czech and U. S. defence manufacturers discussed cooperation in Prague, http://www.army.cz/en/ministry-of-defence/newsroom/news/czech-and-u－s－-defence-manufacturers-discussed-cooperation-in-prague-223617/.

经济发展的整体态势。其中,最为现实的影响因素在于,随着捷克国家经济的整体发展正在从"一带一路"建设中获得实质性的利益,捷克国防工业、国防建设乃至国防战略也随之受到相应的影响。

第二节 国防战略

捷克的国防战略发展演变的核心进程在于,捷克作为欧盟与北约的成员国之一,在更多地涉及捷克实现国家安全有效维持的同时,推动其对于地区安全的积极参与。与之构成密切关联的是,捷克的国防战略实施,在相当程度上能够视为或者解读为理解与认知捷克国家发展战略的重要内容之一。针对捷克国防战略的文本解读、文本分析等,能够作为基础与参照更为有效地认知捷克的国防建设。

一 捷克国防战略的基本现实

根据2017年捷克国防战略的既有定位来解读,拥有先进军事能力的武装部队是建立有效的国防体系的关键先决条件。鉴于安全威胁的性质以及捷克对北约和欧盟成员国的承诺,捷克的国防不仅限于其国家边界,而且主要是在盟国的国际框架下计划和执行的。然而,国防战略的实现取决于要有足够的资源用于加强该国的国防能力。执行这一战略所规定的措施将使捷克具有适当的防御能力,同时也有助于其盟国的防御。[1] 按照捷克国防战略的这一规划,能够大致了解捷克自身的国家安全是其国防战略的重要内容;同时,欧盟与北约也构成捷克维护其国家安全的重要背景。

捷克国防战略的具体实践表现出,其国防政策是作为国防战略的具体内容得以呈现的。按照捷克国防政策的相关设想,捷克的国防政策是其作为北约和欧盟成员国而制定的。它提供了集体防御和安全的优势;同时,它还承诺为共同防御做出充分贡献。[2] 捷克的国防政策是以捷克作为北约和欧盟成员国为基本出发点的。捷克的国防政策执行也在相当程度上突出重

---

[1] The Defence Strategy of the Czech Republic 2017, Ministry of Defence of the Czech Republic, 2017, p. 15.

[2] The Long Term Perspective for Defence 2035, Ministry of Defence of the Czech Republic-Military History Institute, 2019, p. 6.

视与落实来自欧盟与北约的安全保障。除了维护国家安全外,对捷克国防战略的既有规划,还可以结合捷克国防部的安排来解读:根据《武装部队法》(第 219/1999 号)规定的捷克武装部队的角色和任务,它包括来自北约和欧盟成员国的任务,即与集体防御和国际危机管理有关的任务。① 根据相关任务,可以将其细化如下(见表Ⅱ-9-4)。

表Ⅱ-9-4　　　　　　　　捷克武装部队的任务

序号	内容
1	为保卫捷克做好准备,防止外部攻击(必要任务)
2	准备并参与盟国的集体防御
3	参加维持和平与安全的活动,特别是参加维持和平与和平支助行动,以及救援和人道主义援助任务
4	在共同安全利益领域与外国(特别是盟军)武装部队合作,包括通过军事演习得以落实
5	执行相关法律所规定的其他任务,例如,保护捷克常任总统和临时总统(由卫队执行);作为综合救援系统的一个组成部分,向民政当局提供支助,通常是应对管理自然灾害和人为灾害;在严重的国内安全突发事件中加强捷克的警察力量;保护重要的国防基础设施,或者守卫选定的国家边界。分配给武装部队人员的这些任务,是根据实际需要,视情况而定的

资料来源:The Long Term Perspective for Defence 2035, Ministry of Defence of the Czech Republic-Military History Institute, 2019, pp. 13-14.

根据任务的需要以及相应的趋势发展等对捷克国防战略解读如下:

第一,落实对于捷克国家安全的有效维护——这一方面体现为捷克军队对于国家安全的保障,另一方面体现为捷克军队对于国家安全需要依托来自欧盟与北约的集体安全合作。在维护既有国家安全的同时参与全球维和行动,也构成捷克国防战略的相关内容。

第二,围绕捷克国家安全战略的发展态势,捷克与更多欧盟、北约的盟国之间开展协调合作等,这一合作的推进在维护捷克自身国家安全的同时,突出捷克与盟国之间的战略协调并优化在国际战略互动中的既有态势。

---

① The Long Term Perspective for Defence 2035, Ministry of Defence of the Czech Republic-Military History Institute, 2019, p. 13.

上述设想的落实与推进，构成捷克国防战略实施的整体进程。

第三，在释义捷克国防战略的实施时，应额外注重捷克国防工业的发展。较之中东欧的其他国家，捷克相对发达的国防工业不仅能够满足捷克军队对于常规武器装备的需求，比如捷克航空工业可以制造喷气式战斗机，而且能够为捷克国防战略的整体实施，包括对外军事贸易等，提供相对积极的支持。尽管在国防战略的相关规划中并未明确提及之，但是在国防战略的相关实践中，国防工业所发挥的作用不可忽视。

审视捷克国防的既有发展，其缺陷在于，在信息技术产业等领域，捷克较之在北约安全事务中发挥关键作用的国家仍然缺少相对有效的、具有实质性意义的作为，比如对比英国、德国与法国等。从第四次工业革命发展演变的既有现实加以考虑，捷克国防工业的落实，在信息产业领域的落实起着不可或缺的作用。

二 捷克国防战略的环境评估

对捷克国防战略实施的解读，是指从捷克自身的视角和欧洲安全事务视角等出发解读捷克国防战略的环境。捷克国防战略的实施环境，可能至少需要关注两个方面：第一，捷克在中东欧的国际环境；第二，捷克在欧洲的国际环境。此外，对于捷克在全球范围安全事务中所起的作用，也可以提供相应的解读。其中捷克在中东欧的国际环境构成影响其国防战略的直接因素；在欧洲的环境方面，应更多地考虑捷克需要以其对国际安全事务的参与，展现捷克对于欧盟与北约的明确借助。

围绕捷克国防战略的基本定位加以解读，国防战略的基础是管理国防适用的国内法，特别是捷克宪法、国际条约和有关法令。它（国防战略）源于捷克的安全战略，反映了北约的战略理念、欧盟的全球战略以及其他相关国家、国际和盟国的文件。[①] 因此，就捷克国防战略的相关规划而言，其国防战略的落实相对积极地表现为捷克对于国际环境的相关认知并落实相应的战略性举措。评价捷克国防战略实施，按照上述释义，可以关注两个政策影响变量：一个是捷克政府对于国防战略实施的相关设想，另一个

---

① The Defence Strategy of the Czech Republic 2017, Ministry of Defence of the Czech Republic, 2017, p. 6.

是捷克在欧盟和北约框架下开展国际合作的相关设想。

从捷克对于周边地区（中东欧）安全事务具有实质性意义的国际参与来解析，在捷克国防战略的环境评估中，来自俄罗斯的威胁相对显著。对于捷克国防战略的相关环境解读，按照捷克政府的官方文件表述，2012年以来，欧洲安全局势明显恶化。在东欧地区，俄罗斯有公然实现其权力的野心，包括使用军事力量。俄罗斯这样做违反了国际法准则，包括损害其邻国的领土完整。它对北约国家和欧盟成员国采取了多种综合行动，包括采取有针对性的造谣活动和网络攻击。欧洲南部和东南部出现一道不稳定的弧线，它正在从北非向阿富汗的整个地区蔓延。这种不稳定在很大程度上源于软弱和失败的国家，这些国家允许非国家行为者，如所谓的"伊斯兰国"和其他极端主义团体，建立一个不稳定区，该地区一直延伸到欧洲边界，并威胁到欧洲，导致激进主义、极端主义、恐怖主义的增长以及非法移民进入欧盟。与信息战和有组织的网络攻击相关的新的威胁也危及欧洲的安全。这些不利趋势对捷克构成潜在威胁。因此，捷克非常关心加强其防御能力和准备，并承担起一份责任，支持那些承担更大责任的盟国和伙伴。[1] 因此，在欧盟与北约的既有运行框架下，捷克国防战略的既有作为在于，跟随与服从其中强国的立场，构成捷克国防战略实施的基本态势。围绕捷克国防战略的既有战略性部署——捷克将继续保持平衡武装部队的核心结构，如果安全环境恶化，这种结构可以得到加强。在危机中，和平时期的军队结构能够扩大其能力，包括在过渡到完整的战时结构之前建立师级司令部的可能性。[2] 按照这一战略性部署，在捷克国防战略的相关实施中，上述安排可以落实为一种有效的战略动员机制。从欧洲常规军事力量发展的现实加以解读，自21世纪初以来，捷克国防战略的相关规划构成一种能够在相当程度上满足其维护国家安全的需求。

捷克国防战略的环境分析，多以捷克面临的中东欧国际安全事务现实作为基础，进而基于应对既有风险的审视——无论是应对所谓激进主义、极端主义、恐怖主义和非法移民，还是应对来自俄罗斯的威胁等，构成捷

---

[1] The Defence Strategy of the Czech Republic 2017, Ministry of Defence of the Czech Republic, 2017, p. 7.

[2] The Long Term Perspective for Defence 2035, Ministry of Defence of the Czech Republic-Military History Institute, 2019, p. 15.

克在中东欧国际安全环境治理有效参与的基本内容。整体审视捷克国防战略环境，在其国防战略中虽有所提及但并未给予充分重视的是，在中东欧盛行并可能影响其国家安全的民粹主义等激进势力与极右势力之间的相互交织，以及这一势力与欧洲穆斯林之间的矛盾升级等，均可能在不同程度上造成捷克境内外安全局势的恶化。从结合国防战略的既有规划所预计的相关设想加以解读，无论是上述任何一种势力持续扩张还是各种势力彼此之间矛盾激化等，都可能造成捷克国防战略的相关实践升级。

根据捷克国防战略的发展演变等释义，捷克以国防战略的实施落实对于其周边（即中东欧）国际安全环境的影响，主要源自于捷克既有的国防建设能否实现既定目标，尤其是实现其军队建设的有效转型、更新北约制式装备等是否得到落实。比如，从既有的捷克国防建设现实释义，在捷克国防战略的实施中，逐步明确推动数字化、信息化部队建设，是捷克国防建设推进以适应当前战争形势、安全形势的需求。

三 捷克国防战略的发展动因

从捷克国家战略实施的自身视角加以解读，捷克国家战略的相关规划关于国防战略的设想与落实等，构成促进国防战略实施的基本动因。无论是维护捷克的国家安全，还是作为欧盟与北约的成员国参与相应的集体安全行动，都可以解释捷克国防战略实施的相关动因。捷克武装部队必须从国家和国际两个战略层面同时开展多种行动，并能在较长时间内维持其贡献。[1] 同时，除了上述对于捷克而言的主观因素外，中东欧乃至整个欧洲的安全环境治理等客观因素，也在一定程度上促进了捷克国防战略的发展。

中东欧安全环境一旦陷入危机，捷克国防建设乃至国防战略的发展，可能会遭受相应的冲击，诸如难民危机、恐怖主义袭击或者极端主义暴乱等。这类态势很可能促使捷克国防战略的实施出现相应的变化。比如，一旦欧洲的民粹主义、极右势力的相互交织得以逐步升级、扩大，与欧洲穆斯林之间的既有矛盾在中东欧爆发，那么这一态势很可能促使捷克国防战略的实施将更多的精力（包括相应的人力、物力）转向支持捷克警察以维

---

[1] The Long Term Perspective for Defence 2035, Ministry of Defence of the Czech Republic-Military History Institute, 2019, p. 17.

持相应的社会秩序、国家秩序等。

从捷克、欧盟与北约的相关立场加以解读，捷克国防战略的发展动因在于，既有的国际安全态势在相当程度上构成其国防建设乃至国防战略得以有效实施的关键。如果北约、欧盟进一步拓展其在欧洲以外的军事活动，很可能将增加捷克相应的支持力度。作为西方国家的身份认知，在一定程度上构成捷克国防战略既有发展的动力所在。

推动捷克国防战略发展的基本动因在于：

第一，出于有效维护捷克国家安全的需要，捷克需要持续推进其军队现代化武器装备的更新换代，同时，进一步推动其军队编组的优化。这一动因不仅取决于捷克国防战略实现积极推进的有效性，而且取决于捷克政府对于国防战略执行的决心与实践等。

阐释捷克国防战略的发展动因，也需要关注捷克国防战略实施的国际环境演变，其中最为重要的是捷克政府对于中东欧国际安全形势的感知、认知。按照捷克国防战略的既有发展态势来解读，维持中东欧已有的和平与稳定，是其关键性的目标；但从中东欧安全既有态势来解析，对于捷克国家安全十分显著与紧要的威胁可能在于激进主义、极端主义、恐怖主义和非法移民等，而非俄罗斯。

第二，捷克对于国际安全事务的参与，构成捷克国防战略得以发展的动因之一。在捷克国防战略的实施中，参与国际安全事务至少出于两个方面的考虑：捷克借助对国际安全事务的参与突显捷克的国际形象；捷克需要借助其作为欧盟与北约的成员国身份，通过履行在欧盟与北约的相关义务，换取来自欧盟与北约对于捷克国家安全的保护。根据这两个方面的考虑，捷克推动其国防战略的相关实践并逐步优化。

应给予重视的是，捷克对于国际安全事务的参与，是以捷克作为欧盟与北约成员为基础的，进而突出捷克对于欧盟与北约的支持。据此，捷克国防战略的相关考虑意在明确优化捷克在既有国际安全环境中的基本态势。比如，在中东欧的安全博弈演变中，捷克国防战略的落实按照上述态势得以呈现，需要展现其作为欧盟与北约成员的身份塑造，进而构建其应对相关风险的战略威慑。

第三，捷克国家战略的整体落实进而实现其对于国际事务的普遍参与等，构成影响其国防战略发展演变的重要影响因素。当前捷克以西方国家的身份实现既有的国家发展战略规划，国防战略是其展现这一身份的重要路径。但应当重视的是，如果欧盟与北约对于捷克既有的安全承诺无法落实，捷克国防建设的有效、有序推进可能将受到重大影响乃至冲击；捷克对于其国家安全实现积极维护的有效性也很可能大打折扣。

在捷克国家战略的持续发展中，对于国防战略的规划与实践，除了源自于盟国的支持（欧盟与北约等）外，捷克还需要考虑自身的战略性举措。其中，国防工业的落实与发展，可以作为未来进一步衡量捷克国防战略持续发展与保障其国防现代化建设的关键之一。但捷克是否能够在第四次工业革命中获得相应的发展先机？这往往需要结合捷克国家整体发展给予相应的判断、评估等。

第三节 国防发展的趋势

从未来的发展趋势来解读，捷克国防发展需要依托既有现实作为出发点，尤其是捷克自身的国防战略实施情况和捷克周边国际环境的变迁等，逐步落实与明确突出捷克国防在其国家战略中的既有作用。相关作用的释义，一方面表现为捷克国防对于其国家战略实施的充分助力与有效保障；另一方面表现为捷克国防自身的发展优化，尤其是需要更新更多的高新技术装备。以上述研究为基础，根据中东欧国际安全环境、北约和捷克国防的自身发展，阐释捷克国防发展的趋势。

一 中东欧国际安全环境与捷克国防的未来

围绕中东欧国际安全环境的发展态势，到21世纪第二个十年乃至第三个十年，尽管对于某些中东欧国家而言，来自俄罗斯的军事威胁似乎相对严峻，但是从既有的态势来解读，在克里米亚"回归"俄罗斯后，更多的中东欧国家对来自俄罗斯的威胁有所忌惮、恐惧等。从俄罗斯国防战略的既有设想、俄罗斯军备建设的既有现实、俄罗斯与北约的关系、俄罗斯与美国的关系等诸多变量加以通盘考虑，俄罗斯对中东欧发动军事入侵的可能性微乎其微。

因而，理解捷克国防战略相关的国际安全环境发展演变，需要明确中东欧国际安全环境在捷克国防中具有相对核心的地位与作用。按照捷克国防战略的未来发展判断、分析安全环境将变得更加复杂,无论是在行为体层面还是在威胁结构上,也就是说,由于采用综合性办法,其主要目的是通过高效的非军事"软"能力来降低获得预期效果的成本。某些区域大国的行为和行动将作为一个关键因素,决定安全环境的进一步发展。一些行为体在国际舞台上利用权力来实现其目标,将进一步削弱稳定态势;同时,这将对特别是小国产生相当大的影响。[1] 在捷克的国际安全环境发展演变中,捷克需要在中东欧有效建构有利于捷克的态势。然而,作为小国的捷克,有效塑造中东欧的国际安全环境也许勉为其难。但从捷克既有的国防战略设想与相关实践来考虑,捷克国防战略的推进、国防建设的落实,捷克军事实力的有效提升,尤其是对于地区环境演变中权力因素加以灵活运用,构成未来捷克的重要行为导向。换言之,即是否可以将捷克国防未来发展趋势解读为一种基于小国参与国际安全环境的战略运用。

从相应的中东欧国际安全环境塑造角度而言,作为小国的捷克应从自身出发,对于其至关重要的周边地区安全环境,可以采取相对灵活有效的战略性举措,开展相对有效的国际战略协作。比如,在中东欧国际安全环境演变方面,捷克以舆论环境的周边安全合作为视角,与波兰建构国际合作。按照既有的捷克与波兰在信息沟通领域的战略性合作研究来解读:信息空间的广泛变化是 21 世纪初社会面临的主要挑战之一。具体而言,社交网络的出现,加上传统媒体的衰落和 24 小时的新闻周期,给国家机构带来了重大障碍。(这些国家机构)通常保守而缓慢,很难适应这种新环境。在进行长期、一致和有针对性交流的同时,在公民和国家之间建立信任,增强对外国恶意信息的抵御能力也是必要的工具,所以它们(这些国家机构)在这种新的信息环境中缺乏定位是一种潜在的风险。[2] 以上背景的解读可以为波兰与捷克面临的信息安全态势,提供一种相对明确的认知。围绕波兰与捷克之间的安全合作,这两个国家的国防部和军队可以通过利用社交媒体、为公众组织活动以及策划传播活动,站在战略传播实践的前沿。波兰外交部还打算将战略传播纳入其活动与打击造谣的目标中,这一打算超出

---

[1] The Long Term Perspective for Defence 2035, Ministry of Defence of the Czech Republic-Military History Institute,2019, p. 8.

[2] Strategic Communication in Czech Republic and Poland: Comparison of Perspectives and Practices, Prague Security Studies Institute and Center for Propaganda and Disinformation Analysis, 2020, p. 3.

了捷克对应机构的活动范围。这也可能是因为捷克处理谣言的主要机构是内政部的反恐怖主义和综合威胁中心。还有一个有趣但通常是秘密的参与者是捷克反情报局（BIS，捷克信息安全服务机构）或负责网络安全的国家网络和信息安全局，旨在将战略沟通纳入其实践中。[1] 这一态势的实现在相当程度上释义了捷克与波兰在国防领域的信息交流互动中，多呈现为将两国军方的密切合作作为基础；这一合作的落实已经从军方扩展到外交、情报等部门，进而形成相对有效的"国防、外交与情报部门"的整体合力。

与信息安全的环境管理、控制相比，2020年新冠疫情的暴发，对于捷克国家安全环境的影响构成相对显著的冲击。捷克某智库（布拉格安全研究所）针对中国政府在应对疫情时对于塞尔维亚的援助指出：事实上，西巴尔干已经受到了中国所谓的旨在加强北京在西巴尔干地区地位的"口罩外交"的强力冲击，它将中国定位为一个负责任的全球参与者。中国的首批物资于2020年3月21日运抵塞尔维亚，随后向巴尔干半岛其他国家运送了少量物资。阿尔巴尼亚、波黑、北马其顿和黑山都在4月收到了中国的一些医疗用品。只有科索沃没有得到中国的正式承认，被排除在中国的慷慨援助之外。[2] 这一研究成果非但否定了中国与塞尔维亚等国家应对疫情的积极举措，而且对中国应对疫情的努力也加以污名化。这一研究成果不仅损害了中国在中东欧（包括这一报告所涉及的西巴尔干地区）的国际形象，而且意在污蔑中国与更多的中东欧国家应对新冠疫情的积极合作。同时，值得注意的是，这一研究对于科索沃作为国家的认知，很可能在安全事务上明显与塞尔维亚、俄罗斯与中国等国家存在着立场差异；尽管这一立场与捷克作为西方国家的身份存在关联，但并不利于捷克积极探索对于中东欧国际环境的参与。

在布拉格安全研究所的相关成果释义中，其结论性与前瞻性的分析认为：这一经验将提高欧洲的警惕性和表明需要密切关注西巴尔干半岛正在发生的一切。即使未来一段时间内疫情有所缓解，该地区也将不可避免地面临因数月国家封锁而带来的严酷和长期的社会和经济后果。下一次危

---

[1] Strategic Communication in Czech Republic and Poland: Comparison of Perspectives and Practices, Prague Security Studies Institute and Center for Propaganda and Disinformation Analysis, 2020, p.14.

[2] Barbora Chrzová, Petr Čermák, China, Pandemic and the Western Balkans-Lessons for the Eu? Prague Security Studies Institute, 2020, p.1.

机可能是经济危机，比当前危机严重得多，这将为外部势力在该地区发挥影响力提供又一次机会。欧盟应该为这种情况做好准备，在中国、俄罗斯或土耳其采取行动之前迅速果断地介入。否则，欧盟要想让这个动荡的邻居（即西巴尔干地区）保持稳定和更加民主，可能就力所不逮了。[1] 这一报告的核心内容在于，促使捷克政府乃至欧盟认识到，应当遏制与制约中国在西巴尔干地区影响的扩大、应当警惕中国在西巴尔干地区的"口罩外交"已经展现出的应有的战略性作为。

上述现实已经说明从捷克国防战略的既有实施态势等来解读，捷克需要欧盟、北约在捷克周边地区，尤其是在中东欧（包括西巴尔干地区）发挥相对积极的作用。更为深层次的分析在于，由于捷克自身的西方国家身份，在战略上需要依托欧盟、北约发挥相应的作用以维护捷克自身的国家利益、国际安全环境等等。

二　北约的变迁与捷克国防的未来

北约的变迁，尤其是北约职能的发展演变等，能够作为捷克国防的未来发展得以明确落实的核心背景。北约的职能发展演变与北约所面临的现实性危机应对等，可以在相当程度上影响捷克国防的未来。按照北约的既有职能设想来解读：北大西洋公约组织（即北约）是世界上主要的国际机构之一。它是一个政治和军事联盟，汇集了来自欧洲和北美的 30 个成员国。这些国家在安全和防务领域进行合作。在这方面，北约为这两个大陆之间的政治和安全合作提供了独特的纽带。[2] 北约的基本职能设想，意在突出北约对于在欧洲大陆与北美之间的安全事务协调与合作；与之密切相关的战略性职能在于，借助北约的积极作为，突显西方国家在相应的国际安全事务中能够发挥的战略性优势。不仅可以将这一优势解读为西方国家在亚欧大陆西端乃至整个亚欧大陆的战略性优势——既可以压制俄罗斯在欧洲的影响，又可以制约中国发展对于欧洲的影响；而且可以将其解读为西方国家在全球性的战略博弈中展现其较之非西方国家在安全领域的优势。其中，

---

[1] Barbora Chrzová, Petr Čermák, China, Pandemic and the Western Balkans-Lessons for the Eu? Prague Security Studies Institute, 2020, p. 2.

[2] What is NATO? https://www.nato.int/nato_static_fl2014/assets/pdf/2020/3/pdf/200327-What-is-NATO-en.pdf.

对于来自俄罗斯的威胁，北约在其既定战略中已经给予充分重视：北约对俄罗斯的政策基于两大支柱：防御和对话。尽管北约仍致力于这一双轨政策，但它对俄罗斯在整个欧洲—大西洋地区及其他地区破坏稳定的行为模式感到担忧。2019 年，俄罗斯在乌克兰的侵略行动，包括其不稳定的军事行为和使用复合型战术，继续对国际安全产生着负面影响，同时增加了不可预测性和不稳定性。[1] 因而，基于这一设想，北约对俄罗斯威胁的应对，需要作为成员国的捷克落实相应的积极参与。此外，有必要指出的是，较之北约，欧盟对于捷克国家安全事务的影响较弱。其原因不仅在于欧盟在共同防务的战略与政策实施中缺乏相应的统筹与协调，而且在于对比美国主导下的北约，欧盟缺乏维护其安全事务的军事实力，毋宁说远程投送能力与战略威慑能力了。

捷克国防战略的既有设想是：确保捍卫其主权和领土完整，主要是在《华盛顿条约》第 5 条规定的北约集体防御框架下。尽管如此，捷克加入国际组织并不能免除其主要责任，即保卫自己的国家领土。[2] 其中，《华盛顿条约》是指所谓的"北约宪章"。这一规则的落实，在相当程度上构成捷克当前与未来国防发展的基本态势；这一态势对于捷克国防未来的相应影响在于：

第一，北约既有的职能变迁，尤其是北约继续扩大其在欧洲、亚洲与非洲的战略活动，在客观上需要更多的北约成员国发挥相对积极的作用。在这一背景下，捷克既有的国防战略实施，不仅应考虑强化既有的国防能力建设，而且需要拓展捷克对于相应国际安全事务的参与能力等。

从北约的发展演变来解读，捷克国防建设、国防战略的相关积极效用在于，捷克在突出其自身国防能力提升的同时，应优化捷克对于北约相关安全事务的有效参与。这不仅需要积极推进捷克军队建设，突出捷克与北约之间的密切合作，而且需要将既有的合作规模给予必要的扩展、提升。

第二，根据北约职能的未来变迁，北约在整个欧亚大陆与非洲的军事行动开展与应对相关不稳定的需要，在相对程度上表现为北约需要强化其既有的职能。比如，按照北约的既有规划，北约标准化办公室支持标准的制定和

---

[1] The Secretary General's Annual Report 2019, NATO Public Diplomacy Division, 2020, p. 19.
[2] The Defence Strategy of the Czech Republic 2017, Ministry of Defence of the Czech Republic, 2017, p. 7.

更新，以实现北约部队和能力之间的互动性。2019 年，该办公室通过了提升和促进盟军实施这些活动和能力的标准，推进了多个与网络空间运营、战略沟通和自动空中加油及海上无人系统的建设。① 以此审视北约的发展与捷克国防建设（乃至国防战略）之间的互动，这类科技含量相对较高的国防保障项目，捷克参与的有效落实，需要增加相应的资金、人员等投入。

围绕北约的职能变迁，捷克是否能够依循既有的发展并展现既有的战略能力构建，其关键在于捷克既有的军费为其国内生产总值的 1.19%②，远低于北约 2019 年 2%的标准。北约未来的职能调整，意味着捷克需要增加相应的军费投入：既涉及更换北约制式装备，又涉及提高捷克军人的待遇与扩大人员规模；既要为捷克军队的海外军事活动提供支持，又要推动相应的发展优化等。因而，如果捷克未来的国防战略发展要契合北约的需要，增加相应的资金投入构成一种应然。

第三，从美国经略北约的未来发展趋势来解读，由于特朗普政府对于北约的态度消极，北约的职能突显了相对显著的不确定性。比如，长期以来，特朗普政府对于北约各个成员国并未承担相对足够的义务——北约的欧洲成员国答应到 2024 年将其 GDP 的 2%用于国防，但是 29 个成员国之中只有 5 个正在兑现这一要求。③ 因此，特朗普政府对于北约既有职能的落实是不满的；如果更多的北约成员国并未履行相应的职责，那么，特朗普政府对于北约的相关战略职能改变将可能弱化北约的战略效用。

按照相关的信息来解读，在特朗普总统的敦促下，北约盟国已经加紧行动，承诺增加 1000 亿美元的额外国防开支，更多的北约盟国正在履行 2%的承诺。大多数北约成员国已经制定了到 2024 年履行财政义务的计划。④ 然而，一旦出现变故，美国与更多的北约国家之间的矛盾也可能随之激化。对于捷克，如果美国采取逐步弱化北约的政策，捷克既有的国防战略很可能陷入相应的困境。根据捷克在北约框架下既有的国防建设设定来解读：

---

① The Secretary General's Annual Report 2019，NATO Public Diplomacy Division，2020，p. 104.
② The Secretary General's Annual Report 2019，NATO Public Diplomacy Division，2020，p. 40.
③ Michael Mandelbaum, Pay Up, Europe—What Trump Gets Right about NATO, https://www.foreignaffairs.com/articles/europe/2017-08-15/pay-europe? cid=int-nil&pgtype=hpg&region=br1.
④ Remarks by Vice President Pence at NATO Engages：The Alliance at 70, https://www.whitehouse.gov/briefings-statements/remarks-vice-president-pence-nato-engages-alliance-70/.

捷克国防战略的实施，需要满足国防投入达到国内生产总值2%的需求——这是北约与美国的共同需要。

结合北约的未来发展态势与捷克的国家安全需要来解读，对于捷克国防战略的未来发展——虽然对捷克领土发动直接军事攻击的可能性仍然很低，但不能排除某些北约国家或欧盟成员国的安全和/或领土完整可能受到威胁，以致需要捷克武装部队参与集体行动，进而确保这些盟国的防御。因此，捷克稳步发展是通过遵循北约防务规划的进程以及与外国伙伴进行军事演习，实现武装部队相互性和效率的提升。捷克支持加强欧洲安全和防务，因此积极参与在欧盟框架下深化防务合作。[①] 按照既有的态势来解读，捷克在北约的相关战略性定位，意在突出与优化以捷克自身的国防战略实施——增加捷克自身的国防实力并同时优化在北约、欧盟框架下参与相应的国际安全合作。

三 捷克国防建设的未来发展

从捷克国防建设乃至国防战略的既有实施态势加以解析，捷克需要妥善地运用既有的国防战略，推动其相应的国际战略优化并争取在未来发展中获得乃至保持相应的主动与优势。捷克国防发展的未来趋势在于，随着中东欧国际安全形势的发展演变，尤其是俄罗斯与美国（甚至包括北约）对立对抗的升级，捷克既有的国防战略可能呈现为，在既有国防战略实施的背景下，明确突出与优化相应的战略实施。捷克国防的未来发展趋势大致表现为以下三个方面：

第一，捷克国防建设的未来推进，首先表现为涉及捷克军队更新既有的武器装备，比如，捷克陆军现役的T-72M4 CZ型主战坦克，BVP-2型步兵战车多为20世纪70—80年代的武器装备，需要更换新式的武器装备，尤其需要优先考虑更换北约制式装备。同时，需要更换更为先进的通信装备、后勤装备等。

在国防建设方面，随着现代战争的需要，即使捷克在短时期里并未获得相对先进的北约制式装备，也可能考虑使用二手的北约装备以求尽快改

[①] The Defence Strategy of the Czech Republic 2017, Ministry of Defence of the Czech Republic, 2017, p. 8.

变捷克军队仍然使用华约时期装备的状况。如果这一状况在短时期里无法改变，很可能意味着捷克国防建设乃至国防战略的实施仍然处于相对明显的滞后状态。

第二，当前捷克军队仍然处于转型时期，因而未来的发展需要持续推进捷克军队的现代化转型。这主要表现为捷克在军队转型中，需要进一步扩大数字化、信息化建设以及相应的军队编组；同时，对于传统的机械化、炮兵等部队也许可能要考虑缩小相应的规模。此外，捷克空军、防空军的相关编制也需要结合现有国防需要加以优化。

现有的转型需要落实捷克军队编成改革，将直接推动捷克国防建设的现代化，以实现其国防战略的相关规划与完善。根据捷克国防战略的发展规划来解读，完成其既有的军队转型，能够使捷克军队胜任其国家安全与地区安全相关事务的需求。其中，最为典型的趋势在于，捷克的电子战、信息战作战单位、保障单位建设，具有相对重要的意义。

第三，在捷克国防发展的既有态势中，国防工业作为国防建设、国防战略的重要组成部分，应落实其应有的作为。较之一般国家，捷克相对发达的国防工业能够展现出相对积极的作为，这源于捷克相对完善与发达的工业体系。如果捷克能够有效把握当前第四次工业革命的契机，并结合其作为西方国家成员的优势，那么捷克国防工业对于其国防建设、国防战略的支持，将随之得到持续与扩展。

对于捷克的国防工业发展而言，那么如果捷克国防工业要在其未来的发展中持续发挥出相应的作用，捷克国防工业的发展就必须依循现代军事的发展需求。从未来的发展趋势来阐释，捷克需要在机械制造、航空制造等领域，落实较为积极的发展态势并关注信息技术、人工智能等相关领域的发展。

第四，从地区安全来解读，捷克对于地区安全态势的敏感与重视，主要体现为对于其周边地区（中东欧）相关安全事务的积极关注。一方面，捷克需要维持其周边国际安全环境的持续稳定，同时保障捷克与更多国家在安全领域相关合作的持续；另一方面，捷克需要与更多的盟国（在北约、欧盟框架下）开展相应的有效合作并发挥相应的作用。比如，捷克对于巴尔干事务、波罗的海事务的积极参与。

对于捷克而言，中东欧国际安全环境是具有重要意义的。捷克对中东欧国际安全环境塑造的作用将继续依循强化自身能力，同时拓展相应的国际合作路径加以落实。大致呈现出以下三个维度：在周边国家维度上，捷克与其北约、欧盟框架下的盟国继续落实已有的合作并加以扩大；在欧盟与北约的维度上，捷克继续作为其成员国发挥相应的作用；在应对外部威胁的维度上，捷克需要落实更具有灵活性的举措，但对于非法移民、恐怖主义的相关威胁应对需要强化。

第五，从全球安全的既有态势来解读，捷克仍然将作为欧盟与北约的成员国参与全球安全事务。作为小国的捷克，对于全球安全事务的参与有限。但随着捷克军队武器装备的改善、军队编制的优化，捷克对于全球安全事务参与的有效性可能随之提升。

作为西方国家的成员之一，构成捷克参与国际安全事务的基本态势。同时需要关注的是，如果西方国家的内部出现变故，捷克在国际安全事务中的作用也可能出现相应的变故。

第四节　安全合作视角下中国"一带一路"倡议中的捷克角色

从捷克推动国际安全合作的既有现实来审视，以当前全球科技发展乃至军事科技发展的现实与趋势释义为例，捷克通过所谓"布拉格 5G 安全会议"，在相当程度上彰显了捷克国防安全战略的未来发展趋势。布拉格 5G 安全会议是讨论 5G 基础设施推广相关风险的全球领先论坛。2019 年的会议在结束时发表了所谓的布拉格提案，总结了安全启动第五代移动网络的基本建议。[①] 布拉格 5G 安全会议不仅意在优化捷克在国际安全领域的话语作用，而且能够有效展现捷克在军事科技领域的重要作用，也许这一作用并非领导性的。

5G 安全会议的案例说明，对于捷克，争取相应的国际安全事务主动，可以视为其实施国际安全合作的相关导向。从安全合作的既有发展态势来解读，安全合作视角下"一带一路"建设中捷克角色的塑造在于：从背景

---

① 23-24 September 2020: The Second Year of the Prague 5G Security Conference, https://www.vlada.cz/en/media-centrum/ocekavane-udalosti/23--24-september-2020-the-second-year-of-the-prague-5g-security-conference-183728/.

因素方面解读，中国正在全球范围内积极推进中国版本 5G 技术，部分西方国家因所谓"国家安全"的原因，而加以相应的抵制、反对；在捷克国防战略、国家安全战略实施中，是否要彻底否定对于中国 5G 技术的运用尚无定论。但较之西方国家对于 5G 技术的否定，类似捷克的中小西方国家相应的战略选择也许会采取英国似的摇摆立场，但由于其基础设施建设（尤其是通信设施建设）乃至其国家经济发展与"一带一路"建设的相关性不断提升，它们对于中国 5G 技术的否定，未必会采取类似作为"一带一路"建设第三方因素的日本等国家的立场，而是可能采取相对灵活的举措。

目前，在捷克与中国的通信技术合作中，5G 技术的合作仍存在着持续推进的可能性。但应充分顾及的现实性制约在于，以美国为首的北约很可能限制捷克对于"一带一路"建设的参与。其中最为重要、也最具核心性的进程在于，这将限制捷克在国防建设领域与中国等国家的合作。但从普遍意义上解读国家治理的既有现实分析，从严格意义上区分一个国家的经济发展、国家治理中的国防工业与非国防工业、国家安全与国家发展，似乎是不现实的。

据此，捷克在"一带一路"建设中既有作用的发挥，目前仍然处于一种相对飘摇状态。一方面，在积极参与"一带一路"建设的过程中获得显著的收益、支持，其中，捷克的国防工业发展、国防战略实施也从中获益。但另一方面，捷克作为北约的成员国（因美国的限制），在"一带一路"建设中的某些领域（诸如 5G）很可能会采取相对迟缓的态度，其根源在于，捷克的国防战略设想、国防建设实践，安全合作视角下的"一带一路"建设仍然充斥着相对的不确定性；这一不确定性源于北约乃至美国对于"一带一路"建设在安全领域的质疑、否定。

第十章　在捷中国移民的融合与发展

近年来，欧洲移民问题随着新冠疫情、俄乌冲突、全球局势变动和经济不景气而益显危机，尽管欧盟有着共同的移民政策，但因欧盟各地的移民历史迥然不同，所以当今欧盟移民问题亦呈现出复杂的景象。1989年中东欧国家转型后由于缺乏处理国际移民的经验，以及对国际移民政策的模糊和松散，导致前苏联国家的移民大量进入中东欧地区。不同于西欧国家的前殖民地移民者，及南欧的北非地中海国家的移民潮，中东欧国家的新移民大部分来自东欧、俄罗斯以及部分亚洲国家越南、中国和蒙古国等。20世纪90年代初期是中东欧移民政策最模糊，也是边界管理最松散的时期，因此透过合法手续取得居留身份的国际移民，以及非法入境的偷渡移民，在数量上相当可观。例如90年代初在匈牙利的中国合法移民人数达到3万多人。随着，中东欧国家积极"回归欧洲"，欧盟要求中东欧国家加强边界管理及完善移民法规及政策，作为中东欧入盟谈判的条件之一，90年代后半期，中东欧国家的移民政策逐步与欧盟趋同。欧盟主要国家在要求中东欧国家管制国际移民之际，也设法限制中东欧的外来移民。虽然90年代前半期中东欧涌入许多境外移民，但其中大部分移民仅把中东欧当成去西欧的跳板。

进入苏联时期的捷克的中国移民寥寥无几，中国移民大量进入捷克是在1989年之后。1990年代中国的改革开放正在加速全球化与国际化，中国人积极赴海外寻找商业和工作机会。早期中国移民通过中俄边境，纷纷前往俄罗斯寻找工作机会，部分中国人透过逐渐成熟的移民路线从德国经过巴尔干进入匈牙利，再从匈牙利转至捷克或者更远的西欧国家。中东欧地区成为新移民的聚集区，1990年代前半期来到捷克的中国移民亦有不少将此地作为前进西欧的跳板，但随着西欧和捷克之间的过境线越来越难以跨越，伴随着捷克的经济社会逐步稳定，以及加入欧盟的可能性增加，捷克从转境国变为移民目的国。中国移民在捷克的人数逐年攀升，根据捷克官方的统计，2010 年的中国移民人数已达 5473 人，为历年之最。据民间商会统计，捷克的非法移民在人数最高峰时期达到二万多人。截至 2020 年 12 月，捷克官方统计的中国移民人数为 4542 人。[1]

1989 年之前的捷克社会相对封闭，一直到 90 年代初期，捷克几乎没有来自亚洲的少数族群，除了通过互助理事会协议引进了少量越南的公派留学生和劳工以外，几乎没有其他亚洲人。对中国文化以及社会的了解多半来自国外的电影或者新闻媒体，因此老一代捷克人对中国人乃至亚洲人都有着很深的成见。甚至捷克政府也认为，亚洲新移民有潜在的犯罪可能性，可能会威胁到当地的社会秩序，包括中国华商在当地的税收犯罪、破坏当地就业秩序及偷渡等。90 年代以后，捷克和中国商业往来增加，相互投资、捷克经济的资本化与全球化、社会的民主化与新生代的成长，捷克人慢慢适应了外来文化及其他亚洲国家的移民，也包含来自中国的移民。

第一节　转型以来捷克移民政策概况

经过 20 世纪 90 年代初的开放移民政策后，从 90 年代末期至今捷克一直都采取限制性移民政策。1995 年前后，捷克经济"休克疗法"使得经济衰退以及失业率骤升，移民潮也导致了捷克的失业率增加，因此捷克政府推行限制移民政策。此外，为了准备 2004 年加入欧盟，捷克逐渐调整政策，使移民政策与欧盟一致。捷克政府一方面追求融合性强及有活力的移民政策，另一方面又采取欧盟移民政策的限制性原则。2000 年捷克政府推行的移民法律，对移民限制得更加严格，有些在捷克居住的合法移民突然之间变成非法移民，捷克对大多数国家实施限制性签证政策，新的移民法也限制移民的工作机会、事业类别以及做生意的机会，增加了移民社会融入的难度。在加入欧盟与申根条约后，根据布鲁塞尔原则，捷克移民法律的变动需要欧盟国家的集体讨论，因此捷克的限制性移民政策沿用至今。即在 2008 年金融危机期间，捷克也没有出台像希腊及欧洲其他国家那样的投资移民政策，包括捷克在内的维谢格拉德集团，是欧盟中较早恢复经济活力的地区之一。

---

[1] 捷克警察局，https：//www.policie.cz/sluzba-cizinecke-policie.aspx。

捷克是中东欧地区执行严格的限制性政策的国家之一，招致不少非政府组织、媒体及捷克移民组织的批评，因为此政策阻碍了移民的发展与融入。捷克的移民签证申请程序烦琐复杂，审批程序极度官僚化，移民警察局的严格制度和官僚态度导致捷克移民获得任何类型的工作居留证时间漫长，且无法保证有结果。此外，居留证一旦过期或者被取消，恢复居留证的可能性微乎其微，这是移民留在捷克的最大困难。捷克对移民的福利制度也比其他中东欧国家严苛，无法给移民提供福利保障，例如医疗福利、失业福利、社会保障福利等甚至居留证也会因为失业而被取消，并没有给移民留下再次就业的时间。Lenka Šíšová 认为，2003 年捷克政府推行的《捷克移民政策原则》虽然有了明显的发展，但是行政官僚管理体系依旧冗长而多余，阻碍并限制了移民在捷克社会的发展与融合。

在中东欧地区，捷克是第一个采取移民融合计划的国家。它主要由三部分组成：（1）提高移民的住房状况，放松移民购房资质。（2）为移民提供工作机会，延长因失业而取消工作证的时间，放开移民成立公司的限制。（3）为移民提供免费的捷克语课程，帮助其融入捷克社会。捷克的移民融合计划强调个人与社会融合的重要性、经济自给自足、捷克语言知识以及移民与捷克社会良好关系的建立，但此融合计划无法缓解严苛的移民政策所带来的弊端。从事商业贸易是中国移民来捷克的主要目的，然而没有长期居留证就无法成立公司，无法开展贸易、开办餐馆以及采取其他就业行为，子女无法进入当地学校享受免费的教育资源，捷克严苛的移民政策对中国移民融入当地社会造成很大的障碍，因此能拿到永久居留证、长期留在捷克工作的中国移民人数较少，但中国移民人数相对稳定且素质较高。

第二节 在捷中国移民的社会状况

西欧国家的中国移民聚集做生意的地方大多被称为中国城，匈牙利和波兰也都有中国城，而在捷克的许多中国移民聚集在越南村或越南市场上做生意。与西欧国家不同，在捷克境内最多的亚洲移民并非中国人，而是越南人。根据 2011 年捷克人口普查数据，越南人数超过 83000 人，为中国移民的 16 倍之多。2013 年成为捷克的第三大少数民族，仅次于斯洛伐克和乌克兰，是唯一的非欧盟少数民族。由于中国人与越南人的生意性质、外表长相、民族习性等多有类似，捷克当地人往往分不清楚中国人与越南人。再者，由于中国及越南的文化及民族习性与捷克差异大，又大量聚集在越南市场上批发服饰、鞋子、玩具、箱包或其他民生物品，捷克本地人对其社会地位评价一般不高。中国人与越南人给本地人的印象是不容易融入当地社会生活，他们可以一周工作七日，每日工作超过七小时，不需要度假或文艺休闲活动，因此尽管不少中国移民及越南移民赚了很多钱，捷克人也很难认同这样的亚洲移民社群。

尽管在外表上中国人与越南人似乎有很多相似点，都受大中华文化的影响，包括文化及民族性等，但捷克人很难判断他们对融入当地社会的想法、态度及行为。一方面，捷克的官方和学界都把他们当作潜在的犯罪分子，因而密切注视及管控他们，例如在重大节日如圣诞节之前，警方总会大规模扫荡越南市场，并在全国新闻上播放。另一方面，随着中国移民的第二代进入当地学校就读，他们的成绩总是名列班级前茅，包括捷克语言及历史文化等成绩，都超越捷克小孩，这让捷克社会开始正视中国第二代的成就，同时也开始反思捷克社会及教育的诸多问题。捷克有些民间团体还尝试与官方合作举办与中国相关的文化活动，但整体而言，捷克社会仍不是很了解中国移民社群的生活状况。

根据捷克内政部的统计资料，持有永久居留证的捷克中国移民人数2004年有3421名，2009年有5224名，2020年有4542名，可见人数变动不大。其中有3226名中国移民在1999年以前就已经移民捷克，具体有1775名男性及1451名女性，他们至少在捷克居住了10年，因此在捷克居住的中国移民社群有稳定的基础。此外，捷克内政部的统计资料不包含短期居留的移民。

笔者于2012年在捷克进行了一项调查研究，目的是了解海外华人与捷克社会融合的实际状况，主要采用比较研究及问卷调查法进行资料搜集及分析，同时选择越南移民作为比较团体。虽然数据距今已有10年之久，但在捷克居住的中国移民社群数量并没有发生大的改变，假设居住20年以上的人口数量相对稳定，假设一个群体的思维观念一下子不会变化很大，那么这个数据还是可以起到一定的借鉴作用。我们假设中国与越南移民尽管在文化背景与生活习性上有诸多类似，然而他们在选择融入当地社会的思维上有差异，中国实力与国际影响力的不断增强对中国移民的心理构建有一定的影响，但仍难以断定民族自信是否会成为华人与当地社会融合的有

第十章　在捷中国移民的融合与发展　479

利或不利因素。研究结果显示，相较于越南移民，中国移民较不愿意学习当地语言、较不关心当地的社会状况及了解当地的历史文化。中国移民与母国的联系比越南移民多，在捷克的华人社群比越南移民圈更加封闭，这似乎有碍于捷克华人与当地人的双向沟通及相互了解。本研究完成306份个案，其中包括中国第一代移民（139）、越南第一代移民（84）、中国第二代移民（36）及越南第二代移民（47）。中国移民样本中以浙江人占半数，其中又以温州与青田人为主，正好反映了中国移民在捷克的人口状况。下文将以社会融合的观点呈现在捷中国移民的社会融合程度。

表Ⅱ-10-1　　　　　　　中国移民及越南移民样本结构

题目变项	中国移民（%）		越南移民（%）	
性别	男（55.4）	女（44.2）	男（46.4）	女（53.6）
年龄	20—29岁（34.8） 40—49岁（26.0）	30—39岁（29.6） 50岁以上（9.6）	20—29岁（45.2） 40—49岁（23.8）	30—39岁（25.0） 50岁以上（6.0）
婚姻	已婚（64.5） 离婚（5.8）	未婚（29.7）	已婚（45.2） 离婚（16.4）	未婚（38.4）
教育	小学（9.6） 高中（37.5） 其他（0.7）	初中（27.9） 大学（24.3）	小学（16.7） 初中、高中（74.2） 大学（7.6）	其他（1.5）
在捷克多久	1—9年（43.8） 20年以上（4.4）	10—19（51.8）	1—9年（46.4） 20年以上（8.3）	10—19（45.3）
在家乡的工作	餐厅（16.5） 零售（7.9） 金融（2.2） 企业（15.1） 其他（17.3）	批发（14.4） 公务员（3.6） 教育（6.5） 学生（16.5）	餐厅（13.1） 零售（3.6） 金融（6） 企业（1.2）	批发（9.5） 公务员（22.6） 教育（9.5） 学生（28.6）
在捷克的工作	餐厅（35.3） 零售（4.3） 金融（0.7） 企业（2.2） 其他（1.4）	批发（40.3） 公务员（0.7） 教育（5.8） 学生（9.4）	餐厅（15.7） 零售（21.7） 金融（19.3） 学生（1.2） 无业（6）	批发（20.5） 公务员（1.2） 企业（7.2） 其他（7.2）
如何找到工作	亲戚（48.5） 捷克朋友（1.5） 外派干部（1.5）	本国朋友（25） 自己找（19.1） 其他（4.4）	亲戚（32.1） 捷克朋友（4.8） 外派干部（8.3）	本国朋友（26.2） 自己找（19） 其他（9.5）

资料来源：作者自制。

表Ⅱ-10-1是针对第一代中国移民与越南移民的样本结构描述，在受访者中，中国男性受访者（55.4%）比女性受访者（44.2%）多，受访者的年龄大多在39岁以下，且已婚人士居多；教育程度大多为中学学历（含初、高中），在捷克大多居住数年以上，甚至少部分受访者有20年以上的移民经验；中国受访者来到捷克之后，专业做餐馆及服饰批发的比例很高，二者相加达75.6%，而越南受访者从事这两种工作的比例是36.2%，有许多越南人转做零售业，这与我们所知道的情况差不多。中国人大部分不是开餐厅就是在越南市场上批发服饰，而越南人除了一部分开餐厅及批发服饰之外，还开蔬菜摊、小杂货店或零售服饰等。不管是中国受访者还是越南受访者，他们来捷克找到这份工作大都是透过亲戚朋友的介绍，即通过他们的社会网络牵线搭桥到捷克谋生。

表Ⅱ-10-2　　　　　　　　移民捷克的工作情况及移民原因

题目	中国移民（%）		越南移民（%）	
每周工作几天	4天以下（5.9） 6天（25.0）	5天（9.6） 7天（59.5）	4天以下（5.1） 6天（38.0）	5天（36.7） 7天（20.3）
每天工作几小时	4小时以下（5.9） 9小时以上（54.4）	5—8小时（39.7）	4小时以下（2.4） 9小时以上（58.5）	5—8小时（39）
移民捷克的原因	工作（27.3） 家庭团聚（16.5） 亲朋介绍（48.9）	学业（5.8） 签证容易（1.4） 其他（4.3）	工作（63.1） 家庭团聚（23.8） 亲朋介绍（1.2）	学业（11.9）

资料来源：作者自制。

表Ⅱ-10-2是中国移民与越南移民受访者来捷克的工作情况及移民原因，其中移民原因大致来说主要是寻找工作机会或寻找更好的生活环境。虽然中国受访者中有48.9%的比例回答是亲戚朋友介绍，但主要还是被介绍来捷克帮忙或代为寻找工作，很少有人能单打独斗来捷克找到工作机会，包括商业贸易机会。若没有一个可信任的社会网络基础，在严苛的移民政策下，捷克不会是中国移民的选择，越南移民的情况跟中国移民差不多。来到捷克之后，中国移民的勤劳和吃苦精神转化为无限的工作动力，他们大都一周工作7天（59.5%），每天平均工作9小时以上（54.4%），捷克当地人对这种工作精神很难理解，也很难认同。中国移民对来之不易的工作保持着持续的热情，几乎全年无休，增添了捷克当地居民的生活便利。

第三节 中国移民社会融合与联结

一 中国移民社会融合与国内联结

中国移民对祖国与家乡拥有强烈的情感寄托及眷恋之情且依赖家庭。表Ⅱ-10-3呈现了中国人即使身在国外，与祖国或家乡的联系仍然相当频繁，比越南人更经常联系家乡的亲朋好友，可能是生意往来，也可能是寒暄问候。即使身在捷克，中国人的朋友社群大部分仍是中国人，在捷克有了问题，中国人首先想到的是找自己的同胞帮忙。回国的频率也高于越南移民。中国人打发无聊的方式大部分是透过卫星电视看中国的电视节目。① 在表Ⅱ-10-3中，唯一一项表现低于越南人的是"信任在捷克的本国人"，由此得出，中国移民应该更容易形成紧密的熟人小圈子，比如商会、同乡会等，而不是整个华人圈子。最后，中国移民对母国的认同相当高，以母国的强大为荣，中国移民常会认为中国比捷克强大许多，捷克算什么呢！中国的强大让中国移民的爱国心高扬，因此在"爱国"一项上的比例相当高。

表Ⅱ-10-3　　　　　　　　与本国的社会联系　　　　　　　　（%）

题目（选项）	中国移民	越南移民
加入当地的本国人社团（是）	12.9	2.4
与当地本国人联系（经常）	55.4	29.3
回国（一年超过一次）	30.2	21.7
与故乡的亲戚联系（经常）	84.9	27.7
收看本国电视节目（经常）	72.3	47.0
以中国人/越南人为傲（是）	77.0	64.6

---

① 由于新冠疫情，无法到国外进行实际调研得出最新数据。通过微信或者微信电话与在捷克的当地华人更新了一部分资料。10位受访的中国人一致表示，在智能手机兴起后，通过抖音、小红书、快手、微信视频、手机APP视频等观看中国的节目及新闻非常频繁，且更方便。

续表

题目（选项）	中国移民	越南移民
在捷克请求亲戚协助（是）	38.8	28.9
在捷克请求本国朋友协助（是）	65.5	55.4
信任在捷克的本国人（非常+多）	21.5	45.1
请本国亲戚找到工作（是）	73.5	58.3

资料来源：作者自制。

二 中国移民社会融合的在地联结

衡量国际移民的社会融合经常以文化差异作为重要指标之一，其中语言、文化、历史及在捷的朋友社群等因素具有关键影响。从表Ⅱ-10-4中可以得知，中国移民融入捷克本地社会的能力比越南移民弱。越南移民学习捷克语言或能使用语言的比例高于中国人；越南对捷克的历史与文化感兴趣，对捷克政治、社会及经济新闻的关心程度也高于中国移民；而中国移民觉得捷克居住环境好、人民友善、一旦拿到永久居留证，外事警察局对不太会找他们麻烦。中国人在意的似乎是在捷克住得舒服且生活好。他们觉得在中国人社群内自我感觉良好就够了，无法真正用心与当地融合。或许说在捷克赚了钱，在捷克享受生活是最佳方案。因此越南移民觉得自己能够与所在地融合的比例高达90.4%，而中国移民只有25.9%。也许有很大一部分中国人是过客心态，抱有落叶归根的想法，也因为语言与文化的隔阂成为最大的交流障碍。

表Ⅱ-10-4　　　　社会融合在地联结的相关变项

题目（选项）	中国移民（%）	越南移民（%）
捷克语言能力（流利）	31.0	90.4
捷克朋友（许多+一些）	36.7	70.9
对捷克历史与文化的兴趣（许多+一些）	27.4	53.7
关心捷克政治经济社会新闻（许多+一些）	38.1	88.0

续表

题目（选项）	中国移民（%）	越南移民（%）
社会融合（许多+一些）	25.9	90.4
捷克人友善（许多+一些）	59.7	14.5
捷克外事警局找麻烦（许多+一些）	43.9	91.6
捷克居住环境好（非常好+好）	86.4	60.5
信任捷克人（许多+一些）	20.8	4.80

资料来源：作者自制。

表Ⅱ-10-5是根据表Ⅱ-10-4的一些问题进行的中国移民与越南移民的差异性比较，结果发现，在语言能力及对当地历史文化的兴趣上，越南移民显著高于中国移民。中国人则在居住环境及捷克人友善上的感觉显著高于越南移民。越南人透过学习捷克语及了解捷克的历史文化，与捷克当地人拉近距离。而中国移民则通过居住环境的品质，以微笑传达代替语言的沟通，并对捷克人的友善做出回应，以此拉近距离。但就社会融合的角度而言，越南移民比中国移民更加想融入这个新的生活环境。

表Ⅱ-10-5　　社会融合在地联结的卡方检定

题目（选项）	中国移民（%）	越南移民（%）	卡方值
捷克语言能力（很少 vs 流利）	69.1 vs 30.9	9.6 vs 90.4	73.703*
对捷克历史与文化的兴趣（一些 vs 许多）	70.5 vs 29.5	46.3 vs 53.7	12.356*
关心捷克政治经济社会新闻（一些 vs 许多）	59.5 vs 40.5	42.9 vs 57.1	5.425
捷克人友善（一些 vs 许多）	38.5 vs 61.5	84.8 vs 15.2	43.26*
捷克居住环境好（不太好 vs 好）	11.8 vs 88.2	37.2 vs 62.8	19.281*
信任捷克人（不高 vs 高）	78.8 vs 21.2	95.2 vs 4.8	10.835

* $p=0.000$ or $p<0.001$。
资料来源：作者自制。

第四节　对第二代移民社会融合的认知

从社会融合的观点来看中国移民在捷克的社会生活情形,还有一个重要的方面,即他们对第二代移民的教育及未来的期许与安排的看法。第一代移民的奋斗假如能被第二代移民所继承,那么则代表移民对在地融合的决心。表Ⅱ-10-6是第一代中国移民对其子女有关捷克在地融合的看法,结果显示,越南移民是真的想留在捷克生根发展。越南第二代移民在学校的表现和成就是捷克社会有目共睹的,他们的捷克语、英语及德语都很流利,反而越南文及语言却不太行。越南第二代移民有些已经进入捷克社会职场工作,在许多领域已看到他们的表现,其中也有参加政府部门工作的公务员,还有进入议会参政的越南人。然而,当我们访问中国第一代移民时,许多人表示要让孩子到西方先进国家受教育,或送回中国受教育,他们未来在中国发展也是很不错的选择。同为大中华文化圈的中国移民与越南移民在对其子女的教育及未来安排基本上都相当关注,但他们对子女的教育方式体现出不同的社会融入思维,表现出中国移民及越南移民对捷克这一移民接待国的社会融合观点之差异。

表Ⅱ-10-6　　　　　　　　第一代移民对子女的认知

题目（选项）	中国移民（%）	越南移民（%）
是否有小孩（有）	56.8	51.3
现在是否在捷克（是）	53.8	62.2
捷克语的程度（流利）	60.6	63.1
对捷克文史的兴趣（许多+一些）	32.2	56.6
朋友圈大多是本国人（是）	50.0	38.5
学校表现（很好+好）	66.6	84.6
帮助家里的工作（是）	35.4	12.8
社会融合程度（很好+些）	46.9	65.8
以母国为荣（很高+高）	73.6	97.5

续表

题目（选项）	中国移民（%）	越南移民（%）
他们的未来（回国发展）	10.5	20.5
他们的未来（留在捷克）	18.4	28.2

资料来源：作者自制。

近十年来，"一带一路"倡议与中国—中东欧合作的推进，加深了捷克人对中国人的客观认知。中国在国际影响力和话语权上的增强，中资企业在捷克投资的增加，旅游人数的猛增，增加了捷克人的就业机会。新世代的捷克年轻人流行学习中国文化，学习中国语言。捷克与许多欧洲国家一样，由于中小国家的生存压力和历史习惯，一般在年轻时代都喜欢掌握3—4种语言，而中国的强大让年轻人认识到学习中文的必要性，因此中文在捷克被大多数年轻人认为是继英语、德语之后的必学外语，是提升未来就业机会的一大神器。虽然捷克人对中国人的认知开始改善，但文化上的差异仍然阻碍着亚洲新移民包括中国移民在当地社会的融入，依然受当地警察和税务机关等机构的严苛盘查与歧视，缺乏与当地人同等工作与生活的安全感。

首先，新冠疫情和俄乌冲突对捷克的中国移民造成了一定的影响。尤其是新冠疫情，华人圈对疫情的防范态度远大于当地人，除了因防控措施而导致的歇业外，中国移民也担心因被感染而主动歇业，因此华人圈里感染的人数相对较少或者是延期被感染。对于当地人来说，这种防范和小心翼翼地对待新冠病毒的态度与他们开放式的生活方式截然不同。其次，相当一部分中国移民的身份为非永久居留，即很难拿到政府发放的新冠疫情补贴与福利。作为外国移民，疫苗接种也滞后于当地人。对新冠疫情的态度反映了中国移民与当地社会融入过程中的文化与生活方式差异。

过去的捷克对中国移民而言是转境国，现在则成为目的国，显示了捷克三十年来政治、经济及社会环境的改变与大幅提高，通过国际移民视角可以了解捷克甚至中东欧的社会变迁。相较于近年来南欧或西欧一些国家经济不景气，因而将矛头指向国际移民，中东欧社会对待国际移民要相对理性及稳定。而中国移民在中东欧国家深耕与经营近三十年，也更加了解这个新的移民目的国，相较于前一二十年的打拼，现如今的华人更能沉淀心情融入当地社会。对于不少中国移民来讲，回国发展或留在捷克已不再是需要纠结的问题，面对国内的激烈竞争与多年的脱节，受访者中有不少人更愿意选择留在捷克发展。2022年3月在10个第二代移民受访者（20—35岁）中，有60%的受访者已经在捷克结婚生子并有稳定的工作，有的继承家业，有的在捷克人的公司工作或在在捷的中资机构工作。有20%的受访者到西欧留学深造，有20%的受访者回到中国，但仍从事中捷相关的工作。

第三篇
双边关系研究

第一章　中捷关系的历史与前景

捷克是较早同新中国建立外交关系的国家之一，中捷两国和两国人民有着深厚的传统友谊。20世纪50年代，周恩来、朱德、习仲勋等党和国家领导人都曾访问捷克斯洛伐克。建交70多年来，国际格局和两国自身都发生了巨大的变化，两国关系在历经风雨后不断向前发展。正如习近平总书记所指出的："中捷建交70年来，无论国际风云如何变幻，友好合作始终是双边关系的主流。"近年来，中国与中东欧国家的联系日益密切，作为中东欧国家与中国发展双边关系和共建"一带一路"的先导者，捷克的务实外交与中国推动的伙伴外交形成政策交汇。目前，中国已成为捷克全球第二大贸易伙伴、除欧盟外的第一大贸易伙伴。由于国家规模、历史文化、社会制度的差别，两国关系在发展中也不可避免地存在着一些干扰和"杂音"。面向未来，只要两国能够把握机遇妥善处理分歧，中捷两国关系的前景将更加光明。

第一节　捷克斯洛伐克时期的中捷关系（1949—1992）

一　建交之初的蜜月期

中国与捷克的友好交往有着悠久的历史渊源。新中国成立后，作为社会主义阵营中一员，捷克斯洛伐克共和国成为率先承认新中国的国家之一。1949年10月5日，捷克斯洛伐克政府致电新中国政府，表示"决定捷克斯洛伐克共和国与中华人民共和国建立外交关系"。周恩来外长于10月6日复电表示对捷政府的决定"极为欣幸""热忱欢迎立即建立中华人民共和国与捷克斯洛伐克共和国之间的外交关系，并决定互派大使"。

1949年10月6日,两国外交关系即告正式建立。①

与捷克斯洛伐克建交,对于新中国在外交上打破帝国主义国家的孤立和封锁具有重要意义,也为中捷两国关系的发展和友好合作确立了基本前提。正如两国建交之初捷克斯洛伐克国民议会外交委员会主席维廉·诺威所说:"捷克与人民中国建立外交关系,将是两国人民与国家之间经济、政治和文化关系辉煌发展的基础。"② 从中捷两国建交到20世纪60年代初这一时期,捷克斯洛伐克与中国是情同手足的"兄弟",两国关系进入了一段"蜜月期",政治、经济、文化领域的友好合作全方位展开。

在政治上,中捷两国在国际舞台上互相支持,共同反对帝国主义的侵略扩张、巩固加强社会主义阵营的团结协作。捷克斯洛伐克支持中国恢复在联合国的合法地位,反对制造"两个中国",反对美国侵略朝鲜,支持中国抗美援朝,支持中国平定西藏叛乱和中国的领海声明。中国支持捷反对西德军国主义和复仇主义的斗争。这一时期,两国高层互访频繁,1953年3月,周恩来总理率领政府代表团赴捷参加哥特瓦尔德总统的葬礼。此后,朱德、彭真、李先念、董必武、彭德怀等中国党政领导人先后访捷。1957年3月,捷总理西罗基率政府代表团访华,同周恩来总理签署了《中华人民共和国和捷克斯洛伐克共和国友好合作条约》。这是继中苏友好同盟互助条约和中德友好合作条约以后,中国同社会主义国家缔结的第三个国家条约。这个条约庄严地宣布,中捷"两国将本着真诚合作的精神,参加一切旨在保障世界和平和各国人民的安全并且同联合国宪章原则相符合的国际行动"。该条约同时规定,两国将在"互相尊重主权、互不干涉内政、平等和互利的基础上,巩固和发展友好关系和兄弟般的合作"③。之后,捷议长费林格,捷共中央第一书记、总统诺沃提尼于1957年9月和1959年9月相继访华。1960年5月中国驻捷大使曹瑛和捷外长戴维在布拉格签署中捷领事条约。

在经济和科技合作方面,截至1957年3月,两国签订的有关经济方

---

① 廉正保、王景堂、黄韬鹏编著:《解密外交文献:中华人民共和国建交档案(1949—1955)》,中国画报出版社2006年版,第128页。

② 《捷与人民中国建立邦交将使两国关系辉煌发展 捷国民议会外委会主席发表谈话》,《人民日报》1949年10月8日第3版。

③ 《中捷签订友好合作条约》,《人民日报》1957年3月28日第1版。

面的协定、议定书等共有40多个，两国的贸易额也逐年增长。1952年两国签署了中捷科学与技术合作协定。这是新中国建立后同外国政府签订的第一个政府间科技合作协定，它的签订开创了中外科技合作的模式，建立了一套管理合作的办法，即在协定的基础上通过双边科技合作联合委员会的形式，有目的、有组织、有计划地开展国际科技合作。该协定还带动了其他社会主义国家相继同中国签订政府间科技合作协定，国际科技合作很快成为中国对外关系的重要组成部分，成为中国经济建设和科技发展事业的重要组成部分。捷克斯洛伐克凭借自身先进的工业水平，对中国的社会主义建设给予了大量援助和支持。这方面的典型代表是坐落在河北沧州的"中捷友谊农场"和辽宁沈阳的"中捷友谊厂"。1956年初，朱德副主席率团出访捷克斯洛伐克共和国，捷克斯洛伐克政府向中国人民赠送了可装备7000公顷土地的国有农场的全套机械设备，并派专家来中国进行技术指导，培训机务人员。以此为基础，中国在河北沧州黄骅建立了中捷友谊农场，由周恩来总理亲自命名。1959年，在中国国庆十周年之际，捷克斯洛伐克柯沃斯维特机床厂经捷克政府同意改名为"捷中友谊厂"，请中国政府选择一个工厂，将其命名为"中捷友谊厂"与该厂对接，以援助中国机床制造技术。中国政府迅速决定将沈阳第二机床厂挂牌为"中捷友谊厂"。中捷友谊厂的成立掀开了中国人自己造机床、开发机床技术的新篇章，这是当时捷克斯洛伐克援助中国最大的工业项目，见证了中国与捷克在工业技术上深入而又紧密的合作。此外，捷克斯洛伐克还供给中国许多机器和成套设备，如3000吨水压机、巨型车床、精密仪器、交通器材和发电站设备，以及化学肥料、制糖、影片洗印、化学等工厂的全套设备。在捷克斯洛伐克专家的帮助下，中国试制成功了6000千瓦的发电机。捷方的援助不附带任何政治条件，对新中国的经济建设发挥了重要作用。中国也供给了捷克斯洛伐克所需要的各种矿产品和农产品等工业原料。

在文化合作方面，截至1956年10月，中国派往捷克斯洛伐克访问的文化方面的代表团和代表共有50多批，1000多人；在此期间，捷克斯洛伐克应邀访问中国的代表团和代表也有40多批，600多人。此外，两国还互派了许多留学生，双方都设立了学习对方国家语言的语文班，并互派教员在对方任教。到1955年底，中国翻译和出版了58种捷克斯洛伐克的书籍。其中捷克斯洛伐克民族英雄尤利乌斯·伏契克的《绞刑架下的报告》，已经用汉、蒙、朝三种文字出版了 13 次，销售达 73.5 万册。中国有 11 个国家剧团上演过《尤利乌斯·伏契克》和《仙笛》等捷克斯洛伐克剧本。捷方也曾上演七个中国剧，如《白毛女》《屈原》《李闯王》等。为了介绍捷克斯洛伐克社会主义建设的成就和人民的幸福生活，中国举办过 19 个捷克斯洛伐克展览会，上演过 23 部捷克斯洛伐克影片，观众达 5000 万人次。此外，两国还共同摄制了《康藏公路》《人民心一条》《友谊花朵处处开》《中国之春》四部影片。[①] 两国还在卫生体育等领域有着相互交流与合作。

可以说，这一时期中捷关系是中国与社会主义阵营国家关系的缩影。由于新中国实施"一边倒"的外交政策，即全面倒向以苏联为首的社会主义阵营，在对外关系上以意识形态为界划分成截然不同的两个方面。周恩来总理在外交部成立大会上明确指出："我们现在的外交任务，是分成两方面的。一方面，是同苏联和人民民主国家建立兄弟的友谊。我们在斗争营垒上属于一个体系，目标是一致的，都为持久和平、人民民主和社会主义的前途而奋斗。另一方面是反对帝国主义。帝国主义是敌视我们的。我们同样也要敌视帝国主义，反对帝国主义。"[②] 苏东国家在新中国诞生之初给予了巨大的国际支持，帮助新中国在国际社会站稳了脚跟。同样，对捷克斯洛伐克来说，"对社会主义的共同信仰的精神纽带"也成为建立和发展同中国友好关系的重要基础。捷共机关报《红色权力报》在捷方决定与中国建交之日，发表了题为"重要的决定"的社论。社论说："捷克斯洛伐克所参加的阵营，已因中国的胜利和数万万人民的参加而加强了；我国政府的承认中国政府，是休戚相关和不可征服的事业的一种表示，我们也正为着这一事业而与苏联并肩奋斗。"该社论指出，中华人民共和国的成立，"大大地加强了全世界的和平阵营，同时，是对整个资本主义与帝国主义制度的一个新的打击。"[③]

---

① 《中捷友好合作关系的发展》，《人民日报》1957 年 3 月 10 日第 6 版。
② 中华人民共和国外交部、中共中央文献研究室：《周恩来外交文选》，中央文献出版社 1990 年版，第 1—2 页。
③ 《休戚相关和不可征服的事业 捷克各报拥护捷中建立邦交》，《人民日报》1949 年 10 月 8 日第 6 版。

二 中捷关系的恶化和恢复

中捷两国关系的发展得益于两国同属社会主义阵营，随着社会主义阵营内部出现分裂，特别是中苏关系出现裂痕，中捷关系也受到严重挑战。从 20 世纪 50 年代后期开始，中共苏共两党在意识形态上出现分歧，并逐渐导致了两国关系的全面恶化。捷克斯洛伐克作为苏联控制下的卫星国，在中苏分裂中选择与苏联站在一起，在一系列国际问题上捷方也追随苏联的政策，中捷关系走向低谷。

从 20 世纪 60 年代起，中苏两国在国际共运中的分歧和争论不断加剧，捷克斯洛伐克开始公开谴责中共中央的理论路线和各种政策，指责中共破坏了国际共产主义运动的团结。中国也称捷当局为"捷修"，将其视为"苏修主义集团"成员和"第二世界"中的统治对象。随着中捷之间相互抨击越发激烈，两国关系不断恶化，两国高层往来逐步中断。1967 年 1 月，中国召回了驻捷大使仲曦东，断绝了与捷共的联系。1968 年捷克开启了全面的社会改革，史称"布拉格之春"。改革对苏联模式的社会主义体制构成了挑战，从而引起苏联的反对和干涉。1968 年 8 月 21 日，苏联出兵占领捷克斯洛伐克，制造了震惊世界的"捷克事件"。22 日，陈毅副外长在同罗马尼亚大使会见时，谴责苏联的侵略行为是"社会帝国主义"。23 日，《人民日报》发表评论员文章《苏联现代修正主义的总破产》，全面谴责苏联的侵略行为。[①] 24 日，周总理在罗马尼亚驻华使馆发表讲话，严正表达了中国政府的立场，强烈谴责了苏联的侵略，坚决支持捷克斯洛伐克人民反抗占领的英勇斗争。周总理的讲话立即在国际社会产生了强烈的反响。中国驻捷克斯洛伐克使馆的来信来访，应接不暇。有的人在电话里说："感谢中国对苏联法西斯暴行表示严正立场。"一位捷克斯洛伐克外交官说："现在我们的朋友和兄弟向我们开枪了！只有中国才能给我们以有力的援助。"甚至去莫斯科订立城下之盟的捷国民议会主席斯姆尔科夫斯基也说："周恩来讲话对我们在莫斯科谈判帮助很大。"[②] 在此之后，中捷关系逐渐趋缓。在两党两国关系破裂期间，尽管两国经济文

[①]《苏联现代修正主义的总破产》，《人民日报》1968 年 8 月 23 日第 1 版。
[②] 蒋本良：《"捷克事件"与周恩来的"六八"讲话》，欧阳淞、曲青山主编：《红色往事：党史人物忆党史》（第五册 外交卷），济南出版社 2016 年版，第 269 页。

化合作受到较大影响，但并未完全中断，仍有多项年度贸易和文化协定签署。1971年6月，中国在时隔四年多后，又向捷派出大使（捷驻华大使未中断过在华的任职）。10月，捷驻联合国代表投票支持中国恢复在联合国的合法席位。

1978年底，随着中国改革开放进程的开启，中国对外政策也做出了重大调整。中国在外交上不再强调空洞的意识形态目标，而是服务于国家利益和社会主义现代化建设。在此背景下，中国与苏联在1982年10月开始磋商寻求改善两国关系，中捷关系随之好转，两国关系逐渐走向正常化。

1983年9月，吴学谦外长同捷外长在联大会晤。1984年12月和1985年6月，中捷两国国家计委主任先后互访。1985年12月，捷政府副总理奥布齐纳和中国副总理李鹏在一个月之内先后互访，并且均得到对方国家元首的接见。1986年10月，中共中央总书记胡耀邦在会见民主德国领导人时，提出了对东欧社会主义国家的"一项根本性方针"——"三个充分尊重"，即充分尊重东欧社会主义国家根据自己的实际情况所制定的国内政策；充分尊重它们根据本国的利益所奉行的对外政策；充分尊重它们发展对华关系的考虑和采取的具体步骤。[①] 在这一方针的指引下，中国同捷克斯洛伐克的关系出现了明显的积极变化。1986年12月以副部长李淑铮为首的中国中联部代表团访捷，两党关系由此逐步恢复。12月捷外长赫努佩克对中国进行了正式访问，这是两国建交以来捷外长首次正式访华。1987年3月，国务委员兼外长吴学谦访捷，这是两国建交以来中国外长首次对捷克斯洛伐克的正式访问。双方签署中捷两国外交部合作议定书并就两国分别在上海和布拉迪斯拉发设立总领馆事换文。

1987年4月，捷政府总理什特劳加尔访华，这是30年来捷克斯洛伐克总理首次正式访华。邓小平同志在与其会见时首先主动做了自我批评，他指出："我们两党两国的关系，可以说中断了相当长一段时间。在我们同东欧各国各党的关系这个问题上面，我们有相当的责任。我们在相当一个时候，对东欧各国各党所处的特殊环境理解得不够。"这是中国的最高领导人向捷方发出的明确信号，意在掀开两国关系新的一页，他说道：

[①] 《充分尊重东欧社会主义国家内外政策》，《人民日报》1986年10月25日第1版。

"过去结束了，让我们走向未来，一直走下去。"① 同年6月，中共中央代总书记、国务院总理赵紫阳访捷。这是中国党政首脑对捷克斯洛伐克的首次正式友好访问。1988年5月，捷共总书记雅克什对中国进行正式友好访问。9月，捷克斯洛伐克总统胡萨克对中国进行了正式友好访问，这是29年来捷总统首次访华，其间两国签署了《中捷领事条约》。中捷两国党政首脑和国家元首的互访，宣告了两国关系的全面回暖。

自1985年以来，中捷双方国家领导人密集互访，将中捷关系从低谷再次引向高潮。这一时期，双方都在寻求符合自己国家国情的社会主义建设道路，并取得了重大的成绩。两国都希望互相学习对方在社会主义建设和经济体制改革方面的经验，并加强经贸合作，以推动本国经济发展。政治关系回暖，使得两国经济文化关系也全面恢复并迈上新的台阶。1985年8月，双方签署捷向中国供应两套50万千瓦发电机组合同，1994年正式投产。1987年两国签署中捷政府关于对所得避免双重征税和防止偷漏税的协定，1988年签署关于长期经济和科学技术合作基本方向的协定。1989年两国贸易额达9.1亿美元，创历史最高水平。② 这一时期中捷关系的良好发展势头，一直持续到1989年末捷克发生剧变之前。1989年春夏之交中国发生"政治风波"，捷副外长赫拉曾约见中国驻捷大使，对中国政府采取的措施表示支持。1989年7月，捷副总理日阿克访华，11月初，捷外长约翰内斯来华访问，中共中央总书记江泽民、国务院总理李鹏分别与其会见，阐明了中国的改革不会偏离社会主义的方向，并表明进一步扩大中捷间经济合作的愿望。约翰内斯表达了对中方政策的支持并向中方表示，捷克斯洛伐克不会追随美国的步伐，在外交上孤立中国。③

三 "天鹅绒革命"后捷克斯洛伐克与中国的关系

20世纪80年代末，东欧国家相继发生了社会制度的剧烈变动，捷克斯洛伐克也未能幸免。1989年末捷克斯洛伐克爆发"天鹅绒革命"，急于

---

① 《十二大以来重要文献选编》（下），人民出版社1988年版，第1387页。
② 《中国与原捷克斯洛伐克的关系》，国际在线，http://news.cri.cn/gb/8606/2005/11/30/1425@802016.htm。
③ 加布里埃拉·普莱绍娃：《捷克与斯洛伐克分道扬镳后，对华战略走了两条不同的路》，观察者网（https://www.guancha.cn/GabrielaPleschova/2020_01_22_532623_1.shtml）。

摆脱苏联严格的计划经济的捷克斯洛伐克，在东欧剧变之后与社会主义制度彻底决裂，经历了一场暴风骤雨式的政治和社会改革。捷共被迫放弃了自身的领导地位。1989年12月，前异见人士、曾掀起反对运动的公民论坛领袖瓦茨拉夫·哈维尔（Václav Havel）当选国家总统。

捷克斯洛伐克国内政治和社会的剧变也带来了外交上的全面转向。捷克斯洛伐克开始寻求"回归欧洲"，全面倒向西方国家阵营，在外交政策上强调"民主""自由""人权"等西方价值观。在此背景下，捷对华关系一度疏远，并在所谓中国台湾、西藏、人权等问题上与中国时有摩擦。

在1990年的新年致辞中哈维尔宣布要重塑国内民主局面，强调将"政治建立在道德的基础之上"。他在演讲中还提到，他的目的是邀请教皇和达赖喇嘛前往布拉格，这是他在基于道德价值观的外交政策上迈出的第一步。[1] 1990年，哈维尔成为全球各国第一个邀请达赖喇嘛访问的国家元首。尽管是以"私人"名义进行的邀请，但这毫无疑问是对中国主权和统一的直接挑战，从而严重损害两国关系。在中国"台湾问题"上，捷克斯洛伐克也对中国主权发起挑战。1990年7—8月，中国台湾"外交次长"章孝严等访捷；同年12月，捷总统哈韦尔夫人访问台湾；1991年5月，捷当局同意中国台湾在捷设立"台北贸易文化办事处"。

东欧剧变、苏联解体，标志着冷战的结束和两极格局的全面瓦解，也使中国外交面临着前所未有的压力。面对国际局势的剧烈变化，邓小平同志提出了"冷静观察、稳住阵脚、沉着应付、韬光养晦、有所作为"的20字外交方针。在这一总体方针的指引下，中国在对外关系上坚持"不扛旗""不树敌""不对抗"，即针对东欧国家的变化不与它们进行论战，尊重它们的选择，与它们保持正常的国家间关系，不给自己树敌；在涉及国家主权和国家利益的问题上要坚持原则，决不接受任何国家的压力，但在进行斗争时要采取有理、有力、有节的方式，不寻求与西方国家对抗；在一些与中国国家利益直接关系不大的地区热点问题上保持相对超脱的态度；坚持不以意识形态论亲疏的原则，超越意识形态因素发展与世界各国

---

[1] Rudolf Fürst and Gabriela Pleschová, "Czech and Slovak Relations with China: Contenders for China's Favour," *Europe-Asia Studies*, Vol. 62, No. 8 (October 2010), p. 1366.

的关系。①

秉持这一基本方针,面对捷方在所谓中国台湾和西藏问题上的挑衅行为,中国在坚持原则立场的同时做出了妥善处理,促使捷方坚持"一个中国"原则,并努力保持同捷方政治和贸易关系的连续性。因此,两国关系中的杂音并未引发严重后果。1990年,捷克斯洛伐克副总理瓦茨拉夫·瓦雷斯参加了在北京举行的中捷经济、科学和文化关系研讨会,并会见了李鹏总理。1991年9月,中国国务委员兼外长钱其琛正式访捷,在回答记者提出的关于中国对变化以后的东欧国家的政策问题时说:"我们历来认为,一个国家的前途和命运应由该国人民自己决定,一国的内部事务应由该国人民自己处理。国与国之间应当互相尊重,互不干涉,平等互利,和平共处。社会制度、经济模式、发展道路和意识形态方面的差异,不应妨碍国家关系的发展。我们正是根据这些原则来看待东欧国家的变化的。"②捷领导人也明确表示捷尊重中国领土和主权的完整,承认中国台湾是中国的一部分,并表示尊重中国对西藏的主权。1991年12月2日至7日,捷克斯洛伐克总理恰尔法应李鹏总理邀请正式访华,这是1989年捷政局发生变化后访华的首位捷总理。在访问期间,恰尔法进行了多场双边会见,两国政府签署了关于促进和相互保护投资协定等重要文件。12月3日,李鹏总理在同恰尔法会谈时明确指出,东欧国家变化不会影响中国同这些国家发展关系。李鹏指出,中国一贯主张按照和平共处五项原则处理国家之间的关系,愿与不同社会制度、意识形态和生活方式的国家发展友好合作关系。③

在捷克斯洛伐克国内剧变后的最初一段时间里,尽管中国从国际国内形势和外交工作全局出发,有效缓解了因捷方外交政策调整和损害中方主权的挑衅行为给中捷关系带来的不利影响,但是随着捷克国内彻底转型和外交上不断向西方国家靠拢,中捷关系的重新调整将是不可避免的。

---

① 夏莉萍、梁晓君、李潜虞、熊志勇:《当代中国外交十六讲》,世界知识出版社2016年版,第238页。

② 《就中捷关系、中国对东欧国家政策和人权等问题 钱其琛外长答捷记者问》,《人民日报》1991年9月18日第6版。

③ 《李鹏举行仪式热烈欢迎捷总理访华》,《人民日报》1991年12月3日第1版。

第二节 捷克共和国时期的中捷关系（1993年至今）

1993年1月1日，捷克共和国成为独立主权国家，中方立即予以承认并与之建立大使级外交关系。双方商定，继续沿用1949年10月6日为两国建交日。1994年10月，中国外交部副部长戴秉国和捷克外交部副部长翁德拉签署换文协议，确认中国与前捷克斯洛伐克联邦缔结的条约、协定继续有效。独立之后的捷克共和国在外交上延续了捷克斯洛伐克在1989年政治剧变之后的外交方向，将"回归欧洲"作为外交上的优先任务。由于捷克在对华政策上一度奉行"人权外交"，给独立初期的中捷关系蒙上了阴影。在经历了最初的一段低迷期后，中捷关系总体上朝着良好方向发展，各领域的合作关系不断加强。

一 哈维尔时期的中捷关系（1993—2003）

捷克共和国独立后，哈维尔当选首任总统，并一直连任至2003年。由于国内政治与经济的急剧转轨，捷克在对外关系中一度过分强调意识形态因素，捷克将保护人权的理念以及对外传输从社会主义到资本主义的转型经验融入了本国的外交政策中，在国际关系舞台上扮演了"价值观卫士"的角色。[1] 在对华关系上，捷克频频借人权、西藏、台湾等问题对中国进行批评和挑衅，再加上捷克将主要精力投入了加入欧盟和北约进程之中，中捷政治关系一度处于低迷状态。

1993年，捷克外长和工贸部长相继访华。1994年初，经过中、捷双方的共同努力，中国政府决定邀请瓦茨拉夫·克劳斯（Václav Klaus）总理在这一年的10月访华。克劳斯在外交方面采取务实主义的政策，即以外交促进经济合作扩大捷克外贸出口。在对华关系上，他表现得更为理性和友好。克劳斯看到了实行改革开放的中国在发展进程中所展现出的巨大潜力，多次表达希望改善捷中关系并尽早访华的愿望。他主张同中国发展全面的友好合作关系，认为"两国不仅应发展政治关系还应进一步发展经

---

[1] 刘作奎等：《中国与捷克的战略伙伴关系现状、前景、问题及对策》，中国社会科学出版社2016年版，第7页。

贸合作关系""捷中两国的经贸合作还有巨大潜力",还没达到应有的水平,他坚持一个中国的政策,在担任捷克联邦财政部长时曾拒绝访问台湾的邀请,表示尊重中国所走的道路,高度评价中国的改革和所取得的成就。[1] 1994年10月,在中捷建交45周年之际,捷克总理瓦茨拉夫·克劳斯(Václav Klaus)应邀访问中国,成为首位访华的捷克共和国总理,江泽民主席和李鹏总理分别与其会见。江泽民在会谈时表示:"在和平共处五项原则基础上与捷克和东欧其他各国保持和发展友好合作关系是中国的一贯方针。不管国际风云如何变幻,这一方针都不会改变。"克劳斯表示:"努力加强两国的关系,特别是进一步扩大经贸合作是捷方明确的立场。""捷克坚持一个中国的立场,并支持中国恢复关贸总协定缔约国的地位。"[2] 克劳斯的访问使中捷关系有了短暂的发展,两国经贸合作不断加深。1994年双方签署关于捷克向中国神头电厂继续提供两套50万千瓦电站设备的联合声明。这一时期,尽管中捷双方都表达了加强经贸合作的愿望,但是随着捷克方面进一步推行"价值观外交",特别是涉及在中国主权问题上的挑衅行为,中捷两国关系的发展面临着严重困难,出现了许多波折和反复。

1995年6月,捷克不顾中国反对和多次交涉,允许台湾所谓的"副总统"兼"行政院长"连战访捷,捷克总理克劳斯、总统哈维尔分别会见连战。尽管会见是"私下"进行的,但也使中捷关系受到严重破坏。中国外交部表示"强烈不满",指出"这是捷克政府严重违反中捷建交原则、损害中捷友好关系的行为"[3]。为此,中国教育代表团中断了对捷克的访问,推迟了两国教育交流协议的签署。但捷克方面并没有因此止步。1995年10月,在庆祝联合国成立50周年特别庆祝活动的一次新闻发布会上,哈维尔公开鼓吹"两个中国",口头表示支持台湾"重返"联合国,中国对此表达了强烈抗议。因此,中国停止了两国副部长以上级别的关系。经过多次谈判,捷克总理、副总理和外长公开阐明了对"一个中

---

[1] 晨星:《捷克共和国总理克劳斯》,《世界经济与政治》1995年第1期。
[2] 《江泽民主席会见克劳斯总理强调同捷克和东欧其它各国保持和发展友好合作关系是我一贯方针》,《人民日报》1994年10月9日第1版。
[3] 《外交部发言人陈健就捷克政府邀请连战访捷发表谈话》,王振川主编:《中国改革开放新时期年鉴1995年》,中国民主法制出版社2014年版,第492页。

国"的立场，并表示希望与中国在各个领域发展合作关系。到1995年底，中国和捷克共和国逐步恢复了副部长以上级别的相互访问。

在此期间，中国领导人在"和平共处五项原则"基础上，提出了发展中国同中东欧国家关系的基本原则。1995年7月，江泽民同志在匈牙利访问期间，提出了"布达佩斯原则"。第一，中国政府尊重中东欧国家人民的制度选择；第二，希望在"和平共处五项原则"的基础上发展同中东欧国家的关系；第三，中国同中东欧国家之间没有根本的利害冲突，双方的合作不针对第三国；第四，根据平等互利原则扩大中国同中东欧国家的经贸合作，促进彼此经济的发展；第五，中国支持中东欧国家和平解决争端，努力提升地区合作水平。[1] 这一原则重申了中国对于东欧剧变以来发展同中东欧国家关系的一贯立场，又针对中东欧国家在政局发生剧变特别是南斯拉夫联邦解体之后出现的内乱，表明了中国政府的基本态度。在"布达佩斯原则"的指引下，中国和中东欧国家的双边政治和经济关系出现回暖。[2] 1996年4月，中国国务院副总理兼外长钱其琛访问捷克，与捷克外长、工贸部长、总理克劳斯、总统哈维尔分别举行会谈，哈维尔总统重申"中国台湾问题和西藏问题是中国的内政，捷克不予干涉"，并表示"捷克政府重视发展同中国的关系，把中国看作具有世界意义的政治伙伴"[3]。然而，没过多久，捷克就人权问题做出的反华举动，致使两国关系再次受到冲击。

1997年，捷克众议院提交了中国的人权问题议案，经充分辩论后最终传达给了捷克参议院。尽管中国方面对此加以强烈抗议，并拒绝对捷克参议院的某些外交官发放签证，但捷方还是于1998年3月通过了议案，当时该决议案的主要支持者不仅有哈维尔总统，而且包括一些捷克反华议员。[4] 1999年12月，捷克总理泽曼访华，双方发表《中华人民共和国政府与捷克共和国政府联合公报》。该公报指出，双方愿继续加强两国和两

---

[1]《江泽民主席在匈牙利全面阐述中国与中东欧国家发展关系五原则》，《人民日报》1995年7月12日第1版。
[2] 朱晓中：《中国和中东欧国家关系的发展》，《领导科学论坛》2016年第4期。
[3]《捷领导人会见钱其琛 钱其琛与捷外长会谈》，《人民日报》1996年4月23日。
[4] Rudolf Fürst and Gabriela Pleschová, "Czech and Slovak Relations with China: Contenders for China's Favour," Europe-Asia Studies, Vol. 62, No. 8（October 2010），p. 1367.

国人民之间的友谊，愿在相互尊重、平等互利、互不干涉内政的原则基础上，发展两国在各个领域长期、稳定的合作关系；广泛开展各个级别的对话；进一步加强在经贸领域的互利合作；捷方重申在一个中国的原则基础上尊重中华人民共和国的主权和领土完整，承认中国台湾是中国领土不可分割的一部分；双方愿为维护和平、促进发展、保护人权、实现人类的共同进步做出积极的贡献。这份文件表明了两国政府对发展中捷关系的态度，也描绘出了中捷关系健康发展的方向。然而，捷克方面始终未能放弃"价值观"至上的外交政策。2000年6月，捷克不顾中国多次劝阻和交涉，允许李登辉、达赖赴捷出席"公元2000论坛"国际会议，而且捷克总统哈维尔会见了他们。在哈维尔时期，捷克在对华外交上表现出比较强的价值观色彩，中捷关系始终未能走出低谷。

二 克劳斯时期的中捷关系（2003—2012）

在瓦茨拉夫·克劳斯（Václav Klaus）担任总统期间，中国和捷克两国之间的僵局开始慢慢打破。进入新世纪，随着捷克国内政治经济转型的顺利实现，捷克于1999年和2004年相继加入北约和欧盟，"回归欧洲"的外交政策目标得以实现，捷克的外交政策也逐渐趋于理性务实。在克劳斯当选捷克总统后，中捷两国关系开始走出低迷，向前发展。

作为中捷两国关系发展的见证者，克劳斯在当选捷克总统前就致力于发展中捷关系。2003年，克劳斯总统上任以后，捷克大力推动与中国的经济往来，在对华关系上变得更加务实。克劳斯认为，同中国建立牢固的双边关系符合捷克的利益。2004年4月，克劳斯作为捷克总统再次访问中国，这是自捷克独立以来国家元首首次访华。中国国家主席胡锦涛在与克劳斯的会谈中提出了发展中捷友好合作关系的五点建议：一是加强高层交往，不断增进相互了解和信任。二是扩大经贸往来，加强两国企业合作，支持中国企业到捷克投资办厂，欢迎捷克企业来中国开拓业务。三是进一步扩大在环保、科技、旅游等领域的合作。四是拓展人文领域的交流，加深两国人民相互了解和友谊。五是加强双方在国际事务中的协调与配合。克劳斯表示，捷克愿同中国加强在政治、经济、教育、运输和旅游等领域的交流与合作，开创双边关系的新阶段。克劳斯重申了捷克政府对中国在台湾问题上所持立场的绝对支持。① 在访问期间，两国签署了经济合作协定等文件。同年 6 月，胡锦涛在罗马尼亚访问时，提出了发展中国同中东欧国家关系的几点主张，即"布加勒斯特原则"。这一原则对于提升中国和中东欧国家双边关系产生了重要影响。它也表明，随着许多中东欧国家加入欧盟，包括捷克在内的中东欧国家在中国外交中的地位变得越来越重要。2005 年 6 月和 12 月，捷克总理帕劳贝克和中国总理温家宝在半年内实现互访。在温家宝总理访捷期间，两国签署了中华人民共和国政府和捷克共和国政府联合声明，决定在中欧全面战略伙伴关系框架内继续发展中捷两国的良好关系。

此后，中捷双方各层级互访频繁，两国政府、议会和军队均保持了友好交往。在捷克方面，2006 年 2 月，捷克众议院主席扎奥拉莱克访华，2007 年 1 月和 6 月，捷军总参谋长什泰夫卡和参议院副主席利什卡相继访华，2008 年 5 月和 6 月，捷克众议院副主席卡萨尔和菲利相继访华。2008 年 8 月，捷克总理托波拉内克观看北京奥运会比赛。2010 年 5 月，捷克副总理兼外长科胡特出席上海世博会捷克国家馆日活动。2010 年 8 月，捷克参议院副主席什捷赫访华。2012 年 3 月，捷克州长协会主席、南摩拉维亚州州长、社民党第一副主席哈谢克率捷克友好人士代表团访华。在中国方面，2006 年 4 月，国务院副总理回良玉访捷。2007 年和 2008 年，全国政协副主席李贵鲜、国务委员兼国务院秘书长华建敏分别访捷。

这一时期，捷克不仅发展了同中国的关系，在促进中欧关系发展方面同样发挥了重要作用。2008 年 12 月，原拟在法国召开的第十一次中欧领导人会晤因东道国领导人会见达赖而被迫推迟，中欧关系遭遇挫折。2009 年 5 月，克劳斯总统利用捷克担任欧盟轮值主席国之机，积极推动中欧重启对话，促成第十一次中欧领导人会晤在布拉格成功举办，并给予温家宝总理率领的中国代表团高规格接待。这次会晤也标志着中欧关系重回健康发展轨道，对中国同欧盟增进政治互信、深化互利合作，共同推动中欧全面战略伙伴关系意义重大。②

---

① 《胡锦涛与捷克总统会谈》，《人民日报》2004 年 4 月 23 日第 1 版。
② 霍玉珍：《中捷关系的推动者、践行者——捷克前总统克劳斯》，《友声》2019 年第 9 期。

中捷两国关系的健康发展，也使双方经济等领域的合作取得了丰硕成果。2005年12月，双方签署了《中华人民共和国政府与捷克共和国政府关于促进和相互保护投资协定》及总金额约4.7亿美元的商务合作文件。2008年世界金融危机以来，为加快经济发展，捷克更加看重经济外交，也更加认识到中国经济发展所带来的机遇。2009年8月，中捷签署《中华人民共和国政府和捷克共和国政府对所得避免双重征税和防止偷漏税的协定》。2010年，捷克PPF集团下属捷信集团在天津为消费者提供小额信贷，成为中国首家外资消费金融公司。2010年11月8日至11日，由捷克工贸部、外交部和斯洛伐克经济部共同主办的首届"中国投资论坛"在捷克首都布拉格举行，捷克、斯洛伐克、欧盟、中国等政府机构代表、工商界人士、专家及记者约150人出席。与会人士一致认为，中国是世界上最大的潜在市场，而中东欧地区背靠欧盟统一大市场，地理条件优越，成本优势明显，各种基础设施条件相对完善，双方经贸合作前景广阔。[①]

可以看到，克劳斯时期两国关系发生转变的原因在于捷克方面对华政策的调整。从总体上看，人权外交在捷克对华关系上不再是绝对优先的选项，尽管捷克国内仍有不少政客和民众对中国人权问题妄加指责。比如，在克劳斯访华前要求其就人权问题向中国施压[②]；在2008年北京奥运会前，捷克国内人权组织也发出了抵制的声音。更严重的是，2008年捷克总理托波拉内克与达赖见面，在捷克前总统哈维尔策划下，2009年达赖喇嘛再次访问布拉格，使中捷关系再次受到损害。捷克政府对中国台湾、西藏等敏感问题的态度仍是中捷关系发展的重要影响因素。

三　中国—中东欧合作背景下的中捷关系（2012年至今）

2012年之后，中国政府更加重视中东欧国家的发展潜力，开始对包括捷克在内的中东欧国家施加积极影响。2012年4月，温家宝总理在波兰访问期间，宣布了有力推进同中东欧国家发展务实合作的12项具体举

[①] 《中东欧：中欧经贸合作的桥头堡 首届"中国投资论坛"综述》，2010年11月15日，经济参考报网站（http://www.jjckb.cn/2010-11/15/content_269898.htm）。

[②] "Klaus urged to raise the issue of human rights on historic trip to China," https://english.radio.cz/klaus-urged-raise-issue-human-rights-historic-trip-china-8085477.

措,对中国和中东欧国家的全新关系具有里程碑意义。从此,中捷关系被纳入了"中国—中东欧国家"合作的框架下。2013年秋,中国领导人提出"一带一路"倡议,"一带一路"成为中国对外开放和合作的顶层设计,奠定了中国与中东欧国家互利、共赢合作关系发展的新框架。在"中国—中东欧国家"合作和"一带一路"倡议的背景下,中捷关系的发展进入了新的时期。从捷克方面看,随着中欧全面战略伙伴关系不断深化,捷克政府逐渐认识到中国的重要性。特别是捷克国内政治环境的改变,直接推动了中捷关系的进一步改善。2013年米洛什·泽曼(Miloš Zeman)通过全民投票当选捷克总统。中左翼的泽曼抛弃了哈维尔的道德价值观至上的外交政策,更多地坚持立足于经济,把发展对华关系作为外交政策的优先发展方向之一,致力于全面提升两国关系。

　　2013年11月,中国外交部副部长兼中国—中东欧国家合作秘书处秘书长宋涛率领中国代表团出席了在布拉格举行的"中国投资论坛"。本次论坛受到捷克官方的高度重视,本次论坛在捷克总统官邸布拉格城堡举行,具有象征意义,前总统克劳斯出席论坛开幕式,总理鲁斯诺克参加论坛并发表讲话,称这次论坛为"捷中合作的重新开始"[①]。2014年2月,习近平主席在索契会见捷克总统米洛什·泽曼,实现了两国现任元首的首次会见。此后,两国元首和政府首脑保持了高频度的互访。2014年4月应中国外交部长王毅的邀请,捷克外交部长扎奥拉莱克访华。这是15年来中捷克外长首次访华。捷克总理表示,这次访问意味着捷克政府准备调整中捷关系。在访问期间,两国外交部发表新闻公报,两国外长发表了以下共同看法:两国重视双边关系,愿在建交65周年和相互尊重的基础上支持两国传统友谊的发展。捷克尊重中国的主权和领土完整,充分理解西藏问题的重要性和敏感性,并重申坚持一个中国的政策,西藏是中国领土不可分割的一部分,拒绝支持任何形式的"西藏独立"[②]。这标志着在低位徘徊了多年的中捷关

[①] Fürst, Rudolf, "The Czech Experience with Relations with China: Nothing to Win, Nothing to Lose," in Fürst, Rudolf & Tesař, Filip, *China's Comeback in Former Eastern Europe: No Longer Comrades, Not Yet Strategic Partners*, Praha: The Institute of International Relations, 2013.

[②] 《中捷外交部新闻公报》,2014年5月2日,中华人民共和国驻捷克共和国大使馆网站(https://www.fmprc.gov.cn/ce/cecz/chn/zts/zjjj65zn/t1151980.htm)。

系掀开了新的一页。在经贸领域双方也互相赞赏中国与中东欧国家合作的良好趋势，愿增加投资，促进贸易，鼓励两国企业相互投资，努力为双边合作创造良好条件。2014年10月24日至27日，捷克总统米洛什·泽曼访华。他还带来了一个由200人组成的代表团和3架轻型飞机到中国参加第15届中国西部国际博览会，这是捷克历史上规模最大的随访企业家代表团。① 这次访问正值庆祝中捷建交65周年，也是近十年来捷克国家元首首次访华。2015年9月，泽曼总统作为唯一一位欧盟国家元首出席中国人民抗日战争暨世界反法西斯战争胜利70周年纪念活动，习近平主席同其举行双边会见；2015年10月，中国外交部长王毅应邀对捷克进行正式访问，并分别会见捷克总统泽曼、总理索博特卡、外长扎奥拉莱克；2015年11月，捷克总理索博特卡来华出席第四次中国—中东欧国家领导人会晤并对华进行正式访问。其间，中捷双方签署了共同推进"一带一路"建设的谅解备忘录，为两国各领域交流合作开辟了更加广阔的空间。中国和捷克两国关系在此期间高层互访和会见活跃，政治互信不断增强，并扩大各层次交流，充分发掘两国各领域合作潜力，开启了双边关系发展的新阶段。2016年3月，中国国家主席习近平对捷克进行了正式访问。这次访问实现了两国建交67年来中国国家元首对捷克的首访，也是习近平首次以国家主席身份访问中东欧国家。其间，两国宣布建立战略伙伴关系，中捷关系迈上新台阶。习近平主席在访问期间多次强调："中捷关系已进入春发夏长的最好时期。"②

总体来看，2013年以来，中捷两国间活跃的高层互访与会见为促进双边关系发展起到了有力的引领作用。2014—2019年，捷克总统泽曼先后五次访华，是近年来访华次数最多的中东欧国家元首。捷克积极响应"一带一路"倡议，表现出与该倡议进行对接的兴趣。泽曼总统多次表示对"一带一路"倡议的赞赏，他表示，中国提出的"一带一路"倡议是

---

① 《捷克总统米洛什·泽曼抵达成都 开启访华之旅》，2014年10月24日，人民网（http://politics.people.com.cn/n/2014/1024/c70731-25901426.html）。
② 《积极拓展互利共赢合作 坚定推进全球安全治理——外交部长王毅谈习近平主席访问捷克并出席第四届核安全峰会》，2016年4月3日，新华网（http://www.xinhuanet.com/world/2016-04/03/c_128859742.htm）。

"一个伟大构想"①，是"现代历史上意义最深远的工程"②，为深化捷中双边合作提供了机遇。中捷两国率先就共建"一带一路"签署双边合作规划，这是中方同欧洲国家签署的首个双边合作规划，具有积极的示范效应。2017年和2019年，泽曼总统两次来华出席"一带一路"国际合作高峰论坛。两国关系在捷克外交政策的调整和中国"一带一路"倡议以及"中国—中东欧国家合作"机制的共同作用下，进入了历史新阶段，新的两国战略伙伴关系的内涵得到了进一步丰富。各领域的合作不断深化和丰富，经贸往来和人文交流空前繁荣。

尽管捷克政府发生了外交政策上的重大转变，但捷克国内反华势力仍然在对华关系上不断制造杂音，中捷战略伙伴关系的发展也并非坦途。在涉藏问题上，2016年10月，捷克文化部长和参议院、众议院两名副议长同达赖举行"私人会面"，捷克总统和总理对此提出批评，捷克外交部也发表声明表示坚持"一个中国"的政策。③ 2019年10月7日，在布拉格市长德涅克·赫日布（Zdeněk Hřib）鼓动下，布拉格市委会决定单方面终止同北京市的友城协议。随后北京宣布解除与布拉格的友好城市关系。④ 中国驻捷克大使馆发言人指责布拉格方面"背信弃义"。2020年8月30日，捷克议会参议院主席米洛什·维斯特奇尔（Miloš Vystrčil）不顾捷克总统、总理的反对，率团窜访中国台湾地区，严重损害了中国的主权和中捷关系。总的来看，两国关系中的这些"杂音"破坏不了中捷友好合作的大局。自2020年来，新冠疫情席卷全球，中捷两国在抗击疫情过程中进行了良好合作，互相捐款捐物，并分享了新冠感染诊断和治疗经验。两国领导人一致主张，加强后疫情时代合作，共同应对疫情给全球经济带来的挑战。

---

① 《专访："一带一路"倡议是伟大构想——访捷克总统泽曼》，2017年5月12日，人民网（http：//world.people.com.cn/GB/n1/2017/0512/c1002-29271642.html）。
② 《捷克总统泽曼："一带一路"倡议是意义最深远的工程》，2017年5月14日，国际在线（http：//news.cri.cn/uc-eco/20170514/c1a52d67-3313-a041-e2af-8c9cb184ed07.html）。
③ 《捷克部长私自会见达赖 捷总统总理皆对其进行批评》，2016年10月19日，环球网（https：//world.huanqiu.com/article/9CaKrnJY9nS）。
④ 《北京市人民政府外事办公室关于北京市解除与捷克布拉格市友城关系的声明》，2019年10月9日，中华人民共和国驻捷克共和国大使馆，https：//www.fmprc.gov.cn/ce/cecz/chn/zxdt/t1706574.htm。

第三节　中捷关系的影响因素

一　中捷关系的外部影响因素

（一）欧盟因素

捷克作为欧盟成员国，其外交政策受到欧盟总体外交政策的影响。中捷关系发展无法超越中欧关系的总体框架。捷克被许多人视为"欧洲心脏"，由于历史、区位和价值观的原因，自独立以来捷克便将欧洲国家作为自身的基本身份认同，把"回归欧洲"作为自己首要的外交目标。在经济上，捷克长期以来形成了"经济靠欧盟"的发展局面，对欧盟经济高度依赖。2019年，捷克货物贸易的80%以上是在欧盟区域内进行的。当年捷克对欧盟（28国）出口额为1658.8亿美元，下降2.5%，占其出口总额的83.6%；自欧盟（28国）进口额为1334.5亿美元，下降4.3%，占其进口总额的74.9%。按国别计算，德国是捷克最大的贸易伙伴，2019年捷克对德国出口额为631.1亿美元，占捷克出口总额的31.8%，自德国进口额为507.5亿美元，占捷克进口总额的28.5%。[①] 在境外直接投资方面，2018年在捷克的境外直接投资中，有88.9%来自欧盟国家，而来自欧洲国家的一般高达94.2%，来自欧洲以外国家的投资仅占5.8%。[②] 此外，在捷克等中东欧国家加入欧盟的进程中，欧盟曾将贸易合作协议、援助直至欧盟成员国资格作为条件，促使渴望"回归欧洲"的中东欧国家进行符合欧盟规则的政治经济改革，其目的是确保入盟国家保持对欧盟的向心力，以维护欧盟的稳定和发展，提升欧盟的影响力。在中东欧国家加入欧洲一体化进程中，欧盟向这些国家提供了诸多贸易支持政策和巨额财政援助。2014—2020年，捷克累计获得欧盟基金预算达238.56亿欧元。[③]

近年来，随着中国的不断崛起和在国际事务中的影响不断增大，特别

---

① 中国商务部：《国别贸易报告》，商务部网站（https://countryreport.mofcom.gov.cn/record/view.asp?news_id=68454）。
② Czech National Bank, *Foreign Direct Investment*—2018, https://www.cnb.cz/export/sites/cnb/en/statistics/bop_stat/bop_publications/pzi_books/PZI_2018_EN.pdf.
③ 朱晓中：《中东欧地区的大国因素：利益格局及其影响》，《当代世界》2020年第4期。

是先后发起了中国—中东欧国家合作机制和"一带一路"倡议。欧盟对中国态度的两面性表现得越发明显,一方面想要搭乘中国经济快速发展的"顺风车",另一方面对中国的疑惧和不满也显著增强。这集中体现在欧盟委员会在 2019 年 3 月 12 日发布的报告《欧盟—中国:一份战略展望》之中。欧盟在该报告中对中国进行了全新的多重定位,认为中国是"一个欧盟与之紧密协调目标的合作伙伴""一个欧盟需要与之寻求利益平衡的谈判伙伴""一个追求技术领导力的经济竞争者",同时也是"一个促进替代性治理模式的体制竞争者"①。对于中国提出的"一带一路"倡议,尽管这一倡议在欧亚乃至全球迅速推进,并受到中东欧国家的广泛支持,但多数欧盟国家特别是老欧洲国家仍然对其表示了诸多疑虑,如德国前外长加布里埃尔认为,"一带一路"的推行对西方基于自由、民权等上的价值观可能会产生威胁,甚至完全替代其作用。②

同样,作为"一带一路"建设的典范之一,中国与中东欧国家的合作也受到欧盟的一些质疑。欧盟一直将中东欧地区看作自身的后院,对中国和中东欧国家合作心存忧虑。有学者认为中国是在利用经济手段分化瓦解欧盟,以此达到所谓的"政治目的",如欧盟前外交和安全政策高级代表阿什顿曾告诫中东欧国家警惕中国的拉拢或与中国结盟。欧盟担心中国的全球战略会动摇未入盟的西巴尔干国家的信心,也担心已入盟的中东欧国家在中国与欧盟之间"东张西望",更担心其放弃欧盟而投奔中国。③ 这种担心随着 2019 年希腊正式加入中国—中东欧国家合作机制而表现得更加明显。在第八次中国—中东欧国家领导人会议上,"16+1 合作"机制实现了自 2012 年成立以来的首次扩容。目前"17+1 合作"机制的 17 个欧洲成员国中有 12 个是欧盟成员。包括法国和德国在内的主要欧盟经济体都担心中国通过这一合作机制,在希腊、匈牙利和捷克等国利用中国的经济影响力来削弱欧盟成员国之间的团结,从而

---

① European Commission, *EU-China: A Strategic Outlook*, 2019.3.12, https://ec.europa.eu/commission/presscorner/detail/en/fs_19_6498.

② Nick Miller, "China Undermining Us 'with Sticks and Carrots': Outgoing German Minister," WAtoday, February 19, 2018, https://www.watoday.com.au/world/europe/china-undermining-us-with-sticks-and-carrots-outgoing-german-minister-20180219-p4z0s6.html.

③ 龙静:《中国与中东欧国家关系:发展、挑战及对策》,《国际问题研究》2014 年第 5 期。

达到分裂欧盟的目的。据法新社报道，希腊加入中国—中东欧国家合作机制已使西欧首脑处于警戒状态，并将"谨慎监督"在克罗地亚举行的"16+1合作"峰会。① 为了防范中国—中东欧国家合作，欧盟采取了一系列措施，先是以法律手段限制其成员国使用中国向中东欧国家提供的100亿美元专项优惠贷款，继而以不符合欧盟标准为由，限制或拖延一些合作项目的实施。2019年3月，欧盟出台《关于建立欧盟外国直接投资审查框架的条例》（下文简称《外资审查条例》），限制非欧盟投资者出于"战略性原因"而对欧洲企业核心技术的收购[2]，此举针对中国的意味十分明显。

与欧盟相比，中国与捷克的合作水平仍然不高，基础仍然不够稳固，中国对捷克的影响力更不可与欧盟相比。因此，捷克在外交政策上尽管具有一定的自主性，但不管是出于身份认同还是现实利益的考量，其对华政策必然受到欧盟的影响。

（二）美国因素

美国作为超级大国和北约的领导者，其对捷克和中东欧国家的影响主要是通过政治军事手段来实现的。地缘政治家麦金德曾提出著名的"心脏地带"说，即谁控制了东欧，谁就可能控制世界的心脏地带；谁控制了世界的心脏地带，谁就可能控制世界岛（即欧亚大陆）；谁控制了世界岛，谁就可能控制整个世界。东欧地区一直是大国地缘政治竞争的舞台。捷克和中东欧国家在历史上经常受到外部安全威胁，通过加入北约为自身提供安全保障是捷克外交政策的一个支柱。

冷战结束后，美国迅速填补中东欧地区的权力真空，积极推动北约东扩，进一步挤压俄罗斯的战略空间。捷克和中东欧国家出于对俄罗斯的恐惧，纷纷选择加入北约。此后，美国不断加强在中东欧地区的军事部署。2007年美国小布什政府宣称要在波兰和捷克境内设置反导弹系统，虽然约有65%的捷克民众表示抗议，但捷克政府依然同意了美国的提议，这既有与美国发展双边关系以提升国际地位的考虑，更多的则是希望引入美国的军事存在以巩固自身的安全。虽然2011年捷克宣布退出美国的导弹防

---

① 《欧中"17+1合作"为"一带一路"地区合作提供借鉴模式》，2019年4月26日，新浪网（http://global.sina.cn/szzx/article/20190426/04bde949c0051000.html）。

② 朱晓中：《中东欧地区的大国因素——利益格局及其影响》，《当代世界》2020年第4期。

御系统,但其主要原因是美国奥巴马政府单方面的政策调整,并不是捷克希望看到的结果。对此,一位捷克政治家抱怨说,不管现在还是将来,捷克都将美国视为重要的战略伙伴之一,但从目前来看,美国并没有将捷克排在靠前的位置。① 乌克兰危机的爆发使美国再次推进了在中东欧的军事部署。2016 年 4 月,美国奥巴马政府提出"欧洲再担保倡议";同年 7 月,北约华沙峰会决定向波兰和波罗的海三国派驻军队。此后,美国领导的北约在中东欧地区的军事力量和军事设施显著增加,极大地提升了美国在该地区的军事存在。

相较于经济利益,安全利益对于捷克以及中东欧国家来说更是不可缺少和不可替代的。尽管美国在特朗普政府时期奉行"美国优先"政策,要求北约成员国分摊更多的防务费用,因而导致美欧在集体安全上存在分歧,法国领导人马克龙甚至呼吁建立"一支真正的欧洲自己的军队"②。但是从现实的角度来看,对中东欧国家而言,欧洲防务一体化还有很长的路要走,打造一支真正的"欧洲军"更是遥不可及。面对俄罗斯的军事压力,美国和北约是唯一可以倚仗的保障。美国凭借安全供给者的角色,在捷克外交政策中具有不可替代的影响力。尽管美国政界并没有发表正式文件对"16+1"合作进行界定,但认为中国在中东欧的地缘政治影响将会为美国在这一地区的存在设置障碍。随着特朗普政府时期中美关系全面恶化,美国"逢中必反"的对华进攻姿态在中东欧也有所体现。美国拉拢东欧盟国,共同围堵遏制中国的意图更加明朗化。

2018 年底,捷克网络信息与安全局(NÚKIB)发出对华为和中兴设备的安全警告,捷克总理下令内阁工作人员禁用华为手机,政府部门还责成对大约 160 个部门、企业进行风险分析。尽管捷克总理及相关部门进行了澄清,但其间仍态度反复。2019 年 5 月,在捷克首都布拉格召开所谓的"5G 安全会议",共有 32 个国家的网络安全代表参加,主要来自美国及其盟国。此次会议声称商讨 5G 网络安全问题,提出新的 5G 安全标准。然而,在 5G 通信领域走在前列的中国却未收到邀请。显然,这是一次针

---

① 《捷克退出美国主导的欧洲导弹防御体系》,2011 年 6 月 18 日,凤凰网(https://news.ifeng.com/c/7fZrW7N383u)。

② 《呼之欲出的"欧洲军队"》,2018 年 11 月 22 日,新华网(http://www.xinhuanet.com/mil/2018-11/22/c_129999869.htm)。

对中国高科技企业的会议，带有鲜明的政治色彩。值得注意的是，此次会议发生在捷克总理访问美国后不到两个月的时间里，而且捷克总理巴比什和外交部长共同出席了此次会议并致辞。[①] 不难看出美国试图施压其盟国共同打压中国通信企业的倾向性。

2020年8月11—12日，美国国务卿蓬佩奥对捷克进行了正式访问。在访问期间，蓬佩奥与捷克外长托马什·佩特日切克、总理安德烈·巴比什和总统米洛什·泽曼举行了会晤，在捷克议会参议院发表了演讲。蓬佩奥在演讲中延续了一贯对中国的诋毁和攻击，称"中国对民主的威胁比俄罗斯还大""俄罗斯通过网络攻击破坏民主"，而"中国的投资可能对自由社会构成威胁，尤其是在网络安全方面"，呼吁捷克捍卫"来之不易的自由"[②]。蓬佩奥还极力劝说捷克政府排除华为公司参与5G建设，抵制中国企业参与捷克核电建设项目。但是由于捷美双方的兴趣点不一致，其主张并未得到捷克政府的积极响应。美方关注的重点是网络安全、5G网络、核电以及中国和俄罗斯在世界范围内日益增长的影响力，希望捷克在上述领域站队美国，一起打压中国和俄罗斯。捷方则希望加强与美国在经贸、科技和安全等领域的合作，在中国与俄罗斯问题上采取了较为务实的立场。捷克国际问题专家、捷克科学院全球研究中心主任马雷克·赫鲁贝茨表示，蓬佩奥欲借此行打造固化的冷战式反华同盟是难以实现的。[③] 尽管捷克不愿在中美之间"选边站"，但面对美国的施压力度，捷克或将不得不在某些议题上站在美国一边，做出不利于中国的政策安排，从而损害中捷关系的正常发展。

---

① Ministry of Foreign Affairs of Czech Republic, "Prague 5G Security Conference," 26.04.2019, https：//www.mzv.cz/jnp/en/issues_and_press/press_releases/x2019_04_24_prague_5g_security_conference.html.

② "Pompeo Urges Europe's Young Democracies to Embrace Freedom," *U.S. News & World Report*, https：//www.usnews.com/news/politics/articles/2020-08-12/pompeo-urges-europes-young-democracies-to-embrace-freedoms； "Pompeo warns in Prague of security threats doing business with China poses to Czech society, democracy," *Radio Prague International*, https：//english.radio.cz/pompeo-warns-prague-security-threats-doing-business-china-poses-czech-society-8689164.

③ 姜琍:《蓬佩奥访捷到底为哪般》，2020年8月15日，国际在线（https：//kuaibao.qq.com/s/20200815A085UJ00？refer=spider_push）；《蓬佩奥结束"挑拨离间之旅"到访的国家"不希望卷入新冷战"》，2020年8月17日，中华网（https：//news.china.com/zw/news/13000776/20200817/38645445_all.html#page_2）。

二 中捷关系的内部影响因素

中捷两国虽已建立战略伙伴关系，但两国意识形态和政治制度的不同、历史文化和价值观的差异，以及双方国家体量和经济规模的差距，都在不同程度上影响着中捷关系的发展。

（一）意识形态因素

在意识形态和价值观方面，两国之间的差异时常成为中捷关系的干扰因素。特别是捷克在外交政策中经常把价值观作为重要因素摆在突出的位置上，由此引发了同中国在人权问题、西藏问题和台湾问题上的摩擦，这些成为中捷关系发展中始终无法摆脱的障碍。捷克政府认为："促进人权和民主的政策是维护人的尊严的基础。""捷克的外交政策是以人权的普遍性和不可分割的原则为基础的"，强调"公民、政治、经济、社会和文化权利对有尊严地存在至关重要"，认为这些权利的剥夺可能导致国际不稳定。根据欧盟的人权和民主战略框架，捷克坚持将人权和民主原则作为外交政策的主要原则，主张"外交和国家人权政策的一致性"。[1] 对共产主义的历史负面记忆造就了捷克主流意识形态中强烈的反共倾向。中国作为共产党执政的社会主义国家，在捷克的主流意识形态话语中，被塑造成为民主和人权的"反面典型"，批评中国人权几乎成为一种"政治正确"。这种扭曲的中国形象构成了中捷两国合作的障碍。在捷克政坛、捷克媒体乃至捷克学界中，对华持负面看法和意识形态偏见的人士不在少数。根据皮尤研究中心2019年发布的全球态度调查，捷克受访者对华持负面看法的占比达57%，在受访的6个中东欧国家中所占比例最高。[2] 受意识形态的影响，两国间的经贸合作与人文交流等也常常受到政治化炒作，与中国加强合作往往被视作为了利益而放弃道德和价值。甚至捷克外交部长佩特日切克也表示："在寻求与中国建立务实关系的必要性上，我们必须小心

---

[1] Ministry of Foreign Affairs of the Czech Republic, *Concept of the Czech Republic's Foreign Policy*, 03.08.2015, https://www.mzv.cz/jnp/en/foreign_relations/policy_planning/concept_of_the_czech_republic_s_foreign.html.

[2] 《全球民众对中国看法不一》, 2019年10月6日，观察者网（https://user.guancha.cn/main/content?id=181932）。

平衡我们的价值观和商业利益。"① 尽管自东欧剧变发生以来，中国对待包括捷克在内的中东欧国家的政策是稳定的和连贯的，即尊重彼此的政治体制和发展道路选择，认为意识形态差异不应成为两国关系发展的障碍。但是总的来看，当前两国关系中的意识形态因素还是常常会导致中捷关系的受损。

（二）国内政治因素

在政治上，捷克国内的政治形势是中捷关系面临的一个不稳定因素。这种不稳定首先来自捷克多党竞争的政党制度。转型后的捷克，同中东欧国家一样，以政治"民主化"为目标，建立了多党制议会民主制度，多党竞争代替了一党执政。尽管这种民主化转型被其自身和西方国家视为政治进步的标志，但是多党竞争的西方民主模式也造成捷克国内政治稳定性和对外关系连续性相对较低。在经历了转型初期的政党分化和不同类型政党对峙的局面之后，捷克形成了左中右各个派别的政党，并各自拥有一定的社会基础。自独立以来，捷克政府更迭比较频繁，政府支持率相对较低，时常爆发政府信任危机，任内垮台和提前举行大选现象时有发生。近年来，捷克政党政治的碎片化现象更为突出，传统的中左翼和中右翼主流政党的得票率逐渐走低，许多边缘小党获得了更多的民众支持，并进入议会和政府。在 2017 年的议会选举中，进入众议院的政党共有 9 个，而在 1998 年至 2010 年举行的 4 次大选中只有 5 个。② 随着众议院政党数量增多，且政治倾向迥异，各政党要在议会中达成共识变得越来越难。即便某一政党赢得选举，由于缺乏绝对多数的支持，也经常出现组阁困难的局面。捷克现任总理巴比什领导的政党"不满公民运动"在 2017 年 10 月赢得议会选举，获得了 200 个席位中的 78 席，获得优先组阁权，但由于其未达到议会绝对多数，之后又花了 9 个月的时间才成功组阁。③ 相比之下，中国表现出较强的政治稳定性和对外政策的连续性。在中捷两国关系的发

---

① "Czech foreign minister on relations with China: we need to carefully balance our values and business interests," *Radio Prague International*, https://english.radio.cz/czech-foreign-minister-relations-china-we-need-carefully-balance-our-values-and-8112463.

② 姜琍：《从议会大选和总统选举看捷克内政外交走向》，《当代世界》2018 年第 3 期。

③ 《捷克新政府通过众议院信任投票正式上任》，2018 年 7 月 12 日，新华网（http://www.xinhuanet.com/world/2018-07/12/c_129912560.htm）。

展中，中国往往不得不同捷克"少数派政府"进行政策沟通和对接，捷克政府在国内的支持不足给两国关系的发展带来了一定的不确定性。而且，随着政府的更替，捷克对中国的态度也会呈现出一定的周期性波动。在竞选中，一些反对党往往借"中国议题"进行负面炒作。新政府上台之后，往往又会对前政府的国内外政策进行改革或调整。中国同前政府达成的合作协议也可能被搁置起来，或者在合作过程中制造新的障碍。尽管政党政治因素未必会影响两国基于现实利益的合作需求，但也经常会对一些具体合作项目的推进带来不必要的干扰，甚至影响长期合作计划的进行和两国战略伙伴关系的稳定。

此外，捷克民粹主义政党的兴起也增加了中捷关系的不确定性。近年来，由于中东欧国家政府更迭频繁和长期处于弱势状态，政府往往缺乏推进有效改革的能力，再加上腐败现象突出，使部分民众对政治体制存在消极反感态度。在此背景下，民粹主义政党应运而生。尽管近年来民粹主义的兴起成为西方国家政治中的普遍现象，但是在捷克和中东欧地区，民粹主义政党占据了更加有利的地位。与传统政党不同，民粹主义政党往往缺乏意识形态内核，很难以"左右"进行区分。为了赢得民众支持和竞争选票，社会民主主义、自由主义、民族主义、保守主义的政策都可以被其纳入政党的政策主张之中。因此，民粹主义政党的纲领主张经常会出现相互矛盾的内容。[①] 捷克的"不满公民行动"（ANO）、海盗党（Pirati）以及自由和直接民主党（SPD）都可以视为民粹主义政党的代表。这些政党的一个共同特征是反传统精英和反建制。在国内政治中，其反建制的特点表现在对政府或前政府政策的批评上。民粹主义使得捷克政府同中国达成的合作协议面临着更多的批评，实施起来也面临着更大的阻力。在对外关系上，民粹主义热衷于煽动本国民族主义，炒作来自外部国家的"威胁"。在一些反华舆论的鼓动下，中国常常被塑造为一个重要的"威胁"，这对中捷关系构成了挑战。比如，针对2020年捷克参议长维斯特奇尔窜访中国台湾一事，中国表达了强烈的谴责和严正反对，但中国维护国家主权的表态却被捷克国内的民粹主义

[①] 项佐涛：《中东欧政党政治：历史演进及特点分析》，《当代世界》2019年第4期。

者视为"对捷克主权的威胁"[①]。在对外经济合作中，民粹主义也主张保护主义政策，对中国企业在捷克的投资收购行为表现出疑虑，对双方贸易中的逆差问题尤其关注，表现出较强的逐利性，这对中捷经贸合作的发展产生了影响。

（三）经济因素

在经济上，中捷经济合作中的一些现实问题也影响着两国关系的发展。首先，中捷经贸合作存在一定的失衡。中国对捷克长期保持着贸易顺差。最近，中捷两国的贸易总额不断增长，各领域的合作也不断加强，双方保持了较快的贸易增长势头，但捷克的贸易逆差不降反增，这给捷克带来了困扰，引起了双方的高度重视。从现实角度来看，捷克对中贸易逆差的不断扩大主要是因为同类商品中中国商品的成本更低，而捷克对华出口的商品种类相对单一，中捷双向投资规模还较小，捷克对华出口潜力需要进一步挖掘，应加大捷克产品在中国的宣传力度。尽管如此，捷克国内仍有评论认为，其根本原因是中国市场的开放程度不够。其次，一些中国企业在捷克投资合作存在着一定的风险。目前中国在捷克的企业和项目数量总体上还不多，规模不大。一些企业在捷投资的前期调研不充足，存在盲目投资现象。一些企业大举收购非主业和非优势行业，不能排除以投资之名转移资产的可能，这也引起捷克业界和媒体的揣测和负面解读。还有个别企业习惯走上层路线或通过个人牵线开展投资经营，后续因各种原因而导致项目拖延甚至搁浅。例如，中国华信曾是中国在捷克的最大投资者。早在2016年，华信在捷克的协议投资额就达120亿元人民币。[②] 中国华信董事会主席叶简明还被聘为捷克总统泽曼的经济顾问。2015年5月，中国华信在布拉格成立华信集团（欧洲）股份有限责任公司，注册资本为2.5亿克朗，并以此为支点在欧洲开展能源、工业装备及旅游航空产业投资。在短短几年间，华信在捷克的投资已经遍地开花，其收购对象包括扎达斯（ZDAS）特种钢铁公司、捷克及中东欧最大的在线旅游电子商务企

[①] "Threats from China over Czech visit to Taiwan draw sharp response from Prague and words of support from international community," *Radio Prague International*, https：//english.radio.cz/threats-china-over-czech-visit-taiwan-draw-sharp-response-prague-and-words-8690923.

[②] 《中国企业"走出去"的捷克样本》，2018年1月30日，中青在线（http：//news.cyol.com/content/2018-01-30/content_16913465.htm）。

业（INVIA）、布拉格文华东方酒店和皇宫艺术酒店两家五星级酒店、旅游服务航空公司（Travle Service）、老博客啤酒集团（Lobkowicz）。华信还收购了捷克第一大媒体集团美迪亚媒体集团、第三大媒体集团恩姆珀莱萨出版集团、巴兰多夫电视集团，并成功控股捷克历史最悠久的足球俱乐部斯拉威亚俱乐部。中国华信还与捷克J&T金融集团签署协议，收购J&T银行50%的股权。后因中国华信董事长叶简明被调查，其投资计划并未实现，这给中国企业在捷克的信誉带来了负面影响，也引发了捷克对中国"一带一路"倡议的负面评价。

第四节　中捷关系的发展前景

当前，在内外多重因素的共同影响下，中捷关系正在经历一些波折，中捷关系发展面临着国际国内的双重压力。但从长远来看，中捷战略伙伴关系的健康发展符合两国的共同利益，中捷关系仍然具有较大的发展潜力。

一　中捷关系将面临更多的内外压力

从外部来看，美国和欧盟的对华态度将对中捷关系产生重要的影响。自特朗普政府以来，美国对华政策发生了"根本性变化"，其遏制中国崛起的意图日益明朗。特朗普政府的《国家安全战略》报告和其他几份权威文件，明确将中国视为美国的主要"战略对手"和"竞争对手"。美国政府对中国发动了全面的对抗活动，包括发动贸易战、科技战；限制与中国的双边教育、科技和文化交流；加强南海的"航行自由"行动；加强与日本、印度和澳大利亚等亚太国家针对中国的防务合作；设计和实施华盛顿所谓的"自由开放的印度—太平洋"战略[1]；借助中国台湾、香港等问题干涉中国内政，以及在国际层面加强对华意识形态攻击和舆论战等。拜登政府自2021年执政以来，仍然称中国为"最严峻的竞争对手"[2]，在

---

[1] W. Jisi, "Assessing the radical transformation of U. S. policy toward China," *China International Strategy Review*, Volume 1, pp. 195-204（2019），https://doi.org/10.1007/s42533-019-00029-4.

[2] 《拜登称中国是最严峻竞争对手 中方回应》，2021年2月5日，中国新闻网（https://www.chinanews.com/gn/2021/02-05/9405674.shtml）。

对华政策上还没有提出战略性变化，而仅是在手段和方式上进行了调整，更加强调依据国际规则和借助盟友力量构筑对华"统一战线"。尽管和美国构成了基于意识形态和价值观的联盟，但欧洲国家在对华政策上并没有与美国保持完全一致。欧盟委员会在2019年对中国的多重定位（合作和谈判伙伴、经济竞争者、体制对手），体现出中欧之间存在着"深度合作与有时公开竞争同时并存的全面关系"[①]。中欧在促进经济发展、坚持多边主义和联合国体系、推动全球治理等方面拥有广泛的共同利益。欧洲国家出于自身利益，也表示了不愿意在中美之间"选边站"的态度。这意味着欧盟将根据具体的议题，相对独立地确定自己的立场和对华政策。在2020年9月中欧领导人会晤中，双方一致同意加强沟通协调合作，确保今后中欧之间一系列重大政治议程取得成功，深化互信，实现互利共赢，坚持维护多边主义，共同应对全球性挑战，推动中欧关系迈向更高水平。2020年底，中欧投资协定谈判如期完成，这是中欧关系发展的又一个重要里程碑。

捷克作为欧盟国家和美国的盟友，其对外政策常常被视为"大西洋主义者和主权主义者之间的战场"。在安全议题上，加深与北约的关系是捷克外交的"优先事项"。加入北约仍被视为捷克亲西方取向的关键支柱之一，甚至比加入欧盟的程度更高，后者比北约更具争议性。[②]由于美国同中国对抗并拉拢盟友建立全球反华阵线的政策，捷中合作问题常常受到美国的影响，变得越来越政治化和意识形态化。在5G建设、核电项目招标、网络安全、涉港涉台问题等方面，美国因素都将成为捷克制定政策时不得不考虑的一个重要因素。例如，捷克参议院议长维斯特奇尔的中国台湾之行受到美国领导人的赞赏，迈克·蓬佩奥在2020年8月访问捷克期间对其公开表示支持，这表明了美国在捷克对华政策上的影响。

[①] "Trust and reciprocity: the necessary ingredients for EU-China cooperation," Delegation of the European Union to China, 19/05/2020, https://eeas.europa.eu/delegations/china_en/79582/Trust%20and%20reciprocity:%20the%20necessary%20ingredients%20for%20EU-China%20cooperation.

[②] Ladislav Zemánek, "Czech Republic external relations briefing: Czech Foreign Policy as a Battlefield between Atlanticists and Sovereigntists," January 8, 2021, https://china-cee.eu/2021/01/08/czech-republic-external-relations-briefing-czech-foreign-policy-as-a-battlefield-between-atlanticists-and-sovereigntists/.

从内部来看，捷克国内政治形势变化对外交政策和中捷关系的前景也具有重要影响。2020年10月，捷克同时举行了地方和参议院选举。在地方选举中，现任总理巴比什领导的"不满公民行动"（ANO）以21.82%的得票率赢得13个选区中的10个选区，成为最大赢家。该党在全部675个席位中获得了178个席位，与4年前基本持平。海盗党（Pirati）获得了91个席位，排名第二，而该党在2016年选举中仅获得5个席位。公民民主党（ODS）、市长与独立人士党（STAN）分别获得53个和40个席位，传统左翼政党社会民主党（CSSD）仅获得4.92%的选票，共计28个席位，与4年前相比丢掉97个席位。极左翼的捷克和摩拉维亚共产党（KSCM）所获支持同样大幅下降，从2016年的86个席位降至13个。在议会参议院选举中，本来就处于弱势的中间偏左执政联盟遭受挫败。在此次改选的27个席位中，总理巴比什率领的中间派政党"不满公民行动"仅拿下一席，其执政伙伴、左翼捷克社会民主党则是把原本的10个席位全部丢光，目前"不满公民行动"和社会民主党的执政联盟在参议院仅剩8席。[1] 而此前率团赴台"访问"的参议院议长维斯特奇尔所属公民民主党等反对派在参议院的主导地位更加巩固。这也说明了维斯特奇尔的政治投机行为达到了目的。尽管参议院在捷克政治体制中的地位远不及总统、政府和众议院，捷克国内也存在取消参议院的声音，但是选举的结果有可能导致捷克政坛出现更多的反华政治挑衅行为，从而对中捷关系构成更大的挑战和破坏。

地方议会和参议院选举可能成为2021年10月众议院选举的风向标，而后者对捷克政治走向将具有更重要的影响。从目前的情况来看，现任总理领导的"不满公民行动"的支持率比较稳定。虽然过去参与政府的政党通常会在其任期内失去声望，但"不满公民行动"是一个例外。根据大量民意调查，该党的支持偏好在30%左右，没有任何大的波动。[2] 同时，左翼政党日益衰落的趋势很难扭转。无论是社会民主党还是保持马克

---

[1] 此次捷克地方选举和参议院选举的具体情况和数据来自"Výsledky voleb a referend," Czech Statistical Office, https://www.volby.cz。

[2] Ladislav Zemánek, "Czech Republic political briefing: Prospects of the National Politics in 2021," https://china-cee.eu/2021/01/14/czech-republic-political-briefing-prospects-of-the-national-politics-in-2021/.

思列宁主义特点的捷摩共，都出现了明显的支持率下滑。需要注意的是，捷克国内政治的极化趋势，使得有关与中国的合作问题，在捷克国内政治舞台上呈现出明显的两极分化。在过去的几十年里，和中国的关系问题在捷克并不被认为存在争议，反对中国的态度也居于边缘，主要为基督教民主党等右翼政党所持有。但现在情况开始发生变化，中国问题常常被置于捷克国内两极化政治辩论的中心。① 这一方面反映了中国影响力的日渐增长，另一方面也反映了外部压力对于捷克国内政治的影响。

二 中捷关系发展仍然具有较大潜力

尽管中捷关系发展面临着来自外部和内部的压力，但两国关系的发展仍然具有较大潜力。从外部来看，由于自身历史和文化的原因，捷克一贯具有较强的独立自主意识和反强权传统。2015年，捷克总统泽曼出席纪念中国人民抗日战争暨世界反法西斯战争胜利70周年大会就是一个鲜明的例证。泽曼成为当年出席"9.3"阅兵仪式的唯一一位欧盟国家元首和北约国家元首。对此，捷克前总统瓦茨拉夫·克劳斯的顾问彼得·哈耶克表示："捷克不应满足欧盟和美国的所有需求。"② 并且，泽曼还是出席2017年中国"一带一路"国际合作高峰论坛的唯一一位欧盟国家元首。从内部来看，尽管右翼政党和民粹主义政党可能占有更有利的地位，但是捷克外交仍将保持一定的稳定性。原因之一是现任总统泽曼的对华态度一贯比较友好，主张加强与中国的合作和发展两国关系。捷克的外交政策是由总统和政府共同确定的，泽曼在捷克对华政策上仍将发挥重要的影响。最重要的原因是，作为执政党必须以国家利益为出发点确定外交政策，捷克"不满公民运动"也被认为是带有民粹主义色彩的政党，不带有明显的意识形态色彩，其外交政策在执政之后已经向左翼倾斜，在中国十分关切的涉台问题上，能够坚持"一个中国"政策。归根结底，中捷两国战略伙伴关系的健康发展符合两国的共同利益。

---

① Ladislav Zemánek, "The Senate Chairman's 'Taiwan Adventure': A Negligible Episode," https://china-cee.eu/2020/11/16/czech-republic-external-relations-briefing-the-senate-chairmans-taiwan-adventure-a-negligible-episode/.

② 《捷克总统将不顾欧盟立场赴华出席二战胜利日阅兵仪式》，2015年8月5日，俄罗斯卫星通讯社，http://sputniknews.cn/politics/201508051015789318/。

从中捷双边关系来看，中捷两国在经济合作等方面拥有广泛的共同利益。随着自身国力的增长，中国对捷克的影响力不断增强。中国推动共建"一带一路"，为捷克和世界经济发展注入了新的增长动力，提供了公共产品。在面对国际范围内保护主义抬头的趋势，捷克和中国在推动多边主义和自由贸易上具有共同的利益。对于美国发起的同中国的贸易战，捷克也不愿意随美国起舞。因为对于捷克这样一个依赖出口的开放经济体来说，"保持自由贸易和世界贸易组织的权威非常重要"。"保护措施将意味着成本增加、失业增加和外国需求减少，对捷克的出口和国内生产总值产生负面影响"[1]。因此，捷克认为不仅应积极支持自由化和遵守国际贸易规则，还应使自身出口多样化，支持捷克公司开拓新市场，特别要关注包括中国在内的欧盟以外的国家，促进捷克在全球价值链中的更有利地位。在对 2019 年在杜布罗夫尼克举行的"16+1 合作"峰会和第二届"一带一路"国际合作高峰论坛期间与中国最高代表举行的会议进行评估后，捷克对华政策的主要决策者一致认为，"捷中关系具有重要性和巨大潜力，捷克共和国需要采取一致和协调的方式，这一点尤其重要，因为中国是全球参与者"。他们强调，中国有兴趣在捷克经济中增加有效投资，并需要减少双方的贸易逆差，特别是通过消除阻碍捷克产品进入中国市场的障碍。他们呼吁关注中美贸易关系紧张所带来的不确定性，并明确拒绝任何方面的保护主义措施，因为"这最终会导致保护主义措施的连锁反应，伤害每个人"。同时，捷克"期待中国在解决当今主要全球挑战方面发挥与其国际地位相称的建设性作用"[2]。

从区域和次区域层面来看，"17+1 合作"机制是中捷关系良好发展的基本框架和重要推动。自 2012 年 4 月中国—中东欧国家合作机制确立以来，中国同包括捷克在内的中东欧国家合作迅猛发展。2019 年 4 月，希腊作为正式成员国加入中国—中东欧国家合作机制，实现了合作机制的首

---

[1] "Joint Statement of the Highest Constitutional Officials of the Czech Republic on Foreign Policy," Prague Castle, 9/12/2018, https://www.hrad.cz/en/for-media/press-releases/joint-statement-of-the-highest-constitutional-officials-of-the-czech-republic-on-foreign-policy-14250.

[2] "Minutes from the Meeting of the Highest Constitutional Officials on Foreign Policy," Prague Castle, 5/22/2019, https://www.hrad.cz/en/for-media/press-releases/minutes-from-the-meeting-of-the-highest-constitutional-officials-on-foreign-policy-14806.

次扩容。目前,中国—中东欧国家领导人会晤已举行8次,并在经贸投资、农业、旅游、教育等20多个领域建立了近40个合作平台。据中国商务部统计,自2012年以来,中国与中东欧17国贸易年均增速为8%,是中国对外贸易增速的三倍以上。即使受到疫情等不确定因素的影响,中国同中东欧国家2020年贸易额仍逆势增长,首次突破千亿元人民币。① 中国—中东欧国家合作的丰硕成果,充分证明了"17+1合作"机制的生命力。在这一合作机制下,各国发挥自己的优势,引领一个领域的合作议程,也激发了中东欧国家与中国合作的"鲶鱼效应"。尽管捷克国内的反华势力时常对"17+1合作"加以批评,但捷克政府历来十分重视并积极参与这一合作平台。正如捷克学者所指出的:"其他16个中欧和东欧国家将派代表参加,所以如果捷克人根本不派代表,那就等于把捷克共和国完全排除在合作之外。"② 为消除欧盟对于中国和中东欧国家合作的疑虑,自2015年以来,中国领导人在"17+1合作"的大多数官方文件和演讲中都明确强调"考虑到欧盟层面的现有政策承诺和优先事项的重要性"。中国还邀请欧盟代表出席了中国—中东欧合作年度领导人会议和其他工作性会议。面对所谓"中国分裂欧洲"的批评,中国认为其在中东欧国家中的投资消除了后者与其他欧洲国家的经济差距,推动巴尔干国家的入欧盟进程。中国试图使欧盟相信,中国与中东欧国家的合作与中欧关系不矛盾。相反,它有利于建立一个包括欧盟、欧盟次区域、欧盟成员国在内的立体的中欧合作方式。③ 在中国的努力下,欧盟也逐渐接受和认可了"17+1合作"平台的建设性作用。德国前总理默克尔也表示:"'16+1合作'是一个有益的平台,有利于促进中东欧国家基础设施建设。""中东欧国家与中国优势互补,开展合作是对欧盟内部建设的有益补充。"④

---

① 《焦点访谈:中国—中东欧17+1为何大于18?》,2021年2月10日,央视网(http://news.cctv.com/2021/02/10/ARTIPIHmcAlxrwId9IrOuJPx210210.shtml?appid=780672)。

② "Expert:China 'very disappointed' following Zeman U-turn in support," *Radio Prague International*, 01/20/2020, https://english.radio.cz/chinas-citic-acquires-majority-stake-soukup-media-group-8102562.

③ 崔洪建:《中欧关系全面发展的立体格局正在形成》,2013年12月5日,人民网(http://theory.people.com.cn/n/2013/1205/c136457-23749942.html)。

④ 《"16+1合作"会分化欧盟吗?听听李克强和默克尔怎么说!》,2018年5月24日,中国政府网(http://www.gov.cn/guowuyuan/2018-05/24/content_5293371.htm)。

三 新冠疫情使中捷关系面临新的机遇

2020年初以来，新冠疫情在全球广泛扩散，成为世界各国共同面临的严重的公共卫生突发事件和非传统安全威胁。中国和捷克先后遭受了疫情的冲击。在疫情的影响下，中捷两国相互支持，在抗击疫情方面开展了务实合作，为两国关系发展注入了新的动力。

在中国疫情严重之时，捷克给予中国大量的支持和帮助。捷克总统米洛什·泽曼表示："捷克将同中国和中国人民站在一起，在此艰难时期尽自己所能同国际社会一道为中国提供援助。"在泽曼总统的号召下，捷克政府决定向中国捐款1000万克朗（约306万元人民币），其中500万克朗用于医疗防护设备的购买，剩余500万克朗通过世界卫生组织统一调配。此外捷克多位政要也对中国人民抗击新冠疫情表达了支持。[1]

随着捷克开始出现第一波新冠疫情，中方也同样给予捷方力所能及的支持和帮助，缓解了捷克医疗物资供应紧张的局面。2020年3月17日，王毅国务委员兼外长通过捷克外长佩特日切克，向捷克在新冠疫情中不幸罹病患者及家属致以诚挚慰问，对捷克政府和人民给予中国的宝贵援助表示感谢。王毅表示："中方愿同包括捷方在内的世界各国及时分享信息和经验，加强抗疫合作，并相互提供力所能及的帮助""推动中捷友谊在抗击疫情的过程中得到进一步升华"[2]。为帮助捷克应对疫情，中国地方政府、友好组织、在捷中资企业和侨胞积极向捷方捐赠物资。截至2020年5月5日，中国各界已向捷方捐赠60多万个口罩、7万多个呼吸面罩、2700多套防护服、800多副护目镜和1套热感摄像系统。[3] 当捷方急需将其在中国采购的防疫物资运回捷克时，中方迅速提供支持，协助搭建"空中走廊"，将大量防疫物资从中国运至捷克。

应对第一波新冠疫情所采取的严格的防疫举措，让捷克成为欧洲防疫的"模范生"。然而捷克却在2020年秋季第二波疫情来临时，陷入了

---

[1] 《捷克赞赏和支持中国抗击疫情》，《光明日报》2020年2月8日第6版。
[2] 《王毅国务委员兼外长：中捷友谊在抗疫中得到升华》，2020年3月18日，中华人民共和国驻捷克共和国大使馆，https://www.fmprc.gov.cn/ce/cecz/chn/zxdt/t1757671.htm。
[3] 《张建敏大使发表署名文章〈面对疫情，让我们同舟共济〉》，2020年5月15日，中华人民共和国驻捷克共和国大使馆，https://www.fmprc.gov.cn/ce/cecz/chn/zxdt/t1779353.htm。

"一场灾难"。美国有线新闻网也发表文章，宣称"捷克已经成为一个充满毁灭和绝望的小岛"，试图揭示像捷克这样"相对富裕的国家，有获得疫苗的机会和追踪技术，且拥有强大医疗系统、发达经济和民选政府的国家"落入如此境地的原因。第一波抗击疫情的成绩使捷克民众放松了警惕，甚至爆发了多起反对佩戴口罩的抗议活动。在民众的压力之下，捷克政府也放松了防控措施。捷克政府在9月初重新开放学校，在圣诞节前重开商店。一些学者指出，10月捷克的国内选举是政府放松防控措施的一个重要原因。因为反对派批评政府的防疫措施，认为没有理由在病例较低的情况下佩戴口罩，而政府没有顶住这种压力。再者，捷克政府对导致欧洲国家第二波疫情的新冠病毒变种没有给予重视，未能及时对足够的样本进行测序，以确定新菌株的传播范围和应采取的防护措施。同时，政府为了经济增长而拒绝关闭工厂。① 这一切都导致捷克疫情变得愈发严重。政府宣布自2021年2月27日起进入新的国家紧急状态。同时，自3月1日起执行更加严格的防疫限制措施，主要包括限制人员自由流动、关闭所有学校和幼儿园、延长感染和密切接触人员的隔离期限、公共场所强制佩戴口罩等。

新冠疫情使捷克遭受了沉重的打击。截至2021年3月初，捷克累计确诊病例超过120万例，并且还在迅速增加。② 据捷通社2021年3月1日的报道，捷克每百万人口感染新冠病毒病例数排名欧盟第一、世界第三。每百万人口中因新冠病毒感染而死亡人数排名欧盟第二，世界第三。③ 疫情给捷克经济带来了严重的负面影响。据捷克统计局发布的初始数据，2020年捷克GDP同比下降5.6%，是自1993年捷克共和国成立以来经济衰退最严重的一年，此前6年的捷克经济一直保持着增长。而经济下滑的主要原因是零售、服务及交通运输业受疫情影响而受损严重。此外，家庭消费减少及上半年外国需求下降等因素也是影响全年经

---

① "How the Czech Republic slipped into a Covid disaster, one misstep at a time," CNN, https://edition.cnn.com/2021/02/28/europe/czech-republic-coronavirus-disaster-intl/index.html.

② COVID‐19: Přehled aktuální situace v ČR, Ministerstvo zdravotnictví ČR, https://onemocneni-aktualne.mzcr.cz/covid-19, visited on March 1, 2021.

③ 中华人民共和国驻捷克共和国大使馆经济商务处:《捷克进一步收紧防疫措施》，2021年3月2日，中华人民共和国商务部网站（http://www.mofcom.gov.cn/article/i/jyjl/m/202103/20210303042079.shtml）。

济指标的关键因素。① 欧盟委员会在 2020 年秋季宏观经济预测中估计，在疫情的影响下，捷克国内生产总值到 2022 年底才能恢复到 2019 年的水平。实际国内生产总值预计在 2021 年增长 3%，2022 年增长 4.5%。然而这将取决于疫情的演变情况、政府支持经济措施的有效性以及全球需求反弹的速度。② 2021 年 3 月 3 日，捷克总统新闻发言人伊日·奥夫恰切克在社交媒体上称，应捷克总理巴比什的要求，总统泽曼已请求中国提供国药集团新冠病毒疫苗。而根据捷克驻华大使馆的报告，中方立刻答应了捷克方面的请求。③ 此前在中国—中东欧领导人会晤上，捷克总统泽曼还将中国称为"真正的朋友"。抗疫合作已经成为中捷关系重回健康发展轨道的一个重要契机。

然而，新冠疫情危机在捷克国内政党政治的背景下，难免被炒作成为一个政治化的议题。中国也因为疫情原因而被置于捷克"日益分化的国内争论中的首要和中心位置"④，成为捷克国内政治斗争的工具。一些反华势力在疫情问题上歪曲事实，制造攻击中国的新话题，质疑中捷两国抗疫合作的必要性。对此捷克总统办公室主任弗拉蒂斯拉夫·迈纳尔（Vratislav Mynář）曾说："我们（前往中国）是为了解决与中国的关系。你永远不知道什么时候与如此庞大和强大的国家的关系会派上用场。"⑤ 这反映出中捷关系中一个不争的事实，即随着中国的不断崛起，中国必将在全球治理上发挥越来越重要的作用。在应对一系列全球问题上，中国也将发挥更加强大的影响力。此次疫情再次证明，应对全

---

① 《2020 年捷克 GDP 下降 5.6%》，2021 年 2 月 2 日，中华人民共和国驻捷克共和国大使馆经济商务处，http://cz.mofcom.gov.cn/article/jmxw/202102/20210203036370.shtml.

② European Commission, *European Economic Forecast. Autumn* 2020, p. 126. https://ec.europa.eu/info/business-economy-euro/economic-performance-and-forecasts/economic-forecasts/autumn-2020-economic-forecast_en.

③ 《捷克称中方决定提供新冠疫苗 此前捷克总统亲自提请求》，2021 年 3 月 4 日，光明网（https://m.gmw.cn/baijia/2021-03/04/1302147280.html）。

④ Rudolf Fürst, "Czechia: Covid-19 puts China at centre of increasingly divisive national debate," in Covid-19 and Europe-China Relations: A country-level analysis, European Think-tank Network on China (ETNC) Special Report, 29 April 2020, https://www.ifri.org/sites/default/files/atoms/files/etnc_special_report_covid-19_china_europe_2020.pdf.

⑤ Association for International Affairs, Agenda for Czech Foreign Policy 2020, p. 80, Prague 2020, https://www.amo.cz/wp-content/uploads/2020/09/agenda2020_ENG.pdf.

球问题需要秉持中国提倡的构建人类命运共同体的理念,推动全球合作共同行动。欧盟也认为,应对新冠疫情危机需要在所有方面采取多边对策,比如限制病毒的传播,加强对治疗和疫苗的研究,解决疫情对发展中国家的影响并致力于经济复苏等。而在所有这些方面,无论欧盟还是捷克,都有赖于中国"根据其全球影响力和责任发挥其应有的作用"[①]。中捷两国加强合作符合双方利益,这也是中捷战略伙伴关系发展的一个重要推动力。

[①] "Trust and reciprocity: the necessary ingredients for EU-China cooperation," Delegation of the European Union to China, 19/05/2020, https://eeas.europa.eu/delegations/china_en/79582/Trust%20and%20reciprocity:%20the%20necessary%20ingredients%20for%20EU-China%20cooperation.

第二章 捷克智库和媒体对华态度

从传统意义上讲，智库和媒体属于"知识精英"汇集的行业，智库和媒体对于一国的社会舆论、民众观念、政府政策具有很强的引导力和影响力。捷克作为中东欧地区的重要国家，近年来与中国在各领域的合作不断发展，在这种背景下捷克智库和媒体对华研究、报道的特点、态度值得我们深入研究和探讨，分析其相关态度、特点对于了解捷克知识界、媒体界对华观点，为中捷关系发展提供更好的建议将有着积极和重要的意义。

第一节 中国—中东欧合作及"一带一路"建设背景下的捷克智库对华研究

捷克智库的水平和影响力在中东欧地区表现得较高，智库机构参与政府决策以及引导社会舆论的影响力也体现得较强。从捷克智库近年来对捷中双边关系、中国—中东欧国家合作、"一带一路"倡议看法和观点的分析出发，可以了解捷克智库在涉华研究中的重点领域、议题及相关评价和态度，最后总结得出捷克智库涉华研究的特点。

一 中国—中东欧国家合作机制建立前捷克智库对华关系评价

在中国—中东欧国家合作机制建立之前，中国与包括捷克在内的广大中东欧国家实际上经历了一个相互"漠视"的时期。一方面是因为捷克自1989年进行政治、经济、社会转型后全面倒向西方，在一些政治和人权问题上经常对华做出不友好的行动，发出不和谐的声音。20世纪90年代以后捷克的各界精英、媒体以及部分公众都参与到对中国的批评中来。① 另一方面是因为中捷之间的经贸、投资、人文交流合作有限，中国更注重同西欧大国的务实合作，捷克等中东欧国家在中国对欧外交层面上的重要性相对较低。在这样的背景下，捷克智库关于对华关系的讨论并不热烈，对于中捷关系发展前景也持不同的态度，既有很多负面观点，又认为捷克应该发展稳定的对华关系。这一时期捷克智库的代表性观点主要有：

第一，发展对华关系并不是捷克亚洲外交政策中的优先事项。捷克布拉格国际关系研究所中国问题专家鲁道夫·福斯特（Rudolf Fürst）在2008年发布的研究报告中指出，中国不能也不应成为捷克在亚洲实现其政治和经济目标的重点，捷克与中国之间特殊关系的构想尚未提出，也没有充分的理由改变捷克在亚洲的中立和不干涉政策。② 他认为，虽然中国经济实力飞速增长且国际影响力也与日俱增，但是相比于其他亚洲经济大国，中国对捷克的经济贡献并不明显。同时该报告指出，捷克改善对华关系的基础还不稳固，发展对华关系将是一项渐进式的长期任务，其原因主要有：2007年德国与中国关系急剧降温的例子表明一个大国与中国关系发展的不确定性；在欧洲国家中，捷克较多地对华发出不友好的声音；捷克自身的国内政治局势也没有为与中国建立更密切的政治接触提供机会；捷克是一个小国，对中国的战略思想不是很重要；捷克单方面也想维持捷克与民主亚洲国家的关系、与美国之间的关系。

第二，部分捷克智库认为，从当时中国的经济、军事实力、文化等方面进行综合考虑中国并不能算是一个超级大国（Supper Power），捷克发展对华关系面临着不确定风险。美国知名中国问题专家沈大伟在受捷克国际事务协会（Asociace pro mezinárodní otázky）之邀访问捷克时说道，中国政府在与邻国，尤其是与美国的交往中过于被动和虚弱，同时中国缺乏质量和创新。当时的领导层稍微缺乏自信和竞争力。中国未来的国际影响力和外交政策难以预料，也是捷克考虑对华政策的因素。捷克智库认为，未

---

① 刘作奎、鞠维伟等：《中国与捷克的战略伙伴关系：现状、前景、问题及对策》，中国社会科学出版社2016年版，第35页。

② Rudolf Fürst, "Má Být Čína Prioritou České Zahraniční Politiky V Asii？Ne," března 2008, https://www.dokumenty-iir.cz/PolicyPapers/pp_cina_priorita_2008.pdf.

来中国将发挥何种国际影响力以及外交政策的"不确定"性会导致捷克对华关系的不稳定性和模糊性。对中国全球影响力性质的怀疑在一定程度上可以归因于西方主导的话语结构对中国政府及其治理体系的偏见，而不是中国的行为本身。

第三，对中国海外投资活动，捷克智库的态度较为负面，认为中国海外投资背后有地缘战略和经济渗透的目标。当时中国对非洲的投资活动成为捷克甚至欧洲政治经济学话题中的一个突出问题。捷克部分智库指责中国使用"发展援助"作为其利用外国直接投资和经济利益渗透非洲的口号①，中国对捷克的投资将来也可能采用这种方式。还有捷克智库指出必须谨慎考虑与中国的投资合作。如果捷克对中国的投资、公司的运行以及某些战略部门的控制全面开放，捷克可能将面临倒退的风险，并再次依赖于另一个国家（中国）。② 捷克需要给中国和其他国家提供机会，但是最好以合作伙伴的身份，中国不应该成为捷克重要的投资伙伴。

第四，也有捷克智库认为"良性的对华关系也带来了机遇"，捷克应当适当积极谋求发展对华关系。有捷克智库指出，中国给捷克和世界带来的利益和好处实际上是多于不利影响的。美国和欧洲都指责中国有倾销、不公平的贸易行为（固定汇率）以及不遵守专利法的行为。但是，对世界经济构成威胁的不是中国，而是美国。③ 中国虽然在寻找非洲的自然资源，但是不同于美国打着促进人权与民主的旗号而实质上是获取非洲资源的做法。中国与非洲进行的是无条件贸易，切实促进了非洲经济发展。中国不仅通过在国外开采能源来帮助自己增加供应，而且对全球产业链、供应链做出了贡献，并且积极参与解决全球金融危机。④ 如果捷克与华开展良好的合作，这些客观的效益也都是中国能够带给捷克的。

---

① David Shambaugh, akce "China Goes Global: The Partial Power," http://www.amo.cz/akce/china-goes-global-the-partial-power/.

② Thiago de Aragão, "The Chinese Invasion in Latin America," června 2009, http://www.amo.cz/en/the-chinese-invasion-in-latin-america-2/.

③ LiberáLní Institut, "USA větším rizikem než Čína," květina, 2006, https://libinst.cz/usa-vetsim-rizikem-nez-cina/.

④ Ivana Karúsková, "Recenze na publikaci: David Shambaugh: China Goes Global: The Partial Power," srpna, 2013, http://www.amo.cz/cs/alyas/david-shambaugh-china-goes-global-the-partial-power/.

二 "中国—中东欧国家合作"及"一带一路"倡议提出后,捷克智库对华关系评价及态度

随着2012年"中国—中东欧国家合作"(当时简称"16+1合作")的建立,同中东欧国家的合作进入了新时期。2013年"一带一路"倡议提出后,得到了中东欧国家的积极回应,它们纷纷与中国签署了"一带一路"合作备忘录。捷克在参与上述合作上的积极性较高,在智库层面对中国在捷克外交方面的重要性也越加重视。

首先,捷克智库对于发展对华关系态度积极。有捷克智库认为,正如2014年中国与捷克建交65周年之际捷克总理索博特卡所说,中国是捷克的外交"优先"。捷克与中国的关系正在经历重大的突破并面临着繁荣发展,尽管到目前为止,与欧洲其他国家相比,捷克共和国与中国的合作并不突出,并且最初看来波兰(中国在中欧最大的市场)或匈牙利(中国在东欧的传统合作伙伴)具有与中国发展关系的更好条件,但捷克正在迅速追赶并努力通过"一带一路"倡议建立属于自己的关键合作领域。鉴于捷中两国关系仍处在确定一个共同的方向阶段,而且"一带一路"倡议也处在不断完善和发展过程中,因此捷中两国相互合作的前景是光明的。捷克智库认为,中国在古代的辉煌中寻求连续和继承具有明确且重大的意义。①

其次,捷克智库对于参与"16+1合作"及"一带一路"建设,也存在着积极和消极两种态度。部分捷克智库对于发展对华关系持消极态度,显示出危机感和焦虑情绪。捷克智库的负面观点主要有:第一,有捷克智库认为,捷克推进与中国的合作只会给中方带来更多好处,从长远来看对捷克不利,担心持续发展的对华关系会对本国政治利益产生损害。2016年捷克决定改变对华政策,而做出这一决定是基于金融集团的利益以及捷克总统泽曼和中国领导人的关系。虽然当时中国承诺在捷克的公共基础设施上投资数百亿美元,但中国的投资会对捷克的政治层面造成影响。根据中国的政治影响力,捷克安全机构自然而然地将中国视为威胁。② 第二,

---

① Nová hedvábná stezka Zemana fascinuje, Čínu posiluje 17. Května, 2017, https://www.denik.cz/ze_sveta/nova-hedvabna-stezka-mnoho-povyku-pro-nic-20170517.html.

② Vaclav Kopecky, Vaclav Lidl, Alice Rezkova, Michal Vodrázka, "Nová Hedvabna cesta: vyzvy a přilezitosti," března 2016, http://www.amo.cz/wp-content/uploads/2016/03/amocz_RP_1_2016_web1.pdf.

对华合作带来的经济利益有限。有观点认为，即使中国对捷克的投资有所增加，但是单靠"中国—中东欧国家合作"并不能给捷克带来预期的经济效果，尤其是在贸易方面。捷克大部分政治机构认为采取服从态度对于捷克来说是危险的。还有智库认为中国与捷克的合作分为三个方面：经济、政治与社会、人文交流，其中经济是捷克智库看重的比例最大的方面。但是捷克以及其他中东欧国家与中国的经济合作都令人失望，中国的对外投资中只有3%流向中东欧国家，这个数字甚至还在减少。而中国却希望成为该地区主要的经济发展参与者，所以存在对中国经济合作目的和中国是否会遵守承诺的质疑。政治合作在捷克看来也非常重要，中国直接组织了带有"政治色彩"的多边会议，但这些会议给人的感觉是不透明的。[1] 第三，捷克同中国的合作具有不对等性，在中国—中东欧国家合作平台上中国将获得更有利的地位。有捷克智库认为捷克对中国的态度有些过于特殊，从"敌对"的极端转向"讨好"的极端。在短短几年内双方高层互访频繁，投资额几乎是从零增长到数十亿欧元。[2] 在中国习近平主席访问捷克期间，捷克媒体一直在宣传"中国收购捷克共和国""中国公司向捷克共和国注资数十亿美元"等观点。在中国—中东欧国家合作这种多边框架下各方关系是不对称的，这只会更加有利于中国成为一个单一参与者。此外也有捷克智库指出，捷克战略的重点应放在软实力上，即捷克在与中国合作中的利益在区域上的多元化，更加注重教育、人际交流的创造和发展、展开文化外交、鼓励品牌和非政府组织活动。捷克也应当向远东的其他国家证明捷克的优势是文化吸引力，捷克有必要将文化政策确定为明确策略，并突出其品牌优势。[3]

最后，捷克智库从有利于捷克经济发展的角度积极评价发展对华务实

---

[1] Andrej Matišák, Expert：Čína pomoc v koronakríze zneužíva, ale nereagujme prehnane, dubna 2020, https：//spravy.pravda.sk/svet/clanok/548610 - expert-cina-pomoc-v - koronakrize-zneuziva-ale-nereagujme-prehnane/？fbclid = IwAR3AtN7szdy-t1nSZjIOn_ 2kKLBstQKRXUIrwCRfmuz2CP54utaQNtzNrhY.

[2] Alice Rezková，Visegrad：Chinese investments in Czech Republic—a new gateway to Europe or just a shopping spree？，May 31，2016，https：//www.intellinews.com/visegrad-chinese-investments-in-czech-republic-a-new-gateway-to-europe-or-just-a-shopping-spree-98703/？source = blogs.

[3] Rudolf Fürst，"Ma mit Ceska republika dlouhodobou strategii ve vztazich s Čínou？，" listopad 2013，https：//www.dokumenty-iir.cz/PolicyPapers/PP_ Furst.pdf.

合作。第一，部分智库认为捷克可以成为中国进入中东欧地区的门户和枢纽。捷克国际关系学会（AMO）2016年初发布的报告称，中国关注政治和经济务实合作，而不是虚假宣传和媒体攻势，捷克对华关系会按照稳定的势头发展，捷克可以成为中国通往中欧地区的门户，双方在物流、基础设施建设、航空航天、智能城市的建设与开发、能源、汽车产业、服务业、生态环境及可持续发展等领域有很好的合作前景。[1] 众多中国企业在捷克金融部门、基础设施等领域签署了大量投资协议，捷克应该致力成为中国通向中欧的枢纽和市场，捷克不应在"16+1合作"中与欧洲其他国家的竞争中示弱。[2] 第二，捷克智库认为不仅在经贸投资领域，而且在其他领域捷克都应该更加主动。这些领域主要有：加快捷中签证政策的修订；捷克应加强对非政府组织的支持，强调非政府组织在生态环境、医疗保健、法律咨询以及文化活动中的重要作用；加快中捷两国空中航班的开设；平衡旅游业的利润，使包括捷克在内的中欧国家的旅游业获得更多利润分配。第三，捷克智库认为捷克总统个人对华态度是中捷关系迅速发展的重要原因。有智库指出，发展对外关系应该是捷克政府的职责，但自米洛什·泽曼当选总统以来其对华友好的态度十分明显，泽曼尊重坚持"一个中国"的原则，在涉及中国西藏、台湾问题上坚持不干涉中国内政原则；泽曼多次访问中国，多次受邀参加中国主办的大型国际活动，并与习近平主席多次会谈。总之，泽曼作为捷克总统在塑造两国关系上所起到的作用十分明显。

也有捷克智库提出了以下加强中捷两国关系的建议：[3]

（1）加快捷中签证政策的修订。

（2）捷克应该坚持对非政府组织活动的支持，减轻对中国民间组织

---

[1] Vaclav Kopecky, Vaclav Lidl, Alice Rezkova, Michal Vodrázka, "Nova Hedvabna cesta: vyzvy a přilezitosti," března 2016, http://www.amo.cz/wp-content/uploads/2016/03/amocz_RP_1_2016_web1.pdf.

[2] Filip Klazar, "Čínska investicni a rozvojova politika," prosince 2016, https://www.evropskehodnoty.cz/wp-content/uploads/2017/01/Č%C3%ADnská-investičn%C3%AD-a-rozvojová-politika.pdf.

[3] Rudolf Furst, "The Regional Format 16+1: Early Rusting, Still Alive and Expanding into 17+1," May 28, 2019, https://www.dokumenty-iir.cz/Publikace/PB/2019/Policy%20brief_Fürst_June_2019.pdf.

活动的政治化,强调非政府组织的参与,以使合作方,即中国,相信这种合作在生态、医疗保健、古迹保护修复、法律咨询、社会政策等领域具有一定的适当性。在这个基础上制订长期的合作计划。

(3)加快中捷两国空中直航建设,但是有必要平衡旅游业获得利润来源的比例,不应被中国旅行社剥夺收入,在中欧也需获得旅游业的优先地位。

捷克布拉格国际关系研究所中国问题专家鲁道夫·福斯特在对当前的中捷关系进行分析之后提出了自己的见解:捷克现在退出"17+1合作"机制对于其他成员国和本国来说绝对不是一个好主意,因为捷克与中国进行积极的商业对话仍可获得额外的好处,并且这种好处超过了捷克与小国进行商业对话和合作。捷克应该持有连贯和透明的立场,通过"17+1合作"机制促进捷克优先事项的发展,同时继续支持欧盟在全球和地区政治问题上与捷克的共同政策。①

而捷克总统米洛什·泽曼(Miloš Zeman)的上任意味着捷克对华关系的进一步发展和突破。不断推进捷克对华关系是捷克政府的责任和义务,中捷两国曾在2016年共同浇灌"友谊之树"②,泽曼总统一向尊重坚持"一个中国"的原则,支持不干涉中国内政。中国西藏"精神领袖"在捷克前总统瓦茨拉夫·哈维尔(Václav Havel)任期受到的正式欢迎已经一去不复返了。2016年10月18日,达赖喇嘛访问团队被捷克泽曼总统和政府从布拉格城堡附近驱逐出境,捷克政府还拒绝达赖喇嘛发表演讲的请求,证明了捷克共和国对中华人民共和国的政策已经发生了重大变化。泽曼总统在接受中国国家电视台采访时说,在现任政府的领导下,捷克共和国终于可以再次成为独立的外交政策参与者,因为捷克共和国不会在欧盟和美国的压力下退缩,捷克与中国的关系"重启"了。③ 而2016年3月习近平对捷克共和国的国事访问无疑引起了人们对捷克对华关系以

---

① Rudolf Furst, "The Regional Format 16+1: Early Rusting, Still Alive and Expanding into 17+1," May 28, 2019, https://www.dokumenty-iir.cz/Publikace/PB/2019/Policy%20brief_Fürst_June_2019.pdf.

② 《习近平做客捷克总统乡间官邸 共浇友谊之树》,新华网,2016年3月29日,http://www.mnw.cn/news/world/1136839.html。

③ 《泽曼连任捷克总统:草根代表对华友好》,新华社,https://baijiahao.baidu.com/s?id=1590917826671674261&wfr=spider&for=pc。

及两国关系的广泛关注，并将塑造两国合作关系。

三 中美竞争背景下捷克智库对华关系及对中美关系的观点

近两年来，捷克智库对于中捷务实合作的效果及前景较为谨慎，甚至愈加质疑"17+1合作"对捷克产生了负面影响。与此同时，随着中美关系的日益紧张，特别是美国贸易保护主义政策以及特朗普政府对中国的态度和评价方式的变化，欧洲和中国的关系以及捷克与中国的关系正在往新的方向发展。对此捷克智库有着自己的观点。

（一）捷克智库界反华声音日益明显

部分捷克智库对于中捷关系的评论已经不再是质疑和建设性批评，而是呈现出"反华式"的攻击和指责。中国的影响力在捷克受到了负面评价，其中关于"捷克—中国贸易关系"的历史渊源不够深的观点具有代表性。捷克总统泽曼公开反对这一观点，并认为贸易是促进中捷经济关系的有效工具。汉学家马丁·哈拉（Martin Hála）和国会议员扬·利帕夫斯基（Jan Lipavský）都反对泽曼总统关于对华贸易具有非政治性质的观点，他们都认为中国企业在捷克的投资政策不妥；中国企业存在不正当行为，例如有剽窃专利技术等嫌疑，这些都引起了捷克人民的不满；引用美国企业的分析报告称，中国未能实现对捷克共和国承诺的数百亿克朗投资额。因此，马丁·哈拉认为，中捷经贸投资水平实际上并没有提高，而只是中国提升了在捷克共和国的政治影响力。中国正在争取世界统治地位，随着与中国合作国家贸易关系的发展，中国对这些国家的政治影响力也以同样的速度提高。① 基于对中捷经贸关系的不信任，部分捷克智库认为问题仍然在于捷克能从与中国的贸易中获得什么实质性的好处。继美国总统特朗普公开宣布中国为其竞争国之后，捷克共和国就成为支持中国的西方国家据点之一，捷克应利用这一优势并与中国就更透明的合约条款进行谈判。②

---

① Martin Hála, Forōm: Čínský vliv v ČR. Může být zvyšování čínských aktivit ohrožením pro naši zemi?, října 2018, https://www.politikaspolecnost.cz/reports/cinsky-vliv-v-cr-muze-byt-zvysovani-cinskych-aktivit-ohrozenim-pro-nasi-zemi-2/.

② Martin Hála, Forōm: Čínský vliv v ČR. Může být zvyšování čínských aktivit ohrožením pro naši zemi?, října 2018, https://www.politikaspolecnost.cz/reports/cinsky-vliv-v-cr-muze-byt-zvysovani-cinskych-aktivit-ohrozenim-pro-nasi-zemi-2/.

2020年8月30日—9月5日,捷克参议院议长米洛什·维斯特拉奇（Miloš Vystrčil）带领89人代表团窜访中国台湾,公然挑衅"一个中国"政策。这其中就有捷克反华势力企图利用中国台湾问题掀起反华浪潮,打击执政党和亲华派,同时也能看到美国在其中的恶意引导。8月上旬,美国国务卿访捷期间,曾希望捷克政府在5G技术、能源项目等领域将中国企业排除出去,捷克政府对此表态谨慎,没有明显站队美国。蓬佩奥访捷自认为的一个"亮点"就是在参议院发表反华演讲,并给维斯特拉奇访台打气。在学术智库层面,捷克科学院副院长参加了窜访团,捷克国际关系学会（AMO）借窜访事件在媒体上兴风作浪,该学会多位成员接受中国台湾媒体的采访,发布支持言论,在推特上引起包括捷克在内的多个中东欧国家智库学者的关注。

在智库层面,美国通过基金资助的方式扶持捷克智库机构加大对中国在捷克"负面影响"的研究,并公开发布对"17+1合作"污名化的研究报告。典型的例子是在美国民主基金会（NED）的资助下,捷克国际关系学会牵头联络中东欧国家研究对华关系的智库学者,撰写发布了多部研究报告,不断批评中国在捷克以及其他中东欧国家的活动,诸如在外交方面,中国力图通过多边主义平台来推进与中东欧国家的双边关系,事实是中国并没有在中东欧地区普及这种外交合作概念。欧盟对中国利用"17+1合作"平台分裂欧洲的怀疑和顾虑仍没有打消,在中美对抗的关系背景下,很多中东欧国家在中美之间逐渐靠近美国。在经济方面,中国对中东欧国家的经济影响依然很小,从贸易和投资上看,中国在中东欧地区所占的份额仍旧比较小,中国与中东欧国家贸易逆差问题仍没有得到很好解决,逆差数额连年增长。①

除了上述赤裸裸的攻击和指责外,也有捷克智库从建设性的角度提出了中捷关系未来发展的路径。在捷克和中国的经济关系中,尽管双方规模悬殊,但两国之间贸易伙伴关系平等的必要性不容小觑。捷克共和国是维谢格拉德集团中向中国出口最多的国家,许多捷克公司已经在中国成功运营,但同时外国公司在中国难以开展业务的难题也困扰着捷克,如2010

---

① Ivana Karásková ed., Empty shell no more: China's growing footprint in Central and Eastern Europe, https://chinaobservers.eu/wp-content/uploads/2020/04/CHOICE_Empty-shell-no-more.pdf.

年谷歌公司退出中国市场，因为谷歌公司处在"中美棋盘"上。欧洲国家看到了开放的中国投资空间以及对西方国家商品开放的中国市场，中国正逐步实现国与国之间的贸易平衡。捷克共和国也正在寻求从与中国的贸易和投资中受益，捷克政治代表应着重与中国达成共识，避免两国在贸易问题上出现分歧。此外，"17+1合作"从文化和经济领域对两国关系产生了积极影响，应该就捷中关系的互利达成共识，并希望进一步合作。但是为了抵消中国在捷克或者其他欧洲国家的负面影响，捷克各个州和欧盟都需要对此加强监管，制定适用于每个国家的战略和与中国商定谈判准则，提高与中国接触的透明度，加强对政治和商业领域参与的监督以及加大对中国新闻和学术分析的投资，以便在公众中更好地传播有关中国形象。①

（二）捷克智库对中美关系的看法较为中立

在看待中美关系上，捷克智库持中立态度，不偏袒任何一方。2020年5月初，捷克总理安德烈·巴比什（Andrej Babiš）与美国国务卿迈克·蓬佩奥（Mike Pompe）签署了有关新一代5G网络安全的宣言，而该宣言激起了中国政府的强烈反应。部分捷克智库从自身利益的视角出发对此表示不解，而其他智库则表示这是对中国的一种挑衅，由此可见，捷克智库不想看到本国在一些对华敏感问题上与美国"捆绑"在一起，从而有损本国利益。

捷克智库认为，奥巴马总统执政期间美国对华政策主要以经济合作为基础，具有长期稳定性。其一，鉴于两国经济上的相互联系，美国比以往任何时候都需要中国继续购买其债券，然而，对于中国来说，关键是美国市场，随着购买力的减弱，中国经济增长率正在迅速下降。其二，在安全事务方面，美国正面临着严峻挑战。中国在与朝鲜的六方会谈中发挥着关键作用，并且成为关于伊朗核计划谈判的决定性力量。其三，关于气候变化问题，两国专家颁布所谓的减少气候变化合作路线图标志着两国合作的开始。②

---

① Vztahy s Čínou ve světle China Investment Forum 2018, října, 2018, https：//www. politikaspolecnost. cz/reports/vztahy-s-cinou-ve-svetle-china-investment-forum-2018.

② Václav Kopecký, "Změna v americko-čínských vztazích？," března 2009, http：//www. amo. cz/zmena-v-americko-cinskych-vztazich/.

但是特朗普执政期间提出了"美国优先"的口号，要求其亚洲、欧洲的合作伙伴都必须专注于美国市场，并在美国进行投资以改善当前贸易失衡这一事实。这受到捷克智库的广泛质疑。在对华政策上，美国政府实施的是带有挑衅性的战略，特朗普试图让日益强大的中国和美国达成多边贸易协定。[①] 也有捷克智库认为中美之间的紧张关系升温，是美国当局不断加强对华贸易制裁所导致的。中国在同美国的竞争、冲突中所具有的外交优势则在于能够获得合作国或者合作方的信任，以及对时机的掌握和诱人的发展前景。[②] 同时，捷克智库认为中国的目标是成为高科技产业的世界经济领导者，因此，中美之间的经贸冲突很可能会以发展高科技为重心。中国使用的方法已经多次证明不仅在贸易谈判中而且在国际政治谈判中都是成功的。

四　捷克智库对中国抗疫政策及国际抗疫援助的态度和观点

2020年新型冠状病毒给全世界带来了巨大的创伤，中国的抗疫政策取得了巨大成功，有效控制了新冠病毒的传播。不仅如此，中国还向世界各国伸出了援助之手，携手全球，共同抗疫。应对新冠病毒流行已成为对中国全球形象的重要考验。总体来看，捷克智库对中国抗疫政策以及国际抗疫援助的行为方式持积极和消极两种态度。

（一）对中国抗疫政策以及国际抗疫援助的消极评价

有的捷克智库紧跟西方反华舆论，攻击中国抗疫方式，质疑中国疫情不公开、不透明。例如捷克的欧洲价值观智库（Evropské hodnoty）的报告指责说，中国政府压制并警告上报该流行病的医生，向世界卫生组织隐瞒了该病毒的真实影响范围，因此对该病毒在最初传播的关键几周中采取的反应措施出现了延迟，这使国际社会无法为即将到来的流行病做好充分的准备，并提出中国政府应对疫情造成的国际损失承担责任。同时该报告牵强附会地认为捷克政府对新冠病毒大流行的总体反应符合中国的地缘政治利益。捷克政府至少在如下三种情况下成为提高中国国际影响力行动的伙

---

① Alice Rezková, "Trump v Asii: dlouhá cesta, výsledky mlhavé," října 2017, https://www.iir.cz/article/trump-v-asii-dlouha-cesta-vysledky-mlhave.

② Václav Kopecký, "Čínská diplomatická ofenziva", března 2009, http://www.amo.cz/cinska-diplomaticka-ofenziva/.

伴：一是捷克政府宁愿以牺牲捷克人民的需求来帮助中国度过疫情初期的物资匮乏，捷克总理安德烈·巴比什（Andrej Babiš）刚开始时拒绝向中国提供医疗用品援助，但然后改变了决定，于3月1日派专机向中国运送医疗物资。二是总理和内政部长公开重申了"中国解决了危机"的主张，掩盖了新冠病毒早已在国际范围内传播的事实。三是捷克政府对保护性医疗器械的有偿供应表示欢迎，由此中国在捷克购买了医疗物资。①

捷克国际关系学会成员撰文指出，中国国际抗疫援助是为了自身利益，并且中国利用抗疫以某种方式表明"17+1合作"具有非凡的意义。在中国，尽管疫情已经控制得当，但仍需要进一步压制对中国抗疫做出负面评价的"独立声音"。大量的"正能量"被注入中国民众心中，从而限制了负面新闻的传播和可见性。中国在全球舞台上也进行了类似的宣传，从一开始就利用其在世界卫生组织中的地位来促成有关中国抗疫政策的全球讨论。同时利用各种宣传手段，包括使用党媒、官媒和社交媒体来编造故事并影响世界对中国抗击新冠疫情的认识。② 捷克智库不理解中国在国际抗疫中所采取的宣传模式，例如2020年3月13日在"17+1合作"机制下举行的中国与中东欧国家医疗部门视频会议，中方强调中国愿意以"开放、透明和高度负责任的态度"分享疫情信息，中国愿意为"人类命运共同体"的建设提供支持。这在捷克智库看来是在宣传、推行中国的"地缘政治"概念。

关于"口罩外交"的质疑也在捷克智库中广泛存在。捷克智库认为中国疫情期间的"口罩外交"在一定程度上也是一种政治地缘工具。捷克对口罩的需求如此之大，以至于捷克不可能在本国或欧洲公司那里购买口罩，能够满足口罩大供应量的国家也只有中国，因此捷克对中国口罩的供应有一定的依赖性。此次疫情反映了捷克过于依靠中国供应链的后果，捷克企业可以自行生产防疫物资，或者依靠欧盟的供应商，以此平衡中国

---

① Evropské Hodnoty, "Čínský vlivový tunel：Role komunistické Číny v české reakci na pandemii koronaviru," https：//www.evropskehodnoty.cz/wp-content/uploads/2020/07/Č%C3%ADnský_ vlivový_ tunel_ Role_ komunistické_ Č%C3%ADny_ v_ české_ reakci_ na_ pandemii_ koronaviru.pdf.

② Filip Šebok, "Inside of China's Global Propaganda Campaign on COVID-19," March 16, 2020 https：//chinaobservers.eu/inside-of-chinas-global-propaganda-campaign-on-covid-19/.

的影响。① 有捷克智库强调中国并没有以任何方式帮助捷克，而只是向捷克出售了口罩等物资，但中国正在将这种援助所带来的效果用于政治目的，试图将注意力从传播病毒的责任转移到全球，力图改善中国自身的形象，将中国定位为欧洲的救世主。国际事务协会的伊凡娜·卡拉斯科娃（Ivana Karásková）评论说，中国正在试图说服世界，营造自己是受害者的假象，并且中国领导人对疫情所迅速采取的措施为世界赢得了时间，并使世界为新冠病毒大流行做好了准备。② 中国试图通过操纵国内新闻，并强调中国是凭借"团结统一"而不是西方国家所夸大的"无能"来说服自己的人民的。

（二）对中国抗疫政策以及国际抗疫援助的积极评价

捷克智库也有认可中国抗疫成效的声音。例如捷克智库学者莱兹科娃（Alice Rezková）于 2020 年 3 月底发表的文章③认为，中国抗疫的成功在很大程度上可归功于敬业的医疗工作人员以及全中国人民。从全国各地运送了数千名医生和志愿者到武汉并且建造新医院的速度惊人，这种高效的应对措施值得肯定。对于当时疫情不断加重的国家来说，中国抗疫经验是具有很强的借鉴意义的。中国无条件向有需要的国家分享经验和提供援助，体现的是中国的真诚和善意，捷克也十分感谢中国提供的防护物资。中国政府在应对疫情中体现了有效的治理手段，抑制住了新冠病毒的传播，巩固了中国作为负责任大国的全球形象。在遏制住国内流行病蔓延之后，中国确实在帮助其他国家遏制该病毒的传播，这是值得赞扬的事实。中国派遣了专业医疗团队和物资到伊朗、伊拉克、西班牙、意大利和处于疫情严重阶段的其他国家。中国还提出与受灾国家分享在医疗和流行病对策方面的经验。捷克智库也相信，随着全球新冠病毒感染人数的不断增加，将会有更多的中国团队和物资被派往主要受灾地区——新的"健康丝

---

① European Think-tank Network on China, Convid-19 and Europe-China Relations: The Country Level, https://www.ifri.org/en/publications/publications-ifri/ouvrages-ifri/covid-19-europe-china-relations-country-level-analysis.

② Ivana Karásková, China's Mask Diplomacy Won't Work in the Czech Republic, 21. Května 2020, https://foreignpolicy.com/2020/05/21/china-mask-diplomacy-czech-republic-coronavirus-pandemic-influence-huawei-5g-milos-zeman/%20Děkuji%20a%20zdrav%C3%ADm.

③ Alice Rezková, Oxford-style Debate: COVID-19 Epidemic as China's 'Chernobyl Moment'？" https://chinaobservers.eu/oxford-style-debate-impact-of-epidemic-response-on-ccps-legitimacy/.

绸之路"正在酝酿中。

莱兹科娃也认为,中国经济会迅速从疫情的打击下恢复过来,中国的国有企业在其中能发挥积极作用,将在疫情控制后的经济刺激计划中发挥关键作用,在铁路、核能和可再生能源以及建筑材料等关键领域实现突破和创新。中国正在推动更多的基础设施投资以支持经济建设发展。

此外,中国有效地利用信息技术来应对疫情。在新冠疫情暴发之前,中国的信息管理就已经处于相当先进的水平了。在疫情暴发后,中国政府实施以遏制病毒为目的的全国范围内信息跟踪系统,政府制定并推出了"健康码",可以迅速判断个人感染病毒的风险概率。

这些对中国抗疫的积极评价在捷克智库界并不流行,仅代表了少部分对华认知比较客观的智库学者的态度。从总体上看,捷克智库界对于中国政策和国际抗疫援助负面评价多于正面评价。捷克政府在国内疫情暴发初期,高度评价中国对捷克的抗疫支持,但同时,捷克国内智库的批评声音也很强烈,例如认为中国的防疫物资价格昂贵,质量和安全性不可靠,讽刺巴比什总理以及卫生部长、财政部长去机场迎接载有中国防疫物资的飞机是"耻辱的行为"。捷克智库更多地从中国政府在防疫、抗疫中对国民"侵犯隐私权""信息监控""限制自由"等方面批评中国的抗疫政策。同时捷克智库也不忘批评本国政府防疫措施的不当以及对华态度过于"谦卑",认为把捷克降为受中国"恩惠"的国家;捷克政府危机管理协调能力不足,接受了中国的宣传;过度依靠中国的供应链等。

五 捷克智库涉华研究的特点

从近几年的情况来看,随着中国—中东欧国家合作以及"一带一路"建设的开展,捷克智库机构对中国的研究随着中捷关系的深入发展而愈加丰富。总体来看,捷克智库在 2012 年之前对于中捷关系的讨论并不深入,也没有纳入其智库研究的重点领域中。这一时期,捷克智库对华态度比较复杂,有意识形态领域的指责、批判,对华的不信任感和发展中捷关系的愿景相互掺杂。随着"17+1 合作"以及"一带一路"建设的开展,中捷关系在 2012 年之后迅速发展,并于 2016 年在两国高层的推动下达到合作高潮。这一时期捷克智库对于双边关系发展前景的看法较为积极,虽然仍有智库质疑中捷贸易不平衡问题以及中国的投资行为会给捷克经济带来不利因素，但从务实合作的角度出发，捷克智库更希望本国从对华关系中获得更多的实际利益，这也被捷克智库看作发展对华关系的根本驱动力。2017年之后，随着中捷关系发展进入"深水区"，由于各种因素的限制，中捷经贸投资合作出现了一些问题，加上近两年中美对抗博弈的国际环境，捷克智库对华负面态度愈加明显，特别是新冠疫情暴发后，捷克智库对中国抗疫成效和国际抗疫援助的质疑之声从未停歇。

总体来看，捷克智库对华态度有以下几个特点：

第一，捷克智库对华研究中的"意识形态""地缘战略"视角从未消失。捷克智库的"意识形态"色彩浓重，受该国历史、文化等因素的影响，捷克对中国的社会主义制度难以认同，捷克的"价值观"外交理念较强，这也影响着捷克智库开展对华研究，因此对涉华的人权、政治制度以及中国台湾问题、西藏问题多有指摘，进而影响两国关系的发展。此外，和许多欧洲智库一样，捷克智库在开展具体研究过程中，从本国乃至欧盟角度出发，以"地缘战略""地缘政治"为研究视角，对中捷关系、"17+1合作"以及"一带一路"建设开展研究。因此捷克智库的涉华议题研究经常会对中国在捷克以及中东欧地区的活动进行"地缘战略"解读，分析中国在发展对捷克关系中是否存在"战略企图"，较少从务实合作的角度来看待中捷关系。

第二，多元化的特点导致智库对华态度难以统一。捷克智库深受西方智库理念的影响，以"自由""独立"和"批判性"为自身特色，智库的背景、资金来源、人员结构等也较为复杂，这导致其在涉华研究上的态度难以统一，对华的声音难以统一。即使在中捷关系迅猛发展的"黄金期"（2016年前后），捷克智库大量的声音仍然是批评和质疑双边关系。此外，捷克智库对主导对华关系的政府部门，特别是较为亲华的泽曼总统也有较多"争议"，认为他放弃了"价值观"外交理念，过分地为现实利益而"迎合"中国。

第三，涉华议题尚未成为捷克智库的重点研究内容。捷克智库总体水平及知名度虽然没有西欧大国智库那么高，但是在中东欧地区也是颇具影响力的，其智库特别是国际问题研究方面的智库关注的重点在于欧盟、周边国家及地区、美欧关系等，对于中国的研究虽然逐渐增加，但尚未成为其研究的重点内容。捷克智库仍然将关于中国的研究放入"东亚研究"

"亚洲研究"的范围内,专门开辟"中国研究"的智库较少。从智库学者队伍来看,专门从事中国问题研究(而不是中国学或汉学)的智库学者人数仍较少,新一代的青年学者受西方研究范式及价值观导向明显,在涉华研究上的立场和态度仍然跟随欧美,并没有形成独到的或者说带有本国特色的研究立场和系统理论。

第四,捷克智库涉华研究的欧洲网络化不断加强,涉华研究的"欧洲视角"显著。欧洲智库对于中国问题的研究很早就形成了合作网络,例如欧洲中国智库网络(The European Think-tank Network on China,ETNC),该网络聚集了欧洲二十多家智库机构关于中国问题研究的资源,集中开展联合研究,近年来发布的研究成果在欧洲智库界影响力较大。捷克的布拉格国际关系研究所(IIR)也在这个网络中,并参与相关研究项目。除此之外,近期捷克智库发布的很多涉华研究报告往往是联合中东欧地区乃至欧洲范围内智库、学者撰写、发布的,形成中国问题研究的"合力"。这种方式使得捷克智库对华研究网络化加强,涉华议题的研究更加深入,同时使得捷克涉华研究更具有"中东欧视角",甚至"欧洲视角",捷克智库组织涉华研究网络的能力今后将会加强,这也使得捷克的一些智库往往能够打着中东欧或者欧洲智库界的"旗帜"来发表涉华研究成果。

第二节 捷克媒体眼中的中国
——基于捷克媒体涉华报道的指标分析

在当今各国,媒体的影响力愈加重要,特别是在欧美国家,媒体在引导国内舆论、民意,影响政府决策及对外关系上发挥着非常重要的作用。自20世纪90年代以来,捷克国内的媒体发生了重大转型,媒体的性质、资金来源、指导思想、宗旨完全"西方化",以独立、自由和批判性作为媒体的主要宗旨。在涉华报道方面,报道的关注度、密集度长期以来并不高,但近年来随着中捷两国关系的发展,捷克参与中国—中东欧国家合作、"一带一路"建设以及中国国际影响力的提升,捷克媒体对华报道的数量和关注度都明显上升。

本节收集捷克两家媒体在2018年1月至2020年6月期间发布的与中国有关的新闻报道,共297条;建立了专门的媒体报道指标评估体系,对捷克媒体涉华新闻报道进行分析、比较，得出一系列捷克对华报道的特点、关注领域及舆论导向等相关内容。此次收集的捷克媒体分别是《今日报》（*Idnes*）和《人民报》（*Lidovky*）。《今日报》成立于1945年，主要提供新闻、体育、文化、经济、住房、旅行、汽车、科技等方面的信息，是具有影响力的全国性日报之一，是捷克发行量第二大的报纸，其网站每周访问量超400万人次。《人民报》1983年成立于捷克布尔诺，报道内容覆盖政治、经济、文化和科学，在政治上倾向于右翼，属捷克全国性报纸，是发行量较大的四家报纸之一，电子版访问量位居捷克媒体前列。

本节对捷克媒体涉华报道所设计的指标体系的主要内容如下：

1. 报道主题：（1）政治；（2）经济；（3）社会文化；（4）外交；（5）军事；（6）科技；（7）其他。

2. 对华评价：由很不好至非常好，分为五个等级。

3. 报道内容的关联性：（1）涉及双边关系；（2）不涉及双边关系。

4. 报道的原创性：（1）原创报道；（2）转载性报道。

本节对每一条新闻报道，均依照上述指标内容进行赋值，最终形成一个分析数据库，通过专门的分析工具对上述媒体指标内容进行汇总、分析，得出捷克媒体涉华报道的基本情况，媒体对华态度及报道方式、信息来源等方面的情况。

一　捷克媒体涉华报道的基本情况

从报道的时间分布上看，2018年至2019年捷克媒体涉华报道数量接近，2020年1—6月涉华报道数量有所上升（见图Ⅲ-2-1）。从报道的月度分布来看，在出现一些涉华重大议题的时候，捷克媒体的报道数量就会上升，例如在中美贸易战、香港暴乱、香港国安法颁布等事件发生时，捷克媒体的报道较为密集。

在捷克媒体涉华报道的主题分布上，社会文化类比例最高，占35.4%；其次是政治类主题，占24.2%；再次是经济类主题，占23.2%；科技和外交方面的主题占比分别为8.4%和7.7%，军事类主题的报道最少，仅有1%（见表Ⅲ-2-1）。关于社会文化类的报道内容，多为中国国内发生的一些社会重大事件，如中国国内民众抗疫、防疫情况，发生的自然灾害、交通事故及刑事案件，中国社会发展及民众生活方式，重要的文

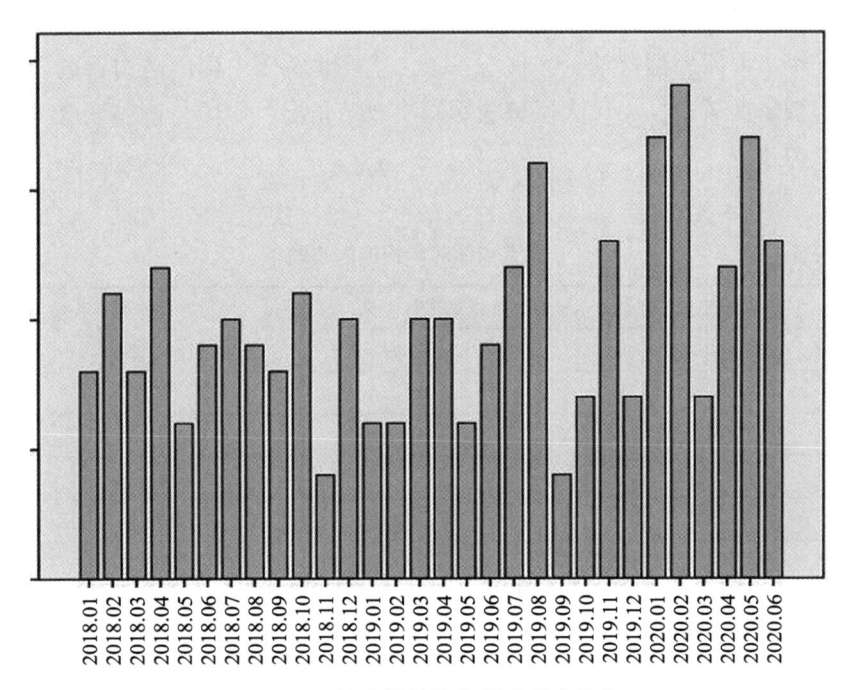

图Ⅲ-2-1　捷克媒体涉华报道月度分布

化活动和文化人物。

在政治方面的主题主要涉及中国国内政治事件，中国政治体制、反腐败案件、关于国内人权问题以及中国台湾、香港问题也是政治方面的重要报道内容。

中国经济的各种情况和新闻也是捷克媒体关注的重点领域。在数据收集期限内，在经济方面，中美贸易战是中欧媒体重要的聚焦之处，涉及中美贸易战的相关新闻报道占到经济领域议题的半数；中国经济发展的指标如季度、年度的GDP增长率、进出口额等数据也是媒体跟踪报道的内容。

在科技方面，主要是对中国国内高科技发展现状以及科技在生活中的应用的报道较多。关于中国国内高科技发展状况，报道内容涉及航空航天、生物、人工智能、新能源、通信技术等，对于互联网技术、智能手机以及相关的电子商务、手机支付等在国内大规模使用的状况也有较多报道。

外交方面的报道主要集中在中美关系、中俄关系、中朝关系等方面。涉及中欧关系（中国与欧盟关系）以及中国与欧洲其他国家关系的报道较少。

军事方面的报道最少，仅有三条，主要是关于中国国防力量的发展及周边国家的看法，中国人民解放军军事改革情况，中国与德国联合开展军事演习情况。

表Ⅲ-2-1 捷克媒体对华报道的主题

报道主题	报道次数（次）	百分比（%）
政治	72	24.2
经济	69	23.2
社会文化	105	35.4
外交	23	7.8
军事	3	1.0
科技	25	8.4
合计	297	100

从捷克媒体涉华报道所体现的对华评价来看，总体上负面评价和中立性评价占比较高，正面评价占比很低。具体来看，在此次收集的297条涉华报道中，"很不好"的评价占比为22.2%，"不太好"的评价占比为25.9%，负面评价的总体比率为48.1%；其次为"中立"评价，占比为45.2%；"比较好"和"非常好"的评价占比分别为6.4%和0.3%，也就是说，正面评价的总体占比仅为6.7%（见表Ⅲ-2-2）。

表Ⅲ-2-2 捷克媒体对华报道的评价

报道评价	报道次数（次）	百分比（%）
很不好	66	22.2
不太好	77	25.9
中立	134	45.2
比较好	19	6.4
非常好	1	0.3
合计	297	100

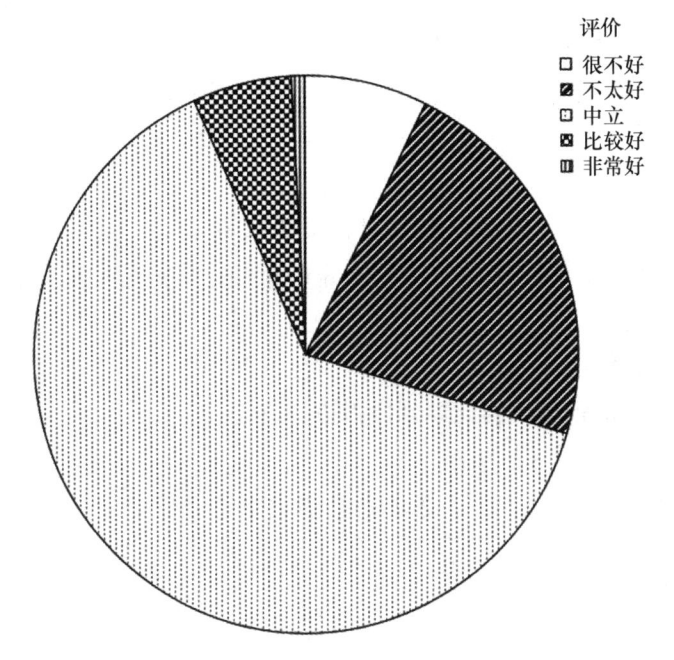

第二章 捷克智库和媒体对华态度 545

评价
□ 很不好
▨ 不太好
□ 中立
▥ 比较好
▦ 非常好

图Ⅲ-2-2 涉华报道评价情况

从捷克媒体报道的关联性来看，大部分涉华报道不涉及双边关系，主要是对中国国内各领域情况及中国外交方面的介绍，这一部分比例为85.9%；此次收集的捷克媒体报道中涉及双边关系的仅占14.1%（见表Ⅲ-2-3）。捷克媒体的涉华报道大部分还是以介绍中国为主，涉及双边关系的报道数量较少，说明中捷关系的密切程度并不很高，同时也意味着捷克民众了解中国情况主要是通过媒体介绍，而不是直接双边的交往。

表Ⅲ-2-3 涉华报道涉双边关系的情况

关联性	报道次数（次）	百分比（%）
涉及双边关系	42	14.1
不涉及双边关系	255	85.9
合计	297	100.0

从捷克媒体涉华报道的原创性来看，由媒体原创的报道比例较低，仅为15.5%，大部分报道是转载自其他媒体消息（见表Ⅲ-2-4）。捷克媒体数据转载来源主要有欧美的主流媒体，如美联社、路透社、BBC、CNN等，也转载来自中国国内媒体的报道，如新华社、《人民日报》《中国日报》《环球时报》等。总体来看，转载报道的来源仍旧以西方媒体为主，特别是涉及中国的"负面议题"时，报道来源基本上是西方媒体。捷克媒体的原创性报道主要是涉及双边关系的新闻，特别是发生在捷克国内与中国有关联的事件。捷克没有全球影响力的媒体机构，捷克也没有驻华的媒体记者，原创性报道只能来自国内发生的涉华事件，由于捷克媒体涉及双边关系的报道较少，因此原创性报道也就比较少。

表Ⅲ-2-4　　　　　　　　　　涉华报道的原创性

原创性	频率（次）	百分比（%）
原创性报道	46	15.5
转载报道	251	84.5
合计	297	100

二　捷克媒体对华报道的态度分析

从具体的报道主题来看，政治方面的主题评价最为负面，"很不好""不太好"的评价加起来占比超过90%，捷克媒体对中国的政治制度完全不认同，在报道中，捷克媒体多用"共产主义""集权""威权"等词汇形容中国政府，强化中国政府的负面"意识形态标签"。

捷克媒体对经济方面的议题评价呈中立性的比例最高，为59.4%，负面评价约占25%，正面评价约占15%。捷克媒体对中国的经济发展成就和全球影响力是认同的，在涉及经济发展的议题上往往使用"第二大经济体""最大外贸国家"等词语形容中国，特别是报道中美经贸摩擦时，已经把中国放在与美国同等地位上，而且对中美之间在经贸领域的博弈大多持中立观点。在中美贸易战爆发以及"激战正酣"之时，捷克媒体表现出对这场中美贸易竞争的担忧，担忧中美两国的摩擦和对抗会对全球经济带来负面影响。2020年初，中美之间就贸易争端达成初步协议后，捷克媒体对此报道较多,关注两国贸易战"缓和"的迹象。

在社会文化主题方面,捷克媒体的负面评价比例也较高,达到47%;其次是中立性的评价,占比为49.5%,正面评价不到4%。在社会文化报道主题上,捷克媒体关注2020年上半年中国在抗击疫情、实施防疫措施方面对中国百姓日常生活的影响;新冠病毒在中国传播的信息;中国对欧洲(包括捷克)的抗疫援助等情况。捷克媒体在报道中国疫情相关主题时有两个特点:第一,对华态度前后发生明显转变。在中国疫情暴发初期(2020年1—3月),媒体相关报道相对客观,主要是关于中国新冠病毒传播情况以及疫情对经济社会的影响;疫情在欧洲暴发并蔓延后(2020年3—6月),捷克媒体对中国疫情的报道态度负面倾向明显,质疑中国的疫情数据造假,中国国内实行的抗疫政策侵犯人权等。第二,将中国政府的抗疫、防疫政策与意识形态问题挂钩,将中国的国际抗疫援助与"地缘战略利益"相勾连。捷克媒体在报道中国防疫政策,诸如居家隔离、关闭公共场所等时,往往用"共产主义专制""社会监控"等词汇来形容;在报道中国对欧洲国家包括捷克在内的抗疫援助时,分析其中带有"政治目标""扩大外交利益",特别是《今日报》在3月26日的一则报道中拿印在物资包装上的"疫情终会过去,中捷友谊长存"的文字大做文章,认为这是中国利用抗疫援助"宣传中国的地位和作用";引用捷克智库的评论指出物资是捷克购买的,印上这样的文字表现得好像物资是中国援助的;引用捷克某位议员的话,表示这样的文字是来自中国的暗示,即中国因暴发新冠疫情而向国际社会道歉。[1] 捷克媒体在新冠疫情这类涉华报道上已经完全偏离了正常的认识,做恶意的揣测。

在外交领域,捷克媒体对华报道的评价以中立性为主的占到78%以上,负面评价占比为17.3%,正面评价仅有1次,这次正面评价报道是关于英国首相访华,对中英关系有比较积极的看法。[2] 负面评价的报道有4次,其中有两次是关于中国政府向美国及西方公司发动黑客攻击或网络窃

---

[1] Epidemie skončí, česko-čínské přátelství přetrvá, píše se na krabicích z Číny, https://www.idnes.cz/zpravy/domaci/ruslan-zasoby-cina-zasilka-cesko-cinske-pratelstvi-koronavirus.A200326_101728_domaci_lre.

[2] Lidovky, https://www.lidovky.cz/svet/britanie-bude-dal-prohlubovat-vztahy-s-cinou-rekla-mayova.A180131_185611_ln_zahranici_ele.

取的行为，另外两个是关于布拉格与北京市友好城市关系的报道。在中美关系、朝核问题、亚太地区形势等议题上，捷克媒体没有明显的正面或者负面的立场，态度较为中立。

关于军事方面的报道，捷克媒体仅有三次：一次是引用路透社消息称中国增加军费开支与美国进行军备竞赛；一次是习近平主席推动中国军队改革，给军队带来新气象；还有一次是中国与德国军队开展联合医疗救助演习。媒体给予上述三次报道的评价分别是"不太好""中立"和"比较好"。

在科技领域的报道中，中立性的报道最多，占到60%，负面报道占到28%，正面报道有3次，仅占12%。负面报道的议题有：中国科学家编辑婴儿基因；进入中国的谷歌搜索引擎可能要适应中国的互联网规则；将中国修建粤港澳大桥看作加强对港澳的控制；中国的人工智能技术被用于监控民众的大脑和思想；中国科学家在实验中虐待动物；字节跳动收集软件盗取用户信息等。这类负面议题很多都是没有证据的胡乱猜测。正面评价的新闻有电影《流浪地球》，显示了中国科幻电影制作具有较高水平；腾讯公司的应用软件，防止青少年沉迷游戏；中国科学家计划制造人造月亮用于夜间照明。

表Ⅲ-2-5　　　　　涉华报道各主题的评价情况

报道主题		双边合作评价					合计
		很不好	不太好	中立	比较好	非常好	
政治	计数（次）	41	24	7	0	0	72
	报道主题的占比（%）	56.9	33.3	9.7	0	0	100
经济	计数（次）	1	16	41	10	1	69
	报道主题的占比（%）	1.4	23.2	59.4	14.5	1.4	100
社会文化	计数（次）	20	29	52	4	0	105
	报道主题的占比（%）	19.0	27.6	49.5	3.8	0	100

续表

报道主题		双边合作评价					合计
		很不好	不太好	中立	比较好	非常好	
外交	计数（次）	1	3	18	1	0	23
	报道主题的占比（%）	4.3	13.0	78.3	4.3	0	
军事	计数（次）	0	1	1	1	0	3
	报道主题的占比（%）	0	33.3	33.3	33.3	0	
科技	计数（次）	3	4	15	3	0	25
	报道主题的占比（%）	12.0	16.0	60.0	12.0	0	
合计	计数（次）	66	77	134	19	1	297
	报道主题的占比（%）	22.2	25.9	45.1	6.4	3	

三 涉双边关系报道的特点

虽然捷克媒体涉华报道中涉及双边关系的报道并不多，但是通过对涉双边关系报道的指标分析可以看出捷克媒体对双边关系的关注点和相关态度。

从涉双边关系报道的主题来看（见表Ⅲ-2-6），政治、经济方面的主题报道较多，分别占到40.5%和33.3%，社会文化方面的报道占16.7%，外交和科技方面的报道较少。政治成为双边关系报道的重要方面，主要是因为近两年来中捷两国政治关系在不断发展的同时，捷克国内反华势力在一些政治敏感问题，如中国台湾、新疆问题上"发难"，造成了两国政治关系话题的聚焦性，特别是2019年布拉格市与北京市"断交"事件，2020年捷克众议长访台事件，都极大地影响了双边政治关系。中捷经贸关系及相关合作仍是捷克媒体关注的重点领域，涉及中国企业在捷克投资，双边经济合作项目等新闻报道。社会文化方面涉及华人在捷克的犯罪活动，捷克运动员代言中国企业和产品，中国向捷克提供抗疫物资支持，中国与捷克在教育领域发生的事件等。关于双边外交关系的报道仅有三次，分别是捷克总统接见中国企业代表团，捷克与中国的熊猫外交，布拉格市与北京市"断交"事件。科技方面报道仅有一次,是关于中国驻捷克大使馆向中国高科技公司提供技术情报。

表Ⅲ-2-6　　　　　　　　涉双边关系的报道主题

报道主题	频率(次)	百分比(%)
政治	17	40.5
经济	14	33.3
社会文化	7	16.7
外交	3	7.1
科技	1	2.4
合计	42	100

从上述对双边关系的报道主题上可以看出,很多报道内容都是偏负面的,通过分析捷克媒体的报道态度可以看出,负面评价(很不好、不太好)的占比超过66%,其中"很不好"评价的占比达38.1%;中立报道为16.6%,而正面评价(比较好、非常好)的占比仅有16.7%(见表Ⅲ-2-7)。总体来看,捷克媒体对双边关系报道评价是较为负面的。

表Ⅲ-2-7　　　　　　　　涉双边关系报道的评价

报道评价	频率(次)	百分比(%)
很不好	16	38.1
不太好	12	28.6
中立	7	16.6
比较好	6	14.3
非常好	1	2.4
合计	42	100.0

相比较而言,捷克媒体涉双边关系报道的评价比非涉双边关系的评价更加负面,从图Ⅲ-2-4可以看出,非涉双边关系的中立评价占比最高,为近50%;负面评价的占比约为45%,其中"很不好"的占比约为20%,

第二章 捷克智库和媒体对华态度

"不太好"的占比约为25%。虽然非涉双边关系的正面评价占比要低于涉双边关系的，但比较来看（见图Ⅲ-2-3、图Ⅲ-2-4），涉双边关系报道的评价明显更加偏负面，这种情况体现出捷克媒体眼中当前中捷关系发展现状不佳。

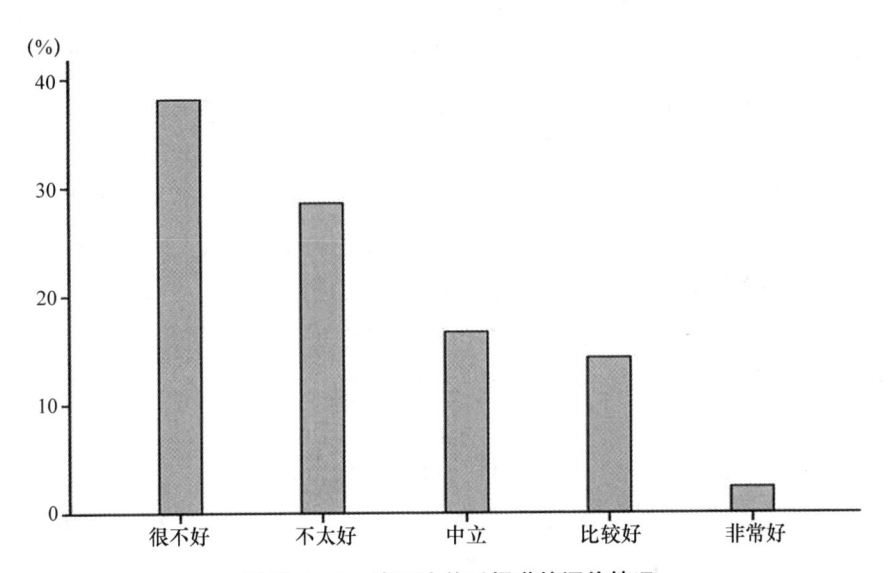

图Ⅲ-2-3 涉双边关系报道的评价情况

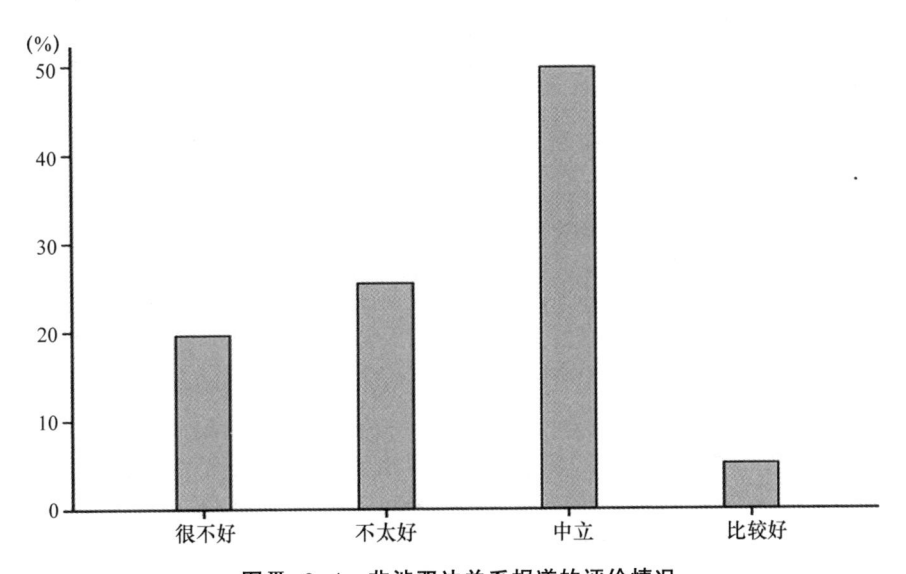

图Ⅲ-2-4 非涉双边关系报道的评价情况

四 捷克媒体对华报道特点

从上述捷克媒体对华报道的指标分析情况来看，其主要有以下几个特点。

第一，捷克媒体对华关注和报道力度逐渐加强，但涉华内容仍然不是其重点关注的内容。从这两家捷克媒体报道内容的分析来看，涉华报道仅占其国际新闻报道的较少部分，大部分国际新闻报道仍然关注欧盟、欧洲国家，特别是捷克邻国的情况。同时，中欧关系、中国与欧洲大国的关系也不是捷克媒体关注的内容，其涉华报道更加关注中国内部发生的事件和新闻以及中美关系，特别是中美关系是捷克媒体关注的重要领域，凸显了其对当前中美竞争背景下国际政治经济秩序变动的焦虑。

第二，捷克媒体对华报道评价相较于其他中东欧国家更加偏向负面。捷克媒体对华报道负面倾向是比较明显的，这一点在欧洲相关智库的研究中也能看出来。捷克智库的 Mapping Chinese Influence 项目对中欧四国（捷克、波兰、斯洛伐克、匈牙利）媒体对华报道进行了大数据分析，该项目据称收集了 2010 年至 2017 年 6 月（波兰截止日期为 2018 年 6 月）中欧四国媒体的对华报道，其中关于四国媒体"中国印象"（Image of China）的分析结果如表Ⅲ-2-8 所示，捷克媒体的"中国印象"负面比例要高于其他中欧国家。这种情况凸显了捷克对华舆论环境长期以来并没有得到有效改观，比较负面的对华舆论态度始终影响着中捷关系的健康、稳定发展。

表Ⅲ-2-8　Mapping Chinese Influence 项目中欧媒体的"中国印象"　　（%）

国家/"中国观"态度	正面	中立	负面
捷克	14	45	41
波兰	39	48	3
斯洛伐克	7	59	34
匈牙利	4.8	85.8	4.8

资料来源：根据 Mapping Chinese Influence 项目网站内容整理，https://mapinfluence.eu/en/。

第三，捷克媒体对华报道中的"价值观""意识形态"因素越来越强烈，而"务实合作"因素越来越减弱。从捷克媒体议题选择来看，它们更加偏向涉华政治议题，如中国香港问题、新疆问题、台湾问题和中国的政治制度等，以及社会领域的负面问题，如国内重大案件、中国疫情及抗疫政策等。捷克媒体在对华报道议题设置上偏重于"价值观""意识形态"方面的有关议题，试图把中国政府描绘成一个"专治集权""打压少数民族或少数派""外交强硬"的政府。双边在经贸、投资、人文等领域的务实合作，对于捷克媒体报道的吸引力逐渐降低，在此次收集的时间段内，涉双边关系报道中务实合作内容较少，这种"意识形态"色彩愈强，"务实合作"因素减弱的舆论引导方向，对于捷克民众客观、清醒地了解中国及认识中捷关系显然是非常不利的。

第四，捷克媒体对中美关系的报道较为中立，尚未出现明显地倾向一方的态度。中美关系在近两年捷克媒体的报道中无疑是最重要的议题，涉及中美经济、外交、政治、军事等诸多方面。总体来看，捷克媒体对中美贸易冲突、军事对抗的报道态度较为中立，特别是对中美贸易冲突的报道反映出中国遭到美国的打压，因而不得不进行反制。这种倾向并不意味着捷克媒体对美国完全没有偏向，在中美互联网安全问题，特别是美国指责中国黑客攻击行为以及中国通过网络窃取美国情报等方面，捷克媒体的报道话语体系、立场态度具有一定的偏向美国的倾向。

第三节 如何看待捷克智库及媒体的对华态度

媒体和智库在引导舆论方面相互配合，媒体报道中常常引用智库学者的评论或者采访内容，智库在研究成果中也多使用媒体的报道作为研究资料。这种关系在捷克媒体和智库之间也存在。近几年来，中国与捷克在"17+1合作"以及"一带一路"倡议下各领域务实合作不断发展，但在捷克智库和媒体眼中，中捷关系以及中国的形象都存在各种"问题"，在这种情况下捷克对华政策制定的舆论环境并不十分友好。面对捷克智库、媒体的对华态度，我们需要从以下几个方面考虑相应的政策。

第一，了解捷克媒体和智库的关注点，加强对成功的、典型的与中东欧国家合作案例进行有效宣传。包括捷克以及其他中东欧国家的民众，深受实用主义价值观的影响,对远离自己的国家政治、意识形态等议题没有兴趣,而是更加关心与切身利益相关的事情。因此捷克媒体和智库对于各种实际案例更加关注,而且试图通过案例来"灌输"西方价值观。中国媒体的国际交流与合作、国际传播,多以政治和文化导向为主,市场导向不强。因此,我们在进行外宣工作的时候应该多介绍中国社会建设的具体成就,中国民众生活进步改善的情况,中国推动与中东欧国家交流合作、让中东欧民众受益的具体案例,在此基础上宣传中国对外合作倡议,如"一带一路"建设、"17+1合作"等,就能引起捷克媒体、智库的共鸣。

第二,开拓渠道,让捷克媒体亲身接触和了解中国的实际情况,拥有对中国的直接信息来源和渠道。无论是"一带一路"建设还是中国—中东欧国家合作机制,都有关于媒体的合作平台,需要充分开发其潜力。例如中国与中东欧国家领导人共同决定将 2016 年定为"人文交流年",这一年进行了很多双边的人文交流活动,很多活动往往只形成了一阵"中国风",过去之后并没有给中东欧国家民众、媒体留下深刻印象,这从根本上讲是缺乏长效机制的结果。之后中国与中东欧国家领导人还决定将2017 年定为"媒体交流年",但是活动的效果以及活动后双边建立的直接信息沟通渠道有限。中捷双方应利用如"媒体交流年"这样的合作机遇,开拓建立媒体合作平台,促进两国机构、人员的交流合作,让捷克媒体人近距离、实地接触中国社会以及中国媒体和外宣工作,让其真正了解中国。

第三,做好对捷克舆论宣传的"本土化"工作。要向捷克讲好中国故事,做好宣传"走出去"工作,必须解决舆论宣传的"本土化"问题。这一方面要求中方的宣传方法要适应捷克舆论环境,另一方面也要实现宣传渠道的本土化。例如,中国的企业收购了捷克一家电视台,该电视台播放反映中国真实现状的节目引起了很多捷克民众的兴趣,使他们对中国有了全新认识,宣传成效显著。我们可以充分运用新媒体、自媒体,通过捷克流行的网络社交平台,做好对外宣传工作。

第四,重视与捷克智库的交流沟通,减少其对华的历史认知偏差。应以中国的中东欧研究领域的智库为抓手,通过注资,开展合作研究计划,举办双边安全对话论坛,发挥推特、脸书公众账号宣传力等多种途径介入对捷克智库和社会的影响中去。包括捷克在内的许多中东欧国家对于中国社会的了解仍然具有巨大的历史偏见和时代印记,意识形态色彩浓重。从捷克首任总统哈维尔至今,捷克国内的政治精英基于苏联时期不愉快的历史记忆仍然对共产党存在极端的排斥心理,因而在反共与反华之间画起了等号。因此,对于该问题的应对,应从增强智库对于捷克国内社会的影响力入手,扩大对于真实中国正面形象的宣传,降低这种历史的认知偏差。

第五,对捷克国内反华智库和反华意见领袖采取孤立与同化并举的手段。捷克的确存在少数的反华智库和意见领袖,不宜将它放大到对于整个捷克对华态度的评估中来。实际上,很多反华智库涉华的"非理性声音"已经引起捷克知识界的反感,很多捷克学者批评少数反华智库的运作模式,指出其不是搞专业研究,而是成为宣传工具,提出的建议太过激进。因此,在考虑捷克涉华舆论时,要把握捷克国内政治主流,密切和强化与主流政治精英的高层互动,与此同时通过加强与捷克民间在经贸、人文、教育等各领域的务实合作塑造中国在捷克的良好形象,以削弱那些反华意见领袖或政党的民意基础。

第六,对捷克智库媒体对华负面言论、报道要持客观的认识和正确的态度。中捷关系由于历史和现实的特殊性,在发展过程中总会遇到各种问题和挑战。捷克智库和媒体出现负面言论也是很正常的情况,首先要看这种负面言论产生的原因,做好相应的解释工作或者对无端指责进行有力回击。其次要看这些负面言论是否成为智库媒体的关注点和"炒作方向",实际上,有些负面议题并不是媒体关注的重点,反而在国内媒体舆论界出现了"过度反应",使本来并不被重视的负面议题成为不必要的"热点议题",加剧了中捷舆论的对立情绪,不利于推进民心相通。因此在外宣中如何看待和回应捷克方面的负面言论,是一项非常重要的且技术含量很高的工作,这需要对负面议题有客观的认识和了解,在此基础上做出合理回应,避免造成因中方的过度反应而使得负面议题成为"热点议题"。

第七,中国对外宣传中的议题设置、引导能力需要加强,从而获得更广泛的国际舆论空间。议题设置和引导能力是媒体发挥自身影响力的重要基础,在关于"中国国际形象"的宣传上,中国的议题设置和引导能力仍有不足,这体现在话语体系不被外方媒体所接受,具有国际化背景的专业化人才队伍不足,宏观性议题缺乏微观生动的议题支撑(或者说强于宏观理论政策叙述,弱于具体案例的归纳与演绎)。当前西方媒体和智库在国际舆论方面之所以能占据优势地位，是因为其具有一定的议题设置引导能力，这是不容忽视的一个方面，某些西方媒体和智库在批评"一带一路"倡议时设置了一些议题，如债务陷阱、破坏环境、暗箱操作与政治图谋等，通过这种议题设置，引起国际舆论的关注。中国的国际影响力已经毋庸置疑，包括捷克等许多欧洲国家都越来越关注中国，这给予中国在对外宣传中进行议题设置和引导以有利的时机。做好与捷克民心相通，在国际舆论层面需要优化话语表达体系，让更多的人明白和听懂其中的内涵和意义；需要具有跨文化传播能力的人才队伍，对"中国国际形象"进行本地化的宣传需要结合更多的成功案例。

第三章 "一带一路"倡议与贸易投资合作

在经贸领域，中国连续多年是捷克除欧盟外的第一大贸易伙伴，捷克也是中国在中东欧地区的第二大贸易伙伴。近年来，中捷两国领导人互访频繁，双边关系迅速升温，特别是捷克新一届政府上台后积极发展对华关系，从政治、经济、人文交流等方面与中国进行全方位合作。随着"一带一路"倡议和中国—中东欧国家"17+1"合作机制的推进，中国和捷克签署了关于共同协调推动"一带一路"倡议框架下合作规划及项目实施的谅解备忘录等多项合作协议，提升了两国企业在工业、经贸、科技、投资及其他领域的合作水平和规模，两国经贸关系也因此更加密切。

第一节 双边贸易规模

一 货物贸易进出口规模

中国与捷克双边货物贸易呈现出高速增长趋势，连续五年突破100亿美元。根据中国国家统计局数据，2019年中捷双边货物进出口贸易额达到176亿美元，同比增长7.9%，中国成为捷克第二大贸易伙伴，捷克是中国在中东欧地区的第二大贸易伙伴。2007—2019年，中国对捷克的出口保持了17.81%的年均增长率，其中，2007—2013年的年均增速为8.74%，2013—2019年提高至11.34%。中国对捷克货物贸易出口的年均增长率与市场份额都在提高，2019年市场份额占比达15.2%。与此同时，2007—2019年捷克对中国货物贸易出口的年均增长率达16.52%，略低于同期中国对捷克货物贸易出口年均增长率（见表Ⅲ-3-1）。2013—2019年，虽然捷克对中国货物出口贸易年均增长率不及2007—2013年，而且占比不足 1%，但是捷克产品占中国市场的份额明显增长。可见，中捷双边贸易潜力有待进一步发掘。

表Ⅲ-3-1　　　　中捷双边货物贸易年均增长率与市场份额　　　　（%）

时期	中国出口捷克 年均增长率	中国出口捷克 市场份额	捷克出口中国 年均增长率	捷克出口中国 市场份额
2007—2019	17.81	15.2（2019）	16.52	0.22（2019）
2007—2013	8.74	7.87（2007）	18.37	0.09（2007）
2013—2019	11.34	10.87（2013）	10.23	0.13（2013）

说明：市场份额用进口数据来表示，即中国出口产品在捷克市场上的份额为：捷克进口中国产品总额与同期捷克进口世界产品总额之比。

资料来源：根据 UN-comtrade 数据计算。

对贸易规模和市场份额变化趋势做进一步分析发现，2007—2016 年中国出口捷克新品种增长乏力。按照 HS 2002 六位编码统计，2007 年中国出口捷克新增产品 434 类，金额达到 2331.83 万美元。而 2016 年中国仅有 250 类新产品出口，捷克出口中国的新品种增长率曾高达 3.9%（见表Ⅲ-3-2）。但 2019 年，中国出口捷克新品种增长率大幅度上升至 8.39%；与此同时，捷克出口中国新品种增长率较 2016 年有所上升。

表Ⅲ-3-2　　　　中捷双边货物贸易新品种增长率　　　　（%）

年份	中国出口捷克	捷克出口中国
2007	0.99	3.90
2013	0.17	1.74
2016	0.09	1.00
2019	8.39	1.54

资料来源：根据 UN-comtrade 数据计算。

新冠疫情暴发并在全球蔓延，给国际贸易带来巨大冲击。在疫情暴发初期，由于对新冠病毒的传播缺乏了解和医疗防护用品短缺，各国政府不得不采取封城、断航等各种可能措施限制人员流动、防控疫情，导致全球价值链供应链断裂，因此各国强调重视提升全球价值链供应链的韧性。中国最早采取严格的疫情防控措施，也最早控制住国内疫情，并恢复正常的经济活动。2020年初，农历新年叠加中国采取疫情防控措施，中国的国际贸易骤然下降，这也反映在中国—捷克双边货物贸易变化上（见图Ⅲ-3-1和图Ⅲ-3-2）。2020年3月，中国对外贸易整体恢复到疫情暴发前的水平，但是疫情正在世界上其他国家暴发和蔓延。包括捷克在内的世界其他国家在疫情防控过程中经历了几轮封城和开放，这使得中国—捷克双边货物贸易出现多次大幅波动，但是总体来看，中捷双边货物贸易呈上升趋势。2021年1—3月，中捷双边贸易额为94亿美元，同比增长38%，占捷克外贸总额的9%。其中，捷克对华出口额为6.7亿美元，同比增长23%，占捷克出口总额的1.2%；捷克自中国进口额为87亿美元，同比增长39%，占捷克进口总额的18%。①

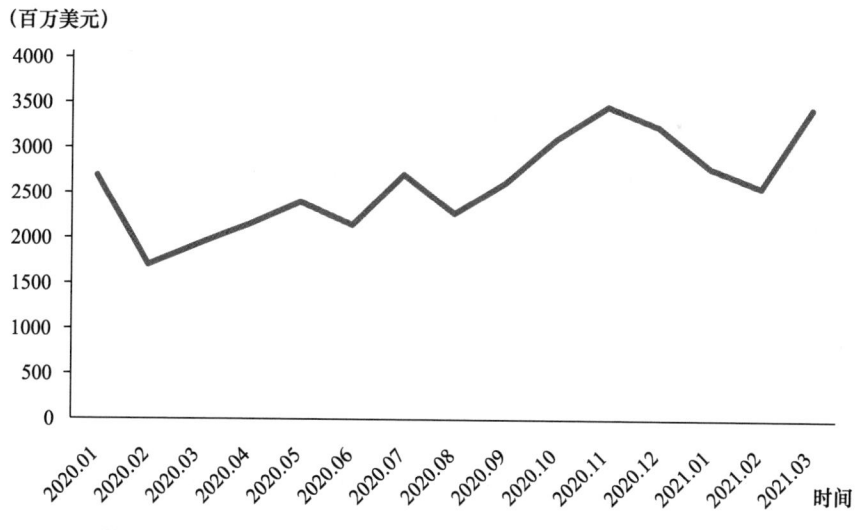

图Ⅲ-3-1　新冠疫情暴发以来中国对捷克货物贸易出口额变化
（2020年1月至2021年3月）

资料来源：UN-comtrade.

---

① 中华人民共和国驻捷克共和国大使馆经济商务处：《2021年一季度中国与捷克贸易增长38%》，http://cz.mofcom.gov.cn/article/jmxw/202105/20210503059054.shtml。

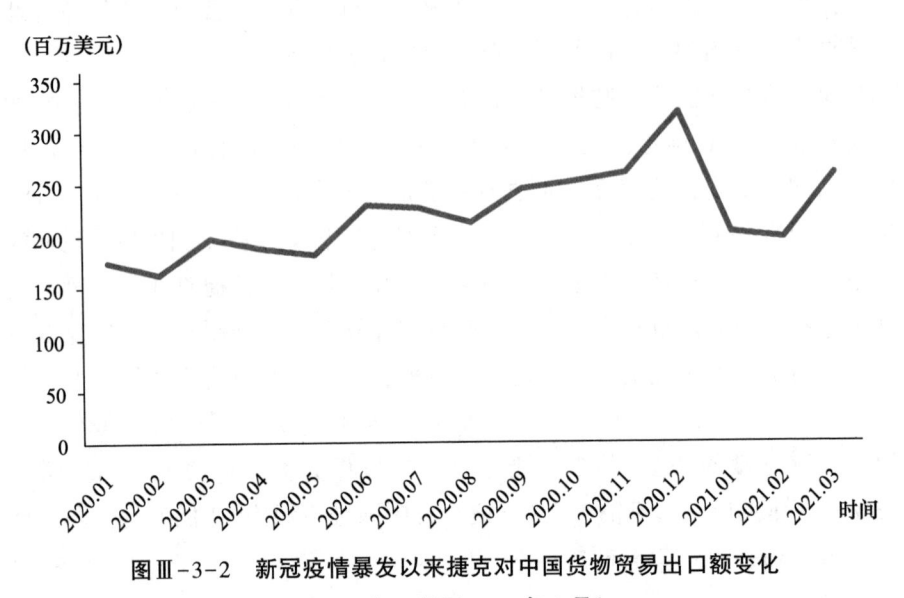

图Ⅲ-3-2　新冠疫情暴发以来捷克对中国货物贸易出口额变化
（2020年1月至2021年3月）

资料来源：UN-comtrade。

　　近年来，贸易不平衡和意识形态差异导致贸易保护主义措施在全球不断出现。人权、环境保护和企业社会责任等概念被频繁用于贸易保护主义措施。这在新冠疫情期间也多有体现。欧盟司法部长在2020年4月承诺，欧盟委员会将拟定供应链法案，将其作为欧盟委员会2021年工作计划和欧洲绿色协议的一部分，针对企业的强制性可持续尽职调查进行立法，旨在识别、预防、减轻和说明企业、子公司或价值链在经营中所涉及的侵犯人权和破坏环境的行为，打击全球供应链中出现的低社会责任和低环境标准现象。2021年6月25日，德国通过了《供应链尽职调查法》，该法案于2023年1月1日生效。该法案既针对总部设在德国的公司，又针对外国企业在德国的子公司，要求这些企业实施与人权相关和环境相关的尽职调查标准。按照该法案，从2023年起，全球雇员超过3000名的德国企业必须遵守该法案；从2024年起，该法案也适用于雇员超过1000名的企业。相关企业如果违反该法案，将面临缴纳高额罚金的风险，更严重的是，还将在3年时间里被排除在德国政府公共采购招标范围之外。这将大大增加许多公司的尽职调查义务，对其风险管理和合规体系产生深远影响。欧盟层面的立法和德国的立法，往往会对其他成员国产生示范效应。虽然捷克还没有供应链法，但是中国企业应密切跟踪德国和欧盟相关立法进展，认真履行企业社会责任，重视人权保护和可持续发展，积极主动应对变化，提前部署和准备。

二　货物贸易增长的二元边际

采用 HS 2002 六位编码分类标准，可以得出 2007 年、2013 年、2016 年和 2019 年中捷双边货物贸易的增长情况和贸易增长模式（见表Ⅲ-3-3）。中国对捷克货物贸易出口的广度边际呈上升趋势，从 2007 年的 0.5699 逐步提高到 2019 年的 0.8418，总体增长了 47.71%；中国对捷克出口的深度边际先下降后上升，从 2007 年的 0.1727 下降到 2013 年的 0.158，然后上升到 2019 年的 0.188。可见，中国对捷克出口货物贸易增长主要是广度边际的贡献。与此对应，捷克对中国货物贸易出口的广度边际先下降后上升，而深度边际则先上升后下降。与 2016 年相比，2019 年捷克出口中国货物贸易的广度边际和深度边际分别增长 74.85% 和下降 37.5%。由此可见，捷克对中国出口货物贸易增长主要依赖广度边际的迅猛增长。

表Ⅲ-3-3　　　　　　中捷双边货物贸易的二元边际

年份	中国出口捷克			捷克出口中国		
	广度边际	深度边际	品种数	广度边际	深度边际	品种数
2007	0.5699	0.1727	1960	0.5679	0.0015	1024
2013	0.6875	0.1580	2251	0.5081	0.0026	1457
2016	0.7613	0.1629	2316	0.5848	0.0032	1706
2019	0.8418	0.1880	3629	0.9881	0.0020	2377

资料来源：根据 UN-comtrade 数据计算。

三　服务贸易进出口规模

旅游服务是中国从捷克进口的最重要服务。据捷通社报道，2018 年，赴捷克旅游的中国游客达到 62 万人次，同比增长 26.5%，中国成为继德国、斯洛伐克和波兰之后捷克第四大外国游客来源国[1]，也是欧盟外最大的外国游客来源国。[2] 中国游客在捷克过夜的人数是外国游客中最少的，中国人希望在欧洲旅行能多去几个国家。[3] 自新冠疫情暴发以来，跨境人员流动锐减，旅游业遭受重创。2020 年捷克的中国游客仅为 2019 年的 6.4%。[4]

交通基础设施的发展，促进着中捷双边物流服务。继赛维（Linemart）在布拉格机场附近的普洛斯（ProLogis）物流园区设立海外仓后，另一家中国电商——叠石桥（Stonebridge）也在该园区设立仓库。这两家中国电商租赁仓库的总面积达 2.7 万平方米。两家中国电商之所以选择位于布拉格西部地区的这一园区，是因为亚马逊在此建立了物流配送中心。中国电商在海外仓的选址上，愿意效仿业内的成功企业。同时，在捷克设立仓库更接近德国等西欧主要国家市场。除上述两家电商外，以阿里巴巴为最大股东的第四方速递（4PX EXPRESS）于 2016 年在比尔森州设立了海外仓，为阿里巴巴提供物流服务，同时为当地提供了近 200 个工作岗位。马耳他 Maleth Aero 集团与捷克摩拉维亚—西里西亚州俄斯特拉发机场合作，于 2021 年 2 月 6 日开通了一条飞往中国的货运航线，计划每周飞 2—3 班次。此外，在机场原有的 DHL、UPS 航线及乌兹别克斯坦的定期包机中也额外增加了往返中国的货运班次。

伴随着跨境电子商务的发展，中捷之间的物流服务在增加。近年来，越来越多的来自中国的快递包裹发至捷克。据捷克邮局统计，2017 年来自中国的快递达 1560 万件，同比增长 40%；2018 年初以来，增幅已超过 50%。由于来自中国的商品价格低廉，且货值低于 22 欧元，免增值税，因此捷克消费者愿意花费 1—2 个月等待的时间去订购中国产品。这些商

---

[1] 中华人民共和国驻捷克共和国大使馆经济商务处：《2018 年赴捷克旅游人数再创纪录》，http：//cz.mofcom.gov.cn/article/jmxw/201902/20190202834771.shtml。

[2] 中华人民共和国驻捷克共和国大使馆经济商务处：《参赞致辞》，http：//cz.mofcom.gov.cn/article/about/greeting/201905/20190502868135.shtml。

[3] 中华人民共和国驻捷克共和国大使馆经济商务处：《2019 年三季度中国赴捷克旅游人数减少》，http：//www.mofcom.gov.cn/article/i/jyjl/m/201911/20191102913005.shtml。

[4] 中华人民共和国驻捷克共和国大使馆经济商务处：《2020 年捷克游客数量减少 51%》，http：//cz.mofcom.gov.cn/article/jmxw/202102/20210203038518.shtml。

品大多为电子产品，主要是智能手机。但是，根据欧盟增值税新规，2021年取消了22欧元进口免税额度，此类商品的价格优势受到了影响。[①] 2020年11月，捷克邮政与中国全球速卖通（AliExpress）签署合作协议，这意味着从中国网购商品的到货速度会缩短至10—14天。[②]

越来越多的捷克人选择中国的跨境电子商务服务。随着克朗的不断升值（自2017年4月捷克央行宣布结束汇率干预机制以来，克朗兑美元升值20%，对人民币升值14%），捷克人通过网络购买海外商品的数量大幅增加，特别是在中国的网购增长最快。据捷克银行卡协会统计，2017年1—9月，捷克人在中国网站购物和支付住宿、飞机票等支出达245亿克朗（约合10亿美元）；捷克斯洛伐克储蓄银行（CSOB）的统计数据表明，捷克人2017年平均每月在中国网购订单达11万笔，仅在阿里巴巴旗下的全球速卖通（AliExpress）网站采购量就增长了50%。据捷克ESET调查公司数据，42%的捷克人有从中国网购的经历，而在美国和欧洲其他国家网购的人数比例均为13%。[③]

第二节 双边贸易结构与失衡

中捷双边贸易关系持续发展。虽然中捷进出口贸易规模仍然较小，但是它在中国对外贸易中的比重不断提高。捷克在中捷贸易中长期处于逆差状态，这种不平衡要求双方集思广益，采取措施，探索贸易再平衡路径。

一 货物贸易结构

按照不同的划分标准，本书将从三个方面考察中捷货物贸易的商品结构。2007年、2013年、2016年和2019年中国与捷克货物贸易的商品结构及其变化如表Ⅲ-3-4所示。

[①] 中华人民共和国驻捷克共和国大使馆经济商务处：《中国快递大量涌入捷克》，http://cz.mofcom.gov.cn/article/jmxw/201806/20180602751986.shtml。

[②] 中华人民共和国驻捷克共和国大使馆经济商务处：《捷克邮政与中国速卖通合作》，http://cz.mofcom.gov.cn/article/jmxw/202011/20201103014684.shtml。

[③] 中华人民共和国驻捷克共和国大使馆经济商务处：《捷克人在中国网购大幅增加》，http://cz.mofcom.gov.cn/article/jmxw/201801/20180102704051.shtml。

表Ⅲ-3-4　　　　　　　　中捷双边货物贸易结构　　　　　　　　　　（%）

年份			2007	2013	2016	2019
中国出口捷克产品	要素结构	资源密集型产品	0.71	0.75	0.67	0.65
		劳动密集型产品	27.16	20.28	17.61	17.67
		资本密集型产品	72.13	78.97	81.72	81.68
	技术结构	LT	20.45	16.07	13.02	18.30
		MT	12.47	13.74	17.02	11.92
		HT	66.99	70.06	69.80	69.78
	经济用途结构	消费品	19.04	15.27	14.54	12.04
		中间产品	46.84	35.85	35.92	27.55
		资本品	34.03	48.87	49.55	60.35
		广泛用途类产品	0.08	0	0	0.05
捷克出口中国产品	要素结构	资源密集型产品	3.93	8.15	6.10	23.53
		劳动密集型产品	21.46	25.56	26.11	16.62
		资本密集型产品	74.61	66.29	67.79	59.85
	技术结构	LT	21.29	25.92	23.84	38.77
		MT	54.27	52.69	55.20	37.80
		HT	24.41	21.34	20.84	23.43
	经济用途结构	消费品	4.08	6.90	7.47	5.56
		中间产品	73.03	62.09	63.25	64.78
		资本品	22.71	27.28	27.15	28.83
		广泛用途类产品	0.18	3.73	2.13	0.83

说明：每种分类里均有一小部分未作说明的产品，故每种分类中的各类产品占比之和并不等于1。

资料来源：根据UN-comtrade数据计算。

第一，按照要素结构划分。中国出口以劳动和资本密集型产品为主，二者占比超过99%，与2007年相比，2019年中国出口捷克的资本密集型产品所占比重超过81.68%，而劳动密集型产品则下降近10个百分点。与此同时，2007年捷克出口的资本密集型产品占据着绝对优势，占比为74.61%，但该类产品占比逐年下降，与2007年相比，2019年占比下降了14.76%，但仍然在各类产品中位居第一；同期，资源密集型产品的占比上升至23.53%，而劳动密集型产品的占比下降到16.62%。

第二，按照技术结构划分。中国对捷克出口的低技术含量（LT）、中等技术含量（MT）和高技术含量（HT）产品的贸易额比例约为18∶12

:70，而捷克出口额比例约为 39∶38∶23，即中国出口以高技术含量的产品为主，但中等技术含量产品占比在考察期内先上升后下降，为 11.92%，低技术含量产品占比先下降后上升。捷克出口以低技术和中等技术含量产品为主。低技术和高等技术含量产品所占比重较为稳定，但中等技术含量产品出口额在 2019 年大幅下降。

第三，按照经济用途结构划分。在考察期内，中国对捷克出口商品的经济用途结构发生逆转，2007 年出口以中间产品为主，占比接近 47%，而 2019 年资本品的出口达到 60%，同期，中间产品出口所占比重降至 27.55%，消费品出口所占比重降至 12.04%，广泛用途类产品所占比重较为稳定。2007 年，捷克对中国出口的中间产品占比超过 70%，但其比重在 2019 年降至 64.78%，降幅达到 8.25%，主要可归因于同期消费品和资本品出口的迅猛增长。

总体来看，无论是按照要素结构，还是按照技术结构或者经济用途划分，中国与捷克的双边货物贸易都呈现出比较明显的资源禀赋特征。中国对捷克出口的产品以劳动和资本密集型产品为主，而捷克对中国的出口则以资本密集型产品、中间产品、中等技术含量产品为主。

二　货物贸易失衡度与失衡来源

在中国—中东欧合作的背景下，中捷两国在贸易、金融、教育和医疗等方面的合作取得了重要进展。目前，在中东欧国家中，捷克是中国第二大贸易伙伴，而中国是捷克除欧盟以外的第一大贸易伙伴。2016 年，中捷双边贸易额为 110 亿美元，与 2015 年持平，其中，中方出口额为 80.6 亿美元，同比下降 2%，进口额为 29.4 亿美元，同比增长 6%。2019 年中捷双边贸易总额为 293 亿美元，同比增长 2.3%，占捷克外贸总额的 7.8%。其中，捷克对中国出口额为 25 亿美元，同比减少 4.5%，占捷克出口总额的 1.2%；捷克自中国进口额为 268 亿美元，同比增长 3%，占捷克进口总额的 15.2%。随着"一带一路"建设的展开，中捷经贸发展迅速，中捷双边贸易总额占中国与中东欧国家贸易总额近 20%。

从 1993 年起，中捷贸易出现不平衡，其中，捷克处于贸易逆差地位，中国处于贸易顺差地位。捷克对中国的贸易逆差一直在扩大，2002 年中国成为捷克第三大贸易逆差国家。据欧盟统计局统计数据，捷克 2019 年对华贸易逆差达到 243 亿美元。

具体而言,按照要素结构划分,中国对捷克的货物贸易顺差几乎全部来自于劳动密集型产品和资本密集型产品;按照技术结构划分,低技术含量产品所占比重呈下降趋势,而高技术含量产品则先上升后下降;按照经济用途划分,资本品占比先大幅度上升后下降,2019 年 31.52% 的顺差来自于资本品,而贸易顺差中的消费品、中间产品占比逐年下降,消费品由 2007 年的 23.22% 下降至 2019 年的 6.48%,中间产品由 2007 年的 44% 下降至 2019 年的 -37.23%,同期,广泛用途类产品占比变化不大(见表Ⅲ-3-5)。综合来看,中捷顺差的主要构成是具有较高附加值的高技术含量的资本品,例如,机械设备出口。产生这种贸易逆差的主要原因有中国对捷克出口的产品竞争力和优势要高于捷克对华出口的产品;捷克一直采取自由贸易政策,既促进其与欧洲(特别是西欧国家)的经贸关系,也为中国价廉物美的产品进入捷克打开了大门。总体而言,中国对捷克贸易顺差绝对值的缓慢扩大,对中捷进一步加强经贸合作具有重要影响。

表Ⅲ-3-5　　　　　　　　中国对捷克货物贸易失衡的构成　　　　　　　　(%)

年份			2007	2013	2016	2019
贸易失衡度(出口额—进口额)(亿美元)			33.04	42.23	51.07	83.39
贸易顺差的构成	要素结构	资源密集型产品	0.23	-2.50	-1.08	-22.88
		劳动密集型产品	29.36	18.26	15.29	1.05
		资本密集型产品	70.41	84.23	85.78	21.83
	技术结构	LT	21.36	13.48	10.25	-20.47
		MT	2.40	-11.70	-5.14	-25.88
		HT	76.12	98.03	94.69	46.35
	经济用途结构	消费品	23.22	22.53	20.38	6.48
		中间产品	44.00	20.74	18.25	-37.23
		资本品	32.69	58.87	61.33	31.52
		广泛用途类产品	0.10	-1.89	0.04	-0.78

资料来源:根据 UN-comtrade 数据计算。

第三章 "一带一路"倡议与贸易投资合作   567

事实上，根据 HS2 编码分类下的中捷双边贸易详细目录（见表Ⅲ-3-6），以 2019 年为例，可以发现，中国向捷克出口的前 10 种产品主要是电机、电气设备及其零件，录音机及放声机、电视图像、声音的录制和重放设备及其零件、附件，核反应堆、锅炉、机器、机械器具及设备，光学、照相、电影、计量、检验、医疗或外科用仪器及设备、精密仪器及设备，上述物品的零件、附件，车辆及其零件、附件，但铁道及电车道车辆除外，玩具、游戏品、运动用品及其零件、附件，非针织或非钩编的服装及衣着附件，家具、寝具、褥垫、弹簧床垫、软坐垫及类似的填充制品，未列名灯具及照明装置，发光标志、发光铭牌及类似的制品，活动房屋，针织或钩编的服装及衣着附件，塑料及其制品。

捷克对中国出口的前 10 种产品主要是核反应堆、锅炉、机器、机械器具及设备，录音机及放声机、电视图像、声音的录制和重放设备及其零件、附件，车辆及其零件、附件，但铁道及电车道车辆除外，光学、照相、电影、计量、检验、医疗或外科用仪器及设备、精密仪器及设备，上述物品的零件、附件，玩具、游戏品、运动用品及其零件、附件，木浆及其他纤维状纤维素浆，纸及纸板的废碎品，塑料及其制品，橡胶及其制品，家具、寝具、褥垫、弹簧床垫、软坐垫及类似的填充制品，未列名灯具及照明装置，发光标志、发光铭牌及类似的填充制品，活动房屋，以及钢铁制品。

表Ⅲ-3-6　　中捷货物贸易 Top10 商品的出口额（按照 HS2 编码）　　（亿美元）

年份	中国出口捷克		捷克出口中国	
2007	第 84 章	19.54	第 84 章	3.34
	第 85 章	11.33	第 85 章	1.16
	第 90 章	3.03	第 70 章	0.43
	第 64 章	1.07	第 87 章	0.33
	第 62 章	0.71	第 39 章	0.27
	第 61 章	0.56	第 90 章	0.26

续表

年份	中国出口捷克		捷克出口中国	
2007	第87章	0.56	第40章	0.13
	第73章	0.55	第73章	0.11
	第95章	0.53	第72章	0.08
	第94章	0.37	第41章	0.08
2013	第84章	32.10	第84章	4.98
	第85章	19.83	第85章	4.81
	第90章	2.96	第87章	1.89
	第61章	1.51	第90章	1.49
	第87章	1.26	第47章	0.71
	第64章	1.17	第39章	0.59
	第94章	1.11	第40章	0.57
	第62章	1.04	第95章	0.53
	第95章	0.90	第83章	0.44
	第39章	0.75	第74章	0.41
2016	第85章	33.00	第84章	5.36
	第84章	29.76	第85章	4.52
	第90章	3.85	第87章	2.22
	第87章	2.05	第90章	1.55
	第95章	1.35	第95章	0.65
	第62章	1.02	第47章	0.58
	第94章	0.96	第39章	0.58
	第61章	0.86	第40章	0.52
	第39章	0.85	第94章	0.50
	第64章	0.83	第73章	0.36

续表

年份	中国出口捷克		捷克出口中国	
2019	第85章	140.64	第85章	6.00
	第84章	81.61	第84章	5.98
	第95章	5.67	第90章	2.23
	第62章	4.40	第47章	1.57
	第87章	4.32	第87章	1.16
	第39章	4.20	第95章	0.79
	第61章	4.06	第39章	0.76
	第64章	3.40	第40章	0.48
	第94章	3.86	第73章	0.34
	第73章	3.54	第94章	0.30

资料来源：根据 UN-comtrade 数据计算。

从中捷两国贸易额排名前10的产品中可以发现，包括核反应堆、锅炉、机器、机械器具及设备，电机、电气设备及其零件，录音机及放声机、电视图像、声音的录制和重放设备及其零件、附件，车辆及其零件、附件，但铁道及电车道车辆除外，光学、照相、电影、计量、检验、医疗或外科用仪器及设备，精密仪器及设备，上述物品的零件、附件，玩具、游戏品、运动用品及其零件、附件等在内的7种产品是相同的。这说明中捷两国的贸易以产业内贸易为主，在以上产品领域呈现出较弱的互补性。

比较中国和捷克的进出口商品结构可见，虽然中捷两国的主要出口商品都属于机电产品，但是中捷两国的对外贸易商品重合度较低。这是因为捷克从中国进口很多的投资性或生产性产品，即半成品，用于在捷克本土加工，而后出口到其他欧洲国家。其中，主要出口国是德国，所以形成德国—中欧供应链。同时，中国出口捷克的一些产品是由欧盟一些企业在中国投资生产的，这些外资企业在中国生产产品后，再返销至捷克，实际上欧盟一些国家对捷克的逆差转化成了中国对捷克的顺差。①

此外，中国出口纺织类、家具、玩具等商品较多，这是由于中国劳动力资源丰富。中国在机电产品、鞋类和杂项制品类上历来具有很强的竞争力，拥有比较明显的市场优势，该类产品的显示性比较优势（RCA）指数大于1。与之相反，中国经济的高速发展和庞大的人口数量需要大量的原材料，其中，包含棉花、食用油脂、石油等中国需求量巨大的商品，因此需要大量进口原材料型产品。中国在动植物油脂和矿产品等资源密集型初级商品的出口方面具有明显的劣势，中国出口这两类商品的比较优势很小，不具有市场优势，竞争力较低。尽管中国出口商品结构在优化，但是玻璃、陶瓷制品和贵金属制品类原材料密集型工业制成品的出口日趋减少，中国与捷克在贸易方面的结构性差异仍然较为明显。

新冠疫情暴发以来，防护服、口罩、诊断试剂盒、消毒液、呼吸机与氧气等医疗产品在全球的贸易额大幅增长，这也反映在中捷货物贸易结构变化中。伴随着疫情得到控制和经济复苏，预计医疗产品的贸易额及其占比将恢复到疫情暴发前的水平。

三　服务贸易结构与失衡

自加入世界贸易组织以来，中国服务贸易稳步发展，已成为国民经济中的重要组成部分。2007—2019年，中国对捷克服务贸易出口额从2.3亿美元显著增长到13.53亿美元，年均增速达到34.88%，只有2008年受金融危机波及，在全球经济都普遍衰退的境遇下，中国对捷克服务贸易出口额出现大幅下降，出现入世以来第一次服务贸易出口规模缩减，其余年份服务贸易规模都呈现出较好的发展趋势。与此同时，2007—2019年，捷克对中国出口服务贸易额从0.81亿美元显著增长到6.94亿美元，年均增速达到54.06%。但是，中国与捷克的服务贸易逆差较大，2007—2019年，捷克与中国的服务贸易逆差额呈波浪式变动，2015年逆差额达到最大，为5.5亿美元。但是随着"一带一路"建设和中捷两国的经济发展，中国与捷克的服务贸易出口额不断提高，服务贸易逆差逐步减少。

---

① 中华人民共和国驻捷克共和国大使馆：《驻捷克大使马克卿就"一带一路"国际合作高峰论坛接受捷克最大政论网站专访》，http://www.fmprc.gov.cn/ce/cecz/chn/zxdt/t1461514.htm。

第三节 双边贸易互补性与依存度

一 对外贸易依存度

对外贸易依存度是指一国对贸易伙伴国的出口额占本国出口总额的比重与贸易伙伴国进口额占世界进口总额的比重之比,具体计算方法如公式(1)所示。[①]

$$TCD_{ij} = \frac{X_{ij}/X_i}{M_j/M_w} \quad (1)$$

其中,X_{ij} 表示 i 国对 j 国的出口额;X_i 表示 i 国的出口总额,M_j 表示 j 国的进口总额,M_w 表示全世界的进口总额。TCD_{ij} 实质上反映了与世界出口对 j 国的平均依赖水平(M_j/M_w)相比较而言,i 国对 j 国的贸易依赖程度(严格来讲,应是出口依赖程度)。如 $TCD_{ij}=1$,则为世界平均水平;如 $TCD_{ij}<1$(或>1),则表明 i 国在贸易上对 j 国的依赖较弱(或较强),需要强调的是贸易依存度并不是一个对称的指标,即在一般情况下,$TCD_{ij} \neq TCD_{ji}$。

2010 年,中国对捷克的贸易依存度指数为 0.842,2017 年上升至 1.011,变化率高达 20.15%。与此同时,2010 年,捷克对中国的贸易依存度为 0.134,2017 年上升至 0.208,变化率高达 55.29%。中国对捷克的贸易依存度指数大于 1,表明中国货物贸易对捷克的依赖较强;捷克对中国的贸易依存度指数仍然远小于 1,表明捷克货物贸易对中国的依赖仍然较弱。中国与捷克之间的贸易依存度指数都在提高,表明两国对彼此的贸易依存度在提高,这可能是因为中国—中东欧国家合作机制与"一带一路"建设增强了中国与捷克的贸易往来和依赖程度,这种趋势有望延续。

二 显示性比较优势指数

显示性比较优势指数(RCA,Revealed Comparative Advantage Index)表示一个国家的某一种商品(劳务)贸易出口额占该国该商品(劳务)

[①] 汪斌:《国际区域产业结构分析导论——一个一般理论及其对中国的应用分析》,上海三联书店、上海人民出版社 2001 年版,第 139 页。

贸易出口总额的比重与该商品（劳务）的全球贸易出口总额占所有商品（劳务）的全球贸易出口总额比重的比率，用来衡量一国的某一商品（劳务）在国际市场上的竞争力水平。其计算方法如式（2）所示。

$$RCA_{ij} = \frac{X_{ij}/X_j}{W_i/W} \quad (2)$$

其中，X_{ij} 和 X_j 分别表示 j 国第 i 类商品（劳务）和所有商品（劳务）的出口额，W_i 和 W 表示世界第 i 类商品（劳务）和所有商品（劳务）的出口额。RCA 指标可以反映一个国家某一商品（劳务）的比较优势程度，RCA>2.5，表明极强的比较优势，RCA 位于 1.25 和 2.5 之间，表明较强的比较优势，RCA 位于 0.8 和 1.25 之间，表明一般比较优势，RCA 小于 0.8，表示比较劣势。

表Ⅲ-3-7、表Ⅲ-3-8 反映了 2013 年和 2018 年捷克货物贸易出口额居前 10 名的商品及其 RCA 变化。2013 年捷克具有极强比较优势的玩具（第 95 章）在 2018 年已经跌出该国货物出口贸易前 10 名，2018 年捷克车辆及其零件、附件，但铁道及电车道车辆除外类别商品（第 87 章）具有极强的比较优势；光学设备等精密仪器在 2018 年跻身前 10 名，但是比较劣势明显；矿物燃料的比较劣势依旧；其他类别商品的比较优势略有变化；第 84 章、第 85 章、第 73 章、第 40 章、第 94 章的产品依然具有较强的比较优势，第 39 章和第 72 章的产品具有一般比较优势，反映出捷克具有强大的工业基础，工业制成品在国际市场上的竞争力强。

表Ⅲ-3-7　2013 年捷克货物贸易出口额 Top10 商品的 RCA 指数

HS 编码	RCA 指数
HS 84 核反应堆、锅炉、机器、机械器具及其零件	1.73
HS 87 车辆及其零件、附件，但铁道及电车道车辆除外	2.43
HS 85 电机、电气设备及其零件；录音机及放声机、电视图像、声音的录制和重放设备及其零件、附件	1.33
HS 73 钢铁制品	2.49
HS 39 塑料及其制品	1.10
HS 27 矿物燃料、矿物油及其蒸馏产品；沥青物质；矿物蜡	0.17

续表

HS 编码	RCA 指数
HS 72 钢铁	1.31
HS 40 橡胶及其制品	2.22
HS 94 家具；寝具、褥垫、弹簧床垫、软座垫及类似的填充制品；未列名灯具及照明装置；发光标志、发光铭牌及类似品；活动房屋	1.92
HS 95 玩具、游戏品、运动品及其零件、附件	3.90

资料来源：根据 UN-comtrade 数据计算。

表Ⅲ-3-8　2018 年捷克货物贸易出口额 Top10 商品的 RCA 指数

HS 编码	RCA 指数
HS 87 车辆及其零件、附件，但铁道及电车道车辆除外	2.56
HS 84 核反应堆、锅炉、机器、机械器具及其零件	1.70
HS 85 电机、电气设备及其零件；录音机及放声机、电视图像、声音的录制和重放设备及其零件、附件	1.28
HS 73 钢铁制品	2.24
HS 39 塑料及其制品	1.06
HS 94 家具；寝具、褥垫、弹簧床垫、软座垫及类似的填充制品；未列名灯具及照明装置；发光标志、发光铭牌及类似品；活动房屋	2.12
HS 72 钢铁	1.10
HS 90 光学、照相、电影、计量、检验、医疗或外科用仪器及设备、精密仪器及设备；上述物品的零件、附件	0.66
HS 40 橡胶及其制品	2.09
HS 27 矿物燃料、矿物油及其蒸馏产品；沥青物质；矿物蜡	0.17

资料来源：根据 UN-comtrade 数据计算。

这与两国的贸易品结构和长久以来形成的贸易伙伴国结构有关。中国与捷克的进出口贸易规模非常小，捷克的进出口主要依赖欧盟。

表Ⅲ-3-9、表Ⅲ-3-10 反映了 2013 年和 2018 年中国货物贸易出口额居前 10 名的产品及其 RCA 变化。中国第 61 章、第 94 章、第 62 章始终具有极强的比较优势，而 2013 年具有极强比较优势的第 64 章产品在

2018年已经跌出中国货物出口贸易前10名；有机化合物（第29章）在2018年跻身于前10名，而且具有一般比较优势；车辆及其零件、附件，但铁道及电车道车辆除外类别商品（第87章）的比较劣势依旧；其他类别产品的比较优势略有变化；第84章、第85章、第73章的产品依然具有较强的比较优势，第90章和第39章的产品具有一般比较优势，反映出中国轻工产品、机电产品和钢铁制品等低技术和中等技术产品在国际市场上有竞争力，但是汽车等高技术产品和资本密集型产品缺乏国际竞争力。

比较中国和捷克货物贸易出口额居前10名的产品及其RCA变化，可见，中国和捷克的机电产品都具有较强的比较优势，塑料制品和光学设备都具有一般比较优势。结合中国—捷克双边贸易的主要产品可知，产业内贸易和产品内贸易在中国—捷克双边贸易中的份额大，双边贸易极具潜力。

表Ⅲ-3-9 2013年中国货物贸易出口额Top10商品的RCA指数

HS编码	RCA指数
HS 85 电机、电气设备及其零件；录音机及放声机、电视图像、声音的录制和重放设备及其零件、附件	2.05
HS 84 核反应堆、锅炉、机器、机械器具及其零件	1.54
HS 61 针织或钩编的服装及衣着附件	3.51
HS 94 家具；寝具、褥垫、弹簧床垫、软座垫及类似的填充制品；未列名灯具及照明装置；发光标志、发光铭牌及类似品；活动房屋	3.16
HS 90 光学、照相、电影、计量、检验、医疗或外科用仪器及设备、精密仪器及设备；上述物品的零件、附件	1.10
HS 62 非针织或非钩编的服装及衣着附件	2.75
HS 39 塑料及其制品	0.87
HS 87 车辆及其零件、附件，但铁道及电车道车辆除外	0.36
HS 73 钢铁制品	1.54
HS 64 鞋靴、护腿和类似品及其零件	3.29

资料来源：根据UN-comtrade数据计算。

表Ⅲ-3-10　2018年中国货物贸易出口额Top10商品的RCA指数

HS 编码	RCA 指数
HS 85 电机、电气设备及其零件；录音机及放声机、电视图像、声音的录制和重放设备及其零件、附件	1.89
HS 84 核反应堆、锅炉、机器、机械器具及其零件	1.47
HS 94 家具；寝具、褥垫、弹簧床垫、软座垫及类似的填充制品；未列名灯具及照明装置；发光标志、发光铭牌及类似品；活动房屋	2.92
HS 39 塑料及其制品	0.97
HS 87 车辆及其零件、附件，但铁道及电车道车辆除外	0.38
HS 61 针织或钩编的服装及衣着附件	2.70
HS 62 非针织或非钩编的服装及衣着附件	2.62
HS 90 光学、照相、电影、计量、检验、医疗或外科用仪器及设备、精密仪器及设备；上述物品的零件、附件	0.91
HS 73 钢铁制品	1.63
HS 29 有机化合物	1.07

资料来源：根据UN-comtrade数据计算。

三　贸易互补性指数

贸易互补性指数（TCI，Trade Complementarity Index）反映国家i出口与国家j进口之间的贸易互补性。各种贸易互补性指数并无一致性。为简单起见，这里根据两国贸易进出口结构的相似系数来评判中国与捷克的贸易互补性，其计算方法如公式（3）所示。

$$ES_{ij} = \sum_k \min\{x_i^k, m_j^k\} \tag{3}$$

其中，x_i^k为中国产品k出口世界的比重，m_j^k为捷克产品k进口世界的比重。这时，公式（3）反映中国出口与捷克进口的互补性。反之，则可以计算捷克出口与中国进口的互补性。如果一国出口的产品结构与另一国进口的产品结构吻合，那么两国的贸易具有互补性。如果两国的贸易具有互补性，通过消除贸易壁垒与实现规模化生产可以给贸易双方带来较大的利益。相反，一方出口的产品并非另一方进口的产品，那么双方贸易的互补性较小，两国贸易发展潜力将受到限制。

在实证分析中用到的贸易数据均来自联合国商品贸易统计数据库（UN-comtrade），分类标准采用的是国际贸易标准分类的第三版（SITC-3），并细分到3位代码，这主要是考虑到双边贸易互补的实质是其产业之间的互补，而目前产业内贸易的计算多细分到3位代码。

由表Ⅲ-3-11可见，中国与捷克间的进出口互补指数在2007—2013年比较稳定。中国—中东欧国家合作机制与"一带一路"建设为中捷双边贸易提供了机遇，在短时间内大幅提高了中国出口与捷克进口的互补性，反映了贸易便利化措施和商品品质对于中国商品进入捷克市场的巨大帮助。2016年中国出口与捷克进口的互补性达到0.6165，较2007年上升7.2%，意味着中国商品在捷克的贸易潜力提升；2007年、2013年和2016年捷克出口与中国进口的互补性比较稳定，2016年的指数仅为0.4171，远低于中国出口与捷克进口的互补性。2016年以后，中国出口与捷克进口的互补性急剧下降，并趋于稳定，但是2019年的贸易互补性指数小于2007年，这反映了捷克市场规模小；同期，捷克出口与中国进口的互补性急剧上升，并趋于稳定，而且2019年的贸易互补性指数大于2007年的水平，这反映了中国市场规模大，捷克商品在中国市场上的潜力大。2018年以后中捷贸易互补性指数变化趋势说明中捷双边贸易的互补趋于理性，而且捷克对中国的出口潜力在提升，这有助于改善捷克在中捷贸易中的逆差地位。2019年中国出口与捷克进口的互补性达到0.5463，较2016年下降11.39%，但是仍然高于捷克出口与中国进口的互补性，后者2019年的指数是0.4695，这表明中国商品在捷克市场上的潜力仍然大于捷克商品在中国市场上的潜力。结合两国的商品结构可知，中国与捷克都向对方既出口又同时进口电气设备、核反应堆、机械器具及其零件等，两国的进出口商品结构具有一定的相似性，中国与捷克可能同时处于同一产品全球价值链分工的不同环节。可见，中国与捷克既存在竞争，又在很多商品上存在贸易互补优势，且贸易互补大于贸易竞争，中捷存在进一步拓展经贸合作的巨大空间。

表Ⅲ-3-11　　　　　　　　　　中捷贸易互补性

	中国出口与捷克进口的互补性	捷克出口与中国进口的互补性
2007	0.5750	0.4217
2013	0.5646	0.4053
2016	0.6165	0.4171
2018	0.5382	0.4761
2019	0.5463	0.4695

资料来源：根据 UN-comtrade 数据计算。

第四节　双边投资规模与潜力

一　中国对捷克直接投资规模

自2013年以来，中捷两国关系快速发展，带动双向投资迅猛增长。不少中国企业抓住中国—中东欧国家合作与"一带一路"建设的发展机遇，在捷克进行产业投资和战略布局。近年来，捷克成功举办多届中国投资论坛。在2018年中捷合办的中国投资论坛上，两国就提升中小企业在工业、经贸、科技、投资及其他领域的合作水平达成一致。截至2018年底，中国对捷克累计协议投资近30亿美元，是2013年的10倍，捷克在中国的投资达到3亿美元。据中国商务部统计，2006—2018年，中国对捷克的投资流量规模小，除2018年外，其余均低于7000万美元。2006—2018年中国对捷克投资流量平均年增速仅为1.14%。2018年中国对捷克直接投资流量为1.13亿美元。截至2018年末，中国对捷克直接投资存量为2.79亿美元。其中，2018年中国对捷克新增投资11433万美元，同比大幅增长69.33%，在当年末的中国对外直接投资存量中的比重为0.2%（见图Ⅲ-3-3）。

中国对捷克投资迅速增长，不仅为捷克带来大量外资，还为其增加了大量的税收和工作岗位。中国对捷克的直接投资存量逐年稳步攀升。一直以来，捷克希望吸引更多的外国"绿地投资"，以提高捷克生产能力和解决当地就业问题。2017年，捷克最大的一笔外国投资来自中国延锋汽车内饰公司，投资额超过 1800 万美元，预计未来该项目总投资将达到 8400 万美元，创造 588 个就业岗位。①

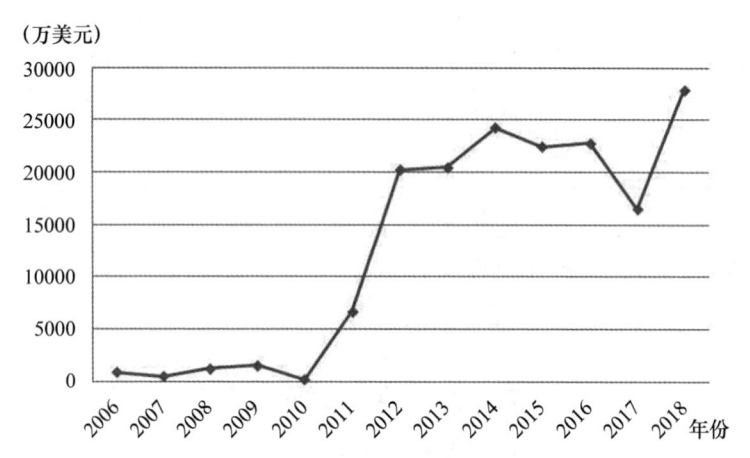

图Ⅲ-3-3　2006—2018 年中国对捷克的直接投资存量（截至当年年末）

资料来源：《中国对外直接投资统计公报》（2010 年、2019 年）。

近年来，中国企业越来越多地投资欧盟国家，欧盟和捷克加强外资审查的趋势必然影响中国企业在当地的投资。为避免第三国在欧盟内进行的投资并购损害欧盟技术优势，使得欧盟安全和公共秩序陷入风险，欧盟理事会于 2019 年 3 月通过了旨在强化审查力度的《欧盟外资审查框架法案》。这是欧盟首次颁布统一的外资审查规范。捷克至今还没有外资审查法。在新冠疫情期间，捷克政府于 2020 年 4 月批准了一项关于外资审查的法律草案，该法律草案有如下几个特点：（1）设计了针对非欧盟国家的外资审查体系。如果投资被评估为有风险，那么国家机构将有权设立标准和条件来限制该项目的实施，或是停止该项目，甚至进行追溯撤销。（2）对关键领域（例如，重要基础设施、军事工业或军民两用技术的开发生产）的投资要在实际进行前获得批准，其他普通投资项目可在未经国家批准的情况下进行。但是该法律草案设立了为期 5 年的追溯审查权。（3）为避免与审查程序有关的潜在问题，所有投资者都可以向主管部门

---

① 任鹏：《捷克愿借"一带一路"促捷中经贸投资合作》，《光明日报》2017 年 6 月 11 日第 3 版。

提交投资项目，以便事先进行咨询。如果对知名媒体公司进行投资，则这些咨询是强制性的。咨询过程将不超过40天，标准的审查程序最长可持续90天。在咨询结束后，工业和贸易部会给予正面反馈。如果反馈是负面的，那么要由政府有关机构做出决定。咨询和审查将主要由工业和贸易部在《欧盟外资审查框架法案》内，与国家其他授权机构及欧盟合作伙伴合作完成。在"国家安全"涵盖的内容越来越多的趋势下，《欧盟外资审查框架法案》和捷克的外资审查法草案实际上可能对非欧盟企业形成歧视，提高外国投资者的投资成本。中国企业应密切关注《欧盟外资审查框架法案》的实施和捷克外资审查法草案的审议进程，遵守东道国的法律法规，维护自己的合法权益。

二 中国对捷克直接投资的产业分布

目前，在捷克投资的中国企业超过40家，主要是通信电子企业、汽车和运输设备制造企业。中国企业对捷克投资呈现出以下特点：绿地投资逐渐增多；高科技领域投资稳步增长；金融行业投资成为新热点；传统行业投资焕发出活力。

2016年3月，中国国家主席习近平同捷克总统泽曼在布拉格共同出席中捷经贸合作圆桌会议。在习近平与泽曼的见证下，中捷双方企业签署了总计60亿美元的合作协议，涉及能源、金融、核电、航空、酿酒、化工等多个领域，譬如捷克J&T金融集团与中国国家开发银行、平安银行分别签署了合作协议。在工业领域，捷航工业与中航材签署合作谅解备忘录，捷克能源和中广核在核能领域也签署合作谅解备忘录，万华实业与BC-MCHZ签署关于投资发展的合作谅解备忘录，上汽与斯柯达汽车达成合作协议。此外，中国东航与捷航签署战略合作协议、中国国家开发银行与捷克出口银行签署金融合作发展协议。

据中国商务部统计，2018年中国企业在捷克新签承包工程合同24份，新签合同额为6941万美元，完成营业额为5739万美元。新签大型工程承包项目包括华为技术有限公司承包捷克电信等。

中国对捷克投资的行业结构逐步优化。捷克的工业基础雄厚，在产业升级、环保技术和新技术开发方面具有丰富经验，充满活力并呈现出高度务实的态势，而中国也面临着工业的转型升级，可见中捷两国科技合作具有潜力。

2017年，中国对外投资主要流向租赁和商务服务业、批发和零售业、制造业以及信息传输、软件和信息技术服务业，在房地产业、体育和娱乐业的对外投资没有新增项目。现在中捷两国已确立信息通信技术、纳米、医药、航空、生物技术和节能环保等高科技行业的优先发展，以加速经济的优化和调整。作为中国最重要的发展理念，中捷两国抓住"一带一路"建设契机，举办了成都—捷克通用航空专场对接会、中国—捷克科技合作交流会、大健康合作交流会等，还设立"捷克技术中国中心"，成为中捷两国纳米、生物等领域科技交流和贸易合作的桥梁，深化了双边科技创新合作，在投资中充分挖掘在技术转移转化方面的合作潜力。通过两国不间断的科研人员交流和科技合作，双方科技合作愈发牢固，未来捷克将会成为中国在中东欧地区重要的科技伙伴之一，"一带一路"科技创新行动计划的实施将为两国科技合作提供新的契机。

金融业成为中国投资捷克的新热点。由于捷克金融业发达，金融和汇率监管方面市场化程度高，加上人民币国际化进程加速，中国金融市场发展潜力广阔，形成了中捷两国进行金融合作的良好基础。在中国—中东欧国家合作机制的金融合作推动下，两国合作亮点频发，例如，中国银行、中国工商银行相继在布拉格设立分行，逐步带动其他中国金融机构赴捷克发展。此外，捷克政府也积极参与中国—中东欧基金的筹建工作。双方的经济交流进一步升级，不仅覆盖了大型跨国公司，而且惠及众多中小企业。

中国对捷克传统行业的投资焕发出新活力。虽然捷克的基础设施种类丰富，运输方式多样而且发展程度高，但是捷克国内铁路系统老化严重，需要及时改造铁路系统，因此捷克在基础设施建设方面的需求很大。引进高铁技术，以在未来推进捷克铁路与匈塞铁路连接，实现"一带一路"海陆运输联通，将为中国基础设施产业"走出去"提供广阔的市场。目前，陕鼓动力、大连橡塑、重庆轻纺等企业通过并购、收购优秀的捷克同行企业，整合双方技术、信息、市场等各类资源，实现优势互补和共赢发展。中国通过对捷克传统产业的投资合作，共同完成产业升级换代。

此外，中捷关系在"一带一路"倡议背景下取得了一系列进展。在2017年"一带一路"国际合作高峰论坛举办期间，双方在航空工业、金融合作、工业园、核技术合作及新能源方面签订了22个新项目；关于中捷共建科技园产业区的可行性也已展开讨论。例如，捷克飞机工业公司制造的通勤客机"L-410"在中国拥有大量潜在客户，有望在中国短途客运方面与中国进行合作。

捷克是中东欧地区的重要国家，影响力较大，深化中国与捷克的经贸合作，挖掘投资潜力，将对中东欧其他国家具有良好的示范效应。捷克工业化程度位居欧盟前列，工业基础设施完备，汽车业、机床业、冶金业、重工业方面都很发达。同时，捷克位于欧洲中心，也是"一带一路"建设在欧洲对接的重要战略支点。加强中国与捷克的经贸合作，有利于促进中国与欧洲整体合作，为实施"一带一路"倡议发挥重要的支撑作用。捷克的食品加工业，特别是啤酒和葡萄酒酿造业发达，中国与捷克在农产品领域的合作也是潜力所在。捷克的服务业发达，中国可以在金融服务、医疗卫生、生活环境、信息技术等方面与捷克加强合作。

三 中国对捷克投资的主要企业

华商在捷克比较集中的地区是布拉格4区SAPA批发市场和10区中国城。中国在捷克投资的主要企业有：中国华信集团、华为技术（捷克）有限公司、中兴（捷克）有限公司、长虹欧洲电器有限公司（电视机组装厂）、大连橡胶塑料机械股份有限公司等。

（一）华为技术（捷克）有限公司[①]

华为技术（捷克）有限公司于2005年成立，主要从事IT、电信网络设备供应和服务，同时建立了辐射周边国家的培训中心、区域服务中心，覆盖捷克全国主要城市和地区的服务和营销网络。自进入捷克以来，该公司经营情况良好，在捷克固网和移动通信网络市场上取得较大突破，与捷克主要运营商均建立了合作关系。华为智能手机已成为捷克当地市场主流品牌。此外，华为还与捷克当地大学紧密合作，促进了中捷信息产业技术和师生交流。华为捷克公司作为捷克中资企业协会会长单位，愿将捷克成功经验分享给前往捷克投资的中资企业。

[①] 中华人民共和国驻捷克共和国大使馆经济商务处：《程永如参赞陪同马克卿大使春节前走访华为捷克公司》，http://cz.mofcom.gov.cn/article/gzdt/201601/20160101243479.shtml。

(二) 中兴通讯（捷克）有限公司[①]

中兴通讯（捷克）有限公司于2005年在捷克注册成立，主要经营业务包括通信设备、政府企业网络、手机终端三大部分。自该公司成立以来，业务稳步发展，逐步扩大与捷克本土企业在通信应用领域的合作，包括行业应用定制解决方案及市政设施基建领域的相关通信合作项目。同时在手机产品上不断取得突破。中兴通讯是中国信息产业在捷克投资企业代表之一，经过十年的发展，取得了较好的成绩。

(三) 长虹欧洲电器有限公司[②]

长虹公司于2005年在位于宁布尔克镇的捷中工业园内建立工厂，主要组装生产电视机。随着其中国母公司产品范围的扩大，长虹捷克工厂也在考虑生产白色家电或空调的可能性。2016年5月1日，来自中国四川的液晶电视制造商——长虹公司在捷克研发中心正式成立，该中心位于宁布尔克镇的捷中工业园内。捷中工业园位于宁布尔克镇北部的工业区（总占地面积为280公顷），目前中国电信也在考虑入驻该工业园。

(四) 中远海运集运（中欧）有限公司[③]

中远海运中欧公司成立于2012年，为中远海运集装箱运输有限公司控股子公司，主要为中远海运集装箱运输有限公司提供集装箱代理业务。公司总部设在布拉格，业务范围覆盖捷克、斯洛伐克、奥地利、匈牙利和斯洛文尼亚五国，在奥地利、匈牙利设有分支机构，在斯洛文尼亚有分代理处。

(五) 中国银行布拉格分行[④]

中国银行布拉格分行于2015年7月20日注册，是在捷克成立的第一家中资银行，旨在推动中国金融国际化和人民币国际化，服务企业走出去

[①] 中华人民共和国驻捷克共和国大使馆经济商务处：《程永如参赞陪同马克卿大使走访中兴通讯捷克公司》，http://cz.mofcom.gov.cn/article/gzdt/201601/20160101241049.shtml。

[②] 中华人民共和国驻捷克共和国大使馆经济商务处：《长虹公司在捷研发中心正式成立》，http://cz.mofcom.gov.cn/article/jmxw/201605/20160501311522.shtml。

[③] 中华人民共和国驻捷克共和国大使馆经济商务处：《王劲松参赞陪同马克卿大使走访中远海运集运（中欧）有限公司》，http://cz.mofcom.gov.cn/article/gzdt/201801/20180102706856.shtml。

[④] 中华人民共和国驻捷克共和国大使馆经济商务处：《程永如参赞陪同马克卿大使走访中国银行布拉格分行》，http://cz.mofcom.gov.cn/article/gzdt/201601/20160101241187.shtml。

和"一带一路"倡议,满足中资及本地客户的金融需求。2015年8月31日,中国银行布拉格分行成立仪式在布拉格城堡隆重举行,捷克总统泽曼亲临现场致贺词,中国银行董事长和捷克央行行长一同为布拉格分行成立揭牌。

(六)京西重工[1]

京西重工捷克工厂是京西重工公司在捷克投资的绿地项目,投资额为2800万美元,2015年9月动工,2016年10月19日建成投产,主要生产汽车减震器,最大年产量为400万套,产品供沃尔沃、捷豹路虎和福特等高端车型使用。工厂自动化程度较高,现有员工80余人,至2020年全产能运转后员工人数达到350人左右,目前主要困难是招工难。京西重工作为中方在生产领域投资的高科技企业,符合捷克工业4.0战略发展方向和引资支持重点。

(七)万丰(捷克)飞机工业有限公司[2]

万丰奥特控股集团业务覆盖汽车部件、航空工业、智能装备、金融投资等领域。2016年7月,万丰在捷克布拉格成立万丰(捷克)飞机工业有限公司,与捷克有关通用飞机制造企业、捷克布尔诺科技大学等合作,努力打造轻型运动类飞机的设计研发平台。

(八)A123系统公司捷克锂电池工厂[3]

A123系统公司是一家新能源电池专业制造商,主要开发和生产锂离子电池和能量存储系统,总部设在美国马萨诸塞州沃尔瑟姆市。2013年1月,由浙江万向集团全资收购。2016年,为满足欧洲市场对汽车低压电池产品不断增长的需求,A123系统公司决定在捷克俄斯特拉发开设新厂扩大生产。目前,12V启动机锂电池生产线已建成投产,年生产能力达到60万套。到2017年底,建成了48V电池装配线。此前,该公司还在德国斯图加特建立了技术中心。

---

[1] 中华人民共和国驻捷克共和国大使馆经济商务处:《王劲松参赞陪同马克卿大使走访京西重工公司》,http://cz.mofcom.gov.cn/article/gzdt/201709/20170902637062.shtm。

[2] 中华人民共和国驻捷克共和国大使馆经济商务处:《袁明松一秘陪同马克卿大使走访万丰(捷克)飞机工业有限公司》,http://cz.mofcom.gov.cn/article/gzdt/201704/20170402565155.shtml。

[3] 中华人民共和国驻捷克共和国大使馆经济商务处:《袁明松一秘陪同马克卿大使出席万向集团捷克工厂开业仪式》,http://cz.mofcom.gov.cn/article/gzdt/201703/20170302530025.shtml。

(九）延锋汽车内饰系统有限公司捷克 Zatec 工厂[①]

延锋汽车内饰系统有限公司隶属上汽集团，2015 年与美国安道拓（Adient）汽车零部件公司合资成立，是一家专业生产汽车内饰系统的企业。延锋汽车内饰系统有限公司捷克 Zatec 工厂于 2015 年 7 月投产运营，现有员工 1400 多人，厂房 4 万余平方米，2016 年销售额超过 2.6 亿美元。此外，延锋汽车内饰系统有限公司在捷克的 Plana 地区新建了一家工厂，已于 2017 年 6 月开工。

（十）大连橡胶塑料机械股份有限公司捷克布祖卢科（Buzuluk）公司[②]

布祖卢科公司有着 550 多年历史，曾是中欧最大规模的炼钢厂，1998 年成立橡胶机械和活塞环两个事业部，2012 年被大连橡胶塑料机械有限公司收购。双方大力推动战略、管理及文化融合，全面共享信息、技术和市场等各类资源，实现了优势互补和共赢发展。布祖卢科公司在并购当年即实现扭亏为盈，2016 年销售收入超过 10 亿克朗。

（十一）TP-LINK 捷克子公司[③]

TP-LINK 1996 年成立于深圳，主要经营业务包括家用路由器、网卡、WiFi 扩展设备，以及中小企业级网络解决方案、室内外大型网络覆盖方案和远距离数据传输。从 2010 年开始，TP-LINK 成为全球最大的家庭网络设备制造商，占全球市场份额的 40% 以上。目前该公司在全球拥有 42 个办事处，在美国、中国和中国台湾省等共建有 4 个研发中心。TP-LINK 捷克子公司成立于 2014 年，业务发展迅速，凭借其出色的产品、实惠的价格和优质的服务赢得捷克消费者的广泛欢迎。目前 TP-LINK 在捷克家庭网络设备市场上的占有率超过 50%。

（十二）捷克 EKOL 公司[④]

EKOL 公司成立于 1991 年，是中东欧地区中型蒸汽轮机的主要制造

[①] 中华人民共和国驻捷克共和国大使馆经济商务处：《程永如参赞陪同马克卿大使春节前走访延锋汽车内饰系统有限公司》，http：//cz.mofcom.gov.cn/article/gzdt/201701/20170102508102.shtml。

[②] 中华人民共和国驻捷克共和国大使馆经济商务处：《程永如参赞陪同马克卿大使春节前走访大连橡塑捷克公司》，http：//cz.mofcom.gov.cn/article/gzdt/201701/20170102508100.shtml。

[③] 中华人民共和国驻捷克共和国大使馆经济商务处：《程永如参赞走访 TP-LINK 捷克子公司》，http：//cz.mofcom.gov.cn/article/gzdt/201608/20160801380527.shtml。

[④] 中华人民共和国驻捷克共和国大使馆经济商务处：《程永如参赞参加陕鼓动力收购捷克 EKOL 公司签约仪式》，http：//cz.mofcom.gov.cn/article/gzdt/201501/20150100878568.shtml。

商，能够向客户提供蒸汽轮机生产销售、EPC工程总包、燃气轮机维护、锅炉设计等服务，也是全球少数具备自主、完整的反动式蒸汽轮机设计生产能力的公司，在工业驱动型汽轮机上占据很大优势。陕鼓动力是陕西省国有企业，A股上市公司，是在能量转换系统领域中提供系统解决方案和系统服务的重要制造商和集成商，产品领域涵盖工业压缩机、工业汽轮机等能量转换设备，主要服务于石油、化工、新能源、环保、冶金等国民经济领域。双方具有相同的发展理念，拟借助收购整合技术和市场优势，完善产业链和国际布局。根据收购协议，陕鼓动力分阶段购买 EKOL 公司股东所持有的 100% 的股权。

（十三）浙江大华技术股份有限公司捷克分公司[①]

浙江大华公司成立于 2002 年，是一家以视频监控为核心的智慧物联解决方案提供商和运营服务商，其产品被广泛应用于公安、金融、交通、能源和通信等领域。近年来大力开拓国际市场，目前在亚太、北美、欧洲、非洲等地建立了 37 个分支机构。2016 年，该公司正式进入捷克市场。

四　捷克对中国直接投资规模

捷克是传统工业国家，工业在国民经济中占据重要地位，主要包括汽车及其零配件、机械制造、电气、飞机制造、制药和生物技术、纳米技术和新材料等。近几年来，捷克开始拓展中国等亚洲市场。捷克在中国投资的主要行业是汽车制造企业和金融服务企业，投资的其他行业包括电子行业、人工智能、5G 网络开发等。截至 2018 年底，捷克在中国的投资达到 3 亿美元左右。捷克对中国投资反映出其行业竞争优势。捷克的汽车制造业具有全球竞争优势，因此在中国投资兴建了一些汽车整车和零部件制造企业，甚至合资建设了一些中捷产业园区，例如，河北省沧州市的中捷产业园区，苏州工业园区的"捷克技术中国中心"。捷克在金融服务方面的优势也使其优势企业到中国投资兴业。

---

① 中华人民共和国驻捷克共和国大使馆经济商务处：《王劲松参赞陪同马克卿大使走访浙江大华公司》，http://cz.mofcom.gov.cn/article/gzdt/201802/20180202709257.shtml。

五 捷克对中国投资的主要企业

（一）斯柯达公司[①]

2017年4月，捷克汽车制造商斯柯达公司宣布，未来5年将在中国投资20亿欧元用于扩展现有的系列车型，包括可替代燃料汽车及SUV车。

2016年，斯柯达在华汽车总销量达到创纪录的31.7万辆，同比增长12.6%。目前，中国是斯柯达汽车的最大市场。至2020年，其汽车年销量突破了60万辆。在中国市场最畅销的斯柯达车型是明锐（Octavia），占其总销量的一半以上。

（二）Penta投资集团[②]

Penta投资集团于2018年4月宣布，拟通过设立Dr. Max连锁药店的形式进军中国，重点是以上海为龙头的中国南方市场。有专家认为，Penta投资中国连锁药店不会一帆风顺，可能会经历一些考验。因为中国医药市场呈碎片化，开设药店的环境也不同。欧洲的医院没有药店，而在中国处方药只能由医院内部的药店发售，零售药店只出售非处方药品。此外，中国人对传统中医药的重视也会影响连锁药店的经营。

Penta是中欧的一家投资集团，成立于1994年，其业务涵盖了医疗保健、金融服务、制造、零售及房地产开发。目前公司雇用员工超过41000人。Penta在写字楼项目上是捷克和斯洛伐克地区的前三大开发商之一，房产开发占集团总业务量的18%，仅次于零售和医疗保健业务。2017年该集团实现净利润2.4亿欧元，集团的总资产也同比增长6%，达到90亿欧元。

（三）捷信公司[③]

捷克PPF集团旗下捷信公司于2010年进入中国市场，从事小额消费

[①] 中华人民共和国驻捷克共和国大使馆经济商务处：《斯柯达汽车计划未来5年在华投资20亿欧元》，http://cz.mofcom.gov.cn/article/jmxw/201704/20170402562319.shtml。

[②] 中华人民共和国驻捷克共和国大使馆经济商务处：《Penta投资集团拟进军中国市场》，http://cz.mofcom.gov.cn/article/jmxw/201804/20180402735121.shtml。

[③] 中华人民共和国驻捷克共和国大使馆经济商务处：《捷信公司利润大幅增长》，http://cz.mofcom.gov.cn/article/jmxw/201711/20171102677403.shtml。

信贷，目前业务遍及 29 个省、300 余个城市，客户超过 3000 万户。2017 年前三季度，捷信公司利润达到 2.32 亿欧元，比去年同期 1.31 亿欧元大幅增长 77%。利润快速上涨主要得益于捷信在俄罗斯、中国、越南和哈萨克斯坦业务的增加。截至 2017 年 9 月末，捷信在欧洲、亚洲和美国共提供消费信贷 149 亿欧元，同比增长 95%。

（四）中捷产业园区

中捷产业园区的前身中捷友谊农场，是一个国际合作大型农垦企业。1955 年 1 月，中国国家副主席朱德对捷克斯洛伐克进行友好访问，捷克政府向中国赠送了 670 台可耕种 7000 公顷土地的农业机械设备。1956 年 7 月，为永久纪念中国和捷克斯洛伐克两国人民的友谊，经国务院批准，周恩来亲自命名了接收这批设备的地域为"中捷友谊农场"。2003 年 7 月，河北省农垦改制，中捷友谊农场更名为沧州临港经济技术开发区；2007 年渤海新区成立，中捷友谊农场更名为沧州渤海新区中捷产业园区，中捷友谊农场的名称继续保留。

（五）苏州工业园区的"捷克技术中国中心"

2013 年，捷克共和国技术局与苏州工业园区就"捷克技术中国中心"（CTCC）的落户签署信息交流谅解备忘录，标志着中捷将正式搭建起包括纳米、生物等领域在内的科技交流和贸易合作桥梁，"捷克技术中国中心"的落户是继芬兰与荷兰之后园区搭建的第三个国际合作平台，也是园区积极发展纳米技术应用产业的又一创新举措。

六 中捷双边投资的潜力

（一）"一带一路"倡议与捷克和欧盟的投资战略对接

通过政府间交流与对话，将中国倡导的"一带一路"倡议与欧盟的"容克计划"，以及捷克的国际经贸发展战略对接，善用中国—中东欧国家合作机制，寻找能够使三方共赢的投资发展规划，提高国际投资对中国、捷克和欧盟经济增长、产业优化、就业、社会福利的贡献，并促进全球经济增长。

（二）发挥投资促进机构的作用

捷克投资局隶属于捷克工贸部，主要职能是吸引外商投资，为外商投资提供配套咨询服务，以创造就业机会并促进捷克国内产业结构升级。捷克贸易促进局，旨在促进捷克与外国公司之间的国际贸易与合作。中国企业可从相关机构获得在捷投资、对外贸易的有关数据、信息、支持和咨询服务，寻找商业合作伙伴，了解当地有关政策和法律法规。捷克贸易促进局和投资局的总部都位于布拉格，在海外也分别设立代表处，其中国代表处设在上海、北京等地。除了政府机构，私人捷克经济商会也为改善企业的经营环境和支持国内外贸易提供服务，国内外的投资者、贸易商都可以与之联系。

（三）探索对外投资保障机制

中国与捷克直接投资的发展，离不开两国政府的推动和支持。中国对外直接投资连续多年在世界上名列前茅，在"一带一路"建设过程中积极推动资本在沿线国家的流动，为中国与捷克的投资合作开辟了更加广阔的空间。因为欧盟自身的困境，捷克等中东欧国家在积极寻求欧盟之外的外资来源国，与中国的投资合作增加。中捷两国应在双边投资保护协议的基础上，积极探索投资促进协议，共同致力于加快投资便利化与自由化的进程，创造更加便利、自由、开放的投资环境，促进中捷产能合作。

（四）促进中捷优势产业互补

捷克是中东欧地区传统工业国家，也是中东欧地区经济转型十分成功的国家之一。捷克在机械制造、汽车、热电和核电设备、电子、化工和制药、冶金和食品工业等领域具有较好的基础和技术水平；在通信和信息技术服务、创新产业、咨询、科技、研发以及旅游业等领域有较强优势。而中方优势产业涵盖基础设施建设、制造业、物流服务等。中捷双方应利用差异化优势，找准市场定位，寻找重点行业，促进中捷两国优势产业互补，推动互利共赢。

（五）科学引导对外投资

中国企业根据自身优势和投资项目特点科学选择进入捷克市场的模式，提高当地化水平，增加雇佣和培养当地人员，协调与当地政府和人员的关系，控制运营风险；遵守当地法律法规和风俗习惯，提高保护环境意识，重视商标保护。

第四章 "一带一路"倡议下的金融与银行合作

中捷两国友好关系有着深厚的历史渊源，双边关系发展势头持续向好，经贸合作呈现出广阔的发展前景。尽管受到新冠疫情的冲击，2020年中国仍然为捷克除欧盟外的第一大贸易伙伴，捷克保持了中国在中东欧地区的第二大贸易伙伴地位。中捷日益密切的经贸往来与投资关系为两国在金融领域合作发展奠定了良好的基础。

在金融领域，中国与捷克之间的合作虽然起步相对较晚，但"一带一路"倡议和"中国—中东欧国家合作"的实施为中捷两国金融合作提供了更加广阔的空间和平台。随着中捷经贸合作规模不断扩张、发展形式更加多元化，未来两国的金融合作势必在原有的基础上进一步深化。

本章将梳理捷克宏观经济环境和金融业概况。鉴于银行业在捷克金融领域所扮演的核心角色，第一节重点分析捷克银行业的发展沿革以及新冠疫情暴发后的稳健性表现。第二节和第三节分别探讨在"一带一路"倡议的大背景下，中捷金融与银行合作概况以及未来合作深化机遇。

第一节 捷克金融和银行系统概况

2004年捷克加入欧盟之后，得益于其自身较好的宏观经济基础，取得了一段较长时间的经济繁荣。此后，尽管受到2007—2009年金融危机和2010年欧债危机的拖累，在后金融危机时期捷克经济仍然表现出较强的发展韧性。2020年初新冠疫情的暴发并迅速蔓延使得全球经济活动停滞不前，捷克经济和金融的稳定发展同样面临着较大的挑战。然而，根据捷克国家银行2021年3月公布的银行业宏观压力测试结果，得益于长期的资本化、强大的客户存款基础和较高比例的流动资产，捷克金融和银行业能够较好地抵御外部冲击。

一　捷克宏观经济环境

1993年1月1日，捷克共和国和斯洛伐克共和国成为两个独立的国家，两国经济模式随之从计划经济转型为市场经济。在经济转型最初的十年期间，捷克国内经济发展较为反复不定，GDP增速波动较大，最高达4.5%（1996年），最低仅有-0.6%（1997年）。整体来看，捷克的年平均经济增速（2.2%）要略低于欧盟的平均水平（2.4%）。

在捷克加入欧盟前后，即2002年，到全球金融危机爆发之前，得益于自身较好的经济基础以及欧盟基金的支持，捷克经历了一段较长时间的经济繁荣期，实现了追赶型增长（见图Ⅲ-4-1a），GDP增长率从2002年的1.65%上升至2007年的5.6%。在此期间，捷克GDP年平均增速（4.5%）开始超越欧盟的平均水平（2.2%）。与此同时，捷克人均GDP同样实现较大幅度的增长，从2000年的16194现价国际元上升至2008年的27844现价国际元，增幅达71.9%。若以捷克人均GDP占欧盟人均GDP的比重为指标，我们还可以观察到捷克经济向欧盟趋同的趋势明显（见图Ⅲ-4-1b）。2000年捷克人均GDP占欧盟人均GDP的比重约为73.4%，2008年该比值上涨12.3个百分点，至85.7%。

此后，尽管受到2007—2009年金融危机和2010年欧债危机的拖累，但捷克经济在后金融危机时期仍然表现出较强的韧性：GDP增速在2015年达到自危机爆发以来的新高（5.3%），人均GDP占欧盟人均GDP的比重同样在持续上升中，从2009年的86.8%提高到2019年的91.6%。然而，2020年初暴发的新冠疫情所引发的全球经济停滞、贸易量大幅下滑、供应链中断等一系列连锁反应造成捷克国内经济严重下滑，给原本就已放缓的经济带来新的冲击。据国际货币基金组织（IMF）2021年4月发布的统计数据，2020年捷克经济萎缩6.1%，较2019年下滑了7.8个百分点，是中东欧地区萎缩程度较高的国家之一；随着疫苗接种计划的有序推行，IMF预测，2021年捷克经济增速有望达到4.2%（见图Ⅲ-4-1a）。然而，捷克国家银行（Czech National Bank，CNB）在2021年5月发布的预测却

第四章 "一带一路"倡议下的金融与银行合作 591

较为悲观,其认为捷克 GDP 增速在 2021 年仅为 1.3%,2022 年才能达到 4.3%。①

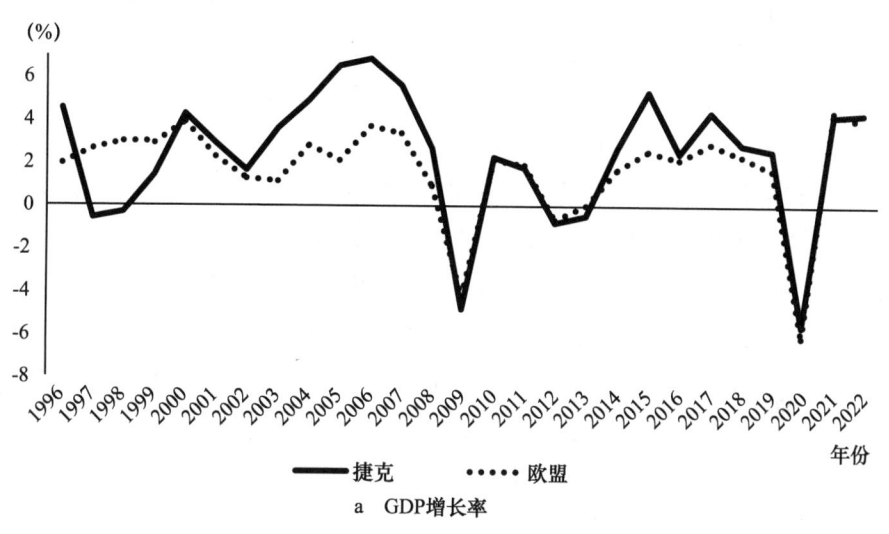

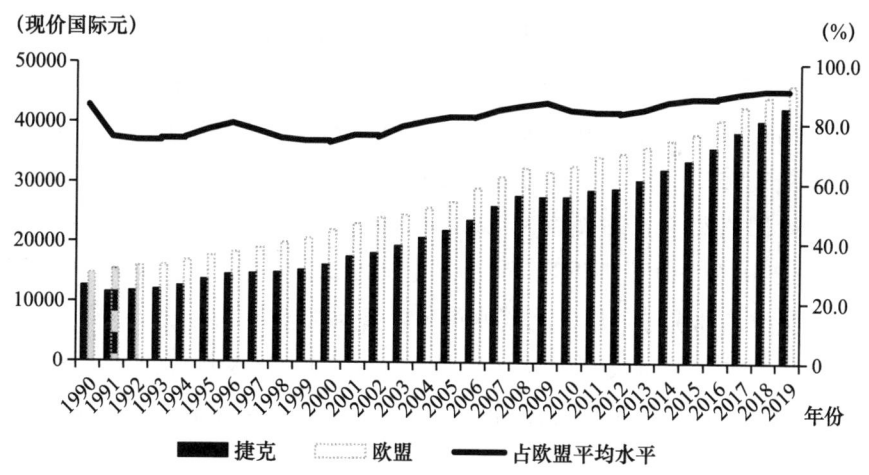

a GDP增长率

b 人均GDP增长率

图Ⅲ-4-1 捷克追赶型经济增长

资料来源:国际货币基金组织(IMF)、世界银行(The World Bank)。

说明:1. 2021 年和 2022 年 GDP 增速为 IMF 预测值。2. 人均 GDP 按购买力平价(PPP)计算(现价国际元)。3. 人均 GDP 增长率数据来自世界银行,暂无 2020 年数据。

---

① CNB, "Financial Stability Report—2020/2021," May 2021.

为了支持全球经济并维护金融体系稳定，各国政府和央行纷纷采取大规模的救助稳定措施以应对新冠疫情冲击。自 2020 年 3 月以来，发达经济体的利率已降至历史低点，半数新兴市场和低收入国家的央行也降低了政策利率。欧洲央行（ECB）将其货币政策利率维持在 0 和 -0.5% 水平，并向欧元区以外的欧洲国家中央银行（欧盟代表机制下）提供欧元流动性。除了采取措施支持市场和资产负债表流动性以外，许多欧洲国家的中央银行和监管机构还放宽了一些适用于金融机构的监管要求。捷克国家银行迅速调整了利率政策，自 2020 年 3 月起实施了多次降息操作，从而标志着自 2018 年 2 月以来捷克紧缩性货币政策周期的结束。①

近年来，由于国内经济积极向好的整体形势，捷克国家银行主要实施紧缩性货币政策。从 2018 年 2 月 2 日起，捷克国家银行分五次上调两周回购利率，每次上调幅度为 25 个基点。截至 2018 年 11 月 2 日，捷克国家银行利率上调至 1.75%，共计加息 1.25 个百分点。② 2019 年 5 月 3 日，捷克国家银行宣布当日将基准利率从 1.75% 继续上调至 2%，加息 0.25 个百分点。另外，捷克国家银行还将贴现率和 Lombard 利率③均提高了 0.25 个百分点，分别达到 1% 和 3%。2020 年 2 月，捷克国家银行再度上调两周回购利率至 2.25%，贴现率和 Lombard 利率同样达新高，分别为 1.25% 和 3.25%。2020 年 3 月，自捷克的降息周期开启后，截至 2020 年底，两周回购利率、贴现率和 Lombard 利率分别降至 0.25%、0.05% 和 1%，较 2 月的峰值分别下降了 2、1.2 和 2.25 个百分点。然而，随着劳动力市场过热和全球通胀压力蔓延的风险日益加剧，捷克国家银行开始进入逐步收紧政策的阶段。2021 年 6 月 24 日，捷克国家银行宣布将两周回购利率和 Lombard 利率上调 25 个基点，分别至 0.5% 和 1.25%（见表Ⅲ-

---

① Tobias Adrian, "Fabio Natalucci, COVID-19 crisis poses threat to financial stability," IMFBlog, April 2020.
② 在关键货币政策利率逐步上调的同时，捷克央行也上调了贴现率和 Lombard 利率（抵押贷款利率），分别升至 0.75% 和 2.75%。更多信息请参考：CNB, "Financial market supervision report 2018," December 2019.
③ Lombard 利率（伦巴第利率）是中央银行向商业银行发放短期贷款时制定的利率，略高于标准利率。从传统上说，此类贷款由特定抵押品进行担保。Lombard 起源于意大利伦巴第地区，该地区银行业历史悠久，可以追溯到中世纪。更多信息请参考 Investopedia 官网（https://www.investopedia.com/terms/l/lombardrate.asp）。

4-1)。

表Ⅲ-4-1　2018年2月—2021年6月捷克国家银行主要货币政策利率调整

	两周回购利率（%）	贴现率（%）	Lombard利率（%）
2018年2月2日	0.75	0.05	1.50
2018年6月28日	1.00	0.05	2.00
2018年8月3日	1.25	0.25	2.25
2018年9月27日	1.50	0.50	2.50
2018年11月2日	1.75	0.75	2.75
2019年5月3日	2.00	1.00	3.00
2020年2月7日	2.25	1.25	3.25
2020年3月17日	1.75	0.75	2.75
2020年3月27日	1.00	0.05	2.00
2020年5月11日	0.25	0.05	1.00
2021年6月24日	0.50	0.05	1.25

资料来源：捷克国家银行（Czech National Bank，CNB）。

除了扩张的货币政策之外，为维持国内经济稳定、减轻疫情对家庭和企业的负面影响，捷克政府同样实施了积极的财政政策，包括一系列就业支助方案、自由职业者一次性补助、出勤津贴、暂停预缴个人和企业所得税、降低租金等。① 这部分措施所需资金规模预计为2392亿克朗（约88亿欧元），占本国GDP的4.3%，对捷克本年度国家预算产生了较大的直接影响。根据IMF的统计数据，2020年和2021年捷克财政赤字占GDP的比重分别约为4.7%和1.7%，意味着此前捷克政府连续四年，即2016—2019年保持财政盈余的纪录结束了。

2016年，捷克迎来自1995年以来的首次财政盈余（占GDP的0.72%）。捷克经济在2017年继续保持稳定增长，在政府打击逃税、改善

① 更多信息请参考IMF官网（https://www.imf.org/en/Topics/imf-and-covid19/Policy-Responses-to-COVID-19#C。）

税收等一系列措施的努力下，其财政盈余占 GDP 的比重继续上升至 1.6%。然而，随着全球经济逐渐放缓以及捷克在 2018 年、2019 年实施的较为宽松的财政政策，上述双重因素使其财政盈余占 GDP 的比重随之下滑，两年的比值分别降至 0.9% 和 0.3%（见图Ⅲ-4-2）。

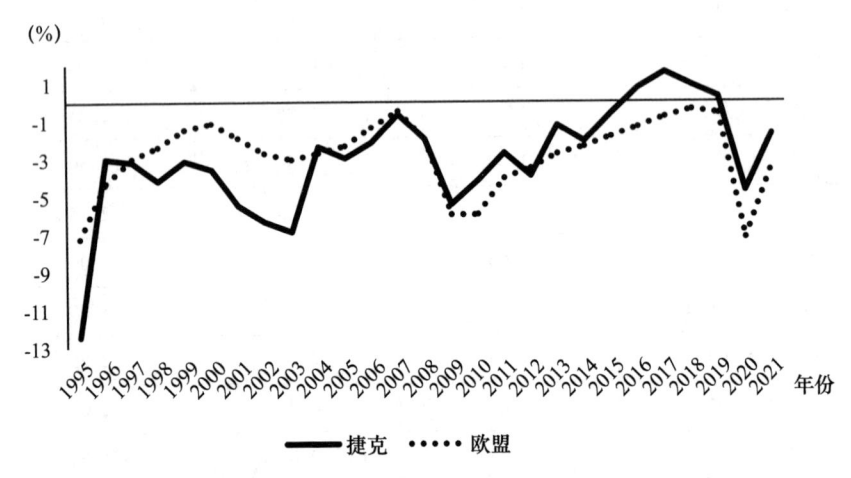

图Ⅲ-4-2　1995—2021 年捷克财政状况

资料来源：国际货币基金组织（IMF）。

说明：1. 为方便进行财政赤字（盈余）的国际比较，IMF 对各国政府财务报告制定了一个统一框架——政府财政统计（Government Financial Statistics，GFS）。在此框架下，IMF 使用政府净借出/借入（General government net lending/borrowing）来表示财政状况，其中政府净借出/借入＝收入－支出－非金融资产的净投资。图中纵坐标是政府净借出/借入占 GDP 的比重。2. 2020 年和 2021 年数据为 IMF 的预测值。

得益于政府和央行均采取了大规模的救助措施，捷克劳动力市场形势在 2020 年略有恶化。根据 IMF 统计数据，2020 年捷克失业率仅上升了 0.7 个百分点，至 2.7%。新冠疫情暴发之前，捷克的劳动力市场在整个欧盟范围内持续表现良好，1991 年至 2019 年，捷克失业率均低于欧盟的平均水平。尤其是自 2010 年以来，捷克国内失业率呈现出稳定下降的趋势。2019 年捷克失业率仅为 2%，为近 29 年来的最低值，远低于同期欧盟 6.6% 的平均水平（见图Ⅲ-4-3）。

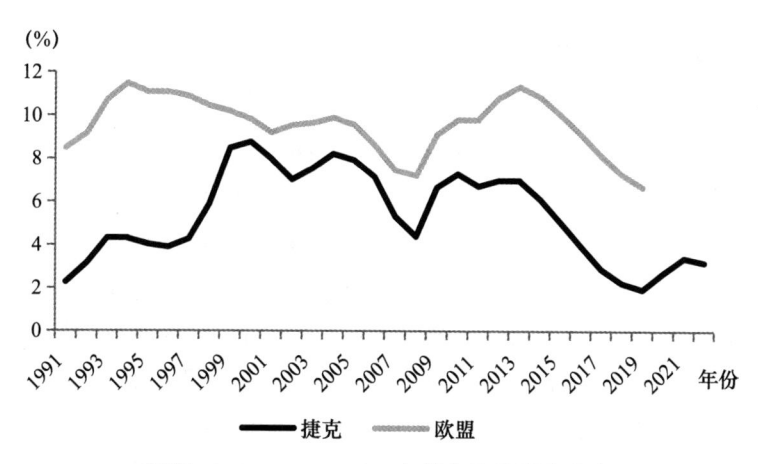

图Ⅲ-4-3　1991—2021年捷克和欧盟失业率

资料来源：国际货币基金组织（IMF）、世界银行（The World Bank）。

说明：捷克2021年和2022年数据为IMF预测值，暂无欧盟的预测数据。

二　捷克金融系统概况

通过对捷克国内宏观经济的简单梳理，我们可以看到2020年新冠疫情的暴发中断了捷克较为稳定的增长趋势。尽管捷克政府和捷克国家银行实施了相应的稳定措施，鉴于受疫情影响范围之大、程度之深，其宏观经济复苏前景依然高度不确定。

根据捷克国家银行发布的金融稳定报告，此次疫情带来的负面影响渗透到捷克国内各个领域的发展方面，金融体系的稳定性同样面临着巨大挑战，其中银行业所遭受的冲击要大于非银行业。目前来看，财务和监管框架以及经济稳定措施暂时减缓了捷克银行的信贷损失，然而，捷克国家银行预计，银行信贷损失在未来将继续增加，从而导致银行业盈利能力承受着较大压力。与此同时，市场变量波动的加剧尚未影响到捷克保险业、退休金及投资基金部门的稳定性。捷克国家银行的压力测试结果表明，鉴于当前资本规模、盈利能力和流动性，捷克金融系统主要部门具有相当大的抗冲击能力。[1]

---

[1] CNB，Financial Stability Report—2019/2020，July 2020.

三 捷克金融系统的组成

捷克金融系统主要由八个部分组成，包括银行（banks）、信用合作社（credit unions）、保险公司（insurance companies）、投资公司（investment firms）、管理公司（management companies）、投资基金（investment funds）、退休金管理公司（pension management companies）以及退休金管理公司基金（Funds operated by pension management companies）。[①] 其中，银行业是捷克金融系统最重要的组成部分。根据捷克国家银行发布的统计数据，2013—2020年银行业占捷克金融系统总资产的比重始终保持在80%以上，2018年达到近几年来的最高值，即84.16%（见图Ⅲ-4-4a）。

在非银行部门，保险业、退休金管理公司基金和投资基金三部门规模较大。其中，保险业资金规模呈现出逐年递减的趋势；与之相反，投资基金所占比重却呈现出逐年递增的趋势；在过去7年里，退休金管理公司基金规模维持在一个相对稳定的水平，基本在5.5%上下波动。从整体来看，这三个非银行金融部门发展经历了动态平衡的调整过程，保险业、退休金管理公司基金和投资基金资金占比分别从2013年的7.8%、4.9%和2.3%调整至2020年的5.2%、5.7%和4.4%。此外，非银行部门的信用合作社、投资公司、退休金管理公司以及管理公司的规模始终较小。2020年，上述四个部门资金规模总和占比约为0.63%，较2013年的1.08%下降了0.45个百分点（见图Ⅲ-4-4b）。

四 捷克金融业发展趋势

近年来，捷克金融业在较好的国内宏观环境支撑下保持着稳定增长。即使捷克社会经济活动受到新冠疫情的影响，该趋势仍然得以延续。根据捷克国家银行的统计数据，捷克金融业总资产从2014年的63776亿克朗增长至2020年的94810亿克朗，实现了6.8%的年均增长率（见图Ⅲ-4-5）。截至2020年底，在捷克金融部门中，除了信用合作社（-1.6%）外，其余部门均实现了同比正增长。其中，银行增长的绝对值最大，为

[①] 更多信息请参见捷克国家银行官网（https：//www.cnb.cz/cnb/STAT.ARADY_PKG.STROM_DRILL? p_strid=B&p_lang=EN）。

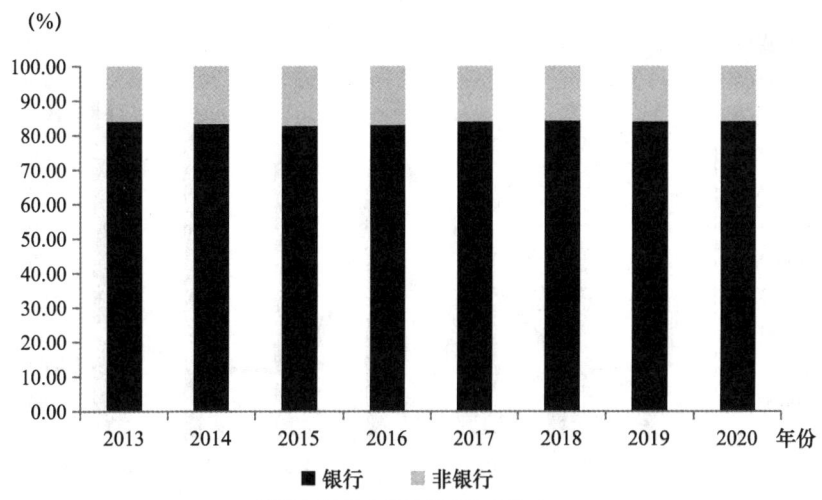

第四章 "一带一路"倡议下的金融与银行合作　　597

a　捷克银行业和非银行业资产比重

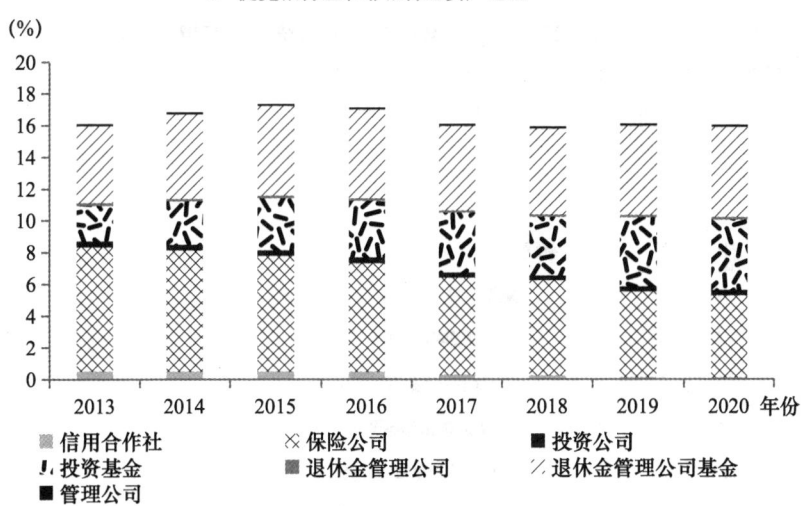

b　捷克非银行业各部门资产比重

图Ⅲ-4-4　捷克金融系统组成部门及各部门资产比重

资料来源：捷克国家银行（Czech National Bank，CNB）。

说明：1. 捷克国家银行仅提供了2013年至2020年退休金管理公司和退休金管理公司基金资产相关信息。2. a图中的百分比是指捷克银行业和非银行业资产占捷克金融系统总资产的比重。3. b图中的百分比是指捷克非银行业各部门资产占捷克金融系统总资产的比重。

4206亿克朗，退休金管理公司增长率最高，为16%（见图Ⅲ-4-6）。

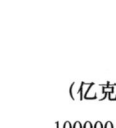

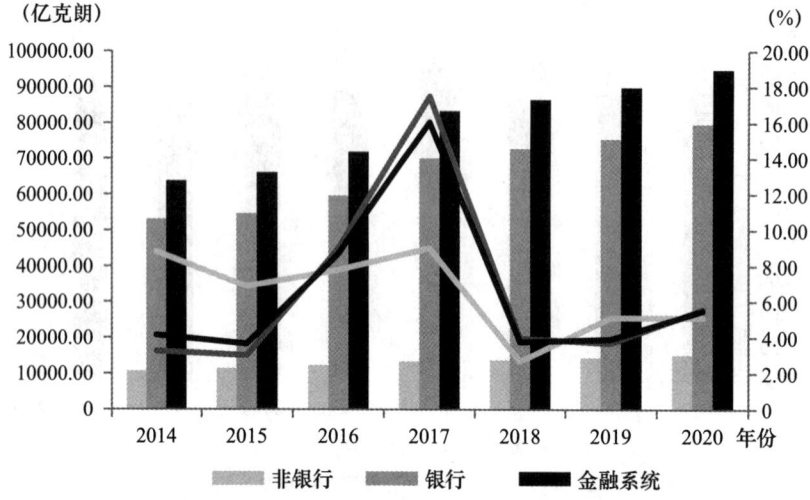

图Ⅲ-4-5　2014—2020年捷克金融系统总资产增长趋势

资料来源：捷克国家银行（Czech National Bank，CNB）。

说明：左坐标代表资产，右坐标代表资产同比增长率。

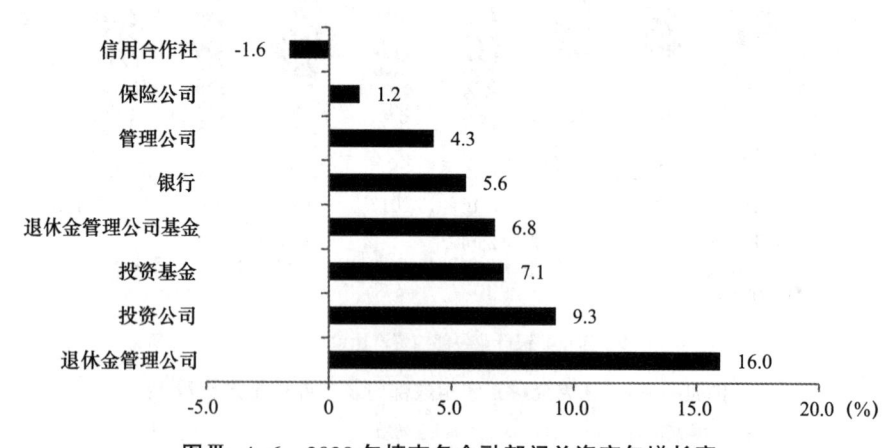

图Ⅲ-4-6　2020年捷克各金融部门总资产年增长率

资料来源：捷克国家银行（Czech National Bank，CNB）。

从欧盟范围来看，捷克金融市场发展整体上处于较好水平。根据世界经济论坛发布的《全球竞争力报告2019》，捷克的金融系统总体得分为

67.6分（满分为100分），在参与评估的全球141个经济体中排第47位，与欧盟金融系统总体的全球排名（第46位）不相上下。上述分值是世界经济论坛通过对捷克金融系统九个方面的综合评分得出的，这九个指标分别是私营部门的国内信贷规模（占GDP的百分比）、中小企业融资规模、风险资本可用性、市值（占GDP的百分比）、保险费（占GDP的百分比）、银行稳健性、不良贷款率、信贷规模/GDP缺口（百分比）以及银行监管资本比率（占总风险加权资产的百分比）。其中，捷克在银行稳健性这一指标上获得了较高的评分（5.9分，满分为7分），排全球第22位，远高于欧盟的平均排名（第61名）（见表Ⅲ-4-2）。

表Ⅲ-4-2　　2019年捷克金融系统九大指标全球竞争力排名

序号	指标	排名（名） 捷克	排名（名） 欧盟	序号	指标	排名（名） 捷克	排名（名） 欧盟
1	私营部门的国内信贷规模	69	46	6	银行稳健性	22	61
2	中小企业融资规模	35	52	7	不良贷款率	65	68
3	风险资本可用性	32	51	8	信贷规模缺口/GDP	1	23
4	市值	71	57	9	银行监管资本比率	58	48
5	保险费	38	36		金融系统总体	47	46

资料来源：世界经济论坛《2019全球竞争力报告》（World Economic Forum's Global Competitiveness Report 2019）。

说明：鉴于2020年全球经济特殊形势，世界经济论坛暂停发布"全球竞争力指数"排名。

事实上，在过去十年中捷克银行业稳健性表现始终稳定。[①] 若暂不考虑新冠疫情的影响，通过对比捷克、德国、法国、波兰和斯洛伐克五国在2011年至2019年银行业稳健性评分情况，我们发现捷克和斯洛伐克两国表现最优，其评分持续高于欧盟核心国德国和法国，以及中东欧地区的波兰（见图Ⅲ-4-7）。

---

① 捷克银行业稳健性各项评估指标的具体分析请参考本章第一节的第三部分。

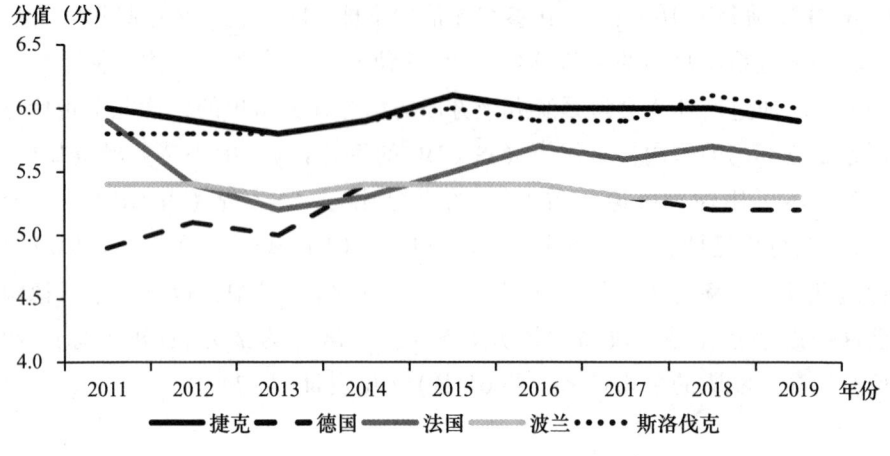

图Ⅲ-4-7　2011—2019年捷克银行稳健性发展

资料来源：世界经济论坛《2019全球竞争力报告》（World Economic Forum's Global Competitiveness Report 2019）。

说明：1. 图中纵坐标是世界经济论坛对一国银行稳健性评分分值，其分布为1—7分，1分为最低分，7分为最高分。2. 鉴于2020年全球经济特殊形势，世界经济论坛暂停发布"全球竞争力指数"排名。

五　捷克银行体系

作为捷克金融系统最重要的组成部分，捷克银行业的稳健发展对其宏观经济以及实体经济的前景意义重大。近年来，随着捷克经济总量的持续增长和金融市场的蓬勃发展，捷克银行业能够较好地抵御外部冲击。

（一）捷克国家银行

捷克国家银行（CNB）经营规模不断扩大，商业银行资产稳步上升。尽管2020年疫情大流行让捷克经济和金融的稳定发展面临着前所未有的挑战，然而，得益于长期的资本化、强大的客户存款基础和较高比例的流动资产，捷克银行业的资本和流动性在宏观压力测试中表现出一定的韧性，Czech National Bank（CNB）是捷克的中央银行，主要负责捷克金融市场和银行的监管。捷克国家银行成立于1993年1月，总部设在布拉格，是欧洲中央银行体系（European System of Central Banks，ESCB）[1]中的一

---

[1] 欧洲中央银行体系是根据《马斯特里赫特条约》以及欧洲中央银行体系和欧洲中央银行的章程所建立的，是由欧洲中央银行和27个欧盟成员国的中央银行组成的。欧洲中央银行体系由欧洲央行的管理委员会和执行委员会管理，作为欧洲央行的第三个决策机构，由总理事会管理。更多信息请参考欧洲中央银行官网（https：//www.ecb.europa.eu/pub/pdf/other/escb_en.pdf信息）。

员，也是欧洲金融监管体系（European System of Financial Supervision，ESFS）的一部分，需要与欧洲系统风险委员会（European Systemic Risk Board，ESRB）和欧洲监管局（European Supervisory Authorities，ESAs）合作。

根据《捷克共和国宪法》第98条和《欧盟基本法》，捷克国家银行的主要目标是维持价格稳定以及支持可持续的经济增长。另外，捷克国家银行需确保国内金融稳定性和健康运行。为此，捷克国家银行通过识别危及其金融体系稳定性的风险来制定宏观审慎政策，从而强化本国金融体系的抗风险能力。依据上述目标，捷克国家银行制定相应的货币政策、发行纸币和硬币、管理克朗的流通以及支付系统和银行之间的结算。此外，它还对捷克的银行业、资本市场、保险业、养老基金、信用合作社、电子货币机构以及外汇进行监管。①

在2004年5月1日捷克正式加入欧盟之后，捷克国家银行原计划采用欧元，但鉴于捷克国内经济发展相对强劲稳定，外加本国国民对克朗有着难以割舍之情，捷克便将上述计划无限期搁置。克朗（koruna česká，ISO代码为CZK）为捷克通用的货币，可与包括美元、欧元、英镑等在内的国际主要货币自由兑换。1997年5月，捷克国家银行引入弹性汇率以应对汇率震荡。从那时起直到全球金融危机爆发之前，克朗总体上呈现出升值趋势（见图Ⅲ-4-8）。

（二）捷克银行体系发展沿革

1. 经济转型初期

1992年11月23日，捷克斯洛伐克（Československo）联邦议会通过联邦解体法案，规定自1993年1月1日起国家正式分解为捷克和斯洛伐克两个独立国家。随着在政治体制上的变革，捷克也从计划经济转型为以市场驱动为主的经济模式。与此同时，捷克银行系统发生了明显的变化。捷克国内中小型银行实体数量一度激增，据统计，1990—1998年，捷克国内的中小型银行机构最多的时候达54家。然而，受制于当时捷克的经济规模以及银行的管理方式，大部分新成立的中小型银行机构最终被证明是不可持续发展的。在此时间区间内，在54家银行机构中就有18家银行

---

① 更多信息请参考捷克国家银行官网（https://www.cnb.cz/en/about_cnb/）。

a 1欧元（欧洲货币单位）兑捷克克朗

b 1美元兑捷克克朗

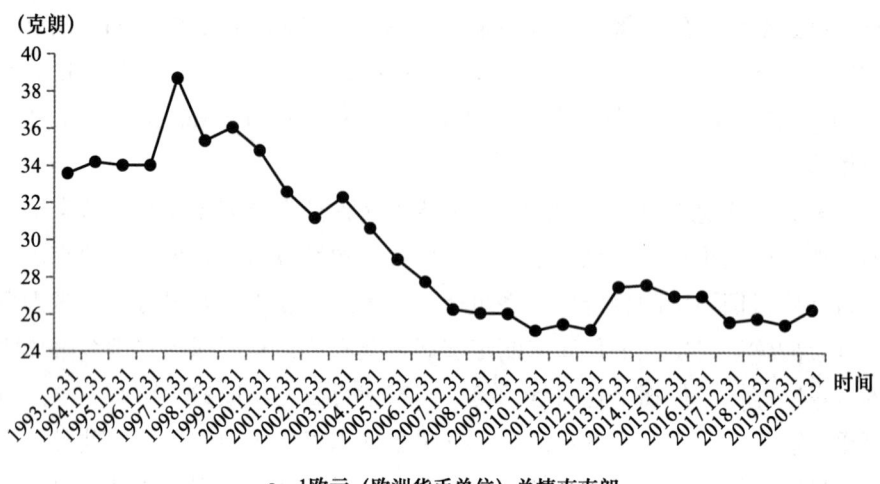

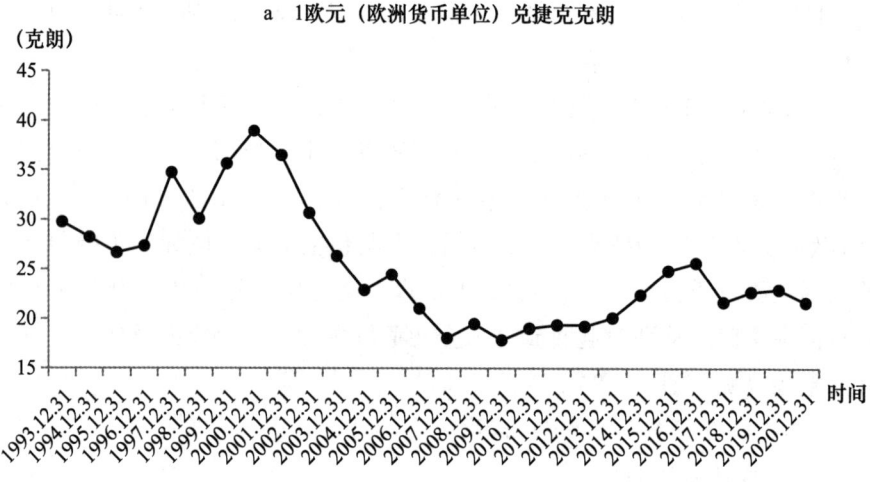

图Ⅲ-4-8 1993—2020年欧元（欧洲货币单位）和美元兑克朗年度平均汇率走势

资料来源：捷克国家银行（Czech National Bank，CNB）。

说明：欧洲货币单位（European Currency Unit，ECU）是在欧元形成之前由欧共体12个成员国货币共同组成的一篮子货币单位。欧洲货币单位的价值按照其组成货币价值的加权平均计算而得。1999年1月1日，欧元正式推出，以1兑1取代ECU。

不复存在，其中15家银行陆续倒闭、营业执照被吊销，有三家银行被迫与另外一家银行合并。2000年以后，又有七家银行因被清算或被吊销营业执照而消失。截至2002年底，共有30家银行机构在捷克市场上消失。总体来看，大量中小型银行的倒闭是捷克经济剧烈转型的结果。在经济转型初期的私有化进程中，由于缺乏银行监管相关的规则，导致中小型银行对外部风险过度容忍。①

与中小型银行机构相比，捷克的大型银行在经济转型初期表现出较强的抗风险能力。在20世纪90年代初，虽然捷克国内新增大量中小型银行实体，但银行业的集中度仍然较高，捷克的四大银行——捷克储蓄银行（Ceska sporitelna，CS）、捷克商业银行（Komercni banka，KB）、捷克斯洛伐克贸易银行（Ceskoslovenska obchodni banka，CSOB）和捷克投资银行（Investicni a postovni banka，IPB）占据国内市场的绝大部分份额，是捷克经济转型的主要资金来源。到1995年，这四家银行的资产大约占捷克银行部门总资产的三分之二。然而，由于实施过度扩张战略，捷克的第四大银行（捷克投资银行）在2000年最终倒闭。② 为了避免其他三大银行重蹈覆辙，捷克政府将这三家银行的不良资产转移到政府机构。通过这种成本高昂的操作，三家银行的资产负债表得以清理，从而为顺利出售其股份做好了准备。③ 此后，随着大批外资金融机构获得捷克银行的股份，捷克整个银行部门几乎完全处于外资控制之下，这种情形持续至今。

2. 捷克经济转型后期至全球金融危机爆发

自2002年起，得益于银行零售业务的繁荣以及较高的利润率，捷克大型银行以及整个银行业的资本规模出现了飞跃性的发展。首先，零售客户高收益业务的持续扩张大大降低了银行所面临的风险④，同时，零售业务所产生的服务费用的数额及其在银行收入结构中所占的份额均得到了显著的增加（捷克各种银行服务的费用高于当时西欧各母银行国家的费用）。其次，捷克银行的抵押贷款业务同样受益于捷克家庭对住房进行大

---

① Drahomíra Dubská, "The Czech banking sector: two decades with the shuttle changes," University of Economics, Czech Republic.

② 捷克投资银行于2000年倒闭，是捷克历史上最大的银行破产案。捷克投资银行成立于1990年，在之后主要实施积极的扩张发展战略。然而，这一策略导致该银行游走于审慎行为规范的边缘，最终倒闭。1994年至1995年，由于过度扩张，捷克投资银行所增加的资产是其可持续增长潜力的四倍，到1996年略有下降（三倍），直到1997年捷克投资银行才开始意识到由于风险环境和自身财务状况所造成的扩张不平衡。

③ Drahomíra Dubská, "The Czech banking sector: two decades with the shuttle changes," University of Economics, Czech Republic.

④ 零售客户高收益业务的特点，一是大幅分散了银行风险；二是与企业贷款相比，这种风险通常较低。

规模投资。最后,由于捷克银行的投资组合里只包含微不足道的风险和资产支持证券(Asset Backed Securities,ABS),这使得捷克银行财务状况保持着持续良好态势,而事实证明这较好地保护了捷克银行系统,将2007—2009年全球金融危机的影响程度降到最低。①

3. 后金融危机时期

正如上文所述,捷克国内银行业主要由外资主导。根据捷克国家银行统计数据,截至2020年底,捷克共有49家银行机构,其中外资控制的银行机构有39家(14家银行和25家分行),占比约为80%,而该比值在过去十年里几乎没有发生变化,较2009年仅下降了1个百分点(见图Ⅲ-4-9)。

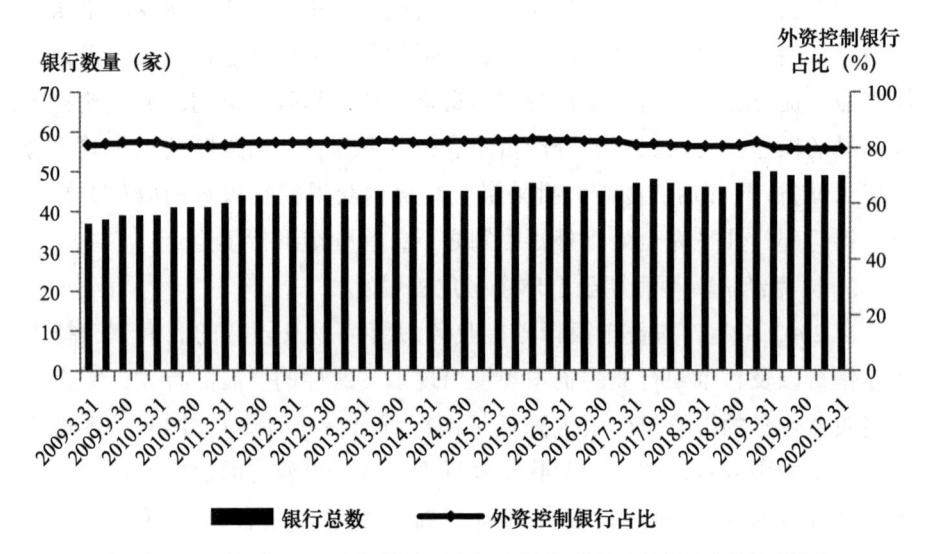

图Ⅲ-4-9　2009—2020年捷克国内银行机构及外资控制银行数量概况

资料来源:捷克国家银行(Czech National Bank,CNB)。

在众多外资银行当中,来自欧盟成员国的银行机构在捷克银行业扮演着举足轻重的角色,其中活跃的国家包括奥地利(12家)、德国(5家)、荷兰(4家)、法国(4家)、斯洛伐克(3家)和波兰(2家)(见图Ⅲ-4-10)。据统计,来自这六国的银行直接或者间接地控制了捷克30家

---

① Drahomíra Dubská, "The Czech banking sector: two decades with the shuttle changes," University of Economics, Czech Republic,

第四章 "一带一路"倡议下的金融与银行合作　　605

（占比77%）银行机构。来自欧盟以外的国家有中国、美国和英国三国（见图Ⅲ-4-10）。其中，中国银行（匈牙利）有限公司布拉格分行、中国工商银行布拉格分行和中国交通银行布拉格分行分别于2015年8月、2017年9月和2019年5月在捷克首都布拉格正式开业。

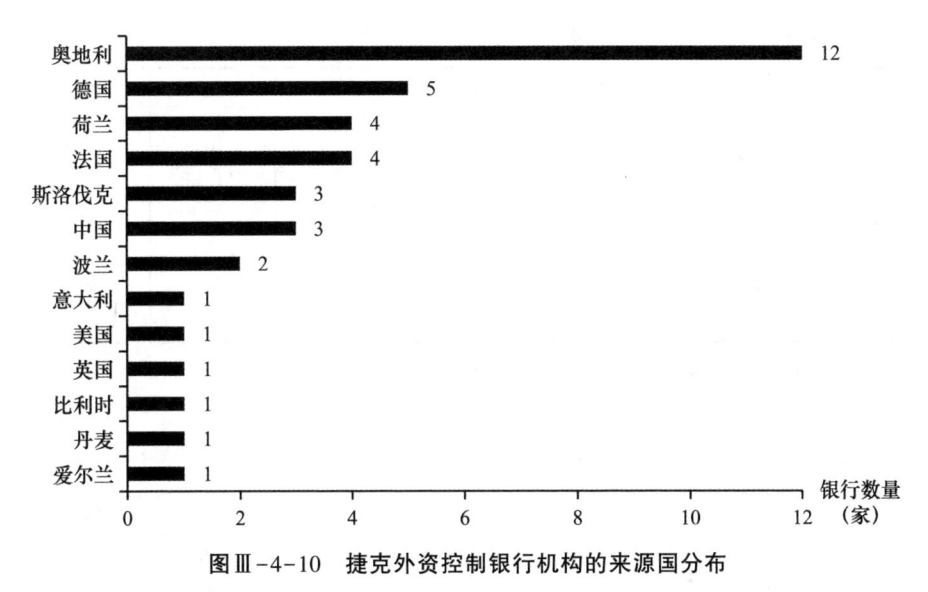

图Ⅲ-4-10　捷克外资控制银行机构的来源国分布

国家	银行数量（家）
奥地利	12
德国	5
荷兰	4
法国	4
斯洛伐克	3
中国	3
波兰	2
意大利	1
美国	1
英国	1
比利时	1
丹麦	1
爱尔兰	1

资料来源：笔者根据捷克国家银行（Czech National Bank，CNB）官方网站信息整理。

从银行规模来看，在捷克49家银行中，有四家大型银行（large banks）、五家中型银行（medium-sized banks）、10家小型银行（small banks）、25家外资银行分公司（foreign bank braches）以及五家房屋融资协会（building societies）①（见表Ⅲ-4-3）。其中四家大型银行的资产占捷克银行资产总额的份额最大，且其比值在近五年来呈现出缓慢上升趋势，2020年暴发的新冠疫情对该趋势的影响微乎其微。截至2020年底，四家大型银行资金规模占比从2016年的59.3%增长至2020年的60.3%；捷克

---

① 房屋融资协会一词最早出现于19世纪的英国，源于合作储蓄组织，如今发展成为一种由其成员共同拥有的金融机构。房屋融资协会提供银行业务以及其他的金融服务，特别是储蓄和房屋抵押贷款。房屋融资协会通常出现在英国和澳大利亚等英联邦国家，其组织结构与信用合作社（credit unions）相似，房屋融资协会的借款人和贷款人均为协会成员，在一人一票的基础上制定和任命董事。

小型银行资金规模同样也在增加（2016—2020 年的涨幅为 1.3 个百分点）。然而，在同一时期内，捷克的中型银行、外资银行分公司以及房屋融资协会的资金占比却开始出现下滑趋势，其中房屋融资协会下降幅度最大，2016—2020 年的降幅为 1.8 个百分点（见表Ⅲ-4-4）。

表Ⅲ-4-3　　　　　　　捷克银行机构数量分布　　　　　　　（家）

	2016	2017	2018	2019	2020
银行总数	45	46	50	49	49
其中，大型银行	4	4	4	4	4
中型银行	5	5	5	5	5
小型银行	8	9	9	10	10
外资银行分公司	23	23	27	25	25
房屋融资协会	5	5	5	5	5

资料来源：捷克国家银行（Czech National Bank，CNB）。

表Ⅲ-4-4　　　　　　　捷克银行机构资产规模占比　　　　　　　（%）

	2016	2017	2018	2019	2020
银行总资产	100	100	100	100	100
其中，大型银行	59.3	59.4	60.1	60.3	60.3
中型银行	16.6	17.0	17.3	17.0	16.8
小型银行	7.5	7.3	7.7	8.5	8.8
外资银行分公司	9.5	10.4	9.3	8.9	8.8
房屋融资协会	7.1	5.9	5.6	5.5	5.3

资料来源：捷克国家银行（Czech National Bank，CNB）。

从银行业集中度来看，近年来捷克始终保持在一个较为稳定的水平上，与欧盟平均水平相当，但远高于欧盟地区银行业发达的英国和德国，略高于同属于维谢格拉德集团的波兰和匈牙利。[1] 根据欧洲中央银行在 2021 年 5 月公布的欧盟年度银行业结构金融指标报告[2]，虽然捷克银行业

---

[1] 虽然匈牙利银行业的赫尔芬达指数由 2019 年的 921 急剧上浮至 2020 年的 1224，高于捷克的 1109，但是从过去五年的平均水平来看，匈牙利（883）仍然低于捷克（1052）。

[2] ECB, "Structure indicators for the EU banking sector," May 2021.

的赫尔芬达指数呈现出逐年上升趋势,但每年的变化幅度较小且基本稳定在±3%的波动范围之内。截至 2020 年底,捷克银行业的赫尔芬达指数为 1109,同比上升 2.5%(见图Ⅲ-4-11a)。

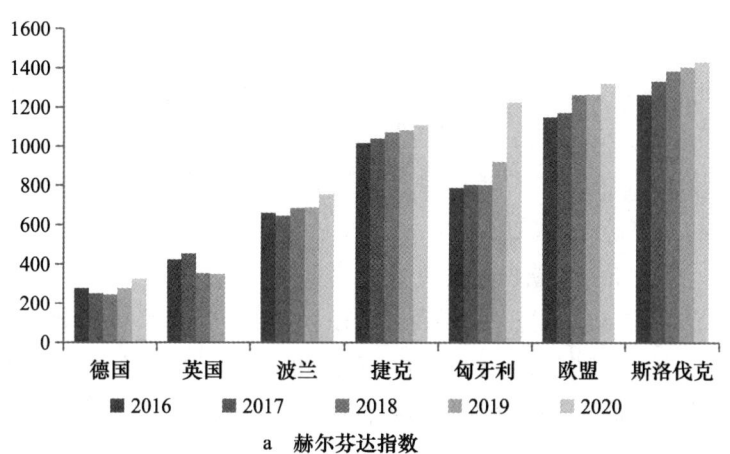

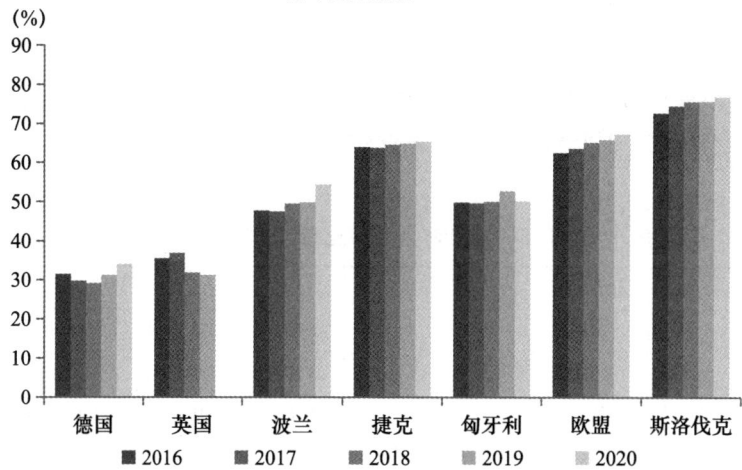

a 赫尔芬达指数

b 五家规模较大银行资产之和占本国银行业总资产比重

图Ⅲ-4-11 捷克和欧洲部分国家银行业集中度对比

资料来源:欧洲中央银行(ECB)。

说明:1. 欧洲中央银行定期公布欧盟年度银行业结构金融指标(EU structure financial indicators),其中赫尔芬达指数(the Herfindahl index, HI)和五家规模较大银行资产之和占本国银行业总资产比重两个指标被用于衡量一国银行业集中度。2. 赫尔芬达指数是介于 1—10000 的一个数值。3. 自 2020 年 1 月 31 日起,英国银行统计数据不再被欧洲中央银行收录。

我们再以捷克五家规模较大的银行资产之和占本国银行业总资产比重作为集中度的衡量标准，可以看到该比值在 2016—2020 年从 63.9% 上升至 65.3%，每年的上下波动幅度介于 -0.3 和 2.2 个百分点之间（见图Ⅲ-4-11b）。

正如本章第一节所述，银行业是捷克金融系统最重要的组成部分，资产占金融业总资产的比重达 80% 以上。尽管受到新冠疫情的冲击，捷克银行业总资产仍然持续增加。根据捷克国家银行的统计数据，截至 2020 年底，捷克银行业总资产为 79678.4 亿克朗，较 2019 年增长了 4205.9 亿克朗，增速为 5.6%（见表Ⅲ-4-5）。

其中，贷款和应收款项是捷克银行业重要的资产类别，其比重在近三年里始终保持在 75% 以上（见图Ⅲ-4-12）。截至 2020 年底，该类资产同比增速为 0.7%，由 2019 年的 60100 亿克朗上涨至 2020 年的 60518 亿克朗，在总资产中的占比达 76%。现金占银行业总资产比重的变化趋势则相反。2017 年，现金占比约为 9.5%，然而，由于央行的现金余额减少，该占比在 2018 年下降了 5.8 个百分点，至 3.7%，2020 年进一步降低到 2.7%。债务性证券和交易性金融资产的比重在近三年里较为稳定，波动幅度分别保持在 3 个和 0.4 个百分点左右（见表Ⅲ-4-5）。

表Ⅲ-4-5　　　　2018—2020 年捷克商业银行资产结构　　　　（亿克朗）

			2018	2019	2020	占比（%）
总资产			72791.67	75472.46	79678.38	100
	现金		2700.65	2243.32	2114.82	2.7
	交易性金融资产		924.93	956.95	1350.22	1.7
	以公允价值计量且其变动计入当期损益的金融资产		18.49	24.38	20.61	0.03
	计入其他综合收益的金融资产		1906.85	1675.26	1955.85	2.5
	以摊余成本计量的金融资产		65130.55	68144.03	71138.86	89.3
		贷款和其他应收款项	57310.11	60100.43	60517.99	76
		债务性证券	7820.45	8043.60	10620.87	13.3
	衍生—套期会计		330.07	328.22	425.41	0.5
	利率风险型对冲投资组合被套期项目的公允价值变动		-57.27	-71.34	96.51	0.1

第四章 "一带一路"倡议下的金融与银行合作

续表

	2018	2019	2020	占比（%）
对子公司、合营企业以及联营企业的投资	970.76	1083.42	1227.73	1.5
有形资产	248.00	444.77	433.51	0.5
无形资产	275.62	298.16	312.15	0.4
所得税资产	41.54	35.73	86.53	0.1
其他资产	2208.33	1984.82	2472.03	3.1

资料来源：捷克国家银行（Czech National Bank，CNB）。

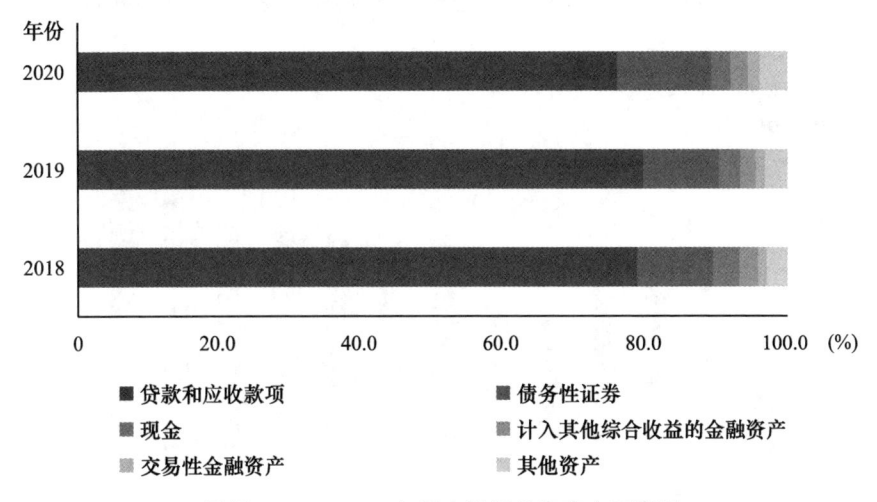

图Ⅲ-4-12　2020年捷克银行业资产主要类别

资料来源：捷克国家银行（Czech National Bank，CNB）。

（三）捷克银行业稳健性

根据数据的可得性，我们将从国际货币基金组织评估金融稳健性[①]所设立的核心指标（Financial Soundness Indicators，FSI）来分析捷克银行体系的稳定程度，包括资本充足性指标、资产质量指标、收益和利润指标以及流动性指标。

[①] 为了防范金融风险，国际货币基金组织制定了一套金融稳健性指标评价体系，该体系是反映一国金融机构及其对应方，包括公司和住户的金融健康状况和稳健性的一系列指标，有利于各国央行监控和预测其金融机构、企业以及住户的金融稳健程度，支持经济和金融稳定发展。更多信息请参考国际货币基金组织官网（https://www.imf.org）。

1. 资本充足性

在捷克国家银行的严格监管下，捷克商业银行的资本充足率（capital adequacy ratio，CAR）①稳步上升，始终保持在一个较高水平。即便是在全球金融危机和欧债危机期间，捷克银行资本充足率仍然维持在12%—16%。在2020年新冠疫情期间，捷克银行资本同样保持着良好的充足性。据捷克国家银行统计，2020年捷克商业银行资本充足率、一级资本充足率以及核心一级资本充足率均达近年来的新高（24.4%、23.6%和22.7%），较2019年分别增加了3.1、2.8、2.9个百分点（见图Ⅲ-4-13）。这主要受两方面的影响，一是资本利润在过去一年中不断累积；二是总的风险权重下降。

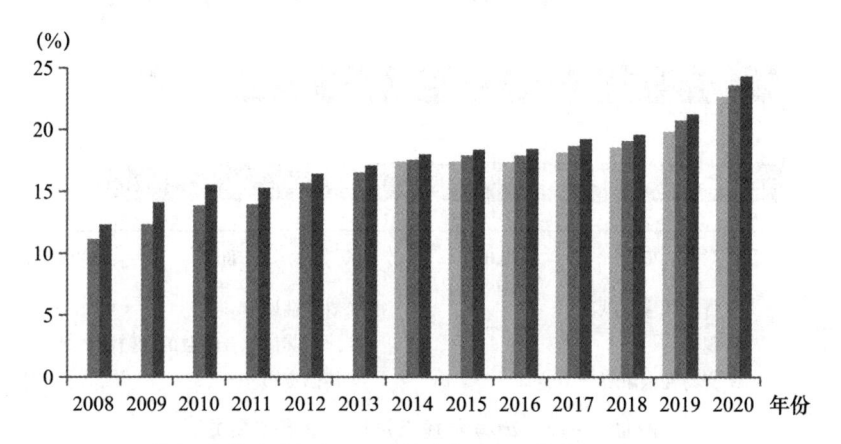

图Ⅲ-4-13　2008—2020年捷克资本充足率

资料来源：捷克国家银行（Czech National Bank，CNB）。

说明：捷克国家银行自2014年起在其官网上公布捷克银行核心一级资本充足率数据。

---

①　资本充足率（capital adequacy ratio）也称为资本风险（加权）资产率（capital to risk weighted assets ratio，CRAR），是指资本总额与加权风险资产总额的比例。资本充足率反映商业银行和债权人的资产在遭到损失之前，该银行能以自有资本承担损失的程度。设立该项指标的目的在于抑制风险资产的过度膨胀，保护存款人和其他债权人的利益、保证银行等金融机构正常运营和发展。作为国际银行监督管理基础的《巴塞尔协议》规定，资本充足率以资本对风险加权资产的比率来衡量，其目标标准比率为8%。更多信息请参考MBA智库百科官网（https：//wiki.mbalib.com/）。

当新冠疫情席卷全球之后，为了减轻疫情对经济所带来的冲击，进一步稳定国内经济，2020年4月1日，捷克国家银行下调了逆周期资本缓冲率，从此前的1.75%降至1%。三个月之后，该比率再次被下调至0.5%。此举使得捷克各大银行机构的资本盈余增加了近200亿克朗，有助于降低银行新贷款资本密集度，进而增强了银行业承担损失、向实体经济提供贷款的能力。

2.资产质量

捷克银行业资产质量近年来始终保持稳健发展。我们以金融稳健指标（FSI）里的不良贷款与全部贷款总额的比值作为参考标准，可以清楚地看到，该比值自2015年开始迅速下降，2019年降至近十年来的新低（2.7），降幅达50%；尽管在疫情期间有所上升，但幅度仍然较小，仅有0.3个百分点（见图Ⅲ-4-14）。

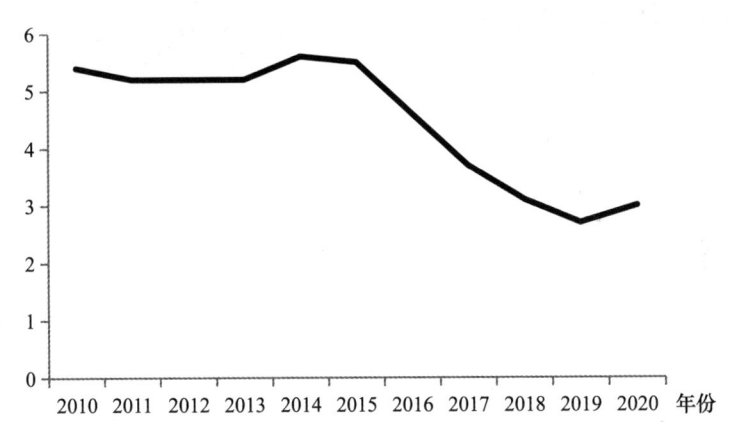

图Ⅲ-4-14 2010—2020年捷克银行业不良贷款与贷款总额的比值

资料来源：捷克国家银行（Czech National Bank，CNB）。

近五年来，捷克银行资产质量不断提升，主要表现为不良贷款（non-performing loans）和不良敞口（non-performing exposures）[1]的持续下降。截至2019年底，由于贷款总量增加和不良贷款总量下降双重因素的影响，捷克银行信贷组合质量指标达到有史以来的最好水平。据CEIC全球数据

---

[1] CNB, "Financial market supervision report 2018," December 2019.

库统计,捷克银行不良贷款率①在 2019 年底降至 2.5%,达到了近五年以来的最低水平。② 虽然因疫情的冲击,不良贷款率在 2020 年 4 月略有上浮,但截至 2020 年 6 月底,该指标已再次下降至 2.42%,几乎与 2020 年初持平(见图Ⅲ-4-15)。

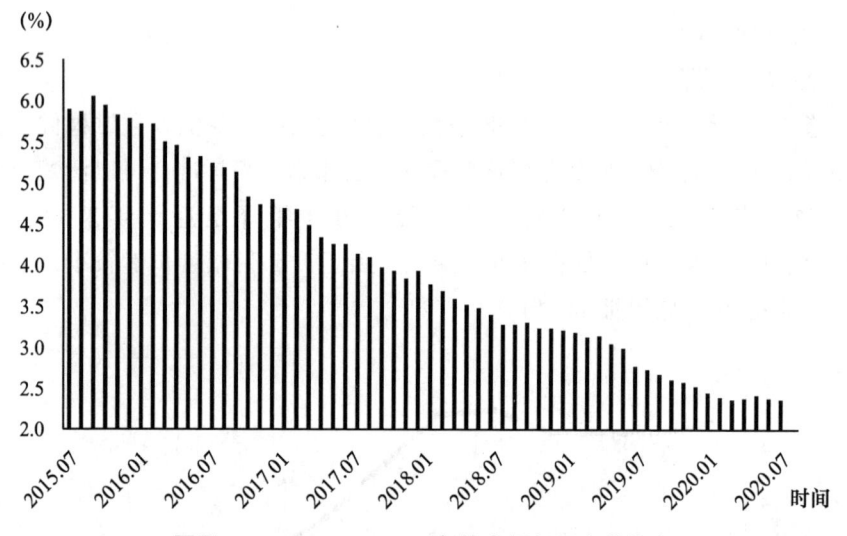

图Ⅲ-4-15　2015—2020 年捷克银行不良贷款率

资料来源:司尔亚司数据信息有限公司(CEIC)。

我们再从欧盟范围进行比较,可以明显地观察到捷克银行不良敞口处于较低水平(见图Ⅲ-4-16)。2019 年,捷克银行不良敞口率仅为 1.1%,远低于欧盟 2.4%的平均水平。在欧洲 30 个国家中,不良敞口率较低的前两个国家分别是瑞典(0.5%)和卢森堡(0.8%),捷克的不良敞口率仅次于上述两国。银行不良敞口率最高的国家是希腊(30.9%),高出捷克 29.8 个百分点。

---

① 不良贷款率指金融机构不良贷款占总贷款余额的比重。该指标是计算本外币口径数据。不良贷款是指出现违约的贷款。一般而言,借款人若拖延还本付息达三个月之久,贷款即会被视为不良贷款。银行在确定不良贷款已无法收回时,应从利润中予以注销。预期贷款无法收回但尚未确定时,则应在账面上提列坏账损失准备。把不良贷款按风险基础分为正常、关注、次级、可疑和损失五类。

② CNB,"Financial Stability Report—2019/2020," July 2020.

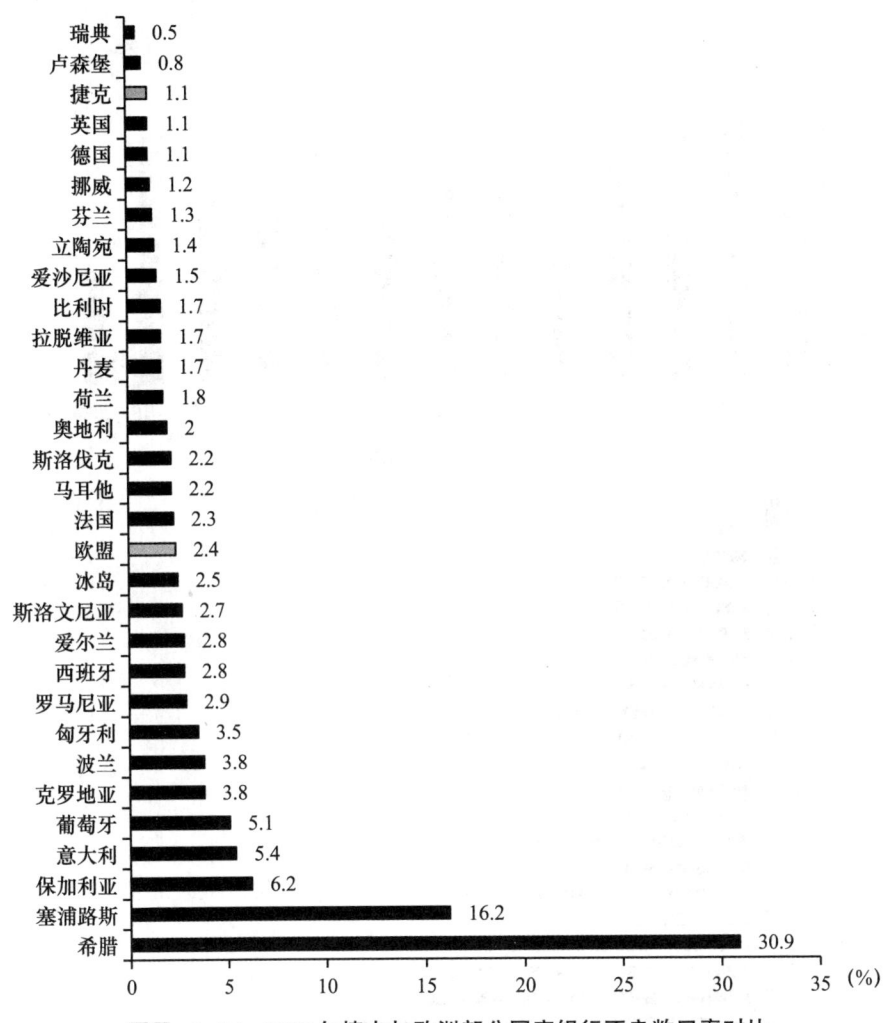

第四章　"一带一路"倡议下的金融与银行合作　613

瑞典	0.5
卢森堡	0.8
捷克	1.1
英国	1.1
德国	1.1
挪威	1.2
芬兰	1.3
立陶宛	1.4
爱沙尼亚	1.5
比利时	1.7
拉脱维亚	1.7
丹麦	1.7
荷兰	1.8
奥地利	2
斯洛伐克	2.2
马耳他	2.2
法国	2.3
欧盟	2.4
冰岛	2.5
斯洛文尼亚	2.7
爱尔兰	2.8
西班牙	2.8
罗马尼亚	2.9
匈牙利	3.5
波兰	3.8
克罗地亚	3.8
葡萄牙	5.1
意大利	5.4
保加利亚	6.2
塞浦路斯	16.2
希腊	30.9

图Ⅲ-4-16　2019年捷克与欧洲部分国家银行不良敞口率对比

资料来源：statista数据库。

说明：不良敞口率是不良敞口占贷款总额的比重。

3. 收益和利润

在新冠疫情暴发之前，捷克银行的盈利能力表现较为稳定。一方面，我们可以看到捷克银行资产回报率（return on asset，ROA）长期保持在1%以上，2017—2019年呈缓慢上升的趋势，并在2019年达到新高（见图Ⅲ-4-17a）。捷克国家银行统计数据显示，2019年底，捷克银行的资

a 捷克银行资产回报率

b 2019年欧盟成员国银行资产回报率

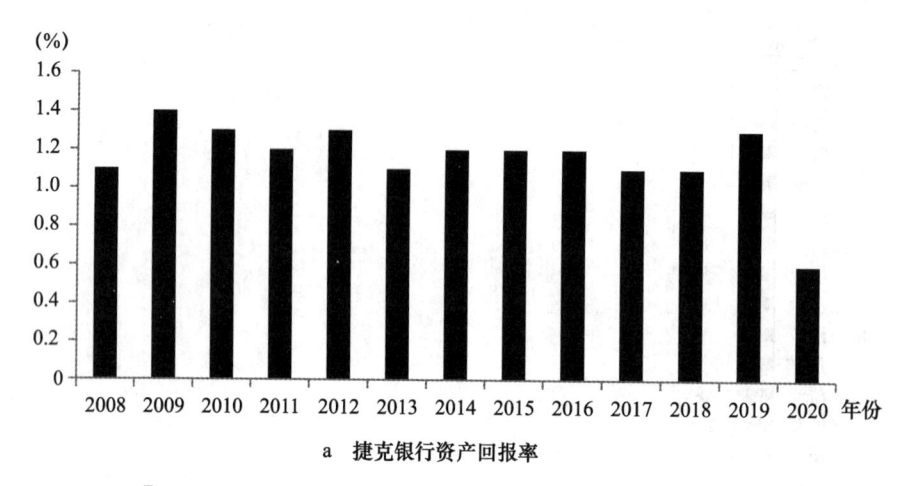

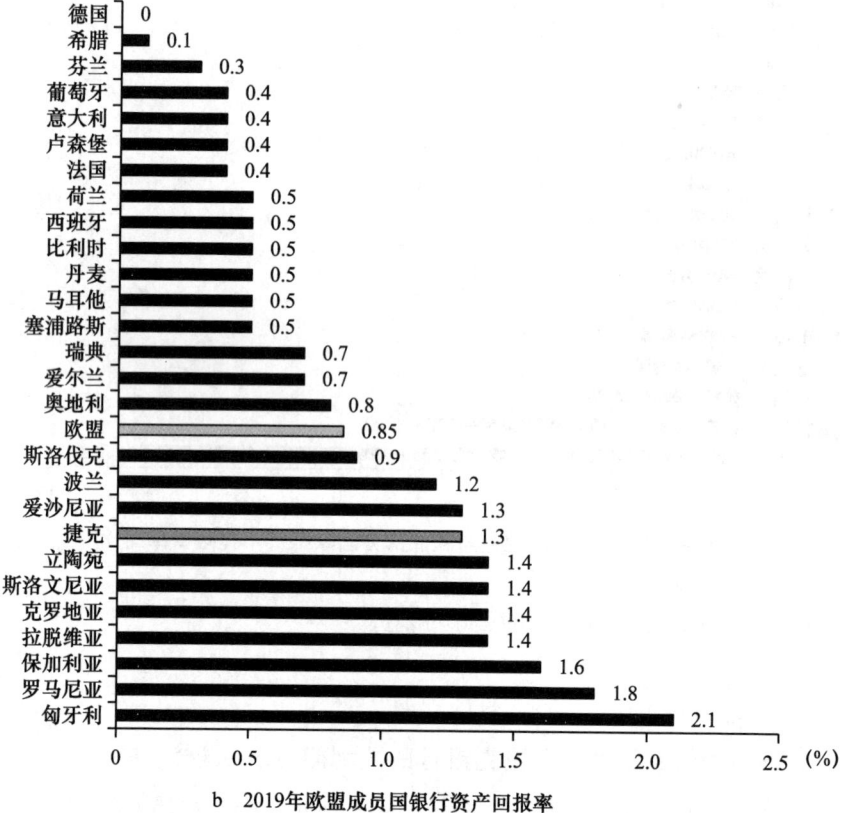

图Ⅲ-4-17 捷克与欧盟成员国银行资产回报率

资料来源：捷克国家银行（Czech National Bank，CNB）、Statista 数据库。

产回报率达1.3%，超过欧盟0.85%的平均水平（见图Ⅲ-4-17b）。另一方面，得益于周期性因素，捷克银行业利润同比增长11.6%，达910亿克朗。

然而，由于受到疫情的负面影响，2020年第一季度银行业利润下降至145亿克朗，同比降幅达20.7%。据捷克国家银行统计数据，2020年捷克银行资产回报率仅为0.6%，同比下降0.7个百分点，十三年来首次低于1%（见图Ⅲ-4-17a）。其主要原因是减值损失的增长以及货币政策降息对利率利润的影响。在2020年第一季度，减值损失已经开始上升。而此后，一系列暂时性其他因素也将持续对减值损失产生影响（见图Ⅲ-4-18），包括暂停贷款、国家对贷款的担保、评估信贷风险的监管灵活性以及银行内部的计提拨备方案等。正如本章第一节所述，为了应对新冠疫情冲击，捷克国家银行于2020年5月22日下调两周回购利率至近两年来的新低（0.25%），这同样对捷克银行利润产生了较大的负面影响。

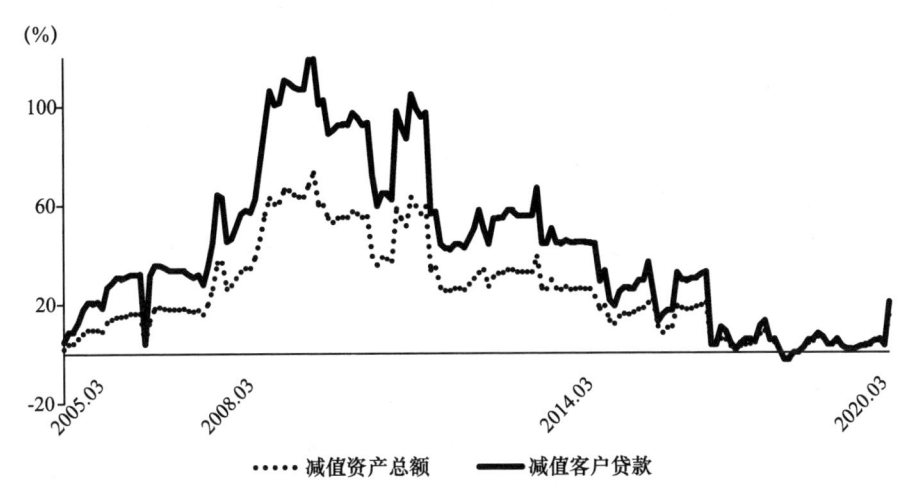

图Ⅲ-4-18 2005—2020年捷克商业银行资产减值损失

资料来源：捷克国家银行（Czech National Bank，CNB）。

4. 流动性

长期以来，捷克商业银行客户存款总额一直高于客户贷款总额，特别是在新冠疫情暴发之后，面对巨大的不确定性，居民预防性储蓄大幅上升，存款总额与贷款总额之比保持着持续上升的趋势，这使得捷克国内银行对流动性冲击具有较高的弹性。据捷克国家银行数据，2019 年第一、二季度，客户存款与客户贷款之比环比分别上升了 7.8、3.5 个百分点，虽然随后连续两个季度下降，但全年同比仍然保持上涨（2.9 个百分点），达到 137.4%，其主要原因是 2019 年捷克银行客户存款同比增长 6.6%，高于客户贷款的增速（同比增长 4.4%）；该趋势在 2020 年初得以延续，2020 年第一季度，客户存款和贷款增速分别为 11.8% 和 4%，截至 2020 年底捷克商业银行客户存款与贷款比值达 143.6%，较 2019 年上涨 6.2 个百分点（见图Ⅲ-4-19）。①

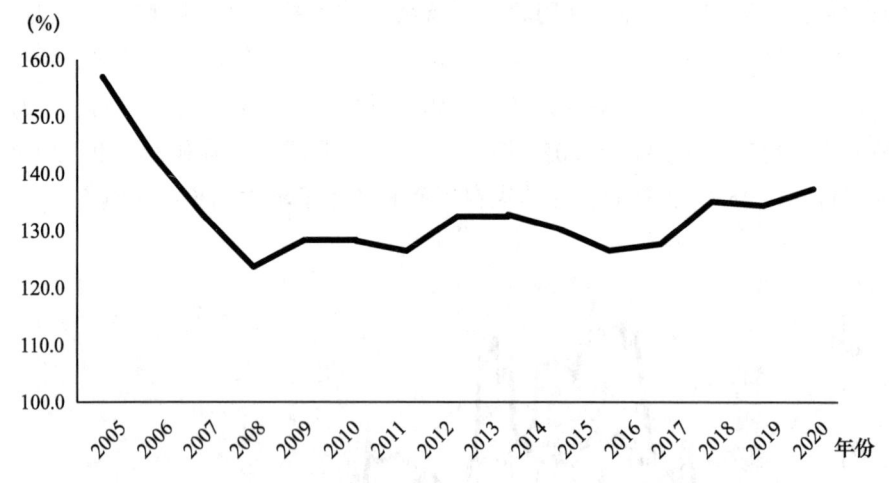

图Ⅲ-4-19 2005—2020 年捷克商业银行客户存款与客户贷款比值

资料来源：捷克国家银行（Czech National Bank，CNB）。

此外，捷克银行业流动性比率同样很好地证明了国内银行业对流动性风险的高韧性。根据捷克国家银行对流动性覆盖率（liquidity coverage ratio，LCR）② 和净稳定资产比率（net steady finance ratio，NSFR）③ 的统计数据，2020 年第一季度捷克银行业的流动性覆盖率为 172%，所有银行

---

① CNB, "Financial market supervision report 2018," December 2019.
② 流动性覆盖率是指金融机构持有的高流动性资产所占比率。该比率用以确保金融机构持续性履行短期债务的能力。更多信息请参考 Investopedia 官网（https://www.investopedia.com/terms/l/liquidity-coverage-ratio.asp）。
③ 净稳定资金比率是指可用的稳定资金与业务所需的稳定资金之比。该比率标准应大于 100%。更多信息请参考 MBA 智库百科官网（https://wiki.mbalib.com/）。

机构均符合100%的监管上限；净稳定资产比率同样达到足够高的水平（135%）。捷克国家银行预计2020年上半年所实施的暂停贷款对银行的流动性覆盖率的影响有限，因非金融企业和零售客户偿还资金在总流入资金中所占比例较低，仅为6%。捷克银行业能够保持较高的流动性覆盖率和净稳定资产比率部分可归因于信贷机构资产的构成结构。一方面，银行资产负债表中包括大量高流动性证券；另一方面捷克银行拥有较强的散户存款基础，因为在危机期间此类型存款被认为是稳定资金，预期流出性较低。基于同样的理由，我们可以看到捷克的房屋融资协会的流动性覆盖率最高（见图Ⅲ-4-20）。①

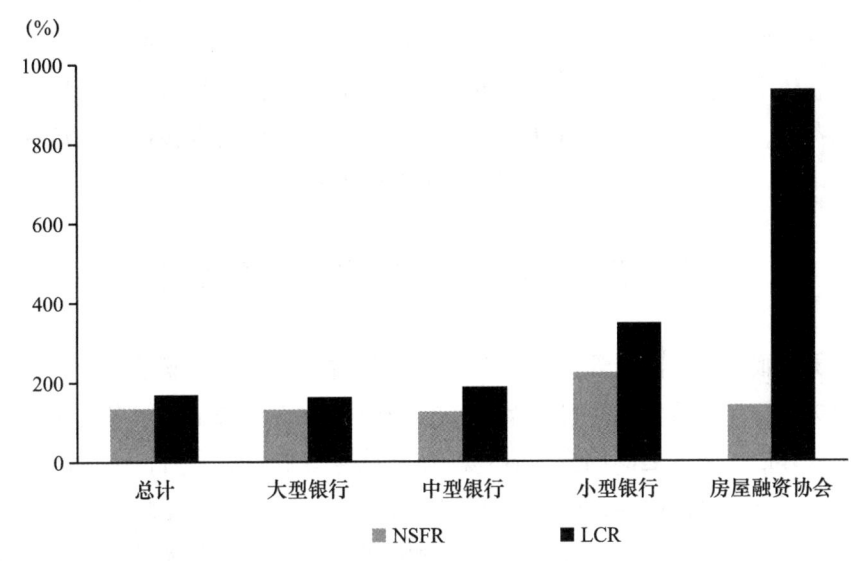

图Ⅲ-4-20 捷克不同规模商业银行流动性覆盖率（LCR）和净稳定资产比率（NSFR）

资料来源：捷克国家银行（Czech National Bank, CNB）。

说明：数据截至2020年3月31日。

---

① 在资产负债表上，非本地信贷机构的负债比例持续上升。来自非居民信贷机构的贷款占总资产的比例从2013年3月的5.2%上升到2020年3月的近13%。但在2019年，其份额呈下降趋势，截至2019年12月31日，占总资产的17%。在该报告期间，银行业对捷克国家银行的债权占其资产负债表总额的比例从10%增长到34%。更多信息请参考CNB, "Financial Stability Report—2019/2020," July 2020.

5. 小结

综合上述四个指标，我们可以看到捷克银行业稳健性在近年来表现持续良好，并且始终是欧盟地区的佼佼者，这一结论与世界经济论坛《2019全球竞争力报告》评估的结果一致。尽管2020年新冠疫情使得全球经济活动停滞不前，让捷克经济和金融的稳定发展面临着前所未有的挑战[1]，然而，根据捷克国家银行2021年3月公布的银行业宏观压力测试结果，捷克银行业的资本和流动性在宏观测试中的"基准情景"和"不利情景"设定下均具有一定的韧性，其中"基准情景"假设捷克经济逐渐恢复到疫情大流行前的水平，而"不利情景"假设经济因疫情而持续收缩。如果测试中的"不利情景"成为现实，捷克国家银行预计银行所持有的资本盈余将发挥关键性作用，可保障整个银行业的资本比率保持在8%以上的监管门槛之上。整体来看，得益于长期的资本化、强大的客户存款基础和较高比例的流动资产，即使在"不利情景"之下，捷克银行业仍然能够较好地抵御外部冲击，不会成为金融稳定的系统性风险来源。[2]

第二节　中捷金融与银行合作概况

中国银行保险监督管理委员会（以下简称"中国银保监会"）[3]与捷克中央银行保持着长期的监管合作，在2010年双方签署了谅解备忘录，由此正式开启了两国之间的金融合作。在全球金融危机爆发后，中捷两国主动扩大了备忘录的内容，在2016年"一带一路"金融合作论坛期间，一系列新的合作协议的签订，标志着中捷两国在金融领域的交流与合作进一步发展与深化。尽管与其他大部分国家相比，中国与捷克之间的金融合作起步相对较晚，但随着"一带一路"倡议和"中国—中东欧国家合作机制"

---

[1] CNB, "Financial Stability Report—2019/2020," July 2020.
[2] CNB, "Financial Stability Report—2020/2021," March 2020.
[3] 2018年3月13日，国务院机构改革方案提请十三届全国人大一次会议审议。根据《国务院关于提请审议国务院机构改革方案的议案》，将组建中国银行保险监督管理委员会，不再保留银监会、保监会。与此同时，方案将银监会和保监会拟定银行业、保险业重要法律法规草案和审慎监管基本制度的职责划入央行。其主要职责是，依照法律法规统一监督管理银行业和保险业，维护银行业和保险业合法、稳健运行，防范和化解金融风险，保护金融消费者合法权益，维护金融稳定。

的逐步推进，近年来两国在金融领域的合作发展较为迅速并取得诸多成果。

中捷双边金融合作主要成果一览[①]

2010年1月5日，捷克中央银行与中国银监会签署了双边金融监管合作谅解备忘录（MOU），成为最先与中国签署该类协议的欧盟国家监管机构之一，此次签署为中国与捷克开展健康、可持续的金融合作奠定了基石。

2010年2月22日，中国银监会正式批准捷克PPF集团在天津筹建消费金融公司。PPF集团获批筹建的消费金融公司被命名为"捷信消费金融（中国）有限公司"，它不仅是首家外商独资消费金融公司，也是当时唯一一家非银行系消费金融公司。

2014年10月26日，中捷商务论坛在中国银行总行大厦成功举办。捷克总统米洛什·泽曼、时任驻华大使利博尔·塞奇卡、时任中国驻捷克大使马克卿、时任中国银行董事长田国立、时任中国银行行长陈四清、时任捷信集团董事长兼首席执行官依西·施梅兹以及捷克内务部、工贸部、卫生部高级官员、中捷企业界、金融界代表200人出席了本次论坛。在此次论坛期间，泽曼总统表达了希望中国银行尽快在捷克设立分支机构的愿望，从而搭建中捷两国经贸、投资发展的桥梁。

2014年10月27日，在中国国家主席习近平和捷克总统米洛什·泽曼的见证下，时任中国进出口银行行长李若谷与时任捷克出口银行首席执行官凯尔·布里斯签署了《促进中捷企业双向投资银行间合作协议》。该协议的签署将对中捷企业间相互投资及贸易合作产生积极影响。

2015年5月14日至16日，时任捷克中央银行行长米洛斯拉夫·辛格出席在上海举行的中亚、黑海及巴尔干地区央行行长组织（以下简称"中黑巴组织"）[②]第三十三届行长会议。这是中国人民银行自2011年加

[①] 笔者根据公开资料整理。

[②] 中黑巴组织是创立于1998年的区域性金融组织，现有包括中国在内的26个成员国，在协调地区金融事务、分享及交流经验等方面发挥着积极作用。该组织主要覆盖中东欧、中亚、高加索、中东地区国家，其中中国—中东欧国家领导人会晤机制下的中东欧国家中有14国是其成员，上海合作组织8国中有5国是其成员，绝大多数成员是中国建设"一带一路"的重要合作伙伴。2011年4月，经国务院批准，中国人民银行接受中黑巴组织的邀请加入该组织，并派员参加了历次行长会议。

入中黑巴组织以来，首次主办该会议，时任中国人民银行行长周小川、时任副行长易纲，其他中黑巴组织成员央行行长及副行长与会。此次会议主要讨论了全球及区域经济金融形势、绿色金融等议题，中国人民银行介绍了上海金融交易中心和金融基础设施建设等有关情况。

2015年8月31日，中国银行（匈牙利）有限公司[①]布拉格分行在捷克首都布拉格总统府举行成立仪式，捷克总统米洛什·泽曼与捷克中央银行、工贸部、外交部的高级官员到场出席。中国银行捷克分行是首家在捷克成立的中国金融机构。

2015年11月24—25日，在中国—中东欧国家领导人苏州会晤期间，中捷签署了《中国工商银行与捷克政府金融战略合作协议》。

2016年3月29日，中国银监会与捷克中央银行在捷克首都布拉格联合举办"一带一路"金融合作论坛。来自"一带一路"沿线国家和地区中外资银行业机构、捷克银行业协会的约200名代表参加了此次论坛。时任捷克副总理帕维尔·别洛布拉代克、时任捷克中央银行行长米洛斯拉夫·辛格、时任中国银监会主席尚福林出席论坛并致辞。在此次论坛结束后，中捷双方签署了包括《中国银行业监督管理委员会与捷克国家银行跨境危机管理合作协议》在内的一系列新合作协议[②]，标志着中捷两国在金融领域的交流与合作范围进一步扩大，向纵深发展。

2016年6月17日，中国工商银行与捷克政府办公室在北京共同签署了《设立布拉格分行及业务合作的备忘录》和《设立中东欧基金的合作备忘录》，双方还共同宣布工商银行"融e购"捷克馆开馆，进一步加强中国与捷克在金融领域的合作。

2017年4月，中国工商银行布拉格分行获得捷克中央银行颁发的金融业务经营牌照，成为当时捷克国内唯一由非欧盟银行设立的分行，创造了捷克银行牌照申设的记录。

---

① 中国银行在匈牙利拥有两家机构。中国银行（匈牙利）有限公司成立于2003年，由中国银行全资控股，是中国银行业在中东欧地区设立的第一家经营性金融机构。2012年，匈牙利中行贯彻新的发展战略，重点发展公司业务。为了扩大中国银行在中东欧地区的金融服务能力和市场影响力，中国银行匈牙利分行于2014年正式成立。借此，匈牙利中行成为匈牙利第一家拥有分行双牌照的外资银行。

② 具体内容请参考本章表Ⅲ-4-7。

2017年5月13日，中国兴业银行行长陶以平、副行长陈锦光应邀拜会来华参加"一带一路"峰会的捷克总统米洛什·泽曼一行。泽曼总统高度赞扬中国"一带一路"倡议的构想，并热情欢迎包括银行在内的中国企业到捷克投资和交流。陶以平就兴业银行与捷方在出国金融、养老金融、私人银行、绿色金融、银银平台、移动支付等领域的合作进行了展望与交流，并对捷克官方对兴业银行的信任与期望表示感谢。

2017年9月12日，中国工商银行布拉格分行在捷克首都布拉格正式开业。捷克央行行长伊日·努斯诺克、中国工商银行行长谷澍、时任中国驻捷克大使马克卿等出席了开业仪式。在开业仪式上，中国工商银行还与部分捷克当地知名企业签署了合作备忘录。

2018年10月，中国交通银行获得捷克中央银行颁发的分行牌照。

2018年11月，在首届中国国际进口博览会期间，中东欧地区国际金融和投资集团——PPF集团与中国大型综合性跨国企业集团——中国中信集团有限公司签署了战略合作备忘录。双方将充分发挥在各自领域的优势，开展全方位、多领域合作。这标志着中捷之间"新丝绸之路"计划的进一步实施。

2019年4月25日，捷克总统米洛什·泽曼到访中国银行。泽曼总统指出，中国银行积极为捷克工商企业在当地和国际市场上的发展提供融资支持，已成为捷中经贸合作的典范。同时，捷克致力于成为中东欧金融枢纽，他期待中国银行为捷克企业及优质项目提供更多资金支持，通过开展具体项目充实双方合作。中国银行行长刘连舸表示，在中捷共建"一带一路"合作背景下，中国银行将发挥全球化、综合化和专业化优势，继续支持捷克经济发展，为捷克成为中东欧金融中心做出贡献，通过金融创新助力两国企业实现共赢发展。在此次会谈之后，泽曼总统和刘连舸行长共同见证了中国银行同捷克经济商会、捷克北方能源集团和中信欧洲公司的《合作谅解备忘录》签约仪式。

1. 中捷双边银行设立分支机构情况

2019年5月20日，中国交通银行布拉格分行在捷克首都布拉格正式开业。该行是交通银行设立的第23家境外银行机构，也是交行在中东欧地区设立的第一家分行。交通银行行长任德奇、捷克中央银行副行长托马斯·尼德茨基、中国驻捷克大使张建敏等在开业活动上致辞，来自当地金融业、工商业及社会各界的 150 余位嘉宾参加开业活动。

在捷克政府的大力支持下，自 2015 年以来，多家中资金融机构相继在捷克成功设立，为中捷之间的经贸合作搭建了更加便利的金融平台，有助于更多的中国投资者进入捷克市场，进一步拉动中捷经贸合作。截至 2019 年底，中国五大国有银行中已有中国银行、中国工商银行和交通银行三家在捷克各设立了一家分行，捷克首都布拉格已逐步成为中国金融企业在中东欧的聚集地（见表Ⅲ-4-6）。截至目前，暂无捷克银行在华设立分支机构。

表Ⅲ-4-6　　　　　中资银行在捷克设立分支机构情况

成立日期	中资银行名称	数量	在捷克分支机构名称
2015 年 8 月 31 日	中国银行	1	中国银行（匈牙利）有限公司布拉格分行
2017 年 9 月 12 日	中国工商银行	1	中国工商银行布拉格分行
2019 年 5 月 20 日	交通银行	1	交通银行布拉格分行

资料来源：中国银行、中国工商银行、交通银行。

早在 2014 年 10 月的中捷商务论坛期间，捷克总统米洛什·泽曼便提出希望中国银行能够在捷克设立分支机构，用以推动中捷两国金融合作、促进两国相互投资。这与中国银行"一带一路"金融大动脉建设构想不谋而合。在此背景下，中国银行经过半年多的酝酿及筹备，于 2015 年 7 月完成了布拉格分行注册，成为首家在捷克设立的中资金融机构，自此拉开了中国金融企业在捷克进行金融机构布局的序幕。

捷克银行业竞争较为激烈，中国银行布拉格分行依托匈牙利母行的分子行双牌照，借助总行资本金实力，在大额授信、大型结构化融资、大额并购融资中具有优势，获得本地大型企业集团的认可，这些企业集团将中国银行列为其主要的合作银行。近年来，中国银行布拉格分行已与 30 多家大、中型中资企业建立了联系，其中既包括传统企业，也有一批与捷克特色产业机械制造、电气设备等密切相关的中资企业。啤酒和电力机车行业是捷克传统行业，对于这两类优势行业，中国银行布拉格分行主动寻求机会，寻找合适的中资企业与捷克本地企业达成强强合作。通过密切的市场跟踪及多方联动,中国银行布拉格分行先后跟进并深度参与了多个大型并购项目进程。通过深度参与重点项目,布拉格分行同相关行业客户,特别是与本地企业财团建立起紧密合作关系,为全面打开捷克本地市场打下了良好基础。①

中国工商银行布拉格分行是首个获得捷克中央银行颁发金融业务经营牌照的非欧盟银行。中国工商银行在捷克设立分行,显示了对捷克经济发展前景的信心,表明了中国金融机构搭建中捷间经贸往来桥梁的决心。布拉格分行作为中国工商银行在中东欧服务网络中的重要机构之一,依托集团的全球化经验和资源支持,与捷克金融同业开展广泛合作,持续提升金融服务水平,为中资企业在捷克及中东欧地区投资兴业提供综合金融服务便利,为捷克当地企业提供更多的金融服务选择,积极服务捷克经济社会发展。②

自 2017 年 9 月正式营业以来,随着中捷经贸往来不断深化,中国工商银行布拉格分行将中捷两国间贸易企业作为营销重点,与众多的跨国企业、中资企业、捷克本地企业建立了战略合作伙伴关系,极大地促进了这些企业与中国的投资与贸易往来。此外,布拉格分行还制定了有针对性的营销策略,成功营销捷克本地出口商开立多币种账户,实现了分行开户零突破,为接下来营销外汇兑换、信用证及贸易融资等相关业务奠定了基础。③

继中国工商银行之后,交通银行布拉格分行成为第二个获得捷克中央银行颁发分行牌照的中资银行。该行是交通银行设立的第 23 家境外银行机构,也是交通银行在中东欧地区设立的第一家分行。作为服务中东欧的重要里程碑,交通银行布拉格分行立足于捷克,辐射中东欧地区,在环保、能源、物流、高端工业制造和先进服务业等行业和领域,为客户提供融资及结算等综合金融服务。

2. 中捷双边金融合作协议签订情况

在中捷双方政府的支持下,自 2010 年以来,两国在金融领域已签署

---

① 更多信息请参考:https://finance.yiewan.com/news-id-36067.html。
② 更多信息请参考中国工商银行官网(http://www.icbc-ltd.com)。
③ 周月秋、殷红、宋玮:《"16+1 合作"机制下中东欧机遇风险分析及我行对策研究》,研究报告,2018 年第 16 期。

多个政府间/商业协议（见表Ⅲ-4-7）。其中，中国银监会与捷克中央银行先后签署的双边金融监管合作谅解备忘录以及《跨境危机管理合作协议》是"一带一路"倡议下两国金融合作不断落实的重要里程碑。

表Ⅲ-4-7　　　　　　　　中捷两国金融合作协议签订情况

签署时间	相关机构	协议	协议概要
2010年1月5日	中国银监会 捷克中央银行	双边金融监管合作谅解备忘录	监管信息的分析和监督合作机制以及银行牌照审批等领域的合作
2014年10月27日	中国进出口银行 捷克出口银行	《促进中捷企业双向投资银行间合作协议》	对中捷两国基础设施建设项目及中捷投资及贸易往来提供融资支持及政策建议
2015年11月24日至25日	中国工商银行 捷克政府	《中国工商银行与捷克政府金融战略合作协议》	—
2016年3月29日	中国银行业协会 捷克银行业协会	合作谅解备忘录	—
	中国银行 PPF集团	合作协议	—
	中国银监会 捷克中央银行	《跨境危机管理合作协议》	—
2016年6月17日	中国工商银行 捷克政府办公室	《设立布拉格分行及业务合作的备忘录》	双方将共同推进中国工商银行布拉格分行的申设，同时积极发掘两国政府和大中型企业合作机会，配合、引导国内企业赴捷克开展产能合作，推进"一带一路"倡议的落地实施
		《设立中东欧基金的合作备忘录》	双方将共同推动设立中东欧基金并开展相关合作，捷克方面拟出资2亿欧元参与中东欧基金，并支持该基金在捷克的投资经营，提供必要的投资指引，推荐潜在的投资机会

续表

签署时间	相关机构	协议	协议概要
2018年11月6日	中信集团有限公司 PPF集团	战略合作备忘录	捷信集团作为PPF集团的子公司，在中国市场上联手中信集团旗下企业，共同筹备和推广双方在相关领域的项目合作
2019年4月25日	中国银行 捷克经济商会 捷克北方能源集团 中信欧洲公司	《合作谅解备忘录》	中国银行将为在捷企业提供信息共享、融资支持等服务
2021年2月	—	《中国工商银行与捷克国家银行关于中国工商银行代理债券交易与结算协议》	—

说明："—"表示暂无相关公开信息。

资料来源：中国金融新闻网、中国银行保险监督管理委员会、捷信、中国驻捷克共和国大使馆经济商务处、中国商务部。

3. 捷克PPF集团

在中捷金融合作的发展历程中，捷克跨国金融集团PPF在中国消费金融领域扮演着重要角色，一直不遗余力地推进两国在普惠金融方面的深入合作。PPF集团成立于1991年，是中东欧地区较大的国际金融和投资集团之一。其业务横跨欧洲、俄罗斯、亚洲及北美市场，投资领域覆盖银行、金融服务、电信、房地产、零售、保险、矿产业、农业及生物科技等诸多领域。截至2019年底，PPF集团资产总额接近490亿欧元，同比增长8.8%。2019年净利润增长15%，达9.35亿欧元（见表Ⅲ-4-8）。其中，集团下属捷信和PPF BANKA是其利润的主要贡献者。[①]

表Ⅲ-4-8　　　　2017—2019年PPF集团主要财务指标　　　（亿欧元）

	2017	2018	2019
资产	382.22	450.55	486.14
股权	69.07	74.86	87.97

---

① PPF, "PPF group annual report 2019," December 2019.

续表

	2017	2018	2019
收益	65.06	86.38	101.49
净利润	6.42	8.15	9.35

说明：1. 以上数据根据国际财务报告标准（International Financial Reporting Standards，IFRS）进行统计。2. 表中统计数据截至2019年底，PPF集团官网尚未发布2020年统计报告。

资料来源：PPF集团官网。

作为PPF集团的子公司，捷信集团是国际领先的消费金融服务提供商，业务遍及中东欧地区、独联体国家、亚洲及美国。捷信集团在全球9个国家开展业务，服务的客户总数已经超过了1.06亿户，活跃客户2900万户，拥有超过45万个线下贷款服务网点。

2010年，捷信消费金融（中国）有限公司在中国成立，PPF集团成为中国监管机构授权提供消费金融服务的第一家境外实体。[①] 截至2020年底，捷信消费金融在中国发展已有10年，是中国历史最悠久、活跃于中东欧和亚洲地区的消费贷款机构。目前，捷信消费金融在中国的业务已覆盖29个省份和直辖市，312个城市；与中国知名的零售商保持着非常好的合作关系，通过超过26万个贷款服务网点，服务的活跃客户超过1900万户，为中国经济的发展和社会的平衡做出重要贡献（见表Ⅲ-4-9）。

表Ⅲ-4-9　　捷信消费金融（中国）有限公司大事记

时间	概要
2016年3月29日	在中国银监会与捷克中央银行在捷克首都布拉格联合举办"一带一路"金融合作论坛期间，中国银行与PPF集团签署了合作协议
2016年10月	作为银监会首批四家试点持牌消费金融公司之一，捷信首次成功发行资产支持证券（ABS）产品，并获得资本市场的高度认可
2017年5月11日	捷信消费金融有限公司与中国金融教育发展基金会在京共同启动吕梁山集中连片特困区"金惠工程"农村金融知识教育普及项目。捷信捐款600万元人民币，用于在吕梁山集中连片特困地区实施农村金融知识教育普及项目，提升当地居民的基础金融素质和基层金融从业者的服务水平，改善当地金融生态环境，提高现代金融服务在贫困地区的可获得性，为推进扶贫开发工作贡献力量

① 更多信息请参考PPF集团官网（https://www.ppf.eu/cn/history）。

续表

时间	概要
2018 年 11 月 6 日	在首届中国国际进口博览会期间，PPF 集团与中国大型综合性跨国企业集团——中国中信集团有限公司签署了战略合作备忘录。双方将充分发挥在各自领域的优势，开展全方位、多领域合作。这标志着中捷"新丝绸之路"计划的进一步实施。捷信集团作为 PPF 集团的子公司，在中国市场联手中信集团旗下企业，共同筹备和推广双方在相关领域的项目合作
2019 年 4 月 27 日	2019 捷克—中国天津商务论坛召开期间，在中捷政要和商务精英的见证下，"捷信金融学苑"金融知识教育在线游戏正式发布。这款金融知识在线游戏旨在通过寓教于乐的方式让广大中国消费者掌握金融常识，提升金融素养

资料来源：笔者根据捷信官网公开资料整理。

在新冠疫情暴发之前，捷信消费金融曾是中国资产规模和权益规模最高的消费金融公司。2019 年，捷信消费金融成为业内首家总资产超千亿元人民币的公司，其贷款规模一度超过 970 亿元人民币，实现营业收入达 170.38 亿元，净利润为 11.4 亿元人民币。然而，由于受到新冠疫情的冲击，捷信消费金融业务规模收缩趋势明显。据统计，2020 年捷信消费金融实现营收 112.38 亿元人民币，同比下滑 34.08%；捷信消费金融盈利能力在 2020 年同样大幅下降，由于受到较大规模资产减值损失计提的影响，其净利润仅为 1.36 亿元人民币，较 2019 年的 11.4 亿元人民币下降 88.07%；截至 2020 年底，捷信消费金融资产规模为 652.07 亿元人民币，同比减少 37.62%，其中贷款净额为 576.32 亿元人民币。[①]

第三节　中捷金融与银行深化合作机遇

在"一带一路"倡议下，中捷金融合作一直是其中的重要环节，是两国双边投资合作、贸易合作得以顺利、高效实现的重要保障。近年来，随着中捷在经贸领域合作规模的不断扩张、发展形式更加多元化，两国在金融领域的合作势头必将在原有的基础上进一步加深。

中国与捷克未来在金融领域深化合作的机遇可以从两大层面来看。一

---

① 更多信息请参考 21 世纪经济报道，https://m.21jingji.com/article/20210511/herald/a0dce3afa4497e91be347de4a30a25c3_zaker.html。检索日期：2021 年 6 月 30 日。

是进一步推进双边贸易平衡发展以释放金融合作潜力，为"一带一路"建设提供多元化的金融支持；二是积极把握中国金融市场新兴优势领域发展的新趋势，探索更多中捷金融合作形式，改变中捷金融合作形式较为单一的局面。

一　推动双边贸易平衡发展以释放金融合作潜力

2007—2009年全球金融危机之后，中国与捷克双边贸易规模总体上呈现上升趋势，取得突破性进展。中国商务部统计数据显示，2019年捷克与中国双边货物进出口额为189.6亿美元，较2008年的76.8亿美元增长了147%，实现了每年近8%的增速。虽然捷克从中国进口货物的规模远大于捷克对中国的出口规模，但是若从增速来看，捷克对中国的出口额增长更快。2008年，捷克对中国出口额为8.1亿美元，2019年增长至24亿美元，整体增幅为196%，年均增长率达9.5%；相比较而言，中国对捷克出口额（捷克自中国进口额）从2008年的68.7亿美元上升至2019年的165.6亿美元，增幅为141%，年均增长率为7.6%，低于捷克对中国出口额的年平均增长水平（9.5%）（见图Ⅲ-4-21）。

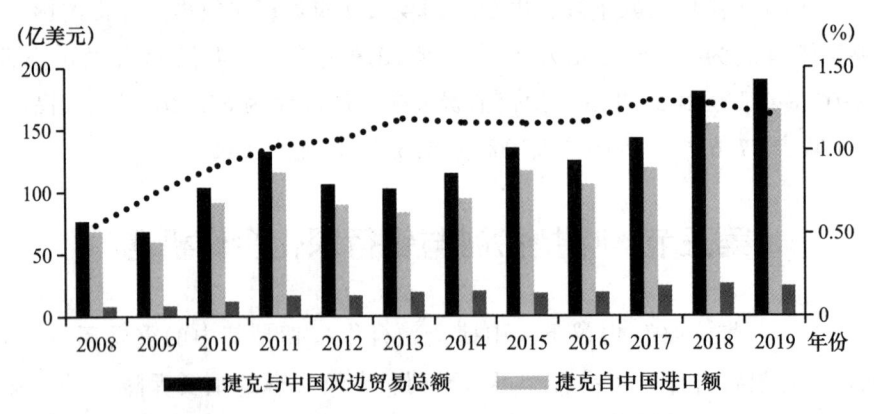

图Ⅲ-4-21　2008—2019年中捷双边货物贸易概况

资料来源：中国商务部官网。

说明：中国商务部官网尚未公布"2020年捷克货物贸易及中捷双边贸易概况"报告。

此外，我们还观察到2008—2019年捷克对中国的出口额占其出口总额的比重同样得到明显提升，从2008年的不到1%（0.55%）增长至

2019年的1.21%，增加了0.66个百分点（见图Ⅲ-4-21）。①据中国海关统计，虽受全球新冠疫情影响，2020年中捷双边贸易额达188.71亿美元，同比增长7.2%，创历史新高。捷克保持了中国在中东欧第二大贸易伙伴的地位。其中，中国对捷克出口额为137.39亿美元，同比增长5.9%，自捷克进口额为51.33亿美元，同比增长10.9%。

尽管中国同捷克的双边贸易在过去十年里取得了较好成绩，然而不可否认的是，由于捷克本国产业相对比较单一、中捷两国经济体量不对称、市场需求差异性较大，捷克长期以来对中国货物贸易的逆差较大，中捷贸易的不均衡始终没得到较好的改善，这在很大程度上阻碍了两国在金融及其他领域合作的进一步深化。如今，在中国与欧盟贸易关系日趋紧密的大背景下，"双边贸易平衡发展"必将在未来成为两国贸易合作的核心主题，而金融服务也将在两国贸易合作不断深化的过程中释放出更多的潜力。

首先，捷克银行业近年来的稳健性持续表现良好，始终是欧盟地区的佼佼者，即便受到新冠疫情的冲击，捷克国家银行认为本国银行业的资本和流动性均保持着一定的韧性，能够较好地抵御外部风险。与此同时，中资金融机构始终积极地扩大在捷布局，如中国银行、中国工商银行和交通银行自2015年以来相继在布拉格成功设立了分行。在此背景下，中国与捷克可利用各自在金融领域已有的扎实基础，借助两国银行全球化经营、多元化产品以及欧盟地区金融专业平台的优势，利用双方在供应链金融、互联网金融方面积累的经验，通过结构化金融产品合作开发等方式，不断优化、升级对中国与捷克企业开展跨境贸易的金融服务能力，促进捷克企业对中国的贸易便利化，帮助捷克企业顺利进入中国消费市场，从而逐步减缓两国贸易不平衡的程度。

此外，积极推进中捷签订双边货币互换协议同样有助于平衡两国双边贸易。签订双边货币互换协议的主要目的是加强两国双边金融合作，便利

---

① 2019年，捷克对中国出口的主要产品，第一类是机电产品，第二类是光学、钟表和医疗设备，第三类是纤维素浆和纸张。这三类商品占捷克对中国出口总额的比重分别为47.1%、9.5%和6.7%。捷克自中国进口的主要商品同样是机电产品，2019年进口额为134.2亿美元，增长7.6%，占捷克自中国进口总额的81%，中国在该类产品上的主要竞争对手来自欧盟的德国、荷兰、斯洛伐克、波兰和英国。贱金属及制品是捷克从中国进口的第二大类商品，2019年进口额为6.5亿美元，增长6.3%。更多信息请参考《2019年捷克货物贸易及中捷双边贸易概况》。

双边贸易和投资,共同维护地区金融稳定,促进两国经济发展。截至 2020 年 12 月底,中国人民银行先后与中东欧地区的匈牙利、阿尔巴尼亚和塞尔维亚签署了总金额为 200 亿元人民币的双边本币互换协议。① 然而,作为中国在中东欧的第二大贸易伙伴国,捷克尚未签署本币互换协议。随着中捷贸易的进一步加深,两国可抓住人民币贸易结算规模扩大的机遇,在捷克申请设立跨境贸易人民币结算中心,这不仅与捷克致力于成为中东欧金融枢纽的目标相契合,同时还可以助力人民币在中东欧地区的国际化进程,实现互利共赢的目的。

二 探索更多的中捷金融合作形式

根据本章第二节的梳理分析,我们看到,迄今为止中国与捷克在金融领域的合作形式相对比较单一,仅在普惠金融和消费金融领域建立了相关的合作。在未来,中捷两国可以人民币国际化、《巴黎协定》② 2030 年目标为契机,探索更多的金融合作形式。例如,中国在捷克建立人民币清算与结算业务;捷克可效仿匈牙利发行人民币债券(熊猫债);中捷两国可在新兴金融领域,如绿色金融、金融科技领域开辟新的合作。

(一)绿色金融合作③

在国际可持续发展和应对气候变化的大背景之下,自 2016 年 G20 峰会首次将全球绿色金融体系纳入核心议题以来,绿色金融在全球进入了不断深化和加快推进的阶段,日益呈现出主流化发展趋势。

据统计,来自 37 个国家的 98 家金融机构已加入"赤道原则"④;超

---

① 更多信息请参考《中东欧经济研究报告 2019—2020》。
② 2015 年 12 月 12 日,联合国 195 个成员国在联合国气候峰会上通过了《巴黎协定》,该协定要求将全球气温增幅保持在远低于 2 摄氏度并尽力限制在 1.5 摄氏度水平上,从而避免发生危险性气候变化。
③ 更多信息请参考《中东欧经济研究报告 2019—2020》。
④ 赤道原则是一套适用于项目融资贷款的自愿性环境和社会标准,最初在 2003 年由十个国际银行采用,现已成为全球管理项目融资环境和社会风险的行业标准。该原则根据国际金融公司的环境和社会绩效标准而制定,适用于 1000 万美元以上的融资项目,为金融机构在全球矿业、石油气和林业等行业的项目融资提供了一个环境和社会风险管理框架和标准。采用赤道原则的金融机构,承诺实施符合赤道原则的环境和社会政策与控制程序。更多信息请参考 FIRST for sustainability(金融机构可持续性资源、解决方案和工具)官网(https://firstforsustainability.org/zh-hans/sustainability/external-initiatives/sustainability-frameworks/equator-principles/)。

过 35 个发行主体所发行的绿色债券获得"气候债券标准"认证；在 G20 杭州峰会成立绿色/可持续金融研究小组后，已有 70% 的成员国构建了相关战略政策框架，并在 2018 年将可持续金融的相关建议写入《G20 布宜诺斯艾利斯峰会公报》；在可持续银行网络（SBN）的支持下，38 个新兴经济体中有 22 个已采用了可持续金融政策，它们代表着新兴市场中 43 万亿美元（86%）的银行资产；占全球上市股票市场规模的 70% 以上的 60 个证券交易所与可持续证券交易所（SSE）平台合作，支持绿色与可持续企业上市融资。中、法、英、德、荷兰、瑞典、新加坡和墨西哥 8 个国家的央行和金融监管机构联合成立了"央行与监管机构绿色金融合作网络"（NGFS），主要就气候与环境因素对宏观经济和金融系统的影响，以及发展绿色金融的选项进行研究；"可持续金融国际平台"共有欧盟、中国、阿根廷、加拿大、智利、印度、肯尼亚和摩洛哥 8 个成员。

近年来，中国的绿色金融同样发展迅速，取得了骄人成绩。截至 2020 年底，中国 21 家主要银行的绿色贷款余额超 12 万亿元人民币，居世界第一，且大幅领先于其他国家，欧洲主要国家的绿色及 ESG 信贷规模总和约为 7000 亿元人民币。同时，中国绿色债券存量达到 8132 亿元人民币，居世界第二位。中国发行的绿色债券约占全球债券发行总规模的 20%（2019 年），发行量呈现两位数增长。中国第一只贴标绿色市政专项债券也在 2019 年发行。[①]

同时，中国绿色金融的双边、国际合作进展也十分迅速。如中英两国通过经济与财金对话和绿色金融工作组开展了卓有成效的双边合作；中法在两国高级别经济财金对话中写入了加强绿色金融合作的成果内容；中国绿金委还与欧洲投资银行（EIB）就中欧绿色债券定义趋同开展了联合研究。自 2017 年 5 月习近平主席提议促进"一带一路"沿线国家在绿色发展方面的国际合作以来，中国开始提供多种多样的绿色金融项目以促进相关国家的资本流动，如 2017 年 10 月中国工商银行率先在卢森堡交易所发行了 21 亿美元的"一带一路"绿色气候债券。

---

① 盛松成、龙玉：《绿色金融是上海国际金融中心建设的重要方向》，第十三届陆家嘴论坛（2021）。

表Ⅲ-4-10　2019—2020年中国和中东欧地区主要城市绿色金融指数排名　　（名）

国别	城市	绿色金融深度 2019	绿色金融深度 2020	绿色金融质量 2019	绿色金融质量 2020
波兰	华沙	53	55	48	55
捷克	布拉格	44	36	22	32
中国	上海	11	21	28	34
中国	广州	17	24	39	26
中国	北京	19	20	25	25
中国	深圳	21	23	31	35
中国	香港	35	36	40	38

资料来源：《中东欧经济研究报告 2019—2020》、英国智库 Z/YEN 官网。

从全世界范围来看，为了应对气候变化所造成的有形风险和过度风险，众多投资机构（包括部分国家的中央银行）、政府和其他公共机构更多地关注其投资组合中的"可持续"和"绿色"组成部分，也越来越多地寻求将环境和气候相关风险纳入投资的方法。例如，经合组织（OECD）发起的"绿色金融与投资中心和论坛"（Centre and Forum on Green Finance）和"绿色金融系统网络"（Network for Greening the Financial System，NGFS）平台便是用以支持与低碳经济的对接，以及加强绿色投资方式和风险管理。① 在欧盟范围内，多个可持续金融发展的规划和框架也已制定出台，包括《欧盟可持续金融分类方案》《欧盟绿色债券标准》等。作为经合组织和欧盟的成员国之一，在上述平台/政策框架的支持下，捷克绿色金融发展已然成为中东欧地区的佼佼者。自 2018 年 3 月开始，英国智库 Z/YEN 开始通过采访调研的形式评估全球金融城市的绿色金融深度和质量，目前共有 63 个样本城市，根据四个类别（可持续性、基础设施、人力资本、营商环境）的 132 个指标来衡量。根据 2020 年 3 月发布的《全球绿色金融指数 5》，中东欧地区入榜的金融中心仅有捷克的布拉格和波兰的华沙，中国大陆地区则入榜四个城市，分别是上

---

① OECD, "OECD Business and Finance Outlook," 2020.

海、广州、北京和深圳。布拉格虽然是中东欧地区绿色金融的领导者,但在全球范围内,其深度排名落后于中国大陆,在质量方面略领先于上海和深圳。由此表明,中国与捷克的绿色金融合作在深度方面存在广泛的互补空间(见表Ⅲ-4-10)。

此外,根据《全球绿色金融指数5》报告,政策和制度框架、投资者需求和气候变化被认为是推动绿色金融发展的主要因素。因而可借鉴上海—伦敦、上海—卢森堡绿色债券双向展示的模式,建立中国与捷克主要证券交易所展示绿色债券的联系。

(二)金融科技合作

从全球范围来看,捷克的金融科技整体发展较为缓慢。其主要原因是,长期以来捷克银行得益于比较稳定的利率水平以及本国银行业较弱的竞争环境,捷克传统的金融业务,如银行账户管理、零售贷款等业务,即使在全球金融危机期间,仍然保持着较高的利率和利润。在此背景下,捷克银行对投资金融创新或金融科技领域的积极性并不高。

然而,近年来随着全球利率趋势性下降(新冠疫情蔓延又加剧了这种趋势),各国央行纷纷下调基准率,捷克央行也不例外。这无疑将使捷克传统银行业务利润面临较大的下行压力。因此,为了吸引并留住客户,捷克商业银行所提供的金融服务必定需要更新其产品。此外,由于移动支付、无现金支付的兴起和电子商务活动的增加,捷克的科技金融有望在未来实现较快的增长。据统计,目前中东欧地区约27%的金融科技投资是在捷克进行的,其投资规模在该地区排第二位。另外,值得注意的是,这些投资很少来自捷克本国银行,因为它们更倾向于支持自己银行内部创新项目或者是将外部金融科技公司所开发的服务整合到银行自身基础设施建设中。例如,2018年捷克储蓄银行(CS)推出一项名为"FintechCloud"的云项目,就是将金融科技初创公司所创建的金融解决方案嵌入储蓄银行的网上银行系统中。[①]

截至目前,捷克有120—150家金融科技公司(非银行金融机构)利用金融科技提供B2B(商业对商业)和B2C(商业对客户)两种金融服务,其中包括在捷克建立金融服务业务的外国金融科技公司。这些企业包

---

① Czech Fintech Association,"The Fintech Market in the Czech Republic," February 2020.

括初创企业（start-ups）、规模化企业（scale-ups）和成熟的中型企业（well-established medium size companies），它们几乎在捷克金融部门的所有领域运作，涉及范围包括支付、数字融资、保险、外汇、金融管理等。①

捷克金融科技生态的变化正在加速优化与欧盟监管和民间金融科技市场之间的协同效应，期望在未来创建一个透明、高效、合作的金融体系。②为了更好地连接创新者、投资者、监管机构、政策制定者和商业伙伴，捷克金融科技协会应运而生，并代表捷克众多的金融科技公司与捷克政府签署官方合作备忘录，涵盖了吸引投资和人才、创建创新中心等活动。

根据捷克金融科技协会的预测，未来捷克的金融科技领域将迎来更大的竞争，与此同时，也会带来更丰富的商业机会，包括进一步降低企业对银行贷款的依赖，为中小企业的成长或研发提供资金；发展可负担和可以理解的资本市场工具，以帮助捷克人的储蓄创造更高的回报；为零售客户提供信贷产品等，上述种种为中国与捷克在金融科技领域开展合作提供了契机。

表Ⅲ-4-11　2019—2020年中国和中东欧地区主要城市科技金融指数排名　　（名）

国别	城市	2019	2020
匈牙利	布达佩斯	62	45
捷克	布拉格	—	55
中国	北京	2	2
	上海	3	3
	深圳	6	5
	香港	7	6
	广州	8	8

说明："—"表示暂无数据。
资料来源：英国智库Z/YEN官网。

---

① Czech Fintech Association, "The Fintech Market in the Czech Republic," February 2020.
② 例如，金融科技已被纳入欧盟法律PSD2的监管中，Spendee成为首家获得PSD2牌照的金融科技公司。

近年来中国金融科技发展非常迅猛，所达水平已得到国际金融界的普遍认可。根据国家高端智库中国（深圳）综合开发研究院与英国智库Z/Yen集团在2020年9月25日发布的第28期《全球金融中心指数报告》（GFCI 28）[1]，在金融科技领域，中美金融中心的实力不分伯仲，排前15名的金融中心有5个来自中国，6个来自美国。其中，北京、上海和深圳分别列第二名、第三名和第五名。与此相比，在中东欧地区的主要城市中，仅有布达佩斯和布拉格进入该榜，且排名均比较靠后，分别是第45名和55名（共有79个城市参与排名）。鉴于捷克在金融科技发展水平方面与中国存在的巨大差距，中捷金融科技合作有望在未来成为两国金融合作的新领域（见表Ⅲ-4-11）。

根据第28期《全球金融中心指数报告》，推动一国金融科技发展的主要因素包括融资渠道（14%）、专业人才（14%）、鼓励创新的生态系统（13%）、ICT基础设施（12%）、监管环境（11%）和需求（11%）等；而金融科技重要的应用领域为大数据分析（16%）、支付交易系统（14%）、网络安全（13%）、信用和风险模型（12%）、交易平台（10%）等。从目前来看，捷克金融科技，特别是金融科技公司的发展所面临的较大困难是缺乏融资和人才。事实上，中东欧地区大多数金融科技初创公司要么由创始人资助，要么通过企业贷款或私人风投基金，如阿尔巴尼亚MPay与奥地利中央合作银行合作的即时支付解决方案；波黑的萨拉热窝科技学院（SSST）、萨拉热窝大学（University of Sarajevo）经济与工商学院（Faculty of Economics and Business）和其他机构通过联合举办金融科技会议来培养金融科技人才。[2] 因而，中捷未来在金融科技领域的合作可通过两国的科技金融公司、银行以及大学开展联合项目来展开。

---

[1] Morris Hugh, Mike Wardle, and Michael Mainelli, "The Global Financial Centres Index 28," September 2020.

[2] 更多信息请参考《中东欧经济研究报告 2019—2020》。

第五章 "一带一路"倡议与
人文交流与合作

"人文交流是促进和平发展的积极要素,也是经济发展的重要推动力。"这是习近平主席2014年访问荷兰时阐述的观点。人文交流合作是"一带一路"倡议的根基与灵魂。文化先行为"一带一路"建设打下了广泛的社会基础。自"一带一路"倡议发出以来,中国积极与"一带一路"沿线国家开展人文交流与合作,不断拓展人文交流的宽度和深度,夯实"一带一路"建设的民意基础。在"一带一路"和"16+1合作"("17+1合作")的框架下,中国与中东欧国家之间的人文交流得到长足的发展,2016年被定为"中国—中东欧国家人文交流年"。

中国与捷克是传统友好国家,捷克和斯洛伐克联邦共和国是世界上第五个承认并与新中国建交的国家。中捷两国均拥有悠久的文化传统,两国的文化交流源远流长。1952年,双方签署了《中捷两国政府文化合作协定》。1957年3月,双方在北京签署了第二个《中捷两国政府文化合作协定》。该协定成为两国开展文化交流的框架文件,促进了两国文化交流的有计划发展。20世纪五六十年代,两国之间的人文交流十分活跃。随后由于中苏关系恶化,两国之间的人文交流趋于冷淡。20世纪80年代以来,两国之间的人文交流不断回升,90年代以后两国文化交流稳步发展。21世纪以来,尤其是"一带一路"和"17+1合作"的开展,更是为深化和发展中捷之间的人文交流提供了肥沃的土壤。2016年3月,中国国家主席习近平访问捷克,两国建立了战略伙伴关系。2016年11月,在第五次中国—中东欧国家领导人会晤期间,中捷两国政府签署了《在"一带一路"倡议框架下的双边合作规划》,确定今后合作的重点领域是基础设施建设、投资、研发、金融、交通与物流、医疗卫生、民用航空、农业和旅游等。这些领域为推动中捷两国之间的人文交流提供了坚实的基础。2019 年是中捷建交 70 周年，中捷双方表示愿意在相互尊重、平等相待基础上，加快发展战略对接，巩固拓展两国教育、卫生、体育、文化、旅游等人文领域良好合作势头，不断巩固中捷传统友谊和务实合作，夯实两国战略伙伴关系的社会民意基础。①

本章主要从文化与艺术交流、汉学（中国学）研究与文学翻译、教育交流与合作、科技与医疗卫生合作四个方面探讨中国与捷克之间的人文交流成果，最后简要分析中捷人文交流存在的问题和改进的建议。

第一节 文化与艺术交流

20 世纪 50 年代，中捷两国的文化关系密切，交往频繁。捷克维特·尼耶德利军队文工团、国家歌舞团、斯美塔那四重奏组等先后赴华演出。捷克著名文学作品《好兵帅克》被译成中文。捷克的电影艺术、戏剧、古典音乐及版画艺术在中国艺术界也产生过不小的影响。中国的文学诗歌、传统音乐、绘画美术、木偶皮影、戏曲杂技、医学、武术等文化艺术亦深受捷克人民的推崇和喜爱。1952 年和 1953 年，中捷联合摄制的彩色纪录片《康藏公路》和《人民心一条》，是中捷人民友好相处的典型例证。有数据显示，1951—1976 年，以人民文学出版社及其副牌名义出版的捷克斯洛伐克文学作品（含诗歌）2 种、小说 18 种、散文 2 种、戏剧 6 种、作家评传 1 种，共计 29 种。此外，还有上海文艺出版社等出版的捷克斯洛伐克文学作品 20 余种。② 60 年代后期，中捷两国关系冷淡，文化往来曾一度中断。80 年代，随着两国政治关系的恢复，文化交流也逐渐活跃起来。两国在文化艺术、体育卫生、广播电视、新闻出版等领域签署了数十个协定、议定书或年度执行计划。1993 年，捷克共和国独立后，两国文化合作稳定发展。1996 年 11 月，双方签署了《中捷两国文化部 1997—1999 文化合作议定书》。90 年代，中国派出了江苏民乐团、深圳交响乐团、济南歌舞团以及《徐悲鸿绘画作品》《中国西藏艺术》《扇子

---

① 中华人民共和国教育部网站。
② 丁超、宋炳辉：《中外文学交流史（中国—中东欧卷）》，山东教育出版社 2015 年版，第 308—313 页。

艺术》等展览项目赴捷；捷方派出了作家代表团、广播电台代表团，携"捷克现代版画展""捷克图书展"等项目赴华展出。1999年捷克文化部在华举办了大型捷克电影展映活动。①

21世纪以来，中国与捷克之间的文化交流更加丰富多彩。2000年7月，双方签署了《中捷两国文化部2000—2002年文化合作议定书》，该议定书囊括了互换文学、艺术、音乐、舞蹈、戏剧、电影、出版等领域的文艺工作者以及文物保护、知识产权、著作版权等领域的专家学者共7个合作协议项目。② 2000年，由22位捷克当代著名艺术家作品组成的"捷克艺术水晶展"在北京和深圳获得巨大成功；"中国当代陶艺展"在捷克四个城市巡展。2001年4月，捷克布拉格首都交响乐团（FOK）应邀参加"2001年相约北京"国际艺术节活动，5月，中国上海民乐团应邀赴捷参加第56届布拉格之春国际音乐节。8月，捷克奥委会派大型体育代表团赴华参加"北京21届世界大学生运动会"。10月，捷克爱乐乐团前往北京访问演出。2002年，中国广西木偶剧团参加了第六届布拉格国际木偶艺术节，荣获艺术节"最佳艺术表演奖"和"最受儿童观众欢迎奖"。8月，《中国苏州传统工艺精品展》在布拉格成功举办。中国中央电视台拍摄的《楠溪江》一片参加了在捷克 ČES. KRUMLOV 市举办的国际环保电影节，并获得一等奖——桐树奖。著名捷克摄影家贝尼兹基先生出版了《世纪之交的中国人》大型画册。"世界文化遗产在中国"图片展、"中国工艺品及京剧艺术展"和"中国考古与青铜器展"在捷克数个城市举办。2003年，北京奥组委代表团和国家体育总局代表团访问捷克，中国陕西省政府文化代表团、中国国家博物馆代表团访问了捷克。"20世纪中国考古大发现图片展""仿古青铜器展"和"中国艺术展"先后在捷克数个城市举办。9月，中国大使馆举办"锦绣中华图片展"。2004年，中国厦门南音乐团参加捷克"布拉格之秋"国际音乐节，在国家歌剧院演出歌舞剧《长恨歌》；中央电视台《综艺大观》栏目组访捷拍片；中国滑雪队参加捷克国际技巧滑雪比赛。"中国百年版画精品展""中国书画展"以及"锦绣中华""中国20世纪

---

① 中国驻捷克大使馆网站（www.cz.china-embassy.gov.cn）。
② 中国驻捷克大使馆网站（www.cz.china-embassy.gov.cn）。

100 项考古大发现"等图片展在捷举办。《中国古代文学作品精选》和《中国文化掠影》两书捷文版在捷出版。2005 年,中国《卿梅靖月》女子民乐四重奏组、山西职业艺术学院民间艺术团和济南杂技团赴捷演出。捷克拉迪斯坦民间歌舞团、布拉格苏克室内乐团赴华演出,捷克著名现代画家库普卡画展在中国美术馆举办,捷克作协团访华。2006 年,"中国丝绸文化展"和"中国电影周"举办。捷克国家博物馆在京举办"捷克民族服饰展"。2007 年,中国广播民乐团参加"布拉格之春"国际音乐节,中央电视台参加"金色布拉格"国际电视节,中国平面设计展和钱币展分别在捷克国家美术馆和国家图书馆举办。"北京欢迎你"迎奥运图片展在捷克众议院举办。2008 年,捷克文化部长访华并与中国文化部长共同签署《中捷两国文化部 2007—2011 年文化合作议定书》。"感知中国"大型文化活动在布拉格举办,中国民族服饰展、迎奥运图片展、中国年画展在捷克举办,中国影片《地下的天空》入选卡罗维发利国际电影节竞赛单元。2009 年,为庆祝中捷建交 60 周年,中国文化节于 10 月在捷克举办,内容包括中央民族歌舞团演出、中国当代艺术展和皮影展。捷克"Zdenek Sklenar's China"绘画展在中国美术馆举办,捷克 Nostic 四重奏小组在开幕式上演奏,捷克影片《杀手写真 Normal》在上海国际电影节获最佳导演奖。① 早在 1999 年,知名画家覃琨瑛和她的捷克丈夫伊瑞就在捷克国家美术馆策划"中国水墨精神"画展,2010 年,覃琨瑛与捷克著名策展人斯科纳负责上海世博会捷克馆艺术部分。2012 年,覃琨瑛夫妇于宋庄建成中捷当代美术馆(又叫 CCC 美术馆,3 个 C 分别代表中国、捷克、中心)并于次年策划了主题为"声东击西"的艺术展。②

"一带一路"倡议与"16+1 合作"("17+1 合作")开展以来,中国与捷克的文化交流更上一个台阶,活动内容更加丰富,合作范围也更加广阔。2014 年,中国经典戏剧在布拉格展演,阿尔方斯·穆哈的作品展在北京和上海举办,捷克国家剧院芭蕾舞团和由捷克首席指挥家基里·贝洛拉维克率领的捷克爱乐乐团到中国演出,捷克和中国有史以来第一次在布

---

① 中国驻捷克大使馆网站(www.cz.china-embassy.gov.cn)。
② 王国宽、李匣谷:《中捷艺术使者——覃琨瑛》,《当代广西》2014 年第 5 期。

拉格合作制作电影。① 众所周知，捷克动画片《鼹鼠的故事》在中国广受欢迎，近些年来，中国央视动画和捷克小鼹鼠公司开始尝试联合打造新的动画片《熊猫与鼹鼠》。捷克斯科那画廊（Zdenek Sklenar）多年以来一直资助中捷美术交流，举办了许多中国和捷克艺术家的作品展览。2015年4月22日至4月25日，综合性大型推广活动"捷克魅力周"在中国城市上海举办。2017年是"一带一路""捷克年"，其活动在北京、四川、浙江、山西四个省市围绕体育、电商、航空、环境技术四个领域展开。2018年8月，由浙江省文化厅和杰克摩拉维亚—西里西亚州政府共同主办、中国驻捷克共和国大使馆协办、浙江美术馆承办的"湖山胜蓝概——西湖主题水印版画展"在摩拉维亚—西里西亚州俄斯特拉发市GONG展览馆开幕。2018年9月，由浙江省新闻出版广电总局主办的浙江（捷克）电影周在布拉格开幕，其间，《七十七天》《西小河的夏天》《美丽童年》《狄仁杰之四大天王》《荡寇风云》《情探》六部浙江影片上映。② 2018年10月9日，"艺术与和平——中国当代美术作品展"在捷克落下帷幕，其作品用丰富的中国艺术元素描绘"一带一路"沿线国家各具特色的风情，集中展现了中华民族长期追求的人与自然、社会和谐共生的精神理念，诠释了中华民族"以和为贵"的内涵。

第二节　汉学（中国学）研究与文学翻译

一　汉学（中国学）研究

捷克的汉学研究在西方汉学研究中占据着非常重要的地位。1945年，查理大学（Charles University）率先开设了捷克首个东亚语言与历史讲座。随后，"捷克斯洛伐克与东方文化交流协会""捷中交流协会"等组织相继成立。1949年4月，世界和平大会在布拉格召开，以郭沫若为团长，会集了一批重要作家和文艺家的中国代表团访问捷克，使中国在捷克的影响迅速扩大，带动了捷克汉学界对中国文学的关注和引进。雅罗斯拉夫·

---

① 徐海娜：《努力架起连接布拉格和北京的友谊与合作之桥——专访捷克驻华大使利博尔·塞奇卡》，《当代世界》2014年第6期。

② 张海燕、郑亚莉、周俊子：《"一带一路"框架下浙江与捷克经贸合作发展报告》，浙江大学出版社2020年版，第12页。

普实克教授（Jaroslav Prusek，1906—1980）被公认为捷克汉学之父，1952年被聘为捷克科学院东方研究所的所长。1950年末，普实克以捷中文化学会主席的身份率领捷克斯洛伐克第一个文化代表团访问中国。普实克利用这次访华为东方研究所挑选了大量书籍，在回国时带回中国政府捐赠以及他主持采购的中文书刊27000余册，其中包括十分丰富的现代文学书籍和大量善本线装书，如中国二十五史、古本戏剧丛书、完整的《新青年》《小说月报》等合订本、民间文学、地方志、宗教典籍、中国现代文学的各种作品版本、系统的报纸杂志等。普实克著作成果丰硕，包括在捷克、德国、法国、美国等国家出版的专著和论文，主要有《中国通俗小说起源研究》（1955）、《解放的中国文学及其民族风格和传统》（1958）、《中国现代文学研究》（1964）、《话本的起源及其作者》（1967）、《中国历史和文学论集》（1980）等。他还主持编写了两卷本的《亚非作家词典》（1967）。[1] 普实克培养出了一批从事汉学研究的优秀学生。在普实克教授的带动下，"布拉格汉学派"从20世纪五六十年代开始就在欧洲学术界占有重要地位。20世纪60年代中后期，捷克的汉学研究陷入低潮，普实克教授和许多其他汉学家（Jarmila Kalouskova、Augusin Palat、OldrichSvarny、Zlata Cerna等）的教学和研究受到严格限制。查理大学东亚研究所的罗然（Olga Lomova）称这段长达20年的历史时期为捷克汉学的"冬眠期"。20世纪80年代末，捷克的汉学研究开始恢复，且在原有基础上增设了一些新的系所，如帕拉斯基大学的亚洲研究系等。[2]

捷克目前有三大中国研究机构：（1）捷克科学院东方研究所东亚部，(The Department of East Asia，Oriental Institute，Academy of Czech Republic) 成立于1922年，是捷克东方学研究的中心，也是捷克最著名的东方学研究机构。1952年，该研究所被划归捷克斯洛伐克科学院。1992年捷克斯洛伐克解体后，该研究所成为捷克科学院的一部分。东方研究所办有两份刊物：一份为1929年创刊的季刊《东方档案》（Archiv Orientáln），分为英文和德文（或法文）版，主要从事亚洲与非洲国家的历史、经济、文化和社会研究，面向捷克国内外发行；另一份为1945年创刊的捷文版

---

[1] 丁超、宋炳辉：《中外文学交流史（中国—中东欧卷）》，山东教育出版社2015年版，第359—361页。

[2] 何培忠、刘霓、王文娥：《波兰、捷克的中国研究》，《国外社会科学》2010年第3期。

《新东方》(Novy Orient)，2003年以前为每年出版10期，之后改为季刊。东方研究所的图书馆拥有近20万册图书和2700种期刊，是捷克乃至中东欧地区有关亚洲研究最大的西文图书馆，而图书馆的中文部（由郭沫若先生亲笔手书馆名"鲁迅图书馆"）由普实克教授创设于1952年，藏书约6.7万册。（2）查理大学东亚研究所（Institute of East Asian Studies），1993年正式从查理大学的亚洲与非洲研究系独立出来。目前，该所设中国研究、日本研究、越南研究和朝鲜问题研究四个系。（3）第三个重要机构是帕拉斯基大学哲学院亚洲研究系（The Department of Asian Studies, Philosophical Faculty, Palacky University），主要研究领域是中国语言与文学。2007年，帕拉斯基大学与北京外国语大学合作创建了捷克境内首家孔子学院。

总体来看，捷克汉学（中国学）研究面临的问题主要体现在两个方面：首先，研究资助相对有限。在1989年以前，东方研究所的研究经费是自动下拨的，而1989年之后则需制订计划，向类似"捷克资助委员会"这样的机构申请，竞争非常激烈。其次，捷克的学者较为固守汉学研究的传统，侧重于中国的语言、文学、历史、哲学等领域的研究，现代中国研究相对缺乏。[①]

二　文学翻译与出版

捷克汉学具有很优秀的翻译传统，被称为"布拉格派"或"捷克派"。普实克教授于20世纪30年代末就开始研究翻译中国文学作品，他和他的弟子们除了翻译现代文学大师（鲁迅、老舍、茅盾、巴金、闻一多、丁玲、周立波、赵树理、孙犁等）的作品以外，还翻译了许多白话小说、传奇、话本（包括蒲松龄的《聊斋志异》）以及近代作家的作品，如《浮生六记》《老残游记》等。普实克与鲁迅的交往和友情，是20世纪二三十年代中国文学界与中东欧国家文学交流方面最富有代表性的事例和佳话。1937年，普实克翻译的鲁迅短篇小说集《呐喊》是世界上较早的鲁迅作品译文之一。1936年7月21日，鲁迅在为该译本写的序言中说道："我的作品，因此能够展开在捷克的读者的面前，实在比被译成通行很广

---

① 何培忠、刘霓、王文娥：《波兰、捷克的中国研究》，《国外社会科学》2010年第3期。

的别国语言更高兴。我想，我们两国，虽然民族不同，地域相隔，交通又很少，但是可以相互了解，接近的，因为我们都曾经走过苦难的道路，现在还在走——一面寻求着光明。"① 1940 年，普实克将在中国考察的见闻和研究心得汇集成《中国——我的姐妹》一书出版，全书共有 49 章。在该书的"结束语"中他写道："我不能预见中国和中国文化的未来。但是如果我们环顾四周，关注正在上升的对这一文化的兴趣——对曾经在 20 世纪那样被嘲笑和被曲解过的中国文化的兴趣——答案也许就清楚了。跨过一切混乱，中国文化正在成为世界文化的重要组成部分，他与古希腊罗马文化同等重要。"② 1947 年，捷克斯洛伐克出版老舍的《骆驼祥子》，第一次印数达到 50000 册。20 世纪五六十年代，捷克出版的主要是中国左翼作家的作品。其中 1950 年茅盾的《子夜》第一版印数为 10750 册，1951 年鲁迅的《呐喊》印数为 15000 册，而 1958 年茅盾的《子夜》第二版印数达 34000 册。1968 年以后，在捷克出版的译著仅仅是中国古典文学作品，而现当代作品几乎成了禁书，只翻译出版了一本短篇小说集《春天之声》（王蒙、冯骥才、沈蓉等短篇小说选）以及廖静文的《徐悲鸿的一生》（1989）。③

在 1989 年"天鹅绒革命"后的 20 年里，七八十年代的政治障碍已经不复存在，但捷克出版界对中国当代文学依然是"忽略"的（中国古代文艺倒是很受欢迎，尤其是玄学、道教和佛教文本），这主要基于三个方面的原因：经济困境、政治偏见和翻译的学术性。今天普通的捷克读者对中国文学所谓的"认识"要么带有五六十年代强烈的社会主义色彩，要么散发着神秘、抒情的"远东"香味。流亡作家、异议作家、华裔作家（北岛、杨炼、高行健、廖亦武、哈金、戴思杰、李翊云）的作品相对而言有更多的出版机会。1989 年至 2014 年，据罗然（Olga Lomova）教授的统计，在捷克出版的 50 多部中国作家作品当中，一多半是从英法文转译的。而且其中只有 10 部是中国大陆当代作家的作品：《冈仁波齐峰的诱

---

① 《鲁迅全集》（第 6 卷），人民文学出版社 2005 年版，第 544 页。转引自丁超、宋炳辉《中外文学交流史（中国—中东欧卷）》，山东教育出版社 2015 年版，第 278—279 页。
② ［捷］雅罗斯拉夫·普实克：《中国——我的姐妹》，丛林、陈平陵、李梅译，外语教学与研究出版社 2005 年版，第 428—429 页。
③ 李素：《学术与市场之间：略谈中国当代文学在捷克的译介》，《南方文坛》2016 年第 3 期。

惑：西藏的当代故事》短篇小说集（Dharma Gaia，2006）、余华《许三观卖血记》（Dokoran，2007）、陆文夫《美食家》（Dharma Gaia，2010）、中国少数民族短篇小说集《琥珀色的火焰》（Rybka，2010）、残雪作品集《黑暗灵魂的舞蹈》（Verzone，2013）、阎连科的两部小说《为人民服务》（BB art，2008，从英文转译）和《四书》（Verzone，2013）、莫言的长篇小说《丰乳肥臀》（Mlada fronta，2013）、苏童的《妻妾成群》（Verzone，2014）和余华的《活着》（2014）。自 2013 年阎连科《四书》出版以来，中国现当代文学开始在捷克赢得广泛的关注，《四书》被译选为捷克国内最大的文学奖 Magnesia Litera 2013 年度最佳译著。2014 年，阎连科获得卡夫卡文学奖，苏童的《妻妾成群》被捷克最大的文学网络 iliteratura 选为 2014 年不可错过的 10 部图书之一，《活着》也被文学网评为 2014 年三本较佳译著之一。

与此同时，中国古典文学在捷克的翻译出版也有一系列成果。著名捷克汉学家兼比较文学学者克拉尔教授（Oldrich Kral）翻译了《儒林外史》（1962）、《道：古代中国文献集》（1971），并于 1977 年以笔名 Josef Fass 出版唐传奇选集《古镜》以及《红楼梦》（克拉尔教授翻译的《红楼梦》曾经于 1988 年获得了 Odeon 年度最佳译著奖），1989 年以后，他又重新开始出版中国古典文艺著作：庄子《内篇》（1992）、《易经》（1995）、《孙子兵法》（1995）、《苦瓜和尚画语录》（1996）、慧能《六祖坛经》（1999）、刘勰《文心雕龙》（2000）、《庄子》（2006）、《无门关》（2007）、《肉蒲团》（2011）。2013 年以来，克拉尔教授翻译中国文学大著《金瓶梅词话》。此外，斯科那画廊（Zdenek Sklenar）出版了《齐白石和他的学生李可染和黄永玉》以及不同捷文译本《老子》，也尝试把《道德经》的历代捷译文和喜爱老子的著名捷克当代艺术家作品并列出版，包括奥·克拉尔教授（Oldrich Kral）的译文和杨·梅尔塔（Jan Merta）和戴维博士（David Sehnal）的最新译文和玛丽赫（Karel Malich）的绘画作品。[1]

除了捷克学者对中国文学的译介之外，中国对捷克文学也有一定程度的关注，比如对 1984 年诺贝尔文学奖获得者雅罗斯拉夫·塞弗尔作品的

---

[1] 李素：《学术与市场之间：略谈中国当代文学在捷克的译介》，《南方文坛》2016 年第 3 期。

译介。他的诗集《紫罗兰》（星灿、劳白译，漓江出版社1986年版）和回忆录《世界美如斯》（杨乐云、杨学新、陈韫宁译，中国青年出版社2006年版）被译成中文。另一位受到关注的捷克作家和社会活动家是瓦茨拉夫·哈维尔，他曾经在20世纪70年代因持不同政见而被判入狱，他是《七七宪章》运动的主要起草人，"天鹅绒革命"后被捷克人民选为总统。哈维尔虽然在中国知识分子中被谈论颇多，但其作品的翻译则一直受到限制。最受中国读者关注的捷克作家应该是米兰·昆德拉，1987年作家出版社出版了他的两部长篇小说中译本：《为了告别的聚会》和《生命中不能承受之轻》，在中国掀起了持续至今的"昆德拉热"，对中国当代文学产生了巨大影响。[①]

近些年来，在"一带一路"倡议与"16+1合作"（"17+1合作"）的推动下，中国与中东欧国家之间的文化出版交流得到一定程度的提升。2018年10月20日，中国—中东欧国家图书馆联盟正式成立，颁布了《中国—中东欧国家图书馆联盟成立宣言》和《中国—中东欧国家图书馆联盟2019—2020年行动计划》。在该联盟成立后，其成员将在书目数据共享、文献交流互换、人员交流与培训等方面展开合作，例如，商务印书馆出版了《拉脱维亚语汉语词典》、捷克与中国外文局合作出版《习近平谈治国理政》、保加利亚记协出版保加利亚文版《中国百科》。[②] 在中国与中东欧国家之间的文化产品贸易中，捷克一直是几个十分活跃的国家之一。以2017年为例，中国对中东欧国家文化产品出口主要集中在波兰（50.72%）、斯洛伐克（11.04%）、捷克（7.25%）和匈牙利（4.54%）这四个国家，而同年，中国对中东欧国家文化产品进口主要集中在波兰（29.25）、捷克（20.92%）、罗马尼亚（11.74%）和匈牙利（11.63%）这四个国家。[③] 不过，就目前中国引进的捷克文化产品而言，主要有儿童情感启蒙绘本系列（见表Ⅲ-5-1）。

---

① 丁超、宋炳辉：《中外文学交流史（中国—中东欧卷）》，山东教育出版社2015年版，第410—413页。

② 杨依鸣、付海燕：《中国出版业向中东欧地区贸易推进策略研究》，《北京印刷学院学报》2020年第2期。

③ 曲如晓、杨修、李婧：《中国与中东欧国家文化产品贸易发展与对策研究》，《国际贸易》2019年第3期。

表Ⅲ-5-1　　　2020年中国翻译出版的部分捷克图书目录

书名	出版社	书号	作者
动物吃饭有讲究	北京联合出版公司	9787559637970	[捷克]彼得拉·巴尔季科娃（Petra Bartíková）著，[斯洛伐克]卡塔琳娜·马楚罗娃（Katarína Macurová）图，韩颖 译
动物睡觉有讲究	北京联合出版公司	9787559637987	[捷克]彼得拉·巴尔季科娃（Petra Bartíková）著，[斯洛伐克]卡塔琳娜·马楚罗娃（Katarína Macurová）图，韩颖 译
冬日世界的生存者	晨光出版社	9787571506315	[捷克]马克塔·斯巴科娃、伊娃·巴托娃 著，[捷克]加纳·K·库尔多诺瓦 图，锐拓 译
中国国家地理少儿百科——消失的动物	湖南科学技术出版社	9787571005559	[捷克]拉德克·马利、伊日·格尔巴契奇、帕维尔·德沃尔斯基 著，傅临春 译
美术馆全知道	贵州人民出版社	9787221155788	[捷克]安德鲁·赫罗巴克、罗斯蒂斯拉夫·克里卡耐克、马丁·瓦内克 著，[捷克]大卫·博姆、伊里·弗兰塔 图，王志庚、王景睿 译
鲵鱼之乱	人民文学出版社	9787020150991	[捷克]卡·恰佩克 著，贝京 译
狗之物语：阿猫和阿狗	人民文学出版社	9787020118656	[捷克]约瑟夫·恰佩克
钟表大师	新蕾出版社	9787530768983	[捷克]弗拉迪斯拉夫·马尼亚克 著，徐伟珠 等译
黑猫历险记	浙江文艺出版社	9787533960575	[捷克]约瑟夫·拉达
约瑟夫·拉达致孩子	浙江文艺出版社	9787533960735	[捷克]约瑟夫·拉达
我有一个花园	重庆大学出版社	9787568920520	[捷克]卡雷尔·恰佩克
捷克教育家夸美纽斯谈教育	辽宁人民出版社	9787205099046	[捷克]约翰·阿摩司·夸美纽斯（John Amos Comenius）著

续表

书名	出版社	书号	作者
脊柱侧弯针刀整体松解治疗与康复	中国医药科技出版社	9787121360312	[捷克] 理查德·施米西科、[捷克] 凯瑟琳·施米西科娃
中国与捷克：金融的变迁及转型	中国社会科学出版社	9787520364720	何德旭、[捷克] 杨·卢什卡 主编

资料来源：节选自昆山市人民政府和中国—中东欧国家合作人文交流体验基地主办，北京外国语大学中东欧研究中心、外语教学与研究出版社协办的"2020年中东欧国家主题出版成果展"图书目录。

第三节　教育交流与合作

中国—中东欧国家教育交流合作是双边人文交流关系的重要组成部分。2012年发布的《中国关于促进与中东欧友好合作的12项举措》提出，"未来5年向中东欧16国提供5000个奖学金名额"[1]。2013年6月28日，"中国—中东欧国家教育政策对话"在重庆举行，通过了《中国—中东欧国家教育政策对话重庆共识》。此后"中国—中东欧国家教育政策对话"每年举办一次。2015年9月21日，第三届中国—中东欧国家教育政策对话在波兰首都华沙举行，中国大学生体育协会、欧洲大学生体育联合会和波兰大学生体育联合会签署了《关于促进学校体育发展的合作谅解备忘录》。其间，中国—中东欧国家高校联合会第二次会议和第三届中波大学校长论坛也在华沙同期举行。[2] 2018年5月28日，第六届中国—中东欧国家教育政策对话在深圳举办，此次对话围绕创新创业教育、学生平衡流动、教育合作新领域新方向、务实合作新倡议等议题展开对话交流。2018年6月，第五届中国（宁波）—中东欧国家教育合作交流会暨"一带一路"国家教育合作高峰论坛在宁波举办，共签署17项教育合作协议，丝路联盟国际商务MOOC开发中心、中国（宁波）—中东欧企业家教授联盟等一批合作项目和平台启动，中国（宁波）—中东欧城市基建教育

---

[1] 中华人民共和国教育部网站。
[2] 中华人民共和国教育部网站。

与投资合作研究平台正式揭牌。① 此外，中国教育部宣布自 2019 年起正式启动"中国—中东欧国家教育能力建设项目"和"中国—中东欧国家高校联合教育项目"②。在中国—中东欧教育合作不断发展的大背景下，中国与捷克的教育交流与合作也取得了丰富的成果。

一 教育互访与交流

中捷两国的教育交往始于 20 世纪 50 年代中期。1957 年，中国与当时的捷克斯洛伐克共和国签订文化合作协定，其中含有教育交流条款。从那时起，中捷双方就开始互派留学生和学者。20 世纪 50 年代末 60 年代初，中国在捷克学习的留学生有 200 余人。改革开放以来，中捷两国在教育领域开展了更加广泛的交流与合作。1986 年 10 月 28 日，捷克斯洛伐克教育部第一副部长瓦·契萨士访华，双方签订了 1987—1988 年度教育合作备忘录。1989 年 9 月 11 日—10 月 2 日，中国国家教委副主任邹时炎访问捷克斯洛伐克。1991 年 5 月 13 日—6 月 4 日，中国国家教委副主任朱开轩率中国教育代表团赴苏联出席中苏教育合作工作小组第四次例会。1995 年 6 月 12 日—25 日，国家教委副主任王明达率教育代表团出访捷克。1996 年，中捷双方签署《中捷 1996 — 1999 年教育合作协议》。自此，中捷两国教育主管部门开始签订教育交流协议。根据协议，每年双方都要交换一定数量的政府奖学金生；互派汉语和捷克语教学教师；互派从事短期研修与培训的语言教师以及互派一定数量的教育考察团组。2000 年 5 月 10 日，中华人民共和国教育部和捷克共和国教育、青年和体育部签署了《中捷 2000—2003 年教育交流协议》。最后在 2003 年 9 月 18 日—10 月 1 日，双方又签署了《中捷部 2004 — 2007 年教育交流协议》，新协议大幅增加了政府间互换奖学金留学人员的数量，同时捷方参与交流的院校由原来的两所扩大到 7 所，交流的学科领域也大大扩展。2004 年 5 月 9—24 日，教育部副部长吴启迪应邀率中国高等教育与财政拨款代表团赴捷克访问。2006 年 10 月 2—11 日，教育部副部长陈小娅应邀率团访问了捷克，

---

① 张海燕、郑亚莉、周俊子：《"一带一路"框架下浙江与捷克经贸合作发展报告》，浙江大学出版社 2020 年版，第 11 页。

② 中华人民共和国教育部网站。

促成在捷克设立孔子学院意向书的签署。2007年,中国教育部郑树山部长助理应邀率中国教育代表团访捷,同年,教育部副部长吴启迪会见捷克参议院教育、科学、文化、人权和诉讼委员会主席卡雷尔·巴塔克一行。2008年7月,中捷两国教育主管部门签订了《中捷2008—2011年教育交流协议》,规定政府间互换奖学金留学人员的数量由原来的每年15人增加到20人。2009年10月20日,国际教育业协会"教育和终身学习展"在捷克布尔诺开幕,"21世纪中国高等教育展"作为中国展区于同时同地举行,是21世纪以来中国高等教育展首次进入东欧。[1] 2012年11月,双方签订《中捷2012—2015年教育交流协议》。2013年6月,捷克教育、青年和体育部第一副部长伊日·南特尔率团赴华参加"中国—中东欧国家教育政策对话",中国教育部郝平副部长会见代表团,这是近五年来两国教育领域的最高级别交往。2016年5月3日,中国教育部副部长郝平会见来访的捷克众议院副主席杨·巴尔托谢克一行。2016年10月12日,中国教育部长陈宝生在北京会见来访的捷克教育部长卡特日娜·瓦拉霍娃,双方签署中捷高等教育学历学位互认协议,该协议是中捷教育合作具有历史意义的一件大事。[2]

几十年来,中国与捷克之间的留学生和奖学金不断增长。据不完全统计,中国自1950年接受8名捷克斯洛伐克奖学金生以来,截至1992年共接受了146名捷克斯洛伐克奖学金生。自1993年接受8名捷克奖学金生以来,截至2013年共接受捷克中国政府奖学金生367名。[3] 2013—2014学年,共有47名捷克学生获得中国政府奖学金资助赴华留学,17名捷克学生获得孔子学院奖学金赴华留学;有9名中国学生通过中捷政府互换奖学金赴捷留学。与此同时,自费到中国和捷克留学的学生人数不断增加,自2008年以来,有8名在捷自费博士生荣获中国政府颁发的"国家优秀自费留学生奖学金"。2009年至2013年,中国向捷克提供孔子学院奖学金名额51人次。随着"一带一路"的开展,中捷之间的留学生和奖学金生人数进一步增加。2016年在捷留学人员仅有200余人,而在2019年则增长至1500多人。

---

[1] 中华人民共和国教育部网站。
[2] 捷克留学服务网（http://czech.lxgz.org.cn/publish/portal110/tab5374/info129038.htm）
[3] 中华人民共和国教育部网站。

近年来，中捷高等院校之间的交流与合作也日趋活跃，主要形式有：互派专家教授进行短期讲学、合作研究；互派学生到对方学校学习进修；交换学术信息及图书资料等。目前签订校际协议的高校主要有：北京外国语大学与帕拉茨基大学、中国人民大学与查理大学、浙江大学与捷克技术大学、湖南大学与布拉格化工大学、哈尔滨工业大学与布尔诺工业大学、山东经济学院与布拉格经济大学、湖北工业大学与俄斯特拉发工业大学等。

以中捷地方合作的"排头兵"浙江省为例，截至 2018 年底，浙江与捷克开展合作的学校和机构主要包括浙江大学、浙江理工大学、浙江中医药大学、浙江万里学院、杭州电子科技大学、浙江工商大学、温州大学、中国计量大学、浙江外国语学院、浙江越秀外国语学院、浙江金融职业学院等高校和浙江文澜教育集团等。2018 年 3 月，浙江外国语学院和浙江越秀外国语学院同时获批新增捷克语专业。2018 年 11 月 19 日，浙江金融职业学院捷克馆顺利建成并开馆。①

二 汉语教学与推广

中捷教育交流的一个重要内容就是汉语教学及其推广活动。2003 年，中国在捷克设立了"汉语水平考试"（HSK）考点，每年报名参加考试的人员在 100 名左右。每年由中国驻捷使馆举办的"汉语桥"大学生中文比赛及各种汉语推广活动吸引了越来越多的捷克青年参加，汉语学习在捷克持续走热。此外，中国还不断向捷克输送汉语教师志愿者。以 2007—2013 年为例，中国共向捷克派遣汉语教师志愿者 20 名，向捷克赠送中文图书及音像制品共计 198676 册（套）。

捷克现有超过 10 所大学和研究机构开设了汉语专业或汉语学分课。捷克开设汉学专业的高校有查理大学、帕拉茨基大学、马萨里克大学、兹林的拔佳大学（Tomas Bata University）等。此外，布拉格经济大学、捷克技术大学等高校也将汉语专业作为选修课列入了教学计划。2013 年，在布拉格查理大学和兹林中学新开设两个汉语教学点。2007 年 9 月，由北

---

① 张海燕、郑亚莉、周俊子：《"一带一路"框架下浙江与捷克经贸合作发展报告》，浙江大学出版社 2020 年版，第 11 页。

京外国语大学和捷克帕拉茨基大学合作举办的捷克首家孔子学院揭牌，2013 年两校续签了执行协议。2018 年 11 月，孔子学院总部/国家汉办、中国计量大学与捷克布拉格金融管理大学共同签署合作协议，设立布拉格金融管理大学孔子学院。① 此外，一些应用型技术学院和职业培训学校也纷纷开设汉语课程。比如，2016 年 4 月，布杰约维采商务技术学院开设了中国中心。捷克西北部城市姆拉达·博莱斯拉夫（Mlada Boleslav）的职业培训学校、斯柯达汽车大学也开设了中文教学课程，其课程内容还包括派遣学生到中国基地实习。② 与此同时，捷克有几十所中小学开设了汉语选修课，还开设了专门的捷中双语幼儿园。比如布拉格中华国际学校成立于 1995 年，是捷克第一所以汉语作为授课语言的全日制中文国际学校。学校主要面向旅居捷克的 6—18 岁的华裔少年，为他们提供从小学到初中的 9 年系统的中文基础教育和 3 年国际高中文凭中文课程教育。学校同时开设了针对非华裔学生的汉语教学课程。③ 2007 年 12 月，布拉格中华国际学校孔子课堂成立，每年招收约 100 名学生在校学习。

第四节 科技与医疗卫生合作

一 科技合作与交流

中国与捷克之间的科技合作早在 20 世纪 50 年代就已经开始，《中国和捷克科技合作协定》于 1952 年 5 月 6 日在北京签订。自改革开放以来，中国与捷克持续保持着科技合作关系。1994 年，中国科协与捷克科学技术学会联合会建立合作关系并签署了合作协议。进入 21 世纪，中捷科技合作更加密切。2007 年 5 月 18 日，中捷科技合作委员会第三十八届例会在捷克首都布拉格举行，双方签署了"中捷科技合作委员会第三十八届例会会议定书"，同意将 47 个项目列为 2008—2009 年双边政府间科技合作项目，项目主要涉及农业、生物、材料、医药等领域。④ 2008 年 4 月，中国

---

① 张海燕、郑亚莉、周俊子：《"一带一路"框架下浙江与捷克经贸合作发展报告》，浙江大学出版社 2020 年版，第 11 页。
② 王英斌：《捷克兴起中文教育热》，《世界文化》2016 年第 1 期。
③ 《中国教育报》2019 年 12 月 25 日。
④ 中华人民共和国教育部网站。

科协与捷克科学技术学会联合会签署了双边合作协议。2009 年 12 月，长江水产研究所与捷克南波希米亚大学续签了合作协议，双方将在低温生物学、生理学、水产学及水产养殖方面深入开展合作研究。① 2010 年 3 月，时任中国科协常务副主席、书记处第一书记邓楠获颁捷克科技联首次设立的最高荣誉奖威伦伯格奖（Christian Willenberg Award）。② 2013 年 5 月，捷克科学技术学会联合会来华访问并续签《中国科学技术协会与捷克科学技术学会联合会合作协议》。该合作协议约定：相互及时通报各自举行的国际会议和其他重要进展；共同组织学术会议、研讨会以及其他活动；互派学者进行学术交流和技术考察活动；共同组织两国青年之间的科技交流活动；在咨询活动方面进行合作；在双方共同参加的国际组织和多边活动中就重要问题保持磋商和协调立场。

自"一带一路"倡议提出以来，中捷之间的科技合作得到进一步深化与拓展。2013 年 9 月，捷克共和国的科技代表团来华参加一项纳米技术研讨会。③ 2015 年 8 月 24 日，国家科技部国际合作司一行访问中国中车—布拉格工大联合研发中心，陈家昌副司长认为联合研发中心的良好运行充分体现了以我为主、借脑借智、服务自身能力提升的国际合作新思路，是开展国际合作，特别是产学研合作的典范，具有很好的推广意义。④ 2016 年捷克驻华大使馆、捷克工贸部贸易促进机构联合组织了捷克国家展团，以历年参展最大规模亮相第十八届高交会。共有六家捷克本土高科技企业携获奖技术和产品来到高交会展台，涉及新材料、节能环保、智慧城市、汽车制造、高端教育等领域。有两家中国公司购买了捷克两架飞机的知识产权。⑤ 2016 年 12 月 1 日，中国—捷克政府间科技合作委员会第四十二届例会在布拉格举行，双方签署了《中华人民共和国和捷克共和国科技合作委员会第四十二届例会议定书》。双方讨论并通过了新的双边政府间科技合作计划，共同支持 8 个联合研发项目，主要涉及环境科学

---

① Cafs, https://www.cafs.ac.cn/info/1051/19047.htm.
② 中国科学技术协会网（http://scitech.people.com.cn/n/2013/0603/c131715-21712089.html）。
③ 美通社，2013 年 9 月 27 日。
④ Crrcgc, https://www.crrcgc.cc/whdq/g17775/s33099/t273159.aspx.
⑤ Fx361, http://www.fx361.com/page/2016/1217/401697.shtml.

技术、农业、能源技术、材料科学、机械工程等领域。[1] 2017年11月24日，由中国驻捷克大使馆和捷克教育、青年和体育部联合主办的中捷科技合作交流会在布拉格举行，中方提出三点建议：一是抓住"一带一路"倡议的契机，深化双边科技创新合作；二是持续推进联合研发合作；三是充分挖掘在技术转移转化方面的合作潜力。[2] 2018年，在第八次中国—中东欧国家领导人会晤期间，中国企业就从捷克引进了污水处理技术。2018年11月6日，在首届中国国际进口博览会期间，中国航天科技集团有限公司所属中国航天时代电子有限公司与捷克斯洛伐克集团航空公司在上海浦东签署战略合作框架协议，在航空航天领域开展务实合作。[3] 2019年是中捷建交70周年，中捷之间的科技合作取得了丰硕的成果。2019年6月5日，中国—捷克政府间科技合作委员会第四十三届例会在北京举行，双方确认并通过了10个双边政府间联合研发项目及17个例会人员交流项目计划，涉及材料、生物、航空、农业与食品技术等领域。会后，双方签署了《中华人民共和国和捷克共和国科技合作委员会第四十三届例会议定书》。[4] 2019年捷克参与了中国发起和主导的增强型X射线时变与偏振空间天文台（eXTP）项目，这是两国科技合作的良好典范。eXTP是新一代空间科学卫星，预计于2027年发射升空。它旨在通过X射线探索黑洞和中子星等天体，合作成员包括欧洲地区20多个国家的科研机构，是迄今为止中国发起和主导的最大的国际合作科学项目。[5] 此外，中国近年来已成为全球数字经济的领跑者，中捷双方就此开展了许多合作。比如，支付宝在布拉格老城区的部分商户接入了移动支付，大华科技、海康威视等中国企业在捷克设立了分支机构。

与此同时，中国地方政府也积极探索与捷克之间的科技合作与交流。2015年，江苏省科技厅与捷克共和国技术局签署关于开展科技合作的备忘录，江苏省科技厅与捷克共和国技术局联合设立江苏—捷克双边研发资助计划，并决定于2019年6月25日开始共同征集江苏—捷克

---

[1] Gov. cn，http：//www. gov. cn/xinwen/2016-12/23/content_ 5151771. htm.
[2] Most. gov，http：//www. most. gov. cn/kjbgz/201712/t20171214_ 136795. htm.
[3] 经济日报—中国经济网，2018年11月6日。
[4] 中华人民共和国科技部网站（https：//www. sohu. com/a/319606883_ 390536）。
[5] 新华社，2019年12月6日。

双边研发资助计划第三轮合作项目。2018年9月14日，中国（深圳龙华）—捷克科技创新交流会在布拉格举行。深圳龙华区将进一步利用"粤港澳大湾区"的协同优势，与捷克在智能制造、跨境电商、生物医疗等高科技领域加强创新合作。2019年2月22日，哈尔滨市科技局与来访的捷克驻华使馆经济处人员积极探索建立常态化的科技交流与合作机制：一是依托哈尔滨市和捷克科技创新资源优势，结合当前哈尔滨市技术需求，着力推进双方在通用航空、农业、环保等领域的项目资源对接，推动优质项目转移转化；二是通过哈科会、南波希米亚州农业技术博览会、交流互访等活动，为双边高等学校、科研院所和科技企业等创新主体开展合作搭建有效平台。2019年5月中旬，江苏省科技厅组织包括11家企业、2家科技园等共19人的科技代表团赴捷克开展专题技术项目对接交流活动，部分企业达成初步合作意向。① 2019年5月23日，由浙江省政府主办、宁波市政府承办的浙江（宁波）—捷克经贸科技合作交流会在捷克首都布拉格举行。2019年6月上旬在宁波举办的首届中国—中东欧国家博览会上，浙、捷双方共签订了22个合作项目。②

此外，中国与捷克的科研机构与高校之间也合作开展各类研发活动。根据国家自然科学基金委员会（NSFC）与捷克科学院（CAS）双边合作协议，双方共同资助中捷合作交流项目。以2018年为例，经公开征集，国家自然科学基金委员会共收到22项申请，经初步审查并与捷方核对项目清单后，有17项申请通过初审（见表Ⅲ-5-2）。③

表Ⅲ-5-2　　　　　　　中捷共同资助的合作交流项目

序号	科学部编号	项目名称	中方申请人	中方依托单位	捷方申请人	捷方依托单位
1	1181101302	拍瓦激光驱动等离子体实验和产生极端次级源的理论研究	王文鹏	中国科学院上海光学精密机械研究所	Stefan Weber	捷克科学院物理研究所

---

① http://std.jiangsu.gov.cn/art/2019/5/28/art_7525_8348449.html.
② 《宁波日报》2019年5月27日。
③ 国家自然科学基金委员会国际合作局，2018年8月1日，http://www.nsfc.gov.cn/publish/portal0/tab442/info74182.htm。

续表

序号	科学部编号	项目名称	中方申请人	中方依托单位	捷方申请人	捷方依托单位
2	1181101310	电弧放电与微波放电重整有机物制氢的技术对比研究	孙冰	大连海事大学	Alan Mašláni	捷克科学院等离子体物理研究所
3	1181101312	一类具有奇异性的拟线性微分方程解的动力学研究	张丽俊	浙江理工大学	Robert Hakl	捷克科学院
4	2181101290	铂配合物环境响应过程中振动光谱的研究	张小朋	海南师范大学	Tao Wu	捷克科学院有机化学和生物化学研究所
5	2181101295	含富勒烯超分子体系中非共价键的实验和理论研究	王伟周	洛阳师范学院	Pavel Hobza	捷克科学院有机化学与生物化学研究所
6	2181101314	高效稳定聚合物太阳电池材料	邹应萍	中南大学	Věra Cimrová	捷克科学院大分子研究所
7	2181101317	多肽药物结构优化及功能纳米载体的构建对其抗癌活性的影响	邹爱华	华东理工大学	Borislav Angelov	捷克物理研究所，ELI-Beamlines
8	3181101714	分子系统发育分析揭示针蛔科线虫（线虫动物门：蛔总科）属级阶元多样性	李亮	河北师范大学	Tomáš Scholz	捷克科学院生物中心寄生虫学研究所
9	3181101737	DNA损伤途径调控小立碗重编程的机制研究	李琛	湖北医药学院	Kateřina Bišová	捷克科学院微生物研究所
10	3181101747	花姬蛙皮肤小分子丝氨酸蛋白酶抑制剂的结构与功能研究	徐学清	南方医科大学	Michail Kotsyfakis	捷克科学院生物中心
11	3181101750	欧亚菊科蒿属和蒲公英属植物的分类学研究：利用多倍体和繁育系统证据比较形态分化式样	高天刚	中国科学院植物研究所	Jan Kirschner	捷克科学院植物研究所

续表

序号	科学部编号	项目名称	中方申请人	中方依托单位	捷方申请人	捷方依托单位
12	4181101359	来源于海绵共附生放线菌的群体感应淬灭化合物	张长生	中国科学院南海海洋研究所	Kumar Saurav	捷克科学院微生物研究所
13	4181101360	肠道微生物在土壤动物群落构建中的作用研究	俞道远	南京农业大学	Ting-Wen CHEN	捷克科学院生物中心土壤生物研究所
14	5181101822	离子聚合物金属复合材料的性能优化制备及仿真建模分析	于敏	南京航空航天大学	David Vokoun	捷克科学院物理所
15	5181101829	钛及钛合金中界面相关塑性原子机制	王皞	中国科学院金属研究所	Andriy Osta-povets	捷克科学院材料物理所
16	5181101841	先进石榴石光学陶瓷闪烁体	李江	中国科学院上海硅酸盐研究所	Martin Nikl	捷克科学院物理所
17	6181101319	过渡金属硫化物的光学、热学性质及其与等离激元的耦合	茅惠兵	华东师范大学	Zdeněk Remeš	捷克科学院物理研究所

2019年6月，中国科技部公布了首批国家"一带一路"联合实验室评审结果，共有14家成为首批"一带一路"联合实验室，其中包括中国—捷克牵引与控制技术"一带一路"联合实验室。该联合实验室由中车大连电牵公司申报，依托中国中车—捷克技术大学联合研发中心的国际科技合作平台进行建设。早在2015年5月，支持该联合研发中心运作的中车（捷克）科技发展有限公司被捷克政府评为科技研发类优秀外资合作企业第三名，接受捷克共和国副总理颁奖。2018年9月，诺曼利尔（青岛）环境能源技术有限公司与捷克科学院植物与微生物研究所开展的国际科技合作项目"盐渍土快速改良与地力培肥的功能碳基产品的研发与应用"获山东省重大科技创新工程立项。[①] 2019年4月27日，山西大学

[①] 大众网——山东频道，2018年9月18日，http://sd.dzwww.com/sdnews/201809/t20180918_17856783.htm。

与捷克诺曼环境技术股份有限公司共同签订"中捷国际合作项目成果落地暨绿色煤焦新技术示范产业园建设协议"。2019年9月30日至10月21日,重庆交通大学欧洲研究中心以中国—捷克政府间科技合作项目"生物废料添加剂对沥青混合料回收料中老化沥青的复合再生作用"为依托赴捷克开展科技合作,得到了捷克道路工程相关政府部门与组织机构的支持。[1]

二 医疗卫生合作

近些年来,捷克牵头的医疗卫生合作是中国—中东欧合作中十分活跃的合作领域之一。自2013年起,双方相继成功举办两届"中捷卫生论坛",在基础医学、临床医学、传统医学以及传染病防控等方面开展了许多务实合作项目。2015年6月,首届中国—中东欧国家卫生部长论坛在捷克举行。2015年11月27日,中捷两国签署《关于进一步支持中国传统医学在捷发展的联合声明》和《关于捷克病患儿童来华疗养的谅解备忘录》。[2] 2015年,中国国家中医药管理局遴选了国内具有一定对外交流合作基础的中医药医疗、教育、科研和文化机构,确定了首批17个中医药国际合作专项。2016年2月,中国国务院颁布了《中医药发展战略规划纲要(2016—2030年)》,该纲要明确指出,支持中医药机构参与"一带一路"建设,要探索建设一批海外中医药中心。2016年3月,习近平主席在出访捷克期间在捷克《权利报》上发表署名文章,特别提到2015年中东欧首家中医中心在捷克落户一事。两国首脑在共同发表的《中华人民共和国和捷克共和国关于建立战略伙伴关系的联合声明》中指出,双方将进一步支持中国传统医学在捷克共和国和中东欧地区的传播、推广和应用,支持中捷中医中心的不断建设和发展。

中国—捷克"中医中心"的运作,为中国建设海外中医药中心提供了宝贵经验。早在2013年,上海市政府与捷克卫生部签署传统医学领域合作协议,推进了中捷两国在传统医学领域的合作。2015年4月,上海中医药大学附属曙光医院与捷克赫拉德茨·克拉洛韦大学医院在上海共同签

---

[1] 重庆交通大学新闻网(http://news.cqjtu.edu.cn/info/1022/37045.htm)。
[2]《中国中医药报》2015年12月2日。

署了《中捷传统中医药领域合作谅解备忘录》。同年6月，国务院副总理刘延东为中东欧地区首家由政府支持的中医机构中国—捷克"中医中心"揭牌，标志着中医中心正式开业。2015年11月27日，捷克卫生部、赫拉德茨·克拉洛韦大学医院、上海中医药大学附属曙光医院和中国华信能源有限公司在北京人民大会堂签署了《中国传统医药在捷克发展的合作谅解备忘录》，全面推动了该中心项目在捷克的发展。中国—捷克"中医中心"门诊部开张至今运行良好。曙光医院先后派遣了3位中医师赴捷克开展诊疗工作，日均门诊量达50—60人次，预约的患者排队至次年。病人大多来自捷克当地，多见顽固性颈肩腰腿痛和各种神经系统疾病，如头痛、神经炎、中风等，此外还有消化科、妇科、皮肤科疾病。大部分患者疗效较好，且得到当地西医的认可。虽然中医治疗尚未纳入医疗保险范畴，病人诊疗完全自费，收费标准也相对较高，但很少有患者因为价格因素而放弃就诊，充分体现了他们对中医的信任及肯定。[①]

2016年6月在第二届中国—中东欧国家卫生部长论坛上，根据曙光医院与赫拉德茨·克拉洛韦大学医院、Aequa科学平台和剑桥大学共同签署的《中医药研究合作备忘录》，合作各方将利用各自优势在中医药抗生素/抗病毒研究、老年痴呆症和老年性黄斑变性等疾病的中医药预防和治疗方面进行深入研究，为中国—捷克"中医中心"在科研方面的合作揭开新篇章。中国—捷克"中医中心"作为首批由政府支持的海外中医中心试点，着眼于医、教、研全面推进，以临床为本、医教结合、引入科研为主线，达到医教研三点一线的统一。曙光医院作为项目承担单位，积极探究在国外的合作模式，突破中医药进入捷克乃至更多欧洲国家的瓶颈，为海外中医中心的发展提供了参考和依据。

第五节 人文交流的前景与建议

中国与捷克是传统友好国家。新中国成立以来，中国与捷克之间的人文交流取得了较为丰硕的成果。早在新中国成立之初的五六十年代，中捷

[①] 姚嘉文、胡峻、王见义、陈静静、周华：《"一带一路"倡议下的海外中医中心运营现状初探——以中国—捷克"中医中心"为例》，《中医药文化》2017年第4期。

之间就已经建立了紧密的文化交流。虽然此后经历过一段时间的冷淡期，但在改革开放以后，中捷之间的人文交流又重新活跃起来，尤其是在"一带一路"倡议和"16+1合作"（"17+1合作"）框架的推动下，中捷人文交流更上了一个台阶。总体而言，中国与捷克之间的人文交流在中国与中东欧国家的人文交往中占据着较为重要的位置。但同时我们也应该看到，中国与捷克之间的人文交流也面临着许多问题和挑战。

首先，中捷人文交流的互信基础仍然不够牢固，民众对中捷人文交流成果的认可度仍然需要提高。捷克部分官员和民众对"一带一路"倡议、"16+1合作"（"17+1合作"）仍然存在一些意识形态方面的误解、防范以及对实际资金和项目落地的失望情绪。

其次，人文交流无论从形式还是内容来看，都有很大的提升空间。无论是文化艺术方面的演出、展览与互访，还是教育与科技领域的合作，都呈现出一定的零散性和非系统性，缺乏优质的长期合作项目。各种级别的中欧领导人会晤、地方领导人会议、市长论坛、可持续发展城市论坛等平台的构建与发展，虽然对中捷人文交流有着一定程度的推动，但总体来看，不同层级之间的联动仍然不够充分和流畅，仍然没有形成一个职权明晰、上下联动的中欧多层级合作机制。孔子学院虽然取得了一些成果，但活动内容较为单一，主要集中于语言教学方面，深层文化交流与影响力仍然有待提高。而且最近几年来，西方国家普遍加强对孔子学院的防范和限制，使孔子学院的生存和发展处在相对被动的地位。此外，近些年来，中国与中东欧国家友好城市的交往虽然在数量上有较大程度的增长，但是从质量上看仍然参差不齐且成效有限，甚至出现了双方（北京、上海分别与布拉格）解除友好城市的反面案例。

最后，中捷人文交流所需要的国际人才相对缺乏，各方对人文交流所投入的资金相对有限，有关法律法规也有待完善。以孔子学院为例，就存在机制不够健全、规划不够明晰、资金投入不足等问题。以科技合作为例，近些年来欧洲国家普遍加强了对中方的防范和审查，在一定程度上限制了双方科技合作的深入开展。

针对上述问题，笔者建议从以下几个方面对中捷人文交流进行改进和完善：

首先，有效提升人文交流的内容与形式。从内容上看，除了继续坚持办好孔子学院和推广汉语教学以外，还要注意以对方能够理解和接受的方式，巧妙地"讲好中国故事"（包括传统文化故事和现代故事），以"润物细无声"的方式传播中国文化和理念，尽量避免激烈的意识形态对抗和冲突。其实，在有效化解价值观和意识形态误解与冲突方面，人文交流本身（相对于政治层面的交流而言）就具有不可替代的特殊作用，应该更加充分和巧妙地加以运用。从人文交流形式上看，可以结合传统交流方式，同时充分利用好互联网、新媒体等手段，打造更多有影响力的精品项目、创意品牌。

其次，将完善中捷人文交流顶层设计与调动地方合作主体积极性相结合，处理好官民、央地、政经文三对关系，构建中捷多层级人文交流合作机制。尤其是要注意深挖地方合作潜力，继续办好地方政府高层论坛，并以第三方合作为契机，邀请第三方举办地方合作论坛，建设有地方特色的人文交流基地。

最后，适当加大资金投入，扩大人才储备。引导政府科技计划资金，如重点研发专项、重大专项等，探索设立"一带一路"建设教育合作、卫生交流、智库交往等方面的专项资金，鼓励社会资本通过政府和社会资本合作（PPP）模式等进入相关投资领域，支持中国文化企业和文化产业"走出去"。

第六章 "一带一路"倡议与旅游合作

"一带一路"建设的持续推进,使中捷两国之间的互动从双边到多边逐步呈现出相对积极的发展态势。围绕中捷"一带一路"建设旅游合作的相关研究,可以充分诠释捷克在"一带一路"建设中的作用与地位,也可以充分释义中捷两国在"一带一路"建设的既有框架下推动相对有效的国际合作、国际协调等。更为重要且值得重视的是,中捷"一带一路"建设旅游合作的积极推进,能够为中国与中东欧国家在旅游乃至文化交流等领域开展有效合作提供典型与范例。从中国与中东欧"17+1合作"框架下更为广泛的国际合作与文化交流等视角解读,中捷"一带一路"建设旅游合作的推进,展现为中国与中东欧的合作拓展与深化、中欧关系的健康发展。

围绕"一带一路"建设在欧洲推进的现实与趋势来分析,包括旅游合作在内的文化、旅游交往得以有效推进,构成当前与未来"一带一路"建设在欧洲持续发展的主要表现之一。研究中捷"一带一路"建设旅游合作,首先意在为"一带一路"建设在欧洲的积极推进提供明确的着力点;其次意在梳理与明确中国与中东欧"17+1合作"框架下实现相对积极的发展动力建构;再次意在突出与优化"一带一路"建设充分发展中的案例研究,也可以提供相应的导向;最后意在寻求中国与更多的"一带一路"建设沿线国家开展积极且有效合作的路径。

第一节 中捷"一带一路"建设旅游合作的发展背景

自2013年"一带一路"建设提出以来,旨在推进中国与更多国家实现共同发展的"一带一路"建设逐渐得到更多国家的认可与支持。在这一背景下,中捷"一带一路"建设旅游合作的发展已然得到相对明确的展现。围绕中捷"一带一路"建设旅游合作开展的相关现实,对其基础性研究应从中捷"一带一路"建设旅游合作的发展背景着手,阐释"一带一路"建设为中捷旅游合作积极开展的作用,进而为拓展性研究提供支持、保障并完善相应的评估。

一 "一带一路"建设为中捷旅游合作的积极开展提供支持

在"一带一路"建设的整体规划与成就释义中,对于旅游合作成就的积极释义已经得到体现:中国与"一带一路"沿线国家互办"旅游年",开展各类旅游推广与交流活动,相互扩大旅游合作规模。举办世界旅游发展大会、丝绸之路旅游部长会议、中国—南亚国家旅游部长会议、中俄蒙旅游部长会议、中国—东盟旅游部门高官会等对话合作,初步形成了覆盖多层次、多区域的"一带一路"旅游合作机制。中国连续三年举办"丝绸之路旅游年",建立丝绸之路(中国)旅游市场推广联盟、海上丝绸之路旅游推广联盟、中俄蒙"茶叶之路"旅游联盟,促进旅游品牌提升。[①] 按照对这一成就的解读,在"一带一路"建设的有效推进背景下,"旅游年"的提出与实践已然构成相对明确的、旨在促进中捷旅游合作的积极趋向。2014年3月,在捷克驻华使馆举办的庆祝中捷建交65周年研讨会上,中国商务部欧洲司孙永福司长在发言时谈到,中捷两国在深化制造业的合作上有很大的发展空间,涉及领域包括能源的合理利用、环境保护和污水处理等。同时,在服务领域的合作也有一定的发展空间,特别是旅游和金融服务将成为两国相互投资的重点。[②] 这一表态说明,旅游作为中捷两国双边关系发展的关键领域,在2014年就已经成为双方关注的重点。同时,参照"一带一路"建设对接中国与中东欧国家"16+1合作"框架(后升级为"17+1合作")框架的基本态势,中捷两国在双边层面的旅游合作,随着"一带一路"建设的逐步推进与升级,逐渐展现

---

① 《受权发布:共建"一带一路":理念、实践与中国的贡献》,新华网(http://news.xinhuanet.com/politics/2017-05/10/c_1120951928.htm)。

② 《中国和捷克承诺扩大双边合作》,中华人民共和国商务部、中国驻捷克使馆经济商务处网站(http://cz.mofcom.gov.cn/article/jmxw/201403/20140300527504.shtml)。

为中捷"一带一路"建设旅游合作的有效推进。

在中国与中东欧的互动中,2015年的"中国—中东欧国家旅游合作促进年"为积极推进"一带一路"建设中捷旅游合作的积极实现,展现了应有的背景。以2015年的"中国—中东欧国家旅游合作促进年"为契机,中国与捷克旅游合作(即中捷旅游合作)的积极开展,构成相对积极的发展态势。2016年,捷克地方发展部长卡尔拉·什莱赫托娃指出:捷中旅游合作是两国务实合作的重要内容,也是两国传统友好关系的最佳见证。①上述态势表明,对于中捷两国而言,积极开展旅游业的相关合作,为两国在双边层面开展相对有效的合作展现了应有的积极态势。更需重视的是,"一带一路"建设为包括捷克在内的诸多中东欧国家,从与中国的旅游合作中获得了相应的收益。

到2019年5月,随着第二届"一带一路"国际合作高峰论坛的召开,"一带一路"建设框架下的中捷关系发展进一步得到充分落实——在旅游方面,《中华人民共和国文化和旅游部和捷克共和国文化部2019—2022年文化合作议定书》的签署,标志着"一带一路"建设旅游合作的积极推进得到重视与提升。这一议定书作为2019年第二届"一带一路"建设国际合作高峰论坛的成果,更为充分地展现了中国与捷克积极开展旅游合作的态势。这不仅意味着中捷关系的发展进程得到充分推进,而且意味着中捷关系自身的发展结构得到优化。依据以上分析与论证,大致可以认为"一带一路"建设的充分推进,为中捷关系发展乃至更为具体的中捷旅游合作的积极落实凸显了相对有效的支持。在"一带一路"建设的明确推动下,作为中捷旅游合作的核心内容之一,针对中国旅游产业与旅游市场的捷克旅游推广举措,在相当程度上得到落实。

捷克旅游推广的现实积极表现之一在于,按照捷克政府尤其是捷克旅游局的相关设想,捷克作为"满是故事的国度",能够明确展现其对国家形象的积极塑造,同时可以积极促进捷克旅游的充分发展并争取相对庞大的中国旅游市场。捷克旅游局将"满是故事的国度"表述为,捷克共和国在国内外市场上将推出营销广告"捷克:满是故事的国度",动人的故

---

① 《旅游合作之花在中国中东欧绽放》,中国政府网站(http://www.gov.cn/xinwen/2016-06/10/content_ 5080867.htm),登录时间:2021年3月29日。

事使人得以感同身受地发现、探索、经历和分享,从而达到打动潜在游客的目的。捷克旅游局在国内外市场上分若干层面宣传捷克共和国品牌。捷克旅游局参与了几十个国内外旅游展销会,发行多语种刊物、小册子和地图吸引游客前来捷克共和国各个地区。捷克共和国在国外宣传的重要方式还有通过新闻和为记者及旅行社操作人员安排的考察旅行,以展示其旅游潜力。积极表现之一在于支持国内举办的区域性和国际性的重要活动。捷克共和国国内对外宣传相关部分还有捷克旅游局管理的面向国外游客的网页 czechtourism.com 和主要为国内游客提供旅行和度假信息的休闲网站 Kudy z nudy。[①] 上述信息出现在捷克旅游局的中文网站上,是捷克在国家层面积极开展中捷旅游合作的充分表现。结合中国国内旅游产业的发展现实、中国国内旅游市场的基本现实可以发现,无论捷克文还是英文的旅游资料受欢迎的程度远低于中文。因而,由捷克旅游局公布的、具有权威性的中文旅游资料,能够有效展现捷克积极推动中捷旅游合作的实质性努力。

同时,关于捷克的相关介绍在网站上是这样表述的:这个欧洲中心的小国富含取之不尽的自然文化瑰宝,无须远途,到处触手可及!了解捷克历史文化遗产:首先是城堡及宫殿,其次是世界文化遗产名录上的名胜古迹以及中世纪城市迷人的气氛。享受捷克温泉度假,使身体和精神得到最好的放松。不要忘记修道院、山区和国家公园。总而言之,根据自己的喜好和兴趣,利用假期有选择性地参观,体验非凡的感受![②] 较之上述关于捷克旅游的内容阐释,这些表述具有相对显著的引导性。这类引导性的意义在于,积极宣介捷克的历史文化资源乃至更多的旅游市场等。结合"一带一路"建设和"一带一路"建设对接中国与中东欧"17+1 合作"框架的发展态势等,"一带一路"建设中捷旅游合作的发展态势,已经在双方政府的积极努力下得到充分呈现。从整体上看,捷克拥有相对丰富的旅游资源、相对成熟的旅游市场与相对明确的旅游产业,同时"一带一路"

---

① 《关于我们——捷克旅游局》,捷克旅游局网站(https://www.visitczechrepublic.com/zh-CN/About-Us)。

② 《旅行地点——超美的城堡及宫殿、世界知名温泉、纯净的大自然、历史城市以及远近闻名的菜肴——您的选择是?》,捷克旅游局网站(https://www.visitczechrepublic.com/zh-CN/Destinations)。

倡议增进了中捷的旅游合作。"一带一路"建设使中捷旅游合作拥有了较为深厚的背景,可以有效促进中捷两国在旅游领域展开积极互动并助力中捷关系的整体发展。

二 "一带一路"建设为中捷旅游合作的积极落实提供保障

在中捷旅游合作的持续推进中,"一带一路"建设的相关保障作用在于,随着中捷两国旅游合作的积极推进,相对有效的合作得到明确落实。其中,最具有标志性的意义在于,捷克国家旅游局的中文网站设置并开始运行。捷克旅游局网站提供了关于捷克积极开展旅游的大量信息。捷克国家旅游局的相关信息包括:捷克共和国是一个现代化的,充满活力的旅游目的地,具有丰富的历史和独特的自然风光。捷克旅游服务中心——捷克旅游局是由国家发展部出资组建的组织,其目的是在国内外市场上成功地介绍捷克共和国。为此它充分运用自己在捷克共和国的中心代表机构和包括德国、英国或西班牙等欧洲国家以及中国、巴西或美国等非欧洲国家在内的国外代表机构网络。[①] 这些都表明,从捷克的国家视角来审视,其旅游业发展的全球布局已经相对明确。捷克旅游业的全球布局已经在亚洲、北美洲和南美洲得到落实;同时在欧洲国家的旅游推广也取得了相对显著的成就。

这在相当程度上说明,捷克在国家层面对于旅游业的发展给予充分重视,同时将其视为积极开展中捷"一带一路"建设旅游合作的基础。从整体上分析,捷克政府尤其是旅游业的主管部门(旅游局等),为捷克旅游业的全球推进提供了相当坚实的基础。以对华旅游的宣传为例,捷克旅游局关于布拉格的中文资料宣传,呈现并提供了富有吸引力的宣传、引导等。它对布拉格的旅游宣传词是:布拉格,它被称为"欧洲之心",又被誉为"城市之母"。几百年来,人们先后赋予其"百塔之城""金色布拉格"或"魔力布拉格"的美称——由此总想歌颂其建筑和文化的博大精深以及梦幻般的吸引力。在布拉格游览的每一步,既能体会到今日捷克共和国的活力和现代化,又能看到当时作为首都的皇帝及国王都市

---

① 《关于我们——捷克旅游局》,捷克旅游局网站(https://www.visitczechrepublic.com/zh-CN/About-Us)。

的著名历史。① 关于布拉格的这些介绍能够较为明确地说明布拉格作为享誉欧洲乃至世界的历史名城，具有丰富的历史文化资源，同时具有相应的吸引力。捷克首都布拉格的典型景点有十处（见表Ⅲ-6-1）。

表Ⅲ-6-1 布拉格十大景点介绍②

序号	景点名称	景点简介
1	布拉格城堡	沿着旧皇宫的楼梯登上布拉格城堡，您可以参观皇宫的庭院及内室。从圣维特大教堂踱步至当时的炼金术师和江湖骗子之天堂——黄金小巷游览
2	高堡	汲取高堡的气氛，在基督教来临之前，这里是那些信仰多神教的酋长参拜他们森林之神的地方，而今有布拉格最美丽的教堂
3	皇宫后花园	在布拉格城堡下的巴洛克式花园露台上休息，漫步于小城区狭窄陡峭的街道
4	查理大桥	川流不息的人群挤满在华丽的巴洛克雕像之前，黎明时分可先游览中古石桥
5	老城广场以及天文钟	别忘了老城广场是布拉格真正的中心，而且每个整点在市政厅天文钟上都会出现十二个木质圣徒雕像！然后可以在巴洛克式楼房的拱廊内喝着咖啡或啤酒观察人声鼎沸的广场以及欣赏蒂恩教堂的双塔
6	犹太人的约瑟夫区	跟随卡夫卡以及布拉格的著名拉比（犹太教牧师）在原犹太人特定居住区的街道上漫步
7	布拉格的耶稣圣婴	参观朝拜者向布拉格耶稣圣婴请求保护和胜利之后的圣母堂
8	市民会馆	到捷克新艺术运动风格最华丽的建筑——市民会馆去欣赏莫扎特或维瓦尔第的音乐会
9	佩特任山	佩特任山顶四面绿油油的树木令人忘记自己身处都市的中心
10	大地产歌剧院	到大地产歌剧院去欣赏歌剧费加罗的婚礼，1787 年由莫扎特在此亲自指挥演出。这出歌剧从此一直演出到今日

---

① 《捷克旅游电子小册子——布拉格》，捷克旅游局网站（https://pdf.czechtourism.com/prague_cn/）。

② 《捷克旅游电子小册子——布拉格》，捷克旅游局网站（https://pdf.czechtourism.com/prague_cn/）。

第六章 "一带一路"倡议与旅游合作　667

关于布拉格十大景点的相关介绍,以布拉格历史悠久的人文景观为主;既有的表述不仅为这些景点提供了历史性文字说明,而且提供了一定的旅游宣传引导。作为中国读者,可以较为明确地理解相应的旅游宣传内容。更为重要的是,中国旅游企业可以借助这种宣传,实现相对积极的旅游推广并整合相应的资源。

尽管 2020 年新冠疫情对于国际旅游业的冲击相当显著,但是随着疫情被控制住,国际旅游业重新恢复与发展。在捷克政府给予旅游业以充分重视的前提下,捷克旅游业的发展也将得到充分的展现并可能成为捷克经济在后疫情时代实现积极发展的关键性进程之一。

从对华宣介的布拉格旅游资料中,可以大致了解捷克政府关于积极推广涉华旅游的举措。"一带一路"建设对于中捷关系的积极推动、"一带一路"建设对接中国与中东欧"17+1 合作"框架的充分实现等,构成中捷"一带一路"建设旅游合作充分发展的保障。按照捷克旅游局所提供的中文资料等,这一保障可以被明确解读细化为:

第一,中捷两国政府已经达成有效推进旅游合作、旅游产业互动等相关共识。这一共识对于两国文化旅游部门的相关影响较为突出地表现为"一带一路"建设成为中捷旅游合作充分实现的保障。

第二,从 2015 年到 2019 年,"一带一路"建设框架下的中捷旅游合作已经展现为中国与中东欧国家乃至中国与欧洲国家之间开展有效国际合作的典范。对于这一典范的相关理解,不但应认识到中捷合作的开展源自于两国政府、企业对于相关共识的坚持与落实,而且应当认识到上述共识对两国开展合作、实现共同发展的积极影响。

第三,捷克旅游局的中文宣传资料在相当程度上表明,在"一带一路"建设的有效推动下,捷克对于中国旅游市场的重视与关注提升了。关于布拉格的旅游资料,对于中国旅游产业与市场、对于中国游客具有一定程度的吸引力,产生了积极影响。

综合以上分析与论证,中捷"一带一路"建设旅游合作形成了相对明确的、具有可行性的举措。基于以上现实,对"一带一路"建设中捷旅游合作的有效推进,应当给予相对充分的认可。从未来积极推进"一带一路"建设中捷旅游合作的发展态势等方面审视,需要考虑在明确评价既有合作的基础上,积极巩固中捷"一带一路"建设旅游合作的发展基础、有效建构中捷"一带一路"建设旅游合作的发展动力等。同时,关于中捷"一带一路"建设旅游合作的充分发展,也需要依循既有的评价,并进行相应的积极探索。

三 中捷"一带一路"建设旅游合作发展的整体评估

整体评估中捷"一带一路"建设旅游合作,应考虑中捷两国的双边关系以及两国在经贸、文化等领域的互动性发展,旅游合作已经借助"一带一路"建设的积极推进而得到充分落实。同时,中捷"一带一路"建设旅游合作的有效推进,已经形成相应的规模效应并使两国旅游产业的发展体现出相对积极的态势。在评估中捷"一带一路"建设旅游合作的发展态势前,有必要充分认识关于中捷旅游合作的发展态势,其布局指向在于落实中捷两国在旅游产业、旅游市场等领域的相关共识进而实现相应的互惠互利。理解中捷"一带一路"建设旅游合作,一方面应关注中捷两国旅游业的互动(在增加中国游客赴捷克旅游的同时,也需要重视捷克游客前往中国旅游),这一互动意味着中捷"一带一路"建设旅游合作并非中捷两国之间的单向互动而是双向互动;另一方面应关注中捷两国从国家基本情况尤其是从综合国力到旅游产业、旅游资源与旅游市场之间存在着相对明显的不平衡性,促使中捷"一带一路"建设旅游合作的积极开展意在着力于捷克对华积极开放其旅游市场以及促进相应的旅游产业发展,等等。从更为广泛的研究视角来理解,中捷"一带一路"建设旅游合作的积极开展,关于合作的理解,不仅应注重旅游合作得以有效开展的动力塑造、背景塑造,而且应注重针对旅游合作的相关困境治理;不仅应关注中捷两国在政府层面的相关积极作为,而且应关注中捷两国在旅游产业领域(尤其是企业合作等领域)已有的成就;不仅要注重提升中捷"一带一路"建设旅游合作对于既有"一带一路"建设沿线国家合作模式的构建,而且应注重"一带一路"建设旅游合作的未来趋势。

作为促进中捷两国在"一带一路"建设框架下共同发展的核心举措之一,对中捷"一带一路"建设旅游合作的整体评价大致为:将这一合作视为推动中捷经贸与文化往来乃至推动中捷关系发展、推动中国与中东欧"17+1合作"框架的积极运行和推动中欧关系发展逐步充实的关键进程。理解与释义中捷"一带一路"旅游合作发展,相关的评价解读是,一方面需要关注已有的成就、相对积极的规划以及未来的发展趋势等,另一方面需要重视制约中捷"一带一路"建设旅游合作面临的困境甚或风险。到 21 世纪第二个十年乃至第三个十年初期,中欧关系的既有发展态势,尤其是中欧战略不断契合与有所凸显的对立对抗的相互交织,已经对中欧关系的顺利发展构成实质性的影响。

评估中捷"一带一路"建设旅游合作的开展,除了关注旅游合作自身的相关态势与趋势外,还应当重视在中捷"一带一路"建设旅游合作的未来发展中,中欧关系、中国与中东欧"17+1 合作"框架等相关变量对于中捷旅游合作实现充分发展的相关助力、支持作用。此外,还应当关注,围绕中捷"一带一路"建设旅游合作的既有现实,也应当认识到可能出现的风险等。

第二节 中捷"一带一路"建设旅游合作的发展态势

中捷"一带一路"建设旅游合作的积极推进与显著成就的取得,其内在的核心根源在于,中捷两国政府对于积极开展旅游合作的共识达成并给予相对充分的贯彻、落实与优化等。围绕中捷"一带一路"旅游合作整体发展,相应的态势大致可以解读为三个方面:第一,"一带一路"建设的关键理念之一在于积极推动中国与更多国家共同发展的实现,在这一背景下,中国与捷克之间的旅游合作得以实现在于有效落实了相应的互动与互利。互动与互利的充分实现,在相当程度上促进了中捷两国积极合作的实现。第二,随着"一带一路"建设在欧洲的积极推进,旅游合作乃至更为广泛的旅游文化合作,渐趋成为中国与捷克、中国与更多欧洲国家实现积极互动的重要内容。按照"一带一路"建设的发展规划与态势,中捷"一带一路"建设旅游合作的推进,成为其一种相对积极的表现。第三,中捷"一带一路"建设旅游合作的积极推进,可以促进中捷关系积极发展、中国与中东欧"17+1 合作"框架的发展优化,乃至促进中欧关系的整体发展。

一　中捷"一带一路"建设旅游合作的发展环境

对中捷"一带一路"建设旅游合作发展环境的认知在于,"一带一路"建设得到有效推进,构成捷克乃至更多的中东欧国家开展对外交往的国际环境。对这一国际环境的具体认知在于:首先,中捷两国均需要考虑借助"一带一路"建设在中东欧的积极推进,促进两国合作与协调的进一步提升。在这一背景下,中捷"一带一路"建设旅游合作的整体开展,需要明确落实相应的发展建构。理解与释义这一优势,应着重于中捷两国的共识达成与相应的实践。其次,在"一带一路"建设的整体推动下,中捷两国旅游合作,尤其是既有合作的积极开展,构成当前与未来推动中捷"一带一路"旅游合作进一步发展的重要基础。随着未来"一带一路"建设的持续推进,中捷"一带一路"建设旅游合作将会得到逐步拓展、优化。最后,解析中捷"一带一路"建设旅游合作的发展环境,还应当注意到中国与中东欧国家"17+1合作"进程的积极推进,对于有效落实"一带一路"建设提供了相当重要的方向指引。① 进而言之,应考虑将中捷"一带一路"建设旅游合作的充分推进置于中国与中东欧国家"17+1合作"框架下的相关进程中,因而理解与释义也应当着重于中国与中东欧国家相应的旅游合作。对比中捷"一带一路"建设旅游合作,中国与克罗地亚等中东欧国家旅游合作的推进,已经取得了相对显著的成就。比如,早在2017年时任克罗地亚总统普连科维奇就指出,克中在交通基础设施建设、经贸等领域合作潜力很大,两国执法安全部门签署的联合警务巡逻谅解备忘录有助于克罗地亚吸引更多中国游客。② 对于跨国旅游合作而言,可以联合警务巡逻实现旅游合作的升级、拓展相关具体表现。

审视中捷"一带一路"建设旅游合作,相应的环境分析与论证,意在为中捷"一带一路"建设旅游合作提供相对明确的背景认知。同时,关于中捷"一带一路"建设旅游合作的环境认知,也应当明确认识到,从欧洲旅游的整体发展态势来解读,相应的旅游产业、旅游市场与旅游资源的发展等,构成对于中捷"一带一路"建设旅游合作的相关影响。随

---

① 王灵桂、李永强:《"一带一路":多边推进与务实合作》,社会科学文献出版社2018年版,第171页。

② 《克罗地亚总统、总理会见孟建柱》,《人民日报》2017年9月14日第3版。

着中国与欧洲的旅游合作的拓展与深入，相应的合作与发展多能够展现出相对积极的态势。

此外，还应当关注，如果中国与欧洲在政治关系等方面出现波折，可能会使中国与中东欧在旅游合作上面临相应的困难。中国与中东欧相关关系的发展，如果得到相对明确的顺利推进，将有效地助力中国与中东欧之间在旅游合作上的充分推进。

针对中捷"一带一路"建设旅游合作的相关认知，除了既有的捷克积极开放对华旅游市场、促进本国旅游产业发展等外，中国对于捷克游客的吸引也应当给予充分考虑。然而，结合中捷"一带一路"建设旅游合作的发展态势来解读，中捷"一带一路"建设旅游合作并不平衡——较之作为人口大国的中国，捷克游客对于中国旅游产业的发展、旅游资源的开发与旅游市场的完善所发挥的作用微乎其微；但是基于中国庞大的游客群体，中捷"一带一路"建设旅游合作的相关研究，应着力于捷克旅游的发展态势。结合"一带一路"建设在中东欧的积极推进来审视，需要充分考虑将中捷"一带一路"建设旅游合作的发展环境理解，进一步拓展为中国与中东欧合作的相关议题。在落实相关倡议的同时，给予中捷"一带一路"建设旅游合作的实现以相应的深耕细作。促进中捷"一带一路"建设旅游合作的环境发展，至少可以体现在以下三个方面：第一，将中捷关系塑造为中国与中东欧、中国与"一带一路"沿线国家开展有效合作的典范。这一态势的塑造对于中捷"一带一路"建设旅游合作的有效开展与充分持续具有基础性作用。第二，结合"一带一路"建设"五通"在中东欧的逐步落地，在相应的设施联通、民心相通等领域，应当考虑为中捷"一带一路"建设旅游合作提供相应的支持。比如在中捷两国直航问题上，基于"一带一路"建设的航空保障应当发挥作用。第三，在深度开发捷克旅游资源和拓展捷克旅游市场方面，应着力避免可能出现的问题与障碍。无论是在经济方面还是在政治、文化等方面，中捷"一带一路"建设旅游合作的发展环境塑造，应当着力注重可能出现的问题应对。

二 中捷"一带一路"建设旅游合作的发展动力

从既有的中捷两国实现积极合作的态势来考虑，中捷关系的积极发展

672　第三篇　双边关系研究

在"一带一路"建设充分实施的背景下，两国旅游合作的积极开展逐渐呈现出相对明确的态势。推动中捷"一带一路"建设旅游合作发展的相应动力在于，中捷两国在双边与多边框架下，在推动中国公民赴捷克旅游充分展开和一定条件下捷克游客赴华旅游充分实现中，两国从政府到企业等诸多参与变量都应当积极作为。但从"一带一路"建设在中东欧持续推进的现实态势来解读，将"一带一路"建设作为中捷旅游合作的核心进程在于为中捷两国旅游合作所涉及的相关旅游项目提供更为有效的发展空间。

围绕捷克旅游产业的积极发展、捷克国内相对丰富的旅游资源开发和捷克对华旅游市场的逐步扩展完善等，中捷"一带一路"建设旅游合作的发展动力也将随之得到呈现。阐释中捷"一带一路"建设旅游合作的发展动力，可以考虑以捷克国内旅游资源的现实状况作为研究基础，拓展中捷"一带一路"建设旅游合作的发展并给予相应的优化。

表Ⅲ-6-2　　　　　　　　捷克国内旅游资源简介

序号	简介	内容
1	南波希米亚地区——美丽大自然、童话宫殿、乡野田间、森林水库等迷人风景	南波希米亚地区是度假梦想的天堂。本地自然美景数不胜数，许多历史古迹，也是喜爱骑自行车和水上运动的理想地点。捷克克鲁姆洛夫以及美丽如画的霍拉索维采村庄是比较有代表性的历史城市，它们都被列入世界文化遗产名录！建议浪漫主义者前往新哥特式的赫卢博卡城堡，而喜爱运动及休闲度假的人会选择利普诺水库①
2	北波希米亚地区——捷克瑞士国家公园，高山与石城	捷克瑞士国家公园主要旅游景点为普拉夫奇策石门和卡门尼采峡谷的游船。此地有许多瞭望塔、岩石瞭望点、巨石迷宫及著名朝拜地。可乘缆车前往耶什杰度山电视塔或登上克尔科诺谢山脉最高峰（1602 米）。同样可拜访易北河河源或去克尔科诺谢山的瀑布游览②

---

① 《南波希米亚地区》，捷克旅游局网站（https：//www.visitczechrepublic.com/zh-CN/Destinations/South-Bohemia）。

② 《北波希米亚地区》，捷克旅游局网站（https：//www.visitczechrepublic.com/zh-CN/Destinations/North-Bohemia）。

续表

序号	简介	内容
3	西波希米亚地区——何处更吸引您？2015年欧洲文化之都皮尔森还是著名的捷克温泉镇？	喜爱啤酒的人将会爱上皮尔森，游览此地，肯定要参观啤酒酿造博物馆及皮尔森啤酒厂！西波希米亚地区温泉镇有百年声望，卡罗维发利、玛利亚矿泉镇及弗朗奇歇克矿泉村因传统疗养及健康疗法而远近闻名！享受在柱廊之间徘徊、喝温泉水及泡温泉浴！①
4	东波希米亚地区——波希米亚的东部，有石城、古老养马场及赛马的地方、蜜糖和耶稣诞生雕塑	你喜欢神秘的石城及平顶山吗？在这里您就可以看到，阿德尔什帕赫石城为捷克著名的景点之一，本地军事古迹为真正的在世标本，进入约瑟夫堡垒城，纪念1866年赫拉德茨克拉洛维战役之地。头等大型活动为大帕尔杜比策跑马障碍赛，还有世界文化遗产文艺复兴式的利托米什尔城堡以及巴洛克式的库克斯地区②
5	中波希米亚地区——豪华光辉的城堡及宫殿、几条河谷、采矿博物馆、银矿以及神奇的大自然在等着您！	中波希米亚地区离布拉格仅一个小时车程，布拉格附近森林遍布，围绕山谷的河流悠悠绵长，富藏形形色色的风景。哪里是不容错过的地方呢？最受欢迎的旅游景点为皇帝查理四世的卡尔什特因城堡或被列入世界文化遗产名录的库特纳霍拉，哈布斯堡王朝家族末期的科诺皮什切城堡，楼芊城堡周围的公园内可参观各种各样的"植物迷宫"。值得一提的是第二次世界大战时巴洛克式的集中营堡垒——泰雷津③
6	布拉格——世界上美丽的城市之一，百塔之城，世界文化遗产，让您身临其境！	在著名的布拉格天文钟的老城广场附近，灌满戈仑魔像传说：从卡夫卡小说到犹太区弯弯曲曲的小巷，引人驻足发臭的咖啡馆、精品服装店及伏尔塔瓦河上的游船，哥特式的查理大桥及布拉格最美丽的教堂——小城区的圣尼古拉教堂。闹中取静的皇家花园、佩特任山及山寨版埃菲尔铁塔的瞭望台以及布拉格城堡……布拉格各区风情迥异，魅力无穷。布拉格也是个文化风格冲突的城市：一边浪漫，一边湍急；一面古老，一面现代，它是个欢迎并吸纳世界文化精髓的都市④

---

① 《西波希米亚地区》，捷克旅游局网站（https://www.visitczechrepublic.com/zh-CN/Destinations/West-Bohemia）。

② 《东波希米亚地区》，捷克旅游局网站（https://www.visitczechrepublic.com/zh-CN/Destinations/East-Bohemia）。

③ 《中波希米亚地区》，捷克旅游局网站（https://www.visitczechrepublic.com/zh-CN/Destinations/Central-Bohemia）。

④ 《布拉格》，捷克旅游局网站（https://www.visitczechrepublic.com/zh-CN/Destinations/Prague）。

续表

序号	简介	内容
7	摩拉维亚——摩拉维亚地区具有许多被列入《世界文化遗产名录》的名胜古迹、城堡及宫殿、葡萄酒、独特的民间传统以及绝无仅有的酿造技术	最受瞩目的是世界文化遗产的四项名胜古迹：克罗姆涅日什的城堡及花园、巴洛克式的奥洛穆茨鼠疫纪念柱、功能主义风格的布尔诺根哈特别墅以及世界上规模最大的以公园修饰的风景区列德里斯—瓦尔提斯文化景点。值得参观的还有拥有1000多个山洞的玛错哈拉维亚岩溶地区。摩拉维亚有两个民间传统地区，斯洛伐茨克地区以及瓦拉几亚地区。奥斯特拉瓦的技术古迹和原巴塔鞋业的首都兹林市，同样值得一看①
8	维索基纳——探索波希米亚和摩拉维亚边界大自然之和谐	丘陵林立的风景、池塘、高岩、森林，百花点缀的草地和三个联合国教科文组织名胜古迹，这就是维索基纳从古以来所谓的"面包的结束，石头的开始"之崎岖地区。即便如此，维索基纳的和谐之美及积极休闲的优雅环境依然会动人心弦②

从客观上分析，捷克国内拥有相当丰富的旅游资源，可以为其旅游产业的发展与旅游市场（尤其是国际旅游市场）的培育乃至成熟等，展现出相对坚实的客观基础。随着当前与未来中捷"一带一路"建设相关合作，尤其是旅游合作的推进，进一步开发捷克国内旅游资源。依据表Ⅲ-6-2，大致可以了解捷克国内相对丰富的旅游资源。对于这些旅游资源的开发与利用，第一，建议明确中捷"一带一路"建设旅游合作所适用的旅游资源并加以必要的整合——尤其需要发挥相应的市场调研与旅游产业的开发作用；第二，应确保在中捷"一带一路"建设旅游合作的发展进程中，根据上述旅游资源，在相应的旅游市场与旅游产业的发展中落实相应的旅游产品并给予评估；第三，围绕中捷"一带一路"建设旅游合作的发展趋势，落实旅游资源的合理开发与运用。

以中捷"一带一路"建设旅游合作的发展动力作为导向，基于以上分析与论证，对于致力于中捷"一带一路"建设旅游合作的两国政府和企业，需要落实它们想要的合作模式。作为动力构建的相关现实与趋势设想，依循上述分析大致可以落实相应的动力建构。从中捷两国政府的视角

---

① 《摩拉维亚》，捷克旅游局网站（https://www.visitczechrepublic.com/zh-CN/Destinations/Moravia-and-Silesia）。

② 《维索契纳》，捷克旅游局网站（https://www.visitczechrepublic.com/zh-CN/Destinations/Region-Vysocina）。

来分析，中捷两国政府应考虑为中捷"一带一路"建设旅游合作，在政府层面提供相关助力与支持。按照本章针对中捷"一带一路"建设旅游合作重点考虑捷克旅游的相关现实，在政府层面能够发挥相对有效作用的是捷克政府。因而，捷克政府需要为中捷"一带一路"建设旅游合作落实做出相对积极的努力——不仅意在为捷克国际旅游的积极发展提供相应的支持，而且意在保障中捷两国在"一带一路"框架下的相关旅游合作得到充分落实。从中捷两国企业的视角来分析，两国企业关于中捷"一带一路"建设旅游合作的相关互动，不仅意在注重两国旅游企业的相关合作的落实与发展优化等，而且意在为两国既有的合作明确相应的保障。

三 中捷"一带一路"建设旅游合作的发展规划

整体审视与分析中捷"一带一路"建设旅游合作的发展态势，既有的成就表明，中捷两国对于积极开展旅游合作需要重视相应的发展规划。对于发展规划的重视，一方面体现为在中捷"一带一路"建设旅游合作的整体推进中，应明确相应的科学合理态势，注重两国在旅游产业、旅游市场和旅游资源等领域的相关合作、互动等；另一方面体现为中捷两国需要考虑在旅游合作领域确立与优化相应的合作协调机制等，逐步充实两国在旅游管理部门、旅游企业之间合作的有效实施。

中捷"一带一路"建设旅游合作的发展规划是指，按照"一带一路"建设的既有发展设想，尤其是《中华人民共和国文化和旅游部和捷克共和国文化部2019—2022年文化合作议定书》的指导，推动中捷"一带一路"建设旅游合作的充分发展。这一议定书的签署，为中捷两国开展更为全面与有效的旅游合作，提供了相应的导向建构。

按照上述指导，中捷"一带一路"建设旅游合作的相关态势需要深化、拓展既有的双边合作共识。基于《中华人民共和国文化和旅游部和捷克共和国文化部2019—2022年文化合作议定书》所彰显的政府间合作态势，其具有典型意义的合作案例为，中国的携程集团与捷克旅游局之间的密切合作。2018年11月6日，在上海举办的中国国际进口博览会上，携程集团与捷克旅游局签署战略合作协议备忘录。这一合作备忘录的签署，在相当程度上意味着中捷两国在双边层面、在"一带一路"建设的既有框架下，积极开展相对有效的旅游合作。相关报道显示：携程集团高级副总裁汤澜表示，捷克是重要的"一带一路"沿线国家，捷克与中国都具有悠久的历史文化传统，携程将与捷克旅游局通力合作，以扩大市场合作为目标，让更多中国游客了解和走进捷克。根据协议，携程集团将与捷克旅游局在目的地营销推广、产品开发、资源共享等多领域开展深入的合作。后续，捷克旅游局与携程目的地营销还将围绕 2019 年合作目标、市场定位、品牌传播等具体问题进行深入探讨。携程集团和捷克旅游局多年以来建立了友好互动关系，携程目的地营销 CEO 钱臻表示，捷克是中国游客喜爱的欧洲旅行目的地，携程目的地营销基于大数据针对用户行为进行个性化产品设计，进行全渠道投放和精准营销，携程将为捷克开发更加多元的旅游产品，满足中国游客在捷克旅游的个性化需求。① 这一战略合作协议的签署，意味着中国旅游企业进入捷克旅游市场，可以获得相对显著的优势。自 2018 年以来，中捷"一带一路"建设旅游合作已然获得长足的发展。其中关键原因在于：携程集团与捷克旅游局之间的合作目标相对明确、这一合作与市场的契合程度较高、中国游客对于捷克旅游市场的关注度也较高等。对照携程集团高级管理人员的发言，携程集团与捷克旅游局的战略合作，大致成为中捷两国从政府到企业层面的积极表象；更为重要的是，借助携程集团在中国国内旅游市场上的广泛影响力，能够更为有效地推动捷克旅游产品在中国市场上的推销。

捷克旅游局北京办事处首席代表 Lukáš Pokorný 先生表示，捷克旅游局在全球共有 27 个办事处，其中两个专门负责中国大陆地区。随着中国旅游市场的发展，捷克旅游局的推广战略计划包括新兴媒体。中国游客对捷克丰富的旅游资源并不熟悉，通过线上平台可以宣传更多尚未被发现的景点，向中国的消费者提供更便利、多元的精致服务。② 通过捷克旅游局工作人员的表态来解读，能够充分认识到捷克对于中国旅游市场的重视。对其表态的解读，也能够作为积极推动中捷"一带一路"建设旅游合作得以充分落实的表现。捷克旅游局官员的表态，多意在表明捷克政府对于开展与中国的旅游合作抱有相对真诚的态度。同时，按照捷克旅游局的相

---

① 《携程与捷克签署战略合作 助力发展捷克旅游》，搜狐网（https://www.sohu.com/a/274100897_643236）。

② 《携程与捷克签署战略合作 助力发展捷克旅游》，搜狐网（https://www.sohu.com/a/274100897_643236）。

关规划，中捷"一带一路"建设旅游合作的充分落实能够为中捷双边关系的持续发展、积极互动等奠定相应的基础。

按照中捷"一带一路"建设旅游合作的既有规划，可以结合捷克旅游产业发展、旅游资源开发和旅游市场完善等视角，结合以下案例得以推进。捷克《卡罗维发利——温泉柱廊的魅惑之美》材料提出：卡罗维发利温泉小镇坐落在波希米亚最西边的泰普拉河谷。它不仅是捷克最著名的温泉疗养地，还享誉世界。捷克有许多具有治疗功效的温泉，就如同珍贵的挂毯上交织着的无数条金丝：中波希米亚有波杰布拉迪，摩拉维亚有鲁哈科维斯，捷克北部有扬斯凯拉兹涅……不过，拥有温泉数量最多的还是西波希米亚的"温泉三角区"。卡罗维发利拥有 12 座热泉，其中有一口著名的泉眼喷射高度达 15 米。根据传说，这个世界上闻名的温泉小镇是 14 世纪查理四世在狩猎时无意中发现的。卡罗维发利的魅力让人难以抵挡：华丽的温泉会馆，装饰精美的柱廊，即便只是随处漫步，您也能尽享无忧无虑的惬意时光。当您得知彼得大帝、玛丽娅·特蕾莎、巴赫、歌德、卡萨诺瓦和贝多芬也到过此地时，您会更加觉得不虚此行。在卡罗维发利，除了泡温泉外，您还可以品尝当地著名的药酒——Becherovka 冰爵酒；可以沿着温泉小道穿过树林，登高远眺，将小镇美景尽收眼底。您一定会喜欢上卡罗维发利，盼望您能够时常前来。一年一度的卡罗维发利国际电影节是戛纳以东地区举办的最大规模的国际电影节。如果您于夏初来到这里，便能亲身感受这一电影盛事。也许，您还能目睹好莱坞明星的红毯风采。[①] 卡罗维发利温泉小镇的旅游宣传，除了传统意义上的温泉、美酒、美景外，历史遗迹和电影节的举办地，均能够作为宣传卡罗维发利温泉小镇的重要着力点。

结合推动与落实中捷"一带一路"建设旅游合作的发展规划，考虑对于卡罗维发利温泉小镇的旅游资源开发，不仅需要考虑接待中国旅行团的相关需求，而且需要重视中捷"一带一路"建设旅游合作中适应中国游客需要的相关项目及其开发等。更为明确的是，应重视在卡罗维发利温泉小镇的相关旅游项目开发中提供必要的中文宣传、中文服务。在中东

---

① 《卡罗维发利——温泉柱廊的魅惑之美》，捷克旅游局网站（https：//pdf.czechtourism.com/best_ of_ CR_ cn/docs/Best_ of_ 592x420_ CIN_ proWEB_ 171208.pdf）。

欧，塞尔维亚在吸引中国游客方面有积极举措，尤其是提供普遍的中文标示、中国游客落地免签等，捷克在其旅游资源开发中应当给予重视。比如，重视塞尔维亚的经验（落地免签等）。

以上述案例作为分析依据，可以结合携程网的相关网络调研做出进一步释义：目前中捷"一带一路"建设旅游合作在捷克方面的落地，更多地体现为捷克关于的旅游产品的相关设想：第一，多数捷克旅游产品为包括捷克在内的跨国旅游团组。这些旅游团组可以为游客提供一定的旅游服务，但应进一步开发深度游等。第二，涉及捷克的旅游产品一般是人文景观与自然风光兼顾，可以进一步考虑与捷克周边国家的旅游产品实现融合发展。第三，涉及捷克的旅游产品多集中于跟团游或目的地一日游，相应的规划应为中国游客（尤其是散客）提供更多的旅游产品，包括文化旅游等项目。

第三节 "一带一路"建设旅游合作的发展趋势

面向未来，中捷"一带一路"建设旅游合作的发展趋势在于，"一带一路"建设在欧洲、中东欧的积极推进，能够在相当程度上凸显中国与捷克开展有效协调与合作的趋向。更为重要的是，伴随着中捷"一带一路"建设旅游合作的逐步发展与优化，相应的战略作用释放与发展困境治理之间的互动，为相应的发展路径探索展现出明确的应然性。在中捷"一带一路"建设旅游合作的发展趋势中，战略作用释放意在将中捷"一带一路"建设旅游合作作为中捷两国在"一带一路"框架下开展有效合作的重要节点之一。

一 "一带一路"建设旅游合作的战略作用释放

中捷"一带一路"建设旅游合作的战略作用释放，是指围绕中捷两国在"一带一路"建设的背景下，以旅游合作的有效推进，展现中捷两国的共同发展并展现出相对积极的发展态势。相应的战略作用释放大致可以解读为：本着互利互惠、共同发展的原则，中捷"一带一路"建设旅游合作将逐步展现为这一合作对于中捷双边经贸关系、文化关系乃至中捷关系的积极促进；同时逐步展现旅游合作能够作为中捷关系发展中的重要动力性因素。中捷"一带一路"建设旅游合作的战略作用释放，可以具体阐释为以下三个方面：第一，促进中捷两国旅游产业充分发展，拓展中捷两国旅游产业合作的空间并明确相对有效的指导理念；第二，推动中捷两国旅游市场实现更为有效的互动，尤其是随着更多的中国游客进入捷克，在中捷两国旅游市场互动中，具有重要意义的问题在于"捷克能否吸引更多的中国游客和回头客"；第三，中捷"一带一路"建设旅游合作的相关战略作用释放，可以作为中捷两国经贸关系实现有效升级的关键点。围绕相关战略作用的释放，当前与未来中捷"一带一路"建设旅游合作的充分持续，在相当程度上均落实于中捷两国在涉及中捷"一带一路"建设旅游合作相关项目创新与项目发展中，呈现出更为积极的态势并落实为相对有效的互动。

中捷"一带一路"建设旅游合作的具体推进，可以结合相应的旅游资源开发加以充分展现——在深度开发捷克旅游资源的同时，促进相应的旅游产业发展并兼顾相应的旅游市场塑造等。关于中捷"一带一路"建设旅游合作具体内容的落实，可以南波希米亚的克鲁姆洛夫古镇为例做出释义，相关资料显示，它位于南波希米亚，是欧洲十分美丽的古镇之一，并被列入了联合国教科文组织《世界文化和自然遗产名录》。狭窄幽深的中世纪石板路铺在岩石山坡中，酷似巨人大手上的掌纹。虽然小镇上的建筑多为哥特式，但却矗立着一座美丽的文艺复兴式城堡，并且是仅次于布拉格城堡的捷克第二大古堡。中世纪时期，这里居住着各色人等，上至贵族，下至炼金术士、宫廷小丑和民间石匠，留下了许多传奇故事与有趣秘闻。小镇被宽阔蜿蜒的伏尔塔瓦河环抱，大小桥梁密布。曲折的街道连接着迷人的广场，皆依河而建。在小镇上游览参观是一件让人开心的事情。因为无论是宏伟的文艺复兴式城堡、美丽的哥特式建筑，还是庄严肃穆的修道院和教堂，随时随地您都会有新的惊喜，发现新的秘密。捷克克鲁姆洛夫小镇仿佛是变幻的梦境，每一重梦都截然不同。如果您不堪迷路之苦，可以到城堡剧院的旋转音乐厅观看演出，参观美术馆和博物馆，或登游船观光。千万不要错过城堡博物馆。这里的展品颇具想象力，人们可以看到16世纪的城堡模型，各个历史时期的生活情状；博物馆里甚至还有一个电影院。城堡博物馆全年都对公众开放。① 从关于克鲁姆洛夫古镇的相关旅游资源梳理中，可以明确认识到，这一古镇不仅拥有相对丰富的人文资源、历史传统，也拥有相应的自然风光。开发克鲁姆洛夫古镇的旅游资源，不仅需要结合捷克旅游产业、旅游市场的相关现实，而且需要结合中捷"一带一路"建设旅游合作的发展态势以充实相应的旅游项目开发。

此外，相应的资料还提供克鲁姆洛夫古镇附近的景点：上布罗德熙笃会修道院（Vyšší Brod Cistercian Monastery）、利普诺大坝、伏尔塔瓦河畔的罗森贝克城堡和黄金冠（Zlatá Koruna）修道院。② 这些信息的提供，意味着在围绕克鲁姆洛夫古镇的开发中，可以考虑落实旅游产业集聚地发展——将克鲁姆洛夫古镇周边的上布罗德熙笃会修道院、利普诺大坝、罗森贝克城堡和黄金冠修道院，作为以克鲁姆洛夫古镇为中心的旅游产业集聚。

二 中捷"一带一路"建设旅游合作的发展困境评估

在中捷"一带一路"建设旅游合作的已有发展和未来发展的相关态势预判中，对相应的困境评估不仅要认识到影响或者冲击旅游业发展的一般性技术问题，比如免签、直航等，也需要考虑到旅游产业发展的规划合理性等，诸如旅游产业发展中对于旅行社的相关管理工作等。同时，更为重要也更具风险性的问题在于政治性困境。从捷克自身的境遇来考虑，在泽曼总统积极推进中捷关系发展的同时，捷克国内某些政治势力在干涉中国内政等方面的危险作为很可能会冲击中捷两国的政策交往；从中欧关系的发展态势来解读，中欧关系的发展如果出现波动起伏，很可能会冲击作为欧盟成员国的捷克在对华战略方面的规划与实施。

从捷克国内政治形势的发展来分析，捷克国内存在着试图损害中捷关系整体发展的政治势力，如果任由其损害中捷关系，中捷"一带一路"建设旅游合作的顺利推进将可能遭遇冲击。目前，可能存在的隐患有：在中国人权、新疆等问题上，捷克国内某些政治势力可能会追随美国等西方

---

① 《克鲁姆洛夫——伏尔塔瓦河畔的中世纪明珠》，捷克旅游局网站（https://pdf.czechtourism.com/best_of_CR_cn/docs/Best_of_592x420_CIN_proWEB_171208.pdf）。
② 参见《克鲁姆洛夫——伏尔塔瓦河畔的中世纪明珠》，捷克旅游局网站（https://pdf.czechtourism.com/best_of_CR_cn/docs/Best_of_592x420_CIN_proWEB_171208.pdf）。

国家，对于中捷"一带一路"建设旅游合作的落实构成相应的负面冲击；捷克国内某些政治势力对于台海问题的态度始终暧昧，很可能使中捷关系的顺利发展遭遇困境，进而制约中捷"一带一路"建设旅游合作。

同时，关于中捷"一带一路"建设旅游合作的相关困境，应当关注中捷两国双边、多边（尤其是欧盟关系、中国与中东欧关系）层面，如果出现相应的问题，尤其是政治问题等，很可能造成捷克在未来中捷"一带一路"建设旅游合作中面临相应的困境，不仅难以履行必要的承诺，而且难以推进既有的合作。其中，关键性的症结在于捷克国内的政治局势及其发展走向。

从捷克国内经济发展乃至国家治理的态势来解读，中捷"一带一路"建设旅游合作的相关旅游产业在捷克的产业结构中并不占据主导性地位。随着未来中捷"一带一路"建设旅游合作的持续推进，应考虑明确提升旅游产业在捷克产业结构中所发挥的作用；但与之相关的困境在于，以制造业作为主导的捷克是否存在提升旅游业的设想？在捷克国内的产业结构布局中，旅游业地位的提升仍然可能是一个相对漫长的过程。

结合2020年以来影响全球的新冠疫情来分析，疫情对于全球旅游业的冲击是显著的。从捷克的国际旅游业发展现实来分析，这一冲击不仅体现为中国在捷克的相关旅游合作难以开展，而且从2020年初开始疫情就已经造成了相当数量的失业。因而，对于中捷"一带一路"建设旅游合作当前与未来的发展，应首先考虑应对疫情冲击所带来的产业"寒冬"。在新冠疫情的冲击下，全球旅游业的发展均在相当程度上遭遇困境，国际旅游业尤甚。

三 中捷"一带一路"建设旅游合作的发展路径

未来中捷"一带一路"建设旅游合作的发展路径是指，依循中捷两国在双边乃至多边框架下的共识，推进与优化已有的合作态势；整体统筹两国在旅游产业、旅游资源和旅游市场相关领域的发展，在整合中捷"一带一路"建设旅游合作相关构成变量的基础上，充分优化中捷两国的互动等。这一发展路径设想，大致以中捷两国的政府间共识性协作为导向，拓展中国与捷克两国政府涉及文化旅游的职能部门、旅游企业的相关合作。

第一，在中捷两国政府层面需要贯彻落实两国在旅游领域既有的共识，同时强化相应的政府间协调。中捷两国旅游合作有效推进的关键在于中捷两国政府层面既有的协调举措能否得到落实。政府间协调举措的落实，能够为中捷"一带一路"建设旅游合作展现出来自政府层面的支持。

在政府层面，关于中捷"一带一路"建设旅游合作的落实，不仅应注重旅游部门的相关合作推进，而且需要考虑在参与旅游合作的政企关系方面实现必要的便利与支持。从中捷"一带一路"建设旅游合作的未来发展来考虑，政府层面的相关合作能够展现为两国政府对于中捷"一带一路"建设旅游合作的充分引导。

第二，中捷两国旅游企业合作的实施乃至提升，相对明确的关键节点在于充分推进中捷旅游企业已有的合作项目。同时，对于探索中捷两国在旅游合作拓展，在"一带一路"建设走深走实的过程中，优化中捷两国旅游产业的充分互动，同时更为积极地深挖两国各自的旅游资源、深耕两国的旅游市场等。

诸如克鲁姆洛夫古镇的深度游开发等旅游产品以及开发其相关的旅游产品，可以为中捷"一带一路"建设旅游合作的未来发展提供相应的路径。同时，较之西欧旅游市场，中东欧的价格优势相对明显。进而，提升相应的旅游产品品质和扩大相应种类，可以为中捷"一带一路"建设旅游合作的未来发展构成一种相对积极的探索。

第三，为中捷"一带一路"建设旅游合作设置相应的发展标准与明确相应的发展保障。标准与保障的落实与优化，意在有效助力中捷两国各自的旅游合作；同时，对标中捷两国在"一带一路"建设发展背景下，优化中捷两国旅游合作的发展态势。

关于中捷"一带一路"建设旅游合作标准与保障的确立，是指中捷两国旅游产业的发展要实现相应的对标。即两国政府、企业通过相对有效的合作，确立未来中捷"一带一路"建设旅游合作的相关标准、保障措施。其具体内容涉及明确旅游产品的定价范围、明确酒店和交通的服务标准和收费标准、明确景点的收费，等等。

根据中捷"一带一路"建设旅游合作的既有态势，中捷两国可以在相应的旅游合作中拓展且强化必要的互动，并可以结合案例对之加以细化。在中捷"一带一路"建设旅游合作的未来发展路径探索中，应着力落实三个方面：

第一，继续强化中捷两国旅游管理部门之间的合作，不仅要保障既有合作的开展也要拓展中捷两国新的合作项目。可以考虑逐步建立健全两国旅游管理部门之间的合作机制，包括落实相应的定期或不定期的会晤磋商机制等，进而在机制建构的基础上拓展相应的协调并强化协调的有效性。

第二，在中捷"一带一路"建设旅游合作的未来发展中，应保证两国旅游企业的合法权益。跨国旅游企业的合法权益维护，是国际经济活动中较为显著的问题之一。借助未来中捷"一带一路"建设旅游合作的有效开展，可以实现对这一合法权益的保护。未来中捷"一带一路"建设旅游合作的积极开展，应考虑将既有的旅游项目拓展为中捷经贸合作的典范之一。其中最为关键的态势在于，将促进中捷两国从政府到企业在旅游产业、旅游资源和旅游市场的相关变量管理发展中发挥相对积极的作用。比如，可以携程集团与捷克旅游局之间的相关合作为基础，落实更多的旅游产品推广；支持携程集团与捷克旅游局相关合作的进一步拓展与深化，尤其是对接捷克当地旅行社等。

第三，为促进中捷"一带一路"建设旅游合作的充分发展，应落实相应的中捷直航等；同时，建议给予参与两国旅游产业的相关企业在税收等方面的优惠与关照。此外，在未来条件允许的情况下，派遣中国警务人员常驻捷克，以保障中国游客的合法权益并与捷克警方开展有效合作。

从更为具体的中捷两国旅游合作发展趋势来审视，相应的路径探索能够充分呈现出优化两国具体合作的相关项目。比如，随着更多的中国游客进入捷克，应考虑对于在捷克的中国旅游企业、中国游客提供相对有效的助力与保障。关于未来中捷"一带一路"建设旅游合作中保护措施的落实，可以进一步延伸为对中国旅游企业、中国游客在捷克提供相应的司法服务，包括律师服务等。

综合上述分析与论证，关于未来中捷"一带一路"建设旅游合作的发展路径的理解，涉及两国在双边协作、多边协作的基础上，对于未来中捷"一带一路"建设旅游合作给予的相对积极、充分的探索。关于未来中捷"一带一路"建设旅游合作的发展路径理解，应当关注相应的困境与问题，尤其是可能面临的政治风险等。从更为广泛的后疫情时代"一带一路"建设的发展态势来释义，对于未来中捷"一带一路"建设旅游合作应抱有相对积极的态度。

　　作为中捷两国在"一带一路"建设框架下开展战略性合作的重要组成部分之一，中捷"一带一路"建设旅游合作的持续发展与不断优化等，构成积极完善"一带一路"建设在中东欧有效实施的典型。中国与捷克的关系在相当程度上需要借助中捷"一带一路"建设旅游合作得以充实，尤其是在经贸合作、文化交流等相关领域。

第七章　中捷关系中的地方合作：以浙江省为例

当今世界正面临着百年未有之大变局，随着新冠疫情的全球大流行，世界格局正在发生深刻的变化。2020年9月14日，习近平主席在同欧盟领导人视频会晤时指出，中欧作为世界两大力量、两大市场、两大文明，要牢牢把握相互支持、团结合作的大方向。这为中捷关系中的地方合作提供了精神引领。浙江在中国与中东欧国家地方合作领域进行了有益的探索，已成为中国与中东欧国家地方合作尤其是中捷地方合作的排头兵。浙江省委省政府主要领导对新形势下如何推动更高水平对外开放，深化与中东欧国家地方务实合作也有明确指示，袁家军书记强调，要率先打造国内大循环的战略节点、国内国际双循环的战略枢纽。郑栅洁省长指出，要进一步加强与中东欧国家产业、协会的务实合作。这些都为以点带面、做深做实中捷关系中的地方合作提供了重要支撑。在世界进入变革期、中美博弈加速升级的背景下，浙江也完全有条件有基础率先打造"17+1合作"框架下对捷克（中东欧）地方合作的样板。

第一节　中国与捷克（中东欧）关系中的地方合作

一　地方合作的战略意义与着力点

中国—中东欧国家合作机制自2012年建立至今已有8个年头。8年来，中国—中东欧国家合作日益形成全方位、宽领域、多层次的合作格局。回顾过去，作为这一合作格局重要组成部分的地方合作，在推动中国—中东欧国家合作方面发挥了不可替代的作用，在务实合作领域富有活力和可持续性。在中国—中东欧国家合作中，国家合作为地方合作搭建平台，构建合作框架，同时也只有依托地方合作才能结出丰硕成果。地方合作是未来中国—中东欧合作高质量发展的重要驱动之一。

中国非常重视中国—中东欧国家合作中的地方合作，这一领域机制建立早、各方兴趣广、参与度高、发展潜力大、成果丰硕，已建有地方领导人会议、首都市长论坛、市长论坛三层交流机制；在经贸投资、基础设施、园区建设、农业林业、民心相通等方面都取得了明显成效。未来随着双方合作走深走实，地方合作的重要性将进一步凸显。需着眼长远，把握扩大对外开放大方向，通过深化"17+1合作"助力构建双循环新发展格局。在推进未来合作的着力点与突破口上，要发挥地方自身优势、积极作为，主动对接国际发展；要用好民营经济尤其是浙江民营企业优势，发挥好浙江侨务大省的作用；激发政、产、学、研各界力量，要打好组合拳，突出合作主体多元化、合作形式灵活性。

二 新冠疫情下的中捷关系与地方合作

中东欧国家普遍于 2020 年 3 月出现疫情，于 5 月放松管制，其间历经疫情扩散、暴发、受控三个阶段，取得显著的阶段性抗疫成果。自 2020 年三季度以来，中东欧国家出现疫情反弹，面临着第二波感染浪潮，于是，实施了严格的抗疫管制措施。在新冠疫情下，中国—中东欧关系出现复杂性、两面性，一方面双方围绕疫情开展抗疫合作和协调，另一方面存在诸多不和谐因素。

在中东欧国家抗击疫情的过程中，中国及时提供力所能及的帮助，协助解决防疫物资不足问题，并分享疫情防控经验和诊疗方案。中国通过协调外交部、商务部、海关、民航、银行等各个部门和机构，开辟"空中运输走廊""金融服务绿色通道"，为中东欧国家在华采购防疫物资提供便利和支持，同时中国与中东欧 17 国就新冠疫情举行防控专家视频会议，互通抗疫信息，分享防控经验，交流诊疗方案。由于浙江温州、青田是全国闻名的以民众旅居欧洲为主的侨乡，此次对中东欧国家的疫情支援尤以浙江较为活跃，包括政府机构、民间组织、企业和侨胞等社会各界纷纷驰援，积极捐赠防疫物资，助力中东欧国家抗击疫情。

以捷克为例，2020 年 3 月初，捷克总统特使兼总统府办公厅主任弗拉蒂斯拉夫·米纳日（Vratislav Mynář）在访问中国期间捐赠了 5 吨防疫物资。而后考虑到捷克疫情快速上升的态势以及防疫物资短缺的困难，中国决定将尚未起运的4吨捐赠防疫物资留在捷克以支持捷克抗疫。中国驻捷克使馆和东方航空数据显示，从3月20日开始至5月3日结束，累计执行捷克疫情防控专项政府包机51班，交付约2000吨、近40亿克朗的防疫物资，包括口罩、防护面罩、呼吸器、防护服、检测试剂盒等。事实表明，得益于中国的支援，捷克防疫物资匮乏状况得到了极大缓解。在省级层面，在政府机构支援上，浙江省委统战部和省侨联联合捐赠口罩5万个，由捷克中国和平统一促进会和捷克青田同乡会向在捷华人华侨免费发放；宁波市委统战部和市侨联联合捐赠口罩1.2万个，委托中东欧经贸联合商会发放；青田县委统战部捐赠中药防疫冲剂，由捷克中欧工商联合会分发。在民间组织支援上，成立捷克华人战疫志愿者联盟，开展紧急运送食品药品、分发物资、医疗咨询、翻译等服务工作；浙江至爱公益基金会联合温州高温青年社区捐赠防护用品，部分赠予捷克布杰约维采市的医院，部分赠予中国留学生、华人华侨及一些社会服务机构。在医院和企业支援上，浙江省中医院、浙江省佐力百草医药有限公司、华东医药股份有限公司、浙江寿仙谷医药股份有限公司等捐赠了一批抗疫预防性中药；丽水市中心医院开通"海外侨胞医疗服务直通车"，组织专家为侨胞提供线上医疗服务；在捷浙企大华向乌斯季州的养老院捐赠红外线检测设备。捷克外交部4月初称，浙江向布拉格中央陆军医院捐赠了10万个口罩、2万台呼吸器以及2000件防护服。

　　抗疫合作让中国—中东欧关系更为紧密，为双方友谊注入新能量。但与此同时，不和谐因素不断显现，包括抗疫舆论、涉台问题、投资防范、美国介入等。抗疫舆论两极分化，一方面积极肯定中国抗疫成效及支援行动，但另一方面质疑中国医疗物资质量、华商囤积居奇等，甚至质疑中国"政治化"疫情以谋求地缘政治利益。涉台问题动作频频，尤以捷克表现明显，包括捷克经济文化办事处与中国台湾针对新冠疫情发表"防疫合作联合声明"，捷克参议院支持中国台湾加入国际组织，捷克参议院议长于2020年8月底率团访台等。防范收购具有明显的国别针对性。在中东欧国家疫情暴发之初，欧委会就特意警告成员国避免关键资产和核心技术的流失，欧盟进一步宣布经济重启路线，涉及减少供应链外部依赖、加强外国投资审查两个要点，重点防范来自中国的投资和并购。随着中美贸易摩擦的全面展开，美国开始大规模介入中东欧区域，比如美国国务卿蓬佩奥8月访问中东欧国家，中东欧地缘政治形势变得更为复杂。其实，长期以来，意识形态差异是中国—中东欧国家合作中潜意识里的一个阻碍，一旦美国凸显其对抗性、对立面，将成为影响中国—中东欧关系的核心问题。

应对新冠疫情下中国—中东欧关系出现的复杂性和两面性，需跳出中东欧放眼全局，认清意识形态差异不可回避，在务实合作中深化双方关系。重新审视中国与中东欧的关系，不应局限于中东欧本身，而应放在欧洲次区域、欧洲一体化以及更广泛的全球格局等多维度进行考量。正视意识形态的差异性，从差异性中找寻共通性，通过扩大共同点来消除差异性对双边关系的不利影响。地方合作是重要突破口，在经贸关系推进、协会企业载体和地方政府对接上，打开务实合作新局面。比如在经贸关系推进上，传统货物贸易发展面临着瓶颈，服务贸易显得尤为重要，可积极挖掘中东欧国家的技术优势，开展技术贸易、技术合作，实现比较优势互补，既有利于贸易平衡，也有利于增加双方人员交流，这也正是中东欧博览会和"一带一路"综试区等平台可大有作为之处；在协会企业载体上，应以行业协会、中大型企业为重要力量，从现实市场需求角度拓展合作途径；在地方政府对接上，鉴于中东欧国家地方政府相对中央政府较为稳定，未来双方合作可以在地方层面进行突破，加强建立友好省州关系。

三 后疫情时期中捷地方合作的可行性

（一）多渠道持续跟踪捷克疫情

充分发挥在捷企业、侨团侨商、"一带一路"智库等作用，持续跟踪捷克疫情进展，政府层面的防疫防控措施变化，以及经济社会层面的反应和影响。密切联系在捷投资企业和外派机构，关心疫情管控下的生产经营情况，并建议其充分利用捷克政府推出的相关纾困和利企政策，努力将企业面临的损失降至最低。及时跟踪旅捷华侨华人动态，加强人文关怀和信息沟通，特别是要摸清侨民的回国意向，劝留不劝返，减缓中国防控疫情境外输入压力。加强智库"脑力"支持，发挥捷克研究中心等"一带一路"智库的力量，开展有针对性的国别疫情分析研判，为中捷地方务实合作发展提供智力支持。

(二) 多方合力继续支持捷克抗疫

在捷克首次宣布出现确诊病例时,中国已有省份如浙江宣布将疫情防控应急响应等级从一级调降为二级;在捷克疫情迅速攀升之时,中国部分省份本地确诊病例已清零。中国积累了丰富的防疫防控成功经验,值得与捷方分享,同时在自身抗疫物资保供的前提下,可考虑进一步向捷方提供一定的医疗物资支持。在省级层面,主动与建立友好省州关系的城市如皮尔森州加强联系,进一步畅通疫中防控、疫后复产等信息分享机制,并邀请资深专家与捷方同行开展视频交流。在地市层面,对业已建立友城关系的捷方州市加强对口支持,包括防疫物资、经验分享等,夯实彼此关系。在企业层面,进一步调动捷克站、民营企业等参与共同防疫的积极性,鼓励其对捷克合作企业提供抗疫物资援助。

(三) 加强正面舆论宣导浙江精神

中国金融集团中信集团 (CITIC) 收购了捷克最大的媒体机构美狄亚 (Medea) 57%的股权。这是一个积极信号,意味着中国在捷克舆论宣导平台上向前迈出了重要一步。中国完全可以借助这个平台,在捷克积极宣传中国抗击疫情的正能量信息和科学防范举措,促进疫情信息共享和防控策略协调,争取捷克乃至欧洲社会的理解和支持。同时,也应加强与捷克其他主流媒体的合作,主动发声、正面引导,多层次、高密度地宣传抗疫精神,提高捷克民众对中国的认知度,为捷克抗疫融入更多暖色调。

(四) 深化对捷投资合作

密切跟踪欧盟包括捷克的投资管制动态,建议对外投资企业重点针对供应链构成、投资风险等展开评估,在不触及法律法规的基础上,支持对捷深化开展投资合作。在疫情当前,捷克站、万向123、新坐标等标杆项目也面临特殊时期的项目执行或经营困难,建议通过政府高层交涉及时有效为企业纾难解困。结合双方产业基础,重点关注"汽车及零部件""纳米技术""生物医药""医疗器械""光学仪器"等捷克优势特色产业领域企业的生产经营状况,把握并购时机,获取优质资产,比如在疫苗研制、药物治疗、医疗纺织面料等方面加强与捷克的科技合作。

第二节 中国与捷克（中东欧）地方合作的浙江探索

一 现有成果

中东欧地区是浙江参与"一带一路"建设，拓展对外开放的重点区域。《2020全球制造业指数》表明，捷克是最适合发展制造业的欧洲国家；《2020年全球竞争力报告》显示，捷克是中东欧地区最具竞争力的国家。浙江高度重视与捷克（中东欧）的地方合作，在经贸、旅游、教育、交通等多个领域积极探索，已形成一批具有浙江辨识度的实实在在的成果。其中经贸合作是地方合作的重要内容，也往往被称作双边关系的压舱石，可以从贸易、投资和人文交流三个方面了解地方合作的成果。

（一）在贸易方面，规模不断扩大，贸易联结日益紧密

自中国—中东欧合作机制建立以来，浙江与中东欧国家进出口贸易额翻了一番。2019年，浙江与中东欧17国进出口贸易总额达到990.22亿元人民币，至近千亿元人民币规模，同比增长8.51%，占全国与中东欧国家贸易份额的15%；宁波舟山港与中东欧五港间集装箱量达到65.2万标箱，同比增长8.8%。其中，浙江与捷克进出口贸易额创新高，突破10亿美元，同比增长8.2%，高于浙江同期进出口增速4.8个百分点。在过去十年里，浙江与捷克进出口贸易增长趋势良好，尤其是近五年来呈连续增长态势。2010—2019年，双方贸易额从5.73亿美元增加至10.08亿美元，年均增长6.5%。其中，浙江向捷克出口额从4.89亿美元增加至8.62亿美元，年均增长6.5%；自捷克进口额从0.84亿美元增加至1.46亿美元，年均增长6.3%。总体来看，浙捷进出口贸易发展速度较快，但整体规模不大，贸易顺差扩大明显。

从贸易商品来看，浙江向中东欧国家主要出口纺织服装、鞋类、家具及其零件、照明装置及零件等，以传统劳动密集型产品居多；浙江从中东欧国家主要进口铜及铜材、废金属、锯材、汽车零配件、原木等，在一定程度上反映出浙江对中东欧国家商品的主要需求领域，主要集中在原材料、资源性产品、汽车零配件等上。2019年浙江向捷克出口的前10位主要商品中，蓄电池同比增长幅度最大，高达426.2%。这主要得益于万向

123 在捷克投资设立锂电池工厂，带动了相关产品出口。2019 年浙江自捷克进口的前 10 位主要商品中，汽车零配件同比增长超 2 倍。汽车产业一直是捷克经济的支柱产业，拥有颇具规模的完整产业链，其中在零部件方面，欧洲投资监测机构 Ernst & Young 已连续多年把捷克评为世界最佳汽车零配件产业投资目的国。近几年来，浙江自捷克进口汽车零配件态势良好，在一定程度上对国产汽车零配件形成互补，也有利于引导汽车产品提质增效。

（二）在投资方面，双向投资持续推进，资本带动物流、人流、技术流动日益活跃

在吸引外资方面，截至 2020 年 9 月底，中东欧 17 国共在浙江省投资设立 500 家企业，合同外资为 9.9 亿美元，实际外资为 4.5 亿美元。投资主要集中在纺织服装、皮革、汽车零部件与配件制造等行业。浙江与中东欧国家高科技产业的合作也有很好的案例。如美诺华药业与斯洛文尼亚 Krka（科尔卡公司）合资成立了宁波科尔康美诺华药业有限公司。亚太机电投资斯洛文尼亚 Elaphe（依拉菲推进技术有限公司）获得轮毂电机技术，双方在杭州成立合资公司，布局新能源汽车和智能汽车领域。这两个项目都是浙江与中东欧企业合作互利、协作共赢，共同开拓欧亚市场的不错案例。

在对外投资方面，截至 2020 年 10 月底，经核准备案，浙江在中东欧 17 国共投资 218 家企业，投资总额为 13.74 亿美元，其中，中方投资备案额为 9.63 亿美元。主要集中在批发业、医药制造业、汽车制造业等行业。正泰、炬华、万向、亚太机电、敏实等一批浙江本土民营跨国企业加快在中东欧国家布局。值得一提的是，浙江在中东欧国家的投资项目呈现出高科技企业日益汇集，投资主业日渐清晰的可喜变化。如在捷克，浙江的万向集团、新坐标、万通智控、敏实集团投资项目均聚焦汽车制造领域，三花集团在波兰的投资项目也是围绕汽车零部件制造项目，汽车制造业是不少中东欧国家的支柱产业，加强在此类产业领域的合作，恰是浙江与中东欧国家经贸合作可持续的基础，是未来合作的扎实保障。

（三）在人文交流方面，教育、旅游、文化等领域交流活跃，互动频繁

在教育方面，截至 2020 年底，浙江与捷克开展教育合作的学校和机

构主要包括浙江大学、浙江理工大学、浙江中医药大学、浙江万里学院、杭州电子科技大学、浙江工商大学、温州大学、中国计量大学、浙江外国语学院、浙江越秀外国语学院、浙江金融职业学院等高校及浙江文澜教育集团等。中国（宁波）—中东欧国家教育合作交流会暨"一带一路"国家教育合作高峰论坛举办六届，形成一系列教育合作协议、联盟机构、研究合作平台。孔子学院总部/国家汉办、中国计量大学与捷克布拉格金融管理大学共同签署合作协议，设立布拉格金融管理大学孔子学院。浙江万里学院"一带一路"语言学院成立，首届捷克语订单班结业。浙江金融职业学院捷克馆顺利建成并开馆，致力打造浙江省内推进浙捷合作和社会公众更好地了解捷克的展示窗口、学生学习捷克文化的第二课堂教学基地、开展浙捷经贸合作培训的文化讲堂和展示浙捷人文交流和友谊的社会博物馆。与此同时，也有越来越多的捷克青年来浙江求学。浙江与捷克已逐步形成覆盖基础教育、职业教育、高等教育等不同教育类型，短期交流、项目合作与学历教育相结合的多元教育合作格局。

在旅游方面，近年来，中国赴捷克（中东欧）旅游热高涨，捷克丰富诱人的旅游风光与浙江的旅游消费升级相契合，浙捷双方旅游合作互动频繁。如 2018 年 5 月，浙江宁波首度在捷克首都布拉格举办了"海丝古港　微笑宁波"旅游推介会，全方位展示了宁波悠久的人文历史和"海丝活化石"的魅力。同年 6 月，中国（宁波）—中东欧国家旅游合作交流会在宁波举行。在此次会上，浙东南中东欧双向旅游推广联盟成立，并与捷克旅游业联盟签署了战略合作协议。一系列推广活动进一步推动了浙江与捷克以及其他中东欧国家间的旅游合作，加强了双向人文交流。在中国—中东欧国家博览会上，捷克、波兰、斯洛伐克、匈牙利等国家也积极推介本国特色旅游，而 2019 年捷克作为主推国家，分享了一系列独具魅力的旅游线路，同时浙江省中国旅行社集团有限公司与 Wings Travel 签订百万美元采购订单，主要对接捷克旅游资源。2020 年疫情给国际旅游带来了史无前例的冲击，随着疫情的好转，浙江与捷克的旅游合作恢复，但恢复期会比较长。

在文化方面，浙江与捷克开展了形式丰富的文化交流活动，涉及画展、电影放映、文艺演出等。如 2018 年 8 月，由浙江省文化厅和捷克摩拉维亚—西里西亚州政府共同主办、中国驻捷克共和国大使馆协办、浙江美术馆承办的"湖山胜概——西湖主题水印版画展"在俄斯特拉发市开幕。同年9月，由浙江省新闻出版广电局主办的浙江（捷克）电影周在捷克首都布拉格开幕。在电影周期间，双方还开展了浙捷影视产业商务接洽、影视企业合作洽谈等活动，如浙江杭州佳平影业公司与捷克双星电影公司签约影片《情定布拉格》合作拍摄项目。2019年浙江省欧洲系列文化交流活动在捷克开启，"丝·茶·瓷——丝绸之路上的跨文化对话"展览在皮尔森州举办。同年8月，由"一带一路"捷克站和西泠印社联合主办的"百年西泠·中国印"西泠印社布拉格特展开幕式及艺术创作交流活动在浙江丝路中心举行。丰富多彩的人文交流活动增进了浙江与捷克双方人民的相互了解，是推动民心相通的夯基之作。

二 代表性企业

民营企业是浙江的金名片，是浙江推进与捷克（中东欧）地方合作的生力军。正是有了民营企业在捷克（中东欧）的锐意开拓，才有了地方合作的生机盎然。

1. 万向一二三是万向集团旗下专业的锂离子动力电池制造企业，是万向A123（捷克）有限公司的投资方。万向A123（捷克）有限公司于2016年在捷克摩拉维亚—西里西亚州俄斯特拉发市投资设立，2017年3月2日举行开工庆典。该工厂是万向一二三全球业务战略布局的重要组成部分，服务需求日益增长的欧洲市场。在万向集团的战略规划中，捷克被定位为万向集团在欧洲的生产基地。

2. 正泰集团是全球知名的智慧能源解决方案提供商。2011年6月，正泰集团在布拉格成立诺雅克（欧洲）总部，后分设波兰、罗马尼亚子公司，主要负责欧洲地区销售、售后等服务。经过十年的运营，诺雅克品牌在欧洲市场已拥有良好的美誉度。

3. 三花智控是全球建筑暖通、家电设备、汽车热管理节能领域的行业领军企业，拥有30多年行业发展经验，在汽车、电器和空调行业中，已成为世界知名企业的战略供应商。2012年三花智控通过下属境外子公司德国三花和亚威科集团签署收购协议，收购了亚威科旗下包括波兰等地的企业。2019年9月，增资亚威科波兰电器设备有限合伙企业3000万美元新建汽车零部件生产线项目。

4. 敏实汽车技术研发有限公司隶属于敏实集团，集团公司是中国乘用车零部件市场中车身结构件、饰条及汽车装饰件的优秀供货商。2020年4月，经中国商务部核准，敏实汽车技术研发有限公司在捷克投资设立敏能捷克有限公司，服务欧洲市场拓展。

5. 杭州炬华科技股份有限公司是一家专业从事电能计量仪表和用电信息采集系统产品研发、生产与销售的高新技术企业。2015年收购捷克Logarex公司，开拓欧洲市场业务，成功开发了德国Eon集团等优质客户，2018年业务规模实现翻番，2019年增长率超过50%。2019年11月，捷克众议院议长拉德克·冯德拉切到访杭州时专程赴炬华科技进行考察。

6. 东方日升新能源股份有限公司始创于1986年，主要从事光伏并网发电系统、光伏独立供电系统、太阳能电池片、组件等的研发、生产和销售。东方日升在全球范围内设立办事处和分公司并且建立起全球销售网络，旨在为全球提供绿色新能源。该公司先后在斯洛伐克、保加利亚、罗马尼亚等中东欧国家投资建设太阳能光伏电站。

7. 浙江华捷投资发展有限公司2018年3月在捷克投资设立欧洲华捷发展有限公司，主要负责捷克站项目运营。该项目中方投资备案额为3000万美元，主要从事商务服务业，涉及包括五个子项目：货运场、物流园、商贸园、工业园、综合服务园。截至目前，货运场、物流园、子项目已正式运营。

8. 杭州新坐标科技股份有限公司是一家从事汽车零部件、精制线材等产品的高科技企业。2017年11月，该公司在捷克设立新坐标（欧洲）有限公司，设在俄斯特拉发市。目前，该公司已通过德国大众液压挺柱产品审核，开始量产。2018年12月，该公司在捷克俄斯特拉发购置土地进行厂房建设。新坐标（欧洲）有限公司是新坐标公司为进一步开拓其国际业务，快速响应欧洲客户的服务需求，增强公司的综合竞争能力而设立的欧洲生产基地。

通过企业走访调研，浙江省在中东欧投资企业代表分享了企业"走出去"经验。三花集团总结了三项可资借鉴的经验：一是加强与金融机构合作，获取有效支持；二是注重管理本土化，可有计划地定向招收当地留学生，培养2—3年，在其融入企业文化后再派出去；三是尊重企业管理标准和管理思维差异性，克服企业"水土不服"。东方日升分享了企业从产品贸易到工程承包逐步走进欧洲、站稳脚跟的历程,提供了三点经验:一是企业"走出去"要高度重视前期调研;二是聘请当地的税收、法律机构提供服务可以事半功倍;三是新能源领域加强与金融机构合作有助于获取欧盟"绿色新政"基金。炬华科技贡献了浙捷合作开发第三方市场的成功案例,提供了两点经验:一是要根据不同的目标市场采用不同的开发策略;二是发挥当地员工的作用实现管理本土化。同时,在炬华主营的智慧计量产业领域,激烈的国内竞争练就了一批具有国际竞争优势的企业,企业应在发挥自身技术、生产优势的基础上,加强对当地市场、文化的理解,成功"走进去"。在疫情期间,敏实集团在捷投资项目启动,这是双方经贸合作市场基础的生动写照。敏实自主开发的新能源车电池托盘成功走入欧洲市场,海外投资项目落户捷克。对于未来在中东欧地区的发展,企业充满信心。

三 发展经验

浙江一直在"一带一路"、中欧合作和"17+1合作"三个框架下谋划推进浙江与捷克(中东欧)地方合作,积累了一定的成功经验。

(一)加强高层互动谋篇布局

浙江省委省政府领导非常重视浙江跟中东欧国家的合作。从走出去上看,省委书记袁家军多次去中东欧国家访问,历任省委省政府主要领导也都曾率团去中东欧访问。从引进来看,近几年来,浙江接待中东欧国家元首、政府首脑较多,包括捷克的总统、总理,一大批政要到浙江访问。通过高层互动,一方面起到了引领带动作用,另一方面进一步明确了双方合作内容及合作方式,将发展战略和政策进行了有效对接,提高了合作精准性,合作务实且富有成效。比如2019年时任省委书记车俊前往中东欧访问就取得了非常明显的成效,签署30多个项目,项目总额达6.6亿美元。

(二)拓展渠道、搭建平台,加大要素流动

在推进与中东欧国家合作方面,浙江拥有丰富的、高能级的平台载体。在综合性平台方面,中国第一个中国—中东欧经贸合作示范区于2018年在宁波正式揭牌,成为服务"一带一路"建设和拓展中东欧合作的高能级服务平台。面向中东欧国家最有影响力的展会——宁波的中东欧博览会于2019年成功升格为国家级展会,是浙江省首个国家级涉外机制

性展会。同时，浙江省在中东欧国家积极布局自办展会，组织企业、产业合作园赴中东欧国家参展，比如在中东欧地区历史最久、展出范围最广的布尔诺工业博览会上推出"品质浙货"主题展。在专业性平台方面，浙江省还积极谋划推动了"一带一路"捷克站、中欧班列（义乌）、塞尔维亚贝尔麦克贸易中心、浦江水晶产业合作园、中捷（宁波）产业园等经贸合作项目载体建设，这些都成为中国和中东欧国家企业资源对接、打造跨国产业链的重要平台。这些平台成为资源、企业、人员、信息技术、资金等各类要素互通交流的重要载体，对于促进中东欧国家地方合作发挥了积极作用。

（三）以人文交流纽带加强民心相通

中捷双方在文化、教育、旅游、影视等领域交流多样，精彩纷呈。在文化领域，索菲亚文旅部跟宁波一起构建了一个中国文化中心，有关院校在捷克、塞尔维亚、罗马尼亚都建立了孔子学院，并成立了中国—中东欧音乐学院联盟，这些都是非常重要的进展。在教育领域，有关院校与中东欧国家有合作伙伴，每一年在宁波召开中国—中东欧教育论坛，进行教育政策的对话，推进教育合作项目的落实。在旅游领域，旅游人数增长最为明显，并在省级层面推出了一系列鼓励浙江公民去捷克旅游的项目，比如在2016年推出千人游捷克的项目，用系列项目推进旅游发展。在影视领域，利用双方友好关系开启合作，比如与捷方合作制作《奔跑吧兄弟》栏目，影响非常大。

（四）以点带面促进与中东欧国家的交流

从2016年至今，捷克一直是浙江的合作重点，以点带面成效明显。在贸易方面，2016年浙江与捷克进出口贸易额是6亿美元，2019年已超10亿美元；在投资方面，2016年只有浙江的正泰集团一家企业对捷进行投资，但2019年浙江企业对捷总投资额达4.2亿美元，况且投资主体科技含量较高，比如海康威视、大华、万向等一批高科技企业。捷克已经成为浙江在中东欧除希腊以外的16国里面最大的投资地。其中，一批勇于创新、锐意进取的民营企业，在推进浙江与中东欧国家的合作中发挥了重要作用，它们富有活力和市场敏感度，能捕捉双边合作的重要机遇。新型的浙江民营企业在"走出去"的过程中，注重品牌培育，发挥生产和技术优势，做出了不错的业绩。如正泰集团的诺雅克品牌经过十余年深耕培育，已成为欧洲市场上富有美誉度的高端智能低压电器品牌。炬华科技收购捷克智能电表 Logarex 公司，利用自身的技术优势、生产优势，成功开发了德国最大的电力公司 Eon 集团等优质客户。东方日升把握欧洲新能源发展战略机遇期，先后在斯洛伐克、保加利亚、罗马尼亚等中东欧国家投资建设太阳能光伏电站。

（五）发挥友城作用，构建中东欧国家全覆盖合作网络

近几年来浙江注重友城建设，构建一个与中东欧国家全覆盖的合作网络。目前，浙江已有 71 个友城覆盖中东欧的 17 个国家。在这个友城网络的基础上，还推出了中国—中东欧省州市长论坛，到 2017 年固化为中国—中东欧城市的市长论坛，由宁波主办。目前市长论坛已被列入中国—中东欧领导会晤纲要中。在 2020 年全球疫情大流行下，浙江针对中东欧地区广泛的友城、重点国家，在关键时刻携手并进、攻克时艰、联合抗疫，不仅提供防疫物资，还通过线上平台分享抗疫经验，推进和延续双方合作，丰富地方合作内涵。

四 瓶颈与困难

在推进与中东欧国家地方合作过程中存在着一些瓶颈亟待突破。一是中东欧合作价值的重要性与经济比重之间的矛盾使部分领导和企业对中东欧合作不够重视。二是宁波现有"17+1 合作"平台能级仍有待继续提升。三是浙江与中东欧国家互不为主要贸易投资伙伴，双方仍然缺乏了解，总体贸易投资规模体量不大。在贸易方面，中东欧国家特色商品竞争力不强，进口规模大幅增长的支撑面不足，存在比较明显的贸易不平衡现象；长期以来，中东欧国家经济发展高度依赖欧盟市场、资金和技术，与中国的产业链联系还不够紧密，制约了资本品贸易。在投资方面，绝大多数的浙江企业对中东欧国家的政策法规了解得不透彻，部分中东欧国家的基础设施建设滞后，这些因素都降低了企业投资合作的意愿。当然，当前中东欧国家疫情反复也增加了双方经贸合作推进的难度。

其实，不同时期捷克政府对于中捷合作和地方合作的态度是不一样的。2013—2014 年，捷克社会民主党政府对中国的态度发生了明显转变，可以说是在"一带一路"倡议和中国—中东欧合作的推动之下出现了一个新的转变，更加注重经济外交。2016 年习近平主席访问捷克期间，两

国建立了战略合作关系，也进一步推动了中捷在经贸合作、基础设施、金融领域的合作，成为中国—中东欧国家合作的一个典范。随着 2018 年捷克政府更替，以及中美博弈加剧对捷克产生了影响，捷克反华势力有所抬头，批评和质疑中国的声音有所加大，这对两国关系和地方合作的开展构成了一定的挑战。在捷克国内，对华政策也有分化趋势，总统、总理、外长、参议院议长和众议院议长声音不一致，对与中国合作表现出了模糊性，这在一定程度上对地方合作带来负面影响。鉴于此，对捷合作可重点关注捷克疫情结束、2021 年秋季捷克众议院选举、2023 年 1 月捷克总统选举三个时间节点。

五　前景展望

开放合作、共赢发展是时代潮流，是不可逆转的世界大事，也是人心所向，各国所盼。当好对捷克（中东欧）地方合作的排头兵、模范生，是浙江扛起"重要窗口"建设的一份担当，也是浙江构筑全面开放新格局、打造中欧经济循环战略枢纽的重要支撑。

1. 浙江对捷克（中东欧）地方合作仍大有可为

2019 年从"16+1 合作"升级为"17+1 合作"，中国—中东欧朋友圈再度扩容，双方合作机制日趋成熟，经贸往来也不断加强，特别是宁波市已经成为全国开展中东欧合作的排头兵。中东欧单个国家的体量不大，但加起来就是一股不可忽视的力量，既有重要的政治意义，也有互补的产业优势，市场潜力大。目前，虽然双边贸易和投资额在浙江开放型经济中所占比重并不大，但与中东欧国家的务实合作有着广阔天地，将迎来大有作为的重要机遇期，后续增长空间可期。

2. 商协会和产业合作值得高度关注

浙江与捷克的地方合作以中小企业、民营企业为主，产业互补性较强，且捷克在汽车制造、机械设备、环保技术和生物制药等领域有一定的基础和优势，同时在基础设施建设、工业成套设备供给等领域有较大的需求，而浙江的全球布局需求、庞大的市场潜力正是吸引捷克合作的重要因素。促成产业合作的关键还在企业，鉴于中东欧国家包括捷克在内的行业协会人员相对稳定、会员企业众多、行业影响面广，这些都将成为未来拓展对中东欧地方合作，夯实经贸合作和产业对接的有利因素。

3. 更好地把握全局，聚焦重点热点

重点围绕"一会、一地、一区、一园、一通道"，汇集各方资源，强化关键载体。一会：指 2019 年宁波中东欧博览会升格为国家级，这将成为中国—中东欧地方合作的主要舞台。一地：指作为国家"17+1 合作"机制的平台和承载地，应全力支持宁波建设"17+1 合作"的经贸示范区。一区：指紧抓自贸区扩区机遇，在油气全产业链、国际航运、数字经济、新材料、人工智能、跨境电商新领域加大探索，放大自贸区辐射带动效应，拓宽浙江中东欧合作局面。一园：指国际产业合作园和境外经贸合作区。目前浙江与捷克建有两家国际产业合作园，在宁波余姚建有中东欧国际产业合作园，同时在捷克建有经贸合作园区，这些园区在产业合作、企业集聚、项目招引方面有待进一步增强。一通道：指贸易大通道。一方面要充分利用中国进口博览会、中东欧博览会，培育进口商品世界超市，扩大对中东欧各国的优质产品进口力度；另一方面要进一步发挥义新欧中欧班列的联通效应，稳定国际供应链，助力国际防疫合作。

进一步细化到经贸领域，浙江与中东欧国家地方合作的着力点可从以下几方面考虑。

1. 固本强基，打造营商环境最优省

练好内功，持续深化"最多跑一次"改革，推动商务领域办事"最多跑一次"全覆盖。提升"三服务"水平，建立和完善中东欧国家重点外贸外资企业联系服务机制，发挥贸促机构、行业商协会作用，提升公共服务水平。

2. 畅通渠道，多元布局会展平台

做好中东欧国家博览会，扩大国内参与度，提高中东欧国家参与度，提升辐射和服务功能。持续扩大浙江自办展会在中东欧国家的版图，多元布局海外贸易展。同时，依托进博会、中东欧商品常年展、义乌中国进口商品城、青田县侨乡进口商品城等载体，积极推进中东欧消费品、工业品的交流与合作，大力开拓中东欧国家的进口市场。加快布局线上线下外贸展览，抢抓数字化先机，开拓中东欧市场，提升会展影响力。以长三角一体化建设为契机，主动开放会展平台，带动长三角以及全国外贸企业抱团拓展中东欧市场。

3. 筑巢引凤，促进双方园区成为"双循环"联结枢纽

支持宁波建设国家级中国—中东欧国家经贸合作示范区，重点是"一会一园四中心"。推动境外经贸合作区与境内国际产业园循环机制建立，密切双向联系纽带。以中东欧国家主要节点城市和港口为重点，打造更多的省级境外经贸合作园区，加快推动将塞尔维亚商贸物流园建设升格为国家级，引导中小企业抱团发展、集群发展。以推进国际产业园建设为抓手，加强与中东欧等国家在高端装备、生物医药等领域的技术、产能等合作，支持与中东欧企业、机构共建实验室、孵化器。

4. 把握机遇，推进新型贸易合作

推动浙江与中东欧国家在数字贸易等新型贸易领域的合作。引导企业借助互联网、大数据等技术，创新商业模式，做强新业态，为更多的中小企业提供专业化外贸综合服务，推动外贸数字化转型在中东欧国家的率先应用。支持企业在中东欧国家设立海外仓，建设跨境电商综合服务平台。利用 eWTP 海内外数字基础设施，拓展中东欧国家市场。同时，把握国内大市场消费升级机遇期，做好中东欧特色品牌产品的引进与培育，成为高附加值服务的提供者。

5. 创新驱动，加快服贸技贸合作

强化数字驱动发展，大力发展在线教育、远程医疗、数字文旅、智慧物流等新兴服务贸易。以文化融通引领，通过大型会展、官方活动，增强浙江在中东欧国家的知名度和影响力。推进技术进出口，提升企业创新能力。依托自由贸易试验区，形成自贸和服贸联动创新。

6. 挖潜增效，探索三方合作增长空间

激发中东欧国家政府、商协会、企业等各类细分主体的合作参与度，推动建设浙江省、中东欧国家、西欧国家三方利益共生机制，寻求中欧先进产业对接的契合区间，挖掘三方合作空间。

第三节　案例启示

一　地方合作的优势

(一) 在捷中企作为中捷地方合作的重要载体

以浙江为例，万向、华捷、新坐标、大华、炬华、正泰等浙江企业在

捷克投资经营，多立足捷克、辐射欧洲，形成一批标杆项目，取得了较好成效。在疫情期间，在捷浙企面临特殊时期的项目执行或经营困难，随着捷克疫情形势日趋好转，在捷浙企逐步复工复产。在"后疫情"时期，浙江在捷重点投资项目进入增资扩产关键期，亟须做实做细项目跟踪，精准服务建设进度，及时有效为在捷浙企纾难解困。同时新兴投资领域也面临重大机遇期，重点关注"汽车及零部件""纳米技术""生物医药""医疗器械""光学仪器"等捷克优势特色产业领域企业的生产经营状况，加强浙捷科技合作。

（二）华人华侨作为中捷地方合作的重要力量

"广泛团结联系海外侨胞和归侨侨眷，共同致力于中华民族伟大复兴"是党的十九大确立的重大战略思路，也是新时代中国改革开放再出发的必然选择。以浙江为例，作为改革开放先行区，浙江人勇于开拓、敢闯敢拼，在世界各地形成了独具特色的浙江籍华侨华人群体，是"跳出浙江发展浙江"的一个典范。浙江籍华人华侨是中东欧"17+1合作"中一支重要的经济力量，是浙捷合作中不可或缺的活跃因素，不仅提供重要的智力支撑，而且起到桥梁纽带作用。第一代在捷浙江籍华人华侨已经积累了丰富的华商网络资源和雄厚的资金基础，随着第二、三代浙江籍华人华侨知识水平的升级，在捷新生代华侨华人对主流领域创新创业、回归参与投资贸易有较强的欲望，契合浙捷双方发展需求。

（三）开放平台作为中捷地方合作的重要载体

以浙江为例，从国家级开放大平台来看，浙江拥有舟山自贸区、宁波"17+1合作"经贸示范区、10个跨境电商综试区（基本实现省域全覆盖，除舟山外）、义乌国际贸易综合改革试验区、长三角一体化等当前中国体制机制创新最为活跃的开放平台。从会展布局来看，"中国—中东欧国家博览会"是目前唯一聚焦中国—中东欧合作的国家级涉外机制性展会，义乌中国进口商品城、青田县侨乡进口商品城、平湖·国际进口商品城等一批进口商品展示交易中心形成规模。从在捷开放平台来看，"一带一路"捷克站成为浙江省级境外经贸合作区。在新的历史方位下，上述一系列开放平台的战略布局将在浙捷合作中发挥重要作用，给双方"后疫情"时期经济复苏和融合"升级"提供重要支撑。

二 地方合作的未来

1. 进一步发挥高层互访的引领和带动作用，加强统筹协调和顶层设计，为双方地方合作把好方向和节奏。继续保持与中东欧高层的互动，除了建立双方的信任以外，关键是政策、理念、战略、重点领域的对接，真正起到引领作用。

2. 进一步发挥平台的辐射和承载作用，深化双方的经贸和产业合作。一方面提升中国—中东欧国家博览会的能级，将有利于发挥平台作用，统筹全国资源来提升辐射带动能效。另一方面考虑中东欧经贸合作示范区的承接能力，关键在于整合现有平台，挖掘综合潜力，促使企业产业对接，以贸易和投资为导向，促进企业、行业协会及企业家之间的交流，拉近双方的利益纽带。

3. 进一步发挥五海六港和义新欧的桥梁纽带作用，加强互联互通，畅通双循环。重点发挥五海六港、义新欧，深化拓展合作网络，加强浙江与捷克（中东欧）之间的互联互通，畅通双循环。

4. 进一步发挥友城在地方合作中的主渠道作用，加强人文交流，拓展务实领域的合作。如数字经济、高端装备制造、科技创新、绿色产业、医疗健康、城市治理等领域。

参考文献

一 中文文献

（一）著作

［捷］雅罗斯拉夫·普实克：《中国——我的姐妹》，丛林、陈平陵、李梅译，外语教学与研究出版社2005年版。

《鲁迅全集》（第六卷），人民文学出版社2005年版。

陈广嗣、姜琍：《列国志·捷克》，社会科学文献出版社2005年版。

丁超、宋炳辉：《中外文学交流史（中国—中东欧卷）》，山东教育出版社2015年版。

顾捷：《捷克营商环境分析及企业投资建议》，《国际经济合作》2018年第6期。

姜建清：《中东欧经济研究报告 2019—2020》，中国金融出版社2020年版。

姜琍编著：《斯洛伐克》，社会科学文献出版社2006年版。

蒋本良：《"捷克事件"与周恩来的"六八"讲话》，欧阳淞、曲青山主编：《红色往事：党史人物忆党史》（第五册 外交卷），济南出版社2016年版。

李嘉恩等：《东欧六国和南斯拉夫政治概览》，中国人民大学出版社1989年版。

廉正保、王景堂、黄韬鹏编著：《解密外交文献：中华人民共和国建交档案（1949—1955）》，中国画报出版社2006年版。

刘永辉、赵晓晖、张娟：《中国对中东欧直接投资效率和潜力的实证研究》，《上海大学学报》（社会科学版）2020年第4期。

刘作奎、鞠维伟等：《中国与捷克的战略伙伴关系：现状、前景、问题及对策》，中国社会科学出版社2016年版。

刘作奎等：《中国与捷克的战略伙伴关系现状、前景、问题及对策》，中国社会科学出版社2016年版。

任鹏：《捷克愿借"一带一路"促捷中经贸投资合作》，《光明日报》2017年6月11日第3版。

盛松成、龙玉：《"绿色金融是上海国际金融中心建设的重要方向"》，第十三届陆家嘴论坛，2021年。

[捷克] 瓦·胡萨：《捷克斯洛伐克历史》，陈广嗣译，东方出版社1988年版。

汪斌：《国际区域产业结构分析导论——一个一般理论及其对中国的应用分析》，上海三联书店、上海人民出版社2001年版。

王灵桂、李永强：《"一带一路"：多边推进与务实合作》，社会科学文献出版社2018年版。

[美] 威廉·M. 马奥尼：《捷克和斯洛伐克史》，陈静译，东方出版中心2013年版。

夏莉萍、梁晓君、李潜虞、熊志勇：《当代中国外交十六讲》，世界知识出版社2016年版。

于可编：《当代基督新教》，东方出版社1993年版。

张海燕、郑亚莉、周俊子：《"一带一路"框架下浙江与捷克经贸合作发展报告（2019）》，浙江大学出版社2020年版。

张娟：《"一带一路"国别概览·捷克》，大连海事大学出版社2019年版。

赵晓军、李雪梅：《"一带一路"沿线国家发展指数研究》，中央民族大学出版社2019年版。

周月秋、殷红、宋玮：《"16+1合作"机制下中东欧机遇风险分析及我行对策研究》，《研究报告》2018年第16期。

（二）论文

晨星：《捷克共和国总理克劳斯》，《世界经济与政治》1995年第1期。

范月龙：《中国对捷克投资：动因、障碍及建议》，《北方经济》2020年第9期。

巩雪，《中东欧投资环境评估及建议》，《国际经济合作》2016年第5期。

郭金周：《捷克哈姆尔砂岩铀矿——储量估计在20万吨以上》，《国外核新闻》1983年第8期。

何培忠、刘霓、王文娥：《波兰、捷克的中国研究》，《国外社会科学》2010年第3期。

霍玉珍：《中捷关系的推动者、践行者——捷克前总统克劳斯》，《友声》2019年第9期。

贾瑞霞：《捷克研发创新的绿色智能发展》，《科学管理研究》2016年第4期。

姜琍：《从议会大选和总统选举看捷克内政外交走向》，《当代世界》2018年第3期。

金力：《欧洲议会保守派党团将使欧洲一体化进程面临挑战》，国际在线，2009年6月23日。

龙静：《中国与中东欧国家关系：发展、挑战及对策》，《国际问题研究》2014年第5期。

裴长洪、王镭：《试论国际竞争力的理论概念与分析方法》，《中国工业经济》2002年第4期。

曲如晓、杨修、李婧：《中国与中东欧国家文化产品贸易发展与对策研究》，《国际贸易》2019年第3期。

任天舒、乔龙、刘优、王国梁：《捷克共和国投资环境分析》，《对外经贸》2019年第2期。

王国宽、李圃谷：《中捷艺术使者——覃琨瑛》，《当代广西》2014年第5期。

王会花：《试论维谢格拉德集团与欧盟关系的演变及特点》，《国际观察》2019年第6期。

王英斌：《捷克兴起中文教育热》，《世界文化》2016年第1期。

项佐涛：《中东欧政党政治：历史演进及特点分析》，《当代世界》2019年第4期。

徐海娜：《努力架起连接布拉格和北京的友谊与合作之桥——专访捷克驻华大使利博尔·塞奇卡》，《当代世界》2014年第6期。

晏小敏：《教育适应自然教育思想解析——研读夸美纽斯〈大教学论〉》，《高校教育管理》2013年第1期。

杨烨：《入盟后的中东欧成员国仍需调整转型》，《中国社会科学报》2014

年 8 月 29 日。

杨依鸣、付海燕：《中国出版业向中东欧地区贸易推进策略研究》，《北京印刷学院学报》2020 年第 2 期。

杨云珍：《并不孤单的疑欧主义》，2016 年 7 月 4 日，中国社会科学网。

姚嘉文、胡峻、王见义、陈静静、周华：《"一带一路"倡议下的海外中医中心运营现状初探——以中国—捷克"中医中心"为例》，《中医药文化》2017 年第 4 期。

尤拉伊·马鲁西亚克：《维谢格拉德集团能成为中欧的新兴力量吗》，邵文实译，《国际社会科学杂志》（中文版）2016 年第 2 期。

游建胜：《捷克政府的可持续发展战略及其启示》，《情报探索》2010 年第 2 期。

张越、房乐宪：《欧盟可持续发展战略演变：内涵、特征与启示》，《同济大学学报》（社会科学版）2017 年第 28 卷第 6 期。

周克婕：《捷克太阳能电站发展迅猛》，《决策与信息》2010 年第 10 期。

朱晓中：《中东欧地区的大国因素：利益格局及其影响》，《当代世界》2020 年第 4 期。

朱晓中：《中国和中东欧国家关系的发展》，《领导科学论坛》2016 年第 4 期。

朱晓中：《转型九问——写在中东欧转型 20 年之际》，《俄罗斯中亚东欧研究》2009 年第 6 期。

二　外文文献

（一）著作

Arnold Suppan, *Austrians, Czechs and Sudeten Germans as a Community of Conflict in the Twentieth Century*, Center for Austrian Studies, 2006, 1, p. 25.

Arnold Toynbee, *Survey of International Affairs*, London: Oxford University Press, 1934, p. 197.

Čapková, Kateřina, *Czechs, Germans, Jews: National Identity and the Jews of Bohemia*, New York: Berghahn Books, 2012, pp. 24-25.

Dalibor Čaloud, Tomáš Foltýn, Vlastimil Havlík and Anna Matušková, *Volby* do Poslanecké sněmovny v roce 2006, Centrum pro studium demokracie a kultury, 2006, pp. 164-170.

David Cadier, The Foreign Policy of the Czech Republic; Chapter 10, in Federiga Bindi (ed.) *Europe and America: The End of the Transatlantic Relationship*, 2019, Brookins Institute Press, pp. 199-216.

Egdūnas Račius, *Muslims in Eastern Europe*, Edinburgh: Edinburgh University Press, 2018, p. 142.

Elizabeth Wiskemann, *Czechs and Germans: a Study of the Struggles in the Historic Provinces of Bohemia and Moravia*, London: Oxford University Press, 1938, p. 147.

Jan Holzer, Miroslav Mareš (eds., 2020) *Czech Security Dilemma—Russia as a Friend or Enemy*, Palgrave.

Livia Rothkirchen, *The Jews of Bohemia and Moravia: Facing the Holocaust*, Lincoln: University of Nebraska Press, 2006, pp. 34-49.

Radomir Luza, *The Transfer of the Sudeten German: a Study of Czech-German Relations*, 1933-1962, New York: New York University Press, 1963, pp. 12-18.

Region Disunited, *Central European Responses to the Russia-Ukraine Crisis*, Edited by Joerg Forbrig, German Marshall Fund of the United States, Feb. 1, 2015.

Wolf Gruner, "Protectorate of Bohemia and Moravia in Wolf Gruner," Jörg Osterloh ed., *The Greater German Reich and the Jews: Nazi Persecution Policies in the Annexed Territories* 1935-1945, War and Genocide, Bernard Heise trans., New York: Berghahn Books, 2015, pp. 99-135.

（二）论文

Alastair Jamieson, "Refugee Crisis: Czech Republic Rejects Migrant Quotas Ahead of Ministers' Meeting", Sept. 22, 2015.

Aleks Szczerbiak and Paul Taggart, "Theorising Party-based Euroscepticism: Problems of Definition, Measurement and Causality," *Sussex European Institute*, Working Paper, No. 69, March 2003, p. 2.

Ales Kudrnac and Ivan Petrusek, "Czech Republic: Political Developments and

Data in 2019," *European Consortium for Political Research*, Volume 59, Issue 1, December 2020.

Alice Rezková, "Trump v Asii: dlouhá cesta, výsledky mlhavé," října 2017.

Alice Rezková, "Visegrad: Chinese investments in Czech Republic—a new gateway to Europe or just a shopping spree?" May 31, 2016.

Andrej Matišák, Expert: Čína pomoc v koronakríze zneužíva, ale nereagujme prehnane, dubna 2020.

Andrew Roberts, "Czech Billionaires as Politicians," *Problems of Post-Communism*, Vol. 66, No. 6, 2019.

Andrew Roberts, "Demythologising the Czech Opposition Agreement," *Europe-Asia Studies*, Vol. 55, No. 8, Dec., 2003.

Aneta Zachová, Edit Zgut, Karolina Zbytniewska, Michał Strzałkowski and Zuzana Gabrizova, "Visegrad nations united against mandatory relocation quotas," 23 July, 2018.

Austrian Silesia, "Historical Sketch of the Protestant Church," *Evangelical Christendom*, 2 (1), 1861, pp. 18-21.

Barbora Chrzová, "Petr Čermák, China, Pandemic and The Western Balkans-Lessons For The Eu?" *Prague Security Studies Institute*, 2020, p. 1.

Benjamin Tallis, Czech-German Relations: A Dialogue in Place of Strategy, in Hope of Strategy and in Need of Strategy, Institute of International Relations, December 2016.

Chris Johnstone, "Czech government approves deal to offload excess fighter jets," 01/02/2014, Christopher Downs, 100 Years of Czech-US Relations, *IPS Policy Paper*, February 2018.

Cirhan, Tomáš and Kopecký, Petr, "From Ideology to Interest-Driven Politics: Václav Klaus, Andrej Babiš and Two Eras of Party Leadership in the Czech Republic," Party Leaders in Eastern Europe, November 2019, p. 101.

CNB, "Financial Stability Report—2020/2021," May 2021.

Czech Fintech Association, "The Fintech market in the Czech Republic," February 2020.

Dangerfield, Martin (2008), The Visegrád group in the Expanded European Union: From Preaccession to Post-accession Cooperation," *East European Politics and Societies*, Vol. 22, No. 3, pp. 630-667

Daniel Esparza, "El sustrato histórico del euroescepticismo checo / The Historical Background of Czech Euroscepticism," Reis: Revista Española de Investigaciones Sociológicas, No. 140, October-December, 2012.

Deloitte, "CEE Banking Consolidation perking up," November 2019.

Drahomíra Dubská, "The Czech banking sector: two decades with the shuttle changes," University of Economics, Czech Republic,

ECB, "Structure indicators for the EU banking sector," May 2021.

Filip Klazar, Činska investicni a rozvojova politika, prosince 2016.

Filip Šebok, "Inside of Chinas Global Propaganda Campaign on COVID-19," March 16, 2020.

Helmut Gerlach, "Bankruptcy in the Czech Republic, Hungary, and Poland and Section 304 of the United States Bankruptcy Code," Proceedings Ancillary to Foreign Bankruptcy Proceedings, 22 Md. J. Int'l L. 81 (1998).

Ivana Karásková, Chinas Mask Diplomacy Wont Work in the Czech Republic, 21. Května 2020.

Ivana Karásková, "Recenze na publikaci: David Shambaugh: China Goes Global: The Partial Power," srpna. 2013.

Jana Strakova & Jaroslava Simonová (2013), "Assessment in the school systems of the Czech Republic," *Assessment in Education: Principles, Policy & Practice*, Vol. 20, Issue, 4, pp: 470-490.

John K. Glenn, et al. (2015), "Czech-American Relations: A Roadmap for the Future," CEVRO Institute Academic Press Policy Studies edition, volume 3, p. 64.

Kafkadesk, "Czech Minister breaks ranks and calls to end EU sanctions against Russia," 27 June 2019,

Kryštof Kozák, Conflicted Cultural Memory and U. S. Foreign Policy: The "Lost Ca(u)se" of the U. S. Radar Base in the Czech Republic, *Ad Americam. Journal of American Studies* 19 (2018), pp. 123-142.

Ladislav Cabada, "Party of Free Citizens and the Genesis of the Czech Liberal-Conservative 'Anti-EU' Stream in Czech Politics," *Politické vedy*, 19 No. 2, February 2016, pp. 14-15.

Laure Neumayer, "Euroscepticism as a Political Label: The Use of European Union Issues in Political Competition in the New Member States," *European Journal of Political Research*, Vol. 47, No. 2, March 2008, pp. 135-141.

Luxmoore, Jonathan, "Eastern Europe 1997-2000: a Review of Church Life, Religion," *State & Society*, 29 (4), 2001, pp. 305-330.

Maciej Duszczyk, Karolina Podgórska & Dominika Pszczółkowska, From mandatory to voluntary. Impact of V4 on the EU relocation scheme, *European Politics and Society*, Vol. 21, 2020-Issue 4, pp. 470-487.

Marian Halas, "The Development of Selected Mutual Relations between the Czech Republic and Slovakia," *European Review*, Vol. 22, No. 3, p. 419.

Markéta Šonková, Contextualizing the Czech-American Relationship in the Light of NATO and Military Partnership: Creation, Evolution, and Cooperation, May 15, 2018,

Martin Hála, Foróm: Čínský vliv v ČR. Může být zvyšování čínských aktivit ohrožením pro naši zemi? října 2018.

Michael Toomey, Euroscepticism in Central Europe: A comparative analysis at elite and mass level of Poland, the Czech Republic, and Slovakia, Spring 2007, p. 28.

Michal Kořan et al., The Visegrad Cooperation, Poland, Slovakia and Austria in the Czech Foreign Policy, in Czech Foreign Policy in 2007-2009, IIR, 2010, chapter 5.

Mike Wardle, Michael Mainelli, Simon Mills, et al., "The Global Green Finance Index 5," March 2020.

Milos Brunclik and Michal Kubát, "The Crisis of the Czech Politics 25 Years after the Velvet Revolution," Politeja, No. 28, 2014.

Milos Gregor and Alena Mackova, "Euroscepticism and the Czech way: An analysis of Vaclav Klaus speeches," *European Journal of Communication*, Vol. 30, No. 1, August 2015, pp. 409-410.

Monika Brusenbauch Meislova, "Full of surprises, or surprisingly not? The peculiar case of Czech Brexit policy," *European Politics and Society*, Volume 21, Issue 1, 2020.

Morris Hugh, Mike Wardle, and Michael Mainelli, "The Global Financial Centres Index 28," September 2020.

Nová hedvábná stezka Zemana fascinuje, Čínu posiluje 17. Května, 2017.

Oldřich Krpec & Vladan Hodulák, The Czech economy as an integrated periphery: The case of dependency on Germany, *Journal of Post Keynesian Economics*, Vol. 42, 2019- No. 1, pp. 59-89.

Ondřej Mocek, Martin Petlach and Zuzana Hudečková, "The European Parliament Elections and Czech Political Parties: Much Ado about Nothing?," *Slovak Journal of Political Sciences*, Vol. 20, No. 1, January 2020.

Paul Taggart and Aleks Szczerbiak, "Parties, Positions and Europe: Euroscepticism in the EU Candidate States of Central and Eastern Europe," *Sussex European Institute, Working Paper*, No. 46, May 2001, p. 29.

Paul Taggart, "A Touchstone of Dissent: Euroscepticism in Contemporary Western European Party Systems," *European Journal of Political Research*, Vol. 33, No. 3, April 1998, p. 363.

Petr Kaniok, Vlastimil Havlík, "Populism and Euroscepticism in the Czech Republic: Meeting Friends or Passing By?," *Romanian Journal of European Affairs*, Vol. 16, No. 2, June 2016, p. 28.

Petr Kopecky and Cas Mudde, "The Two Sides of Euroscepticism Party Positions on European Integration in East Central Europe," *European Union Politics*, Vol. 3, No. 3, September 2002, pp. 300-303.

Petr Kratochvíl, Petra Kuchyňková, Russia in the Czech Foreign Policy, chapter 9, in Michal Kořan at al., Czech Foreign Policy in 2007–2009, The Institute of International Relations, Prague 2010.

Petr Kratochvíl, "The Czech Republic: Lacking Foreign Policy Consensus," From the Report A.

Petra Guasti, "Populism in Power and Democracy: Democratic Decay and Resilience in the Czech Republic (2013–2020)," *Politics and Governance*,

Volume 8, Issue 4, 2020.

PPF, "PPF group annual report 2019," December 2019.

Richard Felix Staar, Communist regimes in Eastern Europe, Issue 269, p. 90.

Rudolf Furst, "The Regional Format 16+1: Early Rusting, Still Alive and Expanding Into 17+1," may 28, 2019.

Rudolf Fürst and Gabriela Pleschová, "Czech and Slovak Relations with China: Contenders for China's Favour," *Europe-Asia Studies*, Vol. 62, No. 8 (October 2010), p. 1366.

Rudolf Fürst, "Czechia: Covid-19 puts China at centre of increasingly divisive national debate," in *Covid-19 and Europe-China Relations: A country-level analysis*, European Think-tank Network on China (ETNC) Special Report, 29 April 2020

Rudolf Fürst, "Ma mit Ceska republika dlouhodobou strategii ve vztazich s Činou?," listopad 2013.

Rudolf Fürst, "Má Být Čína Prioritou České Zahraniční Politiky V Asii? Ne," března 2008.

Seán Hanley, rom Neo-Liberalism to National Interests: Ideology, Strategy, and Party Development in the Euroscepticism of the Czech Right, *East European Politics and Societies*, Vol. 18, No. 3, August 2004, p. 529.

Seán Hanley, "From Neo-Liberalism to National Interests: Ideology, Strategy, and Party Development in the Euroscepticism of the Czech Right," *East European Politics and Societies*, Vol. 18, No. 3, August 2004, p. 513.

Timothy Barney, "Citizen Havel and the Construction of Czech Presidentiality," *Quarterly Journal of Speech*, Vol. 101, No. 4, November 2015.

Tobias Adrian, "Fabio Natalucci, COVID-19 crisis poses threat to financial stability," IMF Blog, April 2020.

Tomáš Martínek, Petr Hanzlík, Analysis of the Structure of Job Offers on the Czech Labor Market. Review of Economic Perspectives-Národoho Spodárský Obzor, Vol. 14, Issue 3, 2014, pp. 287-306, DOI: 10.2478/revecp-2014-0015.

Vaclav Kopecky, Vaclav Lidl, Alice Rezkova, Michal Vodrazka, Nova Hedvabna cesta: vyzvy a prilezitosti, března 2016.

Vit Hlousek and Lubomír Kopeček, "Caretaker Governments in Czech Politics: What to Do about a Government Crisis," *Europe-Asia Studies*, Volume 66, Issue 8-2014.

Vladislav FLEK, Jifií Vecernik, The Labor Market in the CR: Trends, Policies and Attitudes. Finance a úvûr-*Czech*, *Journal of Economics and Finance*, 55, 2005, ã. 1-2.

Vladislav Flek, Jiří Večerník, Employment and Wage Structures in the Czech Republic, WP No. 3 Praha 1998.

Václav Kopecký, "Změna v americko-čínských vztazích?," března 2009.

Václav Kopecký, Čínská diplomatická ofenziva, března 2009.

Wilhelm Turnwald, Documents on the Expulsion of the Sudeten German: Survivors speak out, Scriptorium, 2002, appendices.

Zdeněk Sychra and Petr Kratochvíl, "Czechia: Who Is the Most Eurosceptic of Them All? The Eurosceptic Race to the Bottom," Euroscepticism and the Future of Europe, September 2020, p. 30.

中捷大事记

1949年10月6日，中华人民共和国与捷克斯洛伐克共和国正式建交。

1950年9月，中华人民共和国任命谭希林为中华人民共和国驻捷克斯洛伐克大使馆首任大使。

1993年1月1日，捷克共和国成为独立主权国家，中国立即予以承认并与之建立大使级外交关系。中捷两国商定，继续沿用1949年10月6日为两国建交日。

1993年3月，中华人民共和国任命齐国辅为中华人民共和国驻捷克大使馆首任大使。

1994年10月，中国外交部副部长戴秉国和捷克外交部副部长翁德拉签署换文协议，确认中国与捷克斯洛伐克联邦缔结的条约、协定继续有效。

1999年，捷克总理泽曼率团访华，并与中国国务院总理朱镕基出席了双方企业签署神头电站合同的仪式。

2014年4月，捷克外长在时隔15年后访华，两国关系实现转圜。

2014年10月，捷克总统泽曼在时隔10年后对中国进行国事访问。

2015年4月，捷克议会众议院主席哈马切克访华。

2015年9月，捷克总统泽曼赴华出席中国纪念世界反法西斯战争暨抗日战争胜利70周年活动（他是唯一一位亲临阅兵式的欧盟国家元首）。

2015年11月，捷克总理索博特卡来华参加中国—中东欧国家领导人会晤。

2015年11月，中捷双方签署了共同推进"一带一路"建设的谅解备忘录与《在"一带一路"倡议框架下的双边合作规划》。

2016年3月，中国国家主席习近平对捷克进行了具有里程碑意义的历史性访问。

2016 年 6 月，捷克总理索博特卡来华出席中国—中东欧国家地方领导人会议及卫生部长论坛。

2017 年 5 月，捷克总统泽曼出席第一届"一带一路"国际合作高峰论坛。

2018 年 11 月，捷克总统泽曼出席首届中国国际进口博览会。

2019 年 4 月，捷克总统泽曼出席第二届"一带一路"国际合作高峰论坛并出席 2019 年北京世界园艺博览会开幕式。

2019 年 10 月，两国领导人就两国建交 70 周年互致贺电。

2019 年 11 月，众议院主席冯德拉切克率团参加第二届中国国际进口博览会。

深厚的传统友谊

19 世纪初，捷克一些知名企业如斯柯达、拔佳的代表以及啤酒酿造和玻璃制造专家就来到中国。

20 世纪 20 年代，斯柯达公司以成本价向中国提供发电设备，协助中国建造了第一个成规模的发电厂——上海闸北水电公司。捷克斯洛伐克是最早承认并同新中国建交的国家之一。1952 年，中捷两国签署了科技合作协定，这是中国第一个政府间对外科技合作协定，为后来陆续与其他国家如民主德国、罗马尼亚和苏联等国签订科技合作协定起到了示范作用。

20 世纪 50 年代和 60 年代初期，捷克斯洛伐克是继苏联之后对中国提供经济、技术援助最多的国家。不仅中国一些国家领导人的座驾是捷方赠送的，而且捷方向中方提供设备建立了中捷友谊农场，并通过中捷友谊厂从技术上援助中国制造机床。另外，在汽车、皮革、酿酒、玻璃、纺织机械、锅炉、陶瓷等工业领域，捷方也提供了大量的技术援助，与中国开展了深入而紧密的经济技术合作。

文化经贸互联互通等领域

2005 年，中国长虹公司在捷克投资建立第一个欧洲生产基地，目前长虹成为中国在捷克建成的规模最大的制造型企业。

2007 年 9 月，北京外国语大学和帕拉茨基大学成立捷克首家孔子学院。

2013年，河北省正式设立沧州中捷高新技术产业开发区。

2014年，中国驻捷克大使馆编辑出版《我与中国》纪念文集。

2014年，捷克最大的金融财团PPF所属子公司捷信集团进入中国市场。

2014年，中国—中东欧地方省州长联合会在布拉格成立。

2015年，上汽延锋集团在捷克建立两家生产汽车内饰产品的工厂。

2015年，海信集团在捷克设厂。

2015年，陕西动力收购捷克艾柯尔（EKOL）汽车轮机公司。

2015年6月，中东欧地区首家"中国—捷克中医中心"在捷克赫拉德茨·克拉洛维大学医院揭牌。

2015年9月，中捷之间陆续开通了从北京、上海和成都直飞布拉格的三条航线。

2015年8月，中国银行在布拉格设立了分行。

2016年，万向集团在捷克设立汽车电池生产基地。

2016年，中远海运（中欧）公司在捷克设立欧洲总部。

2016年，万丰集团收购捷克轻型飞机龙头企业DF公司。

2016年，中捷水晶文化产业园在江苏东海奠基。

2016年10月，中捷教育部签署《中捷高等教育学历学位互认协议》。

2016年10月，中捷浦江水晶产业园授牌。

2017年，海康威视公司在捷克设立子公司。

2017年9月，中国工商银行布拉格分行开业。

2018年，中国中东欧中小企业合作区在河北沧州中捷产业园区建立。

2018年1月，浙江中捷（宁波）产业合作园正式挂牌。

2018年5月，大连天呈企业集团在捷克建设中捷天呈工业园。

2018年6月，浙江在捷克建立"一带一路"捷克站（物流园）项目启动。

2018年10月，荣盛康旅（捷克）公司在捷克启动中医温泉水疗项目。

2018年11月，中国计量大学与布拉格金融管理大学合作建立孔子学院。

2019年5月，交通银行布拉格分行正式成立。